Heymann Steinthal

Einleitung in die Psychologie und Sprachwissenschaft

Heymann Steinthal

Einleitung in die Psychologie und Sprachwissenschaft

ISBN/EAN: 9783742894724

Hergestellt in Europa, USA, Kanada, Australien, Japan

Cover: Foto ©Thomas Meinert / pixelio.de

Manufactured and distributed by brebook publishing software
(www.brebook.com)

Heymann Steinthal

Einleitung in die Psychologie und Sprachwissenschaft

EINLEITUNG

IN DIE

PSYCHOLOGIE

UND

SPRACHWISSENSCHAFT

VON

DR. H. STEINTHAL

A. O. PROFESSOR FÜR ALLGEMEINE SPRACHWISSENSCHAFT AN DER UNIVERSITÄT ZU BERLIN

ZWEITE, MIT ZUSÄTZEN VERSEHENE AUFLAGE.

BERLIN

FERD. DÜMMLERS VERLAGSBUCHHANDLUNG

HARRWITZ UND GOSSMANN

1881.

MEINEM

LIEBEN, LIEBEN

M. LAZARUS.

meine Schuldigkeit gegen die Menschheit weniger rein, wenn ich das Bild derselben in der geringen Anzahl von Freunden schaue? — Kurz: wenn mir die Wissenschaft gemütlich geworden, ist sie dadurch der idealen Reinheit und Höhe beraubt? Ich werfe meine Arbeit in den Strom der Entwicklung des Gesammtgeistes mit dem Wunsche, dass sie darin rein aufgehen möchte, und harre der Erfüllung in Demut. An dieser Zersetzung und Verwendung meiner Gedanken in dem Allgemeinen werden Gegner wie Gönner arbeiten. Wenn wir aber den glücklichen Wurf des Freundes mit Jubel begleiten dürfen, so muss auch umgekehrt der Wunsch, den Freunden zunächst zu gefallen, sie zuerst zu erfreuen, wohl gestattet sein. Der Freund wird uns genießen, der Gegner uns verzehren — beides im höhern Dienste --; warum aber soll ich mich nicht gern als Gegenstand des Genusses denken?

Während der Arbeit an diesem Buche glaubte ich mich also unter den Augen meiner Freunde. Wie oft musste mir da das milde, heitere Antlitz des alten Heyse entgegen lächeln, dessen Werk ich mit dem begonnenen Unternehmen zu ersetzen hoffe, und dessen letzte wissenschaftliche Beschäftigung doch wohl meinem Manuscripte zu dem Buche „Grammatik, Logik und Psychologie" gehörte, das hier erneuert und erweitert vorliegt. Wie hätte er sich mit den Fortschritten der Sprachwissenschaft in den beiden letzten Jahrzehnten gefreut! Wie hätte es ihn gefreut zu sehen, dass jetzt schon strenge Historiker Hand an die Systematik legen. Man baut eben die Wissenschaft nicht wie Häuser; nicht von unten auf und in vorgezeichneten Linien legt man Stein auf Stein, zieht man Wand an Wand, in ununterbrochener Continuität — nein, es arbeitet jeder da, wo er sich gerade nach Schicksal und Freiheit befindet; plötzlich aber gewart man staunend die Umrisse und den Plan eines ordnungsvollen Gebäudes: die Idee war der leitende Baumeister. — Wir bauen auch nicht wie die

Bienen in lautlosem Einverständniss, sondern unter lautem Streite; man sollte meinen, jeder verdränge jeden; und siehe da, jeder hat jedem geholfen. Der alte Heyse verstand es so gut, aus den wirren Rufen des Streites die Harmonie herauszuhören; er fasste die Eigentöne der Kämpfenden mit der Grundstimme der Sache zusammen, und dann gab es einen guten Klang. — Wie bald folgte ihm unser guter Deuschle! Meine Dithyramben, wie er es fein lächelnd nannte, hatten ihm gefallen; ich glaube fast, er würde sie im gegenwärtigen Buche vermissen.

Nun habe ich Dich von allen unsern gemeinsamen Freunden herausgegriffen, so zu sagen *instar omnium,* und dem Buche Deinen Namen an die Stirn geschrieben. Das gebührt Dir. Wofür ich Dir aber danken will, ist nicht etwas was man aussprechen, nicht dies und jenes worauf man hinweisen kann. Wäre es das, so wäre es nicht so viel. Es ist aber etwas ganz andres — so etwas wie Sonnenschein, welcher den Keim sich entfalten lässt; nicht etwas wie das was der Prophet Elisa gewann, indem er den herabgefallenen Mantel des Elias aufnahm, mit dem er eben so gut wie dieser sein Meister den Jordan spalten konnte; sondern etwas wie das was ihm vom Saitenspiel zufallen sollte.

So kehrt zu Dir zurück was in gewissem Verstande Ausfluss Deiner Persönlichkeit ist. Ob es sich nun mit uns so wiederholen wird, wie wir es erlebt haben? dass wir nämlich eines Geistes uns hoben wie ein Turner, welcher, eine Sprosse fassend, sich an der Leiter hinaufzieht, den Körper mit dem einen Arme hebend, während die andre Hand die nächst höhere Sprosse fasst, und dann wieder mit dieser den Körper hochziehend, damit die erstere weiter hinauf greifen könne — ob sich das nun so fortsetzen wird? Das steht beim Schicksal. Warum dürfte ich nicht hoffen? Ich hoffe mit Zuversicht.

Für jetzt aber muss ich gestehn — mag's Schwäche sein — mit dem Tode unseres kleinen Lehrers, des herrlichen Jungen, ist mir wohl nichts an Verstand, gewiss auch nichts an Festigkeit der Ideale, noch an steter Bereitwilligkeit zum Wirken für die Ideen verloren gegangen; aber von der Freudigkeit des Daseins, von der Lust an der Betätigung vermisse ich seit seinem Hinscheiden auf Stunden und wohl auch Tage viel in mir. Du findest in diesem Buche einiges aus seinem so gar kurzen Leben verzeichnet, was mir belehrend schien. Wie die Sage von Moses lautet: „Er schrieb: „„und Moses starb daselbst"" und weinte, schrieb's unter Thränen": so schrieb ich's und weinte. O Du mein lichter D.....! Unser D., sollte ich sagen; denn Du liebtest ihn wie ich.

Nimm also das Buch hin, lieber Lazarus, und so oft Du etwas darin findest, was Dir gefällt, würde ich wünschen, Du möchtest an mich denken — wenn ich den schönen Aberglauben vom Ohren-Klingen noch hätte. Den habe ich nicht mehr, wie viele andere liebliche Poesien.

Doch gleichviel: komme das Schicksal wie es mag, und mit Hoffnung oder ohne und gegen Hoffnung; mögen die Poesien schwinden oder mag Poesie auch dem Abendrot und der Nacht wie dem anbrechenden Morgen und dem lichten Tage entsprießen und Wahrheit, wenigstens nicht Irrtum sein — wie immer es sei, die sittlichen Ideen sind fest! und von ihnen sollen wir das Gemüt voll haben auch ohne persönliche Befriedigung; sie in ihrer Reinheit und sie ausschließlich sollen die treibenden Kräfte unseres geistigen Lebens sein. - Und „Trauert nicht und freut euch! Denn dieser Tag ist heilig": diese Aufforderung gilt an jeglichem Tage — heilig: dem Höchsten!

VORWORT
zur ersten Auflage.

———

Ich habe hier über den Ursprung des vorliegenden Buches Bericht zu erstatten, d. h. das Verhältniss desselben zu meinen früheren Arbeiten und zu weiteren Plänen darzulegen.

Seit mehr als fünf Jahren ist sowohl mein Buch „Grammatik, Logik und Psychologie" als auch Heyses „System der Sprachwissenschaft" vergriffen, und natürlich wurde sogleich an eine zweite Auflage gedacht. Indessen stellte sich bald das Untunliche dieses Gedankens heraus. Was zuerst Heyses Werk betrifft, so ist festzuhalten, dass es nur den Standpunkt der Wissenschaft im Jahre 1851 darstellen konnte. Wie viel aber ist auf dem mit jugendlichem Eifer bearbeiteten Boden der Sprachwissenschaft seitdem geleistet worden! Das hätte nun alles in das gegebene Fachwerk hineingearbeitet werden müssen, wenn anders das Buch bei seinem neuen Erscheinen dasselbe hätte leisten sollen, was es in seiner ersten Gestalt geleistet hat: wenn es den Inbegriff der heutigen Sprachforschung in systematischer Form hätte darlegen sollen. Darüber aber wäre es aus den Fugen gegangen. Es war eben nicht als Sammelwerk angelegt. Hätte eine fremde Hand hineingearbeitet, es hätte seine Eigentümlichkeit verloren. Es wäre in der Tat ein anonymes Werk geworden, das dem eigentlichen Verfasser nicht mehr, und dem Bearbeiter noch nicht angehört hätte — ein Werk, für welches niemand die Verantwortung übernommen hätte. Besser also, wir lassen Heyses Nachlassenschaft unberührt. Das Werk hatte seine Epoche und gehört der Geschichte an; es ist in sämmtlichen öffentlichen und in vielen Privat-Bibliotheken zu finden. Heyses Name hat seine bestimmte Stelle und bedarf nicht der Nachhülfe eines Fremden.

Noch weniger als Heyses Buch vertrug das meinige eine zweite Auflage. Es ist ein Gelegenheits-Buch, wie alle meine früheren Schriften, und eigentlich nur eine weitläufige Abhandlung. Dergleichen kann nicht mehr beanspruchen, als verarbeitet zu werden. In das vorliegende Buch ist so viel daraus aufgenommen, als sich tun ließ. Die ausführliche Kritik Beckers ist weggelassen. Diese muss gewirkt haben, was sie wirken konnte. Ich sah keine Veranlassung, sie zu wiederholen. Becker kommt nur noch in dem einleitenden Kapitel über die logische Grammatik als die letzte und vielleicht glänzendste Erscheinung derselben in Betracht. — Die positive Darlegung des Verhältnisses der Logik zur Grammatik konnte nach meinem Plane im vorliegenden Buche noch keine Stelle finden: denn sie setzt eine genauere Darstellung der Grammatik voraus, und diese ist hier noch nicht gegeben. Es handelt sich hier lediglich um den Abschnitt des ältern Buches, der allerdings dort den eigentlichen Schwerpunkt des Ganzen bildet: Allgemeines Wesen der Sprache und ihre Beziehung zum geistigen Leben." Nun ist hier dieser Abschnitt nicht bloß beinahe um das Doppelte erweitert, sondern auch aufs ausführlichste durch die Grundzüge einer psychologischen Mechanik begründet. Ich habe nur noch hinzuzufügen, dass ich nicht etwa alles das, was ich aus jenem Abschnitte des alten Buches nicht aufgenommen habe, jetzt verläugne; es wollte sich aber vieles, obwohl es mir noch ganz recht ist, in den neuen Zusammenhang nicht wohl fügen, und so ließ ich es weg.

Die folgenden Abschnitte des alten Buches aber: „Die Grammatik“, „ihre Principien“ und „Hauptpunkte“, endlich „die Verschiedenheit der Sprachen“ bilden den Gegenstand des zweiten Teiles der allgemeinen Sprachwissenschaft (nach S. 31). Dieser Teil ist einstweilen noch durch meine „Charakteristik der hauptsächlichsten Typen des Sprachbaues“ vertreten, soll nun aber demnächst im Anschlusse an das vorliegende Buch neu bearbeitet werden. Darauf deutet der Doppeltitel, der demselben vorgesetzt ist. Die neue Bearbeitung wird wohl in zwei oder drei Bänden erstlich die Sprachstämme ethnologisch charakterisiren, besonders aber den indo-germanischen Typus ausführlich darstellen und dann zweitens die Geschichte der Sprachen, besonders des Griechischen, Lateinischen und Deutschen enthalten. So der Plan zu einem Abrisse der Sprachwissenschaft in drei oder vier Bänden. Doch dies gehört ganz der Zukunft.

Indem ich nun das vorliegende Buch dem Studium meiner Freunde darbiete, bin ich mir wohl bewusst, welche Arbeit ich ihnen zumute. Ich kann nur sagen, dass ich bemüht war, durch die Darstellung im großen wie im einzelnen und durch beständiges Verweisen das Verständniss zu erleichtern. Dazu wird auch die Inhaltsanzeige mitwirken. Indem sie dem Leser die Gliederung des Ganzen übersichtlich vorführt, unterstützt sie ihn in der Mühe, sich beständig den Zusammenhang des Einzelnen gegenwärtig zu halten. Noch zu einem andern Zwecke habe ich sie verwendet. Das Verweisen auf später folgende Erörterungen ist unvermeidlich, kann aber nicht mit genauer Angabe des Paragraphen geschehen, wie bei den Rückweisungen. Für die erste Lesung wäre ja auch diese Genauigkeit unnütz; aber sehr wichtig kann sie für die wiederholte Lesung werden. Wer den Verfasser prüfen will, muss bestimmt wissen, welche folgende Stelle er bei einer früheren im Sinne gehabt hat. Ich habe daher im Inhaltsverzeichnisse bei denjenigen Paragraphen, welche in späteren ihre Ergänzung finden, die letztern genau bezeichnet.

So bleibt mir nur noch der Wunsch, dass der Leser für die Mühe, welche er diesem Buche widmet, in Belehrung oder Anregung Ersatz finden möge.

ST.

Vorrede zur zweiten Auflage.

Hier ist die erste Auflage nur mit geringen stilistischen Änderungen und wenigen, meist Citate enthaltenden, Einschaltungen abgedruckt, und zwar so, dass sich die beiden Auflagen Seite für Seite decken. So ist erreicht, dass jede Anführung des Buches hier wie dort nachgelesen werden kann. Um dieses Vorteils willen und auch aus andren Gründen schien es ratsam, Modificationen wie weitere Begründungen der ausgesprochenen Ansichten in Zusätzen darzulegen, welche dem Buche hinten beigefügt sind.

Dass auch in diesen Zusätzen Glogau's „Abriss der philosophischen Grund-Wissenschaften I. Die Form und die Bewegungsgesetze des Geistes" nicht berücksichtigt ist, ist lediglich darum geschehen, weil in diesem bedeutsamen Werke meine Ansichten über den Kreis der Psychologie weit hinaus entwickelt und zur Grundlage einer Erkenntnis-Theorie gemacht worden sind. Einem solchen Unternehmen muss ich eine ausführlichere und besondere Betrachtung widmen, was an einem andern Orte passender geschehen kann.

So folge hier nur noch die Bemerkung, dass für die Besitzer der ersten Auflage die Zusätze in Separat-Abzügen zu haben sind.

Der Verfasser.

INHALT.

Einleitung.

ERSTER TEIL
Psychische Mechanik.

Einleitung.

I.

Allgemeine Betrachtungen über das Wesen der wissenschaftlichen Erkenntniss und über die Aufgabe der Philosophie überhaupt, wie der Sprachphilosophie insbesondere.

Vor allem ist es wichtig, klar darzulegen, welche besondere Aufgabe der Sprachphilosophie, gegenüber der historischen Sprachwissenschaft, gestellt werden kann und muss, und auf welchem Wege sie solche Aufgabe zu lösen hat. Solche Darlegung ist aber nicht möglich, ohne die Aufgabe aller Philosophie, wenn auch nur in den weitesten Umrissen, zu zeichnen; denn man kann an ihrem Gedanken-Kreise, ohne das Wesen desselben zu schädigen, keinen Ausschnitt vornehmen, wenn man dabei nicht unausgesetzt den ganzen Kreis im Auge behält. Noch mehr aber als der Umfang muss der besondere Charakter der Philosophie dargestellt werden, weil sich in ihm der Gegensatz der Philosophie zur Empirie noch bestimmter ausspricht.

Fragen wir also, bevor wir an unsere besondere Aufgabe gehen: was soll Philosophie? was kann sie? welches dem Menschen wertvolle Wissen erzeugt sie?

Ziel alles wissenschaftlichen Forschens ist die Erkenntniss der Zusammenhänge und Verkettungen, auf denen die Erscheinungen beruhen. So bilden sich in unserm Wissen je nach den Kreisen verwandter, gleichartiger Wirklichkeiten auch Kreise von Erkenntnissen, das heißt verschiedene Disciplinen, deren jede den Grund ihrer Einheit in sich trägt, in ihrem Object und in ihrer Methode. Den Ordnungen der Dinge und den Arten ihrer gegenseitigen Abhängigkeit entsprechen Ordnungen und Entwicklungen von Gedanken und Begriffen: das sind die empirischen und historischen Wissenschaften.

Die Philosophie nun, das ist ihre erste Bestimmung, ist die Erkenntniss des Wesens dieser Zusammenhänge an sich und im Allgemeinen; und da in der Erfassung dieser Zusammenhänge alles Wissen liegt, so ist sie das Wissen vom Wesen und Grunde des Wissens selbst: Wissenschaftslehre. Als solche hat sie einerseits formale und regulative Bedeutung für die Erkenntniss und das Forschen; denn sie ist die, alle Schöpfung von Erkenntnissen und Begriffen begleitende und überwachende Kritik. Da sie den Gehalt, das Recht und den Wert der Momente kennt, durch welche die Zusammenhänge gestiftet werden, so ist sie eben die volle Klarheit über dieses geistige Tun und dessen Erfolg, und macht so erst das wissenschaftliche Denken vollkommen zu dem, was es ist oder sein soll.

Andrerseits aber hat sie in jenen Momenten selbst, durch welche die Zusammenhänge bewirkt werden, d. h. in den Kategorien, ein besonderes Object der Erkenntniss, einen an sich höchst wertvollen Gegenstand.

Dieser ihr constitutiver Inhalt wird aber augenblicklich dadurch erweitert, dass sie, indem sie das Wissen vom Grunde aller Zusammenhänge ist, sogleich zum Wissen von der Einheit aller Erkenntnisse, das alle Disciplinen zusammenhaltende Band wird. Dieses Band ist nicht nur formal und regulativ, d. h. nicht bloß die Erkenntniss, wie diese Disciplin mit jener dadurch in Verbindung steht, dass sie sich teilweise derselben Kategorien und Denkformen bedient; sondern es ist auch constitutiv, d. h. es bildet selbst eine eigene Art von Erkenntnissen, indem es einen Inhalt schafft, der den Zusammenhang aller Disciplinen ausdrückt. Sie ist nicht nur die Methodenlehre, sondern auch die Encyclopädie und Systematik der Wissenschaften.

Die Philosophie ist demnach die höchste Klarheit und vollkommne Einheit des Bewusstseins; sie bewirkt die Uebereinstimmung und das lebendige Zusammenwirken unserer Erkenntniss. Sie hebt die einzelnen Erwerbungen unserer Untersuchungen aus der Zerstreutheit und Zufälligkeit, in der sie uns gelungen sind, und bringt sie in den umfassendsten Zusammenhang, in welchem sie befruchtet werden und befruchten, in welchem sie mit ihrer bestimmten Stellung in dem Ganzen erst ihren vollen Inhalt gewinnen.

So viel sei angedeutet über die erste Bestimmung der Philosophie, Wissenschaftslehre zu sein (worüber Weiteres bald folgen soll). Sie erfüllt dieselbe in der Metaphysik, der Logik und der Encyclopädie.

Aber nicht nur das theoretische Denken, sondern auch das praktische Leben der Menschheit ist Gegenstand der Philosophie. Wie dort die Zusammenhänge der Erkenntniss, sind es hier, in der Ethik, die Verbindungen der Willen in kleineren und immer gröfseren Kreisen, ihr Bestand und ihr Gehalt, welche der Betrachtung unterliegen. — Je gebildeter aber unsere Vorstellungen von ethischen Sachen sind, je reicher, feiner, geordneter sie sind: um so sorgfältiger und schärfer wird das Gericht geübt, das der Mensch über sich selbst hält; aber um so sicherer wird auch die Herrschaft über plötzliche Aufwallungen und augenblickliche Erregungen des Gemüts; und wenn so die tadelnswerte Anwandlung leicht unterdrückt wird, so erhält die lobenswerte ihre Bestätigung und damit erst ihr entschieden sittliches Gepräge. So wird die Handlung immer weniger zufällig, immer weniger gelegentlich; es bildet sich der Charakter, der überall fest und sicher auftritt, immer einig mit sich. Es erstarkt und verfeinert sich dann auch der Tact, der in den Verwickelungen und Zusammenstößen der Lebensrichtungen und Forderungen unmittelbar das Rechte trifft. So bildet sich eine Harmonie des Lebens.

Also Harmonie im wissenschaftlichen Erkennen, Harmonie im Handeln. Ist denn aber der Mensch weiter nichts als Denker und Arbeiter? Geht darin sein Wesen auf, das All der Dinge gedanklich zu erfassen und sittliche Zwecke zu verwirklichen? Und wo bliebe das weite Gebiet des Gemüts?

Wohin die Liebe versetzen? Seinem Mitmenschen wohltun aus reinem Wohlwollen, wie die Sittlichkeit fordert, ist doch nicht das, was wir Liebe nennen. Selbst bloßes Wohlwollen aber ist doch nicht ein kaltes Wollen des Guten, sondern ist mit Gemütserregung gemischt. Und ferner Spiel? Wer möchte, wer könnte leben, ohne je zu spielen? Und so werden wir auch schon an die höchste Form des Spiels erinnert, an die Kunst. Wenn wir nun bedenken, wie weit und wie tief die Liebe dringt, wie hoch die Kunst steigt, wie viel sie umfasst: stehen wir nun nicht schon da, wohin sich zu stellen der Mensch umsonst widerstreben würde, zumal auch

schon das kalte Forschen des Geistes schließlich immer dahin
führt — vor der Ahnung des Unendlichen? — Liebe, Spiel,
Kunst ist Freude, und diese erhebt den Menschen. Und wie
der Schmerz? drückt er ihn herab? zerstört er das menschlich
geistige Wesen? macht er es unfrei? wendet er es ab von seinem
geraden, angeborenen Wege? führt er uns irre? Im ersten be-
wältigenden Augenblicke allerdings. Den Trauernden verlässt
die Prophetie: sagt ein altes jüdisches Wort. Aber soll nun
der Schmerz gar nie zum Geiste des Menschen reden dürfen?
soll jede Sehnsucht, die er weckt, ausgerottet werden? Wenn
das nur möglich wäre! Und wie, wenn dieser Zwillingsbruder
der Freude dasselbe sagt, und dasselbe fordert, wie diese seine
Schwester? wenn beide einstimmig das Unendliche predigen?
So weit wie Liebe und Freude, reicht auch der Schmerz, und
er hat das gleiche Recht wie jene. Man spreche von Zahn-
schmerz, habe aber auch Mitgefühl und Verständniss für den
Schmerz eines Faust. Der Name Weltschmerz ist lächerlich
geworden; aber solch' ein Schmerz, der mit diesem Namen
benannt werden könnte, hat von jeher auf allen tiefen, edlen
Gemütern gelastet. Woher stammt der nie zu sättigende Durst
nach Wissen? Noch abgesehen davon, dass durch Kennen unser
Können vermehrt wird, ist das Wissen an sich ein Gut: worauf
beruht das? Woher kommen die Forderungen der Sittlichkeit,
die man doch so wenig erfüllt sieht? woher unser Wunsch
nach der Glückseligkeit Aller, die doch unmöglich ist? Und
wenn der Schmerz bedürftig ist, ist denn Freude und Liebe
weniger bedürftig? Will jener getröstet werden, so will diese
danken, und beide setzen das Unendliche. Denn nur dem
Unendlichen will der Mensch danken und in ihm Trost haben.
Die Kunst umfasst beide und stellt in Freude und Schmerz das
Unendliche dar, und so beruhigt sie und söhnt aus und reinigt
das Gemüt. Und den Wert ihres Tuns und die Wege, welche
sie einschlägt, stellt die allgemeine Ästhetik, die Philosophie
der Kunst dar.

Die Kunst löst ihre Aufgabe spielend, im bloßen Schein.
Dieselbe Versöhnung aber, Beruhigung und Reinigung verlangt
das menschliche Gemüt auch im Ernste; es verlangt das Unendliche, das Wahre und Gute, zu erfassen nicht nur als abstracten Schein, als Form, sondern auch als concreten Inhalt

und volle Wirklichkeit — sonst wird es nicht ruhig. Solch ein Bedürfniss ist unabweisbar und ist zugleich eine schöpferische Macht: es schafft Religion und Religions-Philosophie, jene für das allgemeine Bewusstsein, diese für die höhere Bildung; beide nicht in Widerspruch mit einander, sondern indem diese nur begründet, tiefer und reiner erfasst, was jene schlechthin ausspricht; beide nicht unwandelbar und nicht fortschrittslos, sondern menschlich und endlich, wie alles in der Menschheit Erscheinende, und sich entwickelnd in dem härtesten Widerspruch, das Unendliche in endlicher Form zu erfassen.

Wie die Religion aus dem Wissen und dem Handeln und Leiden des Menschen entspringt: so würde auch die Religions-Philosophie aus den Wissenschaften, namentlich zunächst aus der Metaphysik, und dann aus der Ethik und Geschichte rein begrifflich hervorgehen, selbst wenn nicht die positiven Religionen zu ihr drängten. Dasselbe Bedürfniss, welches im gemeinen Bewusstsein sich durch Religion befriedigt, würde in viel höherm Grade, weil bewusster, den Philosophen zur Schöpfung eines Begriffskreises leiten, der für ihn das leistete, was jenem die Religion. Tatsächlich zwar erwächst jeder Denker innerhalb eines Gemein-Bewusstseins und empfängt Religion, die ihm bald nicht mehr genügt, und darum durch eine andere Betrachtung ersetzt wird; eben deshalb nennen wir diese: Religionsphilosophie. In Wahrheit aber würde der Denker zu dieser geführt, selbst ohne Rücksicht auf eine positive Religion, rein durch Denken, durch Motive, welche in der Metaphysik und Ethik und in der inneren Erfahrung liegen. Die Religionsphilosophie könnte und muss sogar, zunächst wenigstens, von den positiven Religionen ganz absehen und ihre Aufgabe rein für sich hinstellen und zu lösen versuchen. Nur wenn sie es unternimmt, im größten Umfange auch das historische Material, das auf ihrem Gebiete schon entwickelt ist, d. h. die religiösen Gedanken, die schon von der Menschheit geschaffen sind, einer Kritik und Würdigung zu unterwerfen, hat sie auch auf die positiven Religionen sich einzulassen.

Wir fühlen nicht nur im Wissen und im sittlichen Leben eine eigentümliche Genugtuung, deren Inhalt und Wert erst die Religionsphilosophie zu erklären hat; sondern das Wissen, wie es durch Auffassung der Tatsachen und ihre physikalische und

psychologische Erklärung gewonnen wird, erklärt sich auch
selbst als unzulänglich zur Beantwortung gewisser Fragen,
welche ihm vom consequenten wissenschaftlichen Denken, das
zu den letzten Gründen drängt, gestellt werden. Die Lebenserfahrungen und die Kenntniss der Geschichte fügen noch
eigentümliche Probleme hinzu, deren Lösung das Gemüt fordert.
Das sind unabweisbare Bedürfnisse. Die Religion hat sie in
unklarer, voreiliger Form vorausgegriffen und unmittelbar und
in einer dem wissenschaftlichen Denken nicht genügenden Weise
beantwortet. Die Religionsphilosophie wird dies mehrfach zeigen
können; ja sie wird manches Bedürfniss des religiös erregten
Gemüts als unbegründet abweisen. So wird sie aufklärend und
reinigend auf dasselbe wirken. Wesentlich aber bleibt ihre
Aufgabe von der positiven Religion unabhängig. Wenn sie
manches Problem, das die Religion in ihrer Weise gelöst hat,
ganz aus ihrem Kreise ausweist und zur Erledigung den mechanischen Naturwissenschaften und der Geschichte überlässt:
so wird sie dagegen andre Probleme um so inhaltsreicher hinstellen, um so schärfer zuspitzen. Zuletzt heißt es: Was ist
der Wert dieses ganzen Seins mit seinen unübersehbaren Verwicklungen von Stoffen und Kräften? was bedeutet dieser un-
aufhörliche Atomen-Wechsel, den wir die Welt nennen? was
liegt an ihm? Und wenn nun dieser Erdball mit all seinem
Leben in Kälte erstarrte und in Staub zerstöbe (gleichgültig, ob
es geschehen kann oder nicht) — was dann? — Diese Erde —
geschah es denn grundlos, dass man sie ein Jammertal nannte?
Vom Unbestand jedes Glückes wird unaufhörlich gesprochen.
Wer nun darum und weil er denselben erfahren hat, nur zitternd
genießt, nur in Furcht die Freude kostet, denn er fürchtet, der
Zerstörer stehe schon an der Tür — ist der wahnsinnig? Oder
soll das Memento mori ihm nur sagen: carpe diem? — Die
Geschichte der Menschheit — wovon erzählen die meisten ihrer
Blätter? von wie vielen Jahrhunderten des unsäglichsten Elends?
Und bei ihren Berichten von jubelnden Siegen, lesen wir nicht
gleichzeitig zwischen den Zeilen den Jammer der Besiegten?
Ihre Beschreibungen von Glanz und Herlichkeit, weisen sie
nicht zugleich auf die erbarmenswerteste Grundlage, auf der
solcher Glanz und solche Herlichkeit unbarmherzig lastete?
— „Es wird immer besser, von Jahrhundert zu Jahrhundert

besser" — welch elender Trost! Was haben die leidenden
Väter davon, dass ihre Urenkel sich freuen? Und immer besser
und besser — niemals gut! Nennt es beim rechten Namen:
immer weniger schlecht. Dafür aber wird der Mensch immer
empfindlicher.

Selbst wenn nun die Religionsphilosophie zu dem Ergebniss
kommt, dass all jenem Drängen und Wogen des Gemüts gegenüber, welches gern in klaren Begriffen zur Ruhe käme, dem
Menschen nur Eins geziemt: Entsagung: so wäre doch ihre
Stellung gesichert. Die Religion gewährt Trost; die Religionsphilosophie lehrt und fordert vielleicht weiter
nichts, als: sich absolut bescheiden — mag sein; nur
wegzuschaffen ist sie nicht.

Auch ist klar, dass die Philosophie erst durch die Religionsphilosophie ihre Aufgabe vollständig löst. Indem dieselbe
aus dem gemeinsamen Triebe des theoretischen Wissens, der
Ethik und der Lebenserfahrung hervorgeht, vollendet sie erst
die Einheit und Harmonie des gesammten Bewusstseins. Und
so fassen wir die Wirksamkeit der Philosophie dahin zusammen,
dass sie eine vollkommene Weltanschauung erzeugt, ein allseitiges Selbstbewusstsein, wahrhafte Bildung, die notwendig
mit der Leuchte des Gedankens auch das Gefühlsleben erhellt
und den Charakter verklärt.

Ist nun mit der Metaphysik und Logik, der Ethik, der
Ästhetik und endlich der Religionsphilosophie die Aufgabe der
Philosophie für die Intelligenz, das tätige Leben und das
Gemüt erschöpft und der Kreis ihrer Untersuchungen aus-
gemessen: so dürfte sich wohl in diesem Kreise schwerlich ein
Platz für Sprachphilosophie zeigen. Wir werden den monotheistischen Gedanken „Gott sprach und es ward" sehr schön,
erhaben finden; aber dies bedingt eben so wenig ein Eintreten
sprachlicher Untersuchungen in die Religionsphilosophie, wie
das Gebet und die Predigt solchen Eintritt bewirkt. Die
Schöpfung der Sprache durch Gott, als besonderer Lehrsatz,
ist kein Glaubensartikel und soll keiner sein. Eben so tritt die
Sprache nicht in die Ethik etwa darum, weil diese fordert, man
dürfe nicht lügen, nicht unsittliche oder unanständige Reden
führen. Nur der Sophistik gegenüber, welche nicht zugestehn

will, dass der verschleiernde Ausdruck bald sittlich, bald un-
sittlich sein kann, je nach der Gelegenheit, hat die Ethik der
Sprachwissenschaft Waffen zu entlehnen. Dass aber endlich
die Grammatik in der Logik oder Metaphysik keinen Platz
findet, wird später noch sehr ausführlich zu zeigen sein.

Es könnte also keine Sprachphilosophie geben, — wenn wir
nicht die Grenzen der Philosophie erweitern; und nun erinnern
wir uns, wie man ja dies längst in neuerer Zeit in Deutschland
getan hat. Indessen gegen diese Erweiterung habe ich mich
entschieden zu erklären, und weil dieselbe auf weit verbreiteten
und auch heute noch, namentlich auch unter den Gegnern der
Philosophie herschenden Irrtümern beruht, so muss ich etwas
ausführlich sein.

Wir sahen soeben, wie die Philosophie dadurch die Zusammenhänge der Erkenntnisse bewirkt, dass sie die Principien
alles Wissens darlegt. Dagegen hat man gemeint, nicht nur
die Principien, sondern auch den positiven Inhalt aller Erkenntniss habe sie zu entwickeln, weil die Principien diesen Inhalt
schon in sich schlössen. Denken und Sein nahm man für so
identisch, dass die Principien des Denkens zugleich die des
Seins ausmachen sollten; die logische Entwickelung der Begriffe
laufe also parallel dem Werden der Sachen, der Natur sowohl
als auch der Geschichte. So bestand in der Forderung nicht
nur, sondern auch in vermeintlicher Ausführung eine Philosophie der Natur und eine Philosophie der Geschichte neben
einer andern sogenannten empirischen Naturwissenschaft und
Geschichte; und wenn auch zugestanden ward, dass die Natur
und der Geist recht wohl empirisch erkannt werden könne und
zunächst sogar nur empirisch erforscht werden müsse, so galt
doch die philosophische Erkenntniss dieser selben Natur und
dieses selben Geistes als die höhere, eigentlich und schließlich
allein befriedigende, weil allein die Gewissheit der Wahrheit
gewährende. Denn da die philosophische Erkenntniss den ganzen Tatbestand der Natur und Geschichte aus den dem menschlichen Geist inwohnenden Principien entwickele, erweise sie damit die Einheit des Denkens, des menschlichen Wesens, mit
der Natur und der Geschichte, und diese Einheit sei das Siegel
der Wahrheit und der Freiheit.

Dieser Dualismus in der Wissenschaft, wonach das All

und jedes Einzelne im All auf doppeltem Wege, nach doppelter
Methode soll erkannt werden können, ist so fern davon, ein ursprüngliches, von der Sache selbst gegebenes und erheischtes
Verhältniss darzustellen, dass er vielmehr nur als das Ergebniss
einer langen und vielfach auf Abwege geratenen Entwickelung
zu erklären bleibt. Sein Werden darzulegen ist Aufgabe einer
Geschichte des menschlichen Denkens und kann hier nicht
unternommen werden*); aber die Klarheit über den Standpunkt,
den wir einzunehmen haben, wird gewinnen, wenn wir die
durchaus irrtümliche Grundlage näher betrachten, auf der jener
Dualismus beruht. Indem wir erkennen, wie falsch die Voraussetzungen sind, welche er macht: sehen wir unmittelbar ein,
was die Wahrheit fordert.

Die Begriffe, mit denen man den Gegensatz von Philosophie
und Empirie (oder Historie), Speculation und positiver Wissenschaft zu bezeichnen pflegt, nämlich: a priori und a posteriori,
synthetisch und analytisch, Syllogismus oder Dialektik oder Deduction und Induction sind zwar dem Aristotelischen Gedanken-
kreise teils entnommen, teils aus ihm entwickelt, haben sich aber
von dem Sinne des Aristoteles**) sehr weit entfernt. Indem
wir nun, wie schon gesagt, den Wandel der Bedeutung und
systematischen Stellung jener Termini im Laufe der Jahrhunderte
bei Seite lassen, wollen wir nur zeigen, wie haltlos die Gegensätze sind, in welche man sie gebracht hat. Wenn sich aber
der dreigestaltige Gegensatz zwischen jenen Begriffen auflöst,
welche die Grundlage für die Unterscheidung der Philosophie
und Empirie hergeben sollen, so ist damit der Dualismus von
philosophischer und empirischer Erkenntniss eines und desselben
Gegenstandes aufgehoben.

Nicht das ist zu leugnen, dass a priori und a posteriori,
Synthesis und Analysis, Syllogismus und Induction drei wahre
Gegensätze bilden; aber gerade weil sie Gegensätze sind, darum
sind sie, jedes für sich genommen, nur abstracte Momente,
welche in ihrer Isolirtheit niemals wirklich auftreten, sondern
nur je eins mit dem andern verflochten zusammenwirken. Wir

---

*) Andeutungen über das Wachsen und den Wandel jenes Dualismus
habe ich gegeben in dem Vortrage: „Philologie, Geschichte und Psychologie
in ihren gegenseitigen Beziehungen.“ S. 2 ff.

**) Siehe die erste Anmerkung S. 25.

können in jedem Erkenntnissprocess ein doppeltes Moment, zwei
Factoren, unterscheiden: einen apriorischen und einen aposteriorischen Factor, eine Synthesis und eine Analysis; aber was wir
bei der Betrachtung dieses Processes bloß begrifflich unterscheiden, darf nicht so aus einander gerissen werden, dass wir
jedem einzelnen der beiden Factoren oder Seiten des Processes
das aufbürden, was nur beide in gesetzmäßigem Zusammenwirken leisten, die Schöpfung einer Erkenntniss. Denn jede
Erkenntniss, sei sie die höchste oder niedrigste, die verwickeltste
oder einfachste, ist ein Process, und ein solcher findet überhaupt
und notwendig nach dem allgemeinen metaphysischen Gesetz
für alles Geschehene nur unter mindestens zwei Factoren statt.
Es kann kein Druck entstehen ohne Drückendes und Gedrücktes,
und letzteres übt allemal einen Gegendruck. Eben so verhält
es sich mit Stoß, Reibung, Anziehung. Wir können nun allemal
den einen Factor im Process der Bildung einer Erkenntniss als
den apriorischen, den andern als den aposteriorischen bezeichnen,
und die Bewegung des Zusammenwirkens oder der Vereinigung
beider zeigt allemal zwei Seiten, eine synthetische und eine analytische. Und also ist jede Erkenntniss zugleich apriorisch und
aposteriorisch, synthetisch und analytisch; und es ist unmöglich,
dass nur durch einen Factor, sei es dieser oder jener, etwas
erkannt werde. Durch Auslösung des einen Momentes wird der
ganze Process zerstört und auch das andre Moment untätig
gemacht. Dies werde noch etwas näher dargelegt.

Bleiben wir zunächst bei dem ersten Gegensatze stehen.
In der ursprünglichsten Gestalt tritt er in der einfachsten Er-
kenntniss auf, in der Empfindung. Hier ist das Äußere, das
Element der Natur, das auf unsere Sinne wirkt (z. B. Luft,
Äther), das aposteriorische, die Seele oder die Fähigkeit des
Bewusstseins schlechthin oder das Sinnes-Organ das apriorische
Moment; aus dem Zusammenwirken beider, dem Reize des
Elements und der Gegenwirkung des aufnehmenden Bewusstseins, entsteht die Empfindung eines bestimmten Tones, einer
bestimmten Farbe. Man sieht sogleich hier, wie aposteriori das
uns Fremde, das Aufzunehmende, apriori dagegen unser Eigentum heißt, welches wir zur Erkenntniss hinzubringen. Obwohl
jene Termini nicht aus dieser Einsicht geschaffen sind, so passen
sie doch, und wir dürfen sie so verwerten. Das uns Eigene

ist doch gewissermaßen das Frühere; das uns Fremde tritt erst an uns heran, ist erst ein Zweites, Späteres. Schon hier sieht man auch, wie das apriorische Moment das wichtigere, mächtigere, eigentlich schöpferische ist. Wir würden freilich ohne die schwingende Luft und den schwingenden Äther weder Ton noch Farbe haben; aber dass aus Luftwellen ein Ton, aus erzitterndem Äther eine Farbe entsteht, das bewirkt nicht Luft und Äther, sondern das gemäß seiner eigensten Natur entgegenwirkende und in dieser Gegenwirkung schöpferische Bewusstsein. Auch der Erfolg des Reizes eines Äußern auf ein andres Äußere wird ja nicht bloß durch die Natur des Reizenden, sondern zugleich auch des Gereizten bestimmt. Die Bewegung, welche ein Körper durch einen Stoß erhält, hängt nicht bloß von der Kraft und Richtung des Stoßes ab, sondern zugleich von den Beschaffenheiten und der Lage des gestoßenen Körpers. Wie sollte also nicht der Anstoß, den das Bewusstsein vom Äußern erfährt, in seiner Wirkung von der Natur des Bewusstseins bedingt werden.

Solche Empfindungen einfachster Art bilden den ersten Besitz unseres Geistes, und aus ihnen wächst der Geist eines Aristoteles, Leibniz und der intellectuell umfassendsten und höchsten Männer hervor, noch lange und genau genommen für immer unter Mitwirkung der äußern Reize und Anregungen, des Aposteriorischen, aber in noch bedeutsamerer Weise in Formen und mit Hülfe von Factoren, welche das Bewusstsein bei jeder einzelnen Phase dieses Wachstums erst nach eigenstem Wesen schafft. Diese Momente sind die Formen unseres Anschauens und Denkens und die Kategorien der Begriffe, und wir können sie ganz eigentlich als die apriorischen Momente unserer intellectuellen Tätigkeit ansehen, da sie eben lediglich aus uns stammen. Nur unter Mitwirkung beider Momente, der äußern Reize und der innern Formen, entstehen zunächst die Anschauungen von den einzelnen Dingen im Raume und von räumlichen Verhältnissen, wie das Bewusstsein des Kindes sie bildet, und worüber der Ungebildete nur wenig hinausgeht. Aber es ist wohl daran zu erinnern, dass, wie die Physiologen genau wissen, zwischen der Bildung jener einfachsten Empfindungen von Licht und Schall u. s. w. und der Auffassung eines Dinges als eines räumlich gestalteten ein weiter Weg liegt.

Man darf nicht meinen, die Dinge und die räumlichen Verhältnisse der Dinge, ihre Formen, ihre Stellung neben, über, unter
einander, ihre Entfernungen, träten als Bilder fertig in unser
Bewusstsein, wie sie in einen Spiegel fallen. Das Bewusstsein
ist absolut verschieden vom Spiegel und mit diesem kaum vergleichbar. Das Bewusstsein nimmt keinen äußern Reiz auf,
ohne ihn zu gestalten nach eigenem Maße. Gilt dies schon
von dem elementaren Reiz, so muss man, diese Gestaltungskraft
in noch höherem Grade anerkennend, sagen, dass das Bild eines
Dinges vom Bewusstsein in voller Selbsttätigkeit aus den primären Empfindungen erst zusammengesetzt wird. Freilich verfährt es bei dieser Zusammensetzung ebenfalls nicht frei und
nicht bloß aus sich, nicht bloß apriorisch, sondern unter Einfluss
und nach Maßgabe des Äußern, also aposteriorisch; aber dieser
Einfluss, diese Abhängigkeit des Bewusstseins von den realen
Bestimmtheiten, hebt seine Tätigkeit nicht auf. Wir wissen von
Seiendem, Wirklichem, Objectivem nur insofern und wie unser
Bewusstsein solches schafft. Nicht nur das, was wir als Qualitäten der Materie erkennen, sind Bestimmungen unserer Sinnesorgane; sondern auch alle räumlichen Formen oder die Eigenschaft der Dinge, räumlich ausgedehnt zu sein, räumliche Formen
zu haben, ist durchaus ein Erzeugniss unseres Bewusstseins,
also apriorisch, obwohl nicht nur notwendig, unausweichlich,
sondern auch durchaus nach Maßgabe realer, objectiver, also
aposteriorischer Bestimmtheiten. Das alles setzt die neuere
Physiologie außer allem Zweifel. Der Mensch sieht nicht von
Natur, sondern von Geist, d. h. er lernt allmählich sehen, er
lernt Bewegungen, Entfernungen, Formen kennen. Lernen
aber ist nicht ein unmittelbares Auffassen, sondern ein Aneignen
durch mehrfache Vermittlung, durch Combinirung. Verschiedenheit der Eindrücke auf die Netzhaut des Auges, Bewegungen
des Auges, der Hand, des Leibes werden zusammengefasst zur
Bildung räumlicher Warnehmungen. Nur solche Empfindungen
empfangen wir von außen; sie sind das Aposteriorische im
eigentlichen Sinne. Ihre Combinirung und Deutung oder Versetzung in die Außenwelt, also die Bildung von Gegenständen
aus den Empfindungen ist apriorisch, d. h. Tat des Bewusstseins, und zwar schon eine sehr verwickelte, eine vielfach von
apriorischer und aposteriorischer Bewegung zusammengeflochtene.

Aus Lichtreizen ein Ding erkennen, ist die Tat nicht des Auges, sondern der Intelligenz.

Es ist hier nicht der Ort, auch nur in Umrissen die Entwicklung des Bewusstseins zu verfolgen. Für unseren Zweck, den Nachweis zu geben, dass sich jeder Act der Erkenntniss, jeder Schritt der Entwickelung des Bewusstseins mit Hülfe eines apriorischen und eines aposteriorischen Factors vollzieht, könnte das Gesagte genügen. Doch mögen noch folgende Andeutungen gegeben sein. Sind Anschauungen von Dingen gebildet, so ist das Wiedererkennen desselben Dinges als desselben gewiss nicht ohne apriorische Seite. Denn um ein Ding als ein schon bekanntes zu erkennen, muss der gegenwärtigen Auffassung desselben als dem aposteriorischen Momente eine innere Tätigkeit, eine Erinnerung, als apriorisches Moment entgegentreten, und durch das Zusammenwirken beider Momente vollzieht sich der Process der Vergleichung und Identificirung. — Nun gar die Vorstellung eines Dinges als eines solchen, d. h. als eines dauernden Trägers von Eigenschaften, ist doch wahrlich schon sehr fern davon, rein empirisch zu sein. Denn wenn wir auch die Berechtigung, von dauernden Dingen zu reden, erst durch die Erfahrung erlangen, welche uns zeigt, wie sich ein einheitlicher Grund durch eine Entwicklung von Vorgängen hindurchzieht: wie viel beziehende, vergleichende Tätigkeit wird erfordert, um die Gleichheit und die Ungleichheit des Wiedererkannten mit sich selbst, welche es in den verschiedenen Zeitpunkten zeigt, aufzufinden; und ist Beziehen und Vergleichen nicht etwas durchaus Apriorisches, Tätigkeit des Bewusstseins an einem geeigneten aposteriorischen Material? Und wenn die Identificirung des doch teilweise Veränderten nur möglich ist, indem eine Einheit in der Mannichfaltigkeit gesetzt, und wenn noch weiter die Einheit als Grund oder auch nur als Träger von Veränderungen gefasst wird, sind nicht solche Einheit, Veränderung, Träger, Grund schon geradezu Kategorien, welche Gegenstand der Metaphysik sind, und welche das Bewusstsein lediglich aus sich nimmt? Die Erfahrung kann solche Kategorien niemals und in keiner Weise geben: diese gestalten erst eine Erfahrung; und die mögliche Folgerichtigkeit und Widerspruchslosigkeit in der Anwendung der Kategorien verbürgt uns ihre Wahrheit und Berechtigung.

Darauf also beruht der Fortschritt in der Entwicklung des Bewusstseins, dass jedes Gebilde des Bewusstseins, das immer aus einem apriorischen und einem aposteriorischen Momente besteht, nun weiter als ein bloß aposteriorischer Factor, allein oder mit anderm Aposteriorischen, in Verbindung treten kann mit einem aus dem Bewusstsein geholten apriorischen Factor, und dass das so gewordene neue Erzeugniss abermals als aposteriorischer Stoff, als Gegebenes, Vorliegendes mit einem noch bedeutsamern apriorischen Momente combinirt und noch höher gestaltet werden kann. Anders ausgedrückt: jede Erkenntniss kann Mittel einer neuen, höhern Erkenntniss werden durch Combination mit andern Elementen. Abgesehen also von den Empfindungsreizen, welche nur als aposteriorischer Factor auftreten können, und andrerseits abgesehen von den höchsten Kategorien, welche umgekehrt nur als apriorisches Moment wirken können, kann jede zwischen diesen Gränzen liegende Erkenntniss bald apriorisch, bald aposteriorisch wirken und sind also nur im Process vergleichsweise dieses oder jenes.

Man hat gefragt: warum bewegt sich unser Denken in der Form des Urteils? Die Antwort ist, weil jeder Denkact die Combinirung eines apriorischen und aposteriorischen Moments ist; es ist nämlich das Subject das aposteriorische, das Prädicat das apriorische, d. h. das vergleichsweise ältere, also mehr innerliche, dem Bewusstsein mehr angehörige, bekanntere Moment, wenn es nicht schon eine rein dem Bewusstsein entsprossene, metaphysische Kategorie ist. Subsumtion des Einzelnen unter das Allgemeinere, mathematische Gleichsetzung, Beziehung einer Eigenschaft auf ein Ding, einer Wirkung auf eine Ursache, Messen einer Leistung an einem Maßstabe nach Richtigkeit, Schönheit, Güte — überall ist Gestaltung eines Aposteriorischen durch Apriorisches.

Es ist noch ein Missverständniss abzuweisen. Von den reinen metaphysischen Kategorien, wie Ding, Wesen, Grund, Kraft u. s. w. wird zwar behauptet, dass sie rein und ausschliesslich dem Bewusstsein gehören, welches sie aus eigenstem Wesen schafft, wie auch die logischen Denkformen. Das ist nun aber eben nicht so zu verstehen, als ob diese Kategorien und Formen schon ursprünglich irgendwie fertig im Bewusstsein lägen; sondern erst je nach innerm Bedürfniss, im Drange, das

Gegebene wahrhaft zu erfassen, mit dem Aposteriorischen ringend, sich an ihm messend, erzeugt das Bewusstsein dieselben allmählich im Laufe der Entwickelung des Wissens. Also am Gegebenen, aber aus sich selbst holt das Bewusstsein die reine Form; nicht ohne Gegebenes, aber nicht durch dasselbe und nicht aus ihm gewinnt der Denker die Kategorie; sondern dieselbe zum Vorliegenden, zum Aposteriorischen hinzuschaffend, bildet er sich die Erfahrung, ein Object. Das Gewinnen und das Anwenden der Kategorie geschieht in einem und demselben Acte. Der Mensch macht Erfahrung, indem er zu einem aposteriorisch Gegebenen die Kategorie hinzudichtet, mit welcher als dem apriorischen Organ er jenes auffasst. Geht das Gegebene widerspruchslos in der Kategorie auf, bestätigt sich das hieraus gewonnene Wissens-Ergebniss wiederholt und allseitig: so ist die Erfahrung richtig gebildet, es war das geeignete apriorische Organ dazu geschaffen, es ist ein wahres Object, eine richtige Tatsache.

So steht nun wohl fest, dass es unmöglich eine objective Wissenschaft geben kann, die nur aposteriorische Erkenntniss enthielte, da gar keine Erfahrung ohne apriorische Factoren möglich ist; und andrerseits kann und muss zwar die reine Kategorie und Denkform an sich, abgelöst von jedem besondern Gehalt, Gegenstand einer Betrachtung werden, wie in der Metaphysik und Logik geschieht; aber es kann lediglich aus ihnen und bloß durch sie ohne Hülfe aposteriorischer Momente keine objective Erkenntniss, keine Erkenntniss der Objecte oder der Außenwelt gewonnen werden. Die rein apriorischen Elemente mag man die Formen unserer Erkenntniss nennen; alles was aposteriorisch auftreten kann, und insofern es dies tut, mag Stoff heißen, so ist klar: aus dem Apriorischen kann nichts Aposteriorisches, aus der Form kein Stoff gewonnen werden. Denn es kann überhaupt aus Einem nicht ein Zweites, wohl aber aus Zweien ein Drittes werden. Wie sehr man also Kategorien und Denkformen von allen Seiten betrachte, man kann hiermit nur eine Erkenntniss vom Innern, vom Wesen des Bewusstseins erlangen. Weder kann einerseits die Philosophie, als Betrachtung der rein apriorischen Factoren, das Reich der Dinge erforschen, so wenig wie durch Geometrie das Mineral-Reich erkannt wird; noch auch kann andrerseits eine empirische

Wissenschaft bestehen, die nicht bis in ihre letzten Teile von apriorischen Momenten durchwoben wäre. Keine Wissenschaft, welche wirklich Sciendes erforscht, die Natur oder die Geschichte darstellen will, kann rein constructiv oder speculativ sein, und keine kann ohne Construction, ohne Speculation sein. Tatsachen sind nie gegeben, sondern werden aus Gegebenem und Apriorischem zusammengenommen gestaltet.

An diese Betrachtung der Termini a priori und a posteriori knüpft sich noch ein anderer Punkt, nämlich die Behauptung, nur dem durch apriorische Construction Erkannten wohne der Charakter der Notwendigkeit inne, während er dem empirisch Erkannten fehle. Ein Blick auf die zwingende Notwendigkeit der von unserer Physik festgestellten Tatsachen genügt, um die Unrichtigkeit dieser Behauptung zu erkennen; ja, es muss Verwunderung erregen, wie sie überhaupt nur aufgestellt werden konnte. Um dies zu verstehen, sind zwei Punkte zu beachten. Einerseits nämlich hat man sich zu erinnern, dass alle hierher gehörigen Termini wesentlich von Aristoteles entlehnt sind; der aber kannte zu seiner Zeit noch keine exacte empirische Wissenschaft, deren Lehrsätze Notwendigkeiten enthielten. Als sich aber unsere Physik entwickelte, da (und dies ist der zweite Punkt) änderte sich mit dem Umschwunge des wissenschaftlichen Geistes auch die Bedeutung jener Termini. Der Physik des Galilei und seiner Nachfolger trat Cartesius gegenüber mit einer neuen Ansicht von der Aufgabe der Philosophie. Von jetzt ab verstand der Philosoph etwas ganz anderes unter Notwendigkeit, als der Empiriker und als Aristoteles. Dieser würde sich vor unserer heutigen Physik beugen als vor dem Ideal einer nach seiner Ansicht apriorischen, mit vollster Notwendigkeit bekleideten Erkenntniss der Natur. Denn hier wird alles aus Ursachen erklärt und mit solcher Sicherheit, dass man, wenn gewisse Bedingungen vorliegen, mit größter Zuversicht den Erfolg voraus (a priori) sagen kann. Wo der Physiker ein Gesetz, ein Causalitäts-Verhältniss erkannt hat, da hat er eine Notwendigkeit des Werdens oder Geschehens erkannt. Der neuere Philosoph dagegen ist gar nicht darum bemüht, Wirkungen aus Ursachen zu erklären; er will alles aus dem Geiste, der Idee, begreifen, und notwendig heißt ihm das, was er als Moment oder Entwicklungsstufe der Idee nachweisen kann, unbekümmert um die Existenzform in der Wirklichkeit. Die Idee entlässt das All aus sich, gibt sich in den Dingen Wirklichkeit; und die Frage ist nun: welche Stellung nimmt jedes Ding ein in diesem unendlichen Processe der Selbstverwirklichung der Idee? Daraus fliesst jedem Wesen seine Notwendigkeit zu, dass es in diesem Processe eine bestimmte Function, Bedeutung hat, und aus dieser seiner Bedeutung als einer höhern oder niedern Darstellung der Idee ergibt sich sein Wert. Während also die Betrachtung des Naturforschers genetisch ist, kann man die der neueren Philosophie als ästhetisch, wertschätzend bezeichnen.

Wir kommen zu dem vermeintlichen Gegensatze einer synthetischen und einer analytischen Methode; die analytische, sagt man, steige vom Einzelnen hinauf zum Allgemeinen, die synthetische vom Allgemeinen hinab zum Einzelnen. Auch hiermit hat man Zusammengehöriges aus einander gerissen. Wie bei dem Zustandekommen jeder Erkenntniss ein apriorischer und ein aposteriorischer Factor mitgewirkt hat, so hat der Process denkender Auffassung auch allemal zwei Seiten; er schließt eine Doppelbewegung in sich, insofern er das Zusammengehen zweier Momente zu einem Dritten enthält. Je nach dem Gesichtspunkte, unter welchem diese Bewegung betrachtet wird, erscheint sie als synthetisch oder als analytisch, während sie allemal beides zugleich ist. Wer den menschlichen Körper secirt, irgend eine Maschine in ihre Teile zerlegt, der erkennt eben im Zerlegen die Zusammensetzung des Gegenstandes; und ebenso begreift man das Gefüge eines zusammengesetzten gedanklichen Inhalts durch Auflösung desselben: verfährt man da synthetisch? oder analytisch? oder nicht vielmehr beides zugleich, in der Analyse synthetisch?

Jeder Act der Erkenntniss setzt ein Besonderes in einem Allgemeinen, aber nicht etwa so, als wäre das Allgemeine ein gegebenes, bereit liegendes Fachwerk, in welches ein Einzelnes gelegt würde; sondern so, dass eben erst durch die Erkenntniss das Allgemeine selbst geschaffen und damit zugleich das Besondere erfasst wird; und beides ist nur der eine, wohl wissenschaftlich analysirbare, aber tatsächlich unteilbare Act. Dies bewährt sich schon an der niedrigsten eigentlichen Erkenntniss, wie sie sich in der Wortbildung, in der Benennung eines Dinges,

also auch in der Aneignung eines Wortes durch das Kind ausspricht. Wer zuerst eine Höhle, κύ-τ-ος, caulae, als solche benannte, d. h. als solche erfasste, der musste die vorliegende
Erscheinung mit andern hohlen Dingen, deren er sich in diesem
Augenblicke erinnerte (hohle Baumstämme, Stengel, καυλός, caulis,
Bauch), zusammenfassen; und gerade, indem er so ein Allgemeines bildete, erfasste er jedes darunter gefasste Einzelne und
auch die vorliegende Warnehmung. Man hatte mancherlei Dinge
'gesehen, welche irgend eine Eigenschaft, und gerade eine charakteristische, gemeinsam haben; aber noch hatte man diese
Eigenschaft nicht herausgehoben, noch nicht zum Gegenstande
einer besondern Vorstellung gemacht, und eben darum auch
die Aehnlichkeit jener Dinge in Bezug auf diese Eigenschaft
oder durch dieselbe nicht beachtet. Nun geschieht es in einem
Augenblicke, wo eine Warnehmung geboten wird, welche gerade
diese Eigenschaft recht auffallend an sich trägt. Da schießen
die Vorstellungen von allen jenen Dingen, welche diese Eigenschaft an sich tragen, an einander und krystallisiren sich zu
der allgemeinen Vorstellung dieser Eigenschaft. Dieses Zusammenfassen ist Synthesis; aber damit zugleich ist die Analysis,
die Auslösung dieser Eigenschaft aus den Verbänden von Eigenschaften gegeben, welche jene Dinge bilden. Und so ist es
überhaupt unmöglich, etwas Besonderes, etwa eine Farben-
Schattirung, einen Geschmack, in andrer Weise denkend zu
erfassen, sprachlich zu bezeichnen, als gerade dadurch, dass
man das Allgemeine bildet, worunter jenes Besondre gefasst
werden kann. Erst wenn mehrere Pferde als einander gleich
synthetisch zusammengefasst und aus der großen Anzahl bekannter Tiere analytisch herausgehoben werden, wird das einzelne
Pferd als Pferd erkannt, und diese drei Acte sind nur einer.
Ebenso: erst wenn viele grünfarbige Dinge bezüglich ihrer
Farbe als gleich erkannt und im Gegensatze zu anders gefärbten
Dingen zusammengefasst sind, ist die grüne Farbe allgemein
und das einzelne grüne Ding als grün erfasst; und wer nun
eine Besonderheit dieses Grün an einem einzelnen Dinge herausheben will aus dem allgemeinen Grün, der muss erst innerhalb
dieser Allgemeinheit wiederum eine neue, engere Allgemeinheit
bilden, indem er das vorliegende Einzelne mit einem Teil des
weitern Allgemeinen zusammenfasst, etwa mit dem Grase, wo-

durch er die Schattirung „grasgrün" bildet. Ebenso aber, wie die Bildung des Allgemeinen und die Erfassung des Einzelnen sich in einem Acte vollziehen, so ist auch jene wie diese sowohl synthetisch als analytisch und ist eben das Eine nur durch das Andre. Denn die Zusammenfassung des vorliegenden Einzelnen mit andern, erinnerten Einzelnen ist nur möglich, indem aus dem Complex von Merkmalen, als welcher jede dieser Einzelheiten erscheint, die gemeinsamen Merkmale ausgelöst werden; diese Auslösung aber andrerseits vollzieht sich gerade durch jene Zusammenfassung. Synthesis und Analysis scheinen sich gegenseitig zu bewirken; in Wahrheit sind sie nur ein Act, der so oder so angesehen werden kann. Ebenso verhält es sich mit der höheren wissenschaftlichen Erkenntniss. Wundt, Menschen- und Tierseele (I. 435) behauptet: „Die Synthese" (d. h. die Induction)*) „ist der schöpferische Act in unserem Erkenntnissprocess. Wo wir aus gegebenen Erkenntnisselementen neue construiren, da geschieht dies nie anders, als auf dem Wege der Synthese, und die Analyse, so unerlässlich sie für die systematische Erkenntniss ist, kann doch nie mehr leisten, als dass sie die von der Synthese gelieferten Producte zergliedert und ordnet." Aber die Beispiele, die Wundt anführt, lehren etwas anderes. Es bilde sich in uns zuerst, bemerkt er, ein Verein gleichartiger Tatsachen, wie z. B. Vorstellungen von Steinen, welche gegen die Erde fallen. Zunächst ist die hier vorliegende Verbindung der Vorstellung des fallenden Steines mit der Vorstellung der Erde eine rein äußerliche. Nun strebt man weiter danach, den Grund dieser Verbindung aufzufinden. Dies werde dadurch geleistet, „dass man eine Mehrzahl solcher Vorstellungsvereine gleicher Art zusammennimmt und das ihnen Gemeinsame herausgreift. Man kann diese Tätigkeit als Synthese bezeichnen." Das kann man freilich, insofern das in mehreren Erscheinungen Gemeinsame zusammengefasst wird. Aber muss nicht das Gemeinsame, bevor es zusammengefasst werden kann, aus der ganzen Menge der Momente, welche in den Erscheinungen gegeben sind, herausgegriffen sein? Oder ist es so leicht, um beim angeführten Beispiel zu bleiben, aus den einzelnen Beobachtungen fallender Steine, wobei die Fallhöhe und die Ge-

---

*) S. die zweite Anmerkung S. 26.

schwindigkeit sich verschieden zeigt, das Gemeinsame analytisch
auszusondern, um danach synthetisch das Gesetz des freien Falles
zu begreifen? Gerade erst, indem das Gesetz gefunden wird,
wird das Gemeinsame erkannt; so lange das Gesetz unerkannt
bleibt, ist auch das Gemeinsame noch nicht gesehen. Was der
fallende Stein mit der um die Sonne kreisenden Erde gemeinsam hat, wurde eben in dem Augenblicke erkannt, als man das
Gesetz der Attraction aufgefunden hatte.

Die Vorstellung einer einseitig synthetischen oder einseitig
analytischen Methode beruht aber ursprünglich auf einem viel
tiefer liegenden Irrtum, nämlich auf der Annahme, als wären
die Begriffe, welche dem All entsprechen, in irgend einer Form
Existenzen, in deren Besitz sich der Geist zu setzen habe, die
wir ergreifen, uns aneignen können. Man verkannte völlig, dass
die Begriffe vielmehr nur in unserm Bewusstsein erzeugt werden
müssen. Die Erkenntniss ist nicht eine Tat der Aneignung,
sondern der Schöpfung. Indem man nun die Begriffe als existirend, vorhanden betrachtete, sah man sie sogleich in einer
nach dem logischen Verhältnisse ihrer Allgemeinheit und Besonderheit gebildeten Rangordnung aufgestellt. Der nächst allgemeinere Begriff stand immer eine Stufe höher als der nächst
besondere. So bilden sie eine Stufenleiter, welche der zu be-
steigen hat, der sie erfassen will; und nun meinte man, man
könne auf dieser Leiter ebensowol synthetisch von der Spitze
hinab, als analytisch von dem Fuße hinauf steigen. Je weniger
man den Formalismus der Logik erkannte, je fester man im
Objectivismus verharrte, um so mehr gestaltete sich jenes Be-
griffsschema, das die Welt bedeutete, zur mystischen Emanations-
theorie. Schon Aristoteles macht den Anfang hiezu. Auch er
hypostasirte schon die Begriffe und nahm sie für die Objecte
selbst; ja, er sah in ihnen die das All schaffenden Mächte. Der
je höhere Begriff habe auch immer mehr Wesenhaftigkeit (οὐσίαν),
stehe der schaffenden Urkraft der Natur näher, und der weiteste
Begriff erzeuge eben darum die engeren, weniger Wesenhaftigkeit
enthaltenden, sich von der Natur immer weiter entfernenden Begriffe. Je enger ein Begriff, desto weniger Zeugungskraft habe
er, die jedem aus dem obersten zufließe und im sinnlich Einzelnen ende. Wir haben hier das Bild eines Stromes, der in
ausserordentlich vielen Verzweigungen immer schmäler wird und

endlich versiecht. Diese Anschauung setzt sich fort in der Stoa und dann bei den Neuplatonikern; so nimmt sie dann auch der christliche Philosoph des Mittelalters auf. Auch die dialektische Methode Hegels tritt nicht aus diesem Kreise heraus. Sie ist wesentlich Analysis, θέωσις hoc est deificatio, wie Scotus Erigena im 9. Jh. n. Chr. sie nennt. Nur schreitet er nicht durch Induction und Abstraction vor; es werden nicht die mannichfachen Besonderheiten, Arten, eines Allgemeinern, einer Gattung so zusammengefasst, dass dies ihnen allen Gemeinsame ausgelöst und dieses als der höhere Begriff, als die seine Besonderheiten umfassende Allgemeinheit hingestellt würde; sondern er springt von einer Besonderheit zu einer andern desselben Gattungsbegriffes über, zeigt ihren Gegensatz auf, und wie sie in dem höhern, sie umfassenden Gattungsbegriff ihre Einheit, die Auflösung ihres Gegensatzes finden. Es sei z der höhere Begriff, v und w seien dessen Specificationen: so zeigt die Dialektik von v ausgehend den Gegensatz zwischen ihm und w und die Ausgleichung dieses Gegensatzes in z. Das ist eine etwas versteckte Analysis; versteckt dadurch, dass die Induction mangelhaft und die Abstraction unrein bleibt. Auch Hegels Philosophie ist wesentlich Scholastik, wenn der Charakter der Scholastik darin besteht, an und mit fertigen Begriffen zu operiren, Begriffe zu spalten und wieder zusammenzufassen, statt die Sache zu untersuchen. Denn auch für ihn steht die Begriffsleiter fest, nur ist der Gang gekünstelter. Die Dialektik soll uns von einer Sprosse oder Stufe zur andern heben, oder die eine Begriffssprosse hebt sich selbst dialektisch zur andern empor.

Die mittelalterliche Scholastik hat Baco von Verulam verurteilt; die neuere und neueste hat Kant gerichtet, indem er zugleich den Wahn einer rein empirischen Wissenschaft zerstörte. Er wies darauf hin, dass einerseits unsere Erfahrung ohne apriorische Momente sich gar nicht vollführen kann, dass aber andrerseits aus den letztern allein das nicht gezogen werden kann, was uns notwendig als Empfindungsstoff gegeben sein muss. Wir haben dies nur dahin zu ergänzen, dass auch die apriorischen Formen des Denkens und der Anschauung, wie die Kategorien des Verstandes, nicht ruhig in uns als gegeben vorhanden sind, sondern erst im Laufe der Entwickelung unseres

Geistes gegenüber dem spröden Erfahrungsstoffe herausgearbeitet werden. Diese Arbeit, die Kategorien der Metaphysik zu schaffen, ist eine geschichtlich menschheitliche, welche jeder Einzelne in sich zu wiederholen hat.

Das bisher Dargelegte fassen wir dahin zusammen: alle unsere Erkenntniss vom natürlichen und geistigen Geschehen beruht auf einer Verflechtung apriorischer und aposteriorischer Elemente. Die Philosophie nun ist die Betrachtung jener apriorischen Elemente unserer Erkenntniss an sich. Und hier ist der Ort, wo sich eine Erweiterung ihrer Aufgabe leicht begreifen lässt. Sie betrachtet, wie wir oben sahen, die obersten Principien, Kategorien, Maximen, Denkformen; so ist sie in der Metaphysik und Logik allgemeine Erkenntnisslehre. Damit aber hat sie den Bereich der apriorischen Elemente unserer Erkenntnisse keineswegs erschöpft. Denn außer jenen allgemeinsten, in jeder Wissenschaft angewandten Principien und Formen bedarf jede besondere Disciplin ihrer besondern apriorischen Momente, welche in enger Verbindung mit ihrem Gegenstande und ihrer Aufgabe stehen; und die allgemeinen metaphysischen Kategorien müssen je nach der Natur des besonderen Kreises von Objecten, auf den sie angewandt werden sollen, bestimmter, enger gefasst werden. So entstehen im Anschluss an Metaphysik und Logik, und diese mit der Erkenntniss des Einzelnen vermittelnd, die Philosophie der Natur und die der Geschichte, und so auch die Philosophie der Sprache, als diejenigen Disciplinen, welche die besonderen apriorischen Momente der Naturwissenschaften, der Geschichte und der Sprachwissenschaft untersuchen. Sie sind Principien- und Methoden-Lehren, indem sie die regulativen und die constitutiven Principien der besonderen Disciplinen darlegen.*) Erst so vollendet die Philosophie ihre Aufgabe, die Lehre von den Zusammenhängen zu sein und die Einheit alles Wissens zu vermitteln.

Die beobachtende und experimentirende Naturwissenschaft, und durchaus nicht minder die kritisch sichtende Geschichtsforschung, namentlich die historisch-vergleichende Sprachwissenschaft, hat im letzten Menschenalter eine so volle, reiche Ent-

---

*) Vergl. zu allem Obigen meine schon citirte Abhandlung, S. 1—16.

wicklung gewonnen, dass es heute weniger not tut, die Geister
an das Sachliche zu weisen, von unfruchtbarer Speculation ab-
zurufen, als vielmehr daran zu erinnern, dass es mit dem besten
Willen, sich der Sache, dem Object hinzugeben, noch nicht
abgetan ist; dass es, um nicht durch falsche Abstractionen in
Irrtümer zu geraten, von entscheidender Wichtigkeit ist, sich
der Voraussetzungen, d. h. der apriorischen Momente bewusst
zu werden, mit denen man an die Forschung geht. Immer
noch ist vor der Torheit zu warnen, als könne man voraus-
setzungslos an die Sache hintreten. Ein Object gewinnen wir
nur durch Denken, nicht durch bloßes Tasten; was aber irgend
ein Object im Denken wird oder ist, das wird es durch das
apriorische Moment, mit Hülfe dessen es gebildet ist. Ein geistvoller Forscher auf dem Gebiete der Volkswirtschaft, J. F(aucher),
bemerkt gelegentlich, wie die größten Aufgaben hinter dem
kleinsten Satze der Volkswirtschaft stecken, und wie ihre „Schwierigkeit für den jungen Adepten, welchen der Glanz des logischen
Teils der Wissenschaft, den er bemeisterte, mit triumphirender
Freude erfüllt hat, später nur zu häufig dergestalt gefährlich
wird, dass er, an der Vereinigung von Logik und Wirklichkeit
verzweifelnd, in gedankenlose Routine zurücksinkt, und nun erst
recht für alles wissenschaftliche Streben verloren geht. Die
Schwierigkeit liegt allerdings nicht bloß auf dem Felde des
Gedankens. Es ist nichts, gar nichts mit der Volkswirtschaft
in der Studirstube ... Die sogenannte Anthropologie und Ethnologie aber, welche sich auf Reisen einsaugt, ohne alle logische
Sichtung, und dann der Logik in loser Reihe rasch fertiger
Einfälle gegenüberstellen zu können glaubt, was wie Erfahrungs-
sucht aussieht, hat in der Gesetzgebung und Sitte der Völker
schon mehr Schaden angerichtet, als alle verrannte Lehre auf
dem Gebiete der Abstraction, gegen welche der logische Kampf
in der Front stattfindet. Sehe man nur genug, und denke
man nur genug dabei, so wird man immer wieder finden, dass
die Erfahrung genau mit der Logik stimmt." Das sollten sich
auch diejenigen Sprachforscher gesagt sein lassen, welche meinen,
es sei völlig gleichgültig, ob eine der von ihnen aufgestellten
(vermeintlich gefundenen) Tatsachen mit der Logik vermittelt
werden könne oder nicht. Man nenne immerhin die Logik
Subjectivität — ein dieser Subjectivität Hohn sprechender Satz

bleibt Unsinn, und in solchem Unsinn spricht man nie eine wahre Tatsache, sondern nur seine mangelhafte Einsicht aus. Denn hat die Objectivität ihre unausweichlichen Gesetze, so hat die Subjectivität deren nicht minder; die Erkenntniss, welche eine wahre sein soll, hat den beiderseitigen Gesetzen zu genügen, welche nie in Widerspruch sein können.

Noch treffender als die oben angeführte Äußerung des National-Ökonomen und in heiterer Weise zeigt folgende Anekdote die schöpferische Wirksamkeit der apriorischen Momente. „Jemand soll sich erboten haben, die mittelhochdeutsche Syntax vollständig auszuarbeiten, wenn ihm nur Jacob Grimm die Capitelüberschriften dazu geben wollte." Der Mann war freilich „naiv"; aber ihm „Trägheit, die sich nicht selbst ihre Bahn brechen mag", vorzuwerfen, wäre nicht minder naiv, nur nicht so gutmütig. Er war gewiss nicht träge. Aber was fehlte ihm? Er sagt es ja selbst: die Capitelüberschriften. Sind aber wohl diese etwas andres als die apriorischen Momente, die Kategorien, deren er bedurfte, um aus der Fülle des ihm zu Gebote stehenden Materials die Syntax zu bilden? Das also ist die Spitze dieser Anekdote, dass das Wesentlichste, das eigentlich Schöpferische, das apriorische Moment, so dargestellt wird, als wäre es etwas so ganz Äußerliches, wie die Capitelüberschrift freilich erscheint.

Ein kritisch wissenschaftliches Selbstbewusstsein zu wecken: das ist die Aufgabe der Philosophie; dass also der Forscher wisse, was er treibt; dass er das Wesen seines Gegenstandes kennt, die Bedeutung der Bestimmungen oder Prädicate an sich, die er jenem beilegt, und den Sinn, in welchem er diese mit jenem verbindet. Ohne solches Selbstbewusstsein kann man zwar in glücklichem Tact vielfältig sicher gehen, aber oft genug wird man auch Tatsachen zu finden meinen, wo man nur abenteuerliche Theorien, die luftigsten Einfälle entwickelt.

Erste Anmerkung
(zu Seite 9).

Nach Aristoteles erfahren wir das Einzelne durch die sinnliche Warnehmung unmittelbar. Andrerseits erfassen wir die Principien, die höchsten
Allgemeinheiten, ebenso unmittelbar durch den νοῦς. Das beweisende, vermittelnde, ableitende Wissen bewegt sich zwischen diesen beiden Grenzen,
und mag es sich nun aufsteigend vom Einzelnen zum Allgemeinen erheben
oder von den Principien zu den Einzelheiten hinabsteigen, immer wird ein
Wissen aus einem vorangehenden Wissen (ἐκ προῦπαρχούσης γνώσεως) gewonnen;
jede Erkenntniss also, abgesehen von den unmittelbar erfassten Principien
und Einzelheiten entsteht aus einem früheren (πρότερον), also a priori, das
heisst weiter nichts, als sie ist vermittelt, während die Principien unmittelbar (ἄμεσοι) sind.

Die Warnehmung gibt kein Wissen, denn sie erfasst nur Einzelnes;
Wissen aber ist Erkenntniss des Allgemeinen. Dieses wird aus mehreren
Einzelnen offenbar. Nämlich der Syllogismus steigt vom Allgemeinern zum
Besondern herab, die Induction von diesem zu jenem hinauf. Das Allgemeine
lernen wir demnach vom Einzelnen aufsteigend durch Induction oder
Abstraction (ἀφαίρεσις), und nur so. Wenn also auch der Syllogismus allein
als eigentlicher Beweis gelten kann, so ist doch die Induction unentbehrlich
und kann nicht durch den Syllogismus ersetzt werden.

Das Frühere nämlich wird in doppeltem Sinne genommen. Etwas ist
ein Früheres und leichter und sicherer Erkennbares für uns, oder es ist
früher und erkennbarer an sich, schlechthin von Natur. Das Einzelne, sinnlich Warnehmbare ist das Leichtere, Frühere für uns. Das Allgemeinere,
das Princip, die Ursache ist das Frühere an sich und von Natur; und das
Erkennbarste, Wahrste, Notwendigste, Früheste sind die allgemeinen Principien. Die Induction führt uns also den Weg von dem für uns Erkenn-
baren, für uns Frühern zu dem an sich Frühern, und wie sehr auch festzuhalten ist, dass nur von oben herab streng bewiesen werden kann, so geht
doch der menschliche Weg der Erkenntniss nur von unten hinauf. Hierin
sieht Aristoteles in keiner Weise einen Widerspruch, und höchst bezeichnend
für sein Verfahren ist der Anfang der Physik. Auch hier stellt er zunächst
den Grundsatz auf, dass sich das Wissen aus der Erkenntniss der Principien
oder Ursachen oder Elemente (ἀρχαὶ ἢ αἴτια ἢ στοιχεῖα) ergebe, und also mit
ihnen zu beginnen sei. Er fährt aber dennoch mit der Bemerkung fort,
die er durch ein blosses δὲ an das Vorangehende knüpft, dass das für uns
Deutlichere, Gewissere (σαφέστερον) verschieden ist von dem an sich und von
Natur Klaren und schlechthin Gewissen, und dass also der naturgemässe
Weg (πέφυκε ἡ ὁδός) von jenem zu diesem vorschreite.

Wenn man aber nun etwa ein inductivisches Verfahren, ein Ausgehen
vom Einzelnen erwartet, so sieht man sich sogleich getäuscht. Denn wieder
unmittelbar weiter und nur durch δὲ anknüpfend heisst es, für uns sei das
Allgemeine das Klare, und von diesem aus habe man zum Einzelnen zu
gelangen. Denn für uns ist das Zusammengesetzte (τὰ συγκεχυμένα) klarer
als das darin Enthaltene; das Ganze, welches Vieles als Teile umfasst, liegt

der Warnehmung näher als der eingeschlossene Teil. Das Allgemeine ($το$ $κα\vartheta όλον$) aber ist solch ein Ganzes ($όλον τι$). Die Erkenntniss der Eigentümlichkeiten ($τῶν ἰδίων$) ist später als die des Gemeinsamen ($τῶν κοινῶν$). Es handelt sich also vielmehr um ein Zerlegen ($διαιρεῖν$), wodurch die Elemente und Principien gewonnen werden.

Die Analyse ist also der Weg, die Principien zu finden und sie nennt Aristoteles auch im Anfange der Politik als die Methode, die ihn in allen seinen Untersuchungen leite. Sie zerlegt das Zusammengesetzte ($σύνθετον$, $συγκείμενον$) in seine einfachsten Elemente, kleinsten Teile ($ἀσύνθετα, ἐλάχιστα$ $μόρια$), aus denen es besteht, um ihre unterscheidenden Eigentümlichkeiten zu erfassen.

Nun sollte man meinen, er werde mit dem Staate beginnen; aber er tut es nicht, sondern beginnt mit dem Individuum. Das könnte nun zwar in andrer Beziehung ganz folgerecht scheinen. Denn nach Aristoteles ist ja der Staat vor dem Individuum und der Familie, nämlich von Natur, wie überhaupt nach der Natur das Ganze vor dem Teil ist. Mit dem aber, was der Natur nach das Frühere ist, können wir nicht beginnen; denn für uns ist es das Spätere. In Widerspruch hiergegen aber heisst es wieder unmittelbar weiter, er wolle in der Betrachtung des Staates den Weg gehen, der überall der schönste sei, nämlich gerade den, den die Natur selbst in der Zusammensetzung der Wesen befolgt ($ἐξ ἀρχῆς τὰ πράγματα φυόμενα βλέψαι$). Und sogleich hierauf lässt er die erste Gesellschaft aus zwei Individuen, Mann und Weib, entstehen.

Endlich aber, wie verträgt sich dies Alles mit seinem eigentlich logischen Werke, welches er $ἀναλυτικά$ nennt, und wo er doch mit den Begriffen, den einfachsten Elementen, beginnt?

Täusche ich mich nicht, so wird man aus diesen Schwierigkeiten wohl nicht anders herauskommen, als indem man annimmt, Aristoteles verstehe unter $ἀναλύειν$ sogleich das Doppelte, das Ganze in seine Elemente zerlegen, und das Zerlegte seinem Wesen gemäß zusammenfügen. Dargestellt aber wird von ihm nur das Eine oder das Andere. In den Analytika aber zeigt er beides, sowohl die Bildung der Schlüsse aus den Begriffen ($ὅροι$), als auch die Auflösung gemachter Schlüsse in ihre Elemente, die Begriffe. Dass sich aber Aristoteles über alles dies klar gewesen wäre, muss ich leugnen. Charakteristisch und für meine Ansicht beweisend scheint mir der Umstand, dass Aristoteles den Terminus ,synthetisch' noch gar nicht gebildet hat, was um so bedeutsamer ist, je leichter es war, solchen Gegensatz aufzustellen.

Zweite Anmerkung
(zu Seite 17—20).

Nach unserer Darstellung der Synthesis und Analysis im Texte muss es willkürlich erscheinen, dass man meist den Fortschritt vom Allgemeinen zum Einzelnen synthetisch, den umgekehrten Gang analytisch nennt. Mit gleichem (ja, wenn man den etymologischen Sinn des Wortes beachtet, mit größerem)

Recht heißt bei andern Forschern der Gang vom Allgemeinen zum Einzelnen (also die Deduction) Analyse, und umgekehrt das Aufsteigen zum Allgemeinen vom Einzelnen (also die Induction) Synthese. So bei Wundt (Menschen- und Tierseele, I. S. 411 ff.). Dieser verdienstvolle Physiologe und Psychologe meint, der ursprüngliche Weg der Erkenntniss sei immer der synthetische, und dieser bleibe überall notwendig, wo weder der besondere Gegenstand, um den es sich handelt, noch die Gruppe von Erscheinungen, in die er gehört, bekannt ist. Dann tragen wir synthetisch die Prädicate zusammen, immer inductiv von den besonderen, begrenzten Begriffen zu den allgemeineren übergehend. Wenn uns nämlich eine neue Erscheinung entgegentritt, so seien es zunächst gewisse sinnliche Warnehmungen der Farbe, der Gestalt u. s. w., die wir in Urteilen aussprechen (z. B. dieser Gegenstand ist gelb, glänzend). Dann prüfen wir die Erscheinung näher in Bezug auf solche Eigenschaften, die nicht unmittelbar sinnlich wargenommen werden können, wie Schwere, Durchdringlichkeit, Härte. Eine Anzahl einzelner auf diese Weise gebildeter Urteile oder Prädicatsbegriffe zusammenlegend, fassen wir den Körper zuerst als ein Individuum, als etwas von seiner Umgebung Verschiedenes auf (bilden z. B. den Begriff G o l d). Dann vergleichen wir ihn mit denjenigen Körpern, mit denen er am nächsten verwandt ist, und geben uns über die Unterschiede Rechenschaft. Später erst stellen wir den Körper mit andern zusammen, von denen ihn eine tiefere Kluft äußerer und innerer Verschiedenheit trennt, und der letzte Schritt sei, dass wir ihm in der ganzen Kette der Naturerscheinungen die ihm zugehörige Stelle anweisen. Wenn dagegen entweder der Gegenstand schon bekannt ist, wir aber denselben nach den ihm zukommenden Eigenschaften wieder aufzufinden beabsichtigen, wenn es sich also weniger um eine Erkenntniss als um eine Wiedererkenntniss handelt, oder wo bloß im Allgemeinen die Gruppe, in welche ein Gegenstand gehört, bekannt ist, dagegen noch nicht der Gegenstand der Untersuchung selber: da komme das analytische Verfahren zur Anwendung. Gesetzt, es handle sich um eine neue Pflanze, so sei der allgemein eingeschlagene Weg, dass man zuerst die Classe und Ordnung feststelle, unter welche der untersuchte individuelle Gegenstand zu subsumiren sei, dann zur Familie und Gattung übergehe, um schließlich bei jenen Merkmalen stehen zu bleiben, durch die sich das untersuchte Individuum als zu einer neuen Art gehörig ausweist.

Wundt unterlässt nicht, wiederholt zu bemerken, dass solche reine Synthese und reine Analyse kaum jemals nachweisbar sei. In der Wirklichkeit setze sich unser Verfahren immer aus beiden Methoden zusammen, sie werden mit einander vermengt. Man beginnt etwa synthetisch und führt in einem bestimmten Punkte analytisch fort. Auf fast jeder Erkenntnissstufe lasse sich die Analyse neben der Synthese nachweisen; bald schließe sie sich einer vollzogenen Synthese an, bald bereite sie eine neue vor. Indessen, diese Auffassung ist immer noch nicht ganz frei von der älteren Einseitigkeit. Die Wahrheit ist, dass nicht nur „fast", sondern durchaus in jedem Schritte der Erkenntniss eine Synthese und Analyse nicht bloß nach und neben einander, sondern zugleich und in einander enthalten sind. Wundt geht sogar so weit, Synthese und Analyse in den einfachsten Empfindungs-Erkenntnissen anzuerkennen, die nicht nur jenseits der Sprachbildung, sondern sogar noch vor der Anschauung liegen. — Das lässt sich zwar cum grano salis tun; aber ich muss zweifeln, ob Wundt dieses granum wirklich hinzugefügt hat. Sein Werk scheint mir geradezu daran zu leiden, dass er im Streben, die Einheit von physiologischen und logischen Vorgängen nachzuweisen, die psychologischen Vorgänge ganz übersprungen hat. Ich vermisse in seinem Werke gerade die Psychologie. Zu einer ausführlichen Kritik ist hier nicht der Ort. Nur soviel. Jene primitivsten, nur durch sinnliche Warnehmung gebildeten Anschauungen, wie das Tier und das Kind vor dem Besitze der Sprache bildet, sind durch ein unbewusstes Geschehen entstanden, auf welches die Kategorien und Synthesis und Analysis nur nach Analogie angewandt werden können. Sie sind Verbände von Empfindungen. Dabei ist zwischen Außenwelt und Subject noch gar nicht unterschieden. Will man nun hier logische Processe zugestehen (und eine Analogie findet statt), so zeigt sich doch auch hier, dass Wundt das wahre Wesen der Synthesis und Analysis mangelhaft erfasst hat. Er sagt (I. S. 438): „Eine Distinction liegt schon in der einfachen Empfindung, und diese Distinction wird zur Analyse, wenn wir die Empfindungen nach ihrer Qualität und Quantität genauer bestimmen. Wenn ich z. B. eine Druck- oder Lichtintensität auffasse, so liegt hierin eine Analyse. Ich empfinde die Intensität nur durch bestimmte Merkmale der Empfindung; ich muss von allen der realen Empfindung zukommenden Merkmalen diejenigen herausgreifen, welche zum Resultat die Intensität haben. Ein solches Isoliren der Merkmale durch Zergliederung der Empfindung ist aber Analyse." Solch ein Herausgreifen aber gewisser Merkmale ist eben nur ausführbar neben und durch Zusammenfassung und Vergleichung mehrerer gleichartiger Empfindungen. Dieses Zusammenfassen (Synthese) und jenes Herausgreifen (Analyse) ist nur ein einziger Act — und zwar in diesem Falle ein unbewusster, also weniger eine Handlung als ein Geschehen.

II.
Umfang und Gliederung der Sprachwissenschaft.

Die Gliederung einer Wissenschaft kann vor der ausführlichen Darstellung derselben nur mehr angedeutet, als begründet werden. Aber auch so kann sie als Uebersicht des Stoffes und der Haupt-Punkte dem Verständnisse erleichternd entgegenkommen.

Gegeben ist dem Sprachforscher uranfänglich nur die Tat-sache, dass sich die Menschen mit einander unterreden, sich gegenseitig ihr Inneres, d. h. den Inhalt ihres Bewusstseins, mitteilen, indem sie denselben mit Hülfe eigentümlicher Laute äußern oder darstellen. Ebenso ist weiter gegeben, dass diese Mitteilungsfähigkeit und das Verständniss sich zwar über das ganze Menschengeschlecht erstreckt, jedoch so, dass nicht Jeder schlechthin mit Jedem sprechen kann und ihn versteht, sondern immer nur Jeder mit Jedem aus einer abgeschlossenen Vielheit, welche ein Volk bildet. Es sind also viele Sprechweisen oder Sprachen gegeben.

So viele Sprachen es gibt, so viel Grammatiken haben wir zu schaffen. Sie enthalten den eigentlichen Stoff, die eigentlichen Aufgaben des Sprachforschers. Soll sich dieser nun gut ausgerüstet an sein Geschäft begeben, so muss er die Natur seiner Aufgabe kennen. Er muss vertraut sein mit dem allgemeinen Wesen seines Gegenstandes und dem zu erstrebenden Ziel seiner Forschung, mit der Methode und den Grundsätzen des Verfahrens, mit dem Inhalte oder der Bedeutung der anzuwendenden Kategorien. Diese Belehrung hat die Sprach-Philosophie oder die allgemeine Sprachlehre zu erteilen, während die besondere Sprachwissenschaft in den einzelnen Grammatiken der gegebenen Sprachen liegt. Jene enthält die rationale Grundlage für diese, ist aber nicht bloße Hülfswissenschaft, sondern erzeugt ein an sich selbst wertvolles Wissen.

So hat die Sprachwissenschaft zwei Teile, indem zu dem objectiven noch ein formaler Teil kommt, der die apriorischen Momente an sich erörtert, welche in jenem zur Anwendung kommen.

Demnach hat die allgemeine Sprachlehre oder Sprachphilosophie das Wesen der Sprache darzustellen. Es ist hier die Frage: was ist die Sprache überhaupt? wie ist sie geworden? welches sind ihre constitutiven Elemente? was leistet sie dem Geiste? welche Stellung nimmt sie ein im geistigen Organismus des Menschen? welche Schicksale erfährt sie im Laufe der Zeiten? Hieraus bestimmt sich das eigentliche Princip der Grammatik und ihr wahrer Gegenstand, woraus sich wieder Folgerungen für die Methode, die Untersuchungs-Weise mit voller Klarheit ergeben müssen.

Bei all diesen Untersuchungen, deren Bedeutung nun wohl schon einleuchtet, ist von den Besonderheiten der gegebenen Sprachen noch nicht die Rede. Hier wird die Sprache als etwas ganz allgemein dem Menschen Gehörendes betrachtet, noch abgesehen von der Verschiedenheit der Völker. Auf diese nimmt eben erst die besondere Grammatik Rücksicht.

Die allgemeine Sprachlehre mag die formale heißen, insofern sie es nur mit der allgemeinen Form der Sprachtätigkeit, mit der Möglichkeit derselben zu tun hat; dagegen betrachtet die besondere Sprachlehre die wirklich von den Völkern geschaffenen Sprachformen. Wir könnten die erstere auch die subjective nennen, insofern sie vorzugsweise das sprechende Subject beobachtet, wogegen der besondere Teil der objective heißen mag, da hier die wirkliche Sprache als gegebenes Object erfasst wird. Diese Gegensätze sind freilich nicht absolut zu verstehen.

Würde nun aber nicht, erstlich, die besondere oder objective Sprachlehre gänzlich der Einheit einer Disciplin entbehren und sich unmittelbar in eine kaum überschaubare Menge von Grammatiken auflösen? würde sie wohl etwas anderes sein, als eine Bibliothek sämmtlicher Grammatiken?

Zweitens aber kann nicht eindringlich genug davor gewarnt werden, sich dabei zu begnügen, dass man die allgemeinsten Sätze an die Tatsachen legt und diese durch jene erklären zu können meint. Dies ist vielmehr das eigentliche Zeichen mangelhafter Bildung und die Veranlassung zu vielfältiger Sophistik. Die alte Regel, dass man nicht aus den allgemeinsten Principien, sondern aus den eigentümlichen eines besonderen Kreises von Erkenntnissen zu erklären habe, dass man die Definition aus dem specifischen Merkmal und dem genus proximum bilden müsse, nicht aber mit Übergehung des letztern die noch höheren, noch allgemeineren Classenbegriffe anwenden dürfe, wird gar oft außer Acht gelassen. Dann erscheint die Darstellung eines Gegenstandes, wenn sie nicht gar Irrtümliches enthält, wie ein schlotterndes Gewand, während eine treffende Darstellung wie ein eng anschließendes Kleid die eigene Gliederung der Sache hervortreten lässt. Der Reichtum und die Gediegenheit unserer Erkenntniss beruht auf der vielfachen, sachgemäß abgestuften Vermittelung zwischen den höchsten Kategorien und den Tatsachen, zwischen dem Allgemeinsten und dem Einzelnsten.

In dieser zwiefachen Rücksicht ist nun auch, wie die Sprachphilosophie selbst schon ein Vermittelungsgeschäft zu übernehmen hat, noch enger zwischen ihr und den besonderen Grammatiken zu vermitteln, was dadurch erreicht wird, dass sie die gemeinsamen Beziehungen der letztern heraushebt. Das kann freilich nicht geschehen, ohne schon sehr tief in den Be-

reich der wirklichen Einzelheiten einzugreifen. Wenn übertriebene Forderungen für die Einheit abgewiesen werden, so
kann es genügen, um die einzelnen Grammatiken zur Einheit
einer Wissenschaft zusammen zu bringen, dass sie als die Individuen einer Sprach-Welt classificirt werden, als die Orte
eines Sprach-Reiches eine gewisse Stellung zu einander erhalten.
Näheres über das Wesen, den Wert, das Verfahren der Classification soll hier nicht angegeben werden; dieselbe sollte nur
als eine fernere Aufgabe der allgemeinen Sprachwissenschaft
hingestellt werden, welche sie nach Betrachtung der Sprache
überhaupt an den einzelnen Sprachen zu vollziehen hat. So
bleibe denn auch einstweilen unbestimmt, inwiefern durch die
Classification die Erkenntniss der einzelnen Sprache gewinnt;
nur dass dies der Fall sein muss, sei hier vorläufig ausgesprochen.

Durch die richtig verstandene Classification erhält denn
auch die vergleichende Grammatik erst ihre theoretisch genaue
Stellung. Hier mag, da nicht vorausgegriffen werden kann,
die vorläufige Bemerkung genügen, dass die vergleichende
Grammatik eines Sprachstammes die allgemeine Grammatik desselben ist, wobei freilich hervorzuheben bleibt, dass die Allgemeinheit der vergleichenden Grammatik nicht eine logische Abstraction, sondern eine geschichtliche Wirklichkeit ist.

Zu dem ersten Abschnitte der allgemeinen Sprachlehre, zur
Sprach-Philosophie, tritt also als zweiter die Classification der
Sprachen hinzu, in welcher die vergleichende Grammatik ihre
systematische Stellung findet. Durch die sachlich und metho-
dologisch veranlasste fortwährende Bezugnahme auf diesen
zweiten Abschnitt der allgemeinen Sprachlehre erhält die einzelne Grammatik ihren wissenschaftlichen Charakter, und erscheint sie nur als ein besonders ausgeführtes Kapitel der
Sprachwissenschaft.

Diese Andeutungen über den Umfang und die Gliederung
der Sprachwissenschaft würden selbst für ihren Zweck zu lücken-
haft sein, wenn nicht noch einige Punkte erwähnt würden.

Man ist erstlich zu sehr gewöhnt, wenn von Sprach-Philosophie oder allgemeiner Sprachlehre die Rede ist, etwas von
allgemeiner oder philosophischer Grammatik zu hören, als dass
ich hier ohne irgend eine Bemerkung über dieselbe hinweggehen

dürfte. Ich muss daher hier schon meine Ansicht von ihr aussprechen, wenn auch die Begründung verschoben werden muss.
Dass diejenige Disciplin, welche unter dem Namen der allgemeinen Grammatik seit zwei Jahrhunderten (und wenn man
will: seit zwei Jahrtausenden) angebaut ward, gewisse apriorische Momente der Sprachbetrachtung zum Gegenstand hatte,
leugne ich nicht. Ihr apriorisches Wesen aber war bei weitem
nicht so hoch und so allumfassend und nicht so streng, wie
man meinte. Die grammatischen Kategorien und Formen, welche
man als absolut für den sprechenden Menschen, also für jede
Sprache gültig ansah, weil man sie aus der logischen Natur des
Denkens überhaupt ableiten zu können glaubte, sind tatsächlich
fast auf die indogermanischen Sprachen beschränkt und ergeben
sich durchaus nicht aus den logischen Denkformen. Das wahre
Verhältniss ist vielmehr dies, dass jede Sprache für sich ihre
eigenen Formen hat, welche der Sprachforscher als gegebene
Tatsache hinnehmen und als solche erklären soll, aber nicht als
allgemein und logisch notwendig construiren kann. Der zweite
Abschnitt der allgemeinen Sprachlehre hat in der Classification
und vergleichenden Grammatik diese Aufgabe im Wesentlichen
zu lösen, und die besondere Grammatik jeder Sprache hat sie
in allen Einzelheiten auszuführen.

Der zweite Punkt ist folgender. Man hat die Litteraturgeschichte neben der Grammatik als zweiten Teil der objectiven
Sprachwissenschaft ansehen wollen. Von der Stellung der Poetik
und Rhetorik war in der neueren Sprachwissenschaft bisher nur
wenig die Rede; man hat sich eben zu diesen alther überlieferten
Disciplinen noch keine Stellung gegeben.

Was nun zunächst die Litteraturgeschichte betrifft, so muss
man allerdings, rein theoretisch genommen, dies festhalten, dass
der Sprachwissenschaft nicht bloß die Sprache überhaupt (Sprach-
Philosophie), sondern auch die einzelnen Sprachen, und diese
wiederum nicht bloß nach ihren Elementen und ihrem Bau an
sich, sondern auch in Bezug auf die Weise der Anwendung,
welche jede in der Litteratur gefunden hat, zur Vorlage dienen;
oder mit andern Worten, nicht nur die Form jeder Sprache,
sondern auch ihr Charakter und die in ihr entwickelten litterarischen Formen (oder Redegattungen) und Style sind Gegenstand
der Sprachwissenschaft. Diese künstlerisch gestalteten Formen

der Rede aber sind es zugestandenermaßen, welche die Litteraturgeschichte in ihrer Entwicklung zu erkennen hat. — Indessen wie richtig dies auch ist, so zeigt doch schon eine oberflächliche Ueberlegung, dass für die Gestalt der litterarischen
Gattungen und der individuellen Style noch ganz andre Momente
als die Sprache in Betracht kommen, und zwar viel wichtigere
Momente, ja dass die Sprache hier nur eine secundäre Rolle spielt.
Das Darstellungsmaterial, das in den gewöhnlich angenommenen
sechs hauptsächlichen Redekünsten oder litterarischen Gattungen
(in der Epik, Lyrik, Dramatik; Geschichte, Philosophie, Beredsamkeit) verwendet wird, besteht keineswegs bloß oder auch
nur vorzugsweise und in erster Linie aus sprachlichen Elementen,
sondern viel mehr noch aus rein innern Elementen und Formen
der Anschauung und des Gedankens, und diese sind von sehr
vielfältigen geschichtlichen Beziehungen, und großentheils gar
nicht von der Sprache abhängig — aber wohl die Sprachform
von ihnen. Wenn man auch den Inhalt, den dargestellten Stoff
eines sprachlichen Kunstwerkes, ganz ausschließt aus der Litteraturgeschichte, wie z. B. die Sage, welche einem Drama zu
Grunde liegt, oder den wissenschaftlichen Gehalt eines Werkes:
so müssen doch zur Erklärung der Form der Darstellung noch
manche Momente außer den sprachlichen herbeigezogen werden.
Denn der Styl hängt allemal ursprünglichst und am bedeut-
samsten von der Anordnung und Verbindung der Gedanken ab.
Es kann hier nur angedeutet werden, dass das bloß Formale
eines Kunstwerkes weit über die Sprachform hinaus reicht. Ja
sogar mehr oder weniger äußerliche Dinge, wie die Einrichtung
der Bühne, die Zahl der agirenden Schauspieler, Dasein oder
Mangel eines Chors, Ansichten der Machthaber u. s. w. kann
die Litteraturgeschichte nicht außer Acht lassen, da von solchen
Dingen die Gestalt des Dramas unmittelbar abhängt. Die
Sprachform gibt erst den Abschluss der Darstellung; auf ihr
mögen die feinsten Wirkungen beruhen, aber nicht die stärksten,
nicht die wichtigsten (vergl. meine Abh. Poesie und Prosa,
Zeitschr. f. Völkerpsych. IV, 285 ff.).

Man wird also nur sagen können: die Litteraturgeschichte
hat ein sprachwissenschaftliches Moment in sich; aber sie geht
nicht ganz in Sprachbetrachtung auf. Die Sprachwissenschaft
reicht in sie hinein, aber umfasst sie nicht. Dagegen kann

allerdings gefordert werden, erstlich, dass die Sprachphilosophie
die mannichfache Anwendung der Sprache im Leben hinlänglich
begründe und also auch der Litteraturgeschichte den rationalen
Boden bereite. Wie verschiedene Redeformen überhaupt möglich sind, muss vor Allem aus dem Wesen der Sprache (apriorisch) erkannt werden. — Zweitens aber können wir uns auch
den sprachwissenschaftlichen Anteil an der umfassenden litterar-
historischen Aufgabe ausgesondert denken. Dieselbe würde
dann wohl am natürlichsten zusammengefasst werden mit der
Betrachtung aller der Schicksale, welche eine Sprache in geschichtlicher Zeit erfährt. Und so kommen wir zum Begriff
einer Geschichte der Sprache, welche als zweiter Teil der
sprachwissenschaftlichen Behandlung einer besondern Sprache
neben der Grammatik notwendig wird. Dies wird vielleicht am
klarsten durch einen Blick auf das Latein. Wie ganz anders
behandelt Plautus die Sprache und Cicero und Tacitus und der
Philosoph Seneca und die noch späteren Schriftsteller? Hier
sehen wir eine Reihe von Veränderungen, welche mit dem
Übergange des Latein in das Romanische abschließt.

Die Poetik und Rhetorik veranlassen dieselben Bemerkungen wie die Litteraturgeschichte: sie haben noch von vielen
andern Dingen zu reden, bevor sie zur Sprache kommen, und
von wichtigeren als diese. Jene Disciplinen werden also nur
einen sprachwissenschaftlichen Abschnitt haben, der, wenn wir
ihm innerhalb der Sprachwissenschaft seinen Platz anweisen
wollen, die letzte Abteilung der Syntax bilden würde. Freilich
bleibt zu beachten, dass die Syntax einen ganz andern Charakter hat als die Rhetorik und Poetik; sie hat es nur mit der
Richtigkeit der Sprache zu tun, jene zeigen die Schönheit oder
Angemessenheit des Ausdrucks; sie ist rein historisch, jene sind
ästhetisch; sie hat ausschließlich grammatische Principien, jene
haben Rücksichten zu nehmen, welche ganz außerhalb der
Sprache liegen, wie die Stimmung des Redenden u. s. w. Genau
genommen, verhält sich die Syntax zur Stylistik doch wie die
grammatische Betrachtung der Quantität der Vocale zur Metrik.
Man wird also noch folgende Rücksicht hinzu nehmen müssen.
Die litterarhistorische Charakteristik des Styls eines hervorragen-
den Schriftstellers wird auch Punkte hervorzuheben haben, die
nicht in die Geschichte der Sprache gehören, weil sie überhaupt

gar nicht grammatischer, sondern rhetorischer Art sind. Die Rhetorik, Poetik und Metrik, wie sie überhaupt die rationale Grundlage abgeben für die Litteraturgeschichte, werden also auch in ihren sprachlichen Betrachtungen die Kategorien darzulegen haben, deren sich der Litterarhistoriker zur Bestimmung des sprachlichen Styls zu bedienen hat. Sie vermitteln die Sprachphilosophie mit der Litteraturgeschichte.

Es ist klar: da die Sprache bei ihrer Anwendung in einem großen Complex ganz anderartiger, von ihr unabhängiger, aber sie bestimmender Verhältnisse hineingezogen wird, so kann die Betrachtung der angewandten Sprache, von welcher Seite auch sie ausgehen mag, niemals zu einer in sich abgeschlossenen sprachwissenschaftlichen Disciplin führen.

Noch ein Punkt wäre das Lexikon. Es ist nicht zu verkennen, dass es eine besondere Stellung und einen besonderen Charakter neben der Grammatik wohl hat: es ist wesentlich statistisch; es zeigt, welche von den nach der Grammatik möglichen Formen und Bedeutungen wirklich gebildet und entwickelt sind. Nun leugne ich nicht, dass die Statistik, wo immer sie Raum hat, wissenschaftliche Betrachtung von höherem oder geringerem Werte ermöglicht. Der wissenschaftliche Erfolg aber der lexikalischen Statistik kommt eben der Geschichte der Sprache und auch der Grammatik zu Gute. Daher wird das Lexikon wohl für immer ein bloßes Hülfsbuch bleiben, das, man möge es ordnen, wie man will, immer der Einheit entbehren, für immer eine Sammlung wissenschaftlicher Einzelheiten (Monographien) bleiben wird. Es kann jeder Artikel eines Wörterbuches den Beweis sprachforschender Genialität geben, sei es in der Ableitung (Etymologie) des Wortes, sei es in der Entwicklung der verschiedenen Bedeutungen desselben, sei es in der Festsetzung oder Bestimmung der noch unbekannten oder fraglichen Bedeutung — aber ein Ganzes wird ein Wörterbuch nie und in keiner Weise.

Es sei noch hinzugefügt, dass das Lexikon seine rationale Grundlage in der Grammatik findet. Denn wenn es auch dahingestellt bleiben mag, ob diese ein Verzeichniss der Wurzeln aufzustellen hat, (das, könnte man meinen, habe gerade das Wörterbuch zu tun, weil es schon eine statistische Aufgabe ist, und weil ferner die Grammatik es nur mit den formalen

3*

Elementen der Sprachen zu tun hat, die Wurzeln aber den
Sprachstoff ausmachen): so ist doch so viel klar, dass die Grammatik die Weisen und die Mittel darzulegen hat, nach und mit
denen aus der Wurzel die wirklichen Formen gebildet sind,
deren Statistik das Wörterbuch enthält. Für die Entwicklung
der Bedeutungen der Wörter aber hat die Sprach-Philosophie
die Grundsätze aufzustellen. Wie wenig auch diese Seite der
Sprache noch bisher bearbeitet ist, so ist doch kaum anzunehmen,
es dürfte sich je die Notwendigkeit herausstellen, für jede einzelne Sprache eine besondere Lehre von der Entwicklung der
Bedeutungen der Wörter zu begründen. Vielmehr scheint hier
das Allgemeine überall in gleicher Weise aufzutreten. Nicht
als ob hier individuelle Züge den einzelnen Sprachen völlig
fehlten. Irgend eine Möglichkeit wird in dieser und eine andere in jener Sprache vorzugsweise häufig wirklich geworden
sein. Dies würde aber in der allgemeinen Charakterisirung einer
Sprache, mit der die Geschichte derselben zu beginnen hätte,
genügend dargelegt werden können. Es braucht also nicht jede
Special-Grammatik ein Kapitel über die Bedeutung der Wörter
zu geben.

III.

Beziehung der Sprachwissenschaft zu anderen Wissenschaften.

Es ist Tatsache, dass sich die Sprachwissenschaft aus der
Philologie als selbständige Disciplin ausgelöst hat. Fragen wir
also nach ihren Beziehungen zu anderen Wissenschaften, so tritt
die zur Philologie in den Vordergrund*).

Gehen wir vom Mittelpunkte der Sprachforschung aus, so
wird leicht klar, wie sie einen Ausschnitt aus dem Kreise der
Philologie bildet. Alles Wirkliche ist entweder Natur oder
Geist. Hierbei bleibt die Frage, ob nicht diesen beiden Reichen
der Wirklichkeit doch schließlich ein Princip zu Grunde gelegt
werden kann und muss, ganz unberührt. Wie die Antwort auch
ausfallen mag, es kann Niemand so idealistisch, oder so spiri-
tualistisch sein, dass er die Natur in ihrer Verschiedenheit vom

---

*) Auch über diesen Punkt ist mein schon angeführter Vortrag zu
vergleichen, S. 16—47.

Geiste nicht gelten zu lassen versuchen könnte; noch auch kann jemand so materialistisch sein, dass er behaupten dürfte, der Kreis von Tatsachen, den wir unter dem Namen Geist zusammenfassen, sei nicht durch ganz eigen geartete Verhältnisse von den natürlichen Erscheinungen abgesondert. Neben der Naturgeschichte steht also die Geistesgeschichte oder die Philologie. Überhaupt mag die Wissenschaft einerseits die Einheit aller bekannten Erscheinungen aufsuchen; andererseits darf sie die Unterschiede nicht unbeachtet lassen. Es mag der Nachweis vollständig gelingen, dass unter den Erscheinungen des Lebens nichts vorkomme, was nicht aus den mechanischen Verhältnissen der leblosen Körper vollständig erklärt werden könnte: immer bliebe der Unterschied zwischen belebten Wesen und leblosen Stoffen bestehen, nicht nur für die gemeine Anschauung, sondern auch für die Wissenschaft, welche nie leugnen könnte, dass die Lebenserscheinungen von den Bewegungen des Leblosen verschieden, besonders ungleich verwickelter sind. Die organische Chemie und die physiologische Mechanik sind nicht bloß angewandte Chemie und Physik, sondern lehren noch ganz andere Stoffe und Bewegungs-Verhältnisse kennen als diese. Mögen ferner die untersten Stufen des Tierlebens von dem Pflanzen-Leben nicht zu unterscheiden sein, so bewiese dies nur, wie alle möglichen Stufen des Daseins verwirklicht und die Übergänge höchst allmählich sind. Mit noch größerer Sicherheit unterscheidet sich alles Geistige vom Natürlichen durch das Bewusstsein. Nicht als ob ich den Beweis dafür übernehmen möchte, dass der Stein kein Bewusstsein hat; noch auch fordere ich den Gegenbeweis, wenn jemand behaupten möchte, der Stein habe Bewusstsein. Nur dies steht fest: Erscheinungen des Bewusstseins, sie mögen vorkommen, wo es auch sei, sind von materiellen Erscheinungen verschieden und unterliegen einem eigentümlichen Mechanismus, der andre Gesetze offenbart als der physische. Die Naturwissenschaft betrachtet die Gegenstände, insofern sie bewusstlos sind; die Tatsachen des Bewusstseins bilden den Geist.

Das geistige Leben reicht weiter als das geschichtliche, wiewohl geschichtliche Entwicklung zu haben, ein wesentlicher Charakterzug des Geistigen bleibt. Es gibt Völker und Zeiten und Verhältnisse, welche außerhalb der geschichtlichen Bewegung bleiben. Die Philologie umfasst nur das geschichtliche Leben; die culturlosen Völker und die Zeiten, welche der Geschichte vorangehen, bleiben außerhalb ihres Bereiches.

Es gibt also eine philologische Erforschung des geschichtlichen Lebens der beiden classischen Völker, der Cultur-Völker Asiens, zu denen auch die Ägypter gerechnet werden können, und der Völker Europas. Wenn nun so einerseits die Philologie in die Geschichte verschiedener Völker zerfällt, so gliedert sie sich andererseits nach den verschiedenen Lebensweisen oder Tätigkeitsformen des Geistes in die Geschichte des politischen Lebens, der Religion, der Kunst u. s. w. Wer nur das geistige Leben der Griechen oder der Germanen erforscht, bearbeitet nur einen Teil der Philologie, er beschränkt sich auf einen Volksgeist; diesen aber erforscht er in allen seinen Tätigkeitsformen, in seinem praktischen wie in seinem theoretischen Leben und Weben. Eben so beschränkt sich, nur in anderer Weise, wer die Geschichte der Kunst erforscht; er beschränkt sich nicht auf ein Volk, sondern umfasst alle Völker, welche Kunstwerke hervorgebracht haben, die asiatischen wie die europäischen, die alten wie die neuen; aber er bearbeitet nur einen Zweig der Philologie, die Kunstgeschichte. Das ist die Teilung der Arbeit auch im Gebiete der Wissenschaft. So lassen sich denn nun auch die Sprachen der Völker nicht minder als ihre Kunstwerke oder ihre Religionen zu einem besonderen Zweige der Philologie zusammenfassen.

Tut man nun letzteres, so kann der Unterschied nicht entgehen, dass wer die Kunst oder das Recht der Völker aus dem Gesammtleben derselben herausgreift und besonders erforscht, da er hierbei immer innerhalb der Cultur-Völker verharrt, er auch innerhalb der Gränzen der Philologie bleibt. Wer aber die Sprachen erforscht, wird gar leicht und sogar notwendig, da ja wohl immer die Sprache eines Cultur-Volkes mit der Sprache eines uncultivirten verwandt ist, über die Gränzen der Philologie hinausgeführt. Lassen wir uns aber vom Begriffe leiten, so leuchtet alsbald ein, dass die Sprachwissenschaft sogar alle Sprachen aller Völker der Erde umfassen muss. So zeigt sich sogleich, dass diese doch mehr ist, als ein bloßer Ausschnitt aus der Philologie: oder vielmehr, es zeigt sich, wie gar leicht ein Teil einer Wissenschaft, wenn er aus seinem

Ganzen ausgelöst wird und die Selbständigkeit einer Disciplin für sich erhält, aus denselben Rücksichten, wonach er ausgelöst ist, auch neue Elemente an sich zieht und neue Beziehungen gewinnt.

So tritt nun auch unmittelbar noch ein neues, die Selbständigkeit der Sprachwissenschaft sicherndes Moment hinzu. Die Forschung des Philologen reicht, soweit geschichtliche Denkmäler reichen. Da er es mit Erzeugnissen der Cultur zu tun hat, ist er zunächst gar nicht veranlasst, über die Zeit der Cultur hinauszugehen. Die Sprachwissenschaft aber hat in der vergleichenden Grammatik das Mittel, weit über die Zeit hinaus, welche geschichtlich erhellt ist, die sprachlichen Verhältnisse zu erforschen. Auch zeitlich also überschreitet sie die Schranken der Philologie.

Drittens aber sind ja diese beiden Erweiterungen nur Folgen derjenigen verschiedenen Rücksicht oder derjenigen Verschiedenheit des Ziels der Forschung, wodurch gleich ursprünglich die Heraushebung der Sprache aus den übrigen Factoren des Nationalgeistes veranlasst wurde. In der Philologie, die es nur mit einem Volksgeiste zu tun hat, aber mit allen Momenten desselben, handelt es sich vorzugsweise um den Zusammenhang dieser Momente unter einander, also auch der Sprache mit allen übrigen Momenten und mit dem Gesammtcharakter des Volkes. Der Sprachforscher löst die Sprache aus diesem Zusammenhange und bringt sie in einen ganz andern Zusammenhang, nämlich mit den verwandten Sprachen. Der Philologe wird also vorzugsweise das hervorheben, was die strenge Eigentümlichkeit einer Sprache ausmacht, ihren besonderen Charakter, der sich am klarsten in der Litteratur, in den Styl-Arten, dem Satzbau, den syntaktischen Fügungen, der Entwicklung der abstracten Begriff und der feineren, intellectuelleren Anschauungen offenbart; der Sprachforscher findet die meisten und ursprünglichsten Aufgaben in der Wortbildung und in dem Wortwandel, nämlich da, wo die Sprache mit anderen zusammenhängt. Die Geschichte einer Sprache in der geschichtlichen Zeit lockt mehr den Philologen; die Wandlungen der Sprache in der vorgeschichtlichen Zeit reizen den Sprachforscher.

Der hier aufgestellte Unterschied zwischen philologischer und sprachwissenschaftlicher Betrachtung der Sprache ist einerseits nach abstract oder logisch begrifflicher Rücksicht gemacht; andererseits schließt sich ihm die Teilung der Arbeit unter den Forschern an. Die ideale und sachliche Forderung geht dahin, das Object, hier die Sprache, allseitig zu erkennen. Der Philologe oder Historiker wusste längst, wie vielfach die geschichtlichen Zustände und Einrichtungen des staatlichen, des religiösen und des privaten Lebens auf Verhältnissen der vorgeschichtlichen Zeit beruhen, und er fühlte sich darum getrieben, an der Hand überlieferter Tatsachen durch Schlüsse über die Zeit der Geschichte hinaus zu blicken. Warum sollte er dies in Bezug auf Sprache nicht tun? Er hat es vielmehr zu allen Zeiten zu tun versucht und versuchen müssen, um seiner Aufgabe nachzukommen. Und nun, da wir in der Sprachvergleichung das Mittel haben, solchen Blick auf die Urzustände in Sprache, Glauben, Sitte und Lebensweise mit Sicherheit zu werfen, sollte er davor das Auge zudrücken? Der Sprachforscher aber andererseits, wenn ihm feststeht, dass die Sprache nur in intellectueller Betätigung lebt, er sollte gerade die Betrachtung der geistigen Fortbildung der Sprache in der Geschichte, in den Kunstwerken der Rede von sich abweisen? Und wenn die Vergleichung der Sprachen lehrt, wie zwar jede mit der andern auf einer gemeinsamen Grundlage beruht, aber doch auch ihre Eigentümlichkeit hat, wie will denn der Sprachforscher diese Eigentümlichkeit begreifen, wenn er sie nicht mit der Individualität des gesammten Volksgeistes zusammenfasst? Oder soll er nur fragen, was z. B. das Griechische mit den andern indogermanischen Sprachen gemeinsam hat, gegen das eigentümlich Griechische aber zwar anstoßen, weil es unvermeidlich ist, dann aber sich sogleich davon zurückziehen?

Es muss also sowohl der Philologe als auch der Sprachforscher jede Sprache, wenn anders es ihm um eine volle Erkenntniss derselben zu tun ist, nach der doppelten Richtung ihres Zusammenhanges erforschen, nämlich wie in der Verbindung mit den anderen Sprachen, so auch in der Verbindung mit dem Nationalgeiste, weil beide Richtungen unzertrennlich verbunden sind. Der Zusammenhang der Sprachen ist ja zugleich ein Zusammenhang der Volksgeister; und es liegt im Wesen der Sprache eines zur Cultur bestimmten Volkes, sich geschichtlich in der Geschichte des Volkes zu entwickeln.

Innerhalb dieser idealen, auf die Erfassung des gesammten Objects in seiner vollen Wesenheit und in allen Beziehungen seines Daseins gerichteten Forderung behalten die oben nach Begriffen gezogenen Abgränzungen ihre untergeordnete, blasse, Berechtigung, und diese in vollerer Farbe hervortreten zu lassen, kann der immer nur beschränkten Individualität des Forschers nicht verargt werden; aber man soll nicht aus der Not eine Tugend machen. Nur ist mit der Erkenntniss der notwendigen Beschränktheit der Individualität zugleich die Hoffnung gegeben, dass durch die Mannichfaltigkeit derselben schließlich doch die Idee gedeckt wird.

Es ist hier immer festgehalten worden, dass die Sprache in die Wissenschaft vom Geiste gehöre, ja sogar, dass sie an der Geschichte Teil habe. Dies erscheint hier, in Betrachtungen zu vorläufiger Orientirung, als bloße Voraussetzung; diese muss und kann nur in der zusammenhängenden Entwicklung der Wissenschaft selbst, namentlich in der Sprach-Philosophie, ihre Begründung finden. Wir haben indessen schon gesehen, dass die Sprache in zwiefacher Weise die Gränzen der Philologie oder Geschichte überschreitet; denn gesprochen haben die Völker schon vor ihrem Eintritt in die Geschichte, und es sprechen und sprachen viele Völker, die nicht geschichtlich geworden sind. Hier reicht also die Sprachwissenschaft in ein andres Gebiet hinein, nämlich in das der psychologischen Ethnologie. Diese Wissenschaft hat nämlich die Aufgabe, das geistige Leben der nicht geschichtlichen Völker darzustellen. Denn es gibt unleugbar ein geistiges Leben, das nicht geschichtlich ist. Die cultur- und geschichtlosen Völker haben Sprache, Religion, ein durch geistige Rücksichten geregeltes Leben, wie Ehe, Eigentum, Arbeit, Gesetz und Herrschaft und Gehorsam u. s. w.; sie führen also ein geistiges Leben, ohne doch Geschichte zu haben. Also sind sie weder bloße Objecte der Naturwissenschaft noch auch Objecte der Philologie, sondern unterliegen einer geistigen Betrachtung, und doch nicht der philologischen. Es besteht also neben der Geschichte die ethnologische Psychologie.

Wie nun die Erforschung der wirklichen Natur, die Astronomie, die Geologie und Meteorologie, die Mineralogie, Botanik und Zoologie in der Mathematik, der Physik und Chemie und

der Physiologie ihre rationale Grundlage findet; wie in jenen
Disciplinen tatsächliche Erscheinungen, in diesen die Gesetze
zur Erklärung derselben erforscht werden: so findet die Geschichte (Philologie) und die psychologische Ethnologie die
Mittel zur Erkenntniss der causalen, gesetzlichen Verhältnisse
der geistigen Tatsachen in der Psychologie. Diese, als die
Lehre von dem, allem geistigen Leben zu Grunde liegenden
Mechanismus, liefert also auch der Sprachwissenschaft die Gesetze und die rationalen Elemente, mit Hülfe deren die sprachlichen Erscheinungen in ihrem causalen Zusammenhange zu
erkennen sind.

Insofern hätte die Sprachforschung keine andere Beziehung
zur Psychologie als jede historische Disciplin. Ob sie nun
aber und in wie fern sie in innigerem, wesentlicherem Zusammenhange mit ihr stehen mag, kann sich erst aus der näheren
Darlegung der Sache, des Wesens der Sprache, ergeben. Ver-
muten lässt sich dies allerdings auch schon bei der vorläufigen
Ansicht von der Sprache, wie sie jeder Gebildete mitbringt.
Es merkt Jeder, sobald er die Aufmerksamkeit darauf richtet,
dass die Sprache wesentlicher in das ganze Getriebe des geistigen
Lebens eingreift, bestimmender auf die Gestaltung der Ansichten
von natürlichen und menschlichen Sachen einwirkt, als sonst die
Erzeugnisse des Geistes mit einander zusammenhängen. Die
Sprache zeigt sich in so auffallender Weise als Begleiter und
Medium aller geistigen Bewegung, als Mittel zum Lernen und
Erkennen, als eigentliche Energie des Bewusstseins, dass man
sogleich bereitwillig sein wird, ihrer Erforschung eine höhere
Bedeutung für die Psychologie zuzugestehen, als jeder anderen
Betätigung des Geistes. Bestimmteres jedoch ist hierüber vor-
läufig nicht zu sagen.

So kann denn auch hier noch gar nichts darüber gesagt
werden, wie sich die Sprache als Tatsache des Bewusstseins
und der Geschichte von allen sonstigen Elementen der Geschichte
unterscheidet. Dass die Sprache in der Geschichte wie im
Bewusstsein eine besondere Stellung einnimmt, eine eigentümliche Natur zeigt, soll nicht geleugnet werden. Klare Einsicht
in diese Eigentümlichkeit aber kann nur mit Hülfe der Psychologie gewonnen werden.

Andrerseits ist noch weniger zu verkennen, dass die Sprache

auch eine physiologische Function ist. Sprechen ist ein gewisses Erschallen. Von dieser Seite aus bildet die Sprache vollkommen ein Kapitel der Physiologie. In dem Abschnitte von den Bewegungen ist auch von der der Sprachorgane zu handeln. Die Physiologie der Laute soll der Sprachforscher kennen; aber sie bildet nicht einen Teil der Grammatik. Die Philosophie der Sprache entlehnt dieses Kapitel als fremdes Gut, aus welchem der Grammatiker Gewinn zu ziehen sucht.

Und nur so, nämlich dass der Grammatiker in der Physiologie der Laute von einer Seite her die Begründung seiner Lautlehre findet, ist das Verhältniss zu verstehen. Denn die Behauptung, die ganze Lautlehre, wie sie den ersten Teil der Grammatik bildet, sei physiologisch, würde weit über das Ziel hinausgehen. Vielmehr ist die Betrachtung der Laute, wie sie dem Grammatiker gehört, eine durchaus historische mit nur teilweise physiologischer, wesentlich und in letzter Instanz aber psychologischer Begründung. Jeder Lautwandel in den Sprachen ist ein Geschehen in der Zeit; die Schicksale des Lautkörpers einer Sprache haben, wie die Geschichte der ganzen Sprache, eine Chronologie. Sprechen ist aber nicht ein bloßes Schallen und Tönen, sondern ein vom Geist angeregtes; und so, wie der Geist ihn erregt, wird der Laut hervorgebracht. Die Sprachwerkzeuge bilden allerdings einen Mechanismus für sich, ein Instrument. Aber das Instrument ist stumm, sprachlos, wenn nicht der Geist es spielt. Will der Geist darauf spielen, so muss er sich freilich dem Mechanismus desselben unterwerfen, und das Unmögliche wird er nicht leisten. Manche Passage aber mag schwierig sein; ja, sie wird dem Einen unmöglich sein, dem andern höchst unbequem, so unbequem, dass er sie erleichternd umgestaltet; doch, ist sie überhaupt nur möglich, so wird ein Dritter das Unbequeme überwinden und die Schwierigkeit nicht scheuen. Das ist Sache der Energie oder der Schwäche des Geistes. Ja, manche Uebergänge sind kaum schwierig; aber der Geist ist schlaff, oder er liebt sie nicht. Hierauf beruht aller Lautwandel, und das heisst auf psychologischen Verhältnissen.

Ueber alle diese bisher erörterten Beziehungen der Sprachwissenschaft zu anderen Wissenschaften konnten wir uns, meine ich, schon nach vorläufiger Ansicht von der Sprache hinlänglich verständigen. Wenn wir nun aber endlich nach dem Verhältniss von **Grammatik** und **Logik** zu einander fragen, so erfordert dieser Punkt nicht nur eine größere Ausführlichkeit, sondern er veranlaßt ein genaueres Eingehen auf das Wesen der Sprache. Er wird uns vollständig in unsere eigentlichen Untersuchungen hineinführen und verdient billig eine besondere Überschrift. Er kann aber gar nicht betrachtet werden, ohne zuvor nach dem Verhältniss zwischen Denken und Sprechen zu fragen. Dieses ist also zunächst zu bestimmen, insoweit es sich tun lässt, bevor das Wesen der Sprache gründlich erfasst ist.

IV.

Sprechen und Denken.   Grammatik und Logik.

Plato hatte die Untersuchung über die grammatischen Kategorien begonnen, Aristoteles setzte sie fort, die stoische Schule brachte sie insofern zum Abschluss, als sie wenigstens alle Kategorien aufgefunden hatte. Diese aber wurden von den griechischen Philosophen nicht nur im Dienste und zum Vorteil der Dialektik und Logik betrachtet; sondern so, wie sie von ihnen erfasst und betrachtet wurden, waren sie und galten sie als dialektische oder logische Wesen. Indem sich die Philosophen mit sprachlichen Gegenständen beschäftigten, wussten sie sich keineswegs als Grammatiker. Ihre logischen Kategorien wurden zu grammatischen erst durch die Grammatiker umgedeutet. Wie sich nun überhaupt die Aristotelisch-stoische Logik traditionell durch die letzten Zeiten des Altertums und durch das Mittelalter hindurchschleppte, so auch in ihr die Betrachtung der Redeteile. Und so hat denn auch der berühmte Scholastiker Johannes Duns Scotus (im 13. Jh.) einen *Tractatus de modis significandi* geschrieben, im logischen Interesse, obwohl dieses Buch eine philosophische Grammatik heißen kann, wie es auch in der Ueberschrift den Zusatz trägt: *seu grammatica speculativa*. Dann hat im 16. Jahrhundert, als die neuere Philologie aufblühte, Julius Caesar Scaliger (Vater des Joseph Justus

Scaliger) unter dem Titel *De causis linguae latinae* eine philosophische Grammatik des Latein geschrieben, wie ein Verehrer der Aristotelischen Schrift *De interpretatione* sie schreiben musste. Als endlich die Cartesianische Philosophie auftrat, da ward für die Kloster-Schule von Port-Royal bei Paris eine Logik und eine *Grammaire générale et raisonnée* aus einem Gusse gearbeitet, ja längere Stücke sind beiden Werken gemeinsam. Letzteres aber bildet den Anfang einer langen Reihe allgemeiner und philosophischer Grammatiken bis in die letzten Zeiten, welche sich sämmtlich bemühen, die Grammatik aus der Logik heraus zu construiren, die logische Grammatik zu schaffen.

Wir könnten diese Ansicht ruhig gelten lassen und in den grammatischen Formen der Sprache die Verkörperungen der allgemeinen Formen des logischen Denkens und der allgemeinen Anschauung finden wollen: so bliebe das schon S. 42 angedeutete Verhältniss zwischen Grammatik und Psychologie unverändert. Denn wenn man nur zugesteht, dass die metaphysischen Kategorien wie die allgemeinen Formen des Denkens und Anschauens nicht fertig angeborene Ideen sind, sondern im menschlichen Bewusstsein erst allmählich entstehen: so ist es Aufgabe der Psychologie, diesen Entstehungsprocess nachzuweisen. Wie kommt der Mensch zu diesen Kategorien Ding, Substanz, Ursache? und zwar nicht bloß zur abstracten Erfassung derselben sondern zu ihrer zunächst unbewussten Anwendung? Wie gelangt ferner der Mensch zum Begriff Raum und zur Vorstellung von Dingen als im Raume befindlich und in räumlichen Verhältnissen zu einander stehend? Und ebenso wäre dann zu fragen, wie die sprachliche Verleiblichung dieser Kategorien und Formen entstehe. Dies alles mag immerhin organisch entstehen: es muss allemal eine Physiologie der metaphysischen Kategorien und logischen Formen geben, und dies ist die Psychologie.

Indessen ist zu untersuchen, inwiefern die ganze Ansicht, auf der die Ableitung der Grammatik aus der Logik beruht, haltbar ist. Anderwärts*) ist gezeigt, wie sich Aristoteles nur allmählich von dem streng logischen Standpunkt in das sprach-

---

*) In meiner Geschichte der Sprachwissenschaft bei den Griechen und Römern.

liche Material hat hineinziehen lassen, und wie dies der Logik
nicht zum Vorteil gereichte. Hier ist näher zu betrachten, ob
die Grammatik wirklich in der Weise logischer Natur ist, wie
man angenommen hat. Dürften wir schon hier die Kenntniss
des Wesens und der Factoren der Sprache voraussetzen, so
wäre die Sache schnell entschieden. Da wir aber jene Kenntniss erst gewinnen wollen, so müssen wir versuchen, die Frage
vom Verhältniss der Grammatik zur Logik zunächt nur vorläufig zu erörtern, in der Hoffnung, so auf die rechte Fährte
zu gelangen, die wir zu verfolgen haben werden.

Wenn man, wie auch wir tun, die Sprache Ausdruck des
Innern, Darstellung der Intelligenz genannt hat, so hat man,
von Plato bis in die neuere Zeit, damit behaupten wollen, dass
die Sprache mit der Intelligenz durchaus identisch sei, d. h.
dass die Bedeutung der Sprachlaute durchaus nichts anderes
sei als die Erzeugnisse der Intellectualität selbst, Anschauungen,
in weiterer Ausbildung Begriffe, und Gedanken. Die Sprache
sollte hiernach zwei Seiten haben, eine äußere und eine innere,
welche sich zu einander wie Körper und Geist verhalten sollten; die äußere, die Lautseite der Sprache, meinte man, sei das
körperliche Element, in welchem die innere Seite, die Intellectualität, lebe, wohne und geboren werde, und durch welches
Element sie sich zugleich äußere und darstelle zu sinnlicher
Warnehmbarkeit. Sprache, sagte man, ist Gedanke selbst, Wort
ist Begriff selbst, Satz ist Urteil selbst, nur zugleich sprachlich
ausgedrückt, lautlich warnehmbar, verleiblicht. So streng hat
man die Einheit von Sprechen und Denken genommen, dass
das eine ohne das andere organisch unmöglich sein sollte, dass
wenn sie nach ihrer organischen Natur heranwüchsen, jedes mit
dem andern notwendig zugleich gegeben sein müsste, weil sie
eben gar nicht zwei verschiedene Wesenheiten seien, sondern
nur eine. Der Laut, d. h. der organisch articulirte, ist nicht
ein selbständiges Wesen für sich, begründet nicht etwa ein
Wesen, Sprache genannt, abgesondert und verschieden vom
Gedanken; sondern der Laut gehört dem Denken selbst, ist
ihm organisch so notwendig, wie der Kraft eine Materie, der
Seele ein Leib. Nach K. F. Becker's Ansicht vom organischen
Wesen der Sprache ist es der menschliche Logos, der sich mit
schöpferischer Naturkraft in der Sprache eine sinnliche Wirk-

lichkeit gibt, geradeso wie die Idee des Lebens sich im organischen Leibe verwirklicht. Man hat sich von diesem Drange, Sprechen und Denken zu vereinheitlichen, so weit treiben lassen, dass man vergaß, sich zu fragen, was denn nun eigentlich der Name Sprache noch bedeuten solle, jetzt, da selbst der Laut ein Element des organischen Denkens ist? Auf diese Frage würde ich nach der dargelegten Ansicht nur antworten können, Sprache bezeichne die organische Eigenschaft des Denkens, zu tönen.

Neuerlichst hat man versucht, eine dieser älteren Ansicht gerade entgegengesetzte, aber eben darum nahe verwandte aufzustellen. Die gemeinsame Grundlage beider hat man fast mit Plato's Worten so ausgedrückt: „Sprache ist lautes Denken, wie Denken lautloses Sprechen." Während nun aber K. F. Becker*), mit Anlehnung an die Natur-Philosophie im Anfange unseres Jahrhunderts, die Idee sich verwirklichen, den Geist sich verkörpern und ebenso den Gedanken sich sprachlich verlautlichen liess: wollte man nun, in Anschluss an den heutigen Materialismus, die Behauptung aufstellen**), der Geist oder der Gedanke oder der Inhalt der Sprache sei die Function des Lautes.

Ist denn aber die Grundlage beider Ansichten so fest? Sehen wir zu.

Dem Denken, sagt man, fehle das Lauten niemals. Denn (und diese Tatsache ist richtig) selbst unser stilles, lautloses Denken ist ein mindestens beabsichtigtes Sprechen; die innere Ansicht der Articulation begleitet dasselbe allemal. Stilles Denken ist gedachtes Sprechen, Sprechen nur gesprochenes Denken. Ich habe an mir eine Beobachtung gemacht, die gewiss auch jeder andere an sich schon gemacht hat oder machen kann. Wenn ich nämlich auswendig gelernte Reden und Gedichte schweigend in Gedanken wiederholte, wobei allerdings auch eine gewisse Aufmerksamkeit auf das äußere, wiewohl unterdrückte Element des Vortrags gerichtet war, so konnte ich sehr deutlich ein leises Zucken in der Zunge, ein schwaches, oft nur

---

*) Vergl. dessen Hauptwerk: Organism der Sprache.

**) Das hat Schleicher getan. Ueber die Verdienste dieses Sprachforschers vergl. S. Lefmann: August Schleicher, Skizze. Leipzig 1870.

beabsichtigtes Ausführen aller Articulationen an mir bemerken.
Auch Herbart sagt (Bemerkungen über die Bildung und Entwickelung der Vorstellungsreihen, S. W. VII. S. 320): „Das
stille Denken ist großentheils merklich ein zurückgehaltenes
Sprechen; und man hat allen Grund anzunehmen, dass wirklich
ein Handeln dabei vorgeht, welches für die Seele schon ein
äußeres Handeln ist; nämlich ein Anregen der Nerven, welche
die Sprachorgane regieren; nur nicht stark genug, um die
Muskeln zu bewegen.“

Dies wird richtig sein. Wenn aber hieraus die Unzertrennlichkeit von Sprechen und Denken folgen mag, so folgt
daraus noch nicht ihre Einheit und Selbigkeit. Ja man darf
daraus noch nicht einmal ihre Unzertrennlichkeit schließen;
denn andere, nicht minder sichere Tatsachen beweisen die
Trennbarkeit.

Das Tier denkt, ohne zu sprechen. Wir werden hierauf
zurückkommen. Nur kann es uns nicht einfallen, beweisen zu
wollen, dass das Tier denkt (es wäre überflüssige Mühe), noch
dass es nicht spricht — es wäre verschwendete Mühe. Wir
wollen aber schon hier bemerken, dass das Tier nicht bloß empirisch denkt, in rein sinnlicher Gegenwart lebt; sondern es
hat Gedächtniss, erkennt wieder, und hierin liegt ein Keim
zum Bewusstsein der Vergangenheit; ja noch mehr, es vermutet und erwartet die Zukunft, berechnet sie und macht überhaupt Schlüsse: das ist sogar schon ein apriorisches Element.

„Das sind Tiere; aber der Mensch!“ — Nun, auch er
denkt in manchen Fällen ohne Sprache. Der Taubstumme
denkt oft verständiger als mancher Redende; er ist sogar meist
schlau, und selbst ohne besonderen Unterricht erwirbt er sich
religiöse Vorstellungen. Er lernt ein Handwerk und wird ein
nützliches Glied der menschlichen Gesellschaft. Er erzählt,
lässt sich erzählen, ist der Unterhaltung fähig.

„Das ist der verstümmelte, unglückliche Mensch! aber der
normale, der im Besitze aller menschlichen Kräfte ist! aber
wir!“ — Nun, auch wir denken oft genug ohne zu sprechen.
Wir träumen, und Träumen ist doch ein Denken. Es werde
zugestanden, dass geträumte Reden, wie unser leises Denken,
von schwachen Erregungen der Nerven der Sprachorgane begleitet werden, und manchmal sind ja diese Nervenerregungen

stark genug, um die Muskeln der Sprachorgane in Bewegung zu setzen und hörbares Schlafsprechen zu erzeugen. Die ganzen Traumbilder aber mit bestimmten Örtlichkeiten und Personen, mit Handlungen und Begebenheiten sind doch sicherlich nicht ein bloßes leises Erzählen. Träumen ist Phantasiren, also ein intellectuelles Handeln, aber ohne Worte.

„Das ist der träumende Mensch; aber der wachende!" — Auch er denkt vielfach ohne Worte. Vieles können wir durch die Sprache weder erfassen, noch mitteilen; vieles können wir zwar mitteilen, aber wir erfassen es ursprünglich ohne Sprache. (Vergleiche Lazarus, Leben der Seele, II. S. 221 ff.) Dies sind die Warnehmungen durch unsere Sinne. Wem es nicht der Sinn eingibt, was Blau, was der Ton der Trompete, was Süß ist, der kann es durch kein Wort erfassen, noch können wir es ihm durch Rede mitteilen. Obwohl Sehen eine verwickelte intellectuelle Tätigkeit ist, so lernt es doch das Kind vor der Sprache, und wir üben diese Tätigkeit ohne Sprache. Haben wir nun durch das Gesicht wargenommen, so können wir hierüber berichten; aber die Kunst keines Redners geht so weit, uns eine Gesichtsbildung und Gestalt, die leibliche Haltung und Bewegung einer Person, eine nur einigermaßen an Formen und Farben vielfache Örtlichkeit so zu beschreiben, dass wir uns ein genau zutreffendes Bild von der gemeinten Person oder Gegend in unserm Bewusstsein entwerfen könnten. Und weil solche Darstellung eines Bildes durch Sprache ganz unmöglich ist, darum lautet das stylistische Gesetz, dass der Dichter und Redner das Entwerfen solches Bildes gar nicht unternehmen, mit den darstellenden Künsten nicht wetteifern solle; dass er nicht durch Beschreibung, sondern durch andre Mittel die Phantasie des Hörers und Lesers so zu erregen habe, dass sie selbst sich das vom Dichter gewollte Bild entwerfe. Und noch weniger als sinnliche Warnehmungen lassen sich Gefühle sprachlich ausdrücken.

„Das ist nicht Denken! das ist Warnehmen; das sind Tätigkeiten der niedern Geistesvermögen." — Denken freilich im eigentlichern Sinne ist das nicht; aber eine niedere Geistestätigkeit ist das Anschauen und Warnehmen nicht immer. Wenn der Kunstkenner vor einem Meisterwerke der bildenden Kunst oder der Baukunst betrachtend steht, so ist seine Tätigkeit Anschauen, und doch wahrlich keine niedere Tätigkeit. Wer ein musikalisches Kunstwerk erfasst, der hört und übt nicht eine niedere Seelenfähigkeit. Und diese Männer tun nichts als Sehen und Hören, und die Urheber jener Werke hatten im natürlichen Stoffe das ausgeprägt, was sie innerlich geschaut und gehört hatten, und dieses Schaffen und jenes Aufnehmen geschieht ohne Sprache. Wer eine Maschine betrachtet, um ihren Bau kennen zu lernen, wer nachsieht, wie ihre Räder und ihre Walzen und ihre Balken in einander greifen und Eins das Andere stützt oder in Bewegung setzt, der sieht und erkennt eine bedeutende geistige Schöpfung und — spricht nicht dabei.

„Dabei ist kein Sprechen, aber auch immer noch kein Denken!" — Nun, so sehen wir denn hin auf das streng wissenschaftliche und streng logische Denken; aber hüten wir uns, dass wir uns nicht täuschen. Am klarsten ist, dass das mathematische Denken sich lautlos vollziehen kann. Das Urteil $3+4=7$ ist durch sichtbare Zeichen völlig bestimmt ausgedrückt und mittelst des Auges aufzufassen. Dasselbe Urteil kann auch durch die Sprache ausgedrückt werden, aber nicht besser als in der ersteren Weise. Auch meine man nicht, jene sichtbare und durch das Gesicht aufzunehmende Darstellung sei Schrift, und Schrift sei nur durch Kunst sichtbar gemachter Laut. Das ist keineswegs der Fall; jene Formel ist nicht Schrift, sondern ist unmittelbares Zeichen des Gedankens, also ideographisch. Die Ideographie aber ist nicht Schrift. Was geschrieben heissen soll, muss gelesen werden können, d. h. das Zeichen muss uns ganz bestimmte Laute darstellen, welche der Lesende erkennt. Alles wirklich Geschriebene kann daher nur in e i n e r Weise gelesen werden, nur in denjenigen Worten, welche der Schreibende im Bewusstsein hatte und gelesen wissen wollte. Die Formel $3+4=7$ aber lässt ihren Inhalt in mehrfacher Weise aussprechen, also in mehreren Weisen lesen. Es ist Willkür, ob ich denselben so ausdrücke: drei und vier sind sieben, oder: wenn ich zu einer Anzahl von drei die von vier erhalte, so werde ich die Anzahl von sieben haben u. s. w., und ich kann diesen Inhalt in jeder beliebigen Sprache ausdrücken. Was aber geschrieben wäre, müsste doch in einer bestimmten Sprache geschrieben sein. Also liegt in jener Formel gar keine Sprache; sondern dieselbe ist eine besondere, von der Sprache ganz unabhängige Darstellung eines Gedankens, der freilich auch sprachlich ausgedrückt werden kann.

Eben so aber verhält es sich mit aller Wissenschaft; je höher sie steigt, um so mehr begibt sie sich des Wortes. Der Geometer zeichnet seine Figur, zieht seine Hülfslinien und durchläuft in Gedanken eine lange Demonstration, ohne dass ihm dazu die Sprache unentbehrlich wäre. Logik, wahre Wissenschaft fordert, dass wir Begriffe und nicht Worte denken. Daher bewegt sich die ursprüngliche Lehre des Aristoteles vom Schlusse nicht um Wörter und Sätze, sondern um Begriffe, die er mit Buchstaben $\alpha\, \beta\, \gamma$ u. s. w. bezeichnet; er zeigt, wie diese Begriffe beschaffen sein müssen, wenn β die beiden andern vermitteln soll. Ist die Sache, also das Wesen des Schlusses, verstanden, so lässt sie sich viel besser als durch Worte durch geometrische oder arithmetische Formeln, oder überhaupt durch Formeln darstellen. (Vergl. meine Geschichte der Sprachwissenschaft bei den Griechen und Römern, S. 194). Ebenso ist es in der Physik, in der Chemie, welche dem Kundigen mit wenigen Zeichen ein mannichfaches Geschehen von Scheidungen und Verbindungen ausdrücken. Alle solche Formeln werden nicht gelesen, nicht gesprochen; sie werden gesehen und gedacht. Sie lassen sich allerdings in die Sprache übersetzen und gewinnen dann wohl an Fasslichkeit, aber sicherlich nicht an Klarheit, und verlieren sogar an Schärfe und Bestimmtheit. Und die größere Fasslichkeit rührt nur von unserer Gewohnheit her, sprechend zu denken. Das Denken wird uns leichter mit Hülfe des Wortes, weil wir an diese Krücke gewöhnt sind. So gelangt man durch die Sprache zum Verständniss jener Formeln; aber das Ziel ist, sie zu schauen, sie zu denken ohne Wort.

Hieraus folgt nun, dass die unterste Stufe des Denkens, das Anschauen von äußeren oder inneren Bildern, des Wortes nicht bedarf; dass das gewöhnliche Denken des gemeinen menschlichen Lebens wenigstens tatsächlich und in der Regel an die Sprache gebunden ist; dass aber endlich der Geist auf einer höheren Stufe der Ausbildung sich von der Last des Lautes zu befreien sucht. Nur irgend ein sinnliches Zeichen muss er auch auf der höchsten Höhe haben als Stab und Stütze, als Leitfaden; oder, nach einem anderen Bilde, die Zeichen sind dem Geiste, indem er dem Begriffe nachspürt, eingeschlagene Pfähle an den Stellen, wo er die Fußstapfen des Begriffs erkannt hat, um die Schritte und den Weg derselben um so leichter von neuem durchlaufen zu können. Dazu ist ihm aber das Wort oft zu grob, und er wählt statt dessen das algebraische Zeichen. Auf der untersten Stufe des Denkens bedarf er weder des Zeichens, noch könnte es ihm dienen; hier ist es die Anschauung selbst, die er will, die ihm stehen soll. Nur im mittleren Denkreiche herrscht gewöhnlich das Wort. Dass es aber auch hier eben nur ein Zeichen ist, als Zeichen dient und keinen höheren Wert hat, zeigt sich daran, dass es beim unterrichteten Taubstummen durch Fingersprache und Schriftzeichen vollständig ersetzt wird. Auch ist für den Taubstummen, der sich von Kindheit auf an ein künstliches Fingeralphabet gewöhnt hat, die Fingerbewegung fast ebenso unzertrennlich vom Denken, eben so notwendig für dasselbe geworden, wie bei uns das Wort. In den Anstalten, in denen ein Fingeralphabet als gewöhnliche Umgangssprache dient, hat man bemerkt, dass die Taubstummen bei ihrem stillen Denken die Finger bewegten. Auch im Traume tun sie es oft. Die Fingerbewegung ist also bei ihnen eben so sehr mit dem Denken verschmolzen, wie bei uns der Laut, die Articulation, was darauf führt, auch die Verbindung der Articulation mit dem Denken als den Erfolg einer Gewohnheit anzusehen. Späterhin freilich werden wir sehen, dass zwischen Gewohnheit und Gewohnheit ein Unterschied ist, dass nämlich die eine von der Natur vorgezeichnet und angeordnet, die andere nur zum Ersatz angenommen ist. Hier aber war zu zeigen, dass die behauptete Unzertrennlichkeit von Denken und Sprechen eine Uebertreibung ist, und dass der Mensch nicht im Laute und durch Laute denkt, sondern an und in Begleitung von Lauten. Denn weder ist die Wirklichkeit des Denkens von dieser Anknüpfung desselben an den Laut durchaus abhängig und ohne sie unmöglich, noch wird durch ihre Aneinanderknüpfung Wort und Begriff, Sprache und Gedanke identisch.

Es ist eine schlechte Ausrede, zu behaupten, das lautlose Denken sei unorganisch. Denn erstlich das Denken als Anschauung, als Bildschöpfung, ist ohne Zeichen durchaus organisch. Das algebraische Denken ferner ist eine ganz notwendige, also organische Stufe in der organischen Entwicklung des

menschlichen Geistes, auf welche Stufe derselbe in ganz organischer Weise seiner organischen Natur nach gelangen muss.
Endlich aber, wäre der Laut dem Denken so organisch notwendig, wie ein Leib der Seele, ein Stoff der Kraft: so müsste
die Trennung des Lautes vom Denken für beide eben so zerstörend und tödtlich wirken, wie die Trennung des Leibes von
der Seele, oder so unmöglich sein, wie die des Stoffes von der
Kraft. Das ist aber nicht der Fall; sondern es findet das Wunder Statt, dass das Denken, obwohl unorganich, doch fortlebt
— gewiss eine wunderliche Unsterblichkeit und Unzerstörbar-
keit des Gedankens.

Ich will zu den oben angeführten Beispielen des Denkens
mit Zeichen noch ein höchst merkwürdiges hinzufügen, wo man
nicht aus dem Mangel eines Sinnesorganes und nicht bloß zu beschränkten Zwecken, zu wissenschaftlichen Formeln, sondern wo
ein Volk zur Darstellung von Gedanken sich schriftlicher Zeichen bedient. Dies geschieht in China. Kein Chinese ist im
Stande, im alten erhabenen Styl abgefasste Schriftstücke, die
man ihm vorliest, durch bloßes Hören aufzufassen. Dies ist
eine vielfach versicherte und für den Kenner des Chinesischen
leicht begreifliche Tatsache. Diese chinesische Litteratur alten
Styles ist so umfangreich wie irgend eine; sie ist ganz vorzüglich reich an Darstellung von Reflexionen und Gefühlen, besonders an Betrachtungen über die sittlichen Verhältnisse der menschlichen Gesellschaft; sie ist weniger beschreibend, sinnlich, an-
schauungsvoll, als reflectirend, rein denkend; sie wird gepflegt
und studirt mit demselben Fleiße, wie der chinesische Ackerbau,
seit mehr denn zwei Jahrtausenden: und diese Litteratur ist in
der Tat keine sprachliche, sondern eine Zeichenlitteratur; denn
nicht sprechend wird sie mitgeteilt und hörend vernommen,
sondern in Zeichen geschrieben, wird sie nur durch Anschauung
aufgefasst. Zwar hat jedes Zeichen einen Laut, mit dem es
ausgesprochen wird; aber was kann das nützen, da dieser Laut,
der das Zeichen trägt, bloß ausgesprochen, völlig unverständlich bleibt, das Zeichen aber, gesehen, beim ersten Blicke eine
Vorstellung anregt? Hier redet also eine weite und tiefe Litera-
tur nicht zum Ohre, sondern zum Auge; hier wird also gar
nicht mit Lauten, sondern mit Schriftzeichen gedacht; und diese

Litteratur ist das höchste Erzeugniss des Geistes eines der ältesten und cultivirtesten Völker der Erde.

Endlich noch ein Beispiel, das viel näher liegt, als das der chinesischen Sprache und Schrift, und doch mit ihm die größte Ähnlichkeit hat. Es wird gewiss Vielen, die nur englische Schriften gelesen, aber nicht Englisch gesprochen haben, eben so gehen wie mir, dass sie nämlich, wenn sie Englisch hören, sich das Gehörte schnell als geschrieben vergegenwärtigen und so erst verstehen, d. h. den Gedanken auffassen. Das rührt von der Verschiedenheit zwischen Schreibung und Aussprache und der Gewöhnung her, immer die Schreibung dem Geiste gegenwärtig zu haben. Ich denke, dies beweist, dass, wenn man Englisch zu uns spricht, wir nicht in englischen Lauten, sondern in englischer Schrift denken.

Aber auch abgesehen von diesem künstlichen Denken in Zeichen, gibt die Lautsprache in mehrfachen Tatsachen Zeugniss davon, wie sehr sie vom Gedanken ablösbar ist. Alles, was dagegen spricht, dass uns die Sprache angeboren ist, spricht auch dagegen, dass sie in organischem, d. h. naturnotwendigem Zusammenhange mit dem Gedanken stehe. Wäre die Sprache die von der zeugenden Natur selbst geschaffene Verleiblichung des Gedankens, so müsste derselbe Gedanke auch immer in derselben Weise lautlich erscheinen und die tatsächlich vorhandene mannichfache Möglichkeit des Ausdruckes wäre unbegreiflich. Vor allem wäre die Verschiedenheit der Volkssprachen bei der Einheit des menschlichen Logos unerklärbar. Die Fähigkeit der Uebersetzung aus einer Sprache in die andere zeigt doch wohl klar, wie der Gedanke nur über den Sprachen webt, aber nicht in ihnen lebt als in seinem Leibe. Aber selbst nur die Verschiedenheit des Styls, die Möglichkeit verschiedener Darstellung in derselben Sprache müsste nach jener organischen Ansicht unmöglich sein.

Noch mehr: Wäre die Sprache logisch, und ihre Form der organische Abdruck der logischen Form des menschlichen Denkens: was würde daraus folgen? Es würde mit unleugbarer Notwendigkeit aus dieser Voraussetzung Becker's folgen, dass es unmöglich sein müsste, das unlogisch, d. h. das logisch falsch Gedachte, den logischen Irrtum, sprachlich und sprachrichtig auszudrücken. Wir würden also in der Fähigkeit, einen Gedanken sprachlich auszudrücken, einen Prüfstein für die Richtigkeit dieses Gedankens haben. Wenn z. B. zwei conträre Begriffe sich nicht als Subject und Prädicat in einem Urteile mit einander verknüpfen können; wenn das Urteil: *der Kreis ist viereckig*, oder *ein viereckiger Kreis*, undenkbar, logisch unrichtig ist: so müsste dergleichen auch in der Sprache unausdrückbar sein. So oft der Mensch auf dem Punkte stünde, sich zu einem logischen Denkfehler hinreißen zu lassen, falsch, d. h. genau genommen, n i c h t zu denken: so müsste ihn der Gebrauch der Sprache verlassen; er müsste um das Wort oder um die grammatische Form in Verlegenheit sein; es müsste wenigstens jeder Denkfehler mit einem Sprachfehler, jeder Verstoß gegen die Logik mit einem entsprechenden gegen die Grammatik unablöslich und unvermeidlich verknüpft sein. So ist es doch nun aber nicht; sondern der tollste Unsinn lässt sich richtig und sogar in schönem Satzbau ausdrücken.

Da sowohl die organische Ansicht Becker's als die materialistische Schleicher's auf metaphysische Betrachtungen gegründet ist: so noch schließlich folgende Bemerkung.

Ich verstehe das Bedürfniss nach einem einheitlichen Alpha und Omega, nach einem einheitlichen, monistischen Principe, welches einer gegliederten Weltanschauung Halt und Leben gewährt. Aber es ist doch eine Verkennung aller Methodik, ja es ist eine Verkennung der Tragweite jeder Kategorie, wenn zur Erkenntniss einer concreten Erscheinung mitten im vielfältigst zusammengesetzten Getriebe der Welt ohne Weiteres — ausschließlich der letzte, höchste Begriff herbeigezogen wird. Was geht uns, die wir das Wesen der Sprache erforschen, die metaphysische Monas an? Ob diese Welt nichts anderes ist als Attribute und Modi der absoluten Idee, ob der Geist die Wurzel oder die Blüte (Function) der Materie ist — wie fern liegt uns diese Frage, wenn die Sprache unsre Vorlage ist! Hüten wir uns doch, durch vielleicht ganz richtige, hier aber übel angewandte Metaphysik, von Anbeginn die vorliegende Tatsache zu fälschen.

Welches ist diese Tatsache? Nicht mehr als dies, dass die Menschen einander den Inhalt ihres Bewusstseins durch Laute mitteilen, also darstellen. Mehr haben auch weder Plato und Aristoteles, noch Scaliger und die Männer von Port-Royal

zunächst behauptet; sie sind gerade von der so gefassten Tatsache ausgegangen. Sogleich der nächste Schritt aber war ein
falscher Schluss. Sie sagten: Ist die Sprache Ausdruck oder
Darstellung unseres Gedankens, so sind die Formen des
Gedankens auch die Formen der Sprache. Dagegen ist klar,
dass der Schluss nur so lauten darf:

Da   die Sprache =   Darstellung des Gedankens,
so sind die Formen der Sprache = Formen der Darstellung des Gedankens.

Ist das aber nicht dasselbe: Formen des Gedankens und
Formen der Darstellung des Gedankens? Gewiss nicht. Welcher Art der Unterschied ist, muss deutlich gemacht werden.

Wenn der Sprachlaut ein weiches Wachs wäre, in welchem
sich der Gedanke wie ein Siegel ausprägte, so wäre wohl
in der Tat die Form des Gedankens im Laute ausgedrückt;
aber doch so, dass, was dort erhaben war, hier vertieft erscheint,
und was dort vertieft war, erhaben erscheint, und was rechts
war, ist links, und umgekehrt. Also ist der Ausdruck doch
nicht ganz wie das Ausgedrückte.

Eine andre geläufige Betrachtungsweise ist folgende: „In
den Sprachen spiegeln sich die Gedanken selbst, also auch deren
Bestandteile sammt ihren Verhältnissen." Wie aber, wenn die
Sprache ein Spiegel wäre mit concaver oder convexer Fläche?
oder irgend wie gefärbt? Würden uns dann in den Sprachbil-
dern die Formen der Begriffe erscheinen?

Doch das ist es gar nicht, was ich meine. Nein, die Sprache
ist ein wunderbares Wachs; in ihr erscheint das Erhabene
erhaben, das Tiefe tief, und das Rechte rechts, das Linke links.
Die Sprache ist ein Spiegel von wunderbarer Glätte und Reinheit — ich gestehe es zu. Was ich aber meine ist dies. Ist
der Spiegel so rein, so mag es uns, so mag es dem Maler, der
eine Person auffassen will, völlig gleichgültig sein, ob wir diese
Person unmittelbar oder nur im Spiegel sehen. Und so mag
der Logiker, wenn uns der Gedanke nicht unmittelbar erscheint,
seine Aufmerksamkeit auf dessen Spiegelbild in der Sprache
richten. Aber der Grammatiker? Ist es denn seine Aufgabe,
die Gegenstände, die sich in der Sprache spiegeln, oder auch
die Bilder, welche die Sprache bietet, zu betrachten? Nein,
der Spiegel selbst ist Gegenstand seiner Forschung, die Sprache,
nicht das in ihr Abgespiegelte und nicht dessen Bild. Wie

dieser wunderbare Spiegel beschaffen ist, woher er seine Zauber-
kraft hat, das will er erforschen. Die Sprache ist noch viel
wunderbarer, als hier angenommen ist. Sie ist nicht nur ein
so reiner Spiegel, dass er jede Form und jede Farbe unver-
fälscht wiedergibt; sondern dieser hat die Kraft, was er wider-
spiegelt, geradezu in seinem Dasein zu verdoppeln und so viel
mal zu vervielfachen, als Personen hineinblicken, ja er hat die
Kraft, dass, wer hineinsicht, mit Hülfe der erblickten Begriffe
neue Begriffe erzeugen kann. Woher kommt ihm diese Kraft?
— Was tut nun der, welcher uns den materiellen Spiegel erklären will? Spricht er von den Dingen, die sich möglicher-
weise einmal in ihm spiegeln können? (Das wäre ja töricht!)
Nein, von Zurückwerfung der Lichtstrahlen und den dabei ob-
waltenden mechanischen Gesetzen. So soll also auch der, von
dem wir Belehrung über den Sprach-Spiegel erwarten, nicht
von den Gedanken reden, die sich wohl gelegentlich darin
spiegeln können, sondern von der Natur dieses Spiegels an sich
und von dem allgemeinen Processe der Abspiegelung der Gedanken im Laute.

Der Sprachlaut ist weder ein Wachs, noch ein Spiegel,
sondern kann nur gewissermaßen damit verglichen werden.
Ueblicher ist es, zu sagen, die Sprache sei Darstellung des
Gedankens; und das ist passender und führt uns darauf, die
Analogie der Sprache mit der Kunst zu verfolgen. Denn auch
diese ist ja Darstellung. Denken wir uns also einen Fall.

Ein Maler stellt Napoleon dar nach seiner Unterzeichnung
der Entsagungsacte in Fontainebleau. Der Ästhetiker will uns
dieses Kunstwerk analysiren. Wenn er nun in dieser Absicht
den Vorgang der Abdankung oder überhaupt die Geschichte
Napoleon's nach den historischen Quellen erzählte*), was hätte
er getan? Dasselbe was der Grammatiker tut, welcher die
Formen des Gedankens, der in der Sprache dargestellt ist, statt
der Form dieser Darstellung erörtert. — Wir stehen vor der
Bildsäule Friedrich's des Großen; was haben wir vor uns? Den
Stein-gewordenen Friedrich? So wenig wie das Wort das Laut-
gewordene Ding ist. Das Wort aber soll der verlautlichte Ge-

---

*) Dass man wirklich in ähnlichen Fällen so verfahren, bemerkt Winckel-
mann, Kunstgeschichte, Vorrede, §. 7.

danke sein; ist etwa die Bildsäule Friedrich's der versteinerte Gedanke von jenem Könige, der durch Heldenmut und Führerkunst in solchen und solchen Schlachten wie durch Regierungsweisheit im Frieden die Großmacht Preussen schuf und dadurch dem deutschen Volke einen neuen Lebenskeim einpflanzte? Auch das nicht, wenigstens nicht eigentlich und unmittelbar. Dann ist aber auch das Wort nicht eigentlich und unmittelbar der verlautlichte Begriff.

Aber auch diese Betrachtung gibt uns eine positive Hinweisung auf den Gegenstand, der die eigentliche Aufgabe des Grammatikers bildet. Wer von einem Gemälde oder einer Bildsäule Friedrich's oder Apollo's berichten wollte, der hätte wohl zuerst von dem Stoffe und den äußeren Verhältnissen dieser Kunstwerke zu berichten. Es ist ein Öl- oder Fresco-Gemälde, so und so hoch und breit; es ist ein Stand-Bild von Marmor oder Erz, in einfacher oder doppelter Lebensgrösse. So hat ganz analog der Grammatiker, der über eine Sprache berichtet, vor allem die Lautlehre zu geben. Was Friedrich, Napoleon in der Geschichte war, was Apollo im Glauben der Hellenen galt, überlassen wir dem Historiker und Mythologen; das hat der Ästhetiker nicht zu lehren. Aber hat dieser bloß von dem materiellen Stoffe der Kunstwerke zu reden? und gar nicht von etwas Innerem? O doch! Wir wollen etwas darüber hören, wie der Künstler seine Vorlage aufgefasst habe. Napoleon oder Friedrich nach dem Überfalle bei Collin völlig zerknirscht, ergeben, oder im Gegenteil sich gegen das gegenwärtige Missgeschick stemmend; ohnmächtig brütend oder gefasst berechnend. Apollo als der reine Lichtgott oder als der furchtbare fernhintreffende Schütze. Und w i e hat der Künstler dies ausgedrückt? Der Held wird stehend oder sitzend oder liegend dargestellt; so hält er den Kopf, so den Leib, so die Glieder; so ist das Auge und die Stirn, so die Lippe. So soll auch der Grammatiker, nachdem er vom Laute gesprochen, nicht von Begriffen und Denkformen reden, sondern davon, w i e die Sprache darstellt, wie sie alle Gegenstände auffasst, concipirt.

Ist nicht das Schauspiel ein Bild der Welt? Man hat es oft genug gesagt. Sind darum die Formen des Lebens zugleich die Formen des Schauspiels? Formen des Menschenlebens sind die sittlichen Institutionen des Staates, der Familie, der Gesellschaft, sind Wissenschaft und Kunst u. s. w. Das Schauspiel aber hat seine eigenen Kategorien, als da sind: Coulissen und Schauspieler und Gesetze des Dramas.

Wie das künstlerische Schaffen ein äußeres und ein inneres ist, wozu der geschichtliche oder natürliche Gegenstand, der dargestellt werden soll, nur die Grundlage liefert: so ist auch die Sprache ein äußeres und inneres Bilden und Gestalten, noch ganz abgesehen von dem darzustellenden Gedanken. Der Ästhetiker erzählt uns nicht die Geschichte Friedrich's, Napoleon's, den Mythos von Apollon, sondern zeigt, wie die Taten und Schicksale dieser Helden, der Glaube der Hellenen in den Gestalten, welche der Künstler in seiner Anschauung trug, und die er dem Steine anbildete, einen sinnlichen Ausdruck gefunden haben. Die Sprache hat in der Tat ebenfalls außer der äußeren noch eine innere Seite; aber diese innere Seite ist noch verschieden vom Gedanken. Ist die Sprache die Form des Gedankens, so ist der Gedanke ihr Inhalt; die Sprachform aber ist zwiefältig: äußere Sprachform oder Laut und innere Sprachform, die verschieden ist von der logischen Form des Inhalts an sich, wie die Form der Bilder etwas Anderes ist als die Form der Geschichte, welche sie darstellen.

Die Sprache an sich ist zwiefältig, die Rede dreifältig; denn in der Rede ist der Gedanke mit seinen logischen Formen und die Sprache mit ihrer Lautform und ihrer inneren Form. So ist auch jedes Kunstwerk dreifältig; es stellt erstlich eine Idee dar, einen Inhalt, wie die Sprache, und an sich hat es wie diese zweitens ein äußeres Material und drittens eine innere Form, welche im Material äußerlich wird.

Nahe liegt auch, Sprechen als menschliche Tätigkeit mit Sehen und Hören zu vergleichen, wie man so oft getan hat. Nur hat man verkannt, dass auch hier nicht bloß zwei Momente, sondern drei zu unterscheiden sind. Zum Sehen gehört erstlich ein Organ, das Auge, dessen Bildung uns der Anatom darlegt, wie die Lautlehre die Sprache secirt. Gesehen werden Dinge, oder, wenn man will, Licht und dessen Modificationen, Farben und Schatten. Was würde man nun zu dem Physiologen sagen, der eine Physiologie des Sehens verspräche und, nachdem er die Anatomie des Auges gegeben hat, die physikalischen Eigenschaften des Lichts erörterte, vom Raume, vom Kreis und

Dreieck u. s. w. spräche? Gerade dies tut aber der logische Grammatiker, der nach der Betrachtung des Sprachlauts, statt die Physiologie des Redens darzulegen, vom Besprochenen, vom Inhalte der Rede, von dessen logischen Formen und metaphysischen Kategorien handelt.

Noch eine Analogie. Der Webstuhl ist auch ein verkörperter Gedanke; der Techniker soll ihn uns analysiren. Er spricht aber von den Stoffen, welche verarbeitet werden, und von den Erzeugnissen der Webekunst: ein solcher Techniker ist der logische Grammatiker. Auch hier nämlich treten, wie in den früher beigebrachten Analogien, drei Momente hervor. Erstlich das Werkzeug, der Webstuhl; dem entspricht die Sprache als vorliegende Volkssprache; zweitens der zu verwebende Stoff dort, der Denkinhalt hier; drittens die Tätigkeit des Webens und des Sprechens. Der Stoff ist zuerst der rohe, das Material, und ist dann gewebtes Zeug; so ist auch der Gedankeninhalt anders vor dem sprachlichen Ausdrucke und anders, nachdem er in der Sprachform dargestellt ist.

Hiernach ist klar, erstlich negativ: dass weder Sprache und Denken, noch auch die Formen der Sprache mit denen des Denkens identisch sind. So wenig die Bildsäule Cäsars eine Darlegung unserer geschichtlichen Erkenntniss von Cäsars Charakter, Talent, Taten, Verdiensten enthält, obwohl sie dies gewissermaßen allerdings darstellt: so wenig ist auch die Sprache an sich der Inhalt unseres Denkens, wenn sie ihn auch darstellt. Es ist also auch zweitens positiv klar, dass der Grammatik, abgesehen von der Lautlehre, von der bloßen Betrachtung des materiellen Stoffes der Sprache, als eigentliche Aufgabe dies zufällt, zu zeigen, wie die Sprache verfährt, um, ähnlich den Kunstwerken, Gedanken darzustellen, oder um, ähnlich dem Auge, welches uns Farben und Formen, dem Ohre, welches Schälle und Töne zuführt, Gedanken zu Bewusstsein zu bringen.

Dass Sprechen und Denken nicht identisch sein können, gerade weil die Sprache den Gedanken darstellt, lehrt schon die einfache Betrachtung, dass ja, wenn etwas, es sei A, ein Anderes, es sei B, darstellt, jenes A nicht mit B identisch sein kann. Sonst würde sich B unmittelbar darstellen, d. h. sich selbst hinstellen. Aus dem Vorstehenden ergibt sich, welche

Bedeutung der Fehler hat, den man mit der Identificirung von Sprechen und Denken, und folglich von Grammatik und Logik, begangen hat. Der logische Grammatiker ist mit seiner Darlegung gar nicht bei der Sprache; er spricht bloß von Dingen, die nur in näherer oder fernerer Beziehung zu ihr stehen; er ist beim Gedanken, und also, um es kurz auszudrücken, Logiker. Die logische Grammatik ist Logik; denn sie ist die Wissenschaft des Gedankens.

Man behauptet also mit der Identität von Sprechen und Denken, von Grammatik und Logik etwas, was man gar nicht will. Denn man behauptet, es gebe, abgesehen von der Lautlehre, nur Logik, während man doch neben der Logik eine Grammatik schaffen will, wie ja doch auch tatsächlich seit zwei Jahrtausenden Grammatik neben Logik bestanden hat und immer noch besteht.

Man wollte die Grammatik aus der Logik ableiten, auf sie zurückführen. Wenn man nun aber behauptet, in der Sprache seien die Denkgesetze selbst schlechthin zu erkennen, so hat man ja gar kein Mittel der Ableitung mehr. Man kann doch etwas aus etwas nur ableiten, wenn zu dem, woraus abgeleitet werden soll, irgend etwas specifisch Differentes hinzugenommen wird. Also muss doch zur logischen Kategorie, wenn eine grammatische daraus werden soll, irgend etwas nicht Logisches hinzutreten. Von diesem differenzirenden Elemente war im Drange der Identificirung nirgends die Rede.

Nun bleibe zunächst dahingestellt, ob es auch nur eine einzige Kategorie oder Form in der Grammatik gibt, die schlechthin logisch wäre; aber offenbar gibt es in der Grammatik wenigstens Vieles, was völlig unlogisch ist.

Es wird z. B. zugestanden, dass die Sprache ursprünglich nur für die sinnliche Anschauung Formen geschaffen hat; für die eigentlichen Denkgesetze als solche aber habe sie keinen besonderen Ausdruck, sondern diese werden unter die Anschauungsformen gestellt. Nun fragen wir aber: wie ist es denn möglich, wenn anders die Sprache die organische Verleiblichung des Gedankens ist, dass die Anschauung zwar als Anschauung, aber nicht auch der Begriff und die Formen des Denkens als Begriff und als Denkformen geäußert werden? Woher kommt es, dass das Organ des Gedankens nicht das Concrete als sol-

ches und das Abstracte als solches verleiblicht, sondern dieses
durch jenes ersetzt und Uebergänge von Formen in einander
gestattet? Erst die Wissenschaft hat der Sprache die Abstractionen geschaffen, und hat ihr also wesentliche Elemente
hinzugefügt. Hat etwa eben so das Auge mit seiner vollendeten
Bildung so lange warten müssen, bis die Optik es hätte als
einen vollkommenen Seh-Apparat construiren können?

Wenn andrerseits die Sprache unterscheidet, was zu unterscheiden die Logik gar keine Veranlassung hat, wie Geschlechter
der leblosen Dinge, so sucht man sich wohl damit abzufinden,
dass man auf die Poesie hinweist, welche in der Sprachbildung
hersche. Die Sprache gehe von einer Vorstellungsweise aus,
welche jedem Wesen eine Seele gibt. Aber wie ist das möglich? Wenn die Sprache die verkörperte Logik ist, wie kann
die Poesie so störend eingreifen? Nenne man es immerhin
nicht störend, sondern fördernd, die Frage bleibt immer: wie
ist solcher Eingriff oder solche Mithülfe der Phantasie in die
logische Sprach-Geburt möglich?

Das alles ist nur möglich und begreiflich, wenn wir erkennen, dass die Sprache unabhängig von der Logik
ihre Formen in vollster Autonomie schafft. Und nur
dann ist auch die Verschiedenheit der Sprachen nach der äußeren
und auch nach der inneren Seite hin möglich.

Es liegt ja schon im Wesen der Darstellung überhaupt,
dass sie ganz und lediglich nach eigenen Gesetzen verfährt,
welche aus der Natur ihres Mittels und ihres Zieles folgen, aber
nicht von dem darzustellenden Gegenstande dictirt werden.
Denn jede Darstellung ist ihrem Gegenstande wesentlich inad-
äquat. Der Körper, der nach drei Richtungen hin ausgedehnt
ist, wird vom Maler auf der Fläche, also bloß mit Hülfe zweier
Richtungen, dargestellt. Die Sprache, die sogar nur in einer
Richtung, zeitlich, abläuft, stellt ihn auch dar. Sie, die sich
durchaus im Flusse der Zeit befindet, schildert Gleichzeitiges,
ein Nebeneinander im Raume. Sie, die linienartig, d. h. punctuell
in einer Richtung abfließt, stellt sogar die wunderbar mannichfachen Verbindungen und Verhältnisse der in unendlich vielen
Richtungen sich entwickelnden Gedanken dar. Wie vermöchte
sie das, wenn sie nicht autonom wäre! Wie könnte die Logik,
die sich wohl um die Verhältnisse der Gedanken, aber nicht

um ihre Darstellung kümmert, die Sprache belehren oder ihr vorschreiben, wie sie darstellen solle.

Die jetzt unter allen namhaften Sprachforschern herschende Ansicht behauptet auch in der Tat die Identität von Grammatik und Logik nicht mehr. Immer aber glaubt man doch noch die Grammatik auf Logik und Metaphysik zurückführen, sie mit diesen vermitteln zu können und zu müssen. Diese sollen für die letzte Begründung der sprachlichen Erscheinungen den Ausgangspunkt bilden. Der vorzüglichste Vertreter dieser Ansicht ist Wilhelm von Humboldt. Nur muss ich sogleich hinzufügen, dass nicht auch umgekehrt diese Vermittlung die vorzüglichste Seite Humboldt's ist, wie sie denn auch nur in seiner ersten Abhandlung über das vergleichende Sprachstudium ausgesprochen ist, in der Einleitung in die Kawi-Sprache aber sehr zurücktritt. Doch läßt sich auch andererseits durchaus nicht sagen, dass Humboldt dieselbe jemals aufgegeben habe. Sie scheint mir nun folgende zu sein.

Die Kategorien der Sprache sind dem größten Teile nach logischen Wesens, allgemeine Denk- und Anschauungsformen, die ein abgeschlossenes System bilden. Dieses System aber der grammatischen oder grammatisch-logischen Formen gehört, eben weil es ein logisches ist, gar nicht der Sprachwissenschaft an, wenigstens noch nicht eigentlich und streng genommen; sondern es bildet ihren allgemeinen Hintergrund. Es enthält die Lehnsätze aus der Logik, welche der Sprachwissenschaft unerlässlich sind. Das ist es nun, was man philosophische oder allgemeine Grammatik nennen mag, was aber noch gar nicht Grammatik ist, sondern nur eine Zusammenstellung der logischen Kategorien, welche für die Grammatik in Betracht kommen. Andererseits aber ist dieses Kategorien-System doch auch nicht mehr rein logisch; denn es enthält nicht bloß reine Lehnsätze aus der Logik, sondern die Kategorien sind schon in ein bestimmtes, nicht durch die Logik gegebenes Verhältniss zu einander gebracht, und in bestimmter, nicht von der Logik vorgezeichneter Weise modificirt worden. Das Leitende dieser Verhältnisse und Modificationen aber ist die Rücksicht auf die Grammatik, auf die Bedürfnisse der Sprache. Diese logische Grammatik, welche weder Grammatik noch Logik ist, bildet das vermittelnde Glied zwischen beiden und spricht, wenn man einerseits von der Logik ausgeht, die Forderungen der Logik an die Sprache, wenn man andererseits von der Grammatik ausgeht, das Bedürfniss der Sprache nach ihrer logischen Seite aus.

Zu dieser logischen, idealen Grammatik, welche die wirklichen Sprachen noch nicht berührt, käme nun erst die wirkliche Grammatik, welche nicht bloß zu sehen hätte, welche Lautformen in jeder Sprache für die Kategorien der idealen Grammatik existiren, sondern auch, ob das ideale Kategorien-System in einer Sprache vollständig und ohne Lücke, rein nach der idealen Bedeutung oder im Gegenteil nur mit getrübter Bedeutung, ausschließlich oder mit fremdartigen Elementen vermischt, enthalten ist. Denn nach allen diesen Beziehungen weichen die wirklichen Sprachen von der idealen Grammatik ab. Sie besitzen teils das ideale Schema nicht vollständig, teils haben sie die Bedeutung einzelner Kategorien getrübt, teils haben sie ganz eigentümliche, weder der Logik angehörige, noch dem Wesen der Sprache notwendige Kategorien geschaffen und nicht nur mit letzteren den Mangel des Schemas ersetzt, sondern sogar dieselben in wuchernder Üppigkeit entwickelt. Die Phantasie, Poesie ist die Macht, welche sich dem logischen Bedürfniss beigesellt, die Formenbildung fördert, aber bald die Strenge der Logik abstumpft, bald über ihre Forderungen hinaus Gebilde schafft, je nach der Individualität des Volkes. Diese wirkliche Grammatik zerfiele in eine besondere und eine allgemeine. Die besondere hätte die eben bestimmte Aufgabe für die besondere Sprache zu erfüllen; die allgemeine hätte zu zeigen, welche Kategorien wohl überhaupt in der Sprache der Menschheit auftreten und in welchem Grade und in welchem Umfang jene idealen Kategorien der logischen Grammatik in den wirklichen Grammatiken umgestaltet worden sind, und welche Größe und Bedeutung der Abstand der einzelnen Sprachen von einander erreicht hat. Für diese allgemeine Grammatik würde die ideale gewissermaßen das Knochengerüste bilden. Die ideale würde aber auch erst durch die allgemeine mit sprachlichem Fleisch und Blut bekleidet werden und erst durch sie etwas anderes sein als ein todtes, trockenes Gerippe — lebendiger Leib; denn selbst die durchaus selbständigen Schöpfungen der Sprache, die Kategorien, in denen sie ihre Autonomie zeigt, eben so wie jene Kategorien, die ihrer Bedeutung nach nur durch die individualisirende

Richtung mehr oder weniger umgestaltet sind, müssten sich als Unter- und Abarten der idealen Kategorien an sie anschließen.

Diese Ansicht, ohne dass sie meines Wissens in dieser Bestimmtheit und Vollständigkeit irgendwo ausgesprochen wäre, ist, wie gesagt, unter den bedeutenden Sprachforschern verbreitet und von Humboldt häufig und vielfach angedeutet. Auch hat sie, wie nicht zu verkennen ist, als vermittelnde viel Empfehlendes. Dennoch kann ich mich ihr nicht anschließen, weil ich es für unmöglich halte, aus der Logik Forderungen abzuleiten, die sich an die Grammatik stellen ließen.

Ich befinde mich aber hier in der übeln Lage, vom Wesen und Inhalt der Logik eine feste Ansicht voraussetzen zu müssen, während hierüber noch Streit obwaltet. Indessen wird sich hoffentlich zeigen, dass, wie verschieden auch die Ansichten sein mögen, doch nach jeder derselben die folgende Darlegung ihre Richtigkeit behält.

Zuerst berufe ich mich auf die Tatsache, dass, seitdem die logische Grammatik als besondre Disciplin besteht, seit dem Werke der Männer von Port-Royal, meines Wissens nie mehr ein Logiker sich auf die Ableitung der Sprachformen aus der Logik eingelassen hat, obwohl das bei Aristoteles und in der Stoa der Fall war. Die Bildung einer speciellen Disciplin der philosophischen Grammatik hatte gerade die Ausscheidung grammatischer Punkte aus der Logik zur Folge; sie hat in der Tat das Verdienst, die Logik von einem störenden Ballast befreit zu haben. Nur E. Reinhold (Lehrbuch der philosophisch-propädeutischen Psychologie und der formalen Logik. 2. Aufl. 1839, S. 327 ff.) meinte, „der Logik gebühre die Begründung und Nachweisung der für die grammatische Vermittlung des Denkens schlechterdings erforderlichen Sprachformen." Der Leser möge von Reinhold's Befähigung zu logischen Untersuchungen denken, wie er wolle: er wird sie nicht für geringer erachten, als die irgend eines Verfassers einer philosophischen Grammatik. — Und zu welchem Ergebniss gelangt er? „Durch die logische Natur des bewusstvollen Vorstellens werden mit Unerlässlichkeit erfordert das ursprüngliche Substantiv, das ursprüngliche Adjectiv und das aus dem ursprünglichen Adjectiv abgeleitete Substantiv, endlich das Zahlwort" — dies und nicht mehr. Verbum also, Adverbium, Artikel, Pronomen, Präposition,

ebenso Flexion, nominale wie verbiale, die Wortbildung eingeschlossen, sind „in logischer Hinsicht außerwesentliche Formen", und auch von der Wortstellung „gilt, dass sie in keinem
Zusammenhange unserer Vorstellungen mit Notwendigkeit durch
das Denken bestimmt wird." Also alles, was den wesentlichsten
Inhalt der Grammatik ausmacht, fällt aus der Logik heraus,
stammt aus dem „Bedürfniss eines leichtern und bequemern
Ausdrucks".

Wer aber meint, die philosophischen Grammatiker hätten
es doch wohl besser verstanden, die grammatischen Kategorien
und Formen logisch abzuleiten, der wird sich bald überzeugen,
dass es ihnen nicht besser ergangen ist, und dass auch sie das
Allermeiste aus der Bequemlichkeit und Schönheit des Ausdrucks ableiten, die Männer des Port-Royal, Condillac und alle
Andern.

Wenn es nun aber scheint, so sei doch immerhin etwas
Logisches in der Grammatik, wenn auch noch so wenig, so
wird auch das Wenige wieder zurückgenommen, da eingestanden
wird: „Was hier durch die logische Natur unseres Denkens
zunächst schlechthin erfordert wird, ist nur das Vorhandensein
jener Wortarten als der grammatischen Vorstellungsmittel der
Bestandteile des Urteils. Dass jene Arten sich auch durch ihre
grammatischen Formen von einander unterscheiden, ist zwar sehr
zweckdienlich und wird in diesem Sinne durch die Logik von
der Sprache verlangt; aber es ist nicht unumgänglich erforderlich, wird nicht mit strenger Notwendigkeit erheischt."*)

Somit begibt sich die Logik in Wahrheit aller Forderungen
an die Sprache. Diese schafft ihre Formen in eigenem Drange,
nach eigenen Gesetzen.

Zweitens aber zeigt auch folgende Überlegung, wie wenig
eine Vermittlung zwischen Logik und Grammatik statthaben
kann. Es sind nur zwei Fälle möglich: entweder die Logik
übt volle Herrschaft über die Sprache, weil sie selbst der in

---

*) Auf Lotze's Ansicht von der Stellung der Grammatik zur Logik
werden wir später eingehen, wenn wir nach ausführlicher Darlegung des
Wesens der Sprache auf das Verhältniss der Logik zur Grammatik zurückkommen werden. Hier sei nur kurz bemerkt, dass er, der Logik und Metaphysik
unterscheidet, die grammatischen Kategorien für metaphysisch, ontologisch
hält. Er deutet aber bloß das Substantivum, Verbum und Adjectivum an.

der Sprache schöpferische Trieb, die in ihr sich verkörpernde Idee ist; oder die Sprache ist der Logik gegenüber eine eigentümliche, d. h. besondere Kräfte verwendende, Schöpfung. Im erstern Falle kann die Sprache um kein Haar breit von der Logik abweichen; es darf keine Grammatik geben, nur Logik. Wie kann die Sprache der Logik gegenüber eine Autonomie haben? denn wie kann sie ihr gegenüber etwas sein? sie, die an sich selbst nichts ist als verleiblichte Logik. Auch die Verschiedenheit der Sprache in Rücksicht auf die Kategorien ist unmöglich; woher soll irgend welche Umgestaltung kommen? Die allgemeinen logischen Gesetze des Denkens sind so fest, so starr, dass sie nicht die geringste Nüancirung erdulden, nicht in mir, nicht in dir, nicht im Chinesen, nicht im Buschmann; also müssten auch alle Sprachen gleich sein.

Andererseits aber, herscht in der Sprache Autonomie, kann sie teils selbständig schaffen, teils sogar das, was ihr die Logik durch die logische Grammatik bietet, umgestalten, wenn sie es annimmt, aber auch liegen lassen: so ist sie überhaupt und überall selbstherrschend, und keine Logik hat das Recht, Forderungen an sie zu stellen, welche von der Sprache so wenig angehört werden, als sie selbst ein Bedürfniss nach Logik kund gibt. Wo wäre denn je in der Natur ein solches Verhältniss, dass berechtigte Forderungen unerfüllt blieben? ein Bedürfniss die dargebotene Befriedigung zurückwiese? Vielmehr überall in ihr, wo wir etwas vermissen, haben wir kein Recht zu fordern oder ein Bedürfniss zu erdichten. Wir können uns freilich auf einen ästhetischen, idealen Standpunkt stellen und die Dinge rücksichtlich ihrer Vollkommenheit messen; wir können die Natur kritisiren. War es zweckmässig, schön von ihr, die Dinge so einzurichten, wie sie sind? Ist das Auge ein guter optischer, das Ohr ein guter akustischer Apparat? Fügen sich die Muskeln so an die Knochen, dass die grösste Kraft der Bewegung erreicht wird? und wenn nicht, geschah es vielleicht im Dienste eines höheren Zweckes? u. s. w. Man braucht oder darf sogar sich von solchen Untersuchungen nicht dadurch abhalten lassen, dass man leicht Gefahr läuft, subjective Bedürfnisse zum Maßstabe zu nehmen; aber man muss auch diese Gefahr wirklich überwinden, indem man die Untersuchung gänzlich auf die objective Erkenntniss des Dinges an und für sich gründet. Die Forderung, die dem Dinge gestellt wird, muss von ihm selbst ausgesprochen sein. Das Auge will sehen, das Ohr hören; davon können wir nicht absehen; und so lässt sich fragen, ob sie dergestalt organisirt sind, dass sie sich selbst genügen? Wodurch bekundet nun aber wohl die Sprache, dass sie der Logik genügen, logisch sein wolle? sie, die der Logik spottet? sie „nüancirt", d. h. verhöhnt? Was gibt uns ein Recht, ihre Vortrefflichkeit an der Logik zu messen? Wenn die Logik immer der Sprache fremd ist, bleiben wir dann nicht mit diesem logischen Maßstabe außerhalb der Sprache? durchaus subjectiv? Ist die Sprache autonom, so liegt ihre Vortrefflichkeit auch nur darin, diese Autonomie recht kräftig walten zu lassen; die Kraft ihrer Autonomie ist der objective Maßstab für die Vortrefflichkeit der Sprache. Und selbst wenn die Sprache die Entwicklung der Erkenntniss, des logischen, verständigen Denkens fördert, so kann sie es nur durch ihre Autonomie, nicht durch Unterwerfung unter die ihr fremde Logik; sie kann nur kräftig wirken vermittelst und gemäß ihrer eigentümlichen Natur, nicht durch ihre Unnatur. Ihre Autonomie aber wäre ihre Natur, die Logik ihre Unnatur.

Also entweder die Logik verschlingt die Grammatik, oder die Grammatik macht sich völlig frei von der Logik.

Becker sagt (Organism, S. XV): Will man „läugnen, dass die allgemeinen formalen Denkgesetze sich in der Sprache wieder finden, so läugnet man nicht allein die organische Natur der Sprache, sondern auch die organische Natur des Denkens". — Keins von beiden; man trennt nur beides, die organische Natur der Sprache von der des Denkens.

Und so hoffen wir, man werde uns nicht den absurden Einwand machen: wenn die Sprache nicht logisch ist, so sei sie unlogisch, unvernünftig, was doch der Sinn der eben citirten Bemerkung Becker's war. In diesem Einwande liegt ein ganz gemeiner Fehler gegen die formale Logik: man schiebt einem contradictorischen Verhältnisse den Wert des conträren Gegensatzes unter.

Wir können dasselbe, was wir soeben sagten, auch so ausdrücken: man beachte nicht die Doppelbedeutung des Wortes logisch. Dieses Adjectivum bedeutet eben sowohl, was zur

Wissenschaft der Logik gehört, z. B. eine logische Frage, ein logisches Gesetz, als auch was den Gesetzen der Logik gemäß, überhaupt vernünftig eingerichtet ist. Nur nach dem ersten Sinne wird behauptet, die Sprache sei nicht logisch; nicht nach dem zweiten.

Um sich an diesen Unterschied zu gewöhnen, um ihn fest halten zu lernen, wende man den Blick einmal auf andere Wissenschaften. Die Physik, Chemie, Mathematik u. s. w. sind nicht logisch, die Natur ist nicht logisch, d. h. es sind in ihnen keine logischen Tatsachen, Kategorien und Lehrsätze gegeben; aber sie sind darum doch sehr logisch, indem ihre Entwicklungen nach den Gesetzen der Logik durchgeführt sind. Dasselbe gilt von der Geschichte, und wenn man meint, und wenn Hegel selbst gemeint hat, aus seinem Satze: „Alles, auch die Geschichte sei logisch, vernünftig" müsse gefolgert werden, in der Geschichte seien logische Kategorien darzustellen, und die Völker und die Ereignisse und Zustände seien als die geschichtlichen Verwirklichungen der logischen Kategorien aufzufassen: so scheint mir dies gerade derselbe Fehler, wie der, welchen wir hier rücksichtlich der Sprache tadeln.

Der Gegenstand der einzelnen Wissenschaften ist ihnen eigentümlich, nicht bloß der Stoff, sondern auch die an ihm hervortretenden allgemeinen Verhältnisse, die man eben Kategorien nennt, wie die Kenntnis der chemischen Stoffe und die Verhältnisse, nach denen sie sich mit einander verbinden, wie Kreis, Peripherie, Durchmesser und die Verhältnisse, in denen sie zu einander stehen. Indem sich aber unsere Tätigkeit des verständigen Denkens über diese Gegenstände und diese Verhältnisse erstreckt, so verfährt sie hierbei in einer Weise, in welcher die Formen der Logik sichtbar werden; denn die Logik ist eben die Analyse des Denkens, d. h. der Denktätigkeit, abgesehen von dem Gegenstande, auf den sie angewandt wird. Noch mehr: die Natur erzeugt Gegenstände, und verfährt dabei durch Mittel und in einer Weise, welche die specielle Naturwissenschaft als ihren besondern Gegenstand darzustellen hat. Indem wir diese Verfahrungsweise im Denken reproduciren und den realen Gang des Werdens der Sache in einem subjectiven, begrifflichen Abbilde darstellen, bemerken wir im Denken nicht bloß, sondern in der wirklichen Natur selbst logische Verhält-

nisse, die ihr inne wohnen, logische Gesetze, die sie unver-
brüchlich befolgt.

Ganz eben so wie die Natur und die Naturwissenschaften,
ist auch die Sprache und die Sprachwissenschaft logisch und
nicht logisch: nämlich ihr Gegenstand mit seinen Verhältnissen
ist ihnen eigentümlich; aber indem man diesen Gegenstand und
diese Verhältnisse denkt, bemerkt der Logiker, dass sowohl der
Sprachforscher nach logischen Gesetzen handelt, als auch, dass
bei dem Verfahren der Sprache, ihre Elemente zu bilden und
nach eigentümlichen Gesetzen zusammenzufügen, logische Rücksichten und Gesetze unbewusst gewaltet haben. Diese logischen
Gesetze, welche die Sprache und der Sprachforscher, der Chemiker und Physiker und die Natur befolgen, sind die gemeinen
logischen Gesetze, deren Darlegung der Sprach- und Naturforscher voraussetzt, die er nicht erforscht, die nicht sein besonderer Gegenstand sind.

Nach allem, was vorangegangen ist, kann die allgemeine
Scheidung der sprachlichen oder grammatischen Verhältnisse von
den Verhältnissen des Denkens und der Logik nicht mehr un-
gewiss, noch auch schwierig sein. Wir geben aber doch noch
ein neues Beispiel. Es tritt Jemand an eine runde Tafel und
spricht: *diese runde Tafel ist viereckig:* so schweigt der Grammatiker vollständig befriedigt; der Logiker aber ruft: Unsinn!
Jener spricht: *dieser Tafel sind rund,* oder *hic tabulam sunt rotundum:* der Logiker an sich versteht weder Deutsch, noch Latein
und schweigt, der Grammatiker tadelt. Gibt man aber dem
Logiker zu seinem allgemeinen logischen Maßstabe noch das
besondere grammatische Gesetz der Congruenz, so würde auch
er tadeln. Ein solcher Logiker, der zu den logischen Gesetzen noch ein grammatisches hinzubringt, ist eben der Grammatiker. Denn dieser ist, außerdem dass er Grammatiker ist,
noch überdies Logiker, d. h. nach logischen Gesetzen denkend
und beurteilend; aber der Logiker ist nicht auch Grammatiker.
Würde nun der obige Satz corrigirt: *hoc tabulum est rotundum,*
so wäre der Logiker selbst mit Kenntniss der Congruenzregel
befriedigt. Der Grammatiker aber hat eine fernere Kenntniss
der Sprache und verbessert: *tabula.* Dies genügt dem Logiker,
um das Übrige zu corrigiren; d. h. nun ist der Grammatiker
gezwungen, eine logische Anwendung der Regel der Congruenz

zu machen. Also die Congruenz-Regel und das bestimmte
Genus des Wortes *tabula* sind Verhältnisse, die ausschließlich
der Grammatik gehören; und sie mit ihresgleichen machen den
Gegenstand der Grammatik, die Sprache aus. In dem formalen
Verfahren aber, in der Anwendung der sprachlichen Gesetze
auf sprachliche Stoffe, tritt notwendig die Logik ein.

Von einem Knaben wird das *perfectum indicat. actiri* von
laudare verlangt; er wird diese Form durch eine Reflexion,
durch einen logischen Schluss finden, vorausgesetzt, dass er
die lateinische Conjugation versteht. Die logische Operation ist
sogar ziemlich lang, so schnell der Knabe sie auch macht. Er
operirt mit sprachlichem Stoffe in logischer Form.
Was aber hier in Beziehung auf die logische Denkform sprachlicher Stoff heißt, das sind nicht bloß die Wurzelwörter, sondern auch die grammatischen Formen und Verhältnisse, überhaupt Alles, was die Sprache ausmacht.

Wie es also chemische Kategorien gibt (z. B. Sauerstoff,
Atom, Wahlverwandtschaft), physikalische und physiologische
(z. B. Wärme, Elektricität, Atmen, Verdauen): so gibt es
grammatische, z. B. Substantivum, Verbum, Attribut; wie die
Natur und der Naturforscher mit ihren Kategorien logisch
operiren: so auch die Sprache und der Sprachforscher; wie
aber hierdurch die Naturwissenschaft und die Natur nicht logisch
werden: so auch nicht Sprachwissenschaft und Grammatiker;
sondern hier wie dort bleiben die Kategorien jeder Wissenschaft
eigentümlich, von denen die Logik nichts weiß, um deren Gehalt, Berechtigung, Herkunft sie sich nicht kümmert, zufrieden
damit, dass jene Kategorien sowohl jede an sich, als auch die
Beziehung mehrerer zu einander, denkbar, d. h. logisch richtig
gedacht seien.

Das formalste Element der Sprache, ihre formalste Tätigkeit, ist immer noch Stoff, ein ganz besonderer Stoff, ein Beispiel für die Logik, und kann eintreten in die Logik, wie tausend
andere Beispiele; aber weder ist die Sprache Herr in der Logik,
dass sie dort in irgend einem Abschnitte gebietend auftreten
könnte, noch kann sie sich das Einreden der Logik gefallen
lassen, sobald es sich um ihre Elemente als solche, um den
Inhalt derselben handelt.

Die Sprache ist also gerade darum nicht unlogisch (dieses

Wort als conträren Gegensatz zu logisch genommen, also im Sinne von: die Logik verletzend, gegen sie verstoßend), weil sie nicht logisch ist (d. h. keine logischen Kategorien und Gesetze aufstellt, sondern ganz eigentümliche). Die sprachlichen und logischen Kategorien sind also disparate Begriffe, die ruhig neben einander bestehen, wie *Kreis* und *rot;* und es beweist schon ein Missverstehen des wahren Verhältnisses, wenn man die Sprache an der Logik messen will, sei es um ihre Übereinstimmung mit dieser, sei es, um ihren Widerstreit gegen dieselbe zu erweisen.

Die Stoiker behaupteten, d i e S p r a c h e s e i a n o m a l , d. h. nämlich, indem sie die Sprache nach dem Maßstabe der Logik beurteilten, fanden sie, dass die Sprache bei solcher Messung nicht Stich hielt. Sie waren im Irrtum, ihr ganzes Verfahren war ungerecht. Wenn sich z. B. Chrysippos darüber aufhielt, dass man die ewigen Götter unsterblich nenne, was völlig gegen die Logik sei, so wäre ihm zu erwidern gewesen, dass es gerade eben so unlogisch ist, die Sprache anomal zu nennen, sie, die sich um den *τόπος* der Logik nicht kümmert.

Es ist echt logisch und organisch, dass die Sprache nicht logisch ist.

V.

Die Frage um den Ursprung der Sprache.

Wir kommen endlich zur genauern Feststellung der uns in diesem Buche beschäftigenden Aufgabe. Wir haben aus den vorstehenden Betrachtungen ersehen, dass, wie die Function des Sehens weder Gegenstand der Physik noch der Geometrie ist, so auch die Grammatik nicht Sache der Logik sein kann, sondern eine ganz eigentümliche Physiologie der Sprache bilde. Die sprachlichen Dartellungsmittel füllen einen Kreis eigentümlicher Stoffe und Formen.

Wie dürfte man aber hoffen, das Princip der Grammatik zu finden, ohne das Wesen der Sprache und ihre mannichfachen Beziehungen zu den geistigen Tätigkeiten, ihre Function in der geistigen Ökonomie, ihre Wirksamkeit für die Entwicklung des Geistes genau analysirt und gründlich erforscht zu haben? Diese Untersuchungen aber sind von der Erforschung des Ursprungs der Sprache unzertrennlich. Selbst ohne Hoffnung, diesen geheimnissvollen Punkt jemals in deutlicher Breite zu enthüllen, können wir uns doch der Aufgabe, ihm einige klare Blicke, einige helle Lichtstrahlen abzugewinnen, nicht entziehen. Denn es bleibt uns kein anderes Mittel, um alle in dem Leben der Sprache wirksam in einander greifenden Elemente aufzufinden, weder eins zu übersehen, noch eins hinzuzufügen, und ihren beziehungsweisen Wert für dieses Leben der Sprache richtig zu bestimmen, als die Sprache von ihrem Keime aus verfolgend durch die Entwicklungsstufen ihres Werdens hindurch zu begleiten. Nur wenn wir ihr Keimen, Hervorsprossen und weiteres Wachsen erkannt haben, können wir sicher sein, ihr ganzes Wesen erfasst zu haben; denn so allein wird uns sichtbar, wo ihr Springpunkt liegt, welches Wesens er ist, und was alles allmählich zu ihm hinzutritt, was ihm als Nahrung dient bei seiner Ausdehnung von innen heraus, was er beim Bauen seines Organismus sich assimilirend verwendet, und was so endlich das Wesen der Sprache bei ihrer Reife in sich schließt.

Eine Definition der Sprache verlangt man, trotz der häufig gemachten Bemerkung, dass gehaltreiche Dinge sich nicht einfach definiren lassen, dass ihre Definition entweder nicht ihr volles Wesen ausspricht, sondern abstract und leer bleibt, oder, indem man die Worte äusserlich an Menge und innerlich an Bedeutung anschwellen lässt, unverständlich wird. Könnte man die Sachen zu Anfang der Wissenschaft definiren, man brauchte der Wissenschaft nicht mehr; wer aber die Entwicklung der Wissenschaft durchgegangen ist, bedarf der Definition nicht.

Noch eine andere Betrachtung kann ebenfalls die Ungehörigkeit einer Definition der Sprache erweisen. Eine Definition kann, wie ein Gemälde, nur etwas Ruhendes oder nur einen Augenblick darstellen. Wie soll sie etwas bestimmen, das nicht bloß in sich mannichfaltig ist, sondern das sich auch durch mehrere Stufen hindurch entwickelt und auf jeder Stufe ein verschiedenes, reicheres, gebildeteres Wesen zeigt und in andere Verhältnisse nach innen und außen tritt? Und so verhält es sich mit der Sprache. Wenn man fragt, wie sie ist, so lautet die richtige Antwort: sie ist, was sie wird; d. h. ihre Definition liegt in ihrer Entwicklung.

Es ist aber bei jeder Untersuchung von größter Wichtigkeit, klar darüber zu sein, was man sucht. Über falsch gestellte, unklar gedachte Fragen kann man Jahrhunderte streiten, ohne dass man sich der Sache in Wahrheit nähert; man geht vorwärts, aber ins Blaue. Die richtige Stellung der Frage schließt oft die Lösung gewissermaßen schon in sich und ist in jedem Falle der erste Schritt zu ihr, und wär' es auch nur, dass sie durch sich selbst lehrte: nur die Frage gebührt dem Menschen; es gehört ihm nicht die Antwort.

Gehen wir also an die Untersuchung des Ursprungs der Sprache nicht, ohne vorher gesehen zu haben, welche Forderung diese Frage in sich schließt, welche Bedeutung sie nur haben kann.

Es war namentlich im vorigen Jahrhundert, dass die Frage um den Ursprung der Sprache lebhaft verhandelt wurde. Die Vorstellung, welche man durchgängig hatte, war folgende. Der Mensch ist ein wunderbar erfindungsreiches Wesen; die Not und dagegen seine Neigung zur Bequemlichkeit geben unaufhörlich die stärksten Antriebe, um auf Erfindungen zu sinnen, welche dem drängenden Bedürfnisse abhelfen und die Behaglichkeit fördern. Nun ist der Mensch auf die Hülfe seiner Mitmenschen angewiesen; also muss er diesen mitteilen können, was er wünscht. So hat er denn auch lautliche Zeichen erfunden, mit denen er seine Gedanken äußern kann. Er, der vielerfinderische Mensch, hat sich unter vielen andern ausgezeichneten Werken auch die Sprache erfunden. Wenn nun Einige meinten, die Sprache sei doch ein so schönes Gebäude, sie zeige im Grundriss wie in der Ausführung so viel Weisheit und Überlegung, wie man unmöglich den rohen und ungesitteten Menschen zutrauen könne, welche doch zuerst die Sprache haben erfinden müssen: so sagten Andere dagegen, man solle nur nicht glauben, dass die Sprachen schon ursprünglich so vollkommen gewesen seien, wie die Sprache eines Plato, Horaz, Klopstock. Wie sich vor Jahrtausenden zuerst einmal ein

Wilder bang und zagend in einem hohlen Baumstamme den Wogen des Meeres anvertraute, und wie allmählich aus diesem elenden Fahrzeuge ein Schiff mit hundert Kanonen entstand: so war auch die Sprache der rohen Urmenschen noch höchst unvollkommen und ist erst allmählich immer mehr verbessert worden, bis sie zu der Stufe unsrer klassischen Sprachen gelangte. — Die Gegner der menschlichen Erfindung verwiesen nun aber auf die Sprachen der amerikanischen Indianer und der Neger, die so weislich geordnete Werke seien, dass ihre Verfertigung ein Nachdenken erfordert haben müsse, zu dem jene Wilden die Fähigkeit nicht haben konnten. Sie erinnerten ferner ganz allgemein daran, dass zur Erfindung der Sprache Vernunft gehöre, dass wir aber ohne Sprache, also vor deren Besitz, keine Vernunft haben können. Konnte also der Mensch vor dem Besitze der Sprache nicht vernünftig sein, so konnte er die Sprache nicht erfinden. Also verdankt er sie Gott. Die Sprache ist keine menschliche Erfindung, sondern göttliche Gabe.

Die Verteidiger der menschlichen Erfindung der Sprache vor Herder zeigen eine widerwärtige Trivialität und Rohheit der Anschauungsweise*). Tiefer blickten, das ist richtig, die Kämpfer für den göttlichen Ursprung. Doch können wir heute uns auch ihnen nicht anschließen, aus einem allgemeinen Grunde und aus zwei besondern Gründen.

Von Gott hat die Religions-Philosophie, gestützt auf die Metaphysik, zu reden. Sie hat zu bestimmen, inwieweit wir zur Erkenntniss jedes Wesens und jedes Vorgangs, zur vollen und wahren Auffassung aller Wirklichkeit den Gedanken Gottes hinzuzudenken haben. Alle übrigen Wissenschaften sind nicht befugt, Gott als Erklärungsgrund herbeizuziehen. Die Religionsphilosophie lehrt πάντα θεῖα, die Special-Wissenschaften lehren φυσικά oder ἀνθρώπινα πάντα, und beide dürfen einander nicht widersprechen. Dies ganz allgemein.

Insbesondere aber bemerken wir gegen den göttlichen Ursprung der Sprache in aller Kürze dies. Die Sprache könnte bei dieser Annahme dem Menschen von Gott entweder anerschaffen oder gelehrt sein. Letzteres aber ist nicht möglich. Der Mensch kann sich vieles durch Sprache lehren lassen, nur

---

*) Vergl. meine Zusammenstellungen in: Der Ursprung der Sprache, 3. Aufl.

nicht die Sprache selbst. Denn sie ist das einzige Mittel des geistigen Lehrens und könnte doch selbst nie anders als geistig, niemals durch sinnliches Zeigen und Vormachen gelehrt werden. Sprache kann nur durch Sprache gelehrt werden; also setzt Lehren des Sprechens schon Sprechen voraus. Hieran kann Gott, als unendlicher Sprachlehrer gedacht, nichts ändern — oder Gott tritt eben nicht als Lehrer auf, und das führt zum andern Falle. Die Sprache zeigt sich aber durchaus als nicht anerschaffen; sondern es ist sicher und klar, dass das Kind sich die Sprache der Gesellschaft aneignet, in welcher es aufwächst. Es müsste also Gott nur dem ersten Menschen-Paare die Sprache anerschaffen haben, worauf dann die folgenden Geschlechter jedes von seinen Eltern sprechen lernte. Doch auch diese Annahme ist unmöglich. Denn was der Mensch lernen kann, das kann er auch ursprünglich aus sich und ohne Unterricht hervorbringen; denn alles Lernen ist nur erleichtertes, unterstütztes, eben darum beschränktes Schaffen. Womit aber ein Mensch ausnahmsweise von Gott begabt wäre, das könnte kein andrer Mensch von ihm lernen. Wäre also die Sprache den Urmenschen anerschaffen gewesen, so hätten ihre Kinder sie sich nicht aneignen können. Konnte dies geschehen, so konnte die Sprache der Urmenschen keine ihnen eigentümliche Begabung sein und die Kinder derselben mussten sie sich auch selbständig schaffen können. Muss also der Mensch, wenn er Sprache besitzen sollte, durchaus die Kraft haben, sie zu schaffen, der erste wie alle folgenden in gleicher Weise, warum sollte sie auch nur in einem einzigen Falle ihm von Gott anerschaffen sein?

Versuchen wir aber allgemeiner, die so höchst dürftigen und trivialen Voraussetzungen, von denen aus sowohl die Kämpfer für den göttlichen als auch die für den menschlichen Ursprung ausgingen, zu durchbrechen. Denn es ist keine andre Widerlegung jener alten Ansichten mit Gründlichkeit möglich, als indem wir uns des vollen Umschwungs erinnern, den die ganze Anschauungsweise in Betreff des Menschen und aller menschlichen Dinge in den letzten Jahrzehenden des vorigen Jahrhunderts genommen haben. Das Gefühl und das Bewusstsein der menschlichen Würde erlangte in der genannten Zeit eine früher ungekannte Erhöhung, womit der Blick zugleich sowohl die das ganze Menschengeschlecht umspannende Weite, als auch eine ahnungsvolle Vertiefung in dessen Wesen gewann.

Welch ein kleines, kleinliches Wesen ist der Mensch nach der Vorstellung des vorigen Jahrhunderts! Im Schlamme geboren, immer an der Erde kriechend; der Not preisgegeben, der er sich fort und fort zu entziehen sinnt. Klug wie die Schlange, staubfressend wie sie. Begierig, den Bedürfnissen abzuhelfen, macht er sich jede Entdeckung in der Natur zu Nutze. So wird er von einer Erfindung zur andern, von einer Verbesserung des zuerst ganz rohen Werkes zur andern von der Not gehetzt. Da gibt es nichts Weises und nichts Großes in der Entwicklung der Menschheit, ja überhaupt keine Entwicklung von innen heraus. Das vorige Jahrhundert begriff nicht, wie es Goethe ausdrückt (an Schiller, IV. S. 127), „dass etwas im Menschen sei, wenn es nicht von außen in ihn hineingekommen ist." Von den Urmächten des menschlichen Gemüts, denen die Einrichtungen des gesellschaftlichen Lebens entsprossen sind, und aus denen sie fortdauernd Lebenssäfte saugen, wusste man nichts; unbekannt war die Schöpferkraft, aus welcher religiöse und sittliche Ideen zu eigenem Genügen des menschlichen Wesens ungesucht hervorquellen.

Das eben Gesagte jedoch bezeichnet nur ein Moment der völlig verschiedenen Stellung, die wir im Gegensatze zum vorigen Jahrhundert in Bezug auf die Frage um den Ursprung der Sprache einnehmen. Wir würden damit nicht weiter gelangen, als das Wunder der Sprache, der Poesie u. s. w. anzustaunen, welche aus den unergründlichen Tiefen des menschlichen Wesens stammen sollen; wir würden uns damit begnügen müssen, im menschlichen Wesen einen Quellpunkt für diese Erscheinungen zu hypostasiren, für den wir das Wort Instinct setzen können. Damit würde nun nicht bloß nichts erklärt werden, sondern wir würden uns folgerecht noch weiter dahin verirren, auch für die besondern Gestaltungen der Sprache, Religionen, Gesetze u. s. w. bei den verschiedenen Völkern wiederum auf die Verschiedenheit der Instincte dieser Völker zu verweisen. Wir würden, wie man getan hat, den Monotheismus der Israeliten und Araber nur auf den monotheistischen Instinct der semitischen Race zurückführen können, im Gegensatze zu dem polytheistischen Instinct der indogermanischen Race, und ebenso die Eigentüm-

lichkeiten der semitischen Sprachen im Gegensatze zu dem indogermanischen von dem Gegensatz der beiderseitigen Sprach-
Instincte ableiten; wir würden — mit Worten spielen.

Was uns eine bessere Stellung gibt, als das vorige Jahrhundert einnahm, ist nicht bloß die Anerkennung der Schöpferkraft des Menschen, sondern auch dass wir daneben die Aufgabe und Grundgedanken einer rationalen Psychologie haben,
deren Streben darauf gerichtet ist, in den seelischen Erscheinungen, den Bewegungen des Bewusstseins einen Mechanismus
zu erkennen, gegenüber dem Mechanismus der Natur-Erschei-
nungen — eine Wissenschaft, welche Gesetze des geistigen
Lebens erforscht, wie die Physik und Chemie Gesetze des natürlichen Lebens. Die Bewegung der Vorstellungen im Bewusstsein wird nicht minder gesetzmässig sein, als der Lauf
der Gestirne durch den Weltraum; die Combination der Vorstellungen wird auf Verwandtschaften und Gegensätzen beruhen,
wie die Mischung der Elemente der Naturkörper — kurz, alle
Schöpfungen der Menschen werden nicht minder einer vernünf-
tigen Gesetzmäßigkeit folgen, als die Erzeugnisse der Natur.
So wenig der Naturforscher von einer Pflanzen-, Tier-, Men-
schen-erzeugenden Kraft der Natur spricht, so wenig werden
wir von einer Sprach-, Religions-, Poesie-Kraft oder -Instinct
reden; sondern wir werden, ähnlich wie jener, Elemente, Verhältnisse, Bedingungen aufsuchen, aus und unter denen geistige
Erzeugnisse entstehen und wachsen.

Sehen wir nun, wie auf solchem Standpunkte der Sinn
der Aufgabe, die durch die Frage um den Ursprung der Sprache
gestellt ist, sich heute in Vergleich zum vorigen Jahrhundert
völlig umgestalten muss.

Man macht einen Unterschied zwischen der Anfertigung
eines Dinges und der Erfindung desselben, und nur letztere
scheint das eigentlich Große und Bemerkenswerte. Die erste
Räder-Uhr, die erste Dampfmaschine, die man construirt hat,
zieht die Neugier an, nicht die hunderttausende, die man darauf aller Orten gebaut hat, die wie die Schatten jener ersten
erscheinen. Erfinden ist das Schwere, Nachahmen und Lernen
ist gewöhnlich. Wie die Erfindung gemacht worden ist, wie
die Sache angefangen hat, wie man auf den Einfall gekommen
ist, wie man den glücklichen Einfall verfolgt hat: das möchte

man wissen. Gerade so hat man — bis heute, kann man sagen — von einer Erfindung der Sprache durch die Urmenschen geredet. Erfindung will man es nun freilich nicht mehr nennen; man nennt es Schöpfung. Das Erlernen der Sprache durch die Kinder sah man wie neue Anfertigungen desselben schon erfundenen Dinges an. Die erste Schöpfung der Sprache kennen zu lernen, darauf gingen die Untersuchungen über den Ursprung der Sprache. Wie Adam und Eva im Paradiese mit einander gekost haben, das hätte man gar zu gern wissen mögen. Was man aber nicht wusste und gern wissen mochte, das träumte man.

Es werde nun zugestanden, dass die Erfindung der Dampfmaschine wichtiger ist als ihre heutige Vervielfältigung; aber dass die Geschichte der Anfertigung der ersten Maschine anziehender sei als die Beschreibung des Verfahrens, welches man heute beim Baue derselben anwendet, möchte ich schon nicht mehr behaupten. Nichtsdestoweniger gibt es doch etwas Wichtigeres und Anziehenderes sowohl als dieses, wie als jenes, nämlich die Naturgesetze zu erforschen, welche sowohl bei der ersten, als bei jeder heute gebauten Maschine die bezweckte Wirkung hervorbringen. Denn während uns die Erzählung der Erfindung und allmählichen Verbesserung eines Dinges doch nur Zeitliches und mehr oder weniger Zufälliges bietet: so lehren uns jene Gesetze das diesem Zeitlichen zu Grunde liegende Ewige. Es handle sich um die Erfindung des Schießpulvers und Feuergewehrs. Es wisse Jemand von einem Mönche Namens Berthold Schwarz, der in seinem Laboratorium kochend und brauend, vielleicht den Stein der Weisen suchend, das Pulver erfand; er wisse, wie man zuerst in Nürnberg Feuergewehre verfertigte, wie man sie im 30jährigen Kriege, und wie später die Franzosen sie verbesserten, und so fort bis auf Dreyse und Chassepot. Ein Andrer wisse von all dem nichts; aber er kenne die chemische Zusammensetzung des Pulvers und die Bedingungen und die Weise seiner Zersetzung nebst den physikalischen Erscheinungen, welche solche Zersetzung begleiten und ihr folgen müssen. Wer von diesen beiden weiß mehr, Besseres, Wissenswürdigeres? Jener kennt doch nur Anekdötchen; dieser weiß, was allein Wissen zulässt, Ewiges, für alle Zeiten Giltiges, was Geltung hatte vor jenem Mönch und gelten wird zu allen Zeiten und für alle Weisen, in denen je Pulver angewendet werden wird. Und so schließen wir auch für die Sprache, dass es wichtiger und anziehender ist, die Gesetze zu erforschen, nach denen sie sowohl ursprünglich bestand und lebte, als auch heute noch besteht und lebt, und dass weniger daran liegt, die Besonderheiten zu kennen, unter denen die erste Schöpfung von Statten gegangen sein mag.

So gestaltet sich also die Frage nach dem Ursprunge der Sprache schon ganz anders, selbst wenn wir die rohe Anschauungsweise gelten lassen, welche die Sprache als ein Ding ansieht, und welche der obigen Analogie zu Grunde liegt. Und sie zunächst noch nicht abändernd, fahren wir fort, indem wir darauf hinweisen, dass es doch nicht gleichgültig ist, in welchem Zeitalter diese Erfindung gemacht ist. Jede Erfindung setzt die Anlage dazu im Geiste der Menschheit voraus, nicht bloß eine angeborne Fähigkeit, sondern eine gewisse vorläufige Bildung und Bekanntschaft mit andern Erfindungen. Ohne diese Vorbereitung des erfinderischen Geistes würden ihm die günstigsten Zufälle ungenutzt vorübergehen. Gewisse Erfindungen sind unmöglich, wenn nicht schon gewisse andere gemacht sind, oder wenn nicht gewisse Ansichten, Erkenntnisse und Bestrebungen vorhanden sind; sie werden überflüssig gemacht durch spätere, die aber unmöglich gewesen wären, wären ihnen nicht jene vorangegangen; sie würden unbeachtet geblieben und wieder vergessen worden sein, kämen sie nicht gewissen Bedürfnissen entgegen, unterstützten sie nicht andre Erfindungen und Bestrebungen. Wer da weiß, wie Gutenberg und Fust und Schöffer die Buchdruckerei allmählich erfanden und sich dann entzweiten, und dass sich die neue Kunst in kurzer Zeit über ganz Europa verbreitete: der kennt Geschichten; wissenschaftliche Geschichte weiß nur der, welcher diese Tatsachen im Zusammenhange mit der ganzen geistigen Strömung jener Zeit erfasst. Es lassen sich also Zustände der Zeiten begreifen, in denen eine Erfindung fast notwendig, leicht, natürlich erscheint; denn selbst das Zufällige, das allemal noch hinzukommen musste, konnte derartig sein, dass es, wie es auch fiel — und fallen musste doch der Zufall notwendig — die Erfindung oder Entdeckung fördern musste*). Lehrreicher nun als zu wissen, nach welchen man-

---

*) Wir reden hier nicht den weisen Herren das Wort, die alle Erfindungen, wenn sie gemacht sind, sehr einfach finden und mit ihrem Neide

cherlei Irrgängen und nach wie vielen missglückten Versuchen eine Erfindung gelang, in welcher Ordnung die Stücke einzeln erfunden wurden, welches zuerst und welches zuletzt, und wie sie zusammengefügt wurden — lehrreicher, sage ich, als dies ist es, jene Zustände zu erforschen, welche eben sowohl das vielfache Misslingen als das endliche Gelingen bewirkten, sowohl die Hindernisse, als auch die Mittel, diese zu überwinden, darboten. Wirklich begriffen ist die Geschichte der Erfindung auch nur dann, wenn man diese geistigen Zustände begreift und daraus die Erfindung und ihren Gang gewissermaßen ableiten kann. Indem man dies tut, erhebt man sich ebenfalls über die Zeitlichkeit und das Zufällige in das Reich des Notwendigen und allwaltender Gesetze. — So heisst uns denn auch, den Ursprung der Sprache erforschen, nichts Anderes als die geistige Bildung kennen lernen, welche der Spracherzeugung unmittelbar vorangeht, einen Zustand und gewisse Verhältnisse des Bewusstseins als Bedingungen begreifen, unter denen die Sprache hervorbrechen muss, und dann einsehen, was der Geist durch sie gewinnt, und wie sie sich gesetzmäßig weiter entwickelt.

Man sieht aber hier auch, wie der Unterschied der beiden Betrachtungen, die wir soeben für jede Erfindung annahmen, die Kenntniss der Naturgesetze, auf denen das erfundene Werk beruht, und die der geistigen Zustände, unter denen das Werk erfunden werden musste, — man sieht leicht, wie beides für die Sprache nur eins ist. Der geistige Zustand und die Verhältnisse des Bewusstseins sind hier die realen Mächte selbst, welche die Sprache hervorbringen. Die Sprache, als Erfindung angesehen, ist eben eine Erfindung, bei welcher nicht nur der erfindende Geist das dazu nötige Material aus dem eigenen Besitze oder Bestande zieht, sondern wo auch die Gesetze, welchen dieses Material unterworfen ist, unmittelbar die Triebfedern der Entdeckung werden. In Betreff des Pulvers und Feuergewehrs, wie jeder andern Erfindung, lagen Materialien,

und ihrer Verkleinerungssucht große Männer, bedeutende Verdienste am wenigsten schonen. Ihnen erzähle man das Anekdötchen von den auf die Spitze zu stellenden Eiern. Was wir im Obigen wollen, das ist, um es kurz auszudrücken: dem Allgemeinen die Ehre, ohne die Person zu beeinträchtigen, die eben das Allgemeine darstellt.

Salpeter und Kohle, Holz und Eisen, außer uns, die uns mehr
oder weniger unbekannt waren, und die an sich einander fremd
und gleichgültig sind. In uns ferner liegen bewusste Bedürfnisse oder können wenigstens augenblicklich in uns geweckt
werden, deren Befriedigung aber jene Stoffe in ihrem natürlichen
Dasein nichts angeht. Absichtliches Suchen oder glücklich be-
nutzter Zufall stellte erst zwischen den Materialien unter einander und zwischen ihnen und dem Geiste eine Verbindung her.
Für die Sprache dagegen ist vielmehr von der Annahme auszugehen, dass ein gewisser geistiger Bildungszustand vorhanden
sein muss, in welchem ein gewisses Material liegt, und welcher
von solchen Gesetzen gelenkt wird, dass Sprache notwendig
entstehen muss.

Das heisst also: die Sprache ist keine Erfindung, sondern
eine Entstehung oder Erzeugung im Geiste; kein durch Verstand
vermitteltes Werk, keine absichtliche Verwendung eines gesuchten und gefundenen Mittels zur Abhülfe eines bewussten
Bedürfnisses, auch nicht eine glückliche Benutzung eines Zu-
falls zur Bereicherung des geistigen Wirkens (denn auch dies
setzt Nachdenken oder Bewusstsein über die mögliche Verwendung des sich Darbietenden voraus); sondern die Sprache ist
geworden, ohne gewollt zu sein. Die unbewusst bleibenden
und doch die Elemente des Bewusstseins beherschenden Gesetze wirken und führen die Schöpfung aus.

Die Sprache ist also gar nicht mit den Erfindungen zu-
sammenzustellen, sondern, obwohl durchaus geistig, doch der
Art der Entstehung nach, wie ein Erzeugniss der Natur, ein
wachsender Organismus zu betrachten. Ein Keim, in gewisser
Weise organisirt, in bestimmte Bedingungen physikalischer oder
organischer Art gebracht, entwickelt sich, nicht weil er weiß
und will, sondern weil das ewige Gesetz der Schöpfung es so
bestimmt. So gibt es im Menschen gewissermaßen einen Keim,
der sich zur Sprache entfaltet; und damit dies nicht Phrase
bleibe, ist es die Aufgabe, die Zusammensetzung dieses Keimes
darzulegen und die Bedingungen und Gesetze zu erkennen,
unter denen er aufgeht: wie ganz analog die Botanik diese
Aufgabe für die Pflanzen, die Physiologie für das Tier zu lösen
hat. Für die Sprache ist es, wie schon bemerkt, die Psychologie, an die wir uns zu wenden haben.

Hiernach werden wir aber auch über den früher so scharf vorausgesetzten Unterschied zwischen dem Sprechenlernen der Kinder und dem ersten Werden der Sprache anders urteilen. Der Erfinder hat eine Vermittlung zwischen einem Material und einem Bedürfniss unseres Geistes gefunden; und was er gefunden hat, kann er Andern zeigen und lehren, denen also Gefundenes dargeboten wird, was sie sich bewusstvoll aneignen. Von der Sprache ist schon bemerkt, dass sie so wenig gelehrt und gelernt werden kann, wie Sehen und Hören. Wer hat wohl je bemerkt, dass man Kinder sprechen gelehrt hätte? Vielleicht aber hat mancher schon beachtet, wie vergeblich das Bemühen ist, welches man wohl zuweilen anstellt, das Kind zu lehren. Mit Gewissheit aber setze ich voraus, dass Jeder, wer Gelegenheit gehabt hat, ein Kind vom zweiten bis zum vierten Lebensjahre zu beobachten, oft genug darüber erstaunt war,' wie urplötzlich das Kind ein Wort oder eine Wortform gebraucht hat. Selten weiss man, woher das Kind das hat. Es hat es ergriffen bei irgend einer Gelegenheit; und ergreifen heisst hier erzeugen. — Man sollte also gar nicht vom Lernen der Sprache bei Kindern reden. Denn wo keine Lehre, da ist kein Lernen. Nur was der Gärtner mit Samen tut, aus dem er Pflanzen ziehen will, nur das tun wir mit unsern Kindern, um sie zur Sprache zu bringen: wir bringen sie in die nötigen Bedingungen geistigen Wachstums, nämlich in die menschliche Gesellschaft. Aber so wenig der Gärtner wachsen macht, so wenig machen, lehren wir das Kind sprechen; nach dem Gesetze, dort der Natur, hier des Geistes, entsteht dort die Blume, hier die Sprache im Bewusstsein des Kindes.*)

Man sieht nun wohl, wie roh die Ansicht war, wonach man die Erfindung der Sprache wie die einer Maschine betrachtete, und das Sprechenlernen von heute wie eine neue Anfertigung einer schon gemachten Erfindung. Gehen wir aber auf diese Analogie ein, so bemerken wir, dass der Sprachforscher glücklicher gestellt ist, als wer die Geschichte einer sonstigen Erfindung erkundet, insofern die Gesetze, die heute noch beim Erlernen der Sprache sich in jedem Kinde wirksam zeigen, auch die treibenden Kräfte bei der Erfindung waren.

---

*) Vergl. Lazarus, Leben der Seele, II. 121—139.

Denn eine Erfindung, welche von den Naturkräften selbst gemacht worden ist, bei welcher der Mensch nicht freiwillig und bewusst handelte, zu welcher er durch den geistigen Instinct getrieben ward, kann auch bei der wiederholten Anfertigung immer nur wieder durch dieselben instinctiven Kräfte hervorgebracht werden; und kennen wir letztere, so kennen wir auch die erste Erfindung.

Musste etwa der Tannenwald so lange warten, bis der Mensch ihn anpflanzte? und ist er nicht gewachsen nach denselben Gesetzen wie die Tannen, die wir heute anpflanzen? Also ist auch die Sprache des Urmenschen wie des heutigen Kindes aus gleichem Keime nach denselben Gesetzen geworden. Und selbst wenn man nach Analogie der Frage: „aber woher ist der Keim zur ersten Tanne, zur ersten Pflanze gekommen?" fragen wollte, woher der erste Sprachkeim im Menschen stamme, würden wir antworten: nur daher, woher er in jedem Kinde stammt. — Aber, wird man sagen, die Bedingungen, in die der Keim geriet, waren nicht dieselben; denn die Kinder späterer Geschlechter kommen in die Gesellschaft Sprechender, der Urmensch verkehrte zunächst unter Nicht-Sprechenden. Das ist richtig. Doch folgt hieraus nur, dass der Urmensch unter ungünstigern Verhältnissen sprechen lernte, als unsre Kinder ihre Sprache schaffen; nämlich es fehlte den Bedingungen, unter denen jener lebte, ein Umstand, die Sprache der Gesellschaft, in der er lebte. Dieser Umstand ist aber nicht notwendig. Unentbehrlich ist dem Menschen nur die menschliche Gesellschaft. Hat er diese, so wird er entweder mit ihr zugleich sprechen lernen, wenn sie noch nicht sprechen konnte; oder er wird, wenn diese schon Sprache hat, seine eigene Sprache notwendig ganz nach Analogie derjenigen schaffen, welche seine Gesellschaft hat. Es kann schon hier mit Rücksicht auf das Dargelegte gesagt werden, was später noch deutlicher werden wird: der Mensch lernt nicht sowohl sprechen als verstehen. Weder der Urmensch noch das Kind späterer Geschlechter macht oder schafft die Sprache; sondern sie entsteht und wächst im Menschen, er gebiert sie. Hat er sie geboren, so hat er seine eigene Geburt aufzunehmen, verstehen zu lernen. Nicht sprechen, sondern verstehen hat der Urmensch zu lernen in der Urgesellschaft, wie das Kind in der folgenden Zeit. Dieses lernt die entwickelte Sprache späterer Geschlechter, jener die eben hervorbrechende, eben in die Luft tretende Sprache verstehen; und wie das Kind die Sprache, die es lernt, nicht geschaffen hat, so lernt auch der Urmensch die Ursprache, die er ebenfalls nicht geschaffen hat, die vielmehr nur von der Seele der Urgesellschaft geboren wird.

Die Sprache ist also eine Geburt, eine Emanation aus dem Bewusstsein, eine Entwicklungsstufe des Geistes, die mit Notwendigkeit dann eintritt, wenn die geistige Bildung an einen gewissen Punkt gelangt ist. Sie entspringt aber der Seele des Menschen zu allen Zeiten in gleicher Weise, wird immer in gleicher Weise im Bewusstsein concipirt und geboren; denn die Seele ist in allen Geschlechtern der Menschen dieselbe, und das Bewusstsein wird zu allen Zeiten von denselben Gesetzen regiert. Wie jedes Embryo in seiner bestimmten Epoche seiner Entwicklung dieses und jenes Organ bildet, so bildet die Seele auf einem gewissen Punkte notwendig Sprache, heute wie in der Urzeit.

Wir sind noch nicht zu Ende. Die Sprache ist kein erfundenes Werk; ist sie nun etwa, wie wir soeben sagten, ein geborenes Wesen? ein erzeugtes Dasein? Wo wäre denn die Sprache? Doch nicht in der Grammatik und im Wörterbuche? Sondern überall da und nur da, wo Menschen mit einander reden, so lange und indem sie dies eben tun. Nicht ein ruhendes Sein also, sondern eine verfliegende Tätigkeit ist sie. Wir dürfen sie wesentlich nicht als ein vorhandenes Werkzeug ansehen, dessen man sich gelegentlich bedient, das aber sein Dasein hat, auch in der Stunde, wo es nicht angewandt wird; sondern sie erscheint als eine Kraft oder Fähigkeit, d. h. als bloße Möglichkeit, die unter Umständen sich äußert, ausgeübt und dann Wirklichkeit wird, aber nur vorübergehend, so lange die Bedingungen der Äußerung dauern. Die Sprache ist nicht ein etwas, wie Pulver, sondern ein Ereigniss, wie die Explosion; sie ist nicht ein Organ, wie das Auge oder Ohr, sondern eine Fähigkeit und Tätigkeit, wie Sehen und Hören. So war und ist sie zu allen Zeiten. Der Urmensch sah nicht anders und sprach nicht anders als wir in dem Augenblicke, wo wir sprechen. Wie also der Physiologe die Aufgabe hat, die Bedingungen zu erkennen, unter denen der Mensch aller Geschlechter sah und sieht: so ist dem Sprachforscher die Aufgabe gestellt, einen

Seelenzustand zu begreifen, der durch die darin wirkenden Elemente gedrängt wird, sich im Laute zu äußern, in Lauten auszubrechen. Wie die menschliche Natur ewig dieselbe bleibt, so auch diese Aufgabe. Sie ist wesentlich dieselbe für den Urmenschen, das Kind und für uns in Bezug auf jeden Act der Rede. Ein Unterschied zwischen der Urschöpfung, dem Sprechenlernen der Kinder und der täglich und stündlich aller Orten, wo Menschen sind, sich wiederholenden Rede findet wesentlich gar nicht statt.

Es fallen demnach abermals zwei Gesichtspunkte, die man sonst aus einander zu halten pflegt, in Bezug auf die Sprache zusammen. Sie ist eben nur Ausübung einer Fähigkeit, Aeußerung einer Kraft. Ihr ganzes Wesen liegt in ihrem Ursprunge: weil es ihr Wesen ist, immer neu zu entspringen. Sie hat nicht einen einmaligen Ursprung in der Urzeit gehabt; sondern so oft sie erscheint, nimmt sie ihren Ursprung. Wie nun ihr Wesen sich nicht ändert, so ändert sich auch ihre Entstehungsweise nicht, da es ihr Wesen ist, immer neu zu entstehen, ewig sich neu erzeugende Tätigkeit zu sein. Ist also unsere Sprache, als allgemein menschliche Tätigkeit, dieselbe wie die der Urmenschen, dasselbe Wesen, dieselbe Kraft und Wirksamkeit, so ist auch ihre Erzeugung in der Urzeit keine andere als die heute in jeder Stunde sich vollziehende.

Dieses Ergebniss unserer Betrachtung mag Manchem paradox erscheinen, und es wird die Befürchtung erwachen, es dürfte uns hier eine Sophistik begegnet sein. Sollten wir hier nur dadurch zu Identitäten gelangt sein, dass wir von wesentlichen Unterschieden abgesehen haben? Man hat sich vielleicht schon mit dem Gedanken ausgesöhnt, dass das Sprechenlernen der Kinder, das längst jedem tiefer Suchenden dunkel erschien, eben so dunkel sei wie die Sprachzeugung des Urmenschen. Nun aber sollte auch unsere gewöhnliche tägliche Rede jenen Zeugungen gleichzustellen sein? — Obwohl hier noch nicht alles gesagt werden kann, so kann doch wohl schon auf die Dunkelheit des Processes auch unserer täglichen Rede hingewiesen werden. Man vergleiche nur, wie einerseits jemand, der in einer fremden Sprache spricht, die ihm wenig geläufig ist, die Wörter mühsam in seinem Gedächtniss zusammensucht und überlegend unter einander verbindet; und wie uns andrerseits in unsrer Muttersprache das Wort von selbst zufließt eins nach dem andern in rechter Ordnung und in der gehörigen Form der Verbindung. Aber gerade auch die umgekehrte Erscheinung, dass Mancher selbst in der Muttersprache das Wort nicht findet, dass er abgebrochen und in unverbundenen oder schlecht verbundenen Ausdrücken (asyntaktisch) spricht, zeigt, wie bewundernswert die Redegabe ist, der das Wort von selbst entquillt. Der Grammatiker spricht so bewusstlos wie das Kind und der Tagelöhner, ohne Regel, und doch in voller Gesetzmässigkeit. — Der originelle Redner aber schafft wirklich neue Wörter und Wortverbindungen oder gibt alten Sprachmitteln einen neuen Sinn, und wenn es in rechter, fruchtbringender Weise geschieht, so merkt weder er noch sein Hörer oder Leser, dass er Neues in der Sprache geschaffen hat. Hierauf jedoch ist so großes Gewicht nicht zu legen. Bedeutsamer ist es, dass schöpferische Denker auftreten, welche den Kreis unserer Gedanken erweitern, erhöhen. Das mag geschehen, ohne dass ein neues Sprachmittel geschaffen ist — ist darum ihre Rede, welche nie Gesagtes ausspricht, etwa nicht völlig neu? Plato, Kant, konnten sie den Bau des menschlichen Geistes so umgestalten, ohne neue Rede zu schaffen? Oder meint man, hier läge nichts weiter vor als eine neue Verwendung, Anordnung alter Bau-Materialien? Nun, immerhin mag es weiter nichts sein — ist denn der Baumeister kein Schöpfer, weil er nicht die Steine gemacht hat? Heisst Sprache weiter nichts als ein Haufe von Wörtern mit Regeln ihrer Verbindung? Ist Sprechen ein Herausgreifen und Zusammenstellen einiger Wörter? Auch meine man nicht, das seien seltene Erscheinungen. Gewiss sind die Platone und die Kants selten. Aber ich denke, es spricht wohl jeder sinnige Mensch so manches, was überhaupt oder wenigstens in dieser Wendung noch niemals gesagt war. Und selbst gewöhnliche Sätze (wenn es nur nicht conventionell erstarrte Redensarten sind, wie „guten Morgen! wie geht es Ihnen?"), mögen sie auch nicht das geringste Neue an sich tragen — ist denn der Bau eines Hauses im landesüblichen Style nicht immer etwas Neues, und gäbe es schon Tausende ganz ähnlicher Häuser? Und wiederum frage ich: ist das Herbeischaffen des Sprachmaterials, welches in der Rede verwendet wird, ein mechanisches Suchen und Sammeln? Es be-

gegnet wohl jedem gelegentlich, dass er nach einem Ausdrucke
seines Innern sucht, und viele Menschen sind schlechte Redner
und wissen die Worte nicht zu finden, mit denen sie sich ausdrücken möchten. Ist solches Suchen etwa dem ähnlich, wie
es jemand begegnet, der eine fremde, ihm nicht geläufige Sprache
reden soll? Letzterer sucht mechanisch in seinem Gedächtnisse
oder im Taschen-Wörterbuche; aber wenn uns in unserer Muttersprache das Wort fehlt, so ist das nicht eigentlich ein mühe-
volles Suchen, sondern erschwerte Geburt. Beredt aber wird
Mancher, der sonst nur stammelt, wenn er in Leidenschaft
gerät. Also gerade in der Erregtheit des Gemüts, wenn die
Klarheit seines Bewusstseins abnimmt, wenn er hingerissen wird,
dann ergießt sich der Redequell am vollsten; denn, um nach
dem andern Bilde zu reden: je stärker die Wehen, desto leichter
die Geburt.

Nun soll auch gar nicht geleugnet werden, dass, trotz der
wesentlichen Gleichheit zwischen dem Sprechen des Urmenschen,
des Kindes und des Erwachsenen, auch andrerseits Bedingungen
vorhanden sind, welche diese drei Processe modificiren und
jedem einen eigentümlichen Charakter geben. Aber das Eigentümliche lässt sich nur auf Grundlage des Gleichen begreifen.
Die Rede von heute ist darum und insofern von der des Kindes
und der des Menschen der Urzeit verschieden, weil und als
auch der Blick des Mannes ein andrer ist als der des Kindes,
und der Blick des Kenners ein anderer ist als der des Ungeübten.
Die Tat, die der Mensch vollzogen hat, die Objectivirung, die
ihm gelungen ist, so sehr sie auch gerade abgelöst vom Subject
erscheint, bleibt dennoch dem Subject nicht fremd und gleichgültig; was wir durch unsere Kraft aus uns herausgesetzt haben,
bleibt in seinem Erfolg als Erhöhung der Kraft in uns. Hiervon muss später ausführlich gesprochen werden.

Hier aber ist es wesentlich, dies fest hinzustellen, dass das
Sprechen ewig ein Zeugen, eine beschränkte Neuschöpfung ist.
Immer fließt sie uns aus dem verborgenen Quell in unserer Seele
zu. Unsere Erforschung des Ursprungs der Sprache bewegt
sich also nicht um ein einmaliges, mehr oder weniger von Zu-
fälligkeiten zusammengesetztes Ereigniss der Urzeit, sondern um
den zeitlosen, unwandelbaren Ursprung einer Kraft und Betätigung im Bewusstsein des Menschen überhaupt oder um die

Gesetze des Seelenlebens, nach denen Sprache wird — heute wie in der Urzeit und zu allen Stunden.

Es wäre also der Punkt der geistigen Entwicklung zu suchen, wo die Sprache hervorbricht. Um diesen zu finden, müssten wir die ganze Leiter dieser Entwicklung von der untersten Stufe an verfolgen und darauf achten, auf welcher Stufe die Wirksamkeit und eine Leistung der Sprache sichtbar wird. Ihr Ursprung müsste zwischen den letzten Punkt, auf welchem sie noch ruht, und den ersten, auf welchem sich ihr Einfluss zeigt, in die Mitte fallen. Hierbei hätten wir uns aber davor zu hüten, die Wirksamkeit der Sprache da schon zu erkennen, wo sie noch nicht ist; da noch nicht, wo sie schon ist; und da immer noch, wo sie schon wieder ruht; und auch davor hat man sich in Acht zu nehmen, dass man ihr Wirkungen zuschreibt, die sie gar nicht haben kann.

Um dieser Gefahr zu entgehen, ist eine längere psychologische Entwickelung notwendig oder mindestens ratsam. Um die Leistung der Sprache sicherer zu erkennen, die doch in das ganze Räderwerk des geistigen Mechanismus angemessen eingreifen muss, haben wir überhaupt die Entwicklungsweise des Geistes, den in ihr waltenden Trieb, das in ihr liegende Streben genauer zu beobachten; wir müssen Analogien zu gewinnen suchen zwischen den einzelnen Fortschritten des Geistes durch Vergleichung derselben mit einander, um durch diese Analogien das zu unterstützen, was wir bei dem Auftreten und Wirken der Sprache zu entdecken meinen. So erkennen wir gewissermaßen einen Ausgangs- und einen Zielpunkt des geistigen Ganges und also eine Linie, in welcher auch der Quellpunkt der Sprache liegen muss.

Ferner aber haben wir die untern Entwicklungsstufen der Seele nicht sowohl überhaupt und an sich darzulegen, als vielmehr nur zu zeigen, inwiefern in ihnen die Keime und Vorbereitungen zur Sprache liegen. Und so zerfällt diese Untersuchung über den Ursprung der Sprache von selbst in drei Teile; denn wir haben zuerst die Anlage zur Sprache in dem Zustande des Menschen, der ihr vorangeht, zweitens das Hervorbrechen der Sprache und drittens die weitere Entwickelung derselben zu betrachten. Vergleichen wir diese drei Teile mit denen der Physiologie der Zeugung, so entspricht der erste der

Betrachtung der Geschlechter, der Zeugungsorgane und des Geschlechtslebens; der zweite Punkt gleicht der Befruchtung, der dritte der Entwicklung des Embryo. Dieser Entwicklungsgeschichte aber ist die rationale psychologische Mechanik vorauszuschicken.

Wenn nun aber hiermit einerseits die Notwendigkeit dargetan ist, der Sprachwissenschaft eine weite und möglich tiefe psychologische Grundlage zu unterbreiten, so wird andrerseits der Verlauf unsrer Darlegung hoffentlich erweisen, dass die Sprache nicht bloß in dem Sinne wie auch alles andre Geistige, Geschichtliche, z. B. der Staat, eine psychologische Betrachtung fordert, sondern dass sie geradezu eine psychologische Kategorie bildet, wie Phantasie, Wille, weil sie nicht eigentlich ein Product, sondern vielmehr eine Function bei der geistigen Production ist (S. 42). Die allgemeine Betrachtung des Wesens der Sprache bildet also, wie sich hoffentlich ergeben wird, einen wesentlichen Gegenstand der Psychologie selbst. Und so wird sich der diesem Buche gegebene Titel rechtfertigen.

ERSTER TEIL.

Psychische Mechanik.

— · ——

I.

Der psychische Tatbestand.

a) Allgemeine Übersicht.

1. Wir finden in uns eine innere, geistige Welt, welche uns gewissermaßen als ein Abbild der äußern Welt und unser selbst und unserer Beziehung zur Außenwelt gilt. Wir haben Bewusstsein von uns selbst und von solchem, was sich um uns befindet. Außerdem dass wir begrenzte Leiber sind, wissen wir auch, dass wir dies sind, und dass wir unter vielen andern Leibern und Dingen leben, und wie wir und die Dinge beschaffen sind. Dadurch erhält alles, man möchte sagen, eine doppelte Form des Daseins: ein Sein in der Wirklichkeit und ein Sein durch das Gewusstwerden, also im Bewusstsein. Der Stein und der Mensch sind wirklich und werden zugleich auch gewusst; aber bloß vom Menschen gilt, dass er einerseits ist und gewusst wird, und dass andrerseits er selbst eben das Wissen von sich und dem Steine hat; und er weiß auch, dass er eben so wohl sich und andres weiss, als er von anderen gewusst wird. Insofern der Mensch nun etwas weiß, trägt er es in sich; insofern er um die Welt weiß, trägt er sie in sich, hat Bewusstsein von ihr, hat also eine bewusste Welt oder eine Welt des Bewusstseins in sich. Diese innere Welt ist also das Wissen um Wirklichkeit und um Bewusstsein; und jeder Mensch hat eine solche innere Welt mit oder, wie man meint, in dem Leibe.

2. Sie ist aber nicht ein überflüssiger Schmuck, noch eine hemmende Bürde unseres Leibes; sondern das Leben desselben ist ganz und gar abhängig von ihr, gerade weil und insofern es durch die Außenwelt unterhalten wird. Freilich kann der menschliche Leib, da er aus materiellen Elementen zusammengesetzt ist, den Wirkungen der materiellen Kräfte nicht für einen Augenblick entzogen werden; er besteht nur im Wechsel der Stoffe und Kräfte, gibt beide an die Außenwelt ab und nimmt aus ihr in sich auf. Und kein Bewusstsein kann unmittelbar aus sich diesen Wechsel als reinen Natur-Process hemmen oder fördern, kann lediglich aus sich weder ein Fehlendes ersetzen, noch ein Überflüssiges wegschaffen, noch überhaupt an dem Austausch zwischen Leib und Natur etwas ändern. Indessen wir gewinnen doch die uns nötige Nahrung nicht durch den rein mechanischen Bestand unseres Leibes, wie die Pflanzen tun, noch auch durch zufällige und von außen her veranlasste Herbeiführung, wie bei den niedrigsten Tieren der Fall ist; — sondern wir haben uns die Nahrung zu suchen und zu holen durch unsre eigene Bewegung und Tätigkeit, welche durch unser Bewusstsein angeregt und geleitet wird. Wir bedürfen also des Wissens von der Welt der Dinge und von unserm Selbst und von dem Zusammenhange der Dinge unter einander und mit uns, um leben zu können. Das Bewusstsein übernimmt eine dem Leben notwendige Arbeit, welche für die Pflanze der allgemeine Mechanismus in Verbindung mit der Organisation der Pflanze ausführt. Es übernimmt aber auch noch eine andre Arbeit: wenigstens bei den höheren Tieren, besonders aber beim Menschen ist es das Bewusstsein, welches die Befruchtung einleitet, indem es mit der Begattung die notwendige Berührung herbeiführt. Eine dritte Arbeit ferner, welche ebenfalls die Pflanze gar nicht übt, so dass sie, wenn sie derselben bedarf, zu Grunde geht, ist die Schaffung des Schutzes vor Unwetter.

Das Wissen ist also ein dem Haushalt der Natur unentbehrlicher Factor. Es tritt zu den physikalischen und chemischen Wirkungen hinzu, um den Bestand des Menschengeschlechts und des Tierreiches (abgesehen von dessen niedrigsten Formen) zu ermöglichen; es führt die materiellen Bedingungen herbei, deren das Leben bedarf.

3. Dieses Bewusstsein offenbart sich in Erkenntnissen, in Gefühlen und in Begehrungen; und diese drei Hauptarten der Wirksamkeit des Bewusstseins setzen den Leib oder Glieder desselben in Bewegung: noch ganz abgesehen von den Bewegungen, auf denen sein organischer Bestand beruht (wie Verdauung, Atmung u. s. w.), nämlich in solche, welche die Lage der Glieder oder den Ort des ganzen Leibes ändert, wie beim Gehen, Bücken u. s. w. So sind wir befähigt und geführt zur Arbeit an den Dingen und zum Genusse derselben. Was wir bedürfen, begehren wir, schaffen es uns herbei, bringen es in die Form, in welcher wir es genießen mögen, indem es dem Bedürfnisse genügt. Und auch solche Arbeit und ihre Ergebnisse mit dem Genusse bilden sich, so zu sagen, ab in unserer innern Welt, verlaufen mit Bewusstsein.

4. Im Vorstehenden war ich bemüht, einen Tatbestand, wie ihn die gemeine Erfahrung darbietet, einerseits mit so viel Genauigkeit und Schärfe auszudrücken, als die Wissenschaft selbst in rein anfänglichen, bloß anknüpfenden Betrachtungen nicht entbehren kann, ohne jedoch andrerseits theoretische Annahmen einzuflechten, die erst zu beweisen sind. Nachdrücklich möchte ich sogleich hier hervorheben, dass ich auch in allen folgenden psychologischen Darlegungen bemüht sein werde, mich ausschließlich in einem Kreise von Tatsachen der Erfahrung zu bewegen, ohne etwas über das Real-Prinzip der betreffenden Erscheinungen zu behaupten. Im Bisherigen wird nicht mehr gegeben sein als eine Verbal-Definition des Wortes Bewusstsein, wie es im gemeinen Sprachgebrauche vorkommt; und ich meine, dass die gegebene Bestimmung ausreiche, um einen Kreis anerkannter Tatsachen hinlänglich klar abgegrenzt zu haben, der mit den in ihm herrschenden Zusammenhängen und gesetzmäßigen Bewegungen Gegenstand einer Disciplin sein kann. Ich habe bisher nur von Bewusstsein gesprochen, und kann also noch nicht von Seelen-Leben, psychischen Tatsachen, psychologischen Gesetzen reden. Es wird sich aber im Verlaufe unserer Betrachtung bald ergeben, dass wir mit dem Terminus Bewusstsein die erkannten Tatsachen nicht erschöpfend bezeichnen, und wir werden dann den Terminus Seele einführen, aber immer nur, um einen Tatbestand zusammenfassend zu benennen, nicht um über das Princip desselben etwas auszusagen.

Wird also bald von Seele die Rede sein, so gestatte ich mir auch jetzt schon diesen bequemern nicht nur, sondern auch richtigern Ausdruck, natürlich zunächst nur als gleichbedeutend mit Bewusstsein. Eine Erweiterung des Sinnes muss erst begründet werden. Wie man tausendfach chemische und physikalische Untersuchungen angestellt hat und zu den wichtigsten Ergebnissen gelangt ist, ohne zu fragen: was ist Materie? was Wärme? was Elektricität? chemischer Process? so muss es uns gestattet sein, die seelischen Erscheinungen bezüglich der Gesetzmäßigkeit ihres Auftretens zu prüfen, ohne Rücksicht darauf, was Seele oder Bewusstsein im letzten Grunde sein mag. Die Sätze, zu denen die Psychologie gelangt, müssen einstweilen so geartet sein, dass sie sich Anerkennung erzwingen, mag man eine immaterielle oder eine materielle Seele (Central-Organ) annehmen. Schließlich müssen die Tatsachen die Prinzipienfrage entscheiden*)

5. Es kann aber fraglich scheinen, ob es wissenschaftlich zulässig sei, einen Kreis von Tatsachen so aus dem ganzen Umfange der tatsächlichen Wirklichkeit zu einer besondern Disciplin auszusondern, wie wir hier mit den seelischen Erscheinungen tun, indem wir uns dabei nur auf die gemeine Ansicht stützen, zumal da wir es uns versagen, für diesen Kreis ein besonderes

---

*) Wenn man gesagt hat, die seelischen Erscheinungen seien eine Auslösung der Elektricität ganz ebenso, wie alle mechanischen Erscheinungen sich einander auslösen: so ist dies so lange für eine bloße Vermutung zu halten, als nicht durch Experiment und Berechnung der Beweis dafür erbracht ist ganz in derselben Genauigkeit, als dies z. B. für das Auslösungs-Verhältniss zwischen Wärme und mechanischer Arbeit geschehen ist. Umgekehrt meine ich einstweilen, der Beweis für ein immaterielles Princip werde sich am ehesten durch den Nachweis geben lassen, dass zwar seelische Erscheinungen auf mechanische Einwirkungen erfolgen; dass aber letztere nach dem Gesetze von der Erhaltung der Kraft einen in sich geschlossenen Kreislauf bilden, in den die seelischen Erscheinungen niemals eintreten, wiewohl ein sehr gesetzmäßiger Parallelismus zwischen beiden besteht. Oder hat der Naturforscher bei seiner Beobachtung des Wandels der Kraft jemals eine Lücke bemerkt, die nur durch das, was wir eine psychische Erscheinung zu nennen pflegen, ausgefüllt werden konnte? d. h. fand er, dass die Kraft verschwand, ohne dass er gewusst hätte, wohin? und dass sie wiederkehrte, ohne dass er hätte sagen können, woher? wenn eben nicht in und aus einer Form, die man seelisch nennt? Fand er unter den Wandlungen der Kraft auch eine Phase, die dadurch charakterisirt war, dass die Kraft bloß als psychische Tatsache erschien?

Princip aufzustellen. — Dagegen bemerke ich, dass es zunächst natürlich auch dahingestellt bleibt, ob die Psychologie außerhalb der Physiologie und neben ihr ihre Stelle findet, oder aber bloß ein Kapitel der letzern bildet. Wir setzen hier nur etwas voraus, was einerseits in der obigen Definition vom Bewusstsein schon gesagt ist, und was sich andrerseits durch die ganze weitere psychologische Darlegung von selbst ergeben muss, nämlich die Gleichheit oder Verwantschaft und den Zusammenhang aller seelischen Elemente unter einander und in Bezug auf die Eigentümlichkeit ihres Verhaltens und auf die Gesetzlichkeit ihrer Bewegungen, wie auch ihren Gegensatz in derselben Beziehung gegen alle übrigen Tatsachen, die wir unter dem Namen Natur zusammenfassen.

6. Wir setzen also zwei große Kreise von Tatsachen: Natur und Seele. Dass sie in vielfachem Zusammenhange mit einander stehn, bedarf nicht der Erinnerung. Es ist ja auch schon erwähnt (2), wie sich das Bewusstsein als ein notwendiger Factor im Haushalte der Natur bewährt. Dagegen mag noch dies hervorgehoben werden: wie sehr auch die psychischen Tatsachen von den leiblichen hervorgebracht sein mögen, so sind doch für uns, für unser Denken und Tun nur insoweit natürliche Tatsachen (Naturerscheinungen) vorhanden, als wir um sie wissen; für uns gibt es also nur insoweit Natur, Materie, Leib, als sie psychische Tatsachen sind. Für uns also sind unleugbar die Tatsachen der Natur von den psychischen abhängig. Und daher, man mag die seelischen Erscheinungen auf ein primäres ideales Seelen-Princip zurückführen oder als Äußerungen des organisirten Leibes ansehen: immer bleibt die Psychologie von grundlegender Bedeutung für alle Wissenschaft.

Sehen wir uns nun den seelischen Tatbestand in seinen allgemeinsten Umrissen, das gemeine Bewusstsein nach seinem gewöhnlichen Inhalte und seinen durchweg verbreiteten Formen, sogleich beim Eingange unserer Disciplin noch etwas näher an. Ich will also zunächst beschreibend darstellen, was uns die Beobachtung täglich und stündlich in jedem gesunden, vollsinnigen Menschen bemerken lässt. So soll das Object unserer Betrachtung uns näher geführt, umrissen werden. Sodann wollen wir versuchen, die eigentümliche Gesetzmäßigkeit, welche in demselben herrscht, zu erforschen.

b) Nähere Betrachtung des psychischen Inhaltes und seiner Formen.

7. Der theoretische Inhalt unseres Bewusstsein ist einesteils ein solcher, welchen wir unter Wirksamkeit unserer Sinne, d. h. durch Warnehmung gewinnen. Mit diesem Namen bezeichnen wir nicht bloß die Tätigkeit, sondern auch das Product derselben.

8. Da die Warnehmungen in Folge der Einwirkung der Dinge auf unsre Sinne (unmittelbare Einwirkung beim Tasten Schmecken und Riechen, mittelbare durch Luft und Äther beim Hören und Sehen) geschaffen sind, so ist ihr Object oder Erkenntniss-Inhalt nach seinem logischen Werte immer eine Einzelheit.

9. Wir haben ferner Erinnerungen von Warnehmungen. Höchst wahrscheinlich vollzieht sich eine solche Erinnerung wiederum mit Hülfe derselben Nerventätigkeit, durch welche die Warnehmung ursprünglich geschaffen war; nur ist die Erregung der Nerven ungleich schwächer. Dieser Umstand mit manchen andern befähigt uns in gesundem Zustande, die erinnerte Warnehmung von der wirklichen, schaffenden zuverlässig zu unterscheiden. Der Inhalt der Erinnerung und der Warnehmung sind gleich; diese beiden unterscheiden sich nur durch die Productionsform.

10. Weil man sich nicht nur der Warnehmungen, sondern auch jedes andern Inhaltes erinnert, so mag es wohl daher kommen, dass der Name Erinnerung nicht wie Warnehmung Tätigkeit und Erzeugniss benennt, sondern nur die Tätigkeitsform. Während daher Warnehmung einen logischen und metaphysischen Wert ausdrückt, bezeichnet einen solchen die Erinnerung gar nicht. Man hat Erinnerung eben so wohl an den Baum, unter welchem wir als Kinder gespielt haben, als an einen mathematischen Lehrsatz und ein logisches Gesetz, und Erinnerung bedeutet ohne Rücksicht auf den Inhalt nur die Fähigkeit, sich denselben ins Bewusstsein zurückrufen zu können. Man besitzt aber eine Erkenntniss auch in der Zeit, wo man sich ihrer nicht erinnert, wenn man nur fähig ist, sich ihrer bei Gelegenheit zu erinnern.

11. Wenn nun Warnehmung den Inhalt einer Erkenntniss bezeichnet, insofern er eben durch die Tätigkeit der Warneh-

mung erlangt wird, und da man eine Erkenntniss besitzt auch in dem Augenblicke, wo man sich ihrer nicht erinnert und sich ihrer zu erinnern gar keine Veranlassung hat: wie soll man den Inhalt einer Warnehmung als bloßen Besitz bezeichnen? Man kann wohl sagen: *ich habe die Warnehmung gemacht, dass u. s. w.*, d. h. ich habe wargenommen. Aber man kann nicht sagen: *ich habe die Warnehmung eines bestimmten Baumes oder von einem Baume*, wie man sagt: *ich habe vom Baume einen Begriff*. Man hat eine Warnehmung nur, insofern man in der Tätigkeit des Warnehmens begriffen ist. Bevor wir aber die eben aufgeworfene Frage beantworten, noch einige Erläuterungen.

12. Das einzelne Ergebniss der Tätigkeit eines Sinnes-Organs ist eine Empfindung. *Süß, Weiß, hart* sind Empfindungen. Es werden Qualitäten empfunden; wargenommen werden Dinge als Träger der Qualitäten oder Qualitäten, insofern sie zu einem Dinge gehören, das Dasein eines Dinges voraussetzen. Man empfindet die Süße des Zuckers; aber man nimmt Zucker war und nimmt auch war, dass dieser Zucker nicht so süß, nicht so weiß ist wie jener. — Man empfindet die Süße nur, indem man schmeckt, die Weiße nur, indem man sicht. Man nimmt aber den Zucker war, selbst wenn man ihn nur sicht oder nur schmeckt. Die Warnehmung eines Dinges umfasst also alle Empfindungs-Erkenntnisse, die wir von diesem Dinge haben, obwohl sie meist nur durch eine Empfindung vermittelt ist. Gesetzt, man nehme eben den Zucker durch das Gesicht war, so erkennt man doch zugleich auch die Süße, Härte, Löslichkeit, obwohl diese Qualitäten nicht durch die Empfindung gegeben sind. — Die Warnehmung geht immer auf die Erkenntniss des Daseins eines Dinges als eines Ganzen, auf die Substanz; die Empfindung geht auf die Beschaffenheit des Dinges, auf die Qualität. — Wie nennen wir also die Gesammtheit der Empfindungs-Erkenntnisse, welche mit der Warnehmung eines Dinges gegeben sind, insofern wir sie als ruhigen Besitz, als eine objective Erkenntniss in uns tragen?

13. Endlich noch folgenden Punkt. Alle Dinge sind veränderlich und beweglich, und der Mensch ist ebenfalls zu verschiedenen Zeiten verschieden gestimmt. Jedes Ding also wird je nach der Lage und nach sonstigen Verhältnissen und je nach

unserer Stimmung verschieden auf uns wirken. Zucker erscheint
nicht immer gleich weiß, gleich süß. Ein Pferd erscheint anders im Sonnenschein und anders im Schatten, anders beritten
und anders vor dem Wagen, anders im Galopp und anders im
Schritt u. s. w. In jedem einzelnen dieser Fälle haben wir die
Warnehmung immer desselben Pferdes und doch immer eine
andre Warnehmung. Verschiedne Pferde aber erscheinen verschieden nach Farbe, Größe, Gestalt, Bewegung, Kraft. Diese
verschiedenen Warnehmungen geben die Erkenntniss von der
Art Pferd; und diese Erkenntniss von einer Tier-Art ist doch
ein Warnehmungs-Inhalt. Dieser Inhalt kann sogar niemals
mit einem Warnehmungs-Acte gegeben sein; er ist vielmehr
nur die Summe vieler Warnehmungs-Acte. Wie nennen wir
diese Summe?

14. Nun antworte ich: Nach dem üblichen Sprachgebrauche, meine ich, nennen wir erstlich die Tätigkeit, eine
Gestalt oder ein Bild durch das Gesicht auffassen, und auch
das Ergebniss dieser Tätigkeit Anschauung. Wir nennen
aber auch zweitens den Inhalt der ganzen Warnehmung eines
Dinges und selbst den Warnehmungs-Inhalt einer Art ganz
ebenso Anschauung, und zwar deswegen, weil von allen Sinnen
das Gesicht die meisten und die eigentlich objectiven Erkenntnisse gibt oder zu geben scheint. Man sagt, jemand habe eine
Anschauung von einem Pferde, indem er das Pferd sieht, und
auch indem er sich diesen einzelnen Anblick durch Erinnerung
zurückruft, sich also das Bild, die Gestalt des früher gesehenen
einzelnen Tieres innerlich vorführt, und auch insofern er sich
des Warnehmungs-Inhaltes, den er von der Art Pferd gewonnen
hat, zu erinnern vermag, also diesen Inhalt als geistigen Er-
kenntniss-Besitz in sich trägt. Ja selbst nachdem der Warnehmungs-Inhalt schon wissenschaftliche Bearbeitung erfahren
und wissenschaftlichen Wert erlangt hat, heisst er immer noch
Anschauung. So sagt man: *ich habe eine Anschauung von einer
Dampf-Maschine gewonnen*, wenn man eine solche einigermaßen
oder genau nach den Gesetzen der physischen Mechanik begreift; und man sagt, man habe keine Anschauung von der
Sache, wenn dies nicht der Fall ist, obwohl man vielleicht in
demselben Zeitpunkte den Anblick eines Dampf-Wagens hat,
ein solcher vor Augen steht, und man insofern eine Anschauung

von ihm hat, nämlich eine Anschauung von seinen äußern Umrissen und seiner Erscheinungs-Weise überhaupt.

15. Entwickelte, gebildete Anschauungen also sind keineswegs ein einfacher Act des Bewusstseins, sondern ein Besitz eines mannichfachen Inhaltes, dessen wir uns nur discursiv bewusst werden, indem wir uns nach einander der Elemente dieses Besitztums erinnern. Wir unterscheiden aber zwischen Einzel-Anschauung, welche nur ein ruhendes Bild ist, ein Mannichfaches, welches neben einander gleichzeitig gegeben ist, und allgemeiner Anschauung, von deren Unterschied gegen den Begriff sogleich (16) und später zu reden ist.

16. Wir sagen demnach, der theoretische Inhalt unseres Bewusstseins bestehe einesteils in Anschauungen, andernteils aber, so fahren wir nun fort, in Begriffen, welche wir durch mannichfache theoretische Bearbeitung der Anschauungen erlangen, welche also der Zeit nach, im Kinde wie im Menschengeschlechte, später als die Anschauungen auftreten.

Die Einzelbilder der Warnehmung und die Anschauungen überhaupt werden durch Analyse, Vergleichung, Abstraction und Combination auf umfassendern Wert gehoben, werden verallgemeinert. Über das psychologische Wesen des Begriffes werden später Erläuterungen gegeben werden. · Hier sei nur das bemerkt: es verschwinden nicht etwa die Anschauungen vor den Begriffen; sie werden von diesen nicht aufgezehrt, sondern bleiben neben ihnen bestehen. Auch kann der Inhalt der entwickelten Anschauung von dem des niedrigen Begriffs noch gar nicht verschieden sein. Wir nennen solchen Inhalt Anschauung, insofern er wesentlich aus sinnlicher Warnehmung gebildet ist, und nennen denselben Begriff, wenn und insofern er in Worten ausgedrückt wird, welche doch allemal einen abstractern Sinn haben.

17. Weder die Anschauungen noch die Begriffe sind mit einem Schlage fertig; sie bleiben beide fortgesetzer theoretischer Arbeit unterworfen, welche der Mensch anfänglich instinctiv und unbewusst, später nach erkannten Regeln der Kunst des Denkens, mit logischer Besonnenheit ausführt. Anschauungen und Begriffe bleiben, wie gesagt, neben einander im Bewusstsein, und ihre Vervollkommnung geschieht durch fortwährende Rüksicht auf einander. Mit Hinblick auf den Begriff wird die

Anschauung, mit Hinblick auf diese wird der Begriff immer
vollständiger und genauer. Ferner wird durch Übung die
Fähigkeit erlangt, die Processe der Warnehmung wie der Begriffsbildung immer leichter, schneller, schlagartiger zu vollziehen. Ein geübtes Auge überblickt einen mit mannichfachen
Formen angefüllten Raum mit Blitzes Schnelle, während das
ungeübte von Punkt zu Punkt schleicht und dabei doch wesentliche Punkte überspringt und besonders das Erfasste mühsam
und nur undeutlich zusammenfasst. Der geübte Denker eben
so verbindet eine lange Reihe von Denkoperationen schnell zu
einem Begriffe, welche der ungeübte Kopf langsam durchschreitet
und mit Mühe zusammenhält. Bei den meisten Menschen freilich ist die Bildung von Anschauungen und Begriffen mit der
Jugendzeit erschöpft, und der größere Theil des Lebens vollzieht
sich in der Wiederholung des ein für alle mal Gelernten. Nur
der Gebildete bereichert sein Bewusstsein durch Ineinander-
Arbeiten von Anschauung und Begriff und durch Aneignung
neuer Anschauungen und Bildung neuer Begriffe. Der gebildete
Mann denkt nicht bloß anders als der Ungebildete und das
Kind, sondern er sieht auch anders: er sieht anders, weil er
anders denkt, und denkt anders, weil er anders sieht.

18. So viel zur vorläufigen Orientirung über den theoretischen Inhalt unseres Bewusstseins und die Erzeugung desselben. Die allgemein verbreiteten Formen aber, in denen der
Inhalt besteht, sind für die Anschauung: Verhältnisse der Ausdehnung, der Ruhe und Bewegung, d. h. die Formen des
Neben-einander im Raume und des Nach-einander in der Zeit;
für den Begriff aber: das Ganze mit seinen Teilen, das Ding
mit seinen Eigenschaften; ferner Ordnung der Begriffe nach
Graden der Allgemeinheit, also Art, Gattung, Classe, endlich
die Formen der Causalität. Alle diese Formen sind einer mehr
oder weniger niedern oder höhern Auffassung fähig; sie bezeichnen allerdings Stufen der Entwicklung, welche Anschauung
und Begriff erreicht haben, sind aber auch an sich selbst der
Entwicklung unterworfen.

19. Hier sind natürlich die Kategorien Ding und Eigenschaft, Raum und Zeit, Kraft und Bedingung u. s. w. zunächst
nicht in ihrer metaphysischen Abstraction gemeint. Wovon
hier die Rede ist, das sind nur die Formen, in denen die man-

nichfaltigen Erkenntnisse des gemeinen Bewusstseins sich bewegen, ohne dass dieses etwas von ihnen wüsste. So sagt schon das Kind z. B.: Die Puppe hat Arme und Beine und einen Kopf u. s. w., worin wir eine Anwendung der Kategorie des Ganzen und seiner Theile sehen, wenn auch das Kind davon nichts weiß. Wenn es ferner sagt: Der Zucker schmeckt süß, sieht weiß aus, ist hart, liegt in der Büchse, fällt herab, macht den Kaffe süß u. s. w. so sind wieder andre Kategorien im Kinde wirksam. Freilich als Begriffe für sich, als bestimmte Denk-Inhalte, finden sich die Kategorien noch nicht in dem gemeinen Bewusstsein. Sie werden erst, nachdem der Inhalt des Bewusstseins schon eine hohe Stufe der Bildung erreicht hat, dadurch entwickelt, dass man aus dem reichen und schon mannichfach gegliederten Inhalt die demselben innewohnende Form in Gedanken absondert und zu einem eigenen Gegenstande der Betrachtung macht. Eine Trennung der Form vom Inhalte aber setzt doch das Dasein dieser Form voraus. Sie war also schon im Denk-Inhalte, im Bewusstsein, als wirksame Macht und Tatsache vorhanden und wird mit dem Erwachen der metaphysischen Erkenntniss auch Gegenstand des Bewusstseins, während sie vorher zwar im Bewusstsein bestand und Wirklichkeit hatte, aber noch nicht gewusst war. Wie der Luftdruck, Elektricität u. s. w. bestand, bevor dies erkannt war: so gab es auch im Bewusstsein vielerlei, ohne dass man davon wusste. Und so ist auch heute noch im Bewusstsein der Kinder und Ungebildeten gar vieles, wovon diese selbst nichts wissen, und was nur Gegenstand der wissenschaftlichen Erkenntniss ist. Endlich wenn wir voraussetzen, dass der Inhalt des Bewusstseins nach Gesetzen entstehe und nach Gesetzen sich bewege, so leuchtet doch sogleich ein, dass diese Gesetze, wiewohl sie das Bewusstsein beherschen, dennoch nicht gewusst sind.

20. Da nun klar ist, dass sich die Psychologie auch und vorzugsweise mit dem beschäftigt, was im Bewusstsein ist, ohne anders als wissenschaftlich gewusst oder bewusst zu sein: so ist schon ersichtlich, warum wir als Gegenstand der Psychologie nicht dass Bewusstsein bezeichnen können, sondern lieber die Seele, welche sowohl das Bewusste als auch das Unbewusste umfasst. Von diesem Unbewussten in der Seele wird im Laufe der Darstellung oft, ja meist die Rede sein, und das Verhält-

niss desselben zum Bewusstsein wird an bestimmten Stellen ausführlich dargelegt werden. Nun können wir aber auch, insofern es irgendwie bequem erscheint, statt Natur und natürlich im Gegensatze zu Seele und seelisch (psychisch) Materie und materiell sagen, ohne dass damit eine principielle Verschiedenheit zwischen Seele und Materie behauptet würde. Es könnte immerhin sein, dass auch die Seele materiell, oder die Materie psychisch ist, kurz dass sie verschiedene Betätigungsformen eines Principes sind.

21. Wenn man demnach behaupten darf, dass auch im Bewusstsein oder vielmehr in der Seele eben so wohl wie in der Natur die Elemente bestehen, und die Verhältnisse wirksam sind, ohne dass wir sie erkennen, oder ohne dass wir sie richtig und vollständig erkennen, überhaupt ohne Rücksicht auf unser Wissen, durch eigenes Dasein: so liegt doch auf der Hand, dass die Sache hier für uns verwickelter ist. Die Analogie zwischen Seele und Natur reicht zwar auch in der angeregten Beziehung sehr weit; doch findet sie den Punkt, wo sie abbricht. Sie zeigt sich in folgendem Vergleich. Das Dasein derjenigen Combination der materiellen Elemente, welche wir im tierischen Organismus vor uns haben, ist freilich von unserm Wissen ganz unabhängig; aber darum ist es doch nicht ewig Mit Bestimmtheit wissen wir, dass der Erdkörper eine lange Zeit bestanden hat, ohne dass Tierleiber auf ihm entwickelt gewesen wären. So sind auch jene Kategorien. von denen wir soeben sprachen, von unserer metaphysischen Erkenntniss unabhängig, aber darum doch nicht ewig. Die Ewigkeit der Kategorien haben diejenigen behauptet, welche meinten, die Kategorien seien dem Menschen eingeboren, der Seele immanent (ewig, d. h. so lange es Mensch und Seele gibt). Sie konnten so reden, weil ihnen die Seele als eine immaterielle Substanz galt. Wir, die wir solche Geltung nicht auszusprechen wagen, können schon darum nicht in Versuchung geraten, von angeborenen Ideen zu reden. Die eben vorgeführte Analogie aber zeigt uns auch, dass zu solcher Annahme ewiger Ideen gar keine zwingende Veranlassung vorliegt. Die Geschichte endlich lehrt uns mit aller Bestimmtheit das Gegenteil. Wie die erste animalische Zelle, so entstand auch jede Kategorie oder Idee zu einer bestimmten Zeit: jene Zelle in einem Zeitpunkte der

Erd-Geschichte, diese Kategorie in einem Zeitpunkt der Menschen-Geschichte. — Anders ist der erste Hund auf der Erde entstanden, anders wird er heute geboren. Geboren muss er werden, sonst stirbt die Art aus; denn die existirende Generation stirbt. Auch die Kategorie muss in jedem Menschen geboren werden, wenn sie nicht sterben soll, und diese ihre Geburt ist gar nicht so verschieden von ihrer ersten Erzeugung. Aber sowohl die erste Entstehung wie die spätere Wiedergeburt sind nicht davon abhängig, dass sie gewusst werden, weder in Bezug auf den Hund, noch in Bezug auf die Kategorie. — Nicht jede Hündin muss gebären; vor einem gewissen Alter und ohne gewisse Bedingungen kann es keine. Auch nicht jeder Mensch entwickelt alle Kategorien, selbst als bloße unbewusste Macht in der Seele nicht; dem Kinde fehlt noch manche, zunächst fehlen ihm alle, und auch in dem Wilden entstehen die höhern nicht. — Endlich noch eine Analogie. Die Dinge der Natur enstehen und vergehen bewusstlos. Aber das Bewusstsein vermag in den Lauf der Natur einzugreifen, ihn zu lenken. Es verkehrt die Natur nicht und kann kein Atom und keine Kraft vernichten; aber es lenkt den eigenen Leib und führt diesen als Naturkraft in das Getriebe der Natur ein (2). So bringt der Mensch zwei Körper in Berührung mit einander, die ohne ihn sich nicht genähert haben würden, und veranlasst durch die bewirkte Berührung Natur-Erzeugnisse, die sonst nicht an dieser Stelle entstehen würden. So ist Ackerbau, Viehzucht, Industrie u. s. w. möglich. In derselben Weise kann das Bewusstsein in bewusstlose psychische Getriebe eingreifen, obwohl es weder ein Element der Seele vernichten, noch eine Kraft unwirksam machen kann, indem es gewisse Elemente, wie Kategorien, Regeln u. s. w. bildet, welche, einmal entstanden, notwendig unmittelbar in das Getriebe eintreten und hier wirken, wie es nach den in diesem psychischen Getriebe geltenden Gesetzen notwendig wirken muss. Hierauf beruht alle Pädagogik und Politik. Man gibt dem Knaben z. B. eine grammatische Regel, d. h. man veranlasst ihn, mit Bewusstsein gewisse Elemente seines Bewusstseins so zu verbinden, dass daraus der Inhalt der Regel entsteht. Dieser Inhalt tritt in der Seele, in der er sich ja schon befindet, in diejenigen Verhältnisse zu gewissen andern psychischen Elementen, in welche er nach den Gesetzen des psychischen Mechanismus notwendig treten muss; und so spricht der Knabe nach der erlernten Regel. Das Wesen, der Zweck der Regel ist aber, dass sie regelt, dass sie also eine Macht über gewisse psychische Elemente ist. Ist dies erreicht, ist eine Regel eine solche Kraft geworden, welche bestimmte Combinationen herbeiführt, so kann sie aus der Reihe der bewussten Elemente ausscheiden; und während sie zuerst als eine Macht wirkte, deren man sich zugleich bewusst war, kann sie nun auch unbewusst ihre Macht zur Geltung bringen. Man sagt ja gewöhnlich, dass man Regeln erst dann inne habe, wenn man sich ihrer nicht mehr bewusst zu werden braucht, um sie anzuwenden.

Die Behauptung, dass im gemeinen Bewusstsein Kategorien sind oder Formen, wie Ding und Eigenschaft, von denen dieses Bewusstsein selbst nichts weiss; hat uns zu einer vorläufigen Betrachtung über das Unbewusste im Bewusstsein geführt. Schon der Umstand, dass dies geschehen ist, während wir noch völlig an der Schwelle unserer Disciplin stehen, kann lehren, wie wichtig und weitreichend das Unbewusste im Seelen-Leben ist. Wir kehren zu unserer Darstellung des psychischen Tatbestandes zurück.

22. Die Kategorien nahmen wir hier als Formen des Inhalts des gemeinen Bewusstseins. Zu genauerer Bestimmung müssen noch einige Bemerkungen hinzugefügt werden. Wir haben oben (16—18) Anschauungen und Begriffe unterschieden. Die Tätigkeit, durch welche die Anschauungen gebildet werden, nennen wir Warnehmung. Wir können aber hier leicht Warnehmung und Empfindung unterscheiden. Denn die verschiedenen Formen der Empfindung sind die Funktionen unserer Sinnesorgane; die verschiedenen Formen der Warnehmung aber sind die Formen, in welchen aus den primitivsten und einfachsten Reizen die Bildung der Anschauungen vorgeht, und das sind die Formen des Raumes und der Zeit. Von den Begriffen ferner ward bemerkt, dass sie durch eine theoretische Bearbeitung der Anschauungen entstehen. Nun ist eben so zu bemerken, dass die Formen dieser Bearbeitung oder die Formen der Begriffsbildung die logischen und metaphysischen Kategorien sind. So lange und insofern die Formen und Kategorien noch unbewusst sind, ist auch die an den Anschauungen sich vollziehende

Arbeit nur in dem Sinne als solche zu bezeichnen, wie wir von der Arbeit der Wärme reden; denn es fehlt dort wie hier das Bewusstsein. Das, was geschieht, indem sich in der Seele eines Kindes ein Begriff Pferd bildet, ist nicht eine bewusste Arbeit, sondern ein bewusstloser Process; und genauer würden wir sagen: Die Formen des Processes, in welchem sich die Begriffe bilden, sind die Kategorien.

23. Hier war von den Kategorien gesprochen als von Formen des Inhaltes, welche zugleich auch Formen des Processes oder der Arbeit sein sollen, durch welche der Inhalt selbst erzeugt oder gestaltet ist. Um diesen Sinn der Form richtig zu verstehen, muss man Folgendes beachten. Der Vorgang, durch welchen Anschauungen zu Begriffen werden, ist nicht eine Verwandlung wie im Märchen. Die lebensvolle, farbenreiche Anschauung streift nicht die Farbe ab und verliert allen Saft und ist dann ein grauer, eingetrockneter Begriff. Es beginnt vielmehr einerseits eine völlige Zersetzung der Elemente der Anschauung, und andererseits tritt ein Agens hinzu, welches eben zugleich diese Zersetzung und eine neue Krystallisation bewirkt. Das innere Bild eines gegenwärtig wargenommenen oder erinnerten Pferdes z. B. ist eine Anschauung, welche zwar aus vielen Elementen besteht, diese alle aber in einer Einheit liegend umfasst. Unter der Wirksamkeit der Kategorien des Dinges und seiner Eigenschaften aber sagt man etwa: *dieses Pferd ist braun, schlank, geht durch* u. s. w. Hierbei ist nur der Inhalt der Eigenschaften des Dinges durch die Sinnesorgane geliefert; „das Pferd" aber als Ding, als der Träger der Eigenschaften, ist nicht durch die Warnehmungstätigkeit dargeboten, sondern wird hinzugedacht; und dass jener von den Sinnen gelieferte Inhalt Eigenschaften sind, das ist eine Bestimmung, welche jenem Inhalte erst durch das Bewusstsein gegeben wird. Sagt man etwa: *dieses Pferd hat eine weisse Mähne und einen bräunlichen Leib*, so zeigt sich zuerst das Ganze mit seinen Teilen und dann auch in jedem der beiden Teile das Ding mit seinen Eigenschaften. Die Einheit des Anschauungsbildes ist zerlegt in Teile. Nach dieser Zerlegung ist aber das Ganze nicht verschwunden; sondern es wird in Gedanken behalten. Der wargenommene Inhalt wird also doppelt gedacht, als Ganzes und als Teile oder als Ganzes in seinen Teilen.

Jeder Teil aber oder ein ungeteiltes Ganze wird angesehen als ein Ding, an welchem Eigenschaften unterschieden werden. Es kann hier noch nicht gezeigt werden, wie sich psychologisch diese Verwandlung durch Zerlegen und Hinzudenken vollzieht; es sollte nur darauf hingewiesen werden, dass dergleichen Bewegungen oder Arbeiten vorgehen, und dass der Wert der Producte dieser Bewegungen durch die metaphysischen Kategorien bestimmt wird. Diese Kategorien drücken den Wert aus, welchen die einzelnen aus der Bewegung gewonnenen Momente für die Erkenntniss haben; also z. B. das eine Moment repräsentirt das Ganze, das andre einen Teil; das eine den Träger, das andre eine Eigenschaft u. s. w.

24. Wir sagten, die Kategorien seien einerseits die Formen des Inhalts unserer Erkenntnisse oder unseres Wissens und andererseits die Formen der Bewegung, des Processes oder der Arbeit, durch welche der Inhalt erzeugt oder gestaltet ist. Jetzt haben wir eine dritte Bedeutung der Kategorien erkannt, durch welche jene beiden Bedeutungen vermittelt werden. Durch die theoretische Umarbeitung der einzelnen, einheitlichen Anschauung in den Begriff ergeben sich mehrere Factoren, wie Pferd, Mähne, braun u. s. w. Diese zerfallen aber nicht zu isolirten Elementen, sondern werden als Momente zu einem Erkenntnissprocess zusammengehalten. Die Kategorien nun sind die allgemeinen Wertbestimmungen dieser Factoren. Die Werte werden eben nach der Geltung bemessen, welche jedes einzelne Product als Moment oder als Mittel zur Erkenntniss der Wirklichkeit in sich trägt; oder der metaphysische Kategorien-Wert eines begrifflichen Products ist die Bedeutung desselben für die begriffliche Auffassung des Wirklichen.

25. Wenn nun die Anschauung sich in der Warnehmung vollzieht, so besteht der Begriff in der Umarbeitung der Anschauung; beide leben in einem Processe, einer Bewegung. Nur in solcher Bewegung oder Arbeit existirt der Inhalt unserer begrifflichen Erkenntniss. Also ist auch die Form dieser Bewegung eben die Form des Inhalts. Die Erkenntniss aber ist eine Auffassung der Wirklichkeit. Die begriffliche Erkenntniss bezieht sich zwar unmittelbar nur auf die Anschauung. Da aber diese unmittelbar auf die Wirklichkeit geht, so bezieht sich der Begriff mittelbar, durch die Anschauung, auf die Wirk-

lichkeit. Also drückt auch die Form der Bewegung, welche zugleich die Form des Inhalts ist, den Wert aus, welche jedem begrifflichen Factor in der Bewegung für die Auffassung des Wirklichen zukommt. Diese Form- und Wertbestimmungen sind die metaphysischen Kategorien; und als Bestimmungen der Form der Bewegung oder Arbeit sind sie die leitende, organisirende Macht des Vorganges, die den Inhalt eigentlich gestaltende und in der Gestaltung schaffende Kraft. Als solche Mächte oder Kräfte sind sie zunächst unbewusst; sie treiben sich aber durch fortschreitende Erkenntniss schliesslich selbst zum Bewusstsein.

26. Betrachten wir unsere Erkenntniss als bezogen auf die Wirklichkeit oder in ihrer Bestimmung, das Wirkliche begrifflich zu erfassen, so liegen die Formbestimmungen der begrifflichen Factoren in den metaphysischen Kategorien: Ganzes, Ding, Eigenschaft, Ursache u. s. w. Betrachten wir aber die Erkenntniss lediglich als eine Arbeit im Bewusstsein, so heben wir die logische Seite hervor. Die Momente der Erkenntnissbewegung nannten wir begriffliche Factoren, welche in ihrer wahren Beziehung zusammengenommen die Bewegung, den Begriff, die begriffliche Erkenntniss herstellen. In der logischen Betrachtung nennt man gewöhnlich diese Factoren schon jeden einzeln genommen einen Begriff, was er an sich auch ist; und die logische Frage lautet: wie werden in einer Erkenntniss, die sich immer aus mehreren Begriffen, wenigstens aus zweien, zusammensetzt, diese mit einander verbunden? Die erste Antwort lautet bekanntlich: Die Begriffe werden zusammengefasst in der Form des Urteils als Subject und Prädicat. Z. B. der Zucker ist süß. Hier ist eine Erkenntniss, ein Wissen. Zuerst ist es eine bloße Warnehmungs-Erkenntniss, die sich unmittelbar durch die materielle Berührung des Zuckers mit unserm Geschmacksorgan und durch die hierdurch in letzterm hervorgebrachte Veränderung herstellt. Sprechen wir aber: „Der Zucker ist süß", so ist dies Ausdruck einer begrifflichen Erkenntniss. Diese ist eine psychische Arbeit, die sich um zwei Factoren oder Momente bewegt. Metaphysisch genommen, haben wir zwei begriffliche Factoren, deren einer unter die Kategorie des Dinges, der andere unter die der Eigenschaft fällt. Danach ist ihr Wert als Mittel zur Auffassung der Wirklichkeit ausgedrückt. Nach

logischer Betrachtung aber ist der Begriff „süß" als Prädicat mit dem andern Begriff als Subject zum Urteil verbunden, womit ohne Rücksicht auf ihre metaphysische Geltung, auf die Wirklichkeit, deren Erkenntniss sie enthalten sollen, nur die Rolle bestimmt wird, welche jeder der beiden Begriffe in einer Arbeit des Bewusstseins spielt; es wird der Wert bestimmt, den ein Begriff als Moment einer Bewegung im Bewusstsein für diese Gegeneinander-Bewegung zweier Begriffe hat.

27. Die Erkenntnissbewegung als logische angesehen nennt man Denken; es bildet einen Gegensatz zum sinnlichen Warnehmen. Ursprünglich sind die Formen des Denkens, die logischen Kategorien, wie Urteil, Schluss u. s. w., eben so wohl wie die metaphysischen ganz unbewusst. Erst mit der Bildung der Logik als Wissenschaft treten sie ins Bewusstsein. Längst zuvor aber haben sich die metaphysischen und die logischen Formen einen sinnlichen Ausdruck geschaffen in den grammatischen Formen. Menschlicher Geist war aufgetreten, als sich die Begriffe, die Inhalte des Denkens, in Worten äußerten. So war das Denken zuerst als Sprechen dem gemeinen Bewusstsein bekannt geworden. In jedem sprachlich ausgedrückten Gedanken haben wir eine Erkenntniss in begrifflicher Form. Denn wenn auch der Inhalt des Satzes nur eine so dürftige Warnehmung ist, wie: der Schnee ist weiß; so liegt doch hier schon eine Analyse eines Anschauungs-Inhaltes nach Kategorien des Begriffes vor.

28. Nach dem Gesagten ist ein gewisser Parallelismus der grammatischen, der logischen und der metaphysischen Kategorien leicht begreifflich. Nominativ, Subject, Ding (Substanz); Verbum (Adjectivum), Prädicat, Eigenschaft (Accidens) u. s. w. laufen neben einander her. Dem gemeinen Bewusstsein fallen die drei Reihen zusammen. Ja noch mehr: das Denken bleibt immer auf das Sein, die Wirklichkeit bezogen. Nach dem gemeinen (leider auch vielfach nach dem philosophischen) Bewusstsein entspricht jedem metaphysischen Elemente auch ein Element der Wirklichkeit und jeder logischen Bewegung eine wirkliche, und d. h. jedem Worte entspricht eine wirkliche Substanz oder Qualität u. s. w.

29. Im Vorstehenden ist das theoretische Leben umgrenzt. Um nun den ganzen psychischen Tatbestand zu erschöpfen, ist noch hinzuzufügen, dass die Dinge der Wirklichkeit, indem sie die theoretische Tätigkeit erregen (zunächst die sinnliche Warnehmung veranlassen), zugleich auch ein Gefühl geben, angenehm oder unangenehm erscheinen und danach auch das Begehren (mit Einschluss von Abscheu) erwecken. Dieses geht unmittelbar in Handlung, in leibliche Arbeit über, um sich das Begehrte zu schaffen und zu sichern, das Verabscheute dagegen abzuwehren und fern zu halten. Es ist auch klar, dass einerseits Gefühl und Begehren nicht ohne theoretisches Auffassen des Wirklichen möglich sind, und dass andrerseits dieses durch jene beiden fortwährend zur Action getrieben wird.

30. Es muss aber noch die Tatsache bemerkt werden, dass im Gegensatze zum vegetativen und animalischen Leben, das (abgesehen von der Befruchtung) ganz innerhalb des Individuums verläuft, Denken, Fühlen und Handeln, also das ganze psychische Leben, nur im geselligen Verkehr der Menschen zur Wirklichkeit gelangt. Sobald vom menschlichen Seelenleben die Rede ist, darf keinen Augenblick vergessen werden, dass es erfahrungsmäßig nur in einer menschlichen Gemeinde zu Stande kommt. Die Psychologie also erforscht nicht zuerst das seelische Individuum und fragt in einem zweiten Teile, wie solche so gewordene Individuen sich darauf zu Gemeinsamkeiten zusammentun; sondern sie beginnt umgekehrt mit der menschlichen Gesellschaft und fragt dann, wie sich innerhalb derselben Individualitäten entwickeln. Sie hätte, wenn es sich consequent durchführen ließe, mit der vorgeschichtlichen Menschen - Gemeinde zu beginnen und dann in die geschichtliche Zeit vorzuschreiten, wo sich erst innerhalb der Gemeinden und ohne aus diesen herauszutreten, Individualitäten entwickeln.

31. Nach den drei Hauptformen der seelischen Bewegung, Denken, Handeln, Fühlen, gliedert sich das wirklich gestaltete Seelenleben des Menschen in der Gemeinde oder Gesellschaft nach drei Hauptrichtungen: Erkenntniss, Arbeit und Genuss. Da Handeln und Fühlen nicht ohne Denken auftreten, so auch nicht Arbeit und Genuss ohne Erkenntniss, und sie fördern und begleiten diese.

32. Die Arbeit ist das praktische Leben. In entwickelterer Form tritt es uns entgegen im Staats- und Familien - Leben.

33. Nach der Arbeit ist die Ruhe ein Genuss. Dieser entwickelt aber auch seine eigene Tätigkeit, deren Ziel nur er selbst, der Genuss ist. Er entwickelt sich in Religion, Kunst, Spiel. Diese drei Formen des Genusses liegen ursprünglich zusammen und trennen sich im Fortgange der Entwickelung.

II.

Elementare psychische Processe.

a) Die Vorstellung und ihre Grund-Eigenschaften.

34. Nachdem wir den psychischen Tatbestand, wie er im gemeinen Bewusstsein gegeben ist, ungefähr umschrieben haben, gelangen wir zu der Aufgabe, denselben auf die einfachsten ihn bildenden Grundelemente und deren Bewegungen zurückzuführen, und dadurch nachzuweisen, wie er geworden ist. Wir haben einen psychischen Mechanismus zu erforschen, wie die rationale Naturlehre einen natürlichen Mechanismus kennen lehrt, und haben zu begreifen, wie sich auf Grundlage desselben die Welt des Geistes erbaut. Hierzu haben wir zunächst die Elemente, die wir bisher als solche gelten ließen, Anschauungen und Begriffe, weiter zu analysiren und auf ihre einfachern Bestandteile zu untersuchen, und haben die Frage aufzuwerfen: wie sind diese letztern, als die eigentlichen Elemente, mit einander verbunden? Wir müssen versuchen, ob wir zu einer wirklichen geistigen Atomen-Lehre gelangen können.

35. Es ist aber zunächst zu bemerken, dass wir mit der Sonderung von Anschauung und Begriff einen Unterschied innerhalb des psychischen Tatbestandes noch gar nicht in psychologischer, sondern in logischer Rücksicht gemacht haben. Anschauung, oder sagen wir die Warnehmung des einzelnen Dinges, ist nur ein Begriff geringster Subsumtionsfähigkeit, geringsten Umfanges. Das psychologische Wesen beider ist zwar wirklich verschieden, aber hiermit noch nicht ausgesprochen. Ja, wir können vielmehr hier schon die Ueberlegung anstellen, wie die

Psychologie unmittelbar jenen Unterschied gar nicht berühren kann. Denn wir haben oben (12—15) schon bemerkt, dass eine Anschauung gar kein einheitliches Factum, sondern gewissermaßen ein Collectivum ist. Eben so geht wohl aus allem, was wir über den Begriff gesagt haben, hervor (25), dass er, genau genommen, eine Form der Erkenntniss bezeichnet, die sich nicht in einem einheitlichen Factor des Bewusstseins, sondern in einer Bewegung mehrer oder weniger Factoren vollzieht; darum heisst er discursiv. Ein Begriff ist also wiederum kein einheitliches Product, noch weniger als die Anschauung es ist, sondern die Zusammenfassung einer mehr oder weniger verwickelten Tätigkeit. Gerade darum bedienten wir uns lieber des Ausdrucks „begriffliche Erkenntniss“ als „Begriff“. Wenn aber Anschauung und Begriff nur den Wert eines durch Warnehmung und begriffliche Operationen gewonnenen Inhalts ausdrücken, so sind sie auch keine psychologischen Termini; und wir müssen ausdrücklich den Schein abwehren, als wäre ein Begriff ein einheitlicher Act des Bewusstseins.

Wie nicht Anschauungen, sondern Warnehmungen, so sind auch nicht Begriffe, sondern Vorstellungen der unmittelbare Gegenstand der Psychologie. Was sind Vorstellungen?

36. Anschauung und Begriff bezeichnen einen Erkenntniss-Inhalt, der eine geistige Auffassung eines Wirklichen in sich schließt. Die metaphysischen Kategorien bezeichnen den Wert des Begriffs mit Rücksicht auf das Wirkliche, deren geistiges Aequivalent er ist; die logischen Kategorien bezeichnen die Formen desselben begrifflichen Inhalts, in welchen das Denken die begrifflichen Factoren in Gemäßheit ihres metaphysischen Wertes sich gegen einander bewegen lässt. Die Vorstellung dagegen ist die eigentümliche psychologische Kategorie; sie bewirkt eine bloße Darstellung des Inhalts des Begriffs und der Anschauung für das Bewusstsein. Sie ist wesentlich Sprache im weitesten Sinne. An diesem Orte können wir nur folgende Nominal-Definition aufstellen: Eine Vorstellung heiße jeder begriffliche Factor, insofern er Gegenstand der psychologischen Untersuchung ist. Oben (26) sagten wir, in der Logik werde jeder begriffliche Factor auch für sich schon ein Begriff genannt. Wir werden, da wir hier Psychologie treiben, diesem Gebrauche nicht folgen.

Wir nennen Begriff nur die gesammte Erkenntnissbewegung, welche den Begriff eines wirklichen Gegenstandes in sich schließt. Wenn die Logik jeden Factor solcher Bewegung Begriff nennt, so tut sie es in der Voraussetzung, dass jeder Factor selbst schon in sich eine begriffliche Bewegung mehrer Factoren enthält und als einheitlicher Inhalt wieder als Factor in einen Erkenntnissprocess treten kann. Wir nennen in der Psychologie umgekehrt jeden Begriff, mag er auch in sich selbst eine große, umfassende Bewegung vieler Factoren enthalten, eine Vorstellung, als einen einheitlichen psychischen Factor in einer psychischen Bewegung, insofern dieser einer psychologischen Betrachtung unterworfen wird. Die Vorstellung ist uns also nicht ein Mittleres in der Entwicklung der Erkenntniss zwischen Warnehmung (Anschauung) und Begriff; sondern wir setzen mit diesem Terminus nur voraus, dass wir eine Entwicklungsstufe psychologisch betrachten, wo die Anschauung schon nach den Kategorien des Dinges mit seinen Eigenschaften und sich daran anschließenden Formen auf die Stufe des Begriffs gehoben ist. Dann ist jeder Begriff und jeder begriffliche Factor, wie Zucker, Pferd, süß, braun, wiehern, laufen u. s. w., insofern er psychologisch betrachtet wird, eine Vorstellung.

37. Das genetische Wesen der Vorstellung kann erst später dargelegt werden. Für jetzt hebe ich nur die Bequemlichkeit hervor, deren Ursache weiter unten klar werden wird, dass wir jeden psychischen Factor, den wir mit einem Worte bezeichnen, als Vorstellung haben. Zugleich lässt sich ahnen, wie wir hiermit wirklich in das psychische Getriebe eintreten. Denn die unmittelbare Warnehmung mit der Sinnestätigkeit ist für den erwachsenen und vollsinnigen Menschen nur praktisch wichtig; theoretisch ist sie nur für die eigentliche Beobachtung und das Experiment wirksam, deren Ergebniss aber sogleich in Begriffsform, also als Vorstellung erfasst wird. Wir können also von einer Vorstellung *Wasser* und einer Vorstellung *warm* reden und können dabei den Unterschied, ob diese Vorstellung die gemeine Anschauung von Wasser und die gemeine Empfindung warm bedeuten, oder ob sie einen chemischen und physikalischen Begriff enthalten, ganz unbeachtet lassen. Denn insofern jene Inhalte als Vorstellungen in psychologischem Verhältniss betrachtet werden, kommt dieser Unterschied nicht in Betracht.

Gewiss hängt der sich schließlich ergebende Inhalt einer Er-
kenntniss-Bewegung von dem Inhalte der in diese Bewegung
getretenen psychischen Factoren ab; aber die Psychologie
beachtet ausschließlich die Formen der Bewegung dieser Inhalte.
Wasser beruht ebenso auf den Elementen, aus denen es zusammengesetzt ist, d. h. auf dem materiellen Inhalt der es constituirenden Factoren; aber die Chemie untersucht nur das Verhältniss und die Bewegung dieser Factoren bei der Bildung von
Wasser. — Auch schließen wir uns mit dieser Anwendung des
Terminus Vorstellung dem üblichen Sprachgebrauche der Psychologen an, der im Vorstehenden seine Rechtfertigung findet
und später in höherm Grade finden wird.

38. Endlich aber lässt sich wohl voraussetzen, was übrigens durch genauere Untersuchung schon bestätigt ist, dass
dieselben Bewegungen oder Verhältnisse, welche wir zwischen
den Vorstellungen beobachten, sich auch unter den Empfindungen
in der Warnehmung nachweisen lassen. Ja, wenn sich zeigen
wird, dass wie die Vorstellungen, so auch was wir Empfindungen nennen, nichts Einfaches sind, keine psychischen Atome,
sondern etwa psychische Molecule, so werden sich auch an
jenen psychischen Atomen dieselben Gesetze bewähren. Denn
wie in der Naturwissenschaft die unmessbaren Verhältnisse der
Molecule und Atome nach Analogie der messbaren beurteilt
werden: so wird auch der Psychologe, was er an den klaren
Vorstellungen bemerkt hat, auf die unklaren Empfindungs-Vor-
gänge übertragen dürfen, wenn auch mit besonderer Vorsicht
und eigentümlicher Modification. Dies berechtigt uns denn auch
gelegentlich nach Bequemlichkeit unter dem Terminus Vorstellung auch die Empfindungen, Gefühle und Begehrungen zu be-
fassen.

39. Wie uns die Natur nicht eine Körper-Welt in ruhendem
Sein zeigt, sondern alles in unaufhörlicher Bewegung, in Wandel
und Wechsel, nichts in sich beharrend, sondern jedes mit dem
andern in Wechselwirkung: so ist auch die Seele eine Welt
von Vorstellungen, die nicht jede für sich isolirt bleiben, sondern unter einander in mannichfaltigem Verkehr stehen. In
diesem ewigen materiellen und psychischen Wechsel ist nichts
weiter fest als das Gesetz, welches die Bewegungen leitet,
und (wenn auch nur in bedingtem Maße) die Gestalt (Idee), zu

der sich die Elemente, so oft sie auch aus einander gehen,
immer wieder vereinigen. Unter Gestalt würden wir hier in
psychologischer Beziehung die Formen des geistigen Lebens
verstehen, wie Sprache, Religion, Kunst, Staat, Ehe u. s. w.,
die man ja auch oft Ideen nennt. Da aber die Gestalt selbst
unter dem Gesetze steht, so können wir das Gesetz als das
einzig Feste im All erklären.

40. Gesetz aber ist nichts anderes als bestimmtes und
festes Verhältniss der Bewegungen. Nicht seinem Wesen nach, aber der vollen Klarheit wegen verlangt es einen
Ausdruck in Zahlen.

41. Wenn wir nun das Verhältniss des Wechselverkehrs
als ein festes zu denken haben, so schließt diese Forderung
auch dies ein, jeden Factor des Verhältnisses, insofern er an
sich gedacht wird, als ein bestimmtes Etwas, als ein Dieses und
kein Andres zu denken. Dies spricht sich für die Natur durch
das Gesetz der Undurchdringlichkeit aus, d. h. durch die Eigenschaft, vermöge welcher kein Körper gleichzeitig den Raum
eines andern einnehmen kann. Logisch wird dasselbe durch
den Satz der Identität ausgesprochen: A = A. Psychologisch
aber bedeutet dies: Jeder psychische Factor, jede Vorstellung,
hat einen bestimmten Inhalt, diesen und keinen andern. Jedoch
ist hier noch Folgendes zu beachten, wodurch sich die Seele
von der Materie unterscheidet.

42. Alles was ist, ist unvertilgbar: dieser Satz gilt in der
Natur nur von den Elementen und von der Kraft, die denselben
innewohnt. Die Gestalten dagegen, in denen sich die Elemente
zu Dingen combiniren, sind der Auflösung unterworfen; umgekehrt gehen die Elemente in die Verbindungen ein. Sind sie
isolirt, so sind sie nicht verbunden; sind sie verbunden, so sind
sie nicht isolirt. In der Seele aber bleibt alles bestehen, was je in
ihr bestanden hat. Wird eine Combination aufgelöst, so bestehen
nun die Elemente neben der Combination, z. B. der Begriff
neben der Anschauung. Wird umgekehrt eine Vorstellung in eine
Combination gezogen, so hört sie nicht auf, auch für sich zu
sein. Man hat z. B. die Vorstellung der sinkenden Sonne.
Hinterher zeigt sich, dass nicht die Sonne sinkt, sondern die
Erde sich um ihre Achse dreht. Die neue Vorstellung aber der
sich drehenden Erde vernichtet nicht die frühere. Habe ich

Wasser zersetzt in seine Elemente, so habe ich nicht mehr Wasser, sondern die Elemente. Aber die Anschauung Wasser bleibt, auch wenn sie begrifflich zersetzt ist.

43. Wir sagen also:

Was die materiellen Dinge erfahren, erfahren nicht auch die ihnen entsprechenden psychischen Factoren; sondern was jene erfahren, veranlasst zu den schon vorhandenen Vorstellungen die Entstehung neuer Vorstellungen. Wenn sich Wasser zersetzt, so wird dadurch nicht auch unsere Vorstellung Wasser zersetzt; sondern diese bleibt, und die Zersetzungsproducte (Wasser- und Sauerstoff) und der Zersetzungsprocess oder die Zersetzungsursache erzeugen neue Vorstellungen zu der vorher vorhandenen hinzu. Eine blaue Flüssigkeit mit einer gelben gemischt, ergibt eine grüne Färbung. Die Vorstellungen blau und gelb aber werden nicht gemischt, sondern beharren, und neben ihnen entsteht durch die Mischung der Körper und deren Erfolg in der Wirklichkeit die Vorstellung einer neuen Farbe: grün.

Das Gesetz der Beharrlichkeit hat also in der Psychologie eine ganz andre Bedeutung als in der Natur. Vom Grunde dieses Unterschiedes wird weiter unten (59) geredet.

44. Beruht die eine Seite des Wechselverkehrs im All auf der Undurchdringlichkeit und Beharrlichkeit, der Identität mit sich selbst, so liegt die andre Seite als notwendige Ergänzung in der Eigenschaft der Attraction: d. i. in allgemeinster Bezeichnung das Streben der materiellen Dinge wie der psychischen Factoren, mit einander in Verhältniss und Verbindung zu treten; also das Streben, indem sie in ihrem Sein beharren, sich doch an einander zu schließen zur Bildung umfassenderer Gestalten.

45. Zur Bedeutung der Attraction in der Seele sei Folgendes bemerkt (wir kehren aber hier zu dem, wovon wir oben ausgingen, 35—37, zurück): Nicht nur die Anschauung oder eine Warnehmung eines Dinges, sondern schon jede Empfindungs-Erkenntniss ist nichts Einfaches; sie ist vielmehr aus verschiedenen Nerven-Erzeugnissen zusammengesetzt, welche sich gegenseitig anzogen, mit einander z. B. zu einer Gesichtswarnehmung verbanden. Letztere, etwa die Warnehmung eines blauen Fleckes, einer blauen Fläche, ist weit mehr als der bloße

S*

Lichteffect, der durch Einwirkung des Äthers auf den Sehnerv
hervorgebracht wird. Es müssen vielmehr mit dieser Wirkung
auch noch Bewegungen im Gesichtsorgan und (durch jenen
Effect und diese Bewegung bewirkte) Gefühle sich verbinden.
Dies weist die Physiologie mit großer Bestimmtheit nach.

Unsre Warnehmungen und Anschauungen von Dingen sind
allemal Verbände von Empfindungs-Erkenntnissen mannichfacher Art; denn solche Erkenntnisse, selbst schon aus einer
Verbindung einfachster psychischer Factoren, gewissermaßen
psychischer Atome, bestehend, treten in neue, umfassendere Verbindungen, um ein Ding darzustellen. Die Erkenntnisse z. B.,
welche das Kind vom Zucker einzeln und nacheinander durch
das Gesicht und den Tastsinn erhält, verbinden sich nach dem
allgemeinen psychischen Attractionsgesetze unter einander und
mit der Erkenntniss, die ihm durch den Geschmack gewährt
ist (denn in solcher Reihenfolge wird wohl die Erkenntniss vorschreiten: durch Geschmack, Tasten, Sehen); und die einzelnen
Erkenntnisse, die es vom Kopfe der Puppe gewonnen hat, verbinden sich mit denen, die es von den übrigen Teilen der Puppe
(der Menschen-Gestalt) gewinnt. So entsteht eine Anschauung
vom Zucker oder von der menschlichen Gestalt, als ein Verband von Empfindungserkenntnissen. Diese psychische
Attraction wirkt also nicht wie die materielle Cohäsionskraft,
welche die Molecule (überhaupt Teile) eines Körpers zu einer
continuirlichen Größe zusammenhält, noch auch wie die Attraction, welche eine große Masse, wie die Erde, auf eine kleine,
wie einen Stein, ausübt, wodurch immer nur Masse der Masse
genähert wird; sondern sie wirkt eine Verbindung in bestimmter
Lagerung der verbundenen Teile, also wie eine organisirende,
gestaltende Kraft. Die psychischen Factoren verhalten sich
niemals wie Massen und Massenteilchen (Molecule), sondern
eher etwa wie Atome, die in eine chemische Verbindung treten,
oder die sich zur Bildung einer organischen Zelle vereinen. Die
Momente einer Erkenntniss sind wesentlich wie Organe, von
denen jedes eine Function zur Hervorbringung eines organischen
Gesammtwesens übt. Wenn ein Lichteffect und Tasteffect und
ein Bewegungsgefühl zusammentreten, so vereinen sich ja hier
qualitativ differente Momente, also nicht wie bei Cohäsion und
Massen-Anziehung, wo Gleichartiges auf Gleichartiges wirkt,

sondern wie bei der chemischen Verbindung, wo qualitativ differente Elemente, oder beim Organismus, wo morphologisch verschiedene Gebilde sich vereinen.

46. Die Empfindungen also, welche zusammengenommen die Anschauung bilden, liegen hierbei nicht als bloße Summe, als ein Haufe gleichwertiger Elemente vor; sondern, was wir durch den Terminus Verband schon angedeutet haben, es findet eine bestimmte Beziehung zwischen ihnen statt, sie sind in bestimmtem Sinne verbunden; und wenn darauf bei der begrifflichen Bearbeitung die Anschauung analytisch in begriffliche Factoren zersetzt wird nach der Kategorie des Dinges mit seinen Eigenschaften, des Raumes mit seinen Dimensionen (lang, breit, dick), wenn also nun die Empfindungen als Vorstellungen der Eigenschaften prädicirt werden, so bleibt ihnen auch dann jener Sinn ihrer Verbindung ungeschwächt. Man sagt freilich: „der Zucker ist süß, ist weiß, ist fest" in gleicher sprachlicher Form; aber diese Ausdrucksweise ist schwerlich ursprünglich, und selbst, wo sie üblich geworden ist, bleibt ihr Sinn doch der nämliche wie bei dem gewiss ursprünglichern Ausdruck: „der Zucker schmeckt süß, sieht weiß aus" u. s. w. Hier zeigt sich klar, dass die Eigenschaft weiß vom Zucker nach ganz andrer Beziehung geltend gemacht wird als die Eigenschaft süß.

47. Das Verhältniss des Ganzen und seiner Teile macht sich schon innerhalb der Anschauung selbst geltend. Die Teile bilden wie die Empfindungen einen psychologischen Verband. Aber der Zusammenhang der Theile mit einander ist doch ganz verschieden von dem der Eigenschaften, und auch jeder Teil hängt mit allen andern oder dem Ganzen in eigner Weise zusammen. Wenn man auch sagt: „der Mensch hat einen Kopf, hat Arme, hat eine Brust", immer desselben „hat" sich bedienend, so liegt doch in jedem dieser wiederholten „hat" ein besonderer Sinn.

47. Wie also hier von dem Sinne der Verbindung der Teile und Eigenschaften oder der Elemente der Anschauung geredet wird, so betrifft er zwar den Wert, welchen diese Verbindungen in Bezug auf die von ihnen umfasste und dargestellte Wirklichkeit in sich tragen, betrifft die Bedeutung der Verbindungen als geistige Aequivalente der realen Verhältnisse. Dennoch aber wäre es ein Irrtum, zu meinen, die Empfindungen,

aus denen eine Anschauung besteht, als psychische Elemente, bildeten im Bewusstsein oder in der Seele behufs Herstellung der Anschauung gerade solch einen Verband in gerade solchen Verbindungsweisen, wie die durch unsre Empfindungen erfassten Eigenschaften oder realen Verhältnisse an den Dingen. Wir haben uns vielmehr die Verbindung psychischer Elemente ganz anders zu denken als die realen Verbindungen, obwohl jene den Wert der letztern geistig darstellen. Wie das Spiegelbild ganz andrer Natur ist als das abgespiegelte Ding: so ist auch das geistige Bild ganz andern Wesens als die in ihm erfasste Wirklichkeit. Dass die Vorstellungen von einem Dinge (bei der begrifflichen Erkenntniss desselben) nicht einen unmittelbaren Abklatsch der Dinge gewähren, ergibt sich schon daraus, dass Vorstellungen zu den Ergebnissen der Sinnestätigkeit hinzugedacht werden (23). Die Warnehmung aber ist bloß der unbewusst, aber mit unmittelbarer Sinnestätigkeit vollzogene Begriff. Sie ist nicht minder discursiv als dieser, nur schneller in der Bewegung.

49. Dass jede Vorstellung zur Herstellung des Begriffes eines Dinges sich mit andern in bestimmtem Sinne verbindet, drücken wir so aus, dass wir sagen, bei der Bildung derselben durch die begriffliche Analyse der Warnehmung oder Anschauung, also bei ihrer Entstehung erhielt sie ein unverwischliches, ihrem Wesen innewohnendes Verbindungsmerkmal. Die Vorstellung süß z. B. enthält dies in sich, dass es eine Qualität bezeichnet, welche durch die Einwirkung auf das Geschmacksorgan hervortritt; hoch schließt eine bestimmte Dimensionsrichtung und Vergleichung in sich; Fuß, Kopf eine bestimmte Lage und Tätigkeit eines Gliedes u. s. w. Das Verbindungsmerkmal enthält auch die individuelle Modification des immer allgemeinern Vorstellungsinhaltes. Weiß ist freilich immer weiß; aber anders ist es mit Milch, anders mit Schnee, mit Zucker, Pferd u. s. w. verbunden, und je nach der Verbindung hat es ein andres Verbindungsmerkmal in sich. So hat jede Vorstellung so viele Verbindungsmerkmale, aus wie vielen Anschauungen sie ausgelöst ist; und so oft der Begriff mit seinen Vorstellungen, welche immer abstract sind, in eine concrete Anschauung rückgebildet wird, macht sich das Verbindungsmerkmal geltend, um den Inhalt der Vorstellung in die

richtige Verbindung zu bringen und ihm die richtige individuelle Modification zu verleihen. Sie sind das Treibende und Leitende in der Verbindung der Vorstellung; sie treiben diese zum Verbande, weil jede Vorstellung durch sie auf etwas außer ihr bezogen ist; und da sie den Sinn dieser Beziehung in sich schließen, so lenken sie die Weise der Verbindung.

50. Man darf das Verbindungsmerkmal nicht substantiell fassen. Es ist in Wahrheit nur der Ausdruck für die Tendenz des abgesonderten Gliedes eines Ganzen (wie die Vorstellung ja immer Glied entweder eines Begriffes oder einer Warnehmung ist), zu dem Ganzen, dessen Glied es ist, zurückzukehren; und diese Tendenz ist nur Ausfluss des psychischen Beharrungs-Gesetzes (42. 43). Da die Vorstellung immer unter eine der Kategorien Substanz und Accidens (oder Ding und Eigenschaft) fällt, diese Kategorien aber in der Wirklichkeit immer bei einander sind, so ist sie in sich einseitig und unfähig, eine Existenz aufzufassen. Darauf aber geht die psychische Bewegung gerade hinaus, das Dasein zu erfassen. Daher strebt jede Vorstellung nach der Verbindung mit andern, weil sie sowohl das Dasein darzustellen strebt, als sie auch aus einem Producte (der Warnehmung) ausgesondert ist, durch welches ein Daseiendes erfasst war.

51. Was ist denn aber ein Ganzes? Das hängt ganz von subjectiver Bestimmung ab. Was wir eine Anschauung oder Warnehmung nennen, das ist immer ein Teil einer weitern umfassendern Warnehmung. Man hat niemals die Warnehmung eines Baumes; sondern diese ist immer Teil einer Warnehmung des Baumes mit dem Boden, in dem er wurzelt, mit der Luft, in die er hineinragt, mit dem Hintergrunde (etwa dem Hause), vor dem er steht u. s. w.; kurz, jede volle Warnehmung umfasst einen Horizont. Man sieht auch nie einen Tisch als Ganzes; sondern er steht in einem bestimmten Raume in Zusammenhang mit andern Einrichtungen und Geräten, und diese mit Personen, die sich ihrer bedienen. Die Vorstellungen aller dieser Dinge streben also nach Verbindung zur Herstellung der vollen, ganzen Warnehmung.

52. Alle Empfindungen, also die Elemente unserer Erkenntniss, sind eigentlich und an sich nur psychische, subjective Elemente; es sind Vorgänge in der Seele. Wie sie aber von

außen her veranlasst sind, so werden sie auch vom Bewusstsein als Wirkungen der Außen-Dinge auf die Seele gedeutet; es wird demgemäß jeder Warnehmung gegenüber ein Äußeres gesetzt, von welchem der Seele die Warnehmung zukommt. Es gilt also jede Warnehmung dafür, die Vorstellung eines Objects zu sein. Das heißt: sie wird projicirt. Die Empfindung der Süße, welche bei der Berührung unseres Geschmacksorgans mit Zucker in unserer Seele entsteht, wird umgedeutet zu einer realen Eigenschaft des äußern Objects Zucker.

53. Die Verbindungsmerkmale der Vorstellungen sind ursprünglich und an sich eben so subjectiv wie der eigentliche Inhalt der Vorstellungen, werden aber eben so sehr wie dieser objectiv gedeutet, projicirt; sie werden nämlich als die Grenzen und als die Bestimmtheit der Objecte im Verhältniss zu andern Objecten gedeutet, indem sie an sich die Beziehungen, so zu sagen, die Bestimmtheiten und Begrenzungen der Vorstellungen, zunächst der Empfindungen, sind. Oder: indem die realen Verhältnisse in uns Empfindungen und Vorstellungen erzeugen, so entstehen an denselben zugleich in diesem Erzeugungsacte durch die psychischen, rein subjectiven Bewegungen die Verbindungsmerkmale; und indem die Vorstellungen projicirt werden, werden es auch ihre Verbindungsmerkmale, die zwar an sich subjectiv sind, nun aber objectiv verwertet werden. Sie machen eben den Inhalt der Beziehung aus, welche die Seele zwischen den Empfindungen oder Vorstellungen stiftet; oder sie sind, wie wir oben sagten, der Erfolg jener Beharrlichkeit der psychischen Producte und jener Attraction, die zwischen allen Regungen der Seele besteht. Und wie es nun zum Wesen selbst jedes chemischen Elementes gehört, solche und solche Verbindungen mit andern Elementen einzugehen: eben so gehören die Verbindungsmerkmale mit zum Inhalte der Vorstellungen, und erst durch sie wird es möglich, das Object als ein begrenztes und bestimmtes, als ein concretes zu erfassen. Die Vorstellung Weiß ist ein bestimmter, isolirter psychologischer Inhalt. Dieser Inhalt existirt aber in der Seele so viele Male, und zwar so vielfach modificirt, als er mit verschiedenen Verbindungsmerkmalen versehen ist. Und so ist das Weiß in dem Verband von Milch und in dem von Schnee und in dem eines Streifens Papiers u. s. w. immer ein verschiedenes Weiß (49); Kopf bleibt zwar

immer Kopf, wird aber dennoch verschieden in dem Verbande der Glieder einer Person X und einer Person Y u. s. w.; und die Person X ist immer X und doch verschieden, je nachdem sie in dem Verbande der Räumlichkeit S oder N gedacht wird. Alle Vorstellungen an sich sind abstract; der Inhalt einer jeden ist nicht aus einer, sondern aus vielen Anschauungen von wirklichen Dingen ausgelöst; jede bezeichnet also eine Möglichkeit, welche aber in vielfacher Weise wirklich sein kann. *Weiß* z. B. kann im Schnee, im Salz u. s. w. wirklich sein. In ihren Verbindungsmerkmalen nun besitzt jede Vorstellung die Fähigkeit zur Concretion, den Trieb zur Rückkehr in eine bestimmte Anschauung einer einzelnen Wirklichkeit; und alle Teil-Anschauungen, wie Kopf, Fuß u. s. w. streben zur Rückkehr in die volle Gesammt-Anschauung (vergl. 61. 62).

54. Hieraus geht zugleich hervor, nicht nur dass die Verbindungsmerkmale wesentlich überhaupt für den Inhalt der Vorstellung sind, sondern auch wie sie es mehr oder weniger sind, je nachdem in Wirklichkeit der Verband ein solcher ist, dass die Elemente desselben zu ihrem wirklichen Bestande einander bedürfen oder nicht; d. h. je nach dem Inhalte, der in den Verbindungsmerkmalen ausgedrückt ist. Die Person X bedarf nicht gerade des Ortes S, noch dieser Ort jener Person; aber der Kopf bedarf eines Leibes, dessen Kopf er ist, und der Leib bedarf eben so sehr eines Kopfes zu seinem Bestande; folglich ist das Verbindungsmerkmal, welches X auf S oder umgekehrt bezieht, nicht so wesentlich für beide als dasjenige, welches Leib und Kopf auf einander bezieht: das letztere hat eine wesenhaftere Bedeutung.

55. Die Verbindungsmerkmale sind gewissermaßen Fugen, aber energische, also besser der chemischen Wahlverwantschaft gegenübergestellt; und sie sind um so energischer, je unselbständiger das durch die Vorstellung vertretene Element der Anschauung in der Wirklichkeit ist. Die Vorstellung *Tür* drängt also kräftiger zur Verbindung mit *Haus* oder *Stube* als diese zu jener; *weiß* aber zu *Zucker*, *Milch* u. s. w. in noch höherm Grade; denn für sich ist es undenkbar.

56. Die Verbindungsmerkmale, als die energischen Fugen zwischen den Erkenntnissmomenten unserer Seele, stellen nicht nur in der Gesammtheit der seelischen Momente den Zusammen-

hang her; sondern sie sind es auch, welche die Projection der
seelischen Ergebnisse veranlassen und die an sich rein subjectiven Gebilde als Abbilder einer Außenwelt geltend machen.
Auf ihnen beruht die Schöpfung einer objectiven Wirklichkeit
gegenüber unserer Subjectivität. Denn solches Setzen eines
Außen hat ursprünglich keine andere Bedeutung, als dass wir
gewisse Empfindungen nur mit gewissen Bewegungen unseres
Leibes oder unserer Arme und Hände und Augen erlangen.
Das Auftreten gewisser Empfindungen von Licht und Schatten
und gewisser Tasteindrücke ist nur zusammen mit gewissen
Bewegungen und Stellungen des Auges und der Hand. So
verbinden sich diese mit jenen; und dass das Gesehene nicht
in uns ist, sondern außer uns, heißt nur, dass wir Leib und
Hand bewegen müssen, um zum Gesichtseindruck auch den damit verbundenen Tasteindruck zu erlangen, und dass mit Abänderung der Bewegung sich auch der psychische Eindruck des
Gegenstandes ändert. Gerade aber das Verhältniss dieser veränderten Beziehungen zwischen Seele und Object ist der Inhalt
dieser Verbindungsmerkmale.

57. Zeigt sich so die Bedeutsamkeit der Verbindungsmerkmale für die Erkenntniss, so offenbart sich auch zugleich
ihre Macht über das Gemüt. Denn das Verbindungsmerkmal
drängt zu einer Verbindung, und wird diese nicht vollzogen,
wird sie verhindert, so entsteht ein Schmerz oder Furcht und
Grauen. Woher stammt denn der Schmerz der Trennung von
unsern Geliebten? Nur daher, dass unser Denken an sie verbunden ist mit den Sinneseindrücken, die ihre körperliche Nähe
gewährt, namentlich den Gesichtswahrnehmungen. Dass unser
Gedanke diese Verbindung nicht mehr eingehen kann, fühlen
wir als eine Verkürzung unseres eigenen Selbst. Das Kind,
das eine Puppe mit zerbrochenem oder abgerissenem Kopfe
sieht, wendet sich erregt, entsetzt davon ab. Denn die Warnehmung, die es macht, drängt mit ihren Verbindungsmerkmalen
zur Vollendung der Anschauung; diese Vollendung tritt aber
nicht ein. Die Vorstellung, dass ein zerbrochener Kopf Schmerzen macht, kann das Kind nicht betrüben, davon weiss es nichts;
nur dass die Verbindung, zu der die Warnehmung treibt, unvollzogen bleibt, bedrängt die kindliche Seele.

b) Verschmelzung der Vorstellungen.

58. Beharrung oder Isolation und Bezogenheit als Grund-
eigenschaften jedes seelischen Elementes sind einander so entgegengesetzt, dass keine ohne die andre möglich ist. Sie sind
nur eine Eigenschaft oder Erzeugnisse einer Tätigkeit, von
doppelter Seite angesehen. Wie könnte man auf einander beziehen, ohne das zu Beziehende zu isoliren? und wie isoliren,
ohne zu beziehen? Daher kommt eben jedem seelischen Element
jene Attraction oder jenes Streben zu Verbindungen mit andern
Elementen zu.

59. Wir sagten oben (41), die Isolation der Vorstellung
entspreche der physikalischen Undurchdringlichkeit und dem
logischen Satze $A = A$. Indessen tritt doch hier zwischen
Natur und Seele ein wesentlicher Unterschied hervor. Wenn
nämlich z. B. ein Stoß einen Stein trifft, so wird der Stein
erwärmt, und wenn der Stein die Wärme abgegeben hat, so
kann der gleiche Stoß die gleiche Wärme erzeugen, und das
kann sich immer fort wiederholen. Wir können Wasser in
seine chemischen Bestandteile zersetzen und diese dann wieder
zu Wasser verbinden, dieses von neuem auflösen und abermals
verbinden u. s. f. Es kann sich also derselbe Process unter
gleichen Bedingungen in gleicher Weise unzählige mal wiederholen, und niemals ergibt sich ein dauernder Erfolg. Wenn
dagegen die geeigneten Reize auf ein Getraidekorn wirken,
so dass es keimt, so ist dieser Process an dem einzelnen
Keime nur ein mal möglich, weil er einen dauernden,
einen Bildungs-Erfolg hat. Dies ist nicht etwa ein Unterschied zwischen organischer und unorganischer Wirkung. Denn
auch wenn ein Stein infolge eines Stoßes gespalten ist, so
lässt sich die Spaltung an demselben Stein nicht noch einmal vollziehen, weil auch dies ein Bildungs-Erfolg ist; und umgekehrt lassen sich an einem Nerven etwa dieselben Elektrici-
täts-Erscheinungen wiederholt erzeugen. — Wie aber verhält es
sich in dieser Beziehung mit der Seele? Einerseits erzeugen
die auf sie geübten Reize bestimmte dauernde psychische Bildungen, z. B. eine Warnehmung; dennoch aber kann andrerseits
die Wirkung dieses Reizes sich mit demselben Erfolge wiederholen, also dieselbe Warnehmung erzeugen. Nun aber gibt es

in der seelischen Welt gemäß ihrer immateriellen, idealen Natur wohl Verschiedenheit, aber kein Außereinander; denn Verschiedenheit hängt nur vom Inhalt ab, das Außereinander aber von den Bedingungen des Daseins. Es gibt nun zwar in der Seele verschiedene Inhalte, wie „Wärme, Wasser"; während aber in der Natur die gleiche Wärme und das gleiche Wasser hier und dort sein kann, gibt es in der Seele jeden Inhalt wie Wärme, Wasser, nur ein mal und kein Hier und Dort; und so gibt es in ihr überhaupt keine Bedingungen für ein vielfaches Dasein desselben Inhaltes. Wie gleicht sich also der Widerspruch aus, dass einerseits Reizungen der Seele einen dauernden, plastischen Erfolg haben, und andrerseits dennoch der gleiche Reiz auf dieselbe Seele wiederholt wirken, also mehrere ganz gleiche Bildungen, z. B. gleiche Warnehmungen erzeugen kann, während die Seele für das vielfache Dasein des gleichen Inhaltes keinen Raum hat? Die Antwort ist: die ganz gleichen Erfolge gleicher Reize verschmelzen mit einander, werden Eins, weil sie nur ein Inhalt sind. Das heisst: das Gleiche in der Seele wird zum Einen und Selben, weil und insofern es gleich ist. Das heisst: der Satz $A = A$ bedeutet $A + A + A \ldots = A$. In der Natur kann es $A + A + A \ldots$ geben; in der Seele bewirken alle A nur ein A; in ihr gibt es nichts neben einander bestehendes Gleiches, sondern nur mit sich Gleiches oder Identisches, Einmaliges.

Umgekehrt, da in der Seele nur der Inhalt der Wirklichkeit ohne die Daseinsform desselben besteht, so können in der Seele zwei Inhalte sich finden, obwohl der eine nur dadurch Wirklichkeit haben kann, dass die Wirklichkeit des andern aufgehört hat. Wenn der Topf zerbrochen ist, so gibt es Scherben; wenn die Scherben da sind, hat der Topf aufgehört zu sein. In der Seele aber besteht der Inhalt Topf als Vorstellung, auch wenn die Vorstellung des in Scherben zerschlagenen Topfes gebildet ist (vergl. oben 43 und weiter unten 78).

60. Hiergegen wird man nicht einwenden, dass die Seele dann unfähig sein müsste, mathematische Gleichungen aufzufassen, da ja die gleichen Factoren, die zu beiden Seiten des Gleichheitszeichens stehen, zur Identität zusammenrücken müssten. Denn den Satz $1 + 1 = 2$ versteht die Seele darum gar wohl, weil die Gleichheit der beiden Factoren nur relativ ist,

wie sie auch nur als relative für die Mathematik selbst gilt.
Die Seele erfasst also die Factoren als verschiedene, aber relativ
als gleich und insofern dann als identisch; und gerade so tut
es die Mathematik. So relativ ist die mathematische Gleichheit,
dass sie oft geradezu falsch ist. Es ist nicht wahr, dass 3—3
= 0 ist; denn eine Kraft z. B. im Werte von $+3$, der eine
andre gleichwertige -3 entgegenwirkt, wird weder zu Null,
noch machen sie sich gegenseitig zu Null; es tritt gar keine
Vernichtung ein, wie die mathematische Gleichung es darstellt,
sondern ein ganz positiver Erfolg. Dennoch ist die Gleichung
richtig, nämlich relativ. In dieser Relativität wird sie von der
Seele erfasst. Und dies ist überhaupt der Begriff des Gleichen:
das relativ Identische bei relativer Verschiedenheit.*)

61. Das Gesetz der Verschmelzung sagt also aus:
Die Erzeugnisse gleicher Seelenregungen, wie viele es auch
seien, wenn und insofern ihre relative Verschiedenheit sich nicht
geltend macht, verschmelzen zu einem Erzeugnisse. Die vielmaligen Warnehmungen, die wir von unserer Wohnstube gehabt haben, wie auch von unsern Gerätschaften, unserm Ar-
beitstisch, unserm Hand-Wörterbuch u. s. w. verschmelzen für
je eins dieser angeschauten Dinge zu einer Anschauung. Der
vielmal wiederholte Anblick eines Kunstwerkes (Bildsäule, Gemälde, Bauwerk), das wiederholte Anhören einer Melodie, das
wiederholte Denken desselben Gedankens $3 \times 3 = 9$, der wiederholte Gebrauch desselben Wortes u. s. w. u. s. w. ergibt für
unsere Seele immer nur je ein zusammengeschmolzenes Ergebniss, ein Bild, einen Gedanken u. s. w. Ja noch mehr, das
halbe Dutzend gleicher Stühle in unserer Stube, die Rückseiten
sämmtlicher Karten eines Spieles u. s. w. geben ebenfalls nur
eine Anschauung in unserer Seele, nur einen in sich identischen
Inhalt. Die Verschmelzung wird aber verhindert, ja, wenn sie
schon stattgefunden hat, wieder aufgelöst werden, sobald und

---

*) Noch ein Beispiel für die bloß relative Richtigkeit mathematischer
Gleichungen. Wenn es wahr wäre, dass 1000 — 1000 = 0 und auch 100
— 100 = 0, so müsste auch 1000 — 1000 = 100 — 100 sein; es würde also
gleich sein, ob jemand tausend Taler Einkünfte hat oder hundert, wenn er
jene wie diese im Laufe des Jahres ausgeben muss. Nur der Jahres-Abschluss
wäre gleich, nicht die Ausgabe im Verlaufe des Jahres.

insofern auch nur die verschiedenen Verbindungsmerkmale einer
Vorstellung sich geltend machen. Wenn wir zwei Blätter eines
Baumes sehen, die an Farbe und Form einander so gleich sind,
dass wir ihre Verschiedenheit nicht erkennen, so würden wir
unfähig sein, mit unsern Augen diese Blätter als zwei verschiedene zu sehen; denn da sie den völlig gleichen Inhalt für
uns haben, würden sie zu einem Blatte verschmelzen. Dass
wir wirklich zwei Blätter neben einander, auch wenn sie absolut
gleich wären, als zwei verschiedene warnehmen können, dass
wir von einem halben Dutzend gleicher Stühle wissen, obwohl
sie nur eine Anschauung bilden: das beruht auf den Verbindungsmerkmalen, welche bei der Projicirung sich derartig energisch erweisen, jeden der an sich ganz gleichen Inhalte an einen
verschiedenen Ort zu knüpfen. Umgekehrt wirken beim Betrachten stereoskopischer Bilder die Verbindungsmerkmale dahin, dass zwei an verschiedenen Orten gelegene Bilder für
unsere Anschauung an einen Ort geworfen werden. Es ist
uns ferner möglich, den wiederholten Anblick desselben Dinges
als wiederholte, und also als verschiedene Warnehmungen aus
einander zu halten und, obwohl der Erfolg des Anblicks in
der Seele immer genau derselbe war, diese Erfolge nicht verschmelzen zu lassen, insofern es uns nämlich gelingt, Verbindungsmerkmale an denselben zu schaffen, durch welche sie mit
verschiedenen Zeitpunkten in Verbindung gebracht werden. Der
völlig gleiche Inhalt kann also vor der Identificirung geschützt
und als mehrmals daseiend gesetzt werden, insofern die verschiedenen Bedingungen dieses mehrmaligen Daseins (verschiedener Raum, Zeit) als Verbindungsmerkmale jenes Inhaltes
wirksam sind und ihm so, gewissermaßen von außen her, eine
Differenzirung verleihen, zu welcher er in sich selbst die Möglichkeit nicht trägt. Es ist also wohl möglich, denselben Inhalt
vielmals als seiend, d. h. als vielmals seiend, zu setzen. Denn
die Setzung als Seiendes ist überhaupt etwas, was mit dem Inhalt noch nicht gegeben ist, erst zu ihm hinzutritt; sie beruht
also auf einer besondern psychischen Action, der sogenannten
Projicirung, die von den Verbindungsmerkmalen bedingt wird.

62. Wo aber solche trennende Verbindungsmerkmale nicht
wirksam sind, da verschmelzen nicht nur die Anschauungen
wirklich gleicher Dinge, sondern auch die Anschauungen ver-

schiedener Dinge, deren Verschiedenheit leicht aufgefasst werden könnte, aber aus Nachlässigkeit oder Gleichgültigkeit nicht
erfasst wird, weil an ihrer Auffassung nichts liegt. Von allen
Würmern, Fliegen u. s. w., die wir je gesehen haben, tragen
wir nur eine Vorstellung in uns, die das Erzeugniss der Verschmelzung aller frühern Warnehmungen ist. Wir sind durch
den Wald gegangen und haben viele, viele Bäume gesehen;
aber alle diese Warnehmungen sind verschmolzen zu dem einen
Inhalt der Vorstellung Baum oder mit diesem Inhalte, den wir
schon vorher hatten. So haben wir auch von dem oftmals gesehenen Freunde, Vater u. s. w. nur eine Vorstellung, in deren
Inhalt die Erfolge des oftmaligen Anblickes verschmolzen liegen,
wenn nicht ein besonderer Umstand sich bei irgend einem Anblicke als besonderes Verbindungsmerkmal geltend gemacht hat,
wodurch derselbe mit seinem Erfolge an einen bestimmten Ort,
eine bestimmte Zeit und Gelegenheit geknüpft und so vor der
Verschmelzung bewart und als besonderer Inhalt gerettet wird.
So sagen wir von einem Verstorbenen: wir erinnern uns noch,
wie er dies und jenes dort oder da gesagt, getan hat — wenige
Warnehmungen aus den unzähligen, die wir von ihm gehabt
haben, und die mit einander verschmolzen sind (vergl. 53).

63. Wir bemerkten, (60) dass die Gleichheit zweier Factoren nur eine relative sei, und dass es, wenn sie absolut wäre,
unmöglich sein würde, die Gleichung anzusetzen, weil wir dann
gar nicht mehr zwei Factoren haben könnten, sondern nur einen.
Selbst die Formel $A = A$ ist nur so möglich, dass sie eine
Negation der Negation ist. Es wird zuerst das Eine-und
-Selbe als nicht solches Eine, sondern als zwei durch nichts unter-
schiedene Gleiche gesetzt, dann aber diese Sonderung, diese
Negation der Einundselbigkeit, wieder aufgehoben und als falsche,
als unmögliche gesetzt; also die Negation der Identität wird
negirt. Oder: es wird der logisch identische Inhalt A zwei
mal psychologisch gesetzt, wonach sich als Ergebniss doch nur
ein Inhalt ergibt. — Wenn wir nun oben weiter folgerten:
weil $A = A$, so ist $A + A \ldots = A$, so ist dies wiederum in
der Tat nicht ganz richtig. In demjenigen A, welches $= A$
$+ A \ldots$, steckt doch mehr als in demjenigen A, welches nur
A ist. Die wiederholte Erzeugung desselben Inhaltes
ist zwar in Bezug auf die Summe des gesetzten In-

haltes nicht verschieden von der einmaligen Erzeugung desselben. Aber für die psychische Tätigkeit
dieser Erzeugung ist die Wiederholung nicht gleichgültig (81).

64. Nach dieser nähern Bestimmung, d. h. Beschränkung
des Gesetzes der Verschmelzung des Gleichen in der Seele
zum Einen-und-Selbigen wird leicht begreiflich: erstlich, dass,
wenn wir jetzt ein Pferd sehen, wir wissen können, dass wir
diesen Inhalt jetzt erzeugen und früher schon oft erzeugt haben,
was unmöglich wäre, wenn die Verschmelzung absolut wirkte.
Es würde dann jede Unterscheidung von Raum und Zeit, also
jede Auffassung des Wirklichen unmöglich sein; wir würden
uns dann mit platonischen Ideen herumtragen, die in uns einen
raum- und zeitlosen Inhalt ausmachten, den wir in Berührung
mit der Welt erzeugt hätten, während wir der Welt immer
fremd blieben, nichts von Wirklichkeit wüssten, also auch gar
nicht leben könnten. Indem nun aber die Verbindungsmerkmale
eine Verbindung zwischen den mehrfachen Empfindungsinhalten
und Bewegungen herstellen und dadurch eine Projicirung des
Inhaltes in einen bestimmten Raum und eine bestimmte Zeit ermöglichen, werden wir mitten in die Wirklichkeit gesetzt und
lernen, verschiedenes Gleiche nicht zu identificiren, sondern in
verschiedenen Raum und in verschiedene Zeit zu setzen, ein
Hiesiges und Dortiges, ein Jetziges und Einstiges zu bilden.
Selbst das Gesetz der Identität A = A wäre unaussprechbar,
wenn nicht ein und dasselbe A durch zwei Verbindungsmerkmale an zwei verschiedene Orte und zwei verschiedene Zeiten
durch zweimalige Action gesetzt würde. — Zweitens aber, wenn
wir auch jetzt beim Anblicke des Pferdes nur einen Inhalt bilden, der als Inhalt mit vielen früher erzeugten Inhalten verschmilzt und nur durch das Verbindungsmerkmal als dasiger
und jetziger so lange eine gesonderte Selbständigkeit hat, als
die Verbindung mit dem bestimmten Da und Jetzt wirksam ist,
sobald aber diese aufhört, in der Tat mit dem frühern gleichen
Inhalt zusammenfällt und als besonderer gar nicht mehr existirt:
so ist die Weise der Erzeugung dieses Inhaltes der gegenwärtigen Warnehmung eines Pferdes verschieden von der erst-
maligen Erzeugung desselben Inhaltes in der ersten Warnehmung. Ich erinnere hier im Allgemeinen nur kurz an den Er-

folg, welchen Wiederholung für jede Tätigkeit hat, leibliche und geistige. Die wiederholte Warnehmung wird nicht bloß, indem sie an das Jetzt geknüpft wird, als eine besondere von allen früheren gesondert, sondern sie wird auch mit größerer Macht, Leichtigkeit und Genauigkeit bewusst; also durch Wiederholung wird die Macht der Bewusstheit gesteigert. Hieran knüpft sich aber unmittelbar noch etwas anderes. Die Warnehmung in ihrer Wiederholung wird auch als eine solche gewusst, deren Inhalt schon bekannt ist, also als eine wiederholte Erzeugung eines schon längst gewonnenen Inhaltes. Indem das Wargenommene als bekanntes wargenommen wird, wird die Gegenwart von der Vergangenheit unterschieden. Wenn und sobald aber an dieser Beziehung des Wargenommenen auf die Zeit, in welcher es wargenommen ist, nichts mehr liegt, so entgeht auch dasselbe dem Schicksal der Verschmelzung nicht. Wir sehen also jetzt ein Pferd als etwas Bekanntes, aber als etwas Gegenwärtiges, das jedoch, sobald wir zu andern Warnehmungen übergehen, mit der schon gebildeten Anschauung vom Pferde verschmilzt, wenn nicht aus besonderer Ursache die gegenwärtige Warnehmung isolirt bleibt. Wegen dieses Wertes der Wiederholung wollen wir nicht $A + A = A$ ansetzen, sondern als A^2 und $A + A \ldots = A^n$.

Wir haben aber hier schon eine Kategorie angewandt, von der im Vorstehenden noch keine Rede war: Bewusstheit. Wir wollen diese sogleich etwas näher betrachten. Zuvor nur noch eine Bemerkung über den Wert der Verschmelzung für unsere Erkenntniss.

65. Es leuchtet wohl bald ein, dass unsere Erkenntniss durch Verschmelzung der Elemente nur in dem Falle etwas verliert, wo dem Bewusstsein als gleich gilt, was in Wahrheit nicht gleich ist. Wenn demselben A und B als A und A, also als A^2 oder schlechthin als A erscheint, so entgeht ihm ein Inhalt B, und es ist in der Erkenntniss mangelhaft. Wenn jemand zehn Schattirungen von Rot unterscheidet, so hat er mehr Inhalt, als wer nur fünf unterscheidet und die andern fünf je eine mit einer andern verschmelzen lässt. Verschmelzen heisst: nicht unterschieden werden im Bewusstsein. Auf Unterscheidung aber beruht der Reichtum unserer Erkenntniss. Es kommt also darauf an, dass in uns verschmelze, was nicht unterschieden

werden kann, das Identische, oder was nicht unterschieden zu werden verdient, das gleichgültig Verschiedene; aber es muss gesondert werden, dessen Verschiedenheit von Wert ist und insofern es von Wert ist. Der Zoologe wird die Vorstellung von dem Pferde, das er selbst besitzt, aussondern von den Vorstellungen aller übrigen Pferde; und wenn ihm diese alle zusammen nur einen verschmolzenen Inhalt A^x geben, so ist ihm jenes ein besonderer Inhalt N; insofern er aber Zoologe ist, verschmilzt ihm auch dieses N mit A^x. Denn nur insofern er Eigentümer dieses Pferdes ist, hat das Verbindungsmerkmal, das der Vorstellung von diesem Pferde anhaftet, einen Wert, und hat es die Macht, diese Vorstellung isolirt zu erhalten und vor der Verschmelzung zu schützen. Es wird dagegen völlig wertlos für den Zoologen, insofern er Naturforscher ist. Man sieht auch in diesem Falle, wie gelegentlich das Verbindungsmerkmal den ganzen Inhalt einer Vorstellung umgestaltet, weil das reale Verhältniss, dem jenes Merkmal entstammt, für die Wirklichkeit sehr wichtig ist. Der Inhalt der Vorstellung des Pferdes als eines Besitztumes des Zoologen und des Pferdes als eines wissenschaftlichen Gegenstandes sind völlig verschieden. Jene enthält eine individuelle Anschauung mit Gedanken von Genuss, welche dieses Tier bereitet, und Arbeit, welche es für seine Erhaltung fordert. Damit hat der zoologische Begriff Pferd wenig zu schaffen.

66. Verschmelzung bereitet die logische Tätigkeit der Abstraction vor, und Abstraction fördert die Verschmelzung. Das einheitliche Bild, das wir von dem vielmaligen Anblick eines Gegenstandes gewinnen, ist gewissermaßen eine Abstraction, eine ungewollte; und wenn aus vielen Vorstellungen, wie Pferd, Hund u. s. w., die allgemeinere Tier gebildet wird, indem von gewissen Merkmalen des Pferdes, Hundes u. s. w. abstrahirt wird, so heisst das psychologisch: nachdem die besondern Merkmale des Pferdes, Hundes u. s. w., welche die Verschmelzung dieser Vorstellungen verhinderten, weggedacht sind oder nicht gedacht werden: bleibt von diesen Vorstellungen ein Rest von Inhalt, der in jeder dieser Vorstellungen der gleiche ist, und der nun unvermeidlich zu einem Inhalte zusammengeht. Indessen soll hiermit noch keineswegs die Entstehung der allgemeinen Vorstellungen oder Begriffe erklärt sein.

67. Im Gegenteil werden die Verschmelzungen durch Determination aufgelöst; eine neue Erkenntniss, die Warnehmung einer vorher übersehenen eigentümlichen Qualität eines Dinges, sondert dasselbe aus der Masse verschmolzener Elemente aus oder bewirkt eine Sonderung innerhalb dieser Masse. Das Kind hat tausend Pferde gesehen, wovon es tausend Warnehmungen gewann, die alle zusammenschmolzen zum einigen Anschauungsinhalt Pferd. Die Verschiedenheiten sind ihm zum Teil völlig entgangen, zum Teil waren sie ihm nicht so wichtig, um die Verschmelzung zu hemmen. Bald aber wird es doch veranlasst, Schimmel und Rappen und Füchse zu unterscheiden und später Hengste und Stuten. Diese Unterscheidungen sind aufgehobene Verschmelzungen. Was vorher unterschiedslos Pferd hieß, sondert sich nun in Gruppen nach Farbe, Geschlecht u. s. w. — Wir lesen und hören von einem Abgeordneten M. So bildet sich in uns die Vorstellung einer Person, die einen einigen Inhalt für unser Bewusstsein ausmacht. Dieses Verhältniss kann längere Zeit dauern, bis ein Zufall uns darauf aufmerksam macht, dass es zwei Abgeordnete Namens M. gibt. Damit zerreißt eine Verschmelzung. — Jetzt aber können wir nicht mehr zögern, von dem Bewusstsein zu reden.

c) Wesen der Bewusstheit.

68. Die Seele schafft sich in Folge äußerer Reize eine Welt seelischer Objecte, welche ihren Bestand in der Seele hat, wie die Körperwelt ihren Bestand in der Materie hat. Also nicht wie das Spiegelbild, welches, sobald der Gegenstand aus dem Verhältnisse zum Spiegel tritt, in Nichts verschwindet, verschwindet auch das Erzeugniss der Seele; sondern dieses bleibt und behält Bestand, auch nachdem die Einwirkung des Objects auf die Seele aufgehört hat. Die Seele ist schöpferisch, d. h. es findet nicht ein bloßer Wechsel der Kraft statt, wie in der Natur, wo Bewegung Wärme erzeugt und Wärme Bewegung verursacht; sondern die Kraft, mit welcher die Seele gegen den von außen andringenden Reiz reagirt, wird zu einem bleibenden seelischen Gebilde (vergl. 59).

69. Unter diesen Gebilden der Seele herscht eine gewisse Mechanik. Wir haben als solche mechanische Verhältnisse und Processe die Isolation, Verbindung und Verschmel-

zung kennen gelernt. Dabei sind wir jedoch gelegentlich schon auf das Bewusstsein gestoßen. Man ist gewohnt, Bewusstheit als Grundcharakter des Seelenlebens und Urqualität der seelischen Objecte anzusehen, und wir hatten unsere Betrachtung in dieser Voraussetzung begonnen, haben aber auch schon Veranlassung genug gefunden, dieselbe aufzugeben. In der Tat, sie ist ungenau. Eine unbewusste Vorstellung ist nicht etwa ein Widerspruch in sich wie eine immaterielle oder raumlose Materie. Vorstellungen können auch unbewusst sein, und den Processen, die wir bisher betrachtet haben, unterliegen sie ohne Rücksicht auf Bewusstheit. Diese ist ein Zustand, in welchen sie geraten können, in welchem sie aber nicht immer sind; sie ist eine Qualität, welche die Vorstellungen unter Umständen, aber nur für kurze Dauer, erst erlangen, welche aber nicht ihrem Inhalt und Wesen an sich zukommt. Sie bedeutet also nicht den Grundunterschied zwischen den psychischen und materiellen Tatsachen; sie unterscheidet diese beiden nur insofern, als sie letztern niemals, erstern aber bei bestimmter Veranlassung zukommt.

70. Hiermit soll aber der hohe Wert des Bewusstseins für das seelische Leben nicht geleugnet werden. Ohne Bewusstsein kein Wissen. Wir können uns zwar den Gedanken bilden von einer Seele, welche Empfindungen und Bewegungen erzeugte und diese in Verbindung treten ließe. Wie sich Quecksilber in der Nähe eines verbrennenden Körpers ausdehnt, so könnte die Seele in derselben Lage die Empfindung der Wärme erzeugen, die sich mit dem Lichteffect, der von dem verbrennenden Stoffe auf das Auge übergeht, verbinden könnte. So würde denn eine solche Seele auch einen Reflex der Außenwelt gewähren und mit der materiellen Welt in Verkehr stehen, sich auch Nahrung suchen können, ohne dass in ihr ein Wissen wäre, so wenig wie in der materiellen Welt. Es gäbe dann in beiden Welten nur ein bewusstloses Geschehen. Vielleicht leben die niedrigen Tiere in solcher Bewusstlosigkeit.

71. Bewusstsein ist also eine zur Vorstellungtätigkeit der Seele oder zu den gebildeten Vorstellungen hinzutretende Energie der Seele. Sie tritt nicht ohne besondre Veranlassung hervor, und so ist die Mechanik, welche hierdurch veranlasst wird, d. h. die Angabe der Bedingungen, unter denen zu einer

Vorstellung auch die Energie der Bewussheit tritt, ein besonders wichtiger Gegenstand der Psychologie.

72. Es dürfte unmöglich sein, von den psychischen Erscheinungen zu reden, ohne dabei Gleichnisse aus dem Reiche der materiellen Erscheinungen anzuwenden. Nicht nur, dass unsre Sprache bloß Ausdrücke für sinnliche Bewegungen und Verhältnisse bietet; auch unser Geist überhaupt kann sich das seelische Leben nicht anders als in mehr oder weniger unangemessenen Bildern denken. So ist schon der Ausdruck „im Bewusstsein haben", „in das Bewusstsein kommen" ein Gleichniss. Wenn wir von Verbindung, Trennung, Beziehung der Vorstellungen reden, so sind wir sehr geneigt, die Vorstellungen, und wären sie noch so abstract, als Punkte in den Raum zu verlegen und sie in räumliche Bewegung zu versetzen. Das kann alles ohne Schaden geschehen, wenn wir nur nicht vergessen, dass wir dabei in Bildern reden und denken, und wenn wir nur nicht Verhältnisse, die bloß dem Bilde angehören, mit der Sache verwirren. — So könnten wir denn auch das übliche Bild gelten lassen, wonach sich unser Schatz von Vorstellungen, wenn dieselben nicht bewusst sind, gewissermaßen in einem untern, dunklen Raume befindet, aus welchem immer eine nach der andern in den engen, vom Bewusstsein erhellten Raum hinauf gelangt. Wir hätten demnach die Bedingungen anzugeben, unter denen eine Vorstellung in das Bewusstsein steigt. Warum sollten wir nicht gelegentlich uns dieses Ausdruckes bedienen dürfen?

Metaphysisch richtig ist freilich dieser Ausdruck nicht. Wir haben schon erklärt, dass nach unserer Ansicht das Bewusstsein eine Energie der Seele ist, welche sich an ihren Erzeugnissen geltend macht. Diese Energie lassen wir ihrem Wesen nach, wie alle Reactionen und Actionen der Seele, unbestimmt; von ihrem Erfolge aber werden wir später (im Kapitel über die Apperception) noch Einiges bemerken. Schon hier indessen müssen wir sagen, dass nach unserer Ansicht der eigentliche Sinn der Mechanik des Bewusstseins der ist: wenn die Vorstellungen Zustände der Seele selbst sind, unter welchen Bedingungen erlangen diese Zustände solche Energie oder Lebhaftigkeit und Erregtheit, welche sich als Bewusstsein kund gibt?

73. Wie fruchtbar und exact diese Ansicht ist, wird sich später ergeben. Hier kann sie schon dazu dienen, eine höchst wichtige Tatsache zu erklären, nämlich die der großen Enge des Bewusstseins. Zunächst werde diese Tatsache selbst dargelegt. Sie besteht darin, dass wir in jedem Augenblicke unseres Daseins immer nur eine Vorstellung bewusst haben können. Während wir z. B. einer Rede mit voller Aufmerksamkeit lauschen, ein Buch lesen, ist in jedem Zeitteilchen immer nur das eine Wort, die eine Sylbe in unserm Bewusstsein, das soeben aus dem Munde des Redners in unser Ohr dringt oder mit dem Auge aufgefasst wird; eben so, wenn wir selbst reden oder schreiben, ist in jedem Augenblicke immer nur das Wort in unserm Bewusstsein, der Laut, der Strich, den wir eben ertönen lassen oder sichtbar machen; wenn wir stillschweigend denken, ist auf einmal immer nur ein Subject, ein Prädicat wirklich bewusst. Von dem ganzen sonstigen Wortschatze unserer Muttersprache dagegen, von allen fremden Sprachen, die uns bekannt sind, von allen Kenntnissen, die wir sonst noch besitzen, von allen Gefühlen, die uns sonst wohl beseelen, von allen Grundsätzen, die uns im Urteilen und Handeln leiten, kurz von allem, was zu unserm geistigen Besitze gehört, ist uns in jenem Augenblicke nichts weiter gegenwärtig.

74. Dass unser Bewusstsein sehr eng ist, wird jeder unbedingt zugeben und muss als unleugbare Tatsache anerkannt werden. Indessen scheint die Ansicht übertrieben, welche behauptet, diese Enge sei so groß, dass durchaus immer nur eine einzige Regung der Seele auf einmal bewusst sein könne. Von den Vorstellungen im engern Sinne im Gegensatze zu den Warnehmungen freilich möchte ich es durchaus gelten lassen; niemals können zwei Vorstellungen zugleich bewusst sein. Wenn jemand die Fähigkeit hat, während er etwas sagt, an etwas anderes zu denken, und also zwei kürzere oder längere Vorstellungsreihen gleichzeitig im Bewusstsein ablaufen zu lassen: so geschieht dies gewiss so, dass beide Reihen nicht, wie es den Schein hat, neben einander, sondern durch einander gehen. Es sei die eine Reihe A B C..., die andre m n o..., so ist ihr wahrer Ablauf der: A m B n C o... Die Schwierigkeit liegt darin, dass keine Reihe durch die zwischen ihre Glieder geschobenen Glieder der andern Reihe zerrissen werde, was

bekanntlich sehr leicht geschieht. Wer beim Sprechen an die Sprachregeln denkt, spricht stockend.

75. Halten wir nun aber die Enge des Bewusstseins für die eigentlichen Vorstellungen, welche immer mehr oder weniger abstract sind und nicht von der Sinnestätigkeit unterstützt werden, durchaus derartig fest, dass auch nicht zwei gleichzeitig bewusst sein können: so gestaltet sich doch die Sache für die Empfindungen, die Warnehmungen ganz anders. Bewiesen freilich durch Beobachtung und Experiment scheint es, dass es nicht möglich ist, einen Gesichts- und einen Gehörseindruck gleichzeitig zu Bewusstsein zu bringen. Der Physiologe Wundt (Vorlesungen über die Menschen- und Tierseele, S. 38 f.) hat eine Vorrichtung hergestellt, die einem Uhrwerk mit einem Zifferblatt und einem Weiser ganz ähnlich ist. Es ist die Einrichtung getroffen, dass der Weiser, wenn er an einer bestimmten Ziffer vorübergeht, an dieser oder jener, je nachdem das Werk gestellt ist, einen Schall erzeugen muss. Ist nun der Weiser in Bewegung, so müsste man ja sehen können, dass er, indem der Ton erschallt, an 8 oder an 12 vorüberstreicht. Die Tatsache aber ist, dass, wenn der Weiser sich einigermaßen schnell bewegt, niemand diese Ziffer erfasst; bald gibt man eine frühere, bald eine spätere an. Träfe man bei großer Schnelligkeit der Bewegung des Weisers die richtige Ziffer, so hätte man einen Gesichtseindruck und einen Gehörseindruck gleichzeitig erfasst; gibt man aber eine falsche Ziffer an, die vor oder hinter der richtigen liegt, so bedeutet dies, dass man entweder erst gehört und dann gesehen, oder erst gesehen und dann gehört hat. Glaubt man, der Schall sei erfolgt, während der Weiser an 12 vorübergegangen sei, während er z. B. bei 8 erfolgte, so wird mit der Zeit, die der Weiser brauchte, um von 8 zu 12 zu gelangen, die Zeit gemessen, die das Bewusstsein brauchte, um den Gesichtseindruck aufzufassen, nachdem es den Schall schon erfasst hatte. Eben so wenig lässt sich, wie die Astronomen erfahren haben, selbst bei der angestrengtesten Aufmerksamkeit eine absichtliche Bewegung, etwa ein Druck mit einem Finger, gleichzeitig mit einer Sinneswarnehmung vollziehen.

76. Indessen wie geistvoll und belehrend auch solche Versuche sind, sie scheinen mir nicht zu beweisen, dass wir nicht

überhaupt zwei Empfindungen gleichzeitig bewusst haben
könnten. Denn sie beweisen nur dies, dass wir nicht gleichzeitig zwei Empfindungen erzeugen, bewusst machen können.
Auch die Einschränkung tritt noch hinzu, dass es nicht zwei
Empfindungen verschiedener Sinne sein können, oder eine Empfindung und eine Bewegung. Dagegen scheint es wohl möglich, erstlich zwei Empfindungen, wenn sie nach einander aufgenommen sind, nun neben einander im Bewusstsein zu tragen,
wenn nämlich die reizende Einwirkung von außen für beide
Empfindungen andauert. Es scheint ferner möglich, zwei Empfindungen desselben Sinnes sogar gleichzeitig in das Bewusstsein zu fassen, z. B. mit dem Auge zwei oder mehrere nicht
zu weit von einander entfernte Punkte. Sollten wir nicht auch
die beiden Spitzen eines Zirkels gleichzeitig mit der Fingerspitze bewusst erfassen können? Und wenn wir ein Orchester,
ein Trio spielen hören, nehmen wir da nicht gleichzeitig mehrere Töne der verschiedenen Instrumente war?

77. Wie vielen Täuschungen wir auch ausgesetzt sein
mögen, wenn wir glauben, gleichzeitig Verschiedenes warnehmen
zu können, immerhin scheint mir doch, dass es sich in Bezug
auf die Enge des Bewusstseins mit den sinnlichen Empfindungen
anders verhalte, und zwar günstiger, als mit den Vorstellungen.
— Übrigens hat die Psychologie an dieser Frage, wie eng das
Bewusstsein anzunehmen ist, nur ein vereinzeltes Interesse; es
gilt, eine beschränkte Tatsache herzustellen, welche auf die gesammte Theorie keinen Einfluss üben kann. Denn, wenn die
Schwierigkeit vorliegt, wie ist bei der Enge des Bewusstseins
wissenschaftliches Denken möglich, welches immer große Massen
von Vorstellungen gleichzeitig im Bewusstsein zu bewegen
scheint: so wird die Schwierigkeit dann nicht geringer, wenn
wir gelten lassen, es sei der Seele möglich, zwei oder drei Empfindungen gleichzeitig bewusst zu halten, und wird auch wohl
nicht größer, wenn wir dies leugnen.

78. Diese Enge des Bewusstseins nun wird nach unserer
Ansicht leicht erklärt. Denn da die Bewusstheit nicht die allgemeine Qualität seelischer Erzeugnisse ist, auch nicht eine
anhaltende Beleuchtung, in welche die Vorstellungen träten,
während sie diesen an sich äußerlich bliebe; sondern da sie
eine ausgezeichnete Erregtheit ist, welche jenen mitgeteilt wird,

so scheint es begreiflich, dass solcher Vorzug sich nur auf wenige Empfindungen und nur auf eine Vorstellung erstrecken kann und schnell vorübergehend ist. Dieser Umstand, den wir im Obigen noch nicht erwähnt haben, ist die nicht minder wichtige andere Hälfte der hier besprochenen Tatsache: nämlich die schnelle Abnahme der Empfänglichkeit der Vorstellungen für die Bewusstheit oder die leichte Leitung der Bewusstheit durch die Vorstellungen. Wenn das Bewusstsein nicht durch die sinnliche Erregung oder durch besondere Anstrengung unterstützt wird, so verliert die Vorstellung die Gunst der Bewusstheit sehr bald wieder. Die Vorstellungen ziehen also, wie man sich auszudrücken pflegt, mehr oder weniger schnell, aber immer reihenweise, linear, durch das enge Bewusstsein, jede von der nachfolgenden daraus verdrängt; oder, wie wir sagen würden: von den verschiedenen Vorstellungen, die unsere Seele besitzt, kann immer nur einer nach der andern und jeder nur auf kurze Dauer die bevorzugte Erregtheit zu Teil werden; nach kurzer Anspannung erschlafft sie, indem sie die Bewusstheit an eine andre abgibt. Wir werden also nicht sowohl das Bild von einem Zuge der Vorstellungen durch das enge Bewusstsein gebrauchen, als vielmehr das Bild der bewegten Vorstellungen, welche Bewusstheit ausstrahlen, indem sie ihre Bewegung eine an die andere abgeben, wie während eines Schalles Luftteile in Bewegung sind, indem immer ein Teil dem andern die Bewegung abgibt.

Demnach wäre die oben (72) ausgesprochene Aufgabe der Mechanik des Bewusstseins näher zu bestimmen als Erkenntniss der Verhältnisse, unter denen die Bewusstheit den Vorstellungen mitgeteilt und von ihnen geleitet wird.

Indem wir nun an diese Aufgabe gehen, sei zuvor noch kurz bemerkt, dass wir hier im Allgemeinen und vorzugsweise den entwickelten, wachen Menschen, der auch nicht durch besondre Ursachen nach irgend einer Seite hin übermäßig erregt ist, in's Auge fassen. Denn um die Erklärung der gemeinsten Tatsachen unseres psychischen Lebens ist es uns zu tun, um das täglich Vorkommende.

d) Production und Reproduction. Association.

79. Wir dürfen wohl zuerst folgenden Satz hinstellen:
Die Erregung eines sensibeln Nervs durch einen adäquaten Reiz in hinlänglicher Stärke erzeugt Bewusstsein, nämlich eine Empfindung. Was hier adäquat und was hinlänglich heisst, hat die physische Psychologie (oder psychische Physiologie) zu zeigen. Hier genügt, was jeder weiß, dass der Schall dem Ohr, die Farbe dem Auge u. s. w. adäquat ist. In dem angegebenen Falle haben wir primäre Production der Bewusstheit. Wird der Nervenreiz nicht bewusst, so geht er für das psychische Leben verloren, und er bleibt bloße körperliche Bewegung. Dieser Satz gilt aber für Warnehmungen durch die Sinnesorgane überhaupt. Indessen Ausführlicheres hierüber gehört hier nicht zu unserm Zwecke.

80. Diese Erzeugung der Bewusstheit durch den sinnlichen Reiz ist die ursprüngliche. Die so erweckte Bewusstheit aber kann weiter geleitet werden auf schon früher gebildete seelische Factoren, wie die aufgewühlte Welle sich fortbewegt. Zunächst ergreift sie den Inhalt, der dem gegenwärtig erzeugten gleich ist:
Die Warnehmung eines bestimmten Dinges teilt ihre Bewusstheit dem schon in Folge einer frühern Warnehmung desselben Dinges in der Seele liegenden Inhalte mit, d. h. reproducirt ihn, bringt ihn in Erinnerung.
Wenn und insofern nun der producirte Inhalt mit dem reproducirten gleich ist, verschmilzt er mit ihm; und bei jeder wiederholten Production verschmilzt er mit der reproducirten, immer mehr anwachsenden verschmolzenen Masse.

81. Die Verschmelzung wird im Laufe des gewöhnlichen Lebens so unmittelbar und augenblicklich vor sich gehen, dass der Übergang der Bewusstheit von dem Producirten auf das Reproducirte kaum oder gar nicht merkbar ist, so dass also das Reproducirte für sich nicht auch noch neben dem Producirten bewusst wird; sondern dass es die Bewusstheit erst erhält, wenn die Verschmelzung schon vollzogen ist, so dass sich nur der Erfolg der Verschmelzung am Producirten durch verstärkte Bewusstheit kund gibt. Die Bewusstheit kommt dem Producirten zu Gute, weil dieses unmittelbar und ursprünglich von der Bewusstheit getroffen wird, das Reproducirte aber nur

von ihm mittelbar gehoben wird; also wird durch die Verschmelzung beider des Producirten eigene Kraft vermehrt. Es erscheint als das Bekannte, Gewohnte (64). Es wird nicht vom Reproducirten in die Vergangenheit gerissen, sondern bleibt als Gegenwärtiges vermöge seiner Verbindung mit Gegenwärtigem (dem gegenwärtigen Reize) und zieht nur Kraft aus dem Frühern. So sehen wir auf der Straße Pferde, Hunde, Häuser u. s. w. als bekannte Gegenstände, an denen wir vorübergehen. Die Gleichgültigkeit, mit der wir sie warnehmen, und dabei doch die Sicherheit, mit der wir sie erkennen, ist der Erfolg der Verschmelzung dieser Warnehmungen mit den entsprechenden Massen verschmolzener Anschauungen, die wir in uns tragen, und deren wir uns nicht bewusst werden. Daher sagten wir schon oben (63. 64): $A + A \ldots = A^n$.

82. Es sei aber a' eine in uns liegende Gesammtanschauung, deren Inhalt ein einfacher oder vielfach verschmolzener sein mag; b' sei ein Teil derselben. Jetzt werde uns der Inhalt dieser Teilanschauung in einer besondern Warnehmung b geboten. So wird b nicht nur das ihm gleiche b' reproduciren; sondern, weil b' mit a' verbunden ist, wird sich die Bewusstheit, die von b ausgeht und auf b' überstrahlt, auch dem mit b' verbundenen a' mitteilen, und auch dieses wird reproducirt; oder genauer: der von a' nach Abzug des b' übrig bleibende Teil c' wird neben b' reproducirt, und so durch $b' + c'$ das ganze a' hergestellt, und dies um so sicherer, als etwa c' den wichtigern Teil von a' ausmacht. Es sei also $a' = b' + c'$, z. B. die Gesammtanschauung (a') einer Stube (b') mit einer Person (c'), die wir oft in jener gesehen haben: so wird uns der Anblick dieser Stube b (oder auch nur einer sehr ähnlichen) nicht nur an b', d. h. an unsere frühere Anwesenheit in derselben, sondern auch an c', an jene Person, die wir darin zu sehen gewohnt waren, also an das ganze Bild, c' in b', d. h. a', erinnern. Es erhält dann das Erinnerte, Reproducirte, neben dem gegenwärtig Producirten, obwohl von diesem her, seine eigene Bewusstheit; die Vergangenheit wird in die Gegenwart gehoben.

83. Oder man sehe irgend etwas Seltenes, Merkwürdiges, Hochgeschätztes (a) zum zweiten Male, unter andern Umständen (b) als das erste Mal, so wird man sich nicht nur des ersten Anblickes a', sondern auch aller besondern von jetzt abweichen-

den Umstände b′ (des Ortes, der Zeit, der damals zugleich gegenwärtigen Personen) mit erinnern, und die Bewusstheit wird sich über a b und a′ b′ fast gleich verteilen oder herüber- und hinübergleiten; z. B. wenn wir eine berühmte Person nach längererer Zeit einmal wiedersehen.

84. Solches Bewusstwerden seelischer Elemente, welches weder unmittelbar durch den sinnlichen Reiz (a) oder auch nur durch den ganz gleichen Inhalt (d. h. durch Wiederkehr der Bedingungen, unter denen sie ursprünglich erzeugt waren) verursacht wird (a′ durch a), sondern welches nur durch die Verbindung der Vorstellungen (c′) mit solchen Elementen (b′), welche durch den sinnlich gegebenen gleichen Inhalt (b) bewusst worden sind, mit veranlasst wird (82. 83) — solche eigentliche Übertragung oder Leitung, Fortbewegung der Bewusstheit, versteht man unter dem Gesetze der Association der Vorstellungen. Im entwickelten geistigen Leben ist diese Leitung der Bewusstheit ungleich häufiger als die ursprüngliche Erzeugung. Diese bietet einen Anfang, lässt eine Vorstellung bewusst werden, von welcher durch Association eine andere, und durch diese wieder eine andere u. s. f. in das Bewusstsein gerufen wird, während die rufende selbst sehr bald nach Eintritt der von ihr gerufenen aus dem Bewusstsein schwindet. Die Vorstellungen bilden also durch Association Reihen, in denen jede das Glied einer Kette ausmacht. Nur ein Glied wird unmittelbar bewusst, so folgen die andern Glieder der Kette, jedes das folgende in das Bewusstsein hebend, und jedes das vorangegangene aus dem Bewusstsein stoßend, oder genauer: jede den Vorzug der Bewusstheit an die andere abgebend. Ein bestimmter Ort z. B. erinnert an eine Person, die wir früher einmal hier gesehen haben; diese Person an eine andre, diese andre an einen Gegenstand der Unterhaltung, die wir mit ihr hatten, dieser Gegenstand an einen andern, etwa Homer an Herrmann und Dorothea u. s. w.

85. Association, wie wir sie hier betrachten, und Verbindung, wie wir sie oben kennen gelert haben, sind also keinesweges dasselbe, obwohl jene auf dieser beruht. Association bedeutet nur ein Verhältniss des Bewusstwerdens, Leitung der Bewusstheit, nämlich die durch eine andere, bewusste Vorstellung vermittelte Erhebung einer Vorstellung zur Höhe des

Bewusstseins. Sie bewirkt G e d ä c h t n i s s und E r i n n e r u n g.
Dagegen bezeichnet der Verband (Complexion) der Vorstellungen
ein inhaltliches Verhältniss derselben und ist von realem, metaphysischen und logischen Wert.

86. Da nun also die Association das Steigen in das Bewusstsein betrifft, die Enge des Bewusstseins aber nur eine abstracte Vorstellung nach der andern auftreten lässt, also nur
eine lineare Bewegung der Vorstellungen mit Bewusstsein gestattet; so bilden diese, insofern sie associirt sind, allemal eine
Reihe. Während sie aber nach einander, also an einander ge-
reiht, zu Bewusstheit kommen, sind sie dennoch in Rücksicht
auf die Projection (d. h. nach ihrer Bestimmung, Erkenntniss
der Wirklichkeit zu sein, äußere Objecte darzustellen) mit einander in mannichfachen Formen verbunden (complicirt). So
wie sie mit einander verbunden sind, werden sie von der Seele
aufbewart; im Verbande haben sie ihre wahre Geltung; und
auch für das Bewusstsein, obwohl sie nur nach Auflösung ihres
Verbandes reihenweise in dasselbe einziehen können, behält jede
Vorstellung vermöge des ihr eingebildeten Verbindungsmerk-
males den Hinweis auf ihre Stelle im Verbande und verliert nicht
ihren Zusammenhang, den sie im Verbande hat. Daher grup-
piren sich auch für das Bewusstsein die Vorstellungen je nach
ihrer Verbindung; denn jede derselben hat ihre Geltung nicht
bloß als bestimmter Inhalt, sondern zugleich als solcher mit
seiner bestimmten Verbindung; die Verbindung ist ja ein con-
stitutives Moment des Inhaltes. Das Bewusstsein erfasst die
Vorstellung in ihrer Beziehung zu einem Gesammtinhalte, dessen
Glied sie ist. Der Verband also, den die Seele bewart, wird
durch die Auflösung seiner Glieder in eine Reihe während des
Durchzuges durch das Bewusstsein nicht zerstört.

87. Es ist also wohl klar, nicht nur dass die Association
auf der Verbindung beruht, in dieser ihren Grund hat, sondern
auch dass sie überhaupt nichts andres ist als die Betätigung
dieses Complexionsverhältnisses für die seelische Energie der
Bewusstmachung. Weil zwei psychische Elemente complicirt
(verbunden) sind, darum kann die Seele nicht bloß dem einen
die Bewusstheit schenken, sondern nachdem sie das getan hat,
muss sie auch das andre Element bewusst machen. Oder, wie
wir uns wohl nicht minder exact ausdrücken: wenn von zwei

verbundenen Vorstellungen die eine durch irgend welchen Reiz oder Anstoß in Bewegung gesetzt ist, so giebt sie diese Erregtheit der mit ihr verbundenen Vorstellung ab und kommt dadurch zur Ruhe.

88. Die Association bezeichnet bloß die Bedingung zur Reproduction für das Bewusstsein, also ein bloß subjectives Verhältniss. Sie ist eine Form der Bewusstheits-Mechanik und berührt also nicht den Inhalt des Bewussten. Wegen der Enge des Bewusstseins aber hat sie nur e i n e Form der Bewegung: die lineare Reihenform. Der Verband dagegen bezeichnet ein objectives inhaltliches Verhältniss und hat nicht nur so viele Formen, als die sinnliche concrete Anschauung bietet, sondern auch noch die metaphysischen Kategorien und die logischen Formen. Da aber dem Bewusstsein trotz seines linearen Ablaufs die Formen der Verbindung der Vorstellungen durchaus nicht entgehen, so ist durch die Association nur dann auch für das Bewusstsein bloß eine Reihe vorhanden, wenn eben der Sinn des Verbandes selbst kein anderer war als Bildung einer Reihe. So sind z. B. die Sylben eines Wortes, die Wörter eines auswendig gelernten Verses u. s. w. derartig associirt, dass der eine Factor den andern reproducirt, in das Bewusstsein hebt und eine Reihe associirter Factoren bewusst abläuft, weil es das Wesen, der Sinn dieser Verbindung von psychischen Factoren ist, eine sprachliche Reihe zu bilden. Wenn dagegen z. B. eine Anschauung in Vorstellungen zerlegt wird, etwa Pferd in eine gewisse Farbe, Größe, Gestalt, Bewegung, Geräusch, Benutzung, so bilden diese Bestimmungen keineswegs eine bloße Reihe von Elementen, die, wie sie aufgezählt werden, durch das Bewusstsein ziehen; sondern sie stehen in einer inhaltlichen Beziehung zu einander, bilden einen Verband, in welchem jede Bestimmung ihre wesenhafte Stelle einnimmt, und diese Stelle (das Verbindungsmerkmal) wird mit dem Inhalte bewusst (46). Association ist ein bloßes Plus-Zeichen, ein „Mit“ oder „Nach“ in Bezug auf Bewusstheit; das Bewusstsein jedoch ist kein toter Raum, kein Weg, durch den die Vorstellungen hinziehen, eine der andern gleichgültig, eine hinter der andern her, wie eine Wagen-Reihe. Selbst die Sylben eines Wortes und die Wörter eines auswendig gelernten Gedichts, die in der Tat eine Reihe von associirten Lautgebilden ausmachen, haben doch

erstlich gerade diesen Zusammenhang einer fest bestimmten Reihenfolge, die nicht abgeändert werden darf, und außerdem bilden sie noch das Ganze des Wortes, des Gedichts, und haben zum Ganzen jedes eine bestimmte (grammatische und logische) Beziehung. Eben so sind die Töne einer Melodie mit einander zu einer solchen Reihe associirt, dass sie eine bestimmte Abfolge und ein Ganzes bilden, also in dieser Reihe wesenhaft verbunden. Die Verbindung aber mit ihrem mannichfachen gediegenen Inhalt macht sich für das Bewusstsein geltend. Wenn wir in den Genus-Regeln eine Anzahl von Substantiven in einer festen Ordnung uns einprägen, so ist bei dieser ganz subjectiven und reflectirten Association eben die Regel oder die Kategorie der Ausnahme von einer Regel das umschließende Band. Weil aber in der Tat in diesem Falle zwar die Beziehung des einzelnen zum Ganzen, aber nicht eben so die der Einzelnen unter einander einen bestimmten Sinn hat, so hat man auch längst mit richtigem pädagogischen Blick erkannt, dass die Association anderer Bindemittel bedarf. Die alphabetische Anordnung hatte wieder nur einen sehr äußerlichen Sinn; besser bewährte sich die metrische Anordnung. Diese stiftet wieder eine objective Verbindung, die aber allerdings an sich wertlos bleibt und nur dazu dienen soll, die Association herzustellen, die ohne Verbindung unmöglich ist. Hiermit ist jedoch ein Punkt berührt, der wohl verdient, dass wir ihn besonders ausführen.

89. Die Processe, durch welche das Kind die ersten Erkenntnisse gewinnt, sich Bewusstheit erschafft, gehen alle unbewusst vor sich, rein mechanisch. Auch die Verbände von einfachsten psychischen Momenten, die sich in der kindlichen Seele gestalten, kommen unbewusst zu Stande. Das Kind bildet seine Anschauung nicht so, dass es die Stücke, aus denen diese besteht, durch synthetische Tätigkeit zusammenfügte; sondern ungewollt und ungewusst gehen die Elemente an einander nach der Natur der Seele, so dass für später an dem gewordenen einheitlichen Bilde eines Dinges eine Analyse zu vollziehen bleibt. Auch diese Auflösung der Anschauung in ihre Elemente wird wiederum unbewusst ausgeführt, obwohl man sich ihrer Ergebnisse. nämlich der Vorstellungen in Wörtern, bewusst wird. Z. B. Zucker fällt dem Kinde ins Auge, es ergreift

ihn und bringt ihn in den Mund. Es habe also vom Zucker eine Gesichtsempfindung, eine Tast- und eine Geschmacksempfindung. Diese drei Empfindungen dreier Organe, durch unbewusste Processe entstanden, verbinden sich ohne Bewusstsein und liefern die einheitliche Anschauung Zucker. Ja, die Büchse, in welcher der Zucker aufbewart wird, steht mit in diesem Verbande. Weil dieser unbewusst hergestellt ist, so mag nun zwar trotzdem die ganze Anschauung als Einheit bewusst werden; die darin gebundenen Einzelheiten aber können als solche nicht bewusst sein. Erst indem das Kind sprechen lernt, vollzieht sich unbewusst ein analytischer Process, dessen Erfolg ist, dass die Gesichtsempfindungen, die Tastempfindungen und die Geschmacksempfindung jede für sich zur Vorstellung und bewusst wird. Diese einzelnen Vorstellungen aber bleiben in dem Verbande, welcher das Object Zucker bildet; und was sich bei der producirenden Warnehmung zum einheitlichen Bilde verbunden hat, betätigt sich bei der Reproduction durch Leitung des Bewusstseins als associirt. Das Kind sieht bald einmal bloß die Zuckerdose, und das ganze Bild des Zuckers in der Dose steht in seinem Bewusstsein; es sieht ihn, und unmittelbar erinnert es sich auch des Geschmackes. Das ist keine Tat der kindlichen Seele, sondern ein Ereigniss in ihr, wovon nur das Ergebniss bewusst wird, während der Process selbst unbewusst bleibt.

90. Wenn nun also ursprünglich die Association und die Verbindung sich unbewusst vollziehen, und die Verbindung der Grund der Association ist: so können sie auch andrerseits auf höherer Stufe der Entwicklung mit Absicht hergestellt werden, wie alle wissenschaftlichen Erkenntnisse solche Verbände mit Bewusstsein erzeugen und diese für das Bewusstsein als Association wirken. Es kann aber auch (und darauf sollte hier hingewiesen werden) absichtlich eine Association geschaffen werden, lediglich damit von ihr eine Verbindung getragen werde. Dies wird nämlich im Dienste einer Verbindung geschehen, die wissenschaftlich betrachtet sehr wichtig, aber doch zufällig ist (wie es z. B. zufällig ist, dass 12 aus $7 + 5$ entstanden ist, da es auch aus $6 + 6$, freilich nicht minder zufällig, entstanden sein kann), und die deshalb eine sehr schwache Associationskraft in sich trägt. Daher wird künstlich noch eine andre Ver-

bindung mit einer Association hergestellt werden, die an sich, objectiv, völlig wertlos ist, aber den Dienst leistet, nach dem Associations-Gesetze Vorstellungen in das Bewusstsein zu heben, die in wichtiger Verbindung mit einander stehen. Es wird also zu einer wichtigen Verbindung zweier Vorstellungen mit schwacher Association eine unwichtige Verbindung mit starker Association hinzugedichtet. Wenn z. B. der Knabe die Zahl 1789 mit dem Begriffe der ersten französischen Revolution verbindet, so geschieht dies durch umfassende Voraussetzungen der Geschichtswissenschaft, und die Verbindung hat ihren objectiven Sinn. Indessen beruht sie doch nur darauf, dass zwei Reihen, nämlich eine Reihe chronologischer Zahlen und eine Reihe von Tatsachen, neben einander herlaufen, welche beide sich nach ihrem eigenen Inhalte einander gar nicht berühren. Es ist nur der beziehende Verstand, der von irgend einem, nicht ohne Willkür gewählten Zeitpunkte (Aera) ab längere oder kürzere Zeitabschnitte (Jahre, Olympiaden) zählt und diese im Ausgangspunkte willkürlichen Zahlen auf die historischen Ereignisse bezieht. Wie inhaltsvoll also auch die Verbindung der französischen Revolution mit der Zahl 1789 sein mag, so ist sie dennoch nur zufällig; und so ist jede chronologische Angabe für ein Ereigniss mit Zufälligkeit behaftet, und darum tragen diese Verbindungen nur eine sehr geringe oder nur sehr schwerfällig wirkende Associationskraft in sich. — Oder wenn der Knabe die lateinische Vocabel „panis, Brot" lernt, so soll, wie bei allem Lernen von Wörtern fremder Sprachen, eine Verbindung zwischen dem fremden Worte und der Anschauung oder Vorstellung derartig hergestellt werden, als gälte es an dem betreffenden Objecte eine neue Eigenschaft bewusst zu machen oder zu erkennen; denn eben so gilt auch der einheimische Name eines jeden Objects gewissermaßen als eine Eigenschaft desselben. Oder, wenn man es anders ansehen will, es soll zwischen den Wörtern der einheimischen und denen der fremden Sprache eine Verbindung gestiftet werden. Nach beiden Ansichten ist die Verbindung objectiv auf die grammatischen und lexikalischen Verhältnisse gegründet. Nichts desto weniger ist das so hergestellte Verhältniss ein zufälliges. Die Vorstellung und das einheimische Wort „Brot" geraten zu „panis" eben so zufällig in Verhältniss wie zu ἄρτος und zu den gleichbedeutenden

Wörtern aller andern Sprachen. Folglich ist die Associationskraft, die dieser Verbindung innewohnt, nur gering. Hinc illae
lacrimae der Schuljugend, welche Geschichtstabellen und fremde
Sprachen lernt. Hat nun jede der beiden Wort-Reihen zweier
Sprachen nur einen geringen Trieb, die andere für das Bewusstsein zu reproduciren, so kommt der Knabe demselben dadurch
zu Hülfe, dass er (wir sehen hier von allen ausgeklügelten
mnemotechnischen Mitteln ab) je zwei sich entsprechende Glieder
der beiden Reihen öfter hinter einander ausspricht: panis Brot,
panis Brot ... französische Revolution 1789, französische Revolution 1789 ... u. s. w. Was wird damit erreicht? Eine neue
Verbindung, wenn ich nicht irre, ganz abgesehen von jener
ersten wissenschaftlichen, historischen oder grammatischen; eine
neue, ganz subjective, welche an sich gar keinen Wert bean-
sprucht und nur jene objective dadurch unterstützen soll, dass
sie eine größere Reproductionskraft besitzt; durch das wiederholte Nacheinander-Sprechen soll nämlich der Seele die Gewohnheit eingebildet werden, als wären jene beiden Elemente,
welche das Gedächtniss zusammenhalten soll, immer in derselben
Zeit und an demselben Raume zusammen und bildeten eine
Gesammtanschauung, wie eine Person an einem Orte zur bestimmten Zeit der Seele ein umfassendes Bild liefert (51). Diese
künstliche Verbindung von Vocabeln mit dem einheimischen
Worte oder der Jahreszahl mit dem Ereigniss ist eine Fiction,
die an sich nichts gelten soll, die aber eine größere Reproductionskraft in sich trägt, mit welcher sie die sachliche Verbindung stärkt.

91. Wie wir uns also des natürlichen Mechanismus zu
unserm Zwecke bedienen, so auch des psychischen. Wie wir
z. B., wenn wir Feuer haben wollen, nicht warten, ob sich
wohl Holz entzünden werde, sondern es in die Lage bringen,
wo es sich gemäß seiner Mechanik entzünden muss: so bedient
sich auch die Erziehung und der Unterricht des psychischen
Mechanismus derartig, dass, wenn eine Verbindung und Association gewisser Vorstellungen gewünscht wird, man nicht
wartet, ob dieselbe eintreten werde; sondern man bringt sie
bewusst und absichtlich in solche Lage, wo sie sich mit einander verbinden und associiren, wie wir wünschen.

c) Verflechtung.

92. Die entstandenen Verbände psychischer Momente treten weiter unter einander in Verbindung, und zwar entweder so, dass ein Verband als Ganzes mit dem andern als Ganzen verbunden wird, oder es geraten zwei Verbände dadurch an einander, dass sie gewisse Elemente gemeinsam haben. Letztere Art der Verbindung muss besonders betrachtet werden. Wir wollen sie Verflechtung nennen. Sie kommt im Seelenleben aufs häufigste vor. Zwei ganz gleiche Dinge sehen wir selten; aber täglich und stündlich stoßen wir auf ähnliche Dinge, d. h. auf solche, welche teils gleiche, teils ungleiche Elemente enthalten. Die gleichen Elemente in den beiden Verbänden streben nach Verschmelzung und werden nur durch die Verbindung mit den verschiedenen Elementen davor geschützt. Die Verbindung nun, die so entsteht, muss ein eigentümliches Spannungsverhältniss zwischen den betreffenden Vorstellungen erzeugen. Die gleichen und die ungleichen Elemente wirken gegen einander, jene zur Identificirung, diese zur Trennung treibend; jene wirken attrahirend, diese repellirend; da sich die beiden Kräfte hemmen, so kommt es zu keinem Erfolge, ohne dass jedoch die Kräfte vernichtet würden. Association muss natürlich Folge der Verflechtung sein. Denken wir uns nun viele Verbände, die in solcher Verflechtung stehen: AZ, BZ, CZ … NZ, so muss sich die zwischen ihnen bestehende Spannung bei einer etwaigen Reproduction in ganz eigentümlicher Weise kundgeben. Es werde AZ durch Warnehmung geboten, so müssen AZ', BZ' CZ' … NZ' sämmtlich und zugleich wegen ihres Elementes Z' das Streben haben, ins Bewusstsein zu steigen; dies ist aber unmöglich bei der Enge des Bewusstseins; A', B', C' … N' hemmen einander, und keins von ihnen gelangt zu Bewusstsein, also auch nicht das mit ihnen verbundene Z'.

93. So wäre der Erfolg gleich Null. Dass aber dies nicht genau zutreffend sein kann, ergibt sich schon aus früher Bemerktem und aus der Überlegung, dass solche Verflechtung im Leben viel häufiger vorkommen muss, als die Verschmelzung des ganz Gleichen (welche sogar nur in beschränktem Umfange auftreten kann) und als diejenige Verbindung, welche zwei Verbände als gesonderte Ganze zusammenhält, und die wir kurz-

weg Verbindung nennen wollen. Bei dieser verbleibt jeder
Verband in seinem Bestande unangefochten, während bei der
Verflechtung einer in den andern eingreift. Dies muss gerade
der häufiger vorkommende Fall sein, und der für unsern Geist
wichtigere. Das Associations-Verhältniss der verflochtenen Verbände kann also unmöglich so ergebnisslos bleiben. Verschmelzung aber schlechthin ist freilich hier völlig unmöglich; diese
kann nur eintreten beim Wiedersehen unveränderter Dinge und
zwar toter Dinge, deren Teile immer dieselbe Lage gegen
einander behalten. Der liegende und der laufende Hund können schon nicht mit einander verschmelzen; noch weit weniger
kann ein Artbegriff „Hund" oder ein Gattungsbegriff „Tier"
u. s. w auf Verschmelzung beruhen. Es ist nicht abzusehen,
wie die Anschauungen von einem Pudel und einem Mops und
einem schwarzen und einem weissen Pudel u. s. w., einem
Schimmel und einem Rappen, vor der Kutsche oder einem Last-
wagen oder unter einem Reiter, sollten mit einander verschmelzen
können. Ja, die eben angestellte Berechnung hat in der That
diesen Wert, das Gegenteil zu beweisen: $AZ, BZ \ldots NZ$ können
nicht zu Z^n oder X' verschmelzen, wenigstens nicht so unmittelbar, wie man wohl häufig meint. Wenn aber nach der obigen
Berechnung auch der Anblick von AZ nicht BZ', CZ' u. s. w.
reproduciren könnte, der schwarze Hund nicht den weißen, ja
wenn sogar das Wiedersehen von AZ nicht einmal sollte AZ' reproduciren können, so muss doch wohl in jener Berechnung
ein Fehler stecken, den wir zu verbessern haben.

94. Es entspricht aber auch durchaus nicht den Tatsachen,
dass die Anschauungen vieler Pferde auf die Formel $AZ \ldots NZ$
zurückgehen. Denn wenn auch in je zwei Anschauungen ein
Teil gleicher und ein Teil ungleicher Elemente sich zeigen
werden: so ist doch das Gleiche nicht constant Z, wie die Formel annimmt; sondern hier sind zwei Pferde gleich durch Farbe
und ungleich durch Größe, dort umgekehrt u. s. w. Wir hätten
also die Formel zu setzen AB, BC, AD u. s. w.

95. Sollte also Verschmelzung nicht in Folge von Verflechtung eintreten? Und was denn an ihrer Stelle? Ein Kind
kenne ein Pferd. Es sehe ein anderes, aber an Farbe und
Größe verschiedenes. In der ersten Zeit wird es die Verschiedenheit, wenn sie nicht auffallend ist, nicht beachten, und die

Verschmelzung wird vollständig eintreten wegen mangelhafter Auffassung. Die beiden Pferde sind nicht AZ und BZ, sondern bloß Z und Z'. Anfangs würde es beide Pferde, selbst wenn sie neben einander stehen, nicht unterscheiden können, sondern als zwei gleiche auffassen; wenn es aber die Sinne genug geübt hat, um bei solcher Vergleichung gegenwärtiger Dinge die Verschiedenheit zu sehen, so ist es doch nicht im Stande, wenn es nur das zweite sieht, das erste so vollständig und klar zu reproduciren, um die Verschiedenheit zu merken. Vor dem AZ, das gegenwärtig ist, kann das BZ' sein B' gar nicht zur Geltung bringen, und so verschmelzen doch AZ und BZ', trotz ihrer Verschiedenheit, zu AZ'; das B' hemmt nicht und geht einstweilen verloren. Insofern aber doch AZ und BZ' aus einander gehalten würden, etwa durch das Merkmal des Ortes oder der Zeit, würde BZ' verfälscht und in AZ' umgewandelt, die Erinnerung würde veruntreut. So ergeht es auch uns bei gleichgültigen Dingen, deren Abänderung wir nicht merken. Oft genug sagt man uns: „bemerkst du nicht eine Veränderung?" und wir müssen erst auf solche aufmerksam gemacht werden, finden sie sogar auch dann noch oft nicht von selbst.

96. Nehmen wir an, die abweichenden Warnehmungen von Dingen derselben Art mehren sich, und setzen wir für dieselben dreigliedrige Factoren: ABC, ABD, ACD, BCD, ABZ, ACZ, ADZ u. s. w., so wird bei der Production z. B. von ADZ die Erinnerung ABZ' und ACZ' sich nach dem gegenwärtigen ADZ umgestalten; das B' und C' hemmen einander, und eben darum hemmen sie die Verschmelzung des Restes AZ und AZ' gar nicht, sondern bleiben wirkungslos und gestatten ihre Ersetzung durch D, d. h. die Fälschung von ABZ' und ACZ' zu ADZ'.

97. Es erfolgt also in Fällen wie in dem eben betrachteten, bei gleichgültigen oder geringen Abweichungen des Anblicks von der Erinnerung, eine Verschmelzung in Folge einer verfälschten Reproduction, und eine solche verfälschte Reproduction heisse: Unterschiebung.

Bekannt ist, dass Personen, die beisammen leben, wie Ehegatten und Familienglieder, oder die wenigstens viel mit einander verkehren, sich oft sehen, die allmählichen Veränderungen des Aussehens nicht bemerken. Es wird dem Manne schwer oder unmöglich, sich zu vergegenwärtigen, wie die Leute, mit denen er zusammen groß geworden ist, aussahen, als sie klein waren. Der Mann merkt nicht, wie seine Gattin, und diese nicht, wie er ein immer älteres Gesicht bekommt, gerade wie auch der Mensch an sich selbst die allmähliche Änderung um so weniger bemerkt, je öfter er sich in dem Spiegel sieht. Nur wenn wir einen Bekannten längere Zeit nicht gesehen haben, finden wir ihn äußerlich anders geworden. Von Tag zu Tag nämlich wird beim Anblick der Person die Erinnerung nach der gegenwärtigen, abgeänderten Warnehmung abgeändert. Wo der fortlaufende Anblick nicht stattfindet, wo man Jemand erst nach Anhäufung einer großen Summe kleiner Veränderungen wiedersieht, da ist die Unterschiebung nicht möglich.

98. Sie kommt auch in Fällen von ganz andrer Bedeutung und ganz andrem Inhalt vor. Hierher gehören nämlich die nicht seltenen Fälle einer scheinbaren, bloß eingebildeten Erinnerung. Indem wir irgend etwas sehen oder hören oder reden, ist uns, als hätten wir dies genau so schon einmal gesehen, gehört, geredet. Die Erklärung dieser Täuschung ist darin gefunden, „dass von der jetzt gegebenen Vorstellungsreihe eine beträchtliche Anzahl von Elementen und zwar in analoger Anordnung und gleichen Abständen wirklich in der Erinnerung gegeben war; z. B. wenn für die Reihe A bis K etwa wirklich ABrDEsGHIt gegeben war" (Lazarus, in der Zeitschr. f. Völkerpsych. V. S. 146). Der letztern Reihe schiebt sich hier die Reihe A . . . K unter und will als Erinnerung mit dem gegenwärtigen A . . . K verschmelzen.

99. Diese Unterschiebung kann eintreten, muss es jedoch nicht, und kann in verschiedenem Grade eintreten. Wenn sie vollständig ist, so wird man sich des Irrtums gar nicht bewusst, der ja auch durchaus gleichgültig sein kann. So bemerken wir die allmähliche Veränderung der Dinge und Personen nicht, mit denen wir fortwährend verkehren, weil wir von Tag zu Tage je nach der Warnehmung unsere Erinnerung umgestalten. Nach längerer Zeit gelingt es wohl gelegentlich, die festgebliebene Erinnerung an einen älteren Augenblick treu zu reproduciren und nun den Abstand von der Gegenwart zu ermessen. Nach zehnjähriger Ehe z. B. kann sich der Ehemann wohl vergegenwärtigen, wie seine Frau am Hochzeitstage aussah und kann die Verschiedenheit genau bemerken. — Ferner, auf den ange-

führten Fall zurückkommend, wir glauben zwar, etwas schon
gesehen oder gehört zu haben, haben aber daneben doch den
Zweifel, ob dies wohl wirklich geschehen ist, weil wir uns nicht
darauf besinnen können, wo oder wann oder wie es geschehen
sein sollte. Dann werden, wenn auch die Umbildung und die
Verschmelzung völlig eingetreten ist, dennoch bald die besondern, abweichenden Elemente der Reproduction sich zunächst
nur schwach, bald immer mehr und mehr geltend machen, bis
endlich die begonnene Verschmelzung wieder aufgelöst wird, indem man sich der Unterschiebung, der Verwirrung bewusst wird.

100. Wir werden demnach behaupten: verflochtene Verbände, welche in einem Teil ihrer Elemente gleich, in einem
andern Teile aber ungleich sind, verschmelzen dann, wenn
erstlich die beiden Verbände von ungleicher Macht im Bewusstsein sind*), und wenn zweitens die ungleichen Elemente des
schwächern Verbandes wiederum innerhalb desselben von geringerer Macht sind als die gleichen, sei es, weil sie an Zahl,
oder weil sie an Wichtigkeit geringer sind**). Dann tritt näm- .
lich die Verschmelzung ein, indem das ungleiche Element des
schwächern Verbandes mit seiner die Verschmelzung hemmenden Kraft von dem gleichen überwältigt und untätig gemacht
wird. Bei mehr als zwei verflochtenen Verbänden wird die
hemmende Wirksamkeit der besondern Elemente auch dadurch
gestört, dass sie sich selbst gegenseitig hemmen und untätig
machen. Sind viele Verbände so verflochten, so kann nach
und nach vielleicht jedes Element so ausgestoßen werden; aber
eben darum geht auch keins verloren, da, was diesmal unterdrückt ist, nächstens in die Verschmelzung eintritt. Wenn
z. B. vor der Warnehmung ABZ die Erinnerung ABD′ sich in
ABZ′ umgestaltet hatte und D verloren gegangen war, so wird
bald darauf durch die Warnehmung ADZ das D wieder hergestellt. Ist aber ABZ, ADZ u. s. w. einmal gegenwärtig gewesen
als Warnehmung, so wird auch bei wiederholter Warnehmung
derselben entsprechend nur je ABZ′, ADZ′ u. s. w. reproducirt,
aber derartig, dass, weil B′, C′, D′ nicht hemmend wirken, z. B.

---

*) Über diese Macht der Vorstellungen im Bewusstsein wird später die
nötige Erklärung gegeben werden.

**) Auch über „Wichtigkeit" später.

bei Gegenwart von ADZ nicht nur ADZ', sondern auch ABZ', ACZ', u. s. w. zu dem einen Producte ADZⁿ verschmelzen, und dann wieder z. B. bei ABZ ebenso auch ACZ', ADZ' u. s. w. als die verschmolzene Masse ABZⁿ auftreten. Erscheinen aber ABZ, ABD und ADZ gleichzeitig neben einander vor den Augen, so wird dadurch die Verschmelzung nicht aufgehoben; sondern nur die Möglichkeit der Verschiedenheit einer und derselben verschmolzenen Masse oder die Möglichkeit des Wechsels eines Elementes in einer Masse von Qualitäten wird erkannt, wodurch sich die Auffassung des im Einzelnen Verschiedenen, aber wesentlich immer Gleichen bestärkt.

101. Und dieses Verflechtungs-Verhältniss, wonach ABC, ABD, ACD, BCD, ABZ, ACZ, ADZ u. s. w. jedes nicht nur sich selbst, sondern auch sämmtliche andre derartig reproducirt, dass sie immer nur als eine und dieselbe Verschmelzungsmasse gelten, welche der jedesmaligen Production entspricht, dieses ist es, worauf die Art-Begriffe des gemeinen, niedrigen Bewusstseins beruhen. Solche Verflechtung und demgemäß solcher Art-Begriff ist nicht ein festes Gedanken-Erzeugniss, eine gewisse Menge von bestimmten Merkmalen als Einheit gedacht; sondern er bezeichnet die Anerkennung der Möglichkeit des Wechsels derselben Erscheinung innerhalb gewisser Schranken, oder die Fähigkeit, ein Einzelwesen als ähnlich und wesentlich gleich mit vielen andern unwesentlich verschiedenen Einzelwesen zu erkennen. Der gemeine Art-Begriff ist nicht ein bestimmter (logischer) Inhalt, sondern eine Form der Auffassung oder eine Function. Über die Schranken soll bald (106) Näheres bemerkt werden.

102. Die Verflechtung zeigt noch einige andre Verhältnisse, die wir kurz erwähnen müssen. Wir haben bisher eine Veruntreuung der Erinnerung eintreten sehen, die durch die vielfachen Wendungen ihre Ausgleichung und Correctur erfährt. Aber auch das Umgekehrte kann eintreten, dass nämlich die Erinnerung treu bleibt und damit die Kraft erlangt, die Wirksamkeit der gegenwärtigen Warnehmung abzuschwächen und umzugestalten, die Gegenwart nicht zu ihrem vollen Rechte gelangen zu lassen. Dann wird die Production durch die Reproduction veruntreut; obwohl z. B. ADZ objectiv gegeben ist, so wird es doch für ABZ genommen, weil bloß ABZ' zur Reproduction

sich darbietet und dieses mit überwiegender Kraft wirkt, welche es z. B. aus der Gewohnheit gewinnt. Man hat wirklich tausend Mal ABZ gesehen; so glaubt man es jetzt wieder zu sehen und beachtet nicht, dass in der Tat ADZ vor uns steht. Hatten wir vorhin eine Unterschiebung, so haben wir in diesem Falle eine Übertragung aus dem Reproducirten in das Producirte. Dies ist ein häufigst eintretender Grund für Irrtum und Geistes-Trägheit, während die Unterschiebung geistige Leichtfertigkeit bewirkt.

103. Endlich aber kann die Abwandlung, welche bei der Verflechtung der Vorstellungsverbände die Reproduction durch die Production oder umgekehrt diese durch jene erfährt, auch so vor sich gehn, dass das Erinnerungsproduct ABC' bei gegenwärtigem ABCZ zu ABCZ' ergänzt wird, oder umgekehrt die Warnehmung ABC durch das erinnerte ABCZ' zu ABCZ' Dies wäre ein Hineintragen. Ein solcher Process müsste zwar, insofern er, der psychologischen Tatsache nach, einen bestimmten Verband von Vorstellungen durch einen andern ersetzt und mit ihm vertauscht, eine Veruntreuung entweder der Warnehmung oder der Erinnerung heißen; er kann aber in Hinsicht auf objective Erkenntniss durchaus das rechte Ergebniss herstellen. Dies ereignet sich überall, wo wir etwas, obwohl wir nur halb hinsehen und halb hinhören, und darum unvollkommen warnehmen, dennoch das Ganze richtig erfassen, indem die Reproduction das Fehlende an der Warnehmung richtig ergänzt, wie z. B. beim Lesen, wo wir kaum die Hälfte der Buchstaben wirklich sehen, die andre Hälfte in die Warnehmung hineintragen. Der Fall des Irrtums, wo wir nämlich falsch ergänzen und uns versehen, ist freilich nicht ausgeschlossen; dann lesen wir falsch. Überall geht es uns ja mit der Verschmelzung so, dass sie uns in der Erkenntniss bald fördert, bald irren lässt.

104. Dass zur Bildung des Art-Begriffes im gemeinen Bewusstsein nicht nur Unterschiebung, sondern auch Übertragung und Hineintragung wirkt, ist leicht ersichtlich. Wenn nun aber alles dies offenbar nur in gewissen Schranken geschehen darf und geschieht, so entsteht die Frage: da alle Warnehmungen, die wir haben und haben können, mit einander, wenn auch noch so mittelbar, verflochten sind, warum schmelzen sie nicht unterschiedslos zu e i n e m Artbegriff zusammen? Oder:

wenn die Verschmelzung in Folge bloßer Verflechtung doch ihre Schranken hat, woher hat sie diese?

105. Bevor wir an diese Frage gehen, wollen wir nur einen Blick auf unsere anfängliche Berechnung (92) zurückwerfen, nach welcher das Ergebniss der Verflechtung für das Bewusstsein Null sein sollte. Ich denke, wir erkennen jetzt, worin wir geirrt hatten, und inwiefern wir doch auch Recht hatten. Wir hatten unter der Voraussetzung gerechnet, dass jedes Element der verflochtenen Verbände an sich die gleiche Leichtigkeit habe, in das Bewusstsein zu kommen, und darum die gleiche Macht, alle übrigen zu hemmen. Setzen wir einen Menschen, welcher Erinnerungen von Pferden in mehrfacher Verschiedenheit in sich trägt, die alle für das Bewusstwerden die gleiche Sprungkraft hätten, alle gleich sicher, deutlich und lebhaft wären; ihm werde (nicht eine Warnehmung, sondern nur) eine allgemeine Veranlassung zur Reproduction gegeben, z. B. das Wort „Pferd". So würde wirklich der Fall eintreten, dass er im ersten Augenblicke keine Anschauung reproduciren kann. Freilich würde wohl bald die eine oder die andere frühere Anschauung eine besondere Begünstigung erfahren und reproducirt werden. Wir sind aber alle in einer Lage, die von dieser Annahme wenig verschieden ist, und vielleicht konnte oder kann der Leser bei dieser Gelegenheit erfahren, dass er erst nach einiger Zeit und einigem Schwanken sich die bestimmte volle Anschauung eines Pferdes reproduciren konnte, ein schwarzes, braunes u. s. w. Die mehrfache Möglichkeit hinderte die Verwirklichung einer ausschließlichen wirklichen Anschauung. Dagegen erhält bei der sinnlichen Warnehmung z. B. eines Schimmels die Reproduction dieser Anschauung eine so entschiedene Förderung, dass die schwarze und braune Farbe ganz untätig, unerinnert bleibt. Dass aber der niedrige Art-Begriff nur die mehrfache Möglichkeit, also ein Wechsel der Anschauung ist: ABC' oder ABD' u. s. w., das beweist wohl jeder Ungebildete, der auf die Frage: „was ist ein Pferd?" gar keine Antwort gibt, außer mit dem Finger auf ein Pferd zeigend: „das ist ein Pferd", und dann etwa auf ein andres zeigend: „und das ist ein Pferd". Sein Bewusstsein springt unvermittelt über aus der leeren Allgemeinheit, welche für ihn nur vielfache Möglichkeit des Wirklichen ist, zur einzelnen Concretion. So

antworteten die attischen Jünglinge mit ihrer geübten Fähigkeit
concreter Anschauung auf die Frage des Sokrates: was ist
schön? mit dem Hinweis auf ein schönes Pferd, ein schönes
Mädchen. Unter uns heute, da die Abstraction viel geübter
ist, wird man häufiger bemerken, dass auf die Frage: was ist
ein Pferd? Die Antwort gegeben wird: ein Pferd ist ein Tier.
Es wird überhaupt bei der Definition die allgemeinste Classe
genannt, in welche ein Wesen gehört, weil man von den differenzirenden Merkmalen, da sie sich einander hemmen, kein Bewusstsein hat. Auch ein Hund, ein Esel ist ein Tier, ein Sperling, ein Karpfen, eine Fliege u. s. w. — Wenn nun aber alle
diese gemeinen Begriffe so inhaltsleer sind, warum verschmelzen
sie nicht zu dem einen Begriffe Tier? Oder, wenn es auch
bloße, jedoch bestimmte Functionen sind, woher ihre Verschiedenheit? Dies ist ja aber nur die schon (104) aufgestellte
Frage, zu deren Beantwortung wir jetzt schreiten.

106. Wenn also der niedrige, ungebildete Art-Begriff bloß
die Erkenntniss des Wechsels von Möglichkeiten innerhalb eines
bestimmten Kreises ist: welches Moment oder welche geistige
Macht bestimmt die Grenzen dieses Kreises? Warum könnte
nicht die Formel ABC, BCD, CDE, so fortgesetzt werden, dass
schließlich auch DEF und XYZ mit ABC ohne Hemmung oder
nach einer solchen verschmilzt? Beispielsweise: warum verschmilzt
die Anschauung eines Hundes nicht mit der eines Pferdes?
Und nun auch umgekehrt, warum verschmelzen so verschiedene
Anschauungen vom Pferde trotz ihrer Verschiedenheit mit einander? oder wie kommt es, dass ABZ und ADZ′ verschmelzen,
ohne dass B und D ihre hemmende Kraft geltend machen können? Wird diese Hemmung, die doch nicht vernichtet wird,
die doch im Gegenteil so weit reichen kann, dass die Unterscheidung von B und D, und also von ABZ und ADZ′ wirklich
vollzogen wird, — wird diese Hemmung bloß von der Ver-
schmelzungskraft des AZ und AZ′ überwunden? Und da dieses
AZ und AZ′ doch nicht in allen Fällen, auch wenn es mit irgend
beliebigen verschiedenen Elementen verbunden ist, die Kraft hat,
dieses dritte Element auszustoßen und so oder so zu ersetzen:
wo liegt die Schranke?

Ein Kind im zweiten Lebensjahre unterscheidet Hunde und
Pferde und erkennt und unterscheidet sie auch im Bilde, er-

kennt und unterscheidet Mann und Frau und Knaben und
Mädchen in Wirklichkeit und im Bilde. Was ist denn nun
verschiedener? Pferd und Hund? oder wirkliches und gemaltes
oder aus Holz geschnitztes Pferd? Hund und Pferd unterscheidet das Kind absolut, d. h. als verschiedene Art; aber das
wirkliche und gezeichnete oder geschnitzte Pferd nur relativ —
— relativ, d. h. unter Verschmelzung mit Hemmung. Denn
es ist undenkbar, dass das Kind Bild und Gegenstand durchaus nicht unterschiede, das Bild dem Wirklichen völlig gleich
nähme. Das Gegenteil wird sich beweisen lassen. — Hieraus
schließe ich aber, dass das Bild eine entscheidende Macht im
Bewusstsein des Kindes habe in Bezug darauf, ob zwei Verbände mit oder ohne Hemmung verschmelzen und zu diesem
Behufe Unterschiebung, Übertragung, Hineintragung erleiden
sollen, oder ob sie im Gegenteil fest auseinander gehalten und
zur Bildung zweier Art-Begriffe verwendet werden sollen. Das
Bild, species, ἰδέα, d. h. die Form, reicht also als len-
kende, gestaltende Macht des Bewusstseins in die ersten, die
kindlichen Anfänge der Bildung zurück. Diese Form ist nicht
der volle Inhalt einer Anschauung, sondern nur der einheitliche
Charakter vieler Warnehmungen, ein Typus.

107. Worauf beruht denn nun aber dieses Bild, welches
ursprünglich den Art-Begriff bildet und den Inhalt desselben
ausmacht? Ist es etwa eine innere, apriorische, reine Anschauung vor der empirisch gegebenen? eine außerhalb der
Warnehmungen bestehende transscendente Anschauung? Von
all' dem nichts. Es ist nicht ein für sich bestehender Inhalt;
es ist eine reine Energie, die nur in den einzelnen Warnehmungen wirklich wird, nur ihnen immanent bleibt, für sich aber
gar nicht besteht. Es umschließt weder Farbe, noch Größe,
noch Stoff; denn bildet ein Pferd aus Wachs oder Ton, groß
oder klein, himmelblau oder hochrot — das Kind wird es erkennen, wenn es ein gutes Bild ist, eine gute Zeichnung hat.
Nur auf den Verbindungsmerkmalen beruht dieses schöpferische
Bild. Nicht durch das AZ von ABZ, ADZ u. s. w. wird es erzeugt, sondern nur durch die Form der Verbindung von A und
Z wie von B und D. Weil B und D, die schwarze oder
braune Farbe, in ABZ, ADZ u. s. w. in gleicher Weise mit AZ
verbunden sind, darum ist AZ im Stande, je nach der Lage der

Sache B und D mit einander zu vertauschen, ja bloß B oder D aus sich zu reproduciren. Daher stört es uns auch nicht im Kunstgenusse, dass die Bildsäule eines Menschen in Marmor oder Erz nicht die Farbe des menschlichen Leibes und der Kleider hat. Ein Bild sei ABCDE ... Z, das Abgebildete ABCDF ... Z', wo E und F' die verschiedenen Farben bedeuten. Die Inhalte von E und F' hemmen sich, ihr Verbindungsmerkmal aber ist dasselbe; also wird der Inhalt von E ganz wirkungslos, um so wirkungsloser, je verschiedener von F'. Wird im Gegenteil eine Nachahmung der Naturfarbe gesucht, so ist die Hemmung von E und F' gering; F' tritt neben E in das Bewusstsein, und der Widerstreit beider stört den Genuss.

108. Reine Energie sein, heisst: bloße Weise der Verbindung. Natürlich kann sie niemals sein ohne Verbundenes und kommt dem Ungebildeten nicht zu Bewusstsein.

109. Wie sollte der Begriff Farbe entstanden sein? Durch Verschmelzung aller Farben? Das wäre ja undenkbar. Niemals können zwei Farben, die als zwei vom Bewusstsein erfasst sind, zu einer verschmelzen. Aus den Anschauungen oder Vorstellungen Blau und Gelb kann nie etwas andres werden als Blau und Gelb. Aber mit einander verflochten sind sie, sowohl als Producte eines und desselben Sinnes, wie auch als objectiv gleichartig bestehend, d. h. als subjectiv und objectiv gleich verbunden mit andern subjectiven und objectiven Momenten; und darum sind sie mit einander associirt. Das sind sie, bevor der Begriff Farbe entstanden ist, und der gerade erst durch die Verflechtung hervorgetrieben wird. Von Bild, Gestalt der Farbe kann hier nicht wohl die Rede sein, obwohl Idee der Farbe nichts andres bedeutet. Doch kommt es darauf nicht an. Wesentlich verhält es sich mit dem Begriffe Farbe, Ton, Geschmack u. s. w. nicht anders als mit dem von Pferd. Allerdings tritt durch die Verflechtung der Farben, Töne u. s. w. mit einander bei ihrer Reproduction durch einander beinahe ganz das ein, was wir oben anfänglich als notwendigen Erfolg berechneten, nämlich dass nichts reproducirt wird, wegen der durchgreifenden gegenseitigen Hemmung, Wenigstens geht aller bestimmte Inhalt, der eine Farbe zu gerade dieser Farbe macht, verloren. Es sei Rot RF, Blau BF, Gelb GF u. s. w., wobei R, B, G u. s. w. die specifische Qualität, den besondern Inhalt der

Farbe bezeichnen, F aber die Form der subjectiven Production der Farben und die Form der objectiven Existenz derselben darstellen: so müssen RF, BF, GF u. s. w. vermöge des F sich verflechten. Bei der Reproduction aber dieser Verflechtung müssen sich B, R, G u. s. w. derartig hemmen, dass sie nicht bewusst werden; nur F tritt ins Bewusstsein als Vertreter von BF, RF, GF u. s. w., und nur F ist der Inhalt der Vorstellung Farbe überhaupt; F ist aber eben nur das Verbindungsmerkmal. — Ebenso ist es mit gut und schlecht, heute und gestern und morgen u. s. w., u. s. w., und mit den Bewegungen: laufen, gehen, bewegen, heben, stoßen u. s. w., u. s. w. mit den Consonanten B und P u. s. w., den Vocalen I, A, U etc., sie sind associirt vor der Erkenntniss der Lautlehre.

110. Übrigens darf man von der Macht dieses Bildes, dieser *ἰδέα*, des Typus der Art, sich doch keine übertriebene Vorstellung machen. Es treten andre Hülfsmittel zur Sonderung hinzu; vor allem das Wort. Es ist mir doch sehr zweifelhaft, ob ein Kind Hund und Pferd von einander unterscheiden würde, wenn es nicht das Wort für beides erhielte, zunächst in der Gestalt von Wau-Wau und Hü-Tü. Der Beweis dafür liegt wohl darin, dass ein Kind niemals seine Scheidungen weiter treibt, als seine Muttersprache tut. Auch das ist lehrreich, dass ein Kind, wo es von seiner Sprache verlassen wird, d. h. selbst wo nur sein Wortschatz noch nicht ausreicht, in der Tat Verschmelzungen des Verschiedenen durch übermäßig ausgedehnte Übertragung eintreten lässt. So nannte, wie mir erzählt wurde, ein Knabe von über drei Jahren das Bild eines Engels „die grosse Gans"; und aus eigner Beobachtung weiß ich, dass ein Mädchen von eben zwei Jahren das Bild geisterhafter Frauen-Gestalten mit langen von der Schulter herab wallenden Gewändern „Vogel" nannte. Ein Vierteljahr später nannte es wachsendes Getreide im Bilde: Baum. Wieder einen Monat darauf nannte es schwimmende Schwäne: Fische. Drei Wochen später nannte es eine auf einem Hause flatternde große Fahne einen Schimmel, und meinte: er springt. Vierzehn Tage später nannte es die Segel eines Kahnes: Gardinen. Noch in derselben Woche nannte es abermals beim Anblicke eines Bildes, auf dem ein Hôtel dargestellt war und auf dessen Spitze eine flatternde Fahne, die letztere einen „Schimmel". Wieder

vier Wochen später, also nun drittehalb Jahr alt, nannte es einen gemalten Mohren mit gelbem Kleide einen Löwen. Im Alter von 3 Jahren 5 Monaten nannte es mein Stehpult: Tisch.

111. Wunderbar bleibt bei all solchen Irrtümern die Macht des Wortes. Der Wortlaut, den das Kind mit dem Gehörorgan aufnimmt, treibt seine Phantasie an, die Typen der Arten immer sicherer festzuhalten, so dass es zwei Arten, für welche es die Wörter gewonnen hat, sicherlich nicht wieder verwechselt. Der Knabe, der einmal gelernt hat, was ein Engel ist, wird ihn nie wieder mit einem Vogel verwechseln. So ursprünglich wirksam ist die platonische Idee, und so ideen-erzeugend ist das Wort!

f) Richtung der Association.

112. Es ist in der Seele alles mit einander verbunden, was entweder in der objectiven Wirklichkeit (insofern sie erkannt ist) oder in der vom Menschen gestalteten Gedankenwelt in Zusammenhang mit einander steht, oder was aus beiden Welten in einander übergreifend zusammentritt. So geht ein Zusammenhang durch alle Elemente der Seele hindurch in mannichfachen Weisen.

113. Ursprünglich sind die Verbindungen unbewusst. Sie treiben aber selbst zur Bewusstheit. Die verbundenen Anschauungen von Pferden erzeugen, wie wir gesehen haben (104—111), den Begriff Pferd; die verbundenen Vorstellungen von den Tier-Arten erzeugen den Begriff Tier. Das Streben der fortschreitenden Bildung ist nun gerade darauf gerichtet, einerseits den realen Zusammenhang der Objecte zu erkennen, und andrerseits damit zugleich zwischen allen geistigen Elementen des Subjectes eine entsprechende Beziehung zu stiften. Beides geschieht, indem die unbewusst gewordenen Verbindungen bewusst gemacht werden. Schon hieraus ist ersichtlich, dass mit der steigenden Bildung das Wachstum der Verbindungen gegeben ist. Die Wissenschaft aber sucht auch da Verbindungen auf, wo sie noch nicht unbewusst entstanden sind, erzeugt also mit Bewusstsein Verbindungen, deren Sinn und Inhalt sie in neu geschaffenen allgemeinen Begriffen ausspricht. Und wie theoretisch, so wird praktisch (und also bewusst) manche Ver-

bindung hergestellt. So sind die Vocale unter einander und
eben so je eine Classe der Consonanten verbunden durch die
Erkenntniss ihrer gemeinsamen Natur; das Herabrollen des
Steines und das Fließen des Wassers, der Fall des Steines und
die Bewegung der Erde um die Sonne durch Gleichheit des Gesetzes; Stein und Holz als Baumaterial; Butter und Brod u. s. w.

114. Auch durch doppelten und dreifachen Grund wird
Verbindung erzeugt. Sobald der Begriff des Sprichwortes gebildet ist, sind alle Sprichwörter verbunden; solche von ihnen
aber, die aus dem Tierleben gegriffen sind, sind es noch besonders; solche aber von letztern, die auch gleichen Sinn haben,
würden noch durch einen dritten Grund verbunden sein (Ztschr.
f. Völkerpsych. I, 114). So weit aber die Verbindung reicht,
reicht auch die Kraft der Association. Wenn nun eine Verbindung mehrfach begründet ist, so wird die Association um so
fester. Die Reihe der Wörter in einem Gedichte z. B. ist sowohl durch die grammatischen Gesetze und den Zusammenhang
des Gedankens wie durch den Rhythmus bestimmt und prägt
sich darum leichter und fester ein, als eine Wortreihe, die nur
durch die eine dieser Rücksichten bestimmt wird oder gar als
eine ganz zusammenhangslose Reihe von Namen.

115. Die Stärke der Verbindung ist um so größer, je
wesentlicher (54), je mehrseitig, je inhaltsreicher sie ist; die
Association nun, d. h. die Wirkung der Verbindung auf die
Erinnerung, steht mit jener Stärke in geradem Verhältniss. Sie
gewinnt aber nicht bloß durch das Gewicht der Verbindungs-
Verhältnisse, sondern auch durch Übung, Wiederholung, Gewöhnung (90). Der Knabe, der sich lateinische Vocabeln einprägen will, kann die Verbindung von panis und Brod nicht
fester machen, als sie beim ersten Kennenlernen des Wortes
sich bildet; aber die Association sucht er zu kräftigen durch
öfteres Wiederholen der Vocabeln.

116. Hierbei ist noch Folgendes zu bemerken. Wenn
zwei Vorstellungen A und B mit einander associirt sind, so ist
doch die Kraft, einander zu reproduciren, nicht in beiden gleich:
A kann vielleicht nicht so sicher und schnell B in Erinnerung
bringen, als umgekehrt B an A erinnert. Bekannt ist, dass beim
Vocabellernen das fremde Wort leichter in das einheimische
übersetzt wird, als umgekehrt. Wenn für die Associationen

überhaupt das Gesetz gilt, dass ihre Reproductionskraft in
geradem Verhältnisse zur Stärke der Verbindung und zur Übung
und Gewohnheit steht, so gilt für die gegenseitige Reproduction
der beiden Glieder einer Association vielmehr das Gesetz:

> die Reproductionskraft jedes der beiden Glieder steht
> in umgekehrtem Verhältnisse zur Vertrautheit mit ihm
> und zu seiner Wesenhaftigkeit oder Selbständigkeit
> (vergl. 54. 55).

117. Wie es scheint, lassen sich die hierher gehörigen
Verhältnisse aus einem gewissen Trägheitsgesetz in folgender
Weise ableiten:

1) Weil das einheimische Wort gewohnter ist, darum hat
es geringere Reproductionskraft für das fremde als dieses für
jenes. Anders ausgedrückt: die Leitungsfähigkeit des Bewusstseins ist größer vom fremden Worte auf das einheimische als
umgekehrt von diesem auf jenes. Dies beruht darauf,

> dass die Seele leichter aus dem ungewohnten Zustande
> in den gewohnten zurückkehrt, als sich umgekehrt aus
> dem gewohnten in den ungewohnten bewegt.

2) Werkzeuge und Materialien (Mittel) erinnern leichter an
den Zweck als dieser an jene. Beim Anblick von Bauholz und
Bausteinen werden wir an ein Gebäude erinnert, das daraus aufgeführt werden soll; bei der Besichtigung eines Hauses dagegen
denken wir nicht an das Material, aus dem es besteht. Messer
und Gabeln und Teller erinnern an Speise, diese nicht so unmittelbar an jene.

> Denn die Seele folgt leichter dem Gange der wirklichen
> Bewegung, als sie die rückläufige Bewegung vollzieht.
> Auch kommt die Seele im Zwecke zur Ruhe, in der
> sie gern verharrt, während sie durch die Mittel angereizt
> wird, die Bewegung, welche vermöge der Mittel ver-
> anlasst wird, zu verfolgen.

3) Das selbständigere Object reproducirt schwerer das un-
selbständige, z. B. das Ganze reproducirt schwerer die Teile,
als umgekehrt.

> Denn im Gedanken des Ganzen ruht die Seele, während
> die Vorstellung des Teiles sie zum Ganzen treibt, ohne
> welches er gar nicht zu denken ist.

Daher ist es (nach Erfahrungen an mir) sehr schwer, fast

schmerzhaft, in müßigen Augenblicken, wo der Geist unbeschäftigt ist, wenn einem eine Melodie einfällt, diese abzubrechen und nicht bis zu Ende zu singen, wenn auch nur stumm, bloß im Kopfe. Hier wirken die beiden Gesetze 2 und 3 zusammen; denn die Melodie ist ein Ganzes von Teilen, welche in fortschreitender Bewegung sind.

118. In wie vielen Fällen aber auch diese Gesetze, welche als besondre Formen eines psychischen Trägheitsgesetzes erscheinen, sich bestätigen mögen, nähere Betrachtung führt doch darauf, dass sie durch Übung und Gewohnheit nicht bloß häufig durchkreuzt oder auch unterstützt, sondern geradezu erst begründet werden. Alle psychologischen Vorstellungsverhältnisse (und die Association ist etwas rein psychologisches) sind subjectiv. Niemals hat eine Vorstellung eine ihr selbst angehörende, bloß in ihrem Inhalt liegende, mit diesem gegebene Macht, eine Macht, die etwa ursprünglich dem äußern Objecte selbst entstammte. Worin also die Seele ihre Ruhe finden soll, das hängt nicht vom Objecte, von dem Inhalte der Vorstellung ab, sondern ist subjectiv, durch Gewöhnung und Interesse bedingt. Das fremde Wort hat darum größere Reproductionskraft für das einheimische, weil sein ganzer Wert auf dieser Association beruht, ohne welche es ein leerer Klang wäre; das einheimische Wort dagegen hat durch früheste Association nicht nur an sich, ohne das fremde Wort, seinen hinlänglichen Wert, sondern dieser wächst auch nur wenig durch die neue Association mit dem fremden Worte. Übung jedoch hebt den Unterschied auf, und báld genug vermag „Mensch" eben so sicher „homo" zu reproduciren, als es durch dasselbe reproducirt wird. Diese Übung wird absichtlich angestellt, während freilich sachgemäß oder ursprünglich es gar nicht Aufgabe des einheimischen Wortes ist, das fremde zu reproduciren. Eben so mag es sein, dass die Mittel den Zweck reproduciren, nicht umgekehrt, aber nicht weil der Seele objectiv diese Bewegungsrichtung die leichtere oder angenehmere wäre, sondern weil sie die gewohnte ist, weil das Mittel nur den Sinn hat, einem Zwecke zu dienen, dieser aber seinen Wert durch den bereiteten Genuss in sich trägt; also weil der Zweck subjectiv das Wichtigere ist. Wenn es sich um Ursache und Wirkung handelt, so wird wohl zugestanden werden, dass gerade umgekehrt die Wirkung leichter

an die Ursache erinnert oder sie suchen lässt, als umgekehrt die Ursache die Wirkung. Hier geht also die Seele von der Vorstellung des Zustandes, des Gewordenen, des Ruhenden rückwärts, um ein Werden, eine Tätigkeit vorzustellen, also eine Bewegung zu vollziehen. Aber auch nicht immer tritt dies ein; sondern häufig nimmt der Mensch Zustände war, ohne nach der Ursache zu fragen. Eben nur wo wir gewöhnt sind, Zustände als Wirkungen aufzufassen, denken wir die Ursache hinzu oder suchen sie auf. Aber wir erkennen auch manches als gefahrdrohend, d. h. wir sehen es als mögliche Ursache einer gefürchteten Wirkung an.

119. Mit all dem werden die obigen Gesetze nicht aufgehoben, aber näher dahin bestimmt:

Was der Seele als Ruhepunkt gilt, hängt von der Gewohnheit ab.

120. Gewohnheit und Übung sind also die einzige Ursache der Association. Nun ist aber durch diese jede Vorstellung mit vielen Vorstellungen associirt; es bliebe also die Frage: welche von den vielen Associationen wird wohl in einem gegebenen Augenblicke wirksam werden? Die gewohntere! gewiss. Aber wo auch die Gewohnheit gleich groß ist? Da entscheidet die Absicht, die Richtung des Gedankens. Durch diese aber kann selbst die schwächste Association die stärkste überwiegen. Ohne Absicht wird uns, wenn wir von irgend etwas, von Menschen, von Brod u. s. w. reden, nie die fremde Vocabel dafür einfallen; sie wird aber reproducirt mit Ausschluss jeder andern Association, wenn gefragt wird: wie heisst „Mensch" in dieser oder jener Sprache? und wird nach dem französischen Worte gefragt, so wird nur an dieses, nicht an das einer andern fremden Sprache gedacht werden. Was das aber heiße: Richtung des Denkens, davon später. Also Gewöhnung ist die einzige Ursache der Association, und unter gleich starker Gewöhnung entscheidet für den augenblicklichen Erfolg die Richtung, die Absicht des Denkens.

III.

Unbewusstes in der Seele.

121. Die Forderung, dass auch das, was unbewusst in der Seele sich ereignet, vom Psychologen mit in Rechnung gezogen werde, ist von uns nicht bloß schon ausgesprochen, sondern auch vielfach schon erfüllt. Bevor wir aber weiter schreiten, ist ein deutlicherer Hinweis auf den weiten Umfang des Kreises unbewusster Seelentätigkeit zu geben.

122. Wir sitzen irgendwo, und es fällt uns plötzlich ein, dass wir irgendwohin gehn müssen. Wir schnellen auf vom Sitze, ohne uns zu sagen, dass wir aufstehen müssen, und wir setzen die Beine in Bewegung. Wir sagen es uns nicht, dass wir das eine und das andre Bein abwechselnd mit so viel Kraftaufwand in dieser Richtung heben müssen; aber wir tun es. Während wir gehen, denken wir nicht an unser Gehn. Ist diese Tätigkeit etwa eine rein körperliche Bewegung? ein Pendeln der Beine infolge eines einzigen Anstoßes? Doch wahrlich nicht. Ein seelischer Anstoß wirkt hier ununterbrochen, aber bewusstlos. Diese Tätigkeit des Gehens ist nicht so einfach. Wir sehen eine Pfütze, eine Schranke u. s. w. und umgehen sie; wir sehen eine Rinne, eine Stufe, und erweitern, heben oder senken den Schritt nach Zweckmäßigkeit — unbewusst. Vor zehn Ecken gehen wir vorüber; an der elften biegen wir ein, am rechten Hause bleiben wir stehen — mit Absicht, aber unbewusst. Zuweilen freilich sind wir mit unsern Gedanken so beschäftigt, dass wir weiter gehen, als wir sollten und wollten. Die Wirksamkeit des unbewussten Triebes hätte vor dem gewollten Hause durch Warnehmung desselben gehemmt werden sollen; aber diese Warnehmung ist vor den wachen Gedanken in unserm Bewusstsein nicht zu Stande gekommen.

123. Überhaupt lehren uns unsere Irrungen, wie viel Zweckmäßiges wir ohne Bewusstsein tun. Welch ein unangenehmes Gefühl ist es, wenn wir, eine Treppe im Dunkeln auf- oder absteigend und am Ende derselben angelangt, den Fuß weiter wie zum Steigen setzen. Unbewusst also über unser Tun, richten wir die Bewegung anders ein, je nachdem wir auf ebenem Boden oder aufwärts oder abwärts steigen. — Wir heben eine Wasserflasche.

Wir hielten sie für voll; sie ist aber leer. Welch ein eigentümliches Gefühl haben wir davon im Arm! Das Gefühl einer unnötig und unnütz aufgewanten Kraft. Wir hatten also beim bewussten Anblick der Wasserflasche, gemäß der bewussten Absicht, sie zu heben, unbewusst die Kraft abgemessen, die wir zum Heben aufwenden müssten. Diese unbewusste Bemessung der Kraft war richtig; aber das Bewusstsein mit der Voraussetzung, dass eine volle Flasche vor uns stehe, war irrig. So lehrt uns dieser Irrtum, dass durchweg das Heben eines Dinges von einer unbewussten Schätzung des Gewichts des zu hebenden Dinges und einer unbewussten Messung der aufzuwendenden Kraft begleitet ist, welche Schätzung und Messung nicht zum Bewusstsein kommt, wenn sie übereinstimmt, die aber bewusst wird, wenn der Erfolg die Disharmonie zeigt. — Wir setzen uns zu Tische mit der bewussten Absicht, zu essen; aber Löffel, Messer und Gabel bewegen wir unbewusst. — Wir schreiben; dabei macht die Hand in großer Schnelligkeit sehr bestimmt gemessene, zweckentsprechende Bewegungen, welche sich aber unbewusst regeln. Unbewusst fügt sich die Hand dem Zwecke der Schrift. Der Knabe freilich, welcher schreiben lernt, zieht jeden Strich nach Länge, Dicke und Richtung mit Bewusstsein. Dasselbe tun wir, wenn wir eine neue Schrift lernen oder einen verzierten gotischen Buchstaben mehr zeichnen als schreiben.

124. Ein merkwürdiger, wohl bekannter Fall ist auch folgender. Mancher vermag es, sich des Abends hinzulegen, ruhig zu schlafen und genau um 4 Uhr, oder wann er sich eben vorgenommen hat, aufzuwachen. Viele werden dies nicht so präcis können; sie werden unruhig schlafen, oft aufwachen. Immerhin zeigt diese Tatsache, dass die Absicht, um 4 Uhr aufzustehen, unbewusst im Schlafe wirkt und den Schlaf stört. — Kinderwärterinnen liegen oft im festesten Schlafe; sogar lautes Klopfen und Lärmen, Rufen weckt sie nicht — aber beim leisesten Wimmern des Kindes sind sie munter.

125. Auch nicht bloß im Kreise leiblicher Übungen, sondern nicht minder auf rein geistigem Boden herscht weithin die Bewusstlosigkeit. Die psychologischen Processe, denen die bewussten wie die unbewussten seelischen Erzeugnisse unterliegen, bleiben unbewusst; die metaphysischen Kategorien, die logischen und grammatischen Formen und Regeln, nach denen wir unsere

Gedanken gestalten und darstellen, bleiben unbewusst — selbst dem Metaphysiker und Grammatiker, insofern er nur überhaupt als Mensch denkt und nicht besonders gerade auf jene Kategorien und Formen achtet. Auch kann schon hier ausgesprochen werden, dass nicht nur die Schöpfung der Sprache nach Stoff und Formung unbewusst vollzogen ist, sondern dass auch die so beträchtlichen Wandlungen der Sprachen in vorgeschichtlicher und in geschichtlicher Zeit bis heute unbewusst vor sich gegangen sind. ·Es kann auch hier schon hinzugefügt werden, dass auf der Nichtbeachtung oder Verkennung des Unbewussten in der Seele (da man Unbewusstes nur in der Natur erkannte), der Fehler beruht, die Sprache ein Natur-Product zu nennen. Endlich sei daran erinnert, dass alle eigentlichen Schöpfungen in Dichtung, Wissenschaft und Leben aus der bewusstlosen Tiefe des Geistes stammen, was bald verkannt ward, bald zur Mystik führte.

126. So viel möge genügen zur allgemeinen Hinweisung auf die Weite des Kreises und die Wichtigkeit unbewusster Seelentätigkeit. Und nur dies bleibt noch zu bemerken, dass auch die unbewussten Vorstellungen in Verbindungsverhältnissen stehn, verschmolzen und verflochten sind und sowohl bezüglich ihrer Wirksamkeit auf den Körper zur Veranlassung und Leitung der Bewegungen desselben sich als associirt erweisen, wie auch geistig ihre Verbindungen und Associationen als Gesetz und Trieb regelnd und schöpferisch auftreten. (S. weiter unten öfter, zunächst 140 ff.)

IV.

Apperception.

a) Wesen der Apperception im allgemeinen.

127. Production der Empfindungen in Folge der Reize von außen, ferner Verbindung der Warnehmungs-Producte nach ihren Ursprungsmerkmalen, welche nun Verbindungsmerkmale werden, und Verschmelzung der ihrem Inhalte nach ganz gleichen Producte, endlich Reproduction des gebildeten Inhalts bei Wiederkehr derselben Bedingungen, unter denen derselbe anfänglich entstanden war, und durch Association und Verflechtung: dies

sind die mechanischen Grundprocesse im Seelenleben, in der Welt psychischer Momente. Wie nun aus den einfachen Körpern, den chemischen Elementen, gemäß und mittelst der an ihnen zur Erscheinung kommenden chemischen und physikalischen Kräfte sich eine Welt körperlicher Dinge aufbaut, welche mehr oder weniger zusammengesetzt und gegliedert sind: so entsteht aus den einfachsten Seelenwirkungen, den besprochenen Grundprocessen gemäß und durch sie, im einzelnen Menschen eine mehr oder weniger gebildete Weltanschauung und in den kleinern und größern Gemeinden oder Gesellschaften ein mehr oder weniger umfassender allgemeiner Geist. Auf den höhern Entwicklungsstufen seelischer Entwicklung hören jene elementaren Processe nicht auf, und wie für die Empfindung gilt auch für den Begriff, dass er in Verbindung und Verschmelzung und Association tritt. Je mehr aber die Producte der Seele an Menge anwachsen, um so verwickelter und combinirter werden die zwischen ihnen bestehenden Processe. Diese Verwicklungen und die dadurch hervortretenden Combinationen und Modificasionen der elementaren Processe bedürfen einer besondern Betrachtung. Sie heissen (in Ermangelung eines bezeichnendern Namens mit Anschluss an die ältere Terminologie) Apperceptionsprocesse, im Gegensatze zu den besprochenen Elementar-Processen. Sie verhalten sich zu diesen, wie die eigentümlichen Vorgänge, auf denen das Pflanzen- und Tierleben beruht, sich zu den Gesetzen der Physik und Chemie verhalten. Also: zu der abstracten Mechanik der körperlichen und seelischen Bewegungen muss noch die Betrachtung eigentümlicher Bildungsprocesse hinzutreten, welche zwar durchgängig nur von den elementaren Vorgängen getragen werden, diese aber in besondern Combinationen in sich schließen. Weder im Organismus, noch im höhern Geistesleben erscheint eine neue Kraft, eine Lebenskraft; aber wohl zeigen sich neue Erscheinungen nach neuen Gesetzen.

128. Zuerst soll das Wesen der Apperception überhaupt verdeutlicht werden. Dazu diene eine Anekdote aus den Fliegenden Blättern (1868, zweites Semester, Bd. XLIX, Nr. 1220). In einem Coupé eines Eisenbahnwagens sitzen sechs Personen, einander völlig unbekannt, in lebhafter Unterhaltung. Es wird bedauert, dass einer von der Gesellschaft an der nächsten Halte-

stelle aussteigen muss. Ein Andrer äußert, ihm sei ein solches Zusammensein mit gänzlich Unbekannten am liebsten, und weder frage er jemals, wer oder was seine Reisegefährten seien, noch auch sage er bei solcher Gelegenheit. wer oder was er sei. Da meint einer, wenn ihm auch die nderen nicht sagen wollten, was sie seien, so mache er sich doch anheischig, dies herauszubringen, wenn ihm nur jeder eine ganz fern liegende Frage beantworten wolle. Hierauf ging man ein. Er nahm aus seinem Notizbuche fünf Blätter, schrieb auf jedes eine Frage und übergab jedem Gefährten eins mit der Bitte, seine Antwort darauf zu schreiben. Nachdem man ihm die Blätter zurückgegeben hatte, sagte er, sowie er eine Anwort gelesen hatte, ohne Bedenken zu dem einen: Sie sind Naturforscher; zum andern: Sie Militair; zum dritten: Sie Philologe; zum vierten: Sie Publicist; zum fünften: Sie Landwirt. Alle gestanden, er habe Recht. Jetzt stieg er aus und ließ die fünf zurück. Jeder wollte wissen, welche Frage der andre bekommen habe; und siehe da, es hatte ihnen allen nur eine und dieselbe Frage vorgelegen. Sie lautete:

„Welches Wesen zerstört das wieder selbst, was es hervorgebracht hat?"

Hierauf hatte der Naturforscher geantwortet: die Lebenskraft; der Militair: Krieg; der Philologe: Kronos; der Publicist: die Revolution; der Landwirt: der Saubär.*) — Dies ist die Anekdote, von der ich meine, dass sie, wenn nicht wahr. ausgezeichnet erfunden ist. Der Erzähler legt dem Publicisten noch die Worte in den Mund: „Darin liegt eben der Pfiff. Jeder antwortet, was ihm zuerst einfällt, und das ist dasjenige, was mit seinem Berufe in nächster Beziehung steht ... Jede Frage ist ein Anbohrungsversuch, und die Antwort ist ein Loch, durch das man in unser Inneres gucken kann." So wird das Haec fabula docet in Form der praktischen Menschenkenntniss ausgedrückt. Diese üben wir Alle. Es ist jedem geläufig, den Geistlichen, den Militair, den Gelehrten, den Geschäftsmann nicht nur an den Äußerlichkeiten der Kleidung, der Haltung des Körpers u. s. w. sondern auch an dem, was er sagt und wie er sich ausdrückt, zu erkennen. Man erräth die Lebensstellung eines Menschen an dem Interesse, das er bezeigt und

*) Als ich den 1. Dec. 1876 die obige Anekdote erzählen wollte, konnte ich mich auf den Militair und den Naturforscher nicht besinnen.

wie er es bezeigt, an den Gegenständen, von denen er spricht, und an seiner Weise, die Sachen anzusehen, zu beurteilen, aufzufassen, d. h. an seiner Art, zu appercipiren (227. 238).

Versuchen wir jetzt, diese gemeine Menschenkenntniss auf psychologische Theorie zurückzuführen. Der Leser wird darauf gefasst sein, einen weiten und beschwerlichen Weg zurückzulegen. An geeigneten Stellen werden wir auf die Anekdote zurückblicken.

129. Wir wissen, dass alle Seelenproducte mit andern in Verbindung stehen, wie es durch den doppelseitigen Ursprung, den subjectiven und den objectiven, bedingt wird. Was dem Ursprunge nach verwant ist, verbindet sich mit einander; und verwant ist, was durch dasselbe Object oder durch dieselbe subjective Tätigkeit erzeugt ist. In demselben Maße nun, wie die Dinge, der Natur und die Schöpfungen des menschlich-geistigen Zusammenlebens sich in kleinern und größern Kreisen zusammenordnen, also in näherer und fernerer, unmittelbarer und mittelbarer Beziehung zu einander stehen, verbinden sich auch die Erkenntnisse von diesen Dingen. Freilich muss man sagen, dass die hier erwähnte Ordnung in der Natur und im Geiste eine rein subjectiv gestiftete ist. Indessen ist nicht zu fürchten, jemand werde leugnen, dass die subjectiv gemachten Beziehungen ihre Veranlassung und also Berechtigung aus den eigentlich realen Verhältnissen schöpfen. So entstehen also die Verbindungen durch den Verein subjectiver und objectiver Notwendigkeit, indem eben die Seele, durch die Realität veranlasst, Erkenntnisse von dieser bildet.

130. Den Gruppen der natürlichen Dinge und der geistigen Sachen stehen also ihnen ganz parallel verbundene Erkenntnisse gegenüber. So hat jeder Mensch eine Gruppe von Vorstellungen, die sich auf seine Person und seine eigenen Interessen beziehen, und eine andre, die dem Staate gewidmet ist. Jeder hat eine Gruppe von Vorstellungen über Pflanzen, über Religion, über Recht, über Kunst u. s. w. und noch specieller über die Rose, das Epos, die Predigt, das Wechsel-Recht u. s. w.

131. So besteht der psychische Inhalt jedes Menschen, auch des Ungebildeten und des Kindes, aus Erkenntniss-Gruppen oder -Kreisen, von denen jeder innerhalb eines andern umfassendern, neben andern mitumfassten liegt und kleinere in sich schließt. Lassen wir, wie wir hier durchweg tun, das ursprüng-

liche Werden der ersten Kreise außer Acht, und verfolgen wir nur die weitere Entwicklung der schon bestehenden Gruppen oder auch nur die Wirksamkeit derselben im täglichen Verkehr. Denn diese Entwicklung und Wirksamkeit vollzieht sich eben durch Apperceptions-Processe; die Bewegung oder Tätigkeit jener Gruppen, die einfachste Warnehmung und die Schöpfung des genialsten Gedankens ist Apperception.

132. Man wird sich leicht überzeugen, dass eine so gemeine Tat, wie die Warnehmung irgend eines Dinges, z. B. eines Pferdes, doch kein einfacher Act der Seele ist, noch weniger eine einfache Passion. Denn noch ganz abgesehen davon, wie wir mit unserm Auge die Gestalt des vor uns stehenden Wesens auffassen, ist doch die Anerkennung dieses Wesens, dessen Bild uns das Auge liefert, als eines Pferdes noch ein besondrer Act; und dieser Act ist vielmehr ein Process zwischen jenem gegenwärtigen Bilde des Pferdes vor unserm Auge einerseits und den verschmolzenen oder verflochtenen Bildern und Vorstellungen von allen Pferden, die wir je gesehen haben, andrerseits. Dass dem so sei, wird schon dadurch erwiesen, dass wir in der Warnehmung eine weit größere Erkenntniss bilden, als das bloße Auge liefert. Indem wir das vom Auge Gebotene für ein Pferd erklären, fügen wir dem Gebilde des Gesichtssinnes unmittelbar alles das hinzu, was wir von einem Pferde, von dessen Beschaffenheit, Fähigkeit, Lebensart und Gebrauch wissen (103). Dies spricht sich eben darin aus, dass wir diesen Gegenstand als Pferd erkennen. Mit unserm weitern Wissen vom Pferde also, mit einer Vorstellungsgruppe, welche an allen Pferden, die wir je beobachtet, gebildet ist, mit dem Art-Begriff dieses Wesens, appercipiren wir den gegenwärtigen Anblick. Der volle Inhalt unserer Warnehmung eines Pferdes liegt nicht bloß in dem, was der Gesichtssinn bei der augenblicklichen Erscheinung dieses Tieres bietet; sondern das so Gebotene vereinigt sich mit dem früher gebildeten Begriffe, einer Vorstellungsgruppe. So begreifen wir leicht, wie die Warnehmung allemal ein Process zwischen zwei Factoren oder Momenten ist, von denen eins schon vor dem Processe und schon längst Eigentum der Seele war (der Begriff, die Vorstellungsgruppe), während das andre eben jetzt der Seele geboten wird, also das gegenwärtig hinzutretende Moment (der Sinnesreiz). Jenes appercipirt

dieses; dieses wird von jenem appercipirt. Aus dieser Verbindung entsteht ein Apperceptions-Product: die Anerkennung eines wargenommenen Wesens z. B. als eines Pferdes. Das frühere Moment ist (für den gegenwärtigen Process, also relativ, im Gegensatz zum andern Moment) a priori und activ; das hinzutretende Moment ist das gegebene, a posteriori und passiv.

133. Ist das Ergebniss des Processes zu Stande gekommen, so kann es in eine neue Apperception als Moment eintreten. Was soeben Product war, wird z. B. von einem andern schon vorhandenen (apriorischen), aber umfassendern Moment (*Tier*) appercipirt. Ja auch, was soeben als apriorisches Moment wirkte, der Artbegriff *Pferd*, wird vom Begriff *Tier* appercipirt und wirkt hier als aposteriorisches Moment. Oder das Product, dieses Pferd des Hrn. X., lässt uns den es führenden Kutscher, obwohl wir diesen nur unvollständig sehen, als Hans oder Peter appercipiren, d. h. unsere Vorstellungsgruppe von diesem bestimmten Pferde wird das apriorische, active Moment für die Apperception einer undeutlich gesehenen Menschen-Gestalt.

134. Hier und durch die ganze Erörterung der Apperception findet das, was in der Einleitung über den falschen Dualismus einer apriorischen und einer aposteriorischen Methode, wie über den Erkenntniss-Process überhaupt gesagt ist, seine psychologische Begründung. Es gilt auch für die Psychologie, was für die Naturwissenschaft: aus nichts wird nichts, und zu nichts tritt nichts hinzu. Wo sich ein Werden zeigen soll, da muss etwas zu etwas treten, aus deren Verbindung ein drittes entstehen kann. Soll also eine Erkenntniss entstehen, so muss zuvor eine Erkenntniss vorhanden sein, zu der eine andre kommt, und mit der sie in Process tritt. Zum mindesten muss die seelische Wirkung in Folge eines sinnlichen Reizes da sein, mit der eine andre, ähnliche Wirkung sich verbindet, wenn die Seele etwas schaffen, appercipiren soll. Die primitivsten Apperceptionen des Säuglings sind freilich dunkel; aber sie folgen den Gesetzen der klar entwickelten Processe. Apperception definiren wir demnach als die Bewegung zweier Vorstellungsmassen gegen einander zur Erzeugung einer Erkenntniss.

135. Wir nannten das apriorische Moment das active, und das aposteriorische das passive. Dies ist aber nicht nur eben so relativ, wie überhaupt apriorisch und aposteriorisch; sondern

sogar mit Rücksicht auf einen und denselben Process ist jedes
der beiden Momente nur relativ activ oder passiv, wie wir ja
auch schon bei der Erzeugung der Empfindung nur relativ die
Seele activ, das Äußere passiv nannten. Denn wie das Äußere
als Reiz vielmehr activ heißen könnte, so ist auch in der Apperception das hinzutretende, gegebene, aposteriorische Moment das
reizende; es ist dasjenige, welches den Process einleitet. Dies
ist indessen auch wieder ein wenig zuviel gesagt; denn es würde
keinen Process einleiten, wenn es nicht auf das geeignete, em-
pfängliche Moment stieße. Träfe z. B. die Anschauung eines
Pferdes nicht auf den Art-Begriff Pferd in uns, so würde sie
zunächst in keinen Apperceptions-Process eintreten können, und
das heißt: wir würden diese Anschauung in unserm Erkennt-
nisskreise nicht unterzubringen wissen. Wir würden staunend
fragen: was ist das? Namentlich aber je weiter die geistige
Entwicklung schon gediehen ist, um so mehr offenbart sich das,
was die Seele zu dem Apperceptions-Processe hinzubringt, das
apriorische Moment, als das mächtigere, für das Ergebniss
maßgebende, den ganzen Process bestimmende, dem gegenüber
das gegebene, hinzutretende Moment sich als das schwächere
erweist, welches angeeignet, aufgezehrt wird. Was augenblicklich zu erkennen ist, kann im allgemeinen gegen die Masse
der schon gewonnenen Erkenntnisse nur geringfügig sein; und
wie einflussreich das appercipirende, apriorische Moment ist,
kann schon das gewählte Beispiel erläutern. Der Kenner gewinnt beim Anblick eines Pferdes eine viel bestimmtere, reichere
Erkenntniss von dem gegenwärtigen Tiere, als wer nichts von
Pferden versteht, weil sein Art-Begriff Pferd reichhaltiger ist.
Allerdings beruht die inhaltsvollere Erkenntniss, welche der
Kenner augenblicklich erlangt, nicht bloß auf dem entwickeltern
Denkprocesse, der in seinem Bewusstsein angeregt wird, son-
dern auch darauf, dass sein Auge wirklich mehr sieht als der
Unkundige; aber dieses bessere Sehen, die größere Macht seines
Auges ist eben Folge von Übung und Denken. Dieses geübte
Auge gehört mit zu seinem Begriffe; sein Begriff hat sich das
Auge erzogen, hat sich in dasselbe hineingelegt. Auch der
Zoologe erkennt in der Warnehmung des Pferdes mehr als der
Unkundige, obwohl nach anderer Richtung hin als der Kenner.
Er appercipirt den Eindruck, den ihm das Auge gewährt, mit

seinem zoologischen und anatomisch-physiologischen, auch wohl pathologischen Begriffe. Auch er denkt nicht bloß mehr, indem er in seinem Begriffe ein reicheres apriorisches, appercipirendes Moment hinzubringt; sondern durch seinen Begriff sieht auch sein Auge mehr. Ebenso verhält es sich mit der Betrachtung einer Maschine, eines Kunstwerkes u. s. w. Man erfasst (appercipirt) mehr, geistig und sinnlich, je reicher entwickelt das appercipirende Moment, der vorgängige Begriff ist. Unsere Anekdote ferner zeigt uns, dass das, was appercipirt werden soll, ein Rätsel sein kann, d. h. ein Satz, bei dem man sich nichts denken kann. Durch die active, appercipirende Gruppe, wird aus diesem nichts etwas: das Rätsel wird gelöst; und der andre errät aus der Lösung die Lebensstellung des Lösenden, d. h. er appercipirt eine gegebene Antwort auf eine Frage mit seiner Vorstellungsgruppe vom Benehmen und Denken des Menschen, d. h. mit seiner Menschenkenntniss.

136. Indessen, wenn sich auch das apriorische Moment gewöhnlich als das kräftigere erweist: immer kann gelegentlich der Fall eintreten, dass eine neu gemachte Beobachtung unsre appercipirende Gruppe in dem Apperceptions-Processe selbst umgestaltet oder bereichert. Ein Kind, das bisher nur viereckige Tische gesehen hat, erkennt auch wohl den runden (appercipirt ihn mit seiner Vorstellungsgruppe vom Tische) als einen Tisch; aber hierdurch ist auch die appercipirende, die active Gruppe bereichert worden. Zu den bisherigen Erkenntnissen vom Tische kommt auch die, dass er nicht bloß viereckig, sondern auch rund sein kann. Auf dem Gebiete der Wissenschaft aber ist es oft genug vorgekommen, dass irgend eine Entdeckung, indem sie appercipirt, d. h. in wissenschaftlichen Zusammenhang mit dem System unserer Erkenntnisse gebracht wurde, dieses ganze System umgestaltete. Principiell jedoch müssen wir fest halten, dass zwar jedes der beiden Momente sowohl activ als auch passiv ist, vorzugsweise aber freilich das apriorische sich auch als das activere erweist.

137. Betrachten wir den Verlauf der Apperception etwas näher. Er beginnt, wie gesagt, damit, dass die gegebenen Sinnes-Reize oder die dadurch gewonnenen Empfindungen die Erregung auf einen ältern Besitz der Seele übertragen, ihn reproduciren. Sie, welche appercipirt werden sollen, reproduciren

das, wovon sie appercipirt werden. Der einfachste Fall ist nun
der, wenn das Gegebene die congruente Gruppe reproducirt
und mit dieser dann verschmilzt. Das geschieht bei einfachen
und gleichgültigen Dingen. Die Verschmelzung ist dem Inhalte
nach vollständig; und da nun das reproducirende Moment jene
Intension besitzt, welche dem Bewusstsein dann zukommt, wenn
es unter der unmittelbaren Einwirkung von außen steht, so wird
auch die ganze Verschmelzungsmasse mit dieser Energie bewusst,
und (81) ihr Inhalt wird nicht bloß als vorgestellter, subjectiver,
sondern als objectiver, als Folge gegenwärtiger Warnehmung
gewusst, er wird projicirt, in die Außenwelt als Wirklichkeit
gesetzt. — So einfach ist der Process selten, z. B. schon nicht,
wenn wir Zucker sehen. Hier bietet die Warnehmung durch die
Sinne weniger als die Erinnrung, welche auch den Geschmack
umschließt. Die Verschmelzung des Geschenen mit dem Erinnerten, und d. h. die Apperception des erstern durch letzteres,
ergibt also eine Masse, welche mehr als das Gegebene enthält.
Nicht nur die Süße, sondern auch die Fähigkeit, sich in Flüssigkeit aufzulösen, wird hinzugedacht, und der so bereicherte
Inhalt wird als Object projicirt. Sehen wir auf der Straße
einen Stein, über den wir ruhig hinwegschreiten, an dem wir
gleichgiltig vorübergehn, so ist Gegebenes und Reproducirtes
congruent. Könnten wir uns aber an dem Steine stoßen, müssen
wir ihn umgehen oder mit besonderer Kraft überschreiten oder
überspringen, so ist das Reproducirte an Inhalt reicher. Oder
eben so, wenn der Stein als Ruhebank dient. Dann reproducirt
also das Gegebene nicht bloß die congruente Masse; sondern,
weil diese in einem Verbande steht, so überträgt sie die Reproduction auf den ganzen Verband; das Gegebene steht mit
diesem in Verflechtung. Der objectiven Erkenntniss kommt der
Inhalt des ganzen Verbandes zu Gute. So sehen wir schon
hier unter so einfachen Verhältnissen die ergänzende Kraft der
Apperception. (Vergl. 103.)

138. Es versteht sich demnach auch von selbst, dass der
Apperceptions-Process bald sehr einfach, bald sehr verwickelt
ist. Das heisst:

1) Das zu appercipirende, passive Moment ist bald eine
Warnehmung eines dürftigen, einförmigen Dinges, wie eines

Steines; bald ein sehr reicher, inhaltsvoller Gegenstand, wie das Bewegungs-Verhältniss zwischen Erde und Sonne.

2) Das appercipirende, active Moment ist bald eine sehr armselige Erkenntniss, wie die, welche das gemeine Bewusstsein mit dem Worte „Stein" ausdrückt; bald ein großer, mit wissenschaftlicher Schärfe geordneter Kreis genauester Begriffe, wie das Gebiet der Astronomie.

3) Der Process (die Reaction), welcher bei dem Zusammentreffen der beiden Momente eintritt, kann einen sehr einfachen, kurzen Verlauf haben oder kann in vielfältigen Verbindungen und Trennungen bestehen, die sich allmählich vollziehen, unter Hemmungen und Widerstreit, und sogar mit Herbeiziehung andrer Vorstellungsgruppen, welche vermitteln sollen. Beim Anblick irgend eines der uns gewöhnlich umgebenden Wesen und Dinge besteht die ganze Apperception in der augenblicklichen Verschmelzung der Warnehmung mit der Anschauung oder dem Art-Begriffe, die wir längst in uns tragen. Dagegen ist das Mittel-Alter und die neuere Zeit bis heute der Process, in welchem die germanischen und romanischen Völker das Römer- und Griechentum und das Christentum appercipirten.

139. Nehmen wir noch ein Beispiel mittlerer Art, um es etwas genauer zu betrachten und so den mannichfachen psychologischen Verhältnissen, welche während und in der Apperception vorkommen, näher zu treten. Es begegne uns ein Freund; das Bild, das unser Auge in diesem Zeitpunkte gewinnt, reproducirt das Erinnerungsbild (oder die Anschauung) vom Freunde, das wir in uns tragen, und verschmilzt mit demselben so unmittelbar, dass letzteres nicht einmal zu Bewusstsein gelangt und sich nur als Kraft der Verschmelzungs-Masse wirksam erweist (81). Wir appercipiren das Bild des vor uns stehenden Freundes (oder auch sein Portrait) durch das Erinnerungsbild; und diese Apperception vollzieht sich durch augenblickliche Verschmelzung beider Momente der Apperception. Da das Erinnrungsbild nicht bewusst wird, so könnte man zweifeln, ob es überhaupt in Action tritt. Indessen seine Wirksamkeit gibt sich kund in dem Falle, dass wir eine Veränderung an dem Freunde bemerken: er hat das Haar, den Bart kürzen lassen oder trägt beides anders als früher; er hat eine Wunde im Gesicht, er hat einen neuen Rock an u. s. w. oder das Portrait ist nicht ganz ähnlich. Dies wird

bemerkt, was nur dadurch möglich ist, dass das Warnehmungsbild sich an dem Erinnerungsbilde misst, und dass, während sonst beide einander decken, sie jetzt von einander an einem Punkte abweichen. An diesem Punkte findet die Verschmelzung ihre Hemmung. Diese Hemmung hindert die Apperception (das Erkennen) nicht, sondern wie in der Verschmelzung die Apperception des Gleichen liegt, so veranlasst die Hemmung die Apperception des Ungleichen neben dem Identischen.

140. Dieses Messen, Vergleichen zweier Bilder ist nicht eine bewusste Tat, sondern es ist ein ganz unbewusst und unwillkürlich eintretendes Ereigniss in der Seele; und nicht nur das, was hier geschieht, bleibt unbewusst, sondern auch einer der Factoren in diesem Geschehen, und zwar gerade der activere, kommt nicht zu Bewusstsein. Nur das Ergebniss wird bewusst: in dem erstern Falle wird einfach der Freund erkannt, im andern Falle wird auch noch eine Veränderung an demselben appercipirt oder bemerkt. So sehen wir hier, wie wir es noch vielfach finden werden, dass die Apperception ganz ohne Rücksicht auf Bewusstheit oder Unbewusstheit ihrer Momente vor sich geht. Auch das Product kann unbewusst bleiben. Schon in dem Falle, wo wir den Freund augenblicklich erkennen, bleibt doch eigentlich dieses Erkennen an sich unbewusst, und es sind sogleich bestimmte einzelne Vorstellungen in Bezug auf den Freund und unsern Verkehr mit ihm, welche in das Bewusstsein treten. Nur in dem Falle, wo uns Jemand ganz unerwartet und gegen Erwartung begegnet, da ist das Erkennen an sich ein bewusstes Produkt der Apperception, das sich in dem Ausrufe des Staunens: *Karl! Du hier!* ausspricht.

141. Nur wo mit dem Erkennen ein Affect verbunden ist, kommt es zu Bewusstsein. Sobald aber der Affect vorüber ist, schwindet es auch wieder aus dem Bewusstsein. Wir mögen noch so sehr vom Anblick eines geliebten Menschen überrascht gewesen sein: nun sitzt er neben uns, uns gegenüber, wir plaudern mit einander, und unser Auge ruht auf ihm; aber wir haben nicht im Bewusstsein: hier sitzt unser Freund, und auch seines Aussehens werden wir uns während der Unterredung nicht bewusst. Sondern immerfort verschmilzt, was unsere Sinne durch Warnehmung des Freundes gewinnen, mit dem ältern Erinnerungsbilde; und dabei bleiben beide Momente unbewusst,

und auch der ganze Process und selbst der Erfolg bleibt un-
bewusst. Nur das besonders hervortretende, das augenblickliche
Wort (aber nicht der dauernde charakteristische Klang seiner
Stimme) wird bewusst, sein Aufstehen und sich Niedersetzen
u. s. w. oder ein plötzliches Bleichwerden, plötzlich eintretende
Schwäche und Mattigkeit der Stimme. Dass wir aber solche
Ändrungen bemerken, beweist, dass das Bild des Freundes
ununterbrochen, obwohl unbewusst, doch energisch ist und durch
Vergleichung appercipirend (bemerkend) wirkt gegenüber dem
ganz neuen Bilde, welches uns der Freund in plötzlicher Ändrung
gewährt.

142. Noch entschiedner und deutlicher wird das Erkennen
eine Tat der Apperception in dem Beispiel, welches in den
psychologischen Werken Herbart's und seiner Anhänger als
Musterfall der Apperception mit Vorliebe behandelt wird. Wir
begegnen einem alten Bekannten, einem Schulkameraden, Stu-
diengenossen, ehemaligen Collegen, nach langer Trennung.
Beim ersten Anblick erkennt man ihn nicht wieder, vielleicht
sogar, obwohl man ihn erwartet hat; oder man glaubt, ihn
beim ersten Blick zu erkennen, wird aber bei genauerm Ansehen
zweifelhaft. Denn das Erinnerungsbild weicht sehr ab von der
jetzigen Warnehmung. Nun sagt man sich wohl stillschweigend
(unbewusst), dass der Freund in der langen Zeit, dass man ihn
nicht gesehen hat, sich notwendig verändert haben müsse, sich
verändert haben könne. Man zieht also die Veränderungen ab;
man denkt sich das Gesicht, das jetzt voll und gebräunt erscheint, schmächtiger und blässer, man denkt den Bart weg
oder denkt sich den grauen Bart und das graue Haar braun.
Dann stimmt es zur Erinnerung. Aber nicht nur die Warnehmung wird Gegenstand einer Bearbeitung, auch das Erinnerungsbild wird es. Denn dieses ist in Schwanken geraten, es
ist unbestimmt geworden, wird nur mehr oder weniger mangelhaft reproducirt; es wird zunächst falsch ergänzt, und dann der
Irrtum corrigirt, oder es wird richtig ergänzt, aber unter Zweifeln. Allmählich wird das Erinnerungsbild völlig aufgefrischt,
seine Abweichung von der Warnehmung wird als nicht störend
erklärt, und beide Bilder fallen zusammen als wesenhaft eins und
nur durch die Zeit verschieden. Es wird die Identität und die

Veränderung appercipirt. In diesem längeren Process werden einige Phasen bewusst, andre bleiben unbewusst.

143. Hier treten also zwei Bilder, das der Warnehmung und das der Erinnerung, an einander. Zuerst haben sie den Trieb zur Verschmelzung, die jedoch durch das Bemerken der Verschiedenheit gehemmt wird. Oder zuerst wirkt die Hemmung; also kein Trieb zur Verschmelzung ist da (man erkennt nicht); aber die Hemmung wird beseitigt, indem das Abweichende weggedacht, umgebildet wird in einen frühern Zustand. Die nun eingetretene Neigung zur Verschmelzung und Ruhe wird aber durch eine neue Bemerkung irgend einer Differenz wieder gehemmt. Wieder ist die Unruhe beider Bilder gegen einander da u. s. f., bis endlich alle Hemmungen überwunden sind. In der endlichen Verschmelzung appercipirt das Erinnerungsbild die Warnehmung, aber zugleich mit der Anerkennung, dass sich der Freund verändert habe. Oder aber die Hemmung siegt, überwindet den Trieb der Verschmelzung, d. h. entweder: man erkennt den alten Freund nicht wieder, oder auch: man erkennt nach einigem Schwanken, dass man sich getäuscht und einen Fremden, der unserm Freunde ähnlich sieht, für diesen genommen habe.

144. Man sieht aber auch an diesem Falle wohl klar, wie bei allem Übergewicht, das wir mit Recht der activen Masse zuschreiben (135), dieses Übergewicht und diese Activität nicht solche Fälle ausschließt, wo die appercipirende Masse im Processe umgestaltet oder bereichert wird (136). Es ist denkbar, dass von einem Gegenstande, den wir lange nicht wargenommen haben, die Erinnerung unvollständig geworden ist: einige Glieder der Masse sind völlig verdunkelt, dem Gedächtniss entschwunden. Ja, die Erinnerung kann veruntreut sein: Glieder ähnlicher Massen sind ungehörigerweise in eine Masse eingedrungen, haben dabei vorhandene Elemente verdrängt oder nicht. Die Warnehmung wird hier ergänzen, beziehungsweise corrigiren. — Dem schon gedachten Falle des Kindes, welches die Anschauung des runden Tisches gewinnt, nachdem es nur viereckige gesehen hatte, entspricht die Tätigkeit des Naturforschers, der immer neue Arten von Wesen aufsucht oder bekannte Arten genauer erkennt. Wer aber für bekannte Tatsachen die Gesetze findet, der muss sogar, indem er jene durch diese appercipirt,

die appercipirende Masse selbst erst erschaffen, d. h. appercipiren. Hier ist die appercipirende Masse zugleich das Product der Apperception. Dasselbe begegnet aber wie dem Schöpfer, so auch dem Lernenden, nur dass er diesen Process unter begünstigenden Umständen, welche der Lehrer herbeiführt, vollzieht. — Also alles Kennen-Lernen wie alles Wiedererkennen ist Apperception.

145. Wir halten demnach fest: eine Apperception ist sowohl die wirkliche, erstmalige Schöpfung einer Anschauung oder eines Begriffes oder die Gewinnung eines Gedankens, als auch jede Wiederholung, Erinnerung derselben. In Apperceptionen bewegt sich also unser ganzes theoretisches Leben. Denn so ist die Natur der Seele, dass jede Wiedererinnerung eine Schöpfung ist, jede Reproduction eine Production. Wir können jede Erkenntniss als eine der Seele eingefügte Kraft ansehen; dieser Erkenntniss sich erinnern, heißt: diese Kraft betätigen; und diese Betätigung liegt in der Wiederholung der frühern Production. Jeder Gedanke ist eine Kraft-Äußerung der Seele, eine Energie; und will das Bewusstsein einen Gedanken haben, so muss es ihn (re)produciren. Die Reproduction beruht aber auf derselben Apperception, durch welche die Production vollzogen war. (Vom Unterschiede zwischen beiden, der dennoch besteht, wird später gelegentlich die Rede sein).

146. So viel, um das Wesen der Apperception im allgemeinen darzulegen. Ehe wir aber weiter gehen, müssen hier einige principielle Schwierigkeiten gehoben werden, an denen auch vielleicht der Leser schon Anstoß genommen hat. Es ist namentlich vor allem notwendig, das Verhältniss der Apperception zu den psychologischen Elementar-Processen genauer zu bestimmen und dann auch vielleicht die Wirksamkeit der Apperception für die Bewusstheit sorgfältig zu erwägen.

147. Wäre es wahr, dass wir, wie man ehemals meinte, mit den Sinnen Dinge auffassen (oculis, auribus percipimus), so könnte man leicht sagen: durch Perception bilden sich die sinnlichen Warnehmungen, durch Apperception die sogenannten höheren Seelenvermögen. Und so ungefähr hat die alte Psychologie gesagt. Das ist aber keineswegs wahr. Die Bildung der sinnlichen Warnehmungen geht nicht bloß von der Tätigkeit

der Sinne aus, sondern hängt zugleich von mannichfachen Combinationen ab, also schon auch von rein seelischer Tätigkeit, die sich neben der ursprünglichen einfachen Reaction auf den der Seele zugeführten materiellen Reiz geltend macht, wie schon mehrfach erinnert. Und diese Tätigkeit, welche aus psychischen Reactionen gegen Nerven-Reizungen Warnehmungen schafft, ist schon Apperception, wenn auch unbewusste.

148. Noch weniger aber können wir so unterscheiden, dass wir sagen, die Apperception hebe erst die Perception in das Bewusstsein; denn Empfindung und Anschauung vollziehen sich mit Bewusstsein, wenn überhaupt Bewusstsein schon entwickelt ist, und andrerseits wird oft, wie wir gesehen haben, unbewusst appercipirt. Beide, Perception und Apperception, können (wie überhaupt die Seelenwirkungen) die Gunst der Bewusstheit haben oder nicht haben. So lange überhaupt die Seele noch ohne Bewusstheit ist, muss sie ohne diese appercipiren; und nachdem diese erwacht ist, tut sie es immer noch oft genug ohne solche.

149. Wir können nur in folgender Weise unterscheiden: perceptio ist Erfassung, Erkenntniss, in logischem Sinne, mit Rücksicht auf das Ergebniss, auf die Bereicherung des Wissens, ohne psychologische Rücksicht; Apperception ist die Gesammtheit derjenigen Bewegungen seelischer Momente, durch welche sich jenes Ergebniss bildete, und hat ausschließlich psychologischen Sinn. Alle Apperceptionen vollziehen sich nach den Gesetzen des psychischen Mechanismus, sind also notwendig, und weder wahr noch falsch; die Perceptionen, die sich aus diesen Apperceptionen ergeben, können als wahr oder falsch befunden werden, indem sie, gleichgültig wie sie psychologisch entstanden sind, der Prüfung (der bloß logischen oder auch der sachlichen) unterworfen werden.

150. Apperception verhält sich demnach zu den dargelegten Grundprocessen nur so, dass sie diejenige Gesammtwirkung von abstracten Grundprocessen bezeichnet, durch welche ein concretes psychisches Ergebniss erfolgte. Denn wenn solch ein Ergebniss schon auf der einfachsten Verschmelzung beruhen kann, so kann es doch auch gelegentlich auf sehr vielfachen Bewegungen seelischer Momente beruhen, auf vielfachen Verschmelzungen und Verflechtungen und Lösungen vorhandener

Verschmelzungen. Sowohl jener einfachste, wie dieser verwickelte Vorgang ist, als Einheit gedacht, insofern ihm ein einheitliches Ergebniss, eine Perception verdankt wird, eine Apperception. Dies mag noch durch ein Gleichniss verdeutlicht werden. Die Perception ist eine geistige Handlung, wie es körperliche Handlungen gibt, wie ich z. B. ein Gewicht erfasse und hebe. Wenn ich nun aber angebe, durch welche Muskel- und Nervenbewegung u. s. w. dieses Heben des Gewichts vollzogen ist, so habe ich durch diese physiologische Betrachtung das geleistet, was die Darlegung der Apperception für die Perception zu leisten hat. Denn wie die handgreifliche Aneignung eines Gegenstandes auf Körperbewegung, so beruht das geistige Erfassen eines Gegenstandes, die Perception, auf Vorstellungs-Bewegungen, auf Apperception.

151. Man kann also in diesem Sinne nicht sagen, dass zur Perception die Apperception hinzutrete, oder dass sie dieselbe ergänze und begleite, wenn man nicht etwa unter Perception nur die Production der primärsten Seelenregungen in Folge äußerer Reize verstehen will, welche Production noch nicht einmal eine bestimmte Empfindung, wie eine gefärbte Fläche, einen Klang, ergeben würde.

152. Demnach bezeichnet Apperception ganz allgemein nur die theoretische, vorstellende, erkennende Tätigkeit der Seele, also die Perception, aber nicht von Seiten des Erfolgs, sondern des innern Geschehens oder Tuns selbst. Sie ist also auch nicht ein besonderer seelischer Process unter andern, sondern, ganz allgemein, der Inbegriff der seelischen Processe, auf denen die jedesmalige Erkenntniss beruht. Man muss also sagen, dass, abgesehen vom Fühlen und Begehren, Apperception die Aufgabe der Psychologie bezeichnet. Insofern aber Gefühle und Begehrungen auch Hebel der Erkenntniss werden können, müssen auch sie bei der Apperceptionslehre beachtet werden. Auch versteht es sich von selbst, dass, da nicht bloß äußere Gegenstände, sondern auch innere (Vorstellungen, Gefühle, Bestrebungen) betrachtet und erkannt, d. h. percipirt werden, auch diesen innern Perceptionen (oder Perceptionen des Innern, schon Seelischen) Apperceptionen, d. h. die seelischen Tätigkeiten, zu Grunde liegen. Erkenntniss des Äußern und seiner selbst ruht auf Apperception.

153. Oder umgekehrt: man muss auch nicht glauben, dass Perception die Auffassung des Äußern bedeute, Apperception aber nur die erneute Auffassung und weitere Bearbeitung der Perception, d. h. des schon geistig Erfassten. Denn auch die geistige Erfassung des Äußern ist eine Arbeit mit seelischen, innern Elementen. Alles Empfinden und Warnehmen des Äußern ist ein Verstehen und Deuten der primären Seelenregungen. Diese sind die eigentlichen Stoffe, an denen sich die appercipirende Tätigkeit vollzieht, aus welcher die Perception, die Erkenntniss des äußern oder innern Objects, als Ergebniss erfolgt. Also nur diese primärsten Reactionen der Seele, die an sich noch gar keine Erkenntniss, auch nicht die niedrigste, enthalten, die gar nicht mehr sind als der Glanz, den wir in Folge eines Druckes auf den Gesichtsnerv fühlen, oder als das sogenannte Ohrenklingen, ohne jegliche Unterscheidung von Subjectivem und Objectivem — nur diese bilden den Gegensatz zur Apperception; sie sind der Stoff, aus denen die Apperception ein Perceptum bildet.

154. Die Lehre von der Apperception ist Erkenntnisslehre, insofern diese bloß eine psychologische Aufgabe ist; und dies ist sie, insofern es sich, abgesehen von dem bestimmten Objecte der Erkenntniss und von allen dabei vorausgesetzten Kenntnissen und metaphysischen und logischen Kategorien lediglich um diejenigen Bedingungen zu einer Erkenntniss handelt, welche aus der Natur der theoretischen Tätigkeit der Seele folgen.

155. In keiner Weise also ist die Apperception ein Process außer und neben den schon betrachteten psychologischen Processen, und ist namentlich nicht weder etwa Ausfluss einer besondern Fähigkeit der Seele, noch auch ein besondres Eingreifen ihrerseits höherer Art in den niederen Mechanismus der Vorstellungen. Dieser Punkt ist zu wichtig, als dass ich ihn nicht weiter zu erörtern hätte, obwohl es hier nicht meine Aufgaben sein kann, eine vollständige Psychologie oder auch nur eine volle Theorie der Vorstellungen zu geben.

156. Wie verhält es sich mit der Existenz der Vorstellungen? Sind sie nichts als vorübergehende Reactionen der Seele gegen die Reize der Außenwelt, welche verschwinden mit diesen Reizen, oder wenigstens, nachdem die durch den Reiz gestörte Ruhe der Seele wieder hergestellt ist? Schon die unleugbare,

in jedem Augenblicke zu bestätigende Tatsache der Reproduction durch Association scheint entschieden dagegen zu sprechen. Wenigstens nötigt, um beim einfachsten Falle zu bleiben, der Ablauf einer Reihe associirter Vorstellungen, jene Auffassung dahin zu gestalten, dass wir sagen: durch die bloße entsprechende Reaction gegen den von außen kommenden Reiz gelangt die Seele noch nicht zur Ruhe; sondern sie muss noch eine Reihe anderer Reactionen durchlaufen, ehe sie zur Ruhe gelangt, obwohl sie zu diesen Reactionen nicht von außen her veranlasst ist, sondern bloß, weil früher einmal je zwei dieser Reactionen mit einander in Verbindung geraten waren. Ohne zu fragen, ob irgendwie in der Natur dasselbe stattfindet, scheint doch mit dem Gesagten anerkannt, dass jede Reaction, einmal von außen her veranlasst, eine bestimmte Selbständigkeit in der Seele behalte, eine Existenz in irgend einer Form und von einer gewissen Macht, sich in der Seele zu betätigen. Und bei dieser Auffassung wollen wir stehn bleiben. Erinnerung soll nichts anderes sein als eine bestimmte Reaction der Seele, zu deren Ausführung sie nicht von außen her, sondern bloß durch andre Reactionen gezwungen werden kann; Seelenvorgänge können durch Seelenvorgänge hervorgerufen werden nach bestimmten Gesetzen, gemäß der Natur der Seele. Hiernach aber ist doch offenbar die Seele ihren eigenen Reactionen unterworfen; d. h. wie die Seele agiren soll, wird entweder durch ihre Begegnung mit der Außenwelt oder aber durch die Verbindung ihrer Reactionen unter einander bestimmt, und also haben diese Reactionen, die wir zum wichtigsten Teil Vorstellungen nennen, der Seele gegenüber gewissermaßen eine selbständige Existenz, Wirklichkeit und Wirksamkeit. Die Seele wird beherscht von ihren Reactionen. Oft genug bekommen wir die Gewalt der Vorstellungen zu fühlen. Gegen unsern Willen tritt eine Vorstellung in unser Bewusstsein, gegen unsern Willen müssen wir gestatten, dass eine gewisse Reihe von Gedanken, eine Erzählung, eine Melodie ihren vollen Ablauf nehme (117); gegen unsern Willen fehlt uns oft auch eine Vorstellung, ein Gedanke. Inwiefern hierbei die Gehirnfasern mitwirkend sein mögen, ob nicht vielleicht alle Gesetze des Vorstellungsverlaufs, die wir hier als Gesetze der Reactionen der Seele bezeichnen, bloß

Gesetze der Sympathie oder Leitung der Hirnfasern sind, ist für unsre Frage völlig gleichgültig.

157. Wenn nun aber auch die Vorstellungen ihre Selbständigkeit haben und eine Welt seelischer Wesen oder Kräfte bilden, die auf einander wirken: so sind sie andrerseits dennoch nicht so zu hypostasiren, als wäre die Seele bloß der Raum oder Boden, in oder auf welchem sie mit eigenem Stoff und aus eigener Kraft sich bewegen und wirken. Sie sind doch immer bloße Actionen eines Agens, welches wir Seele nennen, oder Eigenschaften derselben. Denn wenn es gestattet ist, zu sagen: „süß" ist eine Eigenschaft des Zuckers, so ist auch die Vorstellung „süß" eine Eigenschaft der Seele. Die Ereignisse zwischen oder mit den Vorstellungen sind doch nur Ereignisse, denen die Seele unterliegt.

158. Kurz: man hüte sich, die Seele und die Vorstellungen außer einander zu denken, so dass es nicht nur Verhältnisse zwischen den Vorstellungen gibt, sondern außerdem auch noch ein Verhältniss zwischen der Seele und den Vorstellungen angenommen werden dürfte. Die Vorstellungen haben nicht eine Substanz und ein Dasein für sich, dem die Seele nun erst das Gewusst-Werden hinzufügt. Man kann nicht sagen, die Seele wisse ihre Vorstellungen; sondern die Vorstellungen (mit den Warnehmungen, Gefühlen und Begehrungen) sind eben das Wissen selbst der Seele. (Etwas andres ist es, wenn wir sagen: die Vorstellungen kommen zu Bewusstsein, werden bewusst, bleiben unbewusst; denn soeben nahmen wir „Wissen" im Sinne seelischer Tätigkeit und Betätigung überhaupt, so dass wir allerdings in diesem Sinne von unbewusstem Wissen reden müssten, weil es unbewusste Vorstellungen gibt.)

159. Wenn nicht Rot und Blau in der Außenwelt mit einander gemischt werden, oder wenn nicht die Reizungen des Rot und Blau noch in dem Nervengebiet sich mischen, wenn also die Seele die getrennten Reize des Roten und Blauen erhält, so bildet sie auch die gesonderten Vorstellungen Rot und Blau, und diese Vorstellungen mischen sich nicht. Was wir Verschmelzung von Vorstellungen nannten, ist etwas ganz anderes als solche Mischung. Identische Reactionen verschmelzen; d. h., genau ausgedrückt, Reactionen oder Actionen der Seele, deren Inhalt derselbe ist, ergeben nur eine Vorstellung wieder-

holt erzeugt, also denselben Vorstellungs-Inhalt in mehreren Vorstellungs-Acten. Reactionen verschiedenen Inhalts können nicht verschmelzen. Nur wo wir bemerken, dass verschiedene Reize, welche verschiedene Reactionen der Seele erzeugen sollten, dennoch nur eine und dieselbe Beantwortung durch die Seele irgend eines Menschen finden, da reden wir uneigentlich von Verschmelzung; wesentlich geht hierbei eine Ungenauigkeit oder Untreue vor. Verschiedenen Reizen ist die Seele mit gleichen Reactionen entgegengetreten. — Wenn wir ferner sagen, zwei Vorstellungen hemmen einander: so heißt das, die Seele könne nicht zwei Reactionen gleichzeitig vollführen, namentlich nicht zu Bewusstsein bringen, könne sie nicht für das Bewusstsein wirksam sein lassen. — Und wenn wir sagen, eine Verschmelzung werde gehemmt, so heißt das, dass die Seele gezwungen sei, zwei Vorstellungsgruppen oder Warnehmungsverbände nach allen darin enthaltenen Momenten gesondert zu halten, obwohl die meisten Momente beider identisch an Inhalt sind und mit einem Acte erzeugt werden könnten, bloß weil das eine und das andre Moment der beiden Gruppen verschieden von einander sind. Die beiden Verbände sind dann verflochten, d. h. die Seele muss Identisches doppelt oder mehrfach setzen, weil es dasselbe bald mit diesem bald mit jenem verbinden muss.

160. Wenn wir also die Vorstellungen als wesentliche Betätigung der Seele annehmen müssen, wäre es wenig begreiflich, wie dieselben nun wiederum auf das Wesen der Seele sollten zurückwirken können, um aus diesem neue Wirkungen hervorzulocken. Wenn wir auch einen niederen und einen höheren Verlauf von Seelenbewegungen unterscheiden wollen: so kann der Unterschied nicht darin bestehen, dass etwa zuerst die einfachen Empfindungen, die ersten Erzeugnisse der Seele, mechanisch entstehen und, einmal entstanden, einem gesetzlichen Mechanismus anheimfallen und gewissen Verknüpfungen und Trennungen, Vergessen und Wiedererinnern unterliegen, ohne dass die Seele bei all dem beteiligt wäre; dann aber durch ein eignes Eingreifen der Seele aus diesem mechanischen Treiben die höheren Tätigkeiten hervorgingen, welche also als eine neue Form seelischer Wirksamkeit anzusehen wären, keineswegs aber als bloß mechanische Entwicklung jenes ersten Mechanismus gelten könnten. So darf jener Unterschied nicht gedacht werden.

Die Seele ist nicht eine Zuschauerin der Bewegung der Vorstellungen, welche sie teils sich ruhig vollziehen ließe, teils aber
durch eine eigne Action leitete, indem sie auch noch neue Erzeugnisse hinzufügte. Vielmehr sind ihre Vorstellungen eben ihr
Schauen, welches von ihr nicht wiederum beschaut werden
kann. — Man kann also nicht sagen, die Bildung der Empfindungen und niedern Anschauungen sei Perception, Apperception
aber sei die Tätigkeit der Seele in Folge von Reizen höherer
Ordnung, nämlich von selbst schon innern Reizen, von Reizungen durch innere Zustände. Denn weder lässt sich überhaupt
so scheiden, noch auch darf die Apperception von der Bildung
der einfachsten sinnlichen Warnehmungen ausgeschlossen werden.

161. Wenn wir der Seele ein Gebiet von Freiheit und
eigenster Schöpfung zuschreiben wollen, so darf dasselbe nicht
außerhalb des psychischen Mechanismus als eine höhere Region
gedacht werden. Wie wir die Natur beherschen, indem wir
ihrem Mechanismus gehorsamst folgen: so kann auch die Seele
nicht gegen und nicht außerhalb ihres Mechanismus Herrin ihrer
selbst sein.

162. Ob wir die höhern Gestalten seelischer Schöpferkraft
aus den niedern Ereignissen und Zuständen in der Seele werden
vollständig „ableiten" können: das darf ruhig dahingestellt bleiben. Wir müssen aber, um den Sinn dieser Forderung nicht
zu verkennen, wohl beachten, dass wir auch in der Physik und
Chemie und in allen niederen Seelen-Erzeugnissen den Inhalt
der Wirkung nicht aus den Ursachen „ableiten" können, weil
er auch „in der Tat nicht in ihnen liegt", wir vielmehr überall
die Wirkung an die Ursachen „nur anknüpfen können, nachdem
uns die Erfahrung gelehrt hat, dass eben diese Form" der Wirklichkeit es ist, welche auf jene Ursachen folgt. Wir können
auch nicht die Empfindung eines Tones von den Luftwellen und
Körperbewegungen ableiten, nicht das Lachen vom Kitzel, das
Weinen vom Schlage; sondern nur gemäß der Erfahrung knüpfen
wir dieses an jenes an.

163. Wie aus einfachern Stoffverbindungen die zusammengesetztern (organischen)Verbindungen entstehen, ohne dass der
Schöpfer in den mechanischen Atomen-Wechsel neu eingriffe:
so haben wir allerdings auch anzuerkennen, insoweit die Erfahrung es lehrt, dass aus gegebenen Vorstellungen neue ent-

stehen; und Apperception ist eben überall da, wo aus den ursprünglichen Erfolgen der Sinnes-Reize höhere seelische Gebilde geschaffen werden; nur ist sie nicht ein Übergreifen über den Mechanismus, sondern sie ist der Mechanismus selbst.

164. Die Psychologie ist durchaus Erfahrungswissenschaft, und ihre Aufgabe kann nicht weiter reichen als bis dahin: die Bedingungen festzustellen, unter denen erfahrungsmäßig ein bestimmter Erfolg eintritt. Weiter reicht auch die empirische Naturwissenschaft nicht, und jeder Schritt weiter nach causaler oder teleologischer Richtung gehört in die Metaphysik und in die Religionsphilosophie.

165. Erfahrung ist es, welche uns lehrt, unter welchen Bedingungen die Seele Empfindungen erzeugt, wie sie diese combinirt zu Anschauungen von äußern Dingen; und wiederum nur Erfahrung ist es, welche uns lehrt, dass die Seele bei solchen Anschauungen nicht stehn bleibt, sondern durch Vergleichung derselben unter einander und durch Beziehung auf einander neue Vorstellungen bildet, die sie nicht unmittelbar den Sinnen verdankt, und weiter und immer weiter gemäß einem ihr inwohnenden Drange nach Erkenntniss und Wahrheit durch Analyse und Combination Begriffe bildet, welche sie den Objecten als Realität unterlegt, obwohl sie dieselben unmittelbar und sinnlich niemals warnimmt, nämlich Kategorien wie Atom und Kraft u. s. w. Das sind apriorische Schöpfungen — apriorisch darum, weil die Seele sie nicht den Warnehmungen entnimmt, sondern eigenster Natur gemäß bildet unter gewissen Umständen und sie dennoch der Außenwelt unterschiebt, weil ihr nur so das Äußere Wirklichkeit und Wahrheit haben zu können scheint. Die Bedingungen, unter denen sie so aus sich schöpft und schafft, sind darzulegen; warum und wie sie das gerade so und nicht anders tut, bleibt außerhalb der Erfahrungs-Seelenlehre.

Die Erfahrung ist es, welche uns lehrt, dass die Seele jede Erkenntniss zur Gewinnung neuer Erkenntnisse nach der Breite und nach der Tiefe der Forschung verwertet. Jede ihrer Schöpfungen ist ihr eine neue Kraft, und so dehnt sich ihr Wissen aus über immer weitere und weitere Kreise von Objecten, dringt sie immer tiefer in die Verhältnisse der Ursachen und schafft Begriffe, die sich immer mehr von der ursprünglichen Warnehmung entfernen, immer geistiger, idealer werden. Diese Bereicherung ihrer Kraft, dieser allseitige Fortschritt ihres Wissens geschieht nach allgemeinen Gesetzen — Gesetzen der Apperception, des Wachstums der Seele, seelischer Aneignung und Schöpfung.

166. Es scheint aber, als wäre das doch nicht richtig, wenn wir behaupteten, Apperception sei nicht mehr als die Gesammtheit der elementaren Processe, welche bei einer Erkenntniss, bei der Bildung eines Objects u. s. w. vorkommen. Man hat folgendes zu überlegen. Gleiches und Verschiedenes vorstellen (im Bewusstsein tragen) und von der Gleichheit und Verschiedenheit des Vorgestellten wissen: ist das dasselbe und mit einander gegeben? Ist ein Wechsel im Vorstellen auch Vorstellen eines Wechsels? Wir hatten im Vorstehenden die bejahende Antwort vorausgesetzt; aber ob mit Recht, kann zweifelhaft sein. Wenn das gegenwärtige Bild des Freundes verschieden ist vom erinnerten, so ergibt das zunächst zwei verschiedene Vorstellungen; folgt daraus aber auch sogleich die Vorstellung ihrer Verschiedenheit? Das hatten wir allerdings angenommen. Nicht bloß verschmilzt das neue Bild des unveränderten Freundes mit dem alten, nicht bloß tritt solche Verschmelzung bei dem veränderten Freunde erst nach einer Hemmung in dem veränderten Teile ein; sondern seine einfache Verschmelzung hat auch die Erkennung als Apperceptions-Product zur Folge. Die gestörte Verschmelzung hat zwar ebenfalls diesen Erfolg; aber jene hat ihn unter stiller Anerkennung des Gleichen, diese mit bewusster, ich möchte sagen: lauter, Anerkennung auch des Ungleichen. So liegt also in Apperception doch mehr als ein bloß psycho-mechanischer Process der Verschmelzung ohne oder mit Unterbrechung. Woher kommt dieses Mehr? Die elementaren Processe scheinen nur Veranlassungen zu sein zur Bildung von Erkenntnissen, indem sie durch Apperception gedeutet und verwertet werden.

167. Zunächst erinnere ich wiederholt daran, dass die Vorstellungen in keiner Weise der Seele gegenüber stehen. Die Vorstellungen bewegen sich nicht in der Seele, wie Körper in einem umfassenden Raume; sondern die Vorgänge zwischen den Vorstellungen sind eine Betätigung der Seele, wie körperliche Vorgänge Betätigungen der Materie. Das versteht sich von selbst,

wenn man annimmt, dass die Seele eben nur Gehirn-Materie ist.
Aber auch wenn die Seele ein immaterielles Wesen ist, kann
nicht gedacht werden, dass sie ein Organ habe, mittelst dessen
sie ihre eigenen Vorstellungen beobachtet und vergleicht. Denn
dann müsste sie wieder ein Organ haben, um diese Beobachtung
und Vergleichung wieder zu beobachten, und so ins Endlose.
So überflüssig, weil selbstverständlich, es ist, die chemische Verbindung von Wasser- und Sauerstoff noch besonders eine materielle Bewegung zu nennen: so selbstverständlich ist es, und
so überflüssig sollte es ein, ausdrücklich zu bemerken, dass Verschmelzung zweier Vorstellungen eine seelenhafte Verschmelzung
ist. Damit nun aus jener Mischung Wasser werde, tritt nicht
erst die Materie wirkend hinzu, noch auch wirken jene Stoffe
auf die Materie; und eben so tritt zur Verschmelzung, damit
daraus eine Anerkennung des Gleichen werde, nicht erst noch
die Seele wirksam hinzu, noch auch wirkt dieselbe auf die Seele.
Sie ist schlechthin die seelische Wirkung, wie jene Mischung
ein körperlicher Vorgang.

168. In der Apperception liegt nicht ein Mehr gegen die
Verschmelzung; sondern in dieser liegt in Verhältniss zum wirklichen Vorgang ein Weniger, ein Mangel. Dieser Terminus bezeichnet nicht den vollen Vorgang, sondern ist eine Abstraction.
Auch die chemische Formel für das Eiweiß, das Fleisch ist eine
Abstraction. Das Fleisch ist in Wirklichkeit mehr, als jene Formel
aussagt, und dieses Mehr rührt von dem organischen Zusammenhange her, in welchem das Fleisch steht, von der organischen
Form. Der Chemiker abstrahirt ganz davon, dass das Fleisch
aus contractilen Fasern besteht und einem organischen Leibe
angehört. So wird auch durch Verschmelzung und durch Hemmung derselben nicht alles ausgedrückt, was in den betreffenden
Vorgängen liegt. Dieses Verschwiegene ist in den verschiedenen
Fällen, in denen die Verschmelzung auftritt, verschieden je nach
dem Zusammenhange des Vorganges mit andern Vorgängen.

169. Wer von Newton redend sagen wollte: der Anblick
des vom Baume zur Erde fallenden Apfels sei mit der Vorstellung von der Bewegung der Erde um die Sonne in ihm verschmolzen, und so habe er das Gesetz der Attraction appercipirt: der würde wohl stark fühlen lassen, welch ein Abstand
zwischen Verschmelzung und Apperception besteht; wie viel

mehr in dieser als in jener liegt; oder vielmehr, wie abstract
der Terminus Verschmelzung ist. Wir brauchen aber nicht mit
solchen Abstractionen, um ihre Dürftigkeit zu erkennen, unmittelbar an weltbewegende Gedanken zu gehen, sondern können
bei einfachern und einfachsten Fällen stehn bleiben.

170. Wie einfach auch verhältnissmäßig der oben (139)
betrachtete Fall war, er ist doch schon nicht ohne Verwicklung.
Nehmen wir ein Kind in der zweiten Hälfte des ersten Lebens-
jahres. Es erkennt auch wieder, Personen und Dinge. Was
heißt nun das, nach seinem Inhalte genommen: Wiedererkennen?
Es scheint, als müsste man antworten: wiedererkennen heißt,
eine gegenwärtige Warnehmung mit einer früher gehabten, jetzt
erinnerten Warnehmung vergleichen und dabei die völlige oder
wesentliche Gleichheit beider in ihrem Inhalte anerkennen, während man ihr zeitliches Auftreten aus einander hält. Und wie
kommen wir zur Vorstellung der Gleichheit zweier Vorstellungen?
Hierauf, so scheint es, müsste man antworten: indem die Seele
von einer dieser Vorstellungen zur andern übergeht, und indem
sie diese ihre Tätigkeit des Übergehens von einer Vorstellung
oder Warnehmung zur andern warnimmt, ohne eine Änderung
in dem Ergebnisse zu bemerken, da sie also die Inhalte beider
Vorstellungen nicht vor der Verschmelzung zu e i n e m Inhalte
bewaren kann; so erlangt sie die Vorstellung der Gleichheit.
Wer aber wird glauben, dass das hier Angegebene wirklich
von der kindlichen Seele vollzogen werde?

171. Es wird aber, erstlich, von Niemandes, auch keines
Erwachsenen Seele vollzogen. Wie? Das sollte in uns vorgehen, dass die Seele ihre Warnehmungen warnehme, von der
einen zur andern herüber und hinüber gehe, auch dieses ihr
Wandern warnehme, und dann wiederum das warnehme, dass
durch dieses Wandern ihr Inhalt sich nicht ändere? Das sollte
der Weg zur Vorstellung der Gleichheit sein? Am Ende
müsste dann wohl von der Seele auch diese Warnehmung des
bei ihrer Wanderung Veränderten oder nicht Veränderten noch
einmal bemerkt werden: wäre das nicht ein progressus ad in-
finitum (167), bei dem der Seele immer erst ein Bemerken
durch Bemerken gesagt werden müsste? — Müssen wir der
Seele doch endlich die Kraft des Bemerkens zugestehen, so
wollen wir sie ihr doch sogleich einräumen und wollen sagen:

indem die Seele zwei gleiche Vorstellungen hat, bemerke sie zugleich, dass sie Gleiches vorstelle. Indessen die Sache liegt noch anders.

172. Wir müssen uns zweitens davor hüten, unser abstractes, mehr oder weniger logisch gestaltetes Bewusstsein in die Seele des Kindes und des Ungebildeten hineinzutragen; und müssen uns noch mehr davor hüten, psychologische Collectivbegriffe, mit denen wir zusammengesetzte und verwickelte psychische Vorgänge als Einheiten bezeichnen, logisch zu analysiren und diese Analyse, wie wenn sie die psychologische Auffassung jener Vorgänge wäre, in die Seele zu verlegen. Es wird z. B. Niemand leugnen, dass die Beantwortung einer Frage mit Ja oder Nein eine echt logische Tat sein kann, nämlich die Bildung eines positiven oder negativen Urteils, obenein in abgekürzter Form. Unbedingt sind die Ja und Nein auf sokratische Fragen in den platonischen Dialogen solche rein logische Taten. Aber, beobachtet das Kind! wie das Ja oder Nein sagt. Es tut dies schon im zweiten Lebensjahre; aber wie? nicht bloß mit dem Munde, nein, mit dem ganzen Gesichte, dem ganzen Kopfe, mit Händen und Füßen. Nicht eine Tat der Logik ist sein Ja und Nein, sondern eine Tat seines Begehrens. Zustimmen, Bejahen, Verneinen — wie blass, wie abstract, wie logisch! Das Kind kennt sie noch nicht. Was es kennt, ist verlangen oder abwehren, erfreut und zufrieden sein, zulächeln oder sich stemmen und weinen.*) So ist auch das Wiedererkennen des Kindes noch fern von dem Urteil: das jetzt wargenommene Object ist mit dem früher wargenommenen gleich und selbig. Ja, bei uns nicht minder ist es nur in den seltensten Fällen von dieser Form abstracter Bewusstheit begleitet, ist aber immer etwas andres als dieses Bewusstsein. Das Kind zumal besitzt noch für lange Zeit nicht bloß nicht das Abstractum „Gleichheit"; sondern auch der Begriff „gleich" fehlt ihm noch, wenn es schon längst wiedererkennt und Gleiches als gleich ansieht. Wenn es die Mama, den Papa wiedersieht,

---

*) Das Ja und Nein, das Sokrates seinen Mitbürgern ablockte, und das uns heute so langweilig scheint, war eine weltgeschichtliche Tat. Darum ward den Griechen dabei so wunderlich zu Mute. Denn weder sie, noch ihre Väter, noch die Weisen des Orients hatten jemals ein solches Ja und Nein ausgesprochen.

was geht da in seinem Bewusstsein vor? Wie mir scheint, nicht mehr als folgendes: Es bildet durch Warnehmung eine Anschauung von der Mutter oder dem Vater, so vollständig, so genau, als es eben kann, je nach der Stufe der Entwickelung seines Gesichtssinnes. Die so gebildete Anschauung weckt aber zugleich die mit ihr associirten Anschauungen, und es tritt eine kürzere oder längere Reihe in das Bewusstsein: auf den Arm genommen werden, tänzeln, saugen, oder ähnlich. In Folge dieses theoretischen Vorganges erwacht auch das Lustgefühl, welches früher mit diesen erinnerten Situationen verbunden war, und das Begehren nach Erneuerung derselben. So streckt das Kind die Ärmchen aus den Eltern entgegen (ohne Absicht, durch Reflexbewegung, wovon später); dazu das freudestrahlende Gesichtchen und das Strampeln; alles dies ist die Erwartung, dass die erweckte Vorstellungsreihe wiederum verwirklicht werde, und alles dies eben ist Wiedererkennung. Denn diese ist nicht eine besondere Action des Bewusstseins, die zu dem Erwähnten noch außerdem hinzutrete, sondern ist nur eine zusammenfassende Benennung mehrfacher psychischer und leiblicher Bewegung und wird eine allgemeine psychologische Kategorie, die alles hier Erwähnte als einen Fall unter sich befasst. Das Kind hat also hier wirklich appercipirt: es hat den Anblick der Eltern, der lediglich durch den Gesichtssinn erfolgte und zunächst lediglich das enthielt, was das Auge bieten konnte, oder genauer, wozu das Auge die Seele veranlassen konnte — es hat dieses Wenige durch eine ganze Reihe erinnerter Vorstellungen und Gefühle neben erregtem Begehren appercipirt, dadurch ergänzt und zu einem bestimmten Object gestaltet und so die Tat der Wiedererkennung der Eltern vollzogen.

173. Auch bei uns heißt ja das Wiedererkennen einer geliebten Person nicht: das Bewusstsein haben, die gegenwärtige Person sei die von uns gekannte und geliebte. Sondern der ganze Zustand, in den unser Gemüt durch die Gegenwart derselben gerät, die Befriedigung, die freudige Erregung, die uns ihr leiblicher Anblick gewährt, der Genuss ihrer Reden, die Teilnahme an ihrem Glücke, kurz, die Erweiterung und Erhöhung unseres Seins durch ihre Nähe, das ist es, was wir sehr kalt ein Wiedererkennen heißen. Aber nicht eine theoretische That, eine Erkenntniss ist es, die wir üben, sondern eine Lebens-

betätigung ist es, eine Gestaltung unseres Seins. Und das ist: das Bild des Freundes appercipiren. Keine Umarmung, kein ans Herz drücken ist mehr als die Apperception eines Bildes; aber solche Apperception enthält mehr als die Verschmelzung eines gegenwärtigen und eines erinnerten Bildes. In solcher Apperception, mit welcher das Kind die Wiedererkennung der Eltern vollzieht, mit welcher wir Geliebten begegnen, ist also weit, weit mehr gegeben, als durch den mechanischen Process der Verschmelzung ausgedrückt wird. Die Verschmelzung findet wirklich statt, und auf ihr beruht die Apperception; aber mit der Verschmelzung ist noch vieles andre gegeben, was wir unklar in dem Terminus Apperception andeuten. — Nun noch ein Punkt, der tiefst liegende.

174. Wir sagten oben (69—72), dass die Bewusstheit der Vorstelungen (das Bewusstsein) eine Tat der Seele sei, eine Zutat zur Bildung der Vorstellungen nach ihrem Inhalte, ihrer Substanz. Diese Tat besteht, wie hier ergänzt werden mag, darin, dass die Vorstellung als solche gesetzt wird, als vorgestellt anerkannt wird. — Bewusstsein sagt also dies aus, dass nicht bloß die Seele durch äußere Reize zu einer solchen Reaction veranlasst wird, welche den Inhalt einer Warnehmung ausmacht, sondern auch, dass dieser wargenommene Inhalt als solcher gesetzt wird; d. h. die Vorstellung wird auf die vorstellende Seele als auf ihr Princip und auf das Äußere als Aequivalent des Äußern bezogen. Diese Beziehung wird ausgeführt dadurch, dass die Vorstellung zu anderen Vorstellungen in Beziehung gesetzt wird.

175. Man hat gesagt, eine Vorstellung sei entweder bewusst oder nicht bewusst, und man hat damit Grade der Bewusstheit ausgeschlossen. Das wäre ganz richtig bei einer Ansicht, wonach das Bewusstsein gewissermaßen eine Beleuchtung wäre, die sich über die einzelne Vorstellung von der Seele her ergösse. Dann müsste man sagen, dass das psychische Licht, welches die Vorstellungen erhellt, nicht wie das materielle Licht Grade der Helligkeit zulasse, sondern eine Vorstellung entweder treffe oder nicht. Aber man muss solche Ansicht von einem Licht in der Seele, welches die Vorstellungen beleuchtet, oder von einem hellen Punkte in der Seele, in welchem sich eine Vorstellung befinden kann, völlig fahren lassen. Bewusstheit

ist vielmehr **Klarheit**, und diese hat Grade. Je mannichfacher die Beziehungen sind, in welche eine Vorstellung versetzt wird, um so bewusster wird diese. In Beziehung aber
gerät eine Vorstellung oder Warnehmung durch ihre Apperception. Daher ist es wirklich diese, welche Bewusstheit schafft.
Sie tut dies aber nicht als eine besondere bewusstsein-schaffende
Macht; sondern die Folge der Apperceptions-Processe ist Bewusstsein, weil diese Processe Verbindungen und Beziehungen
der Vorstellungen stiften, und in diesen Beziehungen eben selbst
Bewusstsein besteht.

176. Nun gibt es allerdings, wie oft bemerkt, unbewusste
Apperceptionen. Dies sind nämlich solche, welche nicht in Beziehung gesetzt sind zu andern Apperceptionen, und welche
demnach nicht appercipirt sind.

177. Daher kommt es erstlich, dass ohne eine gewisse
Menge von Vorstellungen Bewusstsein unmöglich ist, und dass
folglich das Kind die ersten Schritte seiner Entwicklung ganz
ohne Bewusstsein macht. Wie wir sehen lernen, das geschieht
ganz bewusstlos, und darum haben wir davon auch keine Erinnerung. Daher hat denn zweitens auch das Bewusstsein des
Kindes, nachdem dieses sich solches erworben hat, und wenn es
z. B. schon wiedererkennen kann, doch noch nicht die Klarheit des
Bewusstseins eines Erwachsenen. Und daher drittens erklärt es
sich, dass auch der Erwachsene nicht immer mit gleich großer Bewusstheit vorstellt, indem die Verbindungen, Zusammenhänge der
Vorstellungen nicht immer in gleichem Grade energisch werden.
Jene Verbindungen haben ja auch ihren Inhalt, beruhen auf
Verbindungsmerkmalen. Diese werden nicht immer gleich vollständig mit zum Inhalte der Vorstellungen hinzugezogen, und
dann wird dieser mangelhaft, unklar gedacht.

178. Demnach müssten wir sagen, Bewusstheit sei eine
den Vorstellungen immanirende Bestimmtheit, und Bewusstsein sei Tätigkeit der Seele überhaupt. Was wir unbewusst
nennen, hat nur den geringsten Grad der Bewusstheit. Die
nächst folgenden Grade zeigt das Kind, und auch der Erwachsene in den Fällen, wo wir sagen, dass wir unbewusst
handeln. Je gediegener und gebildeter das appercipirende
Moment, desto höher das Bewusstsein. Vorzugsweise aber
hängt dieses von der Entwickelungsstufe des Ich ab, und hierauf

stützt sich die oben (174) gegebene Erklärung des Bewusstseins. Eine Vorstellung, die wir auf unser Ich und das Nicht-Ich beziehen, ist bewusst; denn das Ich, wenn und insoweit es entwickelt ist, wirkt mit. Und diese (wenn auch unbewusste) Mitwirkung des (selbst unbewussten) Ich verleiht der Apperception den Schein, als füge sie erst dem bloßen psychischen Mechanismus Bewusstheit hinzu.

179. Hier ist noch von Aufmerksamkeit zu reden. Man wird auf etwas aufmerksam, bemerkt es, das heißt: es wird bewusst; und das heißt: es wird appercipirt. Wenn wir, um beim obigen Beispiel zu bleiben, dem Freunde begegnen, so bemerken wir an ihm weiter nichts (d. h. nichts weiter an ihm zieht unsere Aufmerksamkeit an sich, auf weiter nichts fällt unser Bewusstsein) als das Veränderte an seinem Leibe oder seiner Kleidung; denn dieses wird als das Veränderte appercipirt, es wird zu einer objectiven Ursache und zu unserm subjectiven Interesse in Beziehung gesetzt. Die Ursache kann unbekannt, das Interesse zweifelhaft sein: so spricht sich dies in der Frage aus: woher oder warum das? und was bedeutet es? z. B. eine Wunde: wie ist sie entstanden? ist sie gefährlich?

180. Dies ist die unwillkürlich erregte Aufmerksamkeit, welche, wie wir schon gesehen und bald noch klarer sehen werden, auf der Hemmung der Verschmelzung der Warnehmung mit der Erinnerung beruht. Die willkürliche Aufmerksamkeit aber z. B. des beobachtenden Naturforschers ist die Bereitschaft mehrerer Vorstellungsgruppen, deren eine eine eintretende noch unbekannte oder zweifelhafte Erscheinung appercipiren soll. Auf beide Arten der Aufmerksamkeit werden wir im folgenden öfter zurückkommen.

181. Aus dem Vorstehenden erhellt schon, dass Apperception nicht notwendig durch Verschmelzung bewirkt wird, sondern auch durch Hemmung bewirkt werden kann. Zunächst kann es scheinen, als wenn der erstere Fall zur Position, der letztere zur Negation führte. Dem ist jedoch keineswegs immer so. Wir müssen hier überhaupt das Verhältniss der Apperception zur Verschmelzung und Hemmung eingehender erörtern, wobei wir auch wieder auf unsre Bemerkung über Bewusstheit zurückkommen. Schon oben, wo von Verschmelzung die Rede

war. und soeben wiederum hatten wir des Falles gedacht, dass mit einander verschmelzen könne, was nicht verschmelzen dürfte. Dann wird, logisch genommen, etwas verkannt; psychologisch wird Verschiedenes als gleich appercipirt. und das heißt: es wird etwas gar nicht appercipirt, nämlich nicht als solches, was es ist, wenn auch als etwas, was es nicht ist: es wird sein Dasein mit falscher Qualität appercipirt. Es entsteht also ein Fehler, den aber der Appercipirende nicht erkennt. Das Umgekehrte beinahe tritt durch ungehörige Hemmung ein. Man erkennt das Bekannte nicht wieder, obgleich es unverändert geblieben ist, weil die Erinnerung durch einen Zufall geschwächt ist und nicht energisch werden kann, oder weil sie gar veruntreut ist; das eine oder das andre, weil sie in anderweitige Verbindungen geraten ist, welche jetzt hemmend wirken. Nun wird unter Hemmung appercipirt, d. h. wiederum es wird etwas nicht so appercipirt, wie es sollte, nämlich nicht als bekannt, sondern als fremd, also nicht im vollen wahren Zusammenhange. Zu irgend welcher Negation und bewussten Sonderung kommt es hierbei nicht, nur zu einem dem Appercipirenden ganz unbewusst bleibenden Mangel.

182. So könnte es scheinen, als bewirkte Hemmung entweder bewusste Negation oder Mangel an Bewusstsein, Verschmelzung dagegen Position und Bewusstsein, wenn auch gelegentlich unter Irrung. Aber auch dies ist unrichtig, wie aus schon angeführten Beispielen hervorgeht. Gerade Verschmelzung erstickt oft die Aufmerksamkeit und die Apperception, während Hemmung beide weckt, wie beim eintretenden Freunde, an dem wir nichts weiter appercipiren als die Wunde, Blässe, kurz die Veränderung, d. h. da, wo die Verschmelzung des dargebotenen Anblickes mit der Erinnerung gehemmt wird.

183. Vielmehr möchte ich folgende Sätze aufstellen:

Was zuerst die Verschmelzung betrifft, so ist sie ein Vorgang, der an sich ganz ohne Beziehung zur Bewusstheit bleibt. Es kann Bewusstes unter einander und Unbewusstes unter einander und Bewusstes mit Unbewusstem verschmelzen. Und so wenig die Verschmelzung von der Bewusstheit gefördert oder gestört wird, so wenig erzeugt oder unterdrückt sie die Bewusstheit. Sie wird lediglich von der Gleichheit des vorgestellten Inhalts bedingt und erfolgt dann notwendig, mag dieser Inhalt der Wirklichkeit entsprechen oder nicht. Der Vorgang der Verschmelzung selbst ist als psychologischer natürlich unbewusst. Das Verschmelzungsproduct aber kann bewusst oder unbewusst sein; und man kann es wissen, dass ein bestimmter Inhalt ein verschmolzener ist, oder man weiß es nicht. Kurz: in welcher Gestalt auch Bewusstheit sich zur Verschmelzung fügt, immer geschieht es aus Ursachen, welche nicht in der Verschmelzung, sondern anderswo liegen, nämlich in den Verbindungsmerkmalen.

184. Dies ist einfach. In Bezug auf Hemmung aber ist zu unterscheiden; dieselbe ist doppelter Art. Sie trifft entweder die Reproduction und Energie einer Vorstellung, sie hindert ihre Bewegung überhaupt, ihren Eintritt in einen Process; oder sie widersetzt sich nur einer schon eingeleiteten Bewegung einer Vorstellung, die sich in einem Verbande befindet, der von einem andern zur Verschmelzung schon angezogen ist. Im ersteren Falle bewirkt sie, wie überhaupt Ruhe, so auch Mangel an Bewusstheit der betreffenden Vorstellung; in letzterem Falle lenkt sie die Aufmerksamkeit, Bewusstheit auf den Punkt, wo die Bewegung stockt. Ist eine Vorstellung im erstern Falle, so vollzieht sich vielleicht eine positive oder negative Apperception ohne ihre Mitwirkung, woraus sich vielleicht eine falsche, ungenaue, mangelhafte Perception ergibt; ist sie im letztern Falle, so bewirkt sie gerade eine Apperception, die ebenfalls positiv oder negativ sein kann. Sie bewirkt Apperception, sie erweckt Aufmerksamkeit, d. h. nichts andres als sie erweckt eine neue Reihe von Vorstellungen, wie der Anblick einer Wunde die Vorstellung von Gefahr und Heilung; und ähnlich die Warnehmung, dass der Freund erbleicht u. s. w. Hierdurch erhält das eine Moment der Warnehmung eine große Klarheit, weil eine vielfache Beziehung.

185. Beispiele sind für alles dies schon gegeben. Für das letzte Verhältniss, positive Apperception durch Hemmung der Verschmelzung, möge noch folgender Fall angeführt werden. Der Müller hört das Klappern der Müle nicht; wir, selbst während Ruhe im Zimmer herscht, hören das ziemlich laute Tiktak der Uhr nicht. Warum nicht? Unsere Aufmerksamkeit, sagt man, ist nicht darauf gerichtet, sondern anderwärts festgebannt. Psychologisch sagen wir: das Gehör wird zwar durch

den Schlag der Uhr, das Lärmen der Müle, erschüttert, und so entstehen nothwendig Gehörsempfindungen; aber diese bleiben ganz außerhalb der Verbindung mit den ihnen angemessenen Vorstellungsverbänden, und darum werden sie nicht bewusst. Aber sie sind da und, wenn auch unbewusst, associiren sie sich mit allem was unser Inneres in dieser Zeit gerade bewegt. Alles was der Müller in der Müle treibt, erhält eine Association mit dem unbewussten Klappern, sogar sein Traum oder seine Ruhe im traumlosen Schlafe. Sobald die Müle stehn bleibt, das Klappern aufhört, bemerkt es der Müller; der Abbruch der ihm gewohnten Association, eine Hemmung, erweckt seine Aufmerksamkeit. — So ist es beim Müller, dem alles am Klappern seiner Müle liegt; uns liegt nicht soviel an dem Tiktak der Uhr. Daher bemerken wir deren Stehnbleiben nicht. Hier muss umgekehrt etwas Besonderes eintreten, wenn das Tiktak bewusst gehört werden soll. Als ich z. B. bei Durchsicht meines Manuscripts zu vorliegendem Buche an die obigen Worte kam: „wir hören das ziemlich laute Tiktak der Uhr nicht", da hörte ich plötzlich meine Wanduhr. Die mir ins Ohr dringenden Töne der Uhr verbanden sich mit den eben durch jene Zeile geweckten Vorstellungen ganz unabsichtlich, und wurden so mit Hülfe dieser Vorstellungen bewusst*).

b) Speciellere Betrachtung der Apperception.

α) Formulirung der Apperception.

186. Versuchen wir den Apperceptions-Process in einer psychologischen Formel darzustellen. Schmeicheln wir uns auch nicht, dass damit eine mathematische Psychologie geschaffen werde, so muss doch solche Formel die Klarheit fördern.

---

*) Diese an mir gemachte Erfahrung ist natürlich nachträglich in das Manuscript getragen, aber sogleich als sie gemacht war, so dass mir die Richtigkeit der Tatsache sicher ist. — Bei abermaliger Durchsicht, vielleicht sechs Monate später, hat sich die Erfahrung wiederholt, wie natürlich. Ich kann mich aber nicht besinnen, ob ich, als ich den betreffenden Satz des Textes zuerst niederschrieb, die Uhr hörte oder nicht. Vielleicht hat aber jetzt der Leser an sich eine Beobachtung gemacht, die hierher gehört.

187. Beginnen wir mit dem einfachsten Falle, dem Wiedererkennen eines unveränderten und durchaus gleichgültigen Dinges, oder der Warnehmung eines bekannten Dinges; die Anschauung, wie sie nach Maßgabe der Sinnestätigkeit gebildet
ist, als das passive Moment, sei P; das active Moment, die
Erinnerung, sei A. Hier wird vorausgesetzt $P = A$. Solcher
Fall würde eintreten, wenn wir eine uns bekannte, aber nicht
befreundete Person, deren Wohnung und Hausgerät, oder die
Straßen einer Stadt u. s. w. so wiederfinden, wie wir sie kennen.
Wir kämen also zur Formel $P + A = A$. Denn $P + A = A + A$,
und $A + A$ ist psychologisch nur A (s. 59). Diese Formel
indessen, selbst vorausgesetzt, sowohl die Erinnerung A wäre
vollkommen, und eben so die Warnehmung P vollständig, würde
doch immer mangelhaft sein. Denn in der Warnehmung eines
Dinges liegt nicht bloß, dass die Vorstellung desselben producirt werde, sondern auch dass diese projicirt, d. h. dass sie
als ein äußeres und gegenwärtiges Ding erfassend gesetzt werde.
Die Projection aber wird bewirkt durch P (137). P ist es zu
verdanken, dass wir eine bloß erinnerte Person nicht auch für
wirklich gegenwärtig halten, und auch das müssen wir in unserm
Falle noch zu P rechnen, dass wir die gemalte Person nicht
für die leibliche halten. Zur bloßen Reproduction einer Person
würde das Bild, ja der Name ausreichen; die Warnehmung
aber erfordert P, die sinnliche Gegenwart mit ihrer Wirksamkeit auf unsre Sinnestätigkeit und die volle Ausübung der
letztern. Es darf also P niemals absolut $= A$ gesetzt werden.
Andrerseits ist es die Wirksamkeit von A, welches schon in
sich eine Verschmelzungs-Summe ist, dass P nach der Verschmelzung mit A als Bekanntes gilt. So sei denn die Formel
für den obigen, einfachsten Apperceptions-Process.

$$P + A^1 = A^2.$$

188. Von der Bildung des P selbst, d. h. von der Erzeugung der Anschauung eines räumlichen Dinges, sehen wir
hier ab. Diese Schöpfung wird hier vorausgesetzt; sie beruht
natürlich auf einem viel mannichfacheren Processe. Schrittweise
vom Einfachsten zum Verwickeltern vorschreitend, kämen wir
zunächst zu Anschauungen von Dingen, die nur einseitig durch
Warnehmung gegeben sind, wie z. B. wenn wir Zucker sehen.
Die Anschauung Zucker A enthalte die Momente des Gesichts-

eindrucks a, des Tasteindrucks b, des Geschmackes c, der Löslichkeit d. Es bilden also a b c d einen Vorstellungs-Verband zum Werte von A. Nun sehe man Zucker, so ist zunächst bloß a gegeben; also $P = a$. Dieses a aber reproducirt a b c d, d. h. A^1. Darauf verschmilzt a mit A^1 zu A^2; d. h. obwohl nur a gegeben ist, wird doch als Object a b c d $= A$ projicirt. Man könnte aber jemand im Dunkeln oder bei geschlossenen Augen Zucker in den Mund stecken, so wäre c gegeben; also $P = c$. Dann würde c die mit ihm verbundenen a b d reproduciren, d. h. ebenfalls A^1, worauf wiederum c mit A^1 zu A^2 verschmelzen würde. Das Ergebniss wäre wie oben: das ganze A wird projicirt auf Anlass von $P = c$. Dieser Process ließe sich so schreiben:

$$P = a \qquad\qquad\qquad P = \qquad c$$
$$\begin{array}{c} | \\ A^1 = \overbrace{a^1\ b^1\ c^1\ d^1} \\ \hline A^2 = a^2\ b^2\ c^2\ d^2. \end{array} \qquad\qquad \begin{array}{c} | \\ A^1 = \overbrace{a^1\ b^1\ c^1\ d^1} \\ \hline A^2 = a^2\ b^2\ c^2\ d^2. \end{array}$$

Dem a oder c ist es zu danken, dass a b c d^1 zu a b c d^2 wird, d. h. dass projicirt wird; dem A^1 ist es zu danken, dass nicht bloß a oder c, sondern dass a b c d projicirt werden.

189. Hier war P im Verhältniss zum Object mangelhaft. Umgekehrt kann auch A^1 mangelhaft sein. Die wenigsten Menschen werden sich die Gesichtszüge und den vollen Anblick irgend einer Person bestimmt und richtig vorstellen können; mindestens werden sie dies doch nur für wenige Personen können. Es sei also die Anschauung irgend eines Objects A $=$ a b c d e, welche Elemente durch Warnehmung P geboten seien, während in der Erinnerung A^1 nur a b c energisch sind; so werden d e von ihrer Hemmung befreit, und das Product ist doch die Projection von $A^2 =$ $a^2\ b^2\ c^2\ d^2\ e^2$. — Nun können auch beide sowohl P als A^1, mangelhaft sein. Durch Warnehmung P gegeben sei a . e . e. Nun sei von $A^1 =$ a b c d e in der Erinnerung a b c energisch, d und e aber gehemmt. So wird a e e nicht nur $a^1\ b^1\ c^1$ reproduciren, sondern auch d^1 und e^1 von der Hemmung befreien. Jedenfalls wird das ganze A^1 als A^2 projicirt und soll den Wert von a b c d e haben, selbst wenn auch vielleicht tatsächlich immer noch nur a . c d e oder a b c . e oder gar nur a . c . e oder a . c d . in Energie tritt — ein Ver-

hältniss, das hier noch nicht erörtert werden kann. Die Formel
für beide Fälle ist leicht:

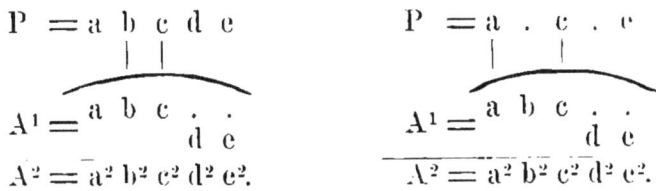

$$P = a \; b \; c \; d \; e \qquad\qquad P = a \; . \; c \; . \; e$$

$$A^1 = \overbrace{a \; b \; c}^{} \; . \; . \atop d \; e \qquad\qquad A^1 = \overbrace{a \; b \; c}^{} \; . \; . \atop d \; e$$

$$A^2 = a^2 \; b^2 \; c^2 \; d^2 \; e^2. \qquad\qquad A^2 = a^2 \; b^2 \; c^2 \; d^2 \; e^2.$$

190. Der Fall, dass A^1 mehr enthält als P ist sicherlich
der häufigere. Dies wird augenblicklich klar, wenn wir an
Personen und Dinge denken, die uns nicht gleichgültig sind,
wo sich an den Vorstellungs-Verband von a b c d e, welcher
die Anschauung von A bildet, tausend Gemüts-Regungen und
Erinnerungen knüpfen, welche sämmtlich bei der Apperception
mitwirken, und welche doch zu A^1, nicht zu P gehören, aber
in A^2 mit übergehen und das Wesentliche des Inhalts ausmachen.
Unsere Geliebte ist in uns ein A^1. Tritt sie vor uns, und
projiciren wir dieses A^1, so schließt A^2 nicht bloß ihr Bild,
sondern auch unser projicirtes Herz ein.

191. Wir kommen nun weiter zu dem Falle, dass A^1 mehr
enthält als für ein Object projicirt werden kann, nämlich als
Artbegriff die einander ausschließenden Merkmale mehrerer Individuen. Es bedeute A Tisch, so schließt es verschiedene
Formen, Stoffe und Farben in sich, rund und viereckig a > z,
Holz und Stein b > y, braun und weiß c > x. A^1 schließt
diese sechs Bestimmungen sämmtlich in sich, von denen doch
nur drei zur Projection gelangen dürfen. Welche drei? das
bestimmt P. Das allen Tischen A Gemeinsame sei M; so ist
P etwa $= Mabc$. Es wird also durch P bloß $A^1 = M^1 \; a^1 \; b^1 \; c^1$
reproducirt und dagegen $z^1 \; y^1 \; x^1$ gehemmt. Dann verschmilzt
P mit A^1 zu $A^2 = M^2 \; a^2 \; b^2 \; c^2$.

192. In allen diesen Fällen liegt der Gehalt von P schon
in A^1; und so kommt bei $P + A^1$ durch P dem A^1 kein neuer
Inhalt zu. Im gemeinen Leben wird durchschnittlich das Object A^2 in der Vorstellung A^1 schon enthalten sein; das heißt:
man lernt nichts zu; man bewegt sich in gewohnten Kreisen.

Also dieses $A^2 = A^1$ ist die Formel für den Geist des
Philisters, für den Geist aller derer, welche nichts
lernen und nichts vergessen.

194. Beim Kinde indessen in der Zeit der Entwicklung, und bei allen denen, deren Devise *dies diem docet*, mag zwar tausendmal die Gleichheit von A^2 und A^1 gelten bleiben, es trifft dennoch nicht selten, dass P einen Inhalt hat, der noch nicht in A^1 lag. Es lernt das Kind den runden Tisch kennen, nachdem es nur viereckige gesehen hat. Da macht sich die Kraft der neuen Warnehmung P auf die Vorstellung A^1 derartig geltend, dass A^2 eine neue Beobachtung enthält, durch welche von nun ab A^1 bereichert bleibt. Entdeckungen bereichern das Wissen, corrigiren auch Irrtümer; d. h. bei der Zusammenfassung von $P + A^1$ entsteht nicht eine einfache Wiederholung von A^1, sondern eine Bereicherung oder gar eine Umgestaltung desselben.

194. Solch ein Fall jedoch, wo aus $P + A^1$ ein A^2 entsteht, das inhaltlich verschieden ist vom A^1, wird auch nur sehr mangelhaft durch $P + A^1$ ausgedrückt. Wenn es sich z. B. um das Wiedersehen eines grau gewordenen Freundes handelt, so müssten wir wohl A^1 ersetzen durch AO, indem A das Bild des Freundes mit Ausschluss des veränderten Momentes bezeichnen würde, während O ($=$ olim) den frühern Zustand des A andeutet. Die jetzige Qualität sei N ($=$ nunc) also $P = AN$. Nun würde AN ganz natürlich AO reproduciren, wenn nicht etwa A ganz geringfügig und machtlos gegen O und N geworden ist. Das wäre ein volles Unerkannt-Bleiben des Freundes. Wird aber AO durch AN reproducirt, so hemmt der Gegensatz $O > N$ die Verschmelzung der beiden A. Der bestehende Drang zur Verschmelzung der A aber treibt immerfort O und N gegen einander. Es treten also in Reaction gegen einander A, A, O, N. Dass für die gegenwärtige Apperception das N mächtiger als das O sein müsse, ist klar; denn es ist unzweifelhaft gegeben und macht sich von Augenblick zu Augenblick, je länger das Auge darauf weilt immer unzweifelhafter. Nur das O ist in Zweifel, es erscheint positiv und negativ: $A + O - O$. Mit dieser doppelten Setzung des O ist denn auch die Reaction abgeschlossen und ist O mit N versöhnt; aus $(A + N) + (A^1 + O - O)$ wird A^2N.

195. In der letzten Formel hätten wir schon ein volleres Bild des Processes, als wir anfänglich hatten. Doch ist dieselbe noch nicht ausreichend. Die doppelte Setzung des O ist eine

bestimmte Tat, selbst schon eine eigene Apperception. Im psychisch-mechanischen Reactions-Process ist nur angegeben, dass O sowohl reproducirt als auch verdrängt wird. Diese Erscheinung wird appercipirt durch das Zugeständniss einer bedingten Berechtigung des Daseins, nämlich als eines Gewesenen. Das Gewesene ist ein Plus, welches ein Minus geworden ist. Der Begriff der Veränderung appercipirt das hin und her schwankende O, und es verdoppelnd, hält er es auf beiden Seiten fest. Dieser Begriff ist abstract. Setzen wir dafür concreter die Überlegung R (= ratio), dass man den Freund lange nicht gesehen hat, und er um so viele Jahre älter geworden ist und wohl mit der Zeit ein solches Aussehen gewinnen konnte; dass auch wohl durch Krankheit, Trauer und Kummer, welche, wie wir uns nun erinnern, den Freund bedrückten, das Haar grau, der Blick matt, die Gestalt gebeugt werden konnte u. s. w. Es wird also weder der Freund A schlechthin als braun und nicht braun ($\pm$ O) appercipirt, noch auch bloß überhaupt als grau N oder grau geworden O > N, sondern als aus bestimmter, gewusster oder wenigstens vorausgesetzter Ursache grau geworden. Dieses R bringt die Reaction zum Abschluss und vermehrt das Product. Als Formel könnte dienen:

$$(A + N) + (A^1 + O - O) + R = A^2NR$$

196. Es ist doch ein wesentlicher Unterschied im Product, ob das apriorische A^1 nach Aufnahme des P bloß in seinem psychologischen Bestande und durch Projection geändert, in seinem Inhalt aber sich gleich geblieben ist, oder ob, wie in den letzt besprochenen Fällen, das A des Productes einen andern Inhalt hat als A^1. Hier ist ja keine Verschmelzung eingetreten, und es wird im Product das neue A vom alten A unterschieden. Solch ein Product können wir vom ältern apriorischen A^1 nicht passend durch den Exponenten als A^2 unterscheiden, als wäre es nur ein potenzirtes, in seinem Sein verstärktes, übrigens aber einfaches A; sondern da in ihm ein neues und ein altes A aus einander gehalten werden: also wirklich zwei A in ihm liegen, so wollen wir den Exponenten lieber nach Weise der Chemie als Coëfficienten unten am Buchstaben schreiben: A_2. Es bleiben aber hier drei Punkte zu unterscheiden. Erstlich ist der gegenwärtige Freund als wargenommenes Bild zu appercipiren, und dieses Product ist, wie angegeben (194), A^2N. Zweitens aber

ist das jetzige Aussehen des Freundes als ein verändertes appercipirt; N ist an Stelle von O getreten. Hier sind beide A als A^1, d. h. nicht als Warnehmungen, sondern als innere Vorstellungen zu setzen. Denn die Warnehmung an sich ist $A^2 N$; diese als innere Anschauung gegen $A O$ gehalten ist $A^1 - O + N$; also das Ganze:

$$(A^1 + O) + (A^1 - O + N) = A_2 N.$$

Dieses $A_2 N$ nun drittens dient gelegentlich noch als appercipirende Masse für AN; d. h. man erinnert sich beim Anblick wohl noch bisweilen der Veränderungen; jedoch immer seltener. Bald an das neue Aussehen gewöhnt, gilt AN einfach als P, und $A_2 N$ vereinfacht sich ebenfalls. Denn die Gewalt des N wächst mit jeder wiederholten Warnehmung und schwächt in gleichem Maße das O, welches schließlich nur unter besondern Begünstigungen reproducirt wird; und $A_2 N$ wird einfaches AN und dieses dient von nun ab als A^1.

197. Wir kehren zu dem Falle von den eckigen und runden Tischen zurück. Dass ein Kind, wenn es bloß jene gesehen hat, auch diese erkennt, dass es Mzyx durch Mabc (191) appercipirt, beruht auf der entscheidenden Macht des M, welches hier nicht den Typus einer Gestalt (106 ff.), sondern den Zweck und die zu ihm gehörenden Bestimmungen vertritt, also den Gebrauch und die daraus entstehende Umgebung, wie z. B. dass Stühle daneben stehen u. s. w. Diese Macht des M für das Bewusstsein des Kindes ist um so begreiflicher, als es beinahe den ganzen Inhalt der Anschauung ausmacht. Für den Gegensatz von a > z u. s. w. hat es noch gar kein Organ. Wenn es vielleicht schon a b c von x y z zu unterscheiden vermag, sobald beide neben einander stehen,*) so hat es doch,

---

*) Vergleichung tritt nach meiner Beobachtung sehr früh ein, allerdings nur unter günstigen Bedingungen. Mein Knabe war noch nicht 4 Monate alt, sondern nur $3\frac{1}{2}$ Monate, da wandte er den Blick von der auf dem Tische vor ihm stehenden Lampe auf den Spiegel, in dem sich die Lampe spiegelte, hin und her längere Zeit. In demselben Zimmer stand ein Glasschrank, an deren Glas-Tür nach innen Vorhänge waren. Auch in diesen Scheiben spiegelte sich die Lampe, obwohl weniger hell. Auch dieses Bild der Lampe zog, wie drei Wochen später bemerkt ward, die Aufmerksamkeit des Knaben auf sich und zwar sogar in höherm Grade, als das hellere Bild und die wirkliche Lampe. — Abermals drei Wochen später, also als der

wenn zwischen den beiden Anblicken einige Zeit liegt, keine Erinnerung für das Eine, während es das Andre sieht. Ein Gegensatz also von AO und AX kann erst eintreten, wenn AX dem Kinde schon bei einiger Reife vorkommt. Setzen wir zuerst den Fall, ein Kind sehe uranfänglich runde und eckige Tische durch einander, so wird es den Tisch zunächst nur als M appercipiren: $P = A = M$. Lernt es allmählich a und z, b und y. c und x unterscheiden, so wird es jede Warnehmung mit der entsprechenden Erinnerung appercipiren und M wird einen Kreis von Möglichkeiten (95f. 100f.) umfassen, deren es sich nicht bewusst ist. $A^1 =$ Mabc oder Mabx u. s. w. genau je nachdem P es ist. Allmählich treten auch diese verschiedenen Möglichkeiten als Unterarten von M ins Bewusstsein. A spaltet sich in runde, eckige u. s. w. Tische. Die üblichen Beiwörter bewirken und fördern solche Spaltung: A^1 wird A_n, und bloß in Bezug auf die geometrische Form der Platte A_2. — Hat aber das Kind zuerst nur viereckige Tische gesehen, und sieht dann einen runden, so soll es MN durch MO appercipiren. Der Gegensatz $O > N$, wie lebhaft er auch gefühlt werden mag, wird durch M überwunden, und die hinzutretende Reflexion R (195), welche den Widerspruch beseitigt, ist der unausgesprochene Gedanke, dass es auch solche Tische gibt, und so

---

Knabe fast volle fünf Monate alt war, wurden in seiner Gegenwart von der Mutter gegen Abend zwei Lampen auf den Tisch gesetzt, von denen die eine angezündet war, die andere aber nicht brannte. Der Knabe ließ den Blick von der brennenden auf die dunkle Lampe gleiten und sah dann die Mutter an und wiederum die Lampen. Dies wiederholte er dreimal. — Als er fast ein Jahr alt war, es fehlten nur acht Tage, wollte ich ihn aus einer Stube in die andre tragen. Die Tür stand etwas auf. Er fasste, wie er zu thun gewohnt war, mit der rechten Hand an die Klinke. In solchen Fällen hielt er die Klinke fest, ohne sie freiwillig los zu lassen. Indem ich nun in die andre Stube einzutreten versuchte und dabei den Knaben um die zu mir hingezogene Tür bog, bemerkte er die Klinke auf der andern Seite der Tür und bog nun den Kopf hin und her, um bald die eine, bald die andre Klinke zu sehen, und suchte auch die letztere mit der linken Hand zu fassen, ohne die rechte von der erstern loszulassen. Dies wiederholte er einige Tage später, und nun kam noch etwas hinzu. Es war eine Flügeltür. Nun betastete er gleichzeitig beide Flügel, den feststehenden mit der linken, den beweglichen Flügel mit der rechten Hand. — Dass das Vergleichungen waren, kann ich nicht bezweifeln. Welches Ergebniss sie hatten? dürfte schwer zu sagen sein.

bleibt die Formel gültig, welche 195 aufgestellt ist. Sein Begriff Tisch A^1 ist:

$$M \begin{Bmatrix} O \\ N \end{Bmatrix} \text{ das heißt: } \begin{matrix} \text{eckiger} \\ \text{runder} \end{matrix} \Big\} \text{ Tisch.}$$

Schließlich, nachdem das Kind vielerlei Arten Tische gesehen hat, welche in vielen Beziehungen einander entgegengesetzt sind, würde sein A_n sich entwickeln lassen zu Mabc, Mabx, Mayc u. s. w. Jede dieser Formen kann als A^1 in den Process treten; welche derselben in jedem gegebenen Falle es sein soll, wird durch P bestimmt. Auch wird zunächst und unmittelbar immer nur diese eine reproducirt; die andern treten nicht in den Process (95 ff.).

198. Man kann genau genommen niemals sagen, dass eine Warnehmung, Beobachtung, Entdeckung einen Begriff oder ein System umgestaltet haben. Oft genug aber erweist sich der appercipiren sollende Begriff als unfähig das Gegebene zu appercipiren. Dann tritt irgend ein Moment oder irgend welche Momente (R′) zum appercipirenden Begriffe hinzu, ihn zu verstärken, zu bereichern, abzuändern und nun wird das Gegebene entdeckt, in neuer Entdeckung erfasst. Die Entdeckung liegt allemal in der Verbindung des alten apriorischen Momentes mit dem neuen R′, also in AOR′. Ja, dass das apriorische Moment A^1 zu schwach sei, um das Gegebene P zu appercipiren, hängt oft erst von einem neu auftretenden Moment ab, welches nicht mit P gegeben ist. Zwar in dem einfachen Falle, dass der viereckige Tisch den runden nicht appercipirt, liegt es lediglich daran, dass AO nicht mit AN verschmelzen kann, gerade weil $O \parallel N$. Das Stocken der Verschmelzung, also kein bestimmtes Moment, also auch nicht P oder AN an sich erweist AO als ungenügend. Wo bloß solches Stocken eintritt, da entsteht Staunen. Es könnte auch A der Stall sein, O das Tor desselben; dieses wird erneuert, wird N. So steht die Kuh vor dem neuen Tor $AN > AO$. In der Wissenschaft aber ist es oft eine bestimmte Überlegung, welche neu auftritt und den apriorischen activ sein sollenden Begriff in seiner Apperceptions-Tätigkeit hemmt. Die, wenn auch erfundene, Anekdote von Newton kann als Beispiel dienen. Er hatte, wie jeder Andre, tausendmal Dinge fallen sehen und hatte jeden einzelnen Fall, $+ P$, mit den frühern Anschauungen $+ P^1$ appercipirt; es war

schlechthin $+P$ mit $+P'$ verschmolzen zu P^2. Eines Tages, als er im Garten den verhängnissvollen Apfel fallen sah, erwachte in ihm der Gedanke: warum fällt der lose Apfel zur Erde und fliegt nicht gen Himmel? d. h. er appercipirte $+P$ mit $-P^1$. Wenn dieser Anstoß zur Entdeckung des Gesetzes der Attraction trieb, so kann man also nicht sagen, die Warnehmung des fallenden Apfels habe dies bewirkt; sondern abgesehen von dem $-P^1$ mussten noch viele positive Elemente auftreten, sich mit $+P^1$ verbinden, um einen Begriff herzustellen, der $+P$ und die Bewegung der Erde um die Sonne appercipiren könnte. Es war ein sehr reichhaltiges R (bestehend aus $-P + XYZ...$), wodurch das System der Physik so bereichert ward. Bei all dem ist noch davon abgesehen, dass die Bildung des $-P$ eine gewisse Bildung und Richtung des Geistes voraussetzt; und in noch höherm Grade musste dies der Fall sein, wenn das Bewegungsverhältniss zwischen Sonne und Erde als etwas Zu-Appercipirendes vorliegen konnte.

199. Doch genug mit diesem schwachen Versuch einer algebraischen Formulirung der Apperception. Es werden hier weder Kräfte gemessen, noch Gewichte oder Volumina bestimmt. Die aufgestellten Formeln, wenn sie alles leisteten, was sie nach ihrer Anlage und Richtung leisten können, würden immer nur ein abstractes Bild von concreten Vorgängen geben. Darum jedoch mögen sie nicht verwerflich sein, da die Wissenschaft auch die Aufgabe hat, Abstractionen zu bilden. Und so mag es später im Fortgang dieser Untersuchung bei günstig scheinender Gelegenheit gestattet sein, auf die obigen Formeln zurückzukommen.

Betrachten wir jetzt das Verhältniss der beiden Momente der Apperception zu einander noch näher. Daraus wird uns sowohl die Art und Weise ihrer Bewegung gegen einander, also die mannichfache Möglichkeit der Gestaltung des Vorganges, als auch das doppelseitige Product und die überwiegende Bedeutung des apriorischen Momentes noch klarer werden.

β) Verhältniss der beiden Factoren der Apperception zu einander in logischer Beziehung.

200. Es handelt sich erstlich um die Perception einer gegebenen Einzelheit als dieses bestimmten Einzelwesens, z. B. das Erkennen einer Person, meines Buches, meines Pult-

Schlüssels. Solche Perception vollzieht sich als **Identification** des zu apperciperenden Gegebenen mit dem apperciperenden Momente, als völlige Gleichsetzung der Warnehmung mit dem Erinnerungsbilde von dem Objecte dieser Warnehmung. Diese **identificirende Apperception** besteht schließlich in der Verschmelzung der beiden Momente. Hierdurch verbindet sich der ganze Inhalt der Erinnerung, des apriorischen Moments, und zwar nicht nur der Erkenntniss-Inhalt, sondern auch die ganze an denselben geknüpfte Gemüts-Erregung, Gefühle, Affecte, Begehrungen, mit der Gegenwart und Wirklichkeit (190).

201. Jede Perception als logisches Urteil ist entweder positiv oder negativ, je nach der Form der Apperception. Die Negation der Identität wird erfolgen, wenn statt der Verschmelzung, die in dem eben dargestellten Falle eintritt, eben so einfach und völlig die Hemmung sich behauptet.

Es werde z. B. aus einem Schlüsselkorbe ein Schlüssel gesucht, aus einem Bunde von Briefen ein Brief. Allmählich wird ein Brief, ein Schlüssel nach dem andern in die Hand genommen, vor das Auge gehalten. Dieser Warnehmung gegenüber steht in uns die Anschauung des gesuchten Gegenstandes. Von ihr wird erstere appercipirt. Es kommt darauf an, ob das dem Auge gebotene Bild des gegenwärtigen Schlüssels, Briefes mit dem Bilde des gesuchten verschmilzt, oder nicht: wenn es verschmilzt, so ist der Gegenstand gefunden; wenn es abgestoßen wird, so ist er nicht der verlangte; im erstern Falle wird positiv, im letztern negativ appercipirt. „Der ist es nicht; der auch nicht; der auch nicht u. s. w. dieser ist es".

202. So verhält es sich mit allem Suchen einzelner Dinge; es ist immer ein Vergleichen, ein Messen des von außen Dargebotenen mit oder an dem Innern. Zeigt sich jenes als ungleich mit diesem, so wird es von diesem abgestoßen, negativ appercipirt; zeigt es sich gleich, so wird es von diesem angeeignet, positiv appercipirt. Nur sind häufigst die Fälle verwickelter. Im eben vorgeführten Beispiel wissen wir, was wir suchen; oft wissen wir es aber nicht. „N. N. wohnt in — wie heißt doch das Städtchen?" sagt Jemand. Der Andre antwortet, so? oder so? oder so? „Nein" „nein" — „nein". So? — „Ja". Auch in diesem Falle findet notwendig eine Vergleichung des angegebenen Namens mit einem, unserm

Innern vorschwebenden, Namen statt; aber dieser vorschwebende ist, obwohl er vorschwebt, auf der Zunge liegt, dennoch unbekannt. Wir haben in solchem Falle eine Vergleichung einer bekannten, gegebenen Größe mit einer unbekannten. Letztere aber kann unmöglich absolut ein x sein. Denn wäre es ein absolutes, völlig unbekanntes x, so ließe es sich jede Gleichstellung gefallen; es könnte nur appercipirt werden, nicht appercipiren. „Wo wohnt N. N.? wir wissen es nicht", d. h. in x. Mit jeder Antwort wäre das x beruhigt, bestimmt. Mit solchem x ließe sich nicht suchen. So ist es doch in unserm Falle nicht. Ein uns vorschwebendes x kann also nicht völlig unbestimmt sein; sonst könnte es auch nicht vorschweben. Seine Verbindungsmerkmale wollen nur (vielleicht nur in diesem Augenblicke) nicht energisch werden; aber es hat deren; und sie werden energisch, sobald es uns warnehmbar entgegentritt und dann erfolgt die Verschmelzung, die positive Apperception. So lange ihm aber nicht das rechte Gegenbild vorgehalten wird, bleibt es ohne diejenige Energie, die zur vollen Bewusstheit nötig wäre; aber es hat genug davon, um das Ungleiche abzustoßen; und so findet eine negative Apperception statt. Oft ist irgend ein Element des x energisch. „Es beginnt mit einem H; es kommt ein J drin vor".

203. Ja, genau genommen, verhält es sich doch auch mit dem Suchen der bekanntesten Sache wesentlich nicht anders, nur in schwächerm Grade. Denn wenn wir z. B. einen bestimmten uns gehörenden, viel gebrauchten Schlüssel suchen, so ist es doch meist sehr fraglich, ob wir im Stande wären, uns das Bild des gesuchten Schlüssels, bevor wir ihn sehen, vollständig zu vergegenwärtigen. Denn von den meisten Dingen, die wir genau kennen, könnten wir uns dennoch ohne die Warnehmung schwerlich das völlige Bild mit allen Zügen zurückrufen. Immer also beruht unser Suchen darauf, dass wir erwarten, eine der eintretenden Warnehmungen, welche wir veranlassen, werde das volle Bild des Gesuchten in uns erwecken. Also arbeiten wir auch hier mit unbewusst bleibenden Factoren oder Momenten eines Bildes, die erst im Funde selbst bewusst werden. Wollte man hiergegen auch einwenden, dass wir überhaupt alle Dinge, auch die bekanntesten, gar nicht an allen ihren Merkmalen, sondern nur an gewissen hervorstechenden erkennen: so wäre

das nur insofern richtig, als wir auch an solchen Dingen uns
nie alle Einzelheiten bewusst machen, während doch unleugbar
alle zum Kennen mitwirken. Wir wissen freilich nicht, worauf
die Eigentümlichkeit eines uns bekannten Gesichtes beruht.
Dass aber die kleinste Biegung der Linien in der That mitwirkt,
beweist der Umstand, dass, sobald diese Biegung im Portrait
nicht genau so wiedergegeben ist, wir ein Fremdartiges bemerken, ohne dass wir wüssten, auf welchem Punkte es beruht.
Nur der Maler würde es herausfinden (189).

204. Zuweilen aber bleiben die Verbindungsmerkmale, in
Folge irgend eines Druckes, untätig oder schwach, obwohl das Gesuchte wirklich vorgeführt ist: dann wissen wir nicht bestimmt,
ob es das ist, was wir suchten, oder nicht; ob wir gefunden
haben oder nicht. Die Apperception ist unentschieden, weil die
Verschmelzung immer noch nicht völlig eintritt. Irgend etwas
war doch anders als an dem Dargebotenen erscheint; irgend
etwas fehlt diesem. Es hat sich vielleicht durch irgend einen
Zufall, durch irgend eine zufällige Association, der Vorstellung
von dem Gesuchten ein ursprünglich ganz fremdartiges Element
beigemengt. Dieses hemmt nun immer noch die Verschmelzung.
So entsteht der Zweifel — bis vielleicht das fälschlich associirte
Element ausgeschieden wird, und nun doch die Verschmelzung
eintritt, oder bis es als wirklich zugehörig anerkannt wird, und
dann die Hemmung obsiegt.

205. Es ist hier noch zu bemerken, dass beim Wiedererkennen
die gegenwärtige Warnehmung unvollständig sein kann, sei es, weil
die Aufmerksamkeit zu flüchtig ist, sei es, weil das Object nur
teilweise geboten ist. Dann wirkt die Apperception ergänzend,
und die Ergänzung kann bewusst oder unbewusst geschehen. Der
geübte Leser sieht nicht jeden Buchstaben und jeden Strich jedes
Buchstabens an; es ist fraglich, wie viel er sieht; gewiss das
Meiste fügt er aus seinem Innern hinzu. Daher lässt der Corrector manchen Fehler stehn; denn er sieht nicht alles und
nicht nur das was in Buchstaben vor ihm liegt, sondern trägt
aus seinem Bewusstsein in die Schrift hinein, teils in Übereinstimmung mit dem Geschriebenen, teils nicht. Der wirklich
gesehene Buchstabe verschmilzt mit den Vorstellungen, die der
Leser hinzubringt, und in Folge dieser Verschmelzung wird
nicht bloß das gedacht, wozu das Gesehene unmittelbar ver-

anlasst, sondern auch das damit in der Seele Verbundene. Man sieht z. B. von „Gott" vielleicht nur „G. t." appercipirt aber mit der Vorstellung Gott, in welcher „G. t." enthalten ist (vergl. oben 188). — Eben so wenig wie wir alle Schriftzeichen beim Lesen wirklich sehen, hören wir wirklich alle Laute, wenn wir Gesprochenes verstehen; wie dort kommt auch hier die appercipirende Vorstellung zu Hülfe. Daher wir in den Fällen, wo die appercipirende Vorstellung nicht helfen darf oder kann, auch falsch oder gar nicht hören, so dass wir zweifeln, was gesagt sei. Auf die Frage: „in welchem Monate?" sei die Antwort gegeben: „im Juni". In den allermeisten Fällen wird man schwanken, ob man Juni oder Juli gehört habe. Bei unserm Worte „nie" aber sind wir niemals schwankend, ob man „lie" gesagt habe. Wir hören höchstens halb mit dem Ohr; die andre Hälfte ergänzt das appercipirende Bewusstsein.

206. Nach solchen Fällen der identificirenden Apperception kommt zweitens die subsumirende Apperception in Betracht. Nicht mehr vom Einzelnen wird Einzelnes appercipirt, sondern Einzelnes vom Allgemeineren, die Anschauung eines Wesens von dem Artbegriffe, die Art von der Gattung u. s. w. Was aber soeben und auch schon früher von der ergänzenden Macht der Apperception gesagt war; gilt hier noch entschiedener. Das Einzelne, das von dem Allgemeinen appercipirt worden, hat einen reichern Inhalt, als die Warnehmung jenes Einzelnen. Ja, hier zeigt sich gelegentlich die Bedeutsamkeit der appercipirenden Vorstellung derartig, dass diese aus einem sehr unbedeutenden Warnehmungs-Inhalt eine gehaltvolle Erkenntniss schafft. Wer dergleichen nie gesehen hat, sehe zum ersten Male ein Zoophyt, einen Polypen. Staunend wird er davor stehn und nicht wissen, was er daraus machen soll. Er kann das Wargenommene in seinem Vorrat von Vorstellungen nicht unterbringen; d. h. es ist keine Vorstellungsgruppe da, von welcher jenes appercipirt werden könnte, mit der es eine Verschmelzung ganz oder teilweise eingehn könnte. „Was ist das?" mehr bringt er nicht hervor. Diese Frage: „was ist das?" die doch auch in andern Fällen oft genug gehört wird, müsste dem Dialektiker zu denken geben. Vorhanden ist für den Fragenden ein „Das", also ein bestimmtes etwas, ein etwas worauf gezeigt werden, das auch sprachlich benannt, beschrieben werden kann, also ein

14*

fester Inhalt, logisch genommen: ein Begriff, psychologisch: eine Warnehmung. Nun aber sagt der Warnehmende nicht: „Das ist das", $P = P$; sondern er fragt: „was ist das?" d. h. $P = x = ?$ Nicht als ob er leugnete, dass $P = P$; aber weil $P = P$, so ist ihm dies P nur ein x, d. h. es erwartet erst noch seinen Ort im System seiner Erkenntnisse. Nun sagt man ihm, es sei ein Tier; so hat sein P, seine Warnehmung, erst einen Inhalt gewonnen, indem es in eine allgemeine Classe versetzt ist. Sein Begriff Tier ist herbeigerufen, das „Das" zu appercipiren. Wie unbestimmt nun auch noch seine Erkenntniss ist, etwas Wesentliches ist schon erreicht. Er weiß nun schon, dass dieser Gegenstand weder tot ist, noch auch vom Erdboden, vom Regen, aus der Luft seine Nahrung zieht. Zugleich ist allerdings auch sein Begriff Tier, womit er appercipirt, reicher geworden. Jetzt hat er mindestens erfahren, dass es auch solche Tiere gibt.

207. Unter diese subsumirende Apperception fällt alles Classificiren und Ordnen, alles Begreifen, Beweisen und Schließen; insofern es bei all dem darauf ankommt, dass das Allgemeinere das ihm Untergeordnete appercipire. Aber auch alle ästhetischen und ethischen Beurteilungen, alles Erwägen und Billigen oder Verwerfen gehört hierher; denn es wird ein Einzelnes von einem allgemeinen Grundsatze, z. B. eine Tat von einer sittlichen Regel, appercipirt. Die Billigung der Tat ist eine positive Apperception, beruhend auf Verschmelzung des Einzelnen mit dem Allgemeinen; das Verwerfen, Verurteilen ist eine negative Apperception, beruhend auf der Hemmung der Verschmelzung.

208. Die identificirende Apperception findet auch in der Wissenschaft ihre Anwendung, obwohl sie am meisten im praktischen Leben ihre Geltung findet, wo das Einzelne als dieses bestimmte Wesen seinen Wert hat. Indessen in der Geographie, insofern es sich bloß um Beschreibung der einzelnen Länder handelt, in der Astronomie, insofern es nur den Ort und die Beschaffenheit eines Sternes gilt, kurz wo und insofern es auf Beschreibung ankommt, hat die identificirende Apperception ihre Stelle. Also könnte hier wohl auch die Botanik und Zoologie genannt werden, welche allerdings nur Arten und nicht Individuen beschreiben. Hier aber ist das Individuum so

gleichgültig, dass die Art beinahe nur den Wert desselben hat; und die Subsumtion desselben unter die Art ist nicht sowohl eine Verallgemeinerung als eine Collection. Insofern es sich nun darum handelt, eine Art zu erkennen, findet hier identificirende Apperception statt. In einem gewissen Gegensatze hierzu steht die Mathematik. Wenigstens, insofern sie in ihrem Beweise nur nach der Formel der Gleichsetzung vorschreitet, scheint sie nur Beispiele der identificirenden Apperception zu enthalten. Indessen ist doch Congruenz, Ähnlichkeit, Gleichheit, nicht Identität; und das beweisende Vorschreiten durch Gleichheiten ist ein Zusammenfassen, welches doch wohl als eine Art Subsumtion anzusehen ist. Und so dürfte die Mathematik schon deswegen unter die subsumirende Apperception zu stellen sein, noch abgesehen davon, dass es sich bei der Schöpfung ihrer Lehrsätze noch um ganz andres handelt. Auch bezüglich der beschreibenden Naturwissenschaften kann ja nicht unbeachtet bleiben, dass auch die höhern Apperceptions-Formen in ihnen zur Anwendung gelangen, wie noch gezeigt werden wird. Denn wenn sie bei dem Einzelnen oder der Art stehn blieben, wären sie keine Wissenschaft.

209. Wie die Mathematik dürften dann auch die vergleichenden Wissenschaften, namentlich die ausgesprochensten und entwickeltsten, die vergleichende Anatomie und die Sprachwissenschaft, selbst insofern sie wirklich nur gleichsetzen oder gar identificiren, doch besser als subsumirende Apperceptionen anzusehen sein. Insofern aber auch sie constructiv werden, gehen sie ebenfalls weiter.

210. Wir kommen nun zu einer dritten Form der Apperception, welche in Ermangelung eines bessern Namens die harmonisirende, und als Negation die disharmonisirende heißen mag. Die Begriffe nämlich stehen nicht bloß nach ihrem Umfange im Verhältniss der Über- und Unterordnung, sondern sie sind auch nach ihrem Inhalte einander entgegengesetzt, widersprechend oder mit einander übereinstimmend, oder indifferent gegen einander. Bei zwei Begriffen P und A ist nicht bloß zu beachten, dass beide entweder Einzelbegriffe sind, oder eines ein solcher, das andre ein allgemeiner ist, überhaupt aber, wenn beide allgemein sind, eins allgemeiner als das andre sein kann; sondern sie stehn auch sonst inhaltlich in Beziehung zu einander. Man nimmt

z. B. wohl einen Ausspruch an oder lehnt ihn ab, glaubt
Gesagtes oder nicht, nicht weil dieses Einzelne sich unter einen
allgemeinen Satz nach logischer Subsumtion fügt oder weigert,
sondern weil es zusagt, anspricht oder nicht; man entschließt
sich wohl zu einer Handlung oder billigt die Handlung eines
andern, nicht weil sie einer allgemeinen sittlichen Maxime
gemäß ist, sondern weil sie eine bestimmte Absicht fördert,
welche selbst wiederum auch keinen unmittelbar sittlichen Charakter trägt. Man glaubt nicht die Ewigkeit der Höllenstrafe,
weil sie der Liebe Gottes widerspricht; ein andrer aber glaubt
sie, weil sie einmal als Dogma gelehrt wird. Dieser vermag
die Harmonie des All nicht anders zu appercipiren als durch
einen allweisen Schöpfer; jener glaubt, solcher Hypothese nicht
zu bedürfen. Der eine geht gern ins Schauspiel, der andre
lieber in die Oper; dieser in die Tragödie, jener in die Komödie.
Dieser schenkt sehr viel an seine Freunde, die seiner Geschenke
nicht bedürfen; jener tut es nicht und gibt lieber den Armen.
Dieser treibt Philosophie, jener empirische Naturwissenschaft
u. s. w. Jemand hat einen großen Verlust erlitten, z. B. eine
geliebte Person ist ihm gestorben; er sagt: ich kann es noch
nicht fassen, d. h. appercipiren. Zu subsumiren vermag er es
recht wohl, aber nicht mit seinem Gemüte zu harmonisiren; er
ist noch voll von Gefühlen, Erinnerungen, Gedanken, Vorhaben,
Wünschen, welche das Leben des verstorbenen Geliebten voraussetzen.

211. Hierher scheint auch zu gehören, wenn wir aus den
Gesichtszügen einer Person erkennen, dass sie zornig, freudig,
mild, hartherzig u. s. w. ist.

212. Ein mächtiger Factor für die Apperception der
Lebensverhältnisse ist die Stimmung. Derselbe Tatbestand,
dieselbe Sachlage wird von dem Optimisten anders angesehen
als vom Pessimisten. Der eine weiß nur anzuklagen und zu
beklagen; der andre findet nur zu belachen. Der eine durch-
sucht die Geschichte der Menschheit nach etwas Großem und
kann kaum etwas finden; der andre blickt um sich und sieht
die Größe in allem Kleinen. Ja, jeder einzelne denkt oft über
dasselbe heute anders als gestern. Unsere Lage schien uns
gestern ganz befriedigend, unsre Arbeit gelungen, unsre Zukunft
hoffnungsreich; heute fühlen wir uns unglücklich: unsre Arbeit

wenig gelungen, unsre Zukunft trostlos — obwohl an der Sache sich nichts geändert hat.

213. Diese harmonisirende Apperception scheint sich von der subsumirenden nur dadurch zu unterscheiden, dass sie nicht vollkommne Schlüsse, sondern nur Enthymemata liefert. Indessen sind diese von jenen psychologisch wirklich verschieden. Davon aber abgesehen, ist für die eigentümliche Stellung der uns hier beschäftigenden Form der Apperception folgendes entscheidend. Es gibt ein weites wissenschaftliches Gebiet, wo das Einzelne weder beschrieben, noch unter das Allgemeine gebracht wird. Dies ist das Gebiet der Geschichte. Die geschichtliche Erkenntniss, im Gegensatze zu den rationalen Wissenschaften, geht nicht auf das Allgemeine. Sie bleibt allerdings nicht beim Einzelnen stehn, denn sonst wäre sie nicht Wissenschaft; aber sie sucht das Einzelne dadurch zu verstehn, dass sie es zu einem Ganzen, zur geschlossenen Gesammtheit eines Bildes oder einer Entwicklung zusammenfasst (vergl. Lazarus in der Zeitschr. f. Völkerpsych. und Sprachw. III, 408). Wer z. B. in der dorischen Säule den Charakter des dorischen Stammes erkennt, oder wer aus den Bauten, der Lyrik, der Verfassung, der Geschichte der dorischen Städte die Eigentümlichkeit des dorischen Geistes entwickelt, der stellt nicht ein Einzelnes unter ein Allgemeines, sondern in ein Ganzes zusammengehörender Bestimmtheiten. Hier ist also harmonisirende Apperception. Eben so wird, denke ich, niemand in der philologischen Tätigkeit, aus verderbten Handschriften den ursprünglichen Text herzustellen, eine Subsumtion sehen, während in dem Verständniss des Textes teils die identificirende, teils (insofern es sich um Anwendung von Regeln handelt) die subsumirende Apperception klar vorliegt. Auch der beschreibenden Wissenschaften, insofern sie das Ganze eines Natur-Reiches zusammenfassen, ist wohl hier zu gedenken.

214. Diese Bestimmung der harmonisirenden Apperception für die Naturgeschichte und geistige Geschichte folgt eben daraus, dass es sich in ihr nicht um einander über- und untergeordnete Begriffe, sondern um das Verhältniss einander beigeordneter oder verschiedenen Gattungen angehörender Begriffe (210) handelt. Das Ganze mit seinen constitutiven Momenten kann man doch nur sehr gezwungen unter die Kategorie des Allgemeinen

und Besondern bringen. Dies gilt aber auch von Ursache und Wirkung, Grund und Folge. Wer irgend etwas Gegebenes sich dadurch begreiflich macht, dass er es als Wirkung einer bestimmten Ursache ansieht, dass er dazu als zur Folge einen Grund hinzudenkt, der mag dabei mannichfach subsumiren: diese besondre Tätigkeit jedoch, das Hinzudenken eines bestimmten Umstandes als Ursache oder Grund zum Gegebenen ist keine Subsumtion.

215. Ich komme zur letzten Form der Apperception, die ich aufzustellen weiss, zur vierten, die wir die eigentlich schöpferische oder gestaltende nennen wollen, weil ihr eben der Umstand eigentümlich ist, dass in den betreffenden Fällen das appercipirende Moment selbst erst geschaffen wird; hierher gehört das Erraten, Vermuten, Ahnen. Gegeben ist eine geringfügige oder vereinzelte Warnehmung; oder es sind Vorstellungen gegeben, die an sich unverständlich, weil zusammenhangslos oder einander widersprechend sind. Hierzu werden Vorstellungen von innen her gefügt, durch welche das Gegebene ergänzt, vermittelt, verständlich gemacht wird: dieses wird von jenen appercipirt. Da dieser Process sehr verwickelt sein kann, so werden hier oft die andern Formen der Apperception zu dem Gesammtergebniss beitragen.

216. Für die psychologisch rationale Betrachtung, welche nur die Vollziehung eines Gedankens, aber weder seine Richtigkeit und Wahrheit, noch auch seine Würde berücksichtigt, tritt hier das Ahnen der Gottheit und einer unsterblichen Seele zusammen mit jenen geringfügigen Vermutungen, an denen Frauen so fruchtbar sind. Vorzugsweise aber nennen wir hier die Induction. Sie appercipirt das Allgemeine, indem sie es aus dem Einzelnen schafft, also mittelst des Einzelnen, und appercipirt in demselben Acte durch dieses Allgemeine das Einzelne. Aber nicht minder gehört die Deduction hierher, wenn sie das Einzelne durch das Allgemeine begreift, z. B. den Blitz und alle meteorologischen Ereignisse durch die Gesetze der Physik. Wer den Blitz durch Elektricität appercipirte, der hatte für uns ein neues Wesen oder einen neuen Vorgang im All geschaffen, dabei auch ein altes vernichtet.

217. Beispiele für die Form der Apperception, die uns hier beschäftigt, bieten uns alle jene großen Combinationen, auf

denen ganz eigentlich die Förderung der Wissenschaft und die fortschreitende Einrichtung des menschlichen Lebens beruht: wie die Drehung der Erde um die Sonne, die Gleichheit des Rechts. Ebenso die großen Conceptionen der Dichter. — Neben der Lichtseite des menschlichen Geistes aber stoßen wir hier auf seine Nachtseite, die nicht minder schöpferisch ist. In der Illusion, der Hallucination, der Monomanie werden aus wenigen Sinnes-Reizen, wenigen Vorstellungen volle Gestalten und Bewegungen, Vorgänge, Gedanken gebildet. Don Quixote rüstet sich zu einem Kampfe mit Riesen und besteht ihn, wo wir Windmülen sehen. Aus dem Staube, den eine Schafherde aufwirbelt, erschließt er die Ankunft eines Kriegsheeres. Er appercipirt das was ihm sein Auge eben so bot wie es uns das unsrige gibt, anders als wir, und darum sieht er Andres als wir.

218. Die Herschaft der Monomanie (d. h. der Apperception jedes Gegebenen, mag es noch so verschieden sein, durch dieselbige Vorstellungsgruppe) in der Wissenschaft ist nicht geringer als im Leben; und dann schrumpft freilich die Fülle der Gestaltungen zu den dürftigsten Kategorien zusammen. Der eine sieht in der Geschichte (des Mittelalters und der neuern Zeit) nur zwei Charaktere, die ihm im theoretischen wie im praktischen Leben immer wieder begegnen: es ist dies Siegfried (als Germane) und Don Juan (als Romane); weiter gibt es nichts in Leben und Dichtung. Der andre hat nur zwei Kategorien für die Auffassung der Geschichte: jüdisch und christlich; jüdisch heißt unfrei, reactionär, neidisch, zerstörend; christlich heißt frei, revolutionär, schöpferisch. Andre haben ungefähr denselben Gegensatz, nennen ihn aber anders: Teufel und Gott.

219. Der Mythos ist hier zu nennen als Illusion. Denn das ist er, nicht Poesie, wie Don Quixote's erwähnte Apperceptionen Illusionen sind. Der Dichter aber hat keine Illusion, sondern Gleichnisse, von denen später. Übrigens vermag ich die Fülle der hierher gehörenden Tatsachen selbst in den weitesten Umrissen nicht zu zeichnen (s. 318—322).

γ) Macht der Vorstellungen.

220. Unter Macht der Vorstellungen verstehn wir nichts andres als ihre Apperceptions-Fähigkeit. Da die Vorstellungen

gar keine andre Aufgabe haben als zu appercipiren, so bezeichnen wir mit ihrer Apperceptions-Macht nur den Grad der Betätigung ihres Wesens.

221. Gelangen zwei größere oder kleinere Vorstellungsmassen im Bewusstsein zusammen, so geraten sie auch notwendig in einen Process; und wenn dieser nicht rein negativer Art ist, d. h. so, dass eben nur die eine Masse die andre verdrängt, so vollziehen sich mit Notwendigkeit die Vorgänge, welche wir als mittelbare Reproduction, Verschmelzung und Hemmung näher kennen gelernt haben. In diesen ganz mechanischen Vorgängen aber liegt die Apperception.

222. Die Apperceptionsfähigkeit oder Macht der Vorstellungsgruppen beruht also auf zwei Umständen:

1) darauf, dass die Gruppen leicht reproducirbar sind;
2) sie müssen so constituirt oder organisirt sein, dass sie, einmal reproducirt, nicht ohne weitere Berührung durch das Bewusstsein ziehen, sondern dass jede, sei es mit der vorangehenden, durch welche sie hervorgerufen ist, sei es mit der folgenden, welche von ihr gerufen wird, in innige Berührung gelangt.

223. Beide Umstände zusammen bilden die Reizbarkeit und Beweglichkeit der Vorstellungsgruppen gegen einander, und hierauf beruht jede Gesundheit des Geistes, Objectivität der Erkenntniss. Krankheit allemal und Irrtum, wo nicht etwa die Mittel zur richtigen Einsicht fehlen, beruhen auf einer Stockung in den Massen statt jener Beweglichkeit, auf einer Stumpfheit und gegenseitigen Gleichgültigkeit statt jener Reizbarkeit. Neben dieser Verstocktheit und Stumpfheit in den meisten Gruppen kann eine erhöhte Reizbarkeit in einer einzigen oder in einzelnen statthaben. Die Krankheit ist so gesetzmäßig wie die Gesundheit. Was jener immer fehlt, und dieser nicht immer in erwünschtem Grade zukommt, ist: Harmonie, d. h. Allseitigkeit und dadurch von selbst Abstufung der Reizbarkeit sämmtlicher Gruppen. Don Quixote besitzt einen nicht geringen Gedanken-Schatz, der zugleich auch die größte Reizbarkeit hat. Bloß diejenigen Vorstellungsgruppen, die sich auf das Alltägliche, das Gegenwärtige beziehen, auf das Handgreifliche, sind nur in dürftigen Massen in ihm vorhanden und ohne alle Regsamkeit. Essen und Trinken erquickt ihn so wenig,

als Hunger und Durst ihn plagt, oder als Schläge und Wunden seines Leibes ihn schmerzen. Dass die Reize, welche sein Auge von den sich drehenden Windmüllen-Flügeln erhält, als die ausschlagenden Arme eines Riesen gesehen werden, ist gesetzlich notwendig, wenn die romantischen Vorstellungsgruppen, die Riesenkämpfe, so reizbar, und daneben alle andern Massen so völlig träge sind. Bevor diese in irgend welche Bewegung geraten, wodurch sie appercipiren könnten, haben jene die Arbeit nicht nur vollbracht, sondern auch schon andre homogene Massen zu weitern, ergänzenden Apperceptionen veranlasst.

224. Worauf beruht nun die Reizbarkeit der Vorstellungs-Massen? d. h. also woher stammt ihre größere oder geringere Leichtigkeit, auf Sinnes-Reize zu reagiren? und welche Constitution oder Organisation ist diejenige, welche die Übertragung der Erregung ermöglicht, oder umgekehrt, welche die schwerere oder. leichtere Aufnahme der Erregung von einer andern Masse, kurz die gute oder schlechte Leitung der Erregtheit bewirkt? — Wir wollen aber, bevor wir an die Antwort gehn, zur Erläuterung noch einen Blick auf die Tatsachen werfen, damit wir besser sehen, um was es sich handelt.

Mir ist von einem fünf- bis sechsjährigen Knaben erzählt worden, der, in einer größern Mittelstadt aufgewachsen, einige wenige Vögel-Arten, wie Sperling, Schwalbe wohl kannte, aber nicht wusste, dass dies Vögel sind. Mit dem Namen Vogel bezeichnete er vielmehr einige andre Arten Vögel, deren besondre Namen er nicht kannte. Er war nicht so unbegabt, als verwarlost. Er appercipirte den Sperling als solchen, die Schwalbe als solche, d. h. mit einer besonders für sie bestimmten Masse. Das tut jeder Knabe; aber außerdem appercipirt er jede dieser Arten und sie alle zusammen durch die Masse für Vogel. Warum tat das jener Knabe nicht? Solche Masse hatte sich in ihm nicht gebildet. Warum nicht? Der Knabe, welcher den Begriff Vogel aus den Arten der Vögel bildet, vollzieht unbewusst eine Induction, er schafft aus Besonderm Allgemeineres. Wir wissen schon, wie bauschig diese Induction ausfällt; dass sie nicht zu einem bestimmten Inhalte dringt, sondern nur in der Verflechtung der besondern Gruppen besteht. Wir müssten demnach sagen, dass in jenem Knaben, der vom Begriff Vogel auch noch nicht einmal die Rudimente hat, wie sonst jeder,

die Vorstellungs-Gruppen von den Arten nicht mit einander
verflochten, und darum nicht gegen einander reizbar waren. —
Vielleicht aber lag in ihm alles so wie in allen andern Knaben.
Auch diese würden aus eignen Mitteln nicht zum Begriff Vogel
kommen, wenn sie nicht das Wort dazu empfingen. Von der
schöpferischen Kraft des Wortes haben wir uns schon überzeugt
(110 f.) Jener Knabe aber hatte ja auch das Wort Vogel
gehört, aber nicht richtig appercipirt; er hat es zur Benennung
einer besondern Art herabgesetzt, und in dieser lagen vielmehr
mehrere Arten nicht unterschieden, wahrscheinlich weil er ihren
Namen nie gehört hatte. Warum fragte er aber nicht nach
dem Namen, und woher die falsche Verwendung des Wortes
Vogel? Bloß weil es seinen Vorstellungmassen an Reizbarkeit
gefehlt hat.

225. Unterricht, Erziehung konnte bald jenen Knaben
befähigen, den Begriff Vogel zu bilden. Es konnte also seinen
Vorstellungsmassen eine Reizbarkeit angebildet werden, die sie
noch nicht hatten; und es kann überhaupt eine Bewegung der
Gruppen absichtlich gelehrt und gelernt werden. Was sollte
denn überhaupt Erziehung und Unterricht, wenn nicht eben
dies: Reizbarkeit stiften, wo sie fehlt; sie mäßigen, wo sie zu
stark ist; sie lenken, wo sie nicht den rechten Weg nimmt.
Der Erzieher und Lehrer hat also Verbindungen und Verflechtungen herzustellen, wo sie sich nicht von selbst bilden. In
derselben Lage, wie jener Knabe vor dem Begriffe Vogel, befindet sich jeder Mensch vor den niedrigsten Tier- und Pflanzen-
Formen, bevor er es gelernt hat, sie als solche zu erkennen. Es
kann es aber jeder lernen, indem man ihm zeigt, wie die
wesentlichen Merkmale des Tieres und der Pflanze sich auch
in jenen Wesen wiederfinden. Man kann also einem Menschen
zeigen, d. h. ihn sehen machen, was er von selbst nicht sieht;
man kann seinen Blick, nämlich den innern Blick, so gut wie
den äußern lenken; man kann seine Aufmerksamkeit wecken
und leiten; das heißt: man kann eine bestimmte Apperceptions-
Möglichkeit, eine bestimmte Reizbarkeit einpflanzen oder erwecken, wo vorher Stumpfheit die Massen regungslos hielt.
Man kann jemanden denken machen, wo er vorher wie die
Kuh vor dem neuen Tor stand (198), ja, wo er, niedriger als
solche Kuh, regungslos vorüberging.

226. Es hat eine Zeit gegeben, wo niemand wusste, dass der sogenannte Schimmel auf dem Brode eine Pflanze ist, und wo noch niemand die Koralltiere kannte. Irgend jemand musste dieses Wissen erst schaffen. Er musste suchen, untersuchen, und finden; oder er fand zwar, ohne absichtlich gesucht zu haben; aber immerhin musste er auf etwas aufmerksam sein, was vorher der Aufmerksamkeit aller entgangen war. Man kann also appercipiren, indem man in sich selbst in dem Augenblicke der Apperception die notwendige Reizbarkeit und Beweglichkeit erst schafft. Das tut jeder, der eine bis dahin unbekannte Induction vollzieht oder kennen lernt, einen neuen Begriff erzeugt (216, 217).

227. Wir wollen uns hier auch wieder der Anekdote erinnern, von der wir ausgingen (128). Dort war eine Rätselfrage gegeben. Es sollte eine schwer begreifliche, weil der Natur des Daseins widersprechende, Eigenschaft dennoch als wirklich vorhandene Eigentümlichkeit eines Wesens appercipirt werden, und zwar dadurch, dass man das Wesen fand, dem in der Tat diese Eigentümlichkeit zukomme. Warum gab jeder aus der Gesellschaft eine andre Antwort? Die Anekdote ist erfunden — mag sein: Wir können sie sogleich wirklich machen, haben sie wahrscheinlich schon wirklich gemacht. Als die Leser die aufgegebene Frage lasen, werden sie in überwiegender Mehrheit die Antwort „Revolution" bereit gehabt haben. Sehr bald wird manchem von ihnen auch Kronos eingefallen sein, an den andre wohl zuerst gedacht haben mögen. Ob unter den Lesern dieser Seite auch nur ein einziger an den Saubären gedacht hat? Der Erfinder der Anekdote aber hat fünf Antworten erdacht. Warum ist ihm die Penelope nicht eingefallen, die des Nachts auflöst, was sie am Tage gewoben? Warum kat keiner aus der Gesellschaft geantwortet: das Spiel oder das Kind? Es muss keine Kindergärtnerin darunter gewesen sein. — Wenn aber jemand auf solche Frage mehrere Antworten zu geben weiß, so findet er sie doch nicht mit einem Schlage, sondern nach einander in bestimmter Reihenfolge; warum gerade in dieser und nicht in einer andern Folge? — Die jedesmalige Antwort ist eine Apperception der gegebenen Frage durch irgend eine Vorstellungsgruppe; die Verschiedenheit der Antwort wird durch die der Gruppe bedingt. Wir

stoßen also hier auf das Problem: warum appercipirt jeder aus
der Gesellschaft mit einer andern Gruppe, Dieser mit dieser;
Jener mit jener, und warum appercipirte derjenige, welcher
mehrere Antworten gab, mit mehreren Gruppen, und warum
waren die Gruppen in solcher Reihenfolge tätig?

228. Wir müssen das Problem, das uns hier entgegentritt,
noch durch folgende Betrachtung vervollständigen. Da in jedem
Menschen jede Vorstellungsmasse mit mehreren und sogar, wenn
sie etwas zusammengesetzter ist, mit vielen Verbänden und
Massen von Vorstellungen verflochten ist, warum erweckt sie,
wenn sie producirt ist, gerade diese Masse zur Apperception
und nicht eine andre? Der Leser mag es leicht oder schwer
finden zu sagen, warum Don Quixote, der doch wohl Windmülen kannte, wenigstens hätte kennen sollen, den Anblick
derselben nicht mit der Vorstellungsmasse von den Mülen,
sondern mit einer, wie uns scheint, sehr fernen, sehr wenig
congruenten Masse appercipirt hat. Es kommt aber darauf an,
allgemein zu bestimmen, worauf die Apperceptions-Macht der
Vorstellungen beruht; und es ist uns wichtiger, die gesunden
Apperceptionen zu begreifen, als die kranken. Wir fragen dies:
nicht bloß bei der Vergleichung mehrer Personen beobachten
wir, dass das ihnen in gleicher Weise Gegebene oder Vorliegende, von jedem mit einer andern Masse appercipirt werden
kann, sondern dass auch in demselben Menschen, obwohl doch
notwendig mehrere Massen in ihm angeregt werden müssten,
doch nur eine von diesen appercipirend wirkt, und dass in ihm
zu dieser Stunde diese Gruppe, zu einer andern eine andre zur
Apperception desselben Gegebenen bereit ist.

229. Indem wir nun diese Aufgabe zu lösen suchen, wollen
wir damit beginnen, anzuerkennen, dass die gegebenen Vorstellungen ihre reproducirende Kraft an jeder Gruppe ausüben,
mit welcher sie verflochten sind. So liegt der Fall von 92 vor
uns. Denn hier wie dort muss ein Xz, das gegeben ist, die
Gruppen Az, Bz ... Nz zur Reproduction reizen, weil es mit
allen diesen verflochten ist; da aber die Elemente A, B ... N
dieser Gruppen einander hemmen, so könnte es dennoch zu
keiner wirklichen Reproduction gelangen, und es müsste alles
im Streben bleiben. Schon dort jedoch hatten wir bemerkt,
dass es sich tatsächlich nicht so verhalte; wir hatten dann (100)

eine ungleiche Macht der Vorstellungen vorausgesetzt und an die größere Macht appellirt. Hier nun, nachdem uns soeben die mannichfachsten Tatsachen bewiesen haben, dass solche verschiedenen Grade der Macht der Vorstellungsgruppen wirklich vorhanden sind, ist der Ort, wo gezeigt werden muss, worauf diese Macht und ihre verschiedene Größe beruht.

230. Wir bemerken nun:

1) Je reicher eine Gruppe ist, um so häufiger wird sie Gelegenheit finden zu appercipiren; denn um so häufiger werden sich in ihr Bestandteile finden, welche mit Bestandteilen des Gegebenen congruent sind.

2) Je öfter eine Gruppe reproducirt wird, um so leichter wird sie sich reproduciren lassen. Dies ist die Macht der Gewohnheit, der Vertrautheit, der Übung.

Diese beiden Punkte stehen offenbar in Wechselwirkung. Eine Gruppe wächst um so mehr, je öfter sie zu Apperceptionen hervorgerufen wird; und je reicher sie wird, um so öfter bietet sie Veranlassung hervorgerufen und verwendet zu werden. Daher sind die Vorstellungs-Gruppen, welche sich auf den Beruf, die Lebensweise, die alltägliche Beschäftigung des Menschen beziehen, für jeden sowohl die reichsten als auch die am leichtesten in Wirksamkeit geratenden.

3) In den beiden genannten Punkten wirkt die Gruppe als bloße Masse. Je größer die Masse, desto größer ihre Attractionskraft. Alles aber was wir Bildung nennen, beruht auf der Gliederung, der Organisation der Massen, auf dem Verhalten ihrer Bestandteile gegen einander.

In der letzten Beziehung, wobei große Gruppen vorausgesetzt werden, gilt das Gesetz:

Eine Gruppe ist um so mächtiger, je gebildeter sie ist.

231. Bildung erzeugt Vielseitigkeit der Verbindungen oder Beziehungen der Bestandteile unter einander, so dass z. B. ein Teil K nicht bloß an I und L hängt und damit ein Glied der Reihe A ... Z wird, sondern dass dieses K auch unmittelbar auf G und H und P bezogen ist. Solche Gruppe ist

a) reizbarer, weil die Erregung irgend eines Punktes, welche an sich zu schwach wäre, um die Gruppe steigen zu lassen, schnell noch andre Punkte und so die ganze Masse weckt.

b) Die gegliederte Gruppe ist nicht bloß reizbarer, also schneller zur Apperception bereit, sondern auch beweglicher, und darum wirksamer, kräftiger. Jeder Teil bildet, indem er auf den Haupt-Mittelpunkt und auf mehrere kleine Mittelpunkte bezogen ist, auch selbst einen Mittelpunkt, auf den die andern Teile bezogen sind. Solche Gruppe wirkt also nicht bloß als einförmiges oder einartiges Ganzes, sondern kann mit jedem Teile appercipiren, und so vermag sie nicht nur mehr, sondern auch feineres zu leisten.

232. Hieraus folgt:

1) Es wird einerseits jeder Mensch das ihm Vorliegende am leichtesten, am schnellsten, am gehaltvollsten und am liebsten mit derjenigen Gruppe appercipiren, die in ihm die reichste, geübteste, gebildetste ist. Was er mit dieser nicht zu appercipiren vermag, wird er mit einer andern Gruppe ungern, schwer, langsam und mangelhaft appercipiren.

2) Und da nun andrerseits in verschiedenen Menschen die apperceptionsfähigste Gruppe immer eine andre ist, so wird dasselbe mehreren Menschen Vorliegende von jedem mit einer verschiedenen Gruppe appercipirt werden.

3) Sind aber in einer Person mehrere Gruppen für dasselbe Vorliegende apperceptionsfähig, so wird die, welche die höhere Macht besitzt, am schnellsten an die Arbeit gehen, und meist auch wohl sie am leichtesten und besten ausführen, wonach dann erst die andern Grupen sich in Bewegung setzen werden. Doch sind hier der Möglichkeiten mancherlei. Es könnte eine Gruppe die weniger fähige sein, im vorliegenden Falle aber dem Gegebenen angemessener u. s. w.

233. Die angegebenen Bedingungen zur Apperceptionsfähigkeit schließen nämlich noch nicht alles in sich, was für jeden Fall die ausreichende Erklärung dafür geben könnte, warum gerade diese Gruppe und nicht eine andre sich zur Apperception eingestellt hat. Wir wollen bald weitere Bedingungen suchen, zunächst aber das schon Gefundene noch weiter erläutern.

234. Die Bedingungen für die höchste Apperceptionsfähigkeit finden sich, wie schon bemerkt, bei den verschiedenen Personen in immer andern Gruppen verwirklicht; es wird aber auch in der Tat in jeder Person ein Kreis von Vorstellungen

sich befinden, und zwar nur einer, für den in bevorzugter Weise die Apperceptionsbedingungen vorhanden sind, und welcher der mächtigste ist. Diesen Kreis, auf welchem die Eigentümlichkeit, die Kraft und die Beschränktheit, und wenn er sich krankhaft verengt (in seiner Wirksamkeit aber krankhaft erweitert), die Monomanie einer Person beruht, wollen wir (mit Lazarus, Leben der Seele I, 221) die herschende Gruppe nennen. Sie ist bei dem einen eine theoretische, beim andern eine praktische; bei dem einen mathematisch, beim andern ästhetisch u. s. w.

235. Demnach ist es leicht begreiflich, wie in unserer Anekdote einerseits jedes Mitglied der Gesellschaft mit der in ihm herschenden Gruppe eine vorgelegte Frage appercipirte, und wie andrerseits aus der Antwort, d. h. dem Ergebniss der Apperception zunächst auf die appercipirende Gruppe und von dieser als der herschenden auf den Stand jedes Einzelnen geschlossen werden konnte. — Eben so leicht ist die Klugheit jenes Hirtenknaben begreiflich. Er saß unter einer Eiche. Es geht jemand vorüber, der mit einem Blicke auf dieselbe unwillkürlich vor sich her sagt: „Prächtiges Bauholz!“ „Guten Tag, Zimmermeister“, ruft der Knabe. Ein andrer kommt: „Schöne Borke“! Der Knabe darauf: „Guten Tag, Gerber“! Ein Dritter bricht in den Ruf aus: „Welch herrliche Krone“! „Guten Tag, Maler“.

236. Die Herrschaft der herschenden Gruppe ist nicht in allen Personen gleich. Sie kann, so zu sagen, absolut monarchisch sein. Es werden zumeist wohl dürftige Köpfe sein, in denen solcher Absolutismus herrscht. Reuter in seiner Stromtid zeichnet den Hans Jochen, der für alles was ihm begegnet, nur eine Redensart hat, mit der er alles abmacht. Immermann hat ähnliche Charaktere, und sie fehlen weder andern Roman-Dichtern noch auch der Wirklichkeit. — Hier ist der Absolutismus so auffallend, weil er von einem so dürftigen Momente geübt wird. Er zeigt sich aber auch ausgehend von einer reichen und gediegenen Gruppe in jenen einseitigen, wenn auch in dieser einen Richtung sehr tüchtigen Geistern. Sie sehen jedes Ding entweder nur von einem Gesichtspunkt aus oder gar nicht. Sie geraten darum auch nicht leicht in Zweifel; ihr Urteil ist schnell, scharf und bestimmt. Sie sind starr und

unnachgiebig. Sie wissen was sie wollen; und das fordern sie ohne Nachsicht, und das leisten sie ohne Abzug: denn alles dies wird nur von einer Gruppe abhängig gemacht. — In diesen Fällen ist die eine Gruppe vorzüglich entwickelt, und es gibt keine andre, die ihr durch Reichtum oder Reizbarkeit und Beweglichkeit an Macht nahe käme. Die andren sind an sich schwach und träge und arbeiten nur mit Unterstützung (man möchte sagen auf Befehl oder mindestens mit Genehmigung) der herschenden Gruppe.

237. In andern Fällen ist die Herrschaft nicht so absolut. Neben der mächtigsten Gruppe bestehen andre, weniger mächtige zwar, die aber doch unter gewissen günstigen Umständen auch ohne Hülfe der herschenden Gruppe wirksam werden, und gelegentlich selbst gegen diese. Hier findet sich eine viel mannichfaltigere Bewegung in Folge mehrseitiger Förderung und Hemmung. Ist das Gegebene etwas einfaches, von geringem Belang, so wirkt es hier zuweilen wohl nur auf irgend eine der weniger mächtigen Gruppen, und die herschende lässt dieser freies Spiel. Ist das Vorliegende aber zusammengesetzt und mehrseitig, so sind für seinen Reiz außer der herschenden Gruppe doch auch noch andre empfänglich. Jene mag den Vortritt haben und das erste Wort reden; dann macht sie doch den andern Platz und lässt auch sie zu Worte kommen. Von den fünf Personen unserer Anekdote war gewiss keine so monistisch, dass sie nicht nach einigem Besinnen auch noch eine andre Antwort gefunden hätte, d. h. dass nicht, nachdem die herschende Gruppe ihre Ansicht geäußert, auch noch eine andre Gruppe ihre unmaßgebliche Meinung verraten hätte. Dann könnte sogar gelegentlich eine dritte Gruppe die Richtigkeit der letztern mit so eindringlicher Beredsamkeit darlegen, dass die herschende nachgibt. Psychologisch wäre dies das Ideal geistiger Constitution, dass jedes Gegebene möglich viele Gruppen erregt, welche sich in abgestufter Macht zur Geltung bringen: obwohl auch dies noch nicht vor Irrtum schützen kann.

238. Letzteres Verhältniss kann in einen völligen Mangel an einer herschenden Gruppe ausarten. So stellt es sich dar in Krankheiten (Blödsinn und Narrheit), wo es entweder auch nichts gibt was zu beherschen wäre (Gedanken-Leere), oder wo die Vorstellungen ungeordnet und vereinzelt durch das

Bewusstsein jagen. Dies ist ein Analogon der individualistischen Ochlokratie. — Es kann jedoch der Mangel einer monarchischen Gruppe auch eine sehr edle Gestalt annehmen. Man denke an gewisse Personen, welche auf jedem Gebiete zu Hause sind, theoretisch wie praktisch, überall neben Kenntnissen auch ein geistreiches Urteil haben; denen es aber eben darum an einem Centrum fehlt. Es sind aristokratische Naturen, deren geistige Organisation auch das Bild einer Aristokratie gibt. Sie produciren nichts und sind vorzugsweise zum Genusse befähigt. Sind sie glücklich, so sind sie auch wohlwollend. Sie sind dankbar für das, was ihnen andre zum Genusse bieten, und begünstigen alle, welche produciren können. Es sind die Mäcene. Sie können aber ihr Glück nur dem Geschicke verdanken; und wehe ihnen, wenn sie ohne Glück geboren sind. Denn ringen, kämpfen ist nicht ihre Sache. Sie versuchen dies und jenes ohne Ausdauer; denn hinter nichts steckt die Energie einer bevorzugten, anspornenden, regierenden, befehlenden Gruppe. So will auch nichts entschiedenen Erfolg erringen. Nun bleiben sie zurück in ihrer Stellung. So gewinnt der Zweifel an der Richtung wie an dem Grade ihrer Befähigung Raum. Jetzt kommt es darauf an, wie stark die ethische Vorstellungs-Gruppe ist. Ist sie schwach, so entsteht leicht Blasirtheit. Das anfängliche Wohlwollen für jede Bestrebung andrer schlägt um in Mäkelei gegen alle Leistungen; und richten sie ihre Kritik gegen sich selbst, so wird diese zur Skepsis, und sie zehren sich auf in ewigem Wollen, Produciren und Selbst-Verurteilen und Vernichten der eigenen Arbeit. Auch sie bilden eine Antwort auf das Rätsel unserer Anekdote. [Heine = Zerrissenheit.]

239. Endlich ist noch der Fall möglich und wohl zu beachten, dass zwei absolut herschende Gruppen ohne Kampf neben einander bestehn — ohne Kampf, weil sie das Gebiet unter sich geteilt haben. Namentlich beachtenswert ist die Verfassung, in welcher eine religiöse und eine weltliche Gruppe friedlich neben einander herschen und selbst da nicht in Streit geraten, wo sie sich an demselben Orte berühren und ihre widersprechenden Aussprüche abgeben. In England sind Personen, deren Bewusstsein so organisirt ist, nicht selten; sie fehlen auch in Deutschland nicht. Es kann also vorkommen, und es ist psychologisch begreiflich, dass ein ausgezeichneter

Anatom und Physiolog zu den ausgestellten Gebeinen eines
Heiligen wallfartet, und die Erbauung, welche er hier findet,
dadurch nicht gestört wird, dass er die gezeigten Heiligtümer
als Tier-Knochen erkennt. Normal ist ein solches Verhältniss
nicht, aber begreiflich; und wir sind nicht berechtigt, mit dem
Vorwurfe der Verstellung und Heuchelei um uns zu werfen.
Selbst in den Fällen, die in Deutschland so häufig sind, wo
die beiden herschenden Massen, die religiöse und die wissenschaftliche, einander widerstreben und bekämpfen, und der Friede
nur dadurch hergestellt ist, dass der wissenschaftlichen Gruppe
in dem Kampfe nicht gestattet wird, ihre volle Macht zu entfalten: selbst da werden der Religion meistenteils Hülfsmächte
beigestanden haben, die wir nicht bedingungslos als unberech-
tigt mitzustreiten verurteilen können.

240. Wir wollen nicht genauer zusehen, in wie vielen
Formen die Friedens-Verträge zwischen zwei herschenden
Gruppen zu Stande kommen können. Als günstiger muss das
Verhältniss, rein psychologisch genommen, anerkannt werden,
wenn zwar eine einzige Gruppe ihre Macht überallhin erstreckt,
und keine Bewegung ohne ihre Mitwissenschaft vollzogen wird,
aber doch so, dass jede Gruppe ihre volle Eigentümlichkeit des
Wirkens bewart, dass der Inhalt des Apperceptions-Ergeb-
nisses durch jene Herrschaft nicht entstellt wird, sondern nur
der ganze Vorgang einen gewissen Duft und ein gewisses Licht
von der herschenden Gruppe erhält, weil mit dieser jede andre
nach irgend einer Seite oder nach mehreren Seiten verflochten
ist. Von der Würde der herschenden Gruppe hängt es ab,
ob wir auch anders als psychologisch solches Verhältniss billigen
sollen. Denn gerade nichts andres als dies ist z. B. der Schwung
und die Erhabenheit mancher Charaktere; nicht daher rührt der
Eindruck solcher Personen, dass sie immer in der Höhe leben,
sondern bloß dass immer ein Licht von oben sie umwebt. Tiefe
religiöse Gemüter, idealistische Charaktere werden keine sinnliche Lust verschmähen und verdammen, aber jeden Genuss
idealistisch umweben; und die heilige Sitte aller sittlichen
Völker hat in der Ehe das Gemeinste mit dem Höchsten
getraut — nach dem Vorbilde der Natur, welche die Erhaltung
der Gattung an den höchsten Selbst-Genuss zu knüpfen, ich
möchte sagen, vorsichtig genug war.

241. Alle Individualität beruht darauf, dass eine herschende Gruppe vorhanden ist, und sie wird bestimmt durch den Inhalt dieser Gruppe und durch ihr Verhältniss zu den andern. Dies gilt nicht bloß von der Individualität der einzelnen Menschen, sondern auch ganzer Gemeinden, religiöser und politischer, ganzer Schulen, literarischer, wissenschaftlicher und artistischer, ja ganzer Zeiten. Rubens hat anders appercipirt als Raphael, d. h. er hat eine andre herschende Apperceptions-Gruppe; und dasselbe gilt vom Griechen und vom Römer, vom Juden und vom Christen, vom Mittel-Alter und dem 18. Jahrhundert u. s. w.

242. Die herschende Gruppe ist aber, abgesehen von krankhaften Fällen, keineswegs die allein wirksame; wir appercipiren oft genug mit den schwächern und schwächsten. Es gibt also Bedingungen, unter denen auch die letztern die zur Apperception notwendige Macht erlangen. Mit dieser Betrachtung kehren wir zu 230—233 zurück und füllen wir die oben (100. 120. 179 f.) angedeuteten Lücken unserer Darlegung aus (296 ff.).

Es kommt hier vor allem der Fall in Betracht, dass das Gegebene mit der herschenden Gruppe nichts oder wenigstens nicht soviel gemein hat, dass es nicht weit überwogen werden sollte durch die Beziehung zu einer andern Gruppe. Alle fünf Typen unserer Anekdote, und welche Gruppe auch sonst noch die herschende sein mag, werden z. B. mit Ergötzen einen schönen Wasserfall oder irgend ein Drama sehen u. s. w. Nur Don Quixote sieht keine Windmüle, aber jeder von uns, was er auch sei, und wie gleichgültig sie ihm auch sein mag. Wir sagen also:

Die Congruenz des sinnfällig Gegebenen mit irgend einer Vorstellungsgruppe verleiht dieser eine besondre überwiegende Macht für den vorliegenden Fall.

Oder:

Je congruenter eine Gruppe dem Gegebenen ist, um so mächtiger ist sie für diesen Fall, und überläuft andre Gruppen, denen sie sonst an Macht bei weitem nachsteht.

243. Weiter gehend erinnern wir uns, dass die Frage nicht bloß sein darf: mit welcher von mehren Gruppen wird ein Ge-

gebenes appercipirt? sondern auch: welches von mehren Gegebenen (da ja dem Menschen fast in keinem Augenblick nur
eins gegeben ist) wird appercipirt? Auf diese Frage lautet
die nächste Antwort:

> Im allgemeinen hat das sinnlich Gegebene eine größere
> Macht, als das bloß in der Vorstellung Gegebene.
> Besonders sind es Reize auf das Gehör und den Geruch,
> die so stark sein können, dass sie sich uns mit unab-
> weisbarer Macht aufdrängen. Das Licht erhält solche
> Gewalt erst, wenn es schmerzhaft auf das Auge wirkt,
> ist aber immerhin sehr mächtig.

Zur Bestätigung dieses Satzes erinnre ich daran, wie wir von
Gerüchen überfallen werden; ferner, dass wir bei der Arbeit
der mächtigsten Gruppen, z. B. wenn wir studiren, durch
Plaudern, Lärmen, Zischeln u. s. w. gestört werden; auch daran,
dass man wohl, um unzerstreut nachzudenken, das Auge zu-
drückt oder ihm die Richtung auf einen Platz gibt, wo nichts
zu bemerken ist.

244. Immerhin aber kann auch umgekehrt eine mächtig
wirkende Gruppe, welche in einer Stunde in unserm Bewusstsein ist, die Wirkung der Sinnes-Reize auf die congruente
Gruppe völlig lähmen. Mit irgend welchen Gedanken beschäftigt, die uns interessiren, d. h. bei der Tätigkeit mächtiger
Gruppen, sehen und hören wir tausend Dinge nicht, die um
uns her vorgehen.

245. Wir definiren also als eine der wichtigsten Bedingungen für die relative Macht der Gruppen

> das Interesse: es ist die Bereitwilligkeit einer Vor-
> stellungsgruppe zu appercipirender Tätigkeit.

Das Interesse wirkt sowohl darauf, was appercipirt werden
soll, wenn mehres gegeben ist, als auch womit appercipirt
werden soll. Überhaupt wird auf beide Fragen schließlich die
eine und selbige Antwort gegeben:

> Es wird allemal diejenige Apperception von mehreren
> möglich gemeinten vollzogen, in welcher die mächtigere
> Gruppe, sei es die absolut oder nur die für den be-
> sondern Fall mächtigere, in Wirksamkeit kommt.

Nur wer eine mächtige mathematische Vorstellungsgruppe
hat, interessirt sich für einen neuen Fund auf dem Gebiete der

Mathematik u. s. w. Knaben plaudern mit einander während des Unterrichts und hören nichts von dem was der Lehrer sagt. Jetzt aber streut dieser ein amüsantes Geschichtchen ein, und dieselben Knaben horchen auf. Für den Lehrgegenstand hatten sie nicht die bereitwillige Masse, aber für das Histörchen.

246. Interesse erweckt Aufmerksamkeit, und in Folge dieser bemerkt man. Aufmerken bedeutet die Bewegung auf das Object, bemerken die Ankunft bei demselben; d. h. eine Gruppe gerät in einen Process als appercipirende und hat schließlich ein Ergebniss. Es liegt jedoch im Merken mehr als das bloße Appercipiren. Wir haben schon gesehen, dass man auch ohne zu merken appercipiren kann (125. 139 f.). Im Merken liegt noch, dass man das Apperceptions-Ergebniss als gewonnenes Eigentum bezeichnet und damit dessen Besitz sichert und befestigt, während es ohne dies verschwinden kann, als wäre es nie gewesen. Doch ist dies Merken nicht ein besondrer Act einer besondern Kraft der Seele, sondern nur eine vollere Apperception oder eine Neben-Apperception, welche eine Beziehung stiftet, die mit der Auffassung des Gegenstandes an sich noch nicht gegeben ist. Man bemerkt, dass Jemand einen grauen Bart hat, indem man nicht bloß die graue Farbe des Bartes sieht, sondern, nachdem diese Apperception vollzogen ist, auch noch den grauen Bart mit dem schwarzen Haupthaar oder mit der früher gesehenen und jetzt wieder erwarteten Farbe des Bartes vergleicht, also nochmals appercipirt (Vergl. 184. 289).

247. Interesse, war soeben gesagt, erweckt Aufmerksamkeit; d. h. Bereitwilligkeit bewirkt Bereitschaft.

248. Interesse, so schien es (245), setzt Macht voraus. Genauer wollen wir jetzt sagen:

Interesse setzt ein mächtiges Bedürfniss voraus.

Dieses Bedürfniss kann, wie schon ausgedrückt, das bloße Bedürfniss nach Betätigung sein: hierauf beruht das Vergnügen am Spiel. Es kann aber auch ein Bedürfniss nach Ergänzung sein; d. h. die Unfähigkeit einer Gruppe etwas zu appercipiren, wovon sie doch gereizt wird.

249. Im erstern Falle kommt doch noch etwas hinzu. Denn eine große Macht ist gegen alles, was sie mit Leichtigkeit ausführen kann, und was sie schon unzählige male ausgeführt

hat, gleichgültig. Gewohnheit stumpft ab. Es ist wirklich der Gegensatz anzuerkennen, dass einerseits Interesse auf Macht beruht, und dennoch durch Macht geschwächt wird. Der Widerspruch wird wohl dadurch ausgeglichen, dass bei der Betätigung doch immer eine Abwechslung eintritt, und der Vorgang heute doch nie der ganz gleiche wie gestern ist. Es macht sich für jeden Act eine andre erschwerende Bedingung geltend. Es erscheint nicht die reine Wiederholung. Oder es reizt die Hoffnung immer vollkommnerer Ausführung. Wo beides nicht stattfindet, da wird auch die Macht das Interesse töten.

250. In dem andern Falle aber, wo eine Ergänzung erstrebt wird, kann es sich leicht fügen, dass das Interesse für einen Gegenstand gar nicht von derjenigen Masse ausgeht, welche zur Apperception berufen ist. Ein Sprachforscher stößt auf die Wichtigkeit der Kategorie „Gegensatz"; er hat Interesse für diese, welche aber zunächst nicht mit der grammatischen, sondern mit der metaphysischen Gruppe zu appercipiren ist; letztere jedoch hat vielleicht sehr geringe Macht. Er stärkt diese durch Studium der Metaphysik und versenkt sich in Speculationen. In der Unterhaltung mit einem Physiologen macht ihm dieser ganz gelegentlich einige Mitteilungen über die embryonische Entwickelung der Geschlechtsteile. Dem metaphysicirenden Sprachforscher kommt wie ein Blitz der Gedanke, dass diese Entwickelung des die ganze organische Natur beherschenden Gegensatzes das hellste Licht auf das eigentliche Wesen des Gegensatzes überhaupt werfen müsse, und er hat plötzlich Interesse für Anatomie, obwohl er kaum eine Gruppe hat, die man anatomisch nennen kann. — Wenn man vom Streben nach etwas fehlendem spricht, so gerät wohl die Sophistik (auch die natürliche; denn das natürliche Denken, der Gefahr unbewusst, kann sich am wenigsten vor Sophistik schützen) zu der Behauptung, hier wirke ein Mangel, ein Nichts. Es wirkt aber überall eine Macht, wenn auch oft versteckt.

251. Das Interesse sitzt also am stärksten in der herschenden Gruppe (234); und wie die Form der Herrschaft (236—241), so zeigt sich auch das Interesse verschieden, nämlich ein-, mehr- und vielseitig. Wenn nun in einer Person eine entschieden herschende Gruppe fehlt, wenn also das

Interesse in mehren Gruppen gleich groß ist, und obenein diese Gruppen unter sich nicht verflochten, so wird gar leicht aus der Vielseitigkeit des Interesses eine störende Zerfahrenheit. Wahrhafte Vielseitigkeit einer Individualität fordert allemal Concentration; d. h. sie fordert, dass einerseits zwar außer der herschenden Gruppe noch mehre, durch sich mächtige Gruppen bestehen, welche aber andrerseits sowohl unter sich, als auch besonders mit der herschenden Gruppe auf's mannichfachste verflochten sind. Aus dieser Verflechtung geht sowohl eine gesteigerte Macht für jede einzelne Gruppe hervor, als auch in jeder derselben sich gar leicht ein Bedürfniss erhebt, weil sie nicht nur für sich und durch sich besteht, sondern auch für und durch die andre. Sie muss sich und den andern Gruppen genügen. Je schwerer dies gelingt, um so leichter entsteht das Gefühl des Bedürfnisses.

252. Interesse beruht demnach auf dem gefühlten oder erwarteten Behagen an Betätigung; und dieses Behagen als bevorstehend geweckt bewirkt unmittelbar Bereitschaft (245. 247).

253. Bereitschaft einer Gruppe zur Apperception ist ihre unvollkommne Reizung.

Die Unvollkommenheit liegt zunächst darin, dass nur die allgemeineren oder allgemeinsten Elemente einer Gruppe erregt sind, aber kein besonderes, das doch zur Ergänzung des allgemeineren hinzutreten muss. Da nun dieses mit jenem associirt ist, so muss von diesem auch jenes reproducirt werden; da aber jedes Allgemeinere mit mehreren Besonderheiten associirt ist, welche sich einander ausschließen, so kann es gar keine Besonderheit reproduciren, also auch selbst nicht reproducirt werden. Der Erfolg ist nun wiederum nicht Nichts, sondern (wie 92 ff.) eine eigentümliche Spannung unter den Bestandteilen der Gruppe — ein allseitiges Streben in das Bewusstsein zu gelangen, also ein allseitiges Drängen, das sich selbst daran verhindert, ans Ziel zu dringen. So ist jedes Element bereit zur Reproduction und wird wirklich reproducirt werden, wenn es von irgendwo her zu seiner Macht, die es jetzt im Drange gegen andre aufzehrt, einen solchen Zuwachs erhält, dass es die anderen Elemente zurückdrängen und untätig machen kann. Dann steigt es mit voller Macht und die Bereitschaft wird Wirklichkeit.

254. Eine Gruppe, die schon in Bereitschaft geraten ist,
ist mächtiger als manche andre, oft als jede andre, die
an sich genommen, mächtiger wäre.

255. Hiernach begreifen wir die Macht gewisser ganz allgemeiner Verhältnisse auf unsre Vorstellungen; sie erzeugen
nämlich eine Bereitschaft in gewissen Gruppen, und allerdings
um so leichter, je mächtiger sie schon an sich sind. So wird
das Dunkel und die Stille der Nacht bei den meisten Menschen
den Lauf der Vorstellungen beeinflussen. Schon die Wirkung
aller die Nacht begleitenden Natur-Verhältnisse auf die Nerven
ist nicht gleichgültig, die Wirksamkeit derselben bald herab-
drückend, bald steigernd. Das Meiste jedoch tut das menschliche
Leben, Gewohnheit, Bestrebungen und Aberglaube hinzu. Durch
den Wald in finsterer Nacht schreitend, sieht der Abergläu-
bische Gespenster, d. h. er appercipirt den faulenden Baum-
stumpf oder was sonst in hellerer Färbung sein Auge reizt,
mit der in Bereitschaft geratenen abergläubischen Masse von
Gespenstern und übernatürlichen Wesen — mit einer Masse,
die während des ganzen Tages in tiefem Schlafe liegt. Der
Geldliebende hört in jedem Säuseln oder Rasseln des Laubes
sich verbergende, hervorspringende Räuber. Dagegen pfeift
sich der wohlgemute Wanderbursche ruhig sein Lied. Das
Unbehagen, die Furcht der ersteren ist Folge der Bereitschaft
der Vorstellungs-Masse, welche zur Tätigkeit drängt.

256. Sind die Verhältnisse bestimmterer Art, so wird es
nicht immer gerade die herschende Vorstellungsmasse sein,
die in Bereitschaft gerät, sondern die den Verhältnissen analoge,
wenn diese überhaupt vorhanden ist und einige Reizbarkeit
besitzt. Jeder Geschäftsmann, Künstler oder Gelehrte, wenn
er religiösen Stimmungen zugänglich ist, wird, welche Masse
in ihm auch die herschende ist, beim Eintritt in die Kirche
andächtig, d. h. die religiöse Gruppe seiner Vorstellungen tritt
in Bereitschaft. Wer aber die Geschichte der Baukunst studiren will, wird beim Eintritt in die Kirche gar nicht andächtig,
sondern die Gruppe der Kunstgeschichte ist bereit.

257. Eine andre Ursache der Bereitschaft ist in folgendem.
Wenn jemand sieht: *morbos dentium et oris*, so kann es ihm
wohl begegnen, dass er versteht: Zahn- und Ohr-Krankheiten;
aber dies kann nur unter besondern Bedingungen geschehen,

z. B. unbedingt nicht, möchte ich behaupten dem Arzte; aber auch dem Laien nur wenn er bloß diese Wörter außer jedem weitern Zusammenhange liest, unaufmerksam ist, weil er mit andern Gedanken beschäftigt oder abgespannt ist. Dann nämlich kann *oris* die fast congruente Lautgruppe der Muttersprache reproduciren, da ja ein Wort der Muttersprache eine ungleich größere Reizbarkeit hat, als das der fremden. Woher aber kommt es, dass trotz dieser leichtern Reproductionsfähigkeit der Laute der Muttersprache vielleicht kein einziger Leser dieser Zeilen bei *oris* an „Ohres" gedacht hat? Warum ist dies nur bei Zerstreutheit möglich? und selbst dann wahrscheinlich unter Mitwirkung des ähnlich lautenden *auris?* — Die Erklärung scheint mir darin zu liegen, dass die ganze Kenntniss des Latein, so weit jemand lexikalisch nach Laut, Form und Charakter sie besitzt, eine große gut gegliederte Gruppe bildet, und dass, wenn ein einziges Element derselben reproducirt wird, die ganze Gruppe in eine Bewegung gerät, wodurch eine Bereitschaft bewirkt wird, in Folge deren bei allem Gegebenen die Elemente dieser bereit stehenden Gruppe leichter und schneller reproducirt werden, als die irgend einer andern Sprache, selbst der Muttersprache. Natürlich ist diese Bereitschaft größer, wenn drei Zeilen Latein gegeben sind, als wenn bloß drei Wörter vorliegen. Für den Arzt dagegen ist *morbos dentium et oris* nur ein Begriff; daher kann in ihm *oris* gar keine besondre Wirkung haben: während in Laien gerade der Zahn- und der Ohren-Arzt als Speciali. täten mit einander associirt sind. — Ebenso ist es jedem Gebildeten möglich, gewisse Gedanken ohne Vermittelung der Muttersprache in der fremden zu denken. Die Absicht, französisch, lateinisch sprechen oder schreiben zu wollen, erzeugt (wie die Nacht 255) augenblicklich eine Bereitschaft in der bestimmten Sprachgruppe, durch welche selbst die Reizbarkeit der Muttersprache unterdrückt wird.

258. So zeigt sich überhaupt Absicht, Anlass und Gelegenheit, Ort und Zeit als allgemeine Macht, welche einer analogen Gruppe Bereitschaft und damit bevorzugte Apperceptionsfähigkeit verleiht. Im gut geordneten Kopfe eines Knaben, der eben mit einem Spiel beschäftigt ist, schwindet beim Eintritt des Lehrers in die Klasse augenblicklich die Spielgruppe, und, soll Geographie getrieben werden, so ist es die geographische Gruppe, soll Arithmetik der Lehrgegenstand sein,

so ist es die arithmetische Gruppe, welche wie mit einem Ruck in Bereitschaft gestellt wird.

259. Je bestimmter die Motive werden, um so kleiner wird der Kreis des Bereitstehenden, aber um so größer die Bereitschaft. Wer sich auf Sprichwörter besinnt, setzt die Gruppe derselben in Bereitschaft, d. h. alle Sprüchwörter mit gleicher Macht. Wer aber solche sucht, in denen von Tieren die Rede ist, beschränkt die Bereitschaft auf einen Teil jener Gruppe, bewirkt sie aber hier in höherm Grade. Natürlich bleiben die andern Sprichwörter wegen ihrer Association mit den gesuchten immer noch bevorzugt (114).

260. Übrigens weiß man, dass die größte Bereitschaft Störungen, d. h. das Auftreten einer ganz entgegengesetzten Masse, nicht unmöglich macht. Bereitschaft, insofern sie nur durch allgemeine Verhältnisse wie Absicht, Gelegenheit, Stimmung, verursacht wird, sinkt mit ihrer Dauer fast gleichmäßig. So ermattet die Teilnahme für Redner und Dichter. Soll sich die Bereitschaft in gleichmäßiger Stärke erhalten, so bedarf sie der besondern Unterstüzung dadurch, dass man die Bereitwilligkeit erhält (252), dass man interessirt. Über kurz oder lang erlahmt jede Aufmerksamkeit, schwindet jede Bereitschaft einer Masse. Sie bedarf der Erholung. Hat sie sich erholt, so können die allgemeinen Verhältnisse und besondre Motive neu wirken.

261. Bereitschaft entsteht aber auch überall da, wo mehrere Gruppen gleichzeitig und gleich stark gereizt werden, und sich daher einander an der Wirksamkeit hindern. Dies ist der Fall, wo wir wissen oder glauben, es werde entweder x oder y oder z eintreten. Nachsehen, Beobachten lehrt dann später, was eingetreten ist, Die dem Auge sich bietende Wirklichkeit verstärkt die Erregung der congruenten Gruppe, sie sei x, derartig, dass die Tätigkeit von y und z völlig aufgehoben wird, wonach x ohne Hemmung wirkt.

262. Es könnte aber sein, dass weder x noch y noch z eintritt, sondern ein n, an welches gar nicht gedacht worden. Dann wird es darauf ankommen, ob dieses n in dem Beobachter eine angemessene Gruppe findet, welche auch mächtig genug ist, obwohl sie gar nicht bereit war, auf den Reiz von n hin, die bereit stehenden Gruppen zu verdrängen. Ist dies nicht der Fall, weil n noch keine angemessene Masse vorfindet, wenigstens

keine leicht reizbare, so kann leicht n von einer der bereit stehenden Massen erfasst (102) und so falsch beobachtet werden.

263. Die wirklich appercipirenden Massen müssen mehr sein als bereit; aber sie brauchen, wie wir nun schon so häufig gesehen haben, nicht bewusst zu sein (125. 139 f. 202 f.) Vorstellungen nun, welche ohne bewusst zu sein, dennoch wirken, appercipiren, nennen wir schwingende Vorstellungen. Der größte Teil unserer theoretischen und praktischen Tätigkeit wird nicht mit bewussten, sondern nur mit schwingenden Vorstellungen vollzogen. Man denke an die Enge des Bewusstseins (73—78). Wie wäre bei solcher Enge ein verwickelter Apperceptions-Prozess möglich! Er ist dadurch möglich, das er sich gar nicht im Bewusstsein, sondern nur durch schwingende Vorstellungen vollzieht (Zeitschr. f. Völkerpsych. 1, 108—112).

264. Nur noch wenige Tatsachen wollen wir zur Bestätigung für die Wirksamkeit unbewusster, also für schwingende Vorstellungen vorführen. Zunächst liegt uns der Fall, den jeder Leser in diesem Augenblicke in sich beobachten kann. Jeder erweiterte Satz, jede Periode, möge sie gehört oder gelesen und auch gesprochen oder geschrieben werden, verläuft zeitlich punctuell durch unser Bewusstsein; und in jedem Falle wird nicht geleugnet werden können, dass am Ende der Periode die ersten Worte nicht mehr im Bewusstsein sind, und dass wir nicht den ganzen Satz mit seinen sämmtlichen Wörtern als eine Einheit gleichzeitig im Bewusstsein haben. Noch weniger haben wir einen ganzen Absatz, ein Kapitel, ein Buch als Ganzes mit allen Teilen im Bewusstsein. Verständniss aber fordert, dass alle Teile nicht vereinzelt gedacht oder bewusst worden sind, sondern dass sie in Zusammenhang erfasst, auf einander und auf einen Mittelpunkt bezogen, als kleinere Ganze zu einem größern und noch größern vereinigt werden. Psychologisch sagen wir, das Subject am Anfange der Periode z. B. müsse durch das Verbum am Ende, der ganze Satz durch den folgenden u. s. w. appercipirt werden. Solche Apperception geschieht durch Vorstellungen im Zustande der Schwingung.

265. Aber noch mehr. Wenn ich z. B. nur zu Jemandem sage: „ich bin von 4—5 Uhr zu sprechen": so gehört zum Verständniss nicht nur, dass „ich" und „sprechen" in Zusammenhang gebracht werden, also „ich" noch nicht wieder latent

geworden ist, bevor „sprechen" gehört ist; sondern welche Massen von Vorstellungen erfordert das Verständniss des Ausdruckes „vier Uhr", und auch „sprechen", und des ganzen Satzes, der ja sehr ausgebildete Lebensformen voraussetzt. Von allen jenen Massen kommt nichts in das Bewusstsein.

266. Warum versteht denn ein Kind so viele Sätze aus dem gewöhnlichen Leben noch nicht? Die drei, vier Wörter könnte es wohl combiniren, aber jedes dieser Wörter verlangt eine Vorstellungs-Masse, welche das Kind noch nicht hat. Wer aber dieselbe hat, appercipirt mit ihr, ohne dass er sich ihrer dazu bewusst werden müsste.

267. Es schwingen Vorstellungen, welche früher einmal und oft bewusst waren und auch jetzt noch in jedem Augenblicke, wo es gefordert wird, bewusst werden können. Es schwingen aber auch Vorstellungen, die niemals die Klarheit gehabt haben, welche als Bewusstheit erscheint, die nur schwingend erzeugt und immer nur so reproducirt wurden. Es gibt beim Kinde und beim Ungebildeten eine Stufe des Bewusstseins, wo man spricht, aber die Vorstellung von der Tätigkeit des Sprechens nur eine schwingende ist. Sie wird dann bewusst, wenn man die Sprache als unterscheidendes Merkmal des Menschen gegen das Tier erfasst. Dann aber bleibt zunächst immer noch die Sprache an sich mit ihren Stoffen und Formen bloß schwingend, eine mit Absicht geübte, aber über ihr Verfahren unbewusste Function. Die ganze Sprache als Schall und Ton ist für den Ungebildeten nur im Zustande des Schwingens; bewusst wird ihm nur die Bedeutung. Der eigentümliche Klang der Stimme und Sprache eines Menschen aber kommt ihm wohl zu Bewusstsein, wenn er sagt: den X erkenne ich an der Stimme, bevor ich ihn sehe. Ebenso der Hall seines Tritts. Aber mit diesem Bewusstsein ist doch noch nicht das vom Alphabet oder vom Rhythmus gegeben. Man kann die Aufmerksamkeit des Ungebildeten auf den bloßen Schall der Sprache, auf den Wortlaut, abgesehen von der Bedeutung, lenken, immer noch ohne Alphabet. Dass aber im Volksgeiste dennoch die Elementar-Laute, oder, wie wir zu sagen pflegen, die Buchstaben, vor aller Schrift und Bildung als schwingende Vorstellungen vorhanden sind, das beweist sowohl die Gesetzmäßigkeit der Laut-Verhältnisse, der Rhythmus und das Metrum

der Volkspoesie, ihre Allitteration und ihr Reim, als auch die Entstellung der Fremdwörter.

268. Wir buchstabiren nicht, wenn wir uns einen Namen merken. Dass aber in jedem, der zu buchstabiren versteht, die einzelnen Laute in solchem Falle wirklich schwingen, zeigt sich dann, wenn wir uns später nur unvollständig auf den Namen besinnen können, und wenn wir dann sagen: es kommt ein i drin vor, er beginnt mit k u. s. w.

269. Wie sehr die schwingenden Vorstellungen selbst in die niedrigsten geistigen Tätigkeiten eingreifen, möge folgender Fall zeigen. Wir erkennen Zucker durch den bloßen Anblick oder den bloßen Geschmack nach 188, weil das a die b c d, und c die a b d reproducirt. Die reproducirten Vorstellungen a b d aber werden nicht ins Bewusstsein gehoben, sondern treten bloß schwingend auf. Wer Zucker als solchen erkennt, hat nicht alle Qualitäten, die er an demselben unterschieden hat, im Bewusstsein.

270. Welche Macht aber schwingende Vorstellungen als appercipirende haben können, dass zeigt sich sogleich, wenn man daran denkt, dass der einheitliche Charakter einer Künstler-Schule, der Zeitgeist u. s. w. (241) in den Seelen derer, die ihn in sich tragen und aus ihm schaffen, nur in schwingenden Vorstellungen besteht, die niemals bewusst waren. — So beruht auch die sprachschöpferische Kraft sowohl in der Urzeit, wie heute nur auf schwingenden Vorstellungen. Vergl. hierzu 285 f.

271. Es ist schon daran erinnert (263), wie die Schwingung der Vorstellungen die Enge des Bewusstseins ergänzt. Sie ist eben die Arbeit der Vorstellungen außerhalb des Bewusstseins und ohne dasselbe. Sie ermöglicht also nicht nur, dass große Massen von Vorstellungen in Tätigkeit gesetzt werden können, sondern sogar, dass zwei Reihen von Vorstellungen gleichzeitig neben einander laufen können. Wir gehen und reden oder denken dabei, und ich sehe keine Veranlassung zu der Annahme, dass hier unaufhörlich zwei Reihen durch einander laufen: AaBbCc u. s. w. Um sich aber vorzuhalten, welche Arbeit das Gehen ist, erinnere man sich, wie man in Licht und wie in Finsterniss geht oder mit verbundenen Augen. Noch abgesehen von der Umgehung von Hindernissen, vom Kraft-Maß und von der Körperhaltung beim Auf- oder Absteigen, ist es ohne

Licht jedem, selbst in den bekanntesten Räumen unmöglich, eine Richtung zu wählen und inne zu halten, ein Ziel zu erreichen, wenn dieses nur etwas entfernt ist, etwa wie die Länge eines Zimmers. Und so sind alle jene Arbeiten, die wir mit so exacter Berechnung und doch ohne Bewusstsein vollziehen (123), Producte schwingender Vorstellungen. Ohne vom Bau des Kehlkopfes das Geringste zu ahnen, weiß man die Stimmbänder mit unsäglicher Feinheit zu spannen u. s. w.

272. Ein lebendiges Beispiel für eine gleichzeitige Doppel-Apperception bietet das Lesen. Allerdings ist der Sache nach das Lesen vom Sprechen-Hören nicht verschieden. Nur der Umstand, dass das Lesen eine weniger ursprüngliche Tätigkeit ist als das Hören, auch dass das Hörbare sich energischer aufdrängt als das Sichtbare, macht einen Unterschied. Noch klarer, obwohl ebenfalls wesentlich gleich ist der Fall des Sprechens und des Schreibens. Überall hier läuft eine innere Vorstellungs-Reihe und neben ihr eine davon ganz verschiedene, mehr äußere, sinnliche Reihe ab. Die Laut-Reihe, gesprochen oder gesehen oder geschrieben; durchdringt wahrlich nicht die Vorstellungs-Reihe; aber sie bleibt eben bloß schwingend. Ja, noch mehr: im Reden laufen drei Reihen gleichzeitig neben einander ab, wie wir im Allgemeinen schon wissen: der Inhalt, die innere Sprache, der Laut. Nur eine von diesen Reihen ist im Bewusstsein (Vergl. Zeitschr. f. Völkerpsych. I. 104—107).

273. Es sei hier nur kurz erwähnt, was anderwärts (a. a. O.) ausführlicher erläutert ist, dass weil die Laut-Reihe bloß schwingt, sie allerdings leicht in Verwirrung gerät, dass man sich verspricht oder verschreibt. Hier ist dieser Mannichfaltigkeit gleichzeitiger innerer Tätigkeit (Vergl. a. a. O.) nur gedacht, um überhaupt ihre Möglichkeit hervorzuheben, andrerseits aber um auch hier auf einen Unterschied in der Macht der appercipirenden Vorstellungs-Gruppe hinzuweisen. Bekannt ist, dass Kinder in der ersten Zeit des Lese-Unterrichts einen ihrer Fassung wohl zugänglichen Inhalt, etwa eine Geschichte, dennoch lesend nicht verstehn, aber wohl wenn sie ihnen, wenn auch mit denselben Worten, erzählt wird. Sie erfassen hörend, was sie lesend nicht erfassen. Warum? Weil sie die gehörten Laute nur schwingen lassen, die Buchstaben aber bewusst aufnehmen. Nun können gerade die schwingenden Laut-Vor-

stellungen weiter auf die inhaltlichen Vorstellungen wirken, dieselben ins Bewusstsein rufen; und so wird das Gehörte verstanden. Die bewusst aufgenommenen Buchstaben dagegen lassen nichts weiter in das Bewusstsein dringen, schließen das Verständniss aus. Wir verstehen Gelesenes erst dann, wenn die Buchstaben nicht klarer werden, als zum Schwingen nötig ist.

274. Beim Gebildeten, und zwar beim Lesen schwierigerer Gedanken, dreht sich häufig die Sache um: er appercipirt besser lesend als hörend. Die Schwingung der gehörten Laute ist zu schwach, zu flüchtig; er bedarf der stärker schwingenden Buchstaben. Hierbei mag freilich noch mitwirken, dass beim Lesen das Auge doch gleichzeitig mehres auffasst, mit Blitzes Schnelle wiederholt (was beim Hören ganz unmöglich ist) und dadurch das Schwingen der innern Sprachform fördert. Da die Sprache doch nur Mittel ist für das Denken, so darf sie sich weder zu stark vordrängen, noch zu fern von Bewusstheit zurück bleiben.

275. Die größere Apperceptions-Macht des Ohres in Verhältniss zum Auge bleibt aber doch unbestreitbar. Ich meine nicht die Extension, sondern die Intension der Macht, ihre Energie. Das zeigen jene im Lesen wenig geübten Personen, die doch darum nicht ungebildet, sicherlich nicht geistig schwach sind, und welche nur so zu lesen vermögen, dass sie Schrift nicht schweigend auffassen, sondern in Laut übersetzen, dass sie sich selbst vorlesen. Freilich ist die Ursache klar. Die Vorstellungen sind beim Vollsinnigen, wenigstens für die Muttersprache, unmittelbar an den Laut, erst mittelbar an das Schriftzeichen geknüpft. Der schweigend Lesende überspringt also eine Vermittelung; zu solchem Sprung aber gehört eine besondre Übung, welche jenen Personen fehlt. Hierdurch aber wird die intensivere Apperceptions-Macht des Ohres nicht geläugnet, sondern vielmehr zugestanden und erklärt. Es ist der Zusammenhang mit der Sprache, welcher, bei der hohen Wichtigkeit der Sprache für alles Denken, dem Ohre seinen Wert für das Denken gibt.

276. Und dieser Wert macht sich doch auch für den Gebildeten geltend. Denn erstlich erfährt es wohl jeder, auch der Gebildetste, wie er manches Schriftstück, sei es wegen der Schwierigkeit der Gedanken oder der Undeutlichkeit der Dar-

stellung, besser, leichter versteht, wenn er es sich laut vorliest, als wenn er bloß das Auge arbeiten lässt. Zweitens aber wird er zwar wohl jedes Buch, wenn es darauf ankommt, und wenn es ihm überhaupt zugänglich ist, auch stillschweigend lesen und verstehn können; genießen aber wird mancher sehr Gebildete einen Schriftsteller wie Jean Paul doch nur, wenn ihm derselbe gut vorgelesen wird. Jedes Drama genießen wir alle besser, wenn es gut aufgeführt, künstlerisch vorgelesen wird, als wenn wir es still mit dem Auge aufnehmen. Ebenso wird durch Vorlesen der Genuss der Lyrik, und noch mehr der Genuss der Litteratur in der Volksmundart, wie Reuter's, bedeutend, ja wesentlich gehoben. Der Grund davon ist nicht schwer zu finden; aber er bestätigt was wir hier meinen.

277. Endlich noch eins. Der Corrector der Druckbogen, je besser er ist, erfasst desto weniger vom Inhalt. Er setzt sich, was nicht ohne Energie und viel Übung geschieht, auf den Standpunkt des Buchstabirenden zurück. Er appercipirt nur Buchstaben, keine Gedanken; in ihm schwingen die Typen nicht bloß, sondern werden bewusst.

278. Hieraus ergibt sich eine Regel, wie mich dünkt, für den Lehrer. Um die Orthographie einzuüben, oder vielmehr um die Orthographie der Schüler zu überwachen, so lange dies nötig ist, muss dictirt werden; es kann nicht bei Gelegenheit der Styl-Übungen vorgenommen werden. Denn sobald der Lehrer auf den Inhalt oder auf die grammatische Correctheit oder auf die richtige Subsumtion des Beispiels unter die Regel zu achten hat, wird ihm die Aufmerksamkeit auf die Rechtschreibung sehr erschwert. Leicht aber wird sie beim Dictat, wo alle Hefte denselben Inhalt bieten, den er selbst dictirt hat; hier kann er ganz Auge sein für große und kleine Buchstaben für fehlende und überflüssige h u. s. w.; denn nichts zieht ihn ab. Er appercipirt die Striche, welche da sind und welche fehlen, obwohl sie durch seinen Kopf bloß schwingen.

δ) Die Constitution der Massen, die Verteilung von Action und Passion und das Product.

279. Das Product ist das, was sich aus der Vereinigung der beiden Factoren der Apperception ergibt. Es hat kein von diesen Factoren abgesondertes Dasein, noch auch bleiben diese außerhalb des Productes für sich bestehn.

280. Wird ein neues Ding wargenommen, so entsteht scheinbar ein doppeltes Product (193—197), insofern als einerseits die passive, andrerseits aber auch die active Masse geändert und bereichert wird. Doch das ist nur Schein. Da nichts weiter vorgeht als eine Verbindung zweier Massen, so kann nach Vollendung dieses Vorganges nur eins da sein. Allerdings aber bleiben folgende Punkte zu beachten. In dem Falle der Warnehmung eines einzelnen Dinges gehört es zum Product, dass es projicirt werde, das heißt, dass ein Ding als ein äußeres, wirkliches und gegenwärtiges erkannt werde. Indem eben dies geschieht, wird der Inhalt des Products einerseits nach außen in die Wirklichkeit gesetzt, während er andrerseits doch als Vorstellung und Gedachtes innerlich bleibt. So ist der Schein einer Doppelheit gegeben. Dazu kommt, dass zwar die passive Masse (weil sie für sich noch wertlos ist und erst durch die Vereinigung mit der activen Wert für das Bewusstsein erhält, und weil sie völlig im Product aufgeht) sobald sie appercipirt ist, ihr gesondertes Sein verliert; die active Masse dagegen, als alter Besitz des Bewusstseins, bleibt zunächst wenigstens immer noch als besondre Masse. Sie bleibt es sogar dauernd und unverändert, wenn sie durch den Process gar nicht bereichert, noch auch abgeändert (192) ist. Sie sinkt dann nur aus der Tätigkeit in den Schlaf zurück. Im Falle aber, dass die Vereinigung der beiden Massen erst nach Hemmungen mancher Elemente der activen Masse vorgegangen ist, so dass diese gar nicht mit allen ihren Elementen in die Verbindung eingegangen ist, die Verbindung aber oder das Product etwas enthält, was nicht in der activen Masse lag -- in diesem Falle bildet sich ja geradezu ein Gegensatz zwischen der alten activen Masse und dem Product, welcher eine Vergleichung dieser beiden veranlassen kann. In Folge dieser Vergleichung kann dann das Product in den Verband der alten Masse eintreten, und so wird diese bereichert (193 ff.) Wenn hier ein doppelter Erfolg wirklich vorliegt, so ist er auch durch doppelte Apperception bewirkt. Denn die Vergleichung der activen Masse in ihrem alten Bestande, z. B. der Vorstellungsmasse *(weißer) Schwan*, mit dem Apperceptions-Product *schwarzer Schwan* ist eine Apperception der erstern, deren Product dies ist, dass es auch schwarze Schwäne gibt, und dass fortan die Masse *Schwan*

zwei mögliche Farben *weiß* und *schwarz* in sich schließt. Dies ist weiter zu verfolgen.

281. Nachdem also die Masse *weißer Schwan* apercipirend aufgetreten ist und das Product „schwarzen Schwan" projiciirt hat (nachdem ein schwarzer Schwan wargenommen ist), steht der ältern Masse *weißer Schwan* eine neue Vorstellungsmasse *schwarzer Schwan* gegenüber. Was wird sich zwischen diesen beiden Massen ereignen, welche beide, die eine wie die andre, als innerer Besitz bestehn? (300)

282. Erweitern oder verallgemeinern wir diese Aufgabe sogleich dahin: welche Verhältnisse und Vorgänge treten ein, wenn nicht Sinnes-Reize eine geeignete Masse zur Apperception hervorrufen, sondern wenn irgend ein Besitz der Seele, z. B. der Inhalt einer Warnehmung, einer alten oder jungen, einer oft wiederholten oder einmaligen, mit einem andern Besitze der Seele, mit irgend einer Vorstellungsmasse, sich begegnet? Da hier große und alte Massen mit großen und alten zusammenstoßen können, so werden nicht nur die Producte mannichfaltiger werden, sondern auch die Verteilung der Action und Passion wird aus tiefern Ursachen erfolgen, und der ganze Vorgang eine verwickeltere Form annehmen. Bevor wir an diese Untersuchung gehn, müssen wir die Constitution der Massen (und damit ihren metaphysischen Wert) betrachten.

283. Vorstellungsmassen bilden sich e r s t l i c h, indem sich die kleinern Verbände nach objectiver und subjectiver Verwantschaft an einander lagern. Was irgendwie associirt oder verflochten ist, bildet eine Masse. Sie sind das Product zufälliger Begegnungen, gemeiner Lebenserfahrungen. Es sind unorganische Haufen von ungesuchten und ungeprüften Erkenntnissen, welche durch Sinnestätigkeit und geselligen Verkehr gewonnen sind. Sie sind formlose Massen, deren Teile nur stofflich susammenhängen.

284. Wenn dagegen, z w e i t e n s, innerhalb einer Vorstellungsmasse irgend eine Erkenntniss, ein Gedanke, einen Mittelpunkt bildet, um welchen sich andere Vorstellungen in näherm und weiterm Abstande lagern, so bildet sich eine gegliederte, organisirte Vorstellungsgruppe. Solche Gliederung kann mehr oder weniger mannichfaltig sein; sie macht eben die größere oder geringere, feinere oder gröbere, gediegnere oder oberfläch-

lichere Bildung aus. Hier gelten die Bestandteile der Masse als mehr oder weniger wichtig, als höher und niedriger, als nähere und weitere Folgen aus einem Grundgedanken, der den Mittelpunkt bildet und das Ganze trägt. So ist Ordnung hergestellt und es sind Haupt und Glieder gewonnen. Nun hängen die Bestandteile nicht mehr bloß stofflich zusammen, sondern sie sind nach vielfachen Rücksichten auf einander bezogen, und dadurch an einander gebunden. Es ist schon bemerkt (231), dass so gegliederte Massen nach Maßgabe ihrer Gliederung auch mächtiger sind. Dazu wirkt auch dies mit, dass mehre solcher Gruppen selbst wiederum nicht bloß mit einander verflochten sind, sondern zu einander in inhaltsvoller Beziehung stehn können, indem sie sich um ein gemeinsames Centrum bewegen. Ja, schließlich werden in einer gebildeten Weltanschauung alle organisirten Gruppen auf eine centrale Gruppe bezogen sein.

285. Ihrer Eigentümlichkeit und Wichtigkeit wegen besonders zu beachten sind drittens diejenigen Gruppen, welche weder durch ihren Stoff und Beziehungen der Stoffe, noch auch bloß subjectiv gebildet sind, sondern lediglich durch die gleichartige Form der Stoffe, durch Analogie, durch ein sie alle beherschendes Gesetz. Alle Substantiva derselben Declination, alle durch dasselbe Suffix gebildeten Wörter, die möglichen Verbindungen von Subject und Prädicat, alle möglichen Fälle der Anwendung von *entweder — oder, obgleich — dennoch, mit* und *durch* und aller Präpositionen u. s. w. bilden je eine Gruppe.

286. Die Gesetze, Analogien, Kategorien, durch welche diese Gruppen gebildet werden, für welche jeder Bestandteil dieser Gruppe ein Beispiel abgibt, können ganz unbewusst bleiben, wie sie es ursprünglich immer sind. Wir lernen hier die merkwürdige Tatsache begreifen, dass eine Kategorie wirksam sein kann, sicher, richtig und schöpferisch wirksam, obwohl sie gar nicht zum geistigen Besitz gehört. Ohne also dass das Kind von Ursache wüsste, denkt es nach der Kategorie der Causalität. Es hört z. B.: *weil du das getan hast, sollst du...; weil es regnet, musst du...; weil..., werde ich* u. s. w. Alle diese Sätze, so wenig sie ihrem Stoffe nach verwant sein mögen, tragen dieselbe Bildungsform an sich, weil ihre Bestandteile analog combinirt sind. Indem das Kind diese Satzform

verstehn lernt, bilden solche Sätze eine Gruppe. Mit dieser
Gruppe, die ja nur insofern eine ist, als sie analog geformte
Bestandteile hat, appercipirt dann das Kind jeden Satz, der
nach derselben Analogie gebaut ist, ohne dass es von dieser
Analogie selbst etwas wüsste. Solche Gruppe appercipirt immer
im schwingenden Zustande. Da die Bestandteile derselben von
einander durchaus verschieden sind, ihrem Stoffe nach nichts
Gemeinsames haben, so hindert jeder den andern an der Bewusstheit; aber jeder verstärkt die Schwingung des andern.
Daher wirkt die Gruppe um so mächtiger (um so schneller und
sicherer und fester), je mehr Bestandteile sie umfasst.

287. Wir haben hier drei Constitutionen von Vorstellungsgruppen als bestehende erkannt, ohne uns auf ihren Ursprung
einzulassen, was wir nun aber tun müssen. Zwar von der
ersten braucht gar nicht geredet zu werden; und von der
dritten, wie merkwürdig sie auch ist, und wie rätselhaft ihre
Wirkungen bisher erschienen, ist doch nur wenig zu sagen. Es
kann freilich ganz unerklärlich scheinen, wie folgende zwei Sätze:
*wenn es regnet, wird es nass; wenn du artig bist, bekommst du
Kuchen; (wenn du unartig bist, bekommst du Prügel)* sollten mit
einander verschmelzen oder auch nur sich verflechten können.
Ihr Stoff freilich hat gar nichts gemein, und also könnte von
da aus keiner den andern reproduciren. Es muss aber eben
anerkannt werden, dass, wenn ein Kind einen Satz verstehn
gelernt hat, es nicht nur den Stoff desselben mit Bewusstheit
erfasst, sondern dass auch seine Form schwingend wird. Denn
nicht die Vorstellung *Regen* und die Vorstellung *nass* neben
einander ergeben den Inhalt jenes Satzes; sie liefern nur den
Stoff: der Inhalt liegt in dem geformten Stoff. Es müssen jene
beiden Vorstellungen in bestimmter Form auf einander bezogen
werden. Das tut das Kind früher oder später; und dann sind
die Stoffe bewusst und die Form bleibt schwingend am Stoffe.
Kommt nun ein dritter, vierter u. s. w. Satz mit ganz anderm
Stoffe, aber derselben Form, so mag der Stoff reproduciren was
ihm angemessen ist; nebenher aber reproducirt die schwingende
Form die gleiche Form, die schon vorher einmal geschwungen
hat und verschmilzt mit ihr. So entstehen diese wunderbaren
Gruppen, die nach ihrem Stoffe gar nicht wirken, und die einen
solchen nur haben, um daran einen Träger zu besitzen für die

schwingende Form, welche allein den Inhalt, die Bedeutung, dieser Gruppe ausmacht. So ist der Ursprung dieser höchst wichtigen Gruppen sogar leicht erklärt, und nur dies ist hinzuzufügen, dass hier eigentlich gar nicht die Gruppe, sondern das Verbindungs-Merkmal appercipirt; denn die Analogie der Bestandteile, welche dieselben zur Gruppe verbindet, ist das Verbindungsmerkmal (49 ff.).

288. Vom gemeinen Begriffe war oben (101) die Rede. Weil er kein festes Gebilde ist, so fehlt ihm auch die Über- und Unter-Ordnung. Es wird nicht dieses Individuum unter die Art Pferd, dieses unter die Classe Säugetier, diese unter Tier gesetzt; sondern man sagt: *dies ist ein Pferd*, und auch: *dies ist ein Tier* von demselben Individuum, und beides schlechthin, beziehungslos. — Solche Begriffe bilden also einerseits den entschiedensten Gegensatz zu den Vorstellungsgruppen, die wir hier besprechen. Denn sie haben nur einen Umfang und keinen Inhalt; in unsern Gruppen aber kommt der Inhalt gar nicht, sondern nur die Form in Betracht. Wir wissen aber andrerseits, dass in jenen Begriffen tatsächlich der Typus der unter ihn fallenden Dinge den Inhalt bildet. Dass nicht aus den gemeinsamen Merkmalen die gemeinen Begriffe geschaffen werden, beweist wohl am klarsten der Begriff *Farbe*, wie er im gemeinen Bewusstsein ist. Was haben in letzterm Rot, Gelb, Blau, Schwarz, Weiß gemeinsam? Doch wohl nicht mehr als die Sätze mit *entweder — oder;* und der Begriff Farbe hat auch nur denselben psychologischen Wert. Es verhält sich mit *Pferd, Tier* nicht anders. Es sind nur Typen, Formen, Functionen, wie die Partikel *durch;* sie sind verschiedne Dinge mit gleicher Beziehung. Im Gebildeten unterscheiden wir Begriffe der zweiten Constitution, wie *Pferd, Tier*, welche einen Inhalt und einen Umfang haben, Stoff-Begriffe, und dann solche, welche eine Gruppe verschiedener Dinge mit gleicher Beziehung bedeuten, Beziehungsbegriffe, wie *Schuld, schön* u. s. w. Dies sind Begriffe der dritten Constitution.

289. Oben (246) erklärten wir, etwas m e r k e n bestehe in einer besondern Nach-Apperception der Apperception. Wir sagen aber auch: *sich* etwas *merken*, z. B. eine Regel zur Anwendung im Einzelnen, oder auch eine Tatsache zur Belohnung oder Bestrafung, d. h. zur Erfüllung einer Maxime, der Gerechtigkeit

oder Rache. Solches *Sich Merken* kann ohne Erfolg bleiben: die gelernte, richtig verstandene Regel bleibt unangewant. Der Erfolg tritt ein, wenn die Regel wirksam, d. h. apperceptionsfähig geworden ist. Das ist sie zunächst noch nicht; sie ist appercipirt, hat aber noch nicht die Kraft, den einzelnen unter sie gehörenden Fall zu appercipiren, d. h. zu gestalten. Wie erlangt die Regel solche Kraft? Die praktische Antwort lautet: sie muss an vielen Beispielen eingeübt werden. Richtiger würde man sagen: sie muss in viele Beispiele hineingeübt werden. Das Wahre ist: es muss eine Gruppe (von Sätzen) nach der dritten Constitution gebildet werden, deren schwingende Form eben die Regel ist, und welche dann jeden Satz von gleicher Form appercipirt.

290. Schwieriger ist der Ursprung der zu zweit genannten Constitution. Hier gilt es Sub- und Coordinationen herzustellen, also von unten auf immer umfassendere, allgemeinere Begriffe herzustellen und nach den Verhältnissen der Causalität Tatsachen und Gedanken auf einander zu beziehen. Die hier gestiftete Ordnung kann sich in vielen Punkten auf bloße Schwingungen gründen; das Meiste und Beste muss aber doch mit Bewusstheit geleistet werden. Die Unterscheidung von Tieren und Pflanzen als zwei großen Natur-Reichen könnte so vollzogen sein, dass die Merkmale, nach denen sie gemacht ist, bloß in schwingenden Vorstellungen gedacht werden, und damit bliebe sie selbst bloß eine schwingende Vorstellung. Nicht nur klar aber, sondern auch fest und sicher kann sie erst werden, wenn die beiden Begriffe Tier und Pflanze bewusst sind und einen Namen in der Sprache tragen. Als der Grieche das Wort ζῷον bildete, das Homer noch nicht kannte, da ward ihm jener Unterschied ein bewusster, während er bis dahin nur ein schwingender war.

291. Alle Bildung von mehr oder weniger allgemeinen Begriffen, wie auch aller Gebrauch von Kategorien, Analogien, Gesetzen und Regeln, beruht auf Vergleichung der unter jenen zusammengefassten Einzelheiten oder Unter-Arten u. s. w. Diese Vergleichung wird zunächst mit schwingenden Vorstellungen vollzogen und ergibt ein schwingendes Product. Letzteres erweist sich zunächst bloß als eine Verschiedenheit des Gesammt-Eindruckes, den jedes Object macht. Dieser Gesammt-Eindruck ist die Summe der schwingenden Übereinstimmungen und

Abweichungen. Wie jede einzelne Differenz und Gleichheit, so
ist auch die Summe derselben nur schwingend. Soll nun hierüber Bewusstsein eintreten, sollen die Classen, Gattungen, Arten
bewusst unterschieden werden, so müssen sie appercipirt werden; und sollen ihre specifischen Merkmale, überhaupt ihre
Differenzen aus dem Zustande des unklaren Schwingens in klare
Bewusstheit erhoben werden, so müssen sie einzeln appercipirt
werden (67. 197). Woher kommen aber die geeigneten activen
Massen für solche Apperceptionen? Wir kommen hier auf die
Aufgaben zurück, denen wir schon oben (224—226) begegnet
waren.

292. Wir kommen aber hier auch auf die frühere Erörterung von 166—178 zurück. Wir haben dort behauptet, dass
ein Wechsel im Vorstellen ohne Weiteres auch eine Vorstellung
dieses Wechsels, einer Veränderung, ist. Man könnte für die
entgegengesetzte Behauptung, Gleiches und Verschiedenes in
den Vorstellungen haben sei an sich noch nicht eine Vorstellung
von dem Gleichen und Verschiedenen, als Beweis den Knaben
anführen, von dem wir oben (224) sprachen, der den Begriff
Vogel nicht hatte. Dieser besaß die Vorstellungen von Sperling, Schwalbe und wohl noch von einigen wenigen Vogel-Arten;
er hatte also Vorstellungen, in denen Gleiches und Ungleiches
war, ohne eine Vorstellung von diesem Gleichen und Ungleichen
zu haben. Er würde aber, entgegnen wir, diese Vorstellungen
augenblicklich bekommen haben, wenn Jemand in seiner Gegenwart die Schwalbe einen Sperling genannt hätte; er würde dann
sicherlich die Differenzen genügend scharf angegeben haben.

293. Er hatte nämlich die Differenzen als schwingende
Vorstellungen in sich, und es bedurfte wohl nur des Anstoßes,
das Schwingende bewusst zu machen. Wir können also nicht
kurzweg sagen, er habe keine Vorstellung von dem Gleichen
und Ungleichen der ihm bekannten Vogel-Arten gehabt; sondern er hat nur keine klar bewusste, aber wohl schwingende,
Vorstellungen davon gehabt. Gleiches oder Ungleiches aber
vorstellen, ohne zu wissen, dass man Gleiches oder Ungleiches
vorstellt, ist unmöglich. Denn die Verschmelzung in dem einen,
die Hemmung in dem andern Falle erzeugt allemal den unausweichlichen Zwang, in dem einen Falle denselben Inhalt zwei
Mal zu setzen, oder mit doppelter Setzung nur dasselbe wie

mit einfacher zu bewirken, und dagegen in dem andern Falle mehre Taten zu vollziehen: dies ist aber tatsächlich vom Ungleichen und Gleichen eine Vorstellung haben. — Nur das ist möglich: wo wirklich Ungleiches vorliegt, die Ungleichheit nicht erkennen und Gleiches sehen. Wie das Kindern begegnet, wo sie vom Worte verlassen werden, ist oben (110) erwähnt. Und auch jener Knabe, von dem zuletzt die Rede war, hatte ja mehre Vogel-Arten zu einer Art zusammenfassend Vogel genannt. Von einem taubstummen Mädchen aus der Stadt lese ich, dass es (als es eben erst zum Unterricht kam) das Bild einer Kuh für eine Ziege erklärte. Hier ist Ungleiches nicht erkannt.

294. Wie kommt nun dies beides, dass bald mehrere Arten nicht nach ihrer Gleichheit erfasst und zur höhern Allgemeinheit zusammengeschaut werden, bald die Ungleichheit übersehen wird und verschiedne Arten zu einer zusammenfallen? — Die Ansicht, dass alle allgemeinen Begriffe nur dadurch entstanden seien, dass man die Differenzen nicht gesehen habe, und dass sie früher waren als die Erkenntniss der besondern Arten, dass also die Allgemeinheiten ursprünglich nur das Erzeugniss der Unfähigkeit der Anschauung sind: diese Ansicht, obwohl neuerlich wieder aufgetischt, kann doch nicht eher berücksichtigt werden, als bis sie wenigstens einen Schein hat.

295. Indem wir an die Beantwortung der eben (293) aufgeworfenen Frage gehn, haben wir doch, scheint mir, erst die Tatsache genauer festzustellen. Wenn von einem Kinde die Kuh Ziege genannt wird oder umgekehrt, so ist doch damit noch gar nicht bewiesen, dass es nicht den Unterschied zwischen beiden ziemlich klar gesehen hätte. Es wird ihn gesehen haben und gibt trotzdem beiden denselben Namen, weil es keinen andern hat. Nennt es die Kuh Ziege, so hätte es vielleicht lieber Hornvieh gesagt, (wenn es diesen Namen gekannt hätte!) weil es von der Gleichheit beider Tiere in dieser Beziehung stark betroffen war, ohne doch zu übersehen, wie verschieden sie sonst und selbst in der Form der Hörner sich erweisen.

296. Ferner aber wird es darauf ankommen, ob ein wirklich bemerkter Unterschied für so wichtig gehalten wird, dass er das Zusammenfallen zu einer Art verhindert. Da das Kind nun doch einmal Tiere, welche einander nicht ganz gleich waren, mit Recht gleichmäßig *Ziege* genannt hat, so nennt es nun ein

Tier, dessen Verschiedenheit es gar nicht übersieht, ebenfalls Ziege trotz der Verschiedenheit, weil ihm diese nicht wichtig genug scheint, um sie nicht so nennen zu dürfen. Die Frage ist also: was heißt w i c h t i g in psychologischer Hinsicht? oder wie wirkt ein Moment in der Seele, wenn es als wichtig wirken und gelten soll? Wir kommen hier auf 67. 100 zurück, um die dort gelassene Lücke auszufüllen (242).

297. Beginnen wir mit der letzten Frage in ihrer Beschränkung auf die uns hier beschäftigenden Fälle, so dürfen wir wohl sagen:

> Bei der Vergleichung zweier Vorstellungsverbände, mag sie bewusst oder unbewusst vollzogen werden, gilt ein Moment für wichtig, d. h. es wirkt dahin, dass die beiden Verbände trotz der verschiedenen Momente doch verschmelzen, und also als gleich gelten, oder im Gegenteil, dass sie trotz der gleichen Momente sich doch nur verflechten, also als verschiedene gelten: wenn es noch einen andern Verband wenigstens bis zum Schwingen reproducirt und mit diesem eine beiläufige Vergleichung veranlasst; und es wirkt in der Vergleichung mit dem Gegebenen in entgegengesetztem Sinne als in der beiläufigen mit dem von ihm reproducirten Verbande. Bewirkt es hier Verschmelzung, so bewirkt es dort Trennung; steht es aber zum Reproducirten im Gegensatz, so bewirkt es Verbindung mit dem Gegebenen.

298. Die hier erklärte Wichtigkeit einer Vorstellung ist die rein theoretische. Manche Vorstellung aber ist praktisch oder ästhetisch wichtig: praktisch, weil das damit Vorgestellte uns viel Nutzen bringt oder wenigstens einem schmerzlich gefühlten Bedürfniss abhilft; ästhetisch, weil es ein starkes Gefallen erregt, oder auch, weil es einen mächtigen Empfindungs-Reiz übt. Letzteres führt am ursprünglichsten Wichtigkeit herbei.

299. Einem Bewusstsein mit der Anschauung *Pferd* begegne ein noch nie gesehenes von schwarzer Farbe. Diese ist entweder unwichtig, weil sie nichts Schwarzes reproduciren kann; dann verschmilzt das schwarze Pferd mit dem braunen und weißen. Oder die Farbe ist wichtig, sie reproducirt etwa eine Reiterstatue, so tritt die Warnehmung des lebendigen Pferdes zum toten Bilde in Gegensatz. Die Farbe wird also

auch dann nicht verhindern, dass das Wargenommene mit der Anschauung *Pferd* verschmelze und damit als solches erkannt werde.

300. In dem Bewusstsein aber habe oder gewinne die schwarze Färbung ein ästhetisches Interesse, so wird der Anblick des schwarzen Pferdes ein eigentümliches Wohlgefallen erwecken, welches anders gefärbte Pferde nicht erregen, aber wohl andre gleich gefärbte Tiere, wie der Rabe. Dann reproducirt die Warnehmung des Pferdes den Raben, mit dem es durch das mächtige ästhetische Interesse verflochten ist, und in demselben Maße, als das Interesse von hier und dort verschmilzt, bewirkt es eine Trennung von der Anschauung *Pferd* und bildet eine besondre Masse, welche viele oder die meisten Elemente von Pferd und einige von Rabe enthält. Nun ist es nicht die Masse von *Pferd*, noch die von *Rabe*, sondern die neu zusammengeratene, welche appercipirend der Warnehmung entgegentritt. So ist der neue Begriff *Rappe* enstanden, der alles Wesentliche von *Pferd* und die Farbe von *Rabe* enthält. So oder ähnlich verhält es sich, wenn innerhalb einer Allgemeinheit eine untergeordnete Besonderheit, eine Unter-Art appercipirt wird; und z. B. auch bei den Schwänen (280 f.). Hier ist die weiße Farbe wichtig, denn erstlich war bis dahin die weiße Farbe die einzig herschende, und zweitens ruhte ein starker ästhetischer Zauber in ihr. Nun plötzlich wird der schwarze Schwan erblickt. Die volle Übereinstimmung beider mit Ausschluss ihrer Farbe überwand den Unterschied. Die Schwärze war aber auch doppelt wichtig, erstlich durch ihren Gegensatz zur Weiße und zweitens durch den auch ihr wiederum eigenen ästhetischen Reiz. Man sah in ihm nicht einen unschönen Schwan, sondern einen anders schönen. Man erkannte beide als gleich und als verschieden, d. h. als Variationen einer Art·

301. Jetzt können wir auch sagen, was dazu gehört, wenn ein allgemeiner Begriff, z. B. der Begriff Vogel aus den untergeordneten Arten gebildet werden soll. Wir wissen, dass die Vorstellungsmasse von einer Vogel-Art erstlich Momente enthält, welche sich in allen Vögeln finden: Flügel und Federn und eine eigentümliche Bewegung, dazu ein gewisser Typus in der Form des Leibes und zwei Beine. Diese Momente, die dem ganzen Geschlechte der Vögel gehören, wollen wir mit G

bezeichnen. Es hat aber auch jede Art ihren besonderen Typus innerhalb der in G enthaltenen Merkmale, ihr specifisches Merkmal. Dieses sei s. Wir reden natürlich hier nur von dem unwissenschaftlichen Blick, mit welchem das gemeine Bewusstsein sowohl den Vogel überhaupt, als den Sperling, Taube, Schwalbe, Canarien-Vogel u. s. w. unterscheidet; und wir geben hier eine Analyse, von der das gemeine Bewusstsein nichts weiß. Jede Art also hat innerhalb G ihren speciellen Typus s. Daher könnte als Formel für den gemeinen Artbegriff Gs dienen; die Formel für das ganze Geschlecht Vogel aber wäre (nach 197)

$$G \begin{cases} s \\ s. \\ s \end{cases}$$

302. So ist es aber noch nicht, so lange G noch gar nicht gebildet ist. Da ist nicht bloß G, sondern auch s noch nicht, sondern statt des letztern, welches in G eingeschlossen ist, gibt es lauter selbständige Typen: L, N, R u. s. w. Der Sperling ist eine Art Wesen für sich, die Taube, die Schwalbe ebenfalls u. s. w. Innerhalb des unterscheidenden Typus jener Begriffe liegen (obwohl unbewusst) auch gemeinsame Merkmale M, neben deren Gleichheit aber teils schon in ihnen selbst durch den Zusammenhang mit den verschiedenen Typen L, N, R, teils durch sonstige Verschiedenheiten sich auch Ungleichheiten befinden: yz, ux, tw u. s. w. Die Artbegriffe des niedrigen Bewusstseins bezeichnen wir also: Lмyz, Nмux, Rмtw etc. Wirklich bewusst sind diese Massen als Ganze; die einzelnen Momente dieser Massen sind nur schwingend. Auch sind sie nur schwach verflochten; die abstoßenden Elemente überwiegen. Eine Zusammenfassung ist unmöglich.

303. Es kommt also nun darauf an, das gemeinsame M so zu stärken, dass nicht nur yz, ux, tw zur Untätigkeit herabgedrückt würden, was nicht schwer wäre, sondern auch in dem L, N, R das M zur überwiegenden Macht zu erheben und aus Lм, Nм, Rм unsere s, d. h. unsere Gs zu bilden. G und M aber einerseits und L, N, R und s andrerseits sind dem Inhalte nach gleich; denn

$$Lм + Nм + Rм = Gs + Gs + Gs$$

oder

$$\left. \begin{matrix} L \\ N \\ R \end{matrix} \right\} M = G \begin{cases} s \\ s \\ s \end{cases}$$

also

$$M = G \text{ und } LNR = SSS$$

nur in ihrer Lage oder Combination sind sie verschieden: G umfasst s, d. h. es umfasst viele s; M aber ist in jedem der s eingeschlossen; also Sм = Gs. Wie vollzieht sich nun die Umgestaltung von Sм in Gs? oder da G = м, in Ms?

305. Zunächst dürfte es wohl nicht gleichgültig sein, wie vielfach das S im Bewusstsein vertreten ist. Wenn wirklich bloß durch L, N, R, so wäre es wohl schwer, dass eine Änderung der Combination einträte. Setzen wir also eine Bekanntschaft mit mehr, mit vielen Arten voraus, so werden erstlich die tw, ux, yz . . . . mn in ihrer Wirksamkeit, da sie sich hemmen, sehr geschwächt; es kann das eine oder das andre Glied dieser Reihe nur unter besonderer Begünstigung wirken; ja, abgesehen vom Falle der Warnehmung, kann ihm nur von м her Reizung zukommen. Dass nun dieses м selbst sehr schwach ist, kommt uns zwar für die Tilgung der unwesentlichen tw, ux, yz . . . mn sehr zu statten; aber andrerseits ist es um so schwieriger, ihm solche Macht zu gewinnen, dass es sich das s zu unterwerfen vermag. Wenn wir nun aber viele S setzen, so begreift sich, dass м um so stärker wird, je mehrfacher S wird. Denn aus Lм, Nм, Rм . . . Xм gewinnt м eine große Verschmelzungssumme, während sich im Gegenteil L, N, R . . . X hemmen. м behält aber jeden Zuwachs an Macht für sich; es gibt nichts ab an tw . . . mn; denn es gewinnt durch einen Umstand, durch welchen diese sich einander zu erdrücken gezwungen werden.

305. м wird nichts einfaches sein; aber es könnte es auch sein. Es kommt darauf an, dass es einen in primärer Weise wichtigen (298) Factor enthält. Denn wir haben es ja mit einem primitiven Bewusstsein zu tun. A priori lässt sich für den einzelnen Fall nichts ausmachen. In Bezug auf unser Beispiel, den Vogel, lehrt die Erfahrung (die Etymologie), dass die Bewegungsweise, der Flug, sich als so wichtig erwiesen hat, um das Verlangte zu leisten. Wir begreifen, denke ich, wie der Flug der Vögel die Sinne mächtig ergreift, das Gesicht und das Gehör. Denkt man daran, dass in jener Reihe des Urmenschen L . . . X noch ganz andre Vögel waren, als wir kennen, nämlich die mythischen, vor allem der Sturm, aber auch der Blitz und die Seele, so wird die Wirkung des Fluges um so begreiflicher. Wenn also auch м nur die Vorstellung vom Fluge enthielt, so ist es nicht schwer einzusehen, wie es

die L, N, R ... X, die nur einander ähnliche, aber doch verschiedene Typen sichtbarer Gestalten in sich schlossen, überwinden musste. Ja, eine so mächtig die Sinne erregende Vorstellung wie die vom Fluge konnte gerade, wenn sie Verschiedenheiten in sich schloss, nur um so mächtiger werden, weil sie selbst zu einer kleinen Gruppe entfaltet war. Das Flattern der Taube und des Sperlings und die wie ein Pfeil im reizenden Schwunge hinschießende Schwalbe, die steigende Lerche und der herabstürzende Raubvogel waren $M + M + M + M \ldots$ $= M^n$. So riss sich dieses los aus den Verbänden L_M, N_M, R_M, X_M, aber nicht um sich ihnen zu entfremden; sondern bei jedem verbleibend ward es G, welches die L, N, R, X beherrschte. Ich meine nicht, dass das allgemeine M sich in die besondern $M M \ldots$ spaltete. Sondern diese waren ursprünglich im Bewusstsein. Aber weil jedes besondre M in L_M, N_M, $R_M \ldots X_M$ so mächtig den Sinn ergriff, hob es sich im Bewusstsein über die andern Momente der Verbände L, N, R ... X, so dass sich eine Verschmelzungssumme M^n bildete, die unmittelbar und an sich G ward, weil trotz der Verschmelzung doch jedes besondre M in seinem Verbande blieb.

306. Wir fassen zusammen. Von den vereinzelten Art-Verbänden

$$L_M yz$$
$$N_M ux$$
$$R_M tw$$
$$X_M ab$$

werden die unwesentlichen yz, ux, tw ... durch sie selbst getilgt; und die M verschmelzen zu M^n:

$$
\left.
\begin{array}{ll}
L_M & L \\
N_M & N \\
R_M & \text{ward} \quad R \\
X_M & X
\end{array}
\right\}
M^n = G
\left\{
\begin{array}{l}
s \\
s \\
s \\
s
\end{array}
\right.
$$

Das heisst: M^n appercipirt die L N R X jedes einzeln, wodurch diese zu s, es selbst aber zu G wird; es entsteht also ein Doppelproduct: M_L u. s. w. aus der passiven Masse, G_s aus der activen. (Näheres wird später noch folgen.)

307. Weiß Jemand nicht, dass ein wargenommenes Wesen ein Vogel ist, weil er es für einen Sperling hält, oder weil er diese Vogel-Art noch nicht kennt, so kann man das Moment M durch Vergleichung mit Taube, Schwalbe u. s. w. einerseits

und mit Pferd, Hund andrerseits verstärken; und ihn so veranlassen, den Sperling oder den neuen Vogel durch м zu appercipiren.

308. Eben so belehren wir jemanden, der die Zoophyten noch nicht kennt, indem wir einerseits ihn veranlassen, ein $M^n = Tier$ zu bilden, womit er das vorliegende Wesen appercipiren könne, und indem wir ihm andrerseits an letzterem gewisse Momente aufweisen, durch welche es mit M verflochten ist und sich also appercipiren lassen kann.

309. Man kann oft genug bei Kindern beobachten, wenn man ihnen klar macht, inwiefern ein Wort das Gegenwärtige bezeichnet, wie sie darauf selbsttätig auch ein Abwesendes richtig herbeiziehen; d. h. nachdem man ihnen für X das M gegeben hat, womit sie jenes appercipiren können, so appercipiren sie von selbst ein L oder R richtig mit demselben M. Sie sagen sich gewissermaßen: wenn das ein M ist, so ist auch jenes ein M. Denn wie das м mit dem X verflochten ist, so ist es auch mit L und R verflochten und ruft diese in das Bewusstsein, um sie sogleich zu appercipiren: $R + м$ wird $Mн$ u. s. w.

310. Die sokratische Methode, in psychologischer Sprache definirt, besteht darin, durch Vergleichung innerhalb der im Schüler vorhandenen Verbände Trennungen zu bewirken und damit sogleich neue Verbände zu gestalten, welche fähig sind, die alten Verbände zu appercipiren.

311. Wir wollen diese Untersuchung noch durch einen Blick auf das Rätsel erläutern. Dasselbe besteht aus einem oder mehreren Sätzen, die jeder in sich einen Widerspruch tragen, wenigstens etwas Unerwartetes, Unerhörtes enthalten. Solche Sätze können also nicht verstanden werden, weil das Prädicat nicht das Subject appercipiren kann. Oder jeder Satz ist zwar an sich verständlich; aber sie alle in ihrer Gesammtheit finden keine appercipirende Masse, jeder einzelne Satz bleibt vereinzelt im Bewusstsein. Die Lösung des Rätsels ist nicht etwa im Lösungswort gegeben; sondern dieses ist das Product der Apperception des Rätsels als eines Ganzen*). Bei Sylben-Rätseln und ähnlichen gibt es mehrere Producte. Dies

---

*) Früher hatte ich das Wort der Lösung für das Apperceptions-Organ gehalten. Jetzt scheint mir letzterer Begriff teils überflüssig, teils falsch.

hängt davon ab, ob verschiedene Teile des Rätsels von verschiedenen Massen, oder sie sämmtlich von einer appercipirt
werden. Denn lösen heisst appercipiren. Freilich, wenn ich
jemand, der ein Rätsel nicht appercipiren konnte, das Product
gebe, so wird ihm dieses zum Organ um damit den erzeugenden
Process auszuführen. Doch ist dies nicht immer der Fall, d. h.
man begreift nicht, wie dies die Lösung des Rätsels sein könne.
— Häufig dienen zur Grundlage des Rätsels mehrdeutige Wörter.
Wenn nun gar diese Bedeutungen sich widersprechen, so gibt
dies ein schönes Spiel mit Widersprüchen. So ermöglicht der
Doppelsinn von *verschieden* die Behauptung, dass nicht die
Lebenden, sondern die Toten es sind, und dass doch gerade
diese es nicht sind, sondern nur jene. Gehaltvoller wird
das Rätsel, wenn nur die verschiedenen Beziehungen den
Widerspruch erzeugen. Den Buß-Psalm 51, den David in
Reue über seinen Ehebruch gedichtet haben soll, lässt ein
französisches Rätsel sprechen und etwa so beginnen: ich bin
durch Ehebruch gezeugt und dennoch legitim. Die Schiller-
schen Rätsel tragen den Charakter der primitivsten: sie
sind Beschreibungen eines Gegenstandes, der ganz widersprechende oder wunderbare Eigenschaften hat. Diese werden
appercipirt durch die Vorstellungsgruppen von dem Gegenstande,
an dem sich wohl solche Eigenschaften zeigen, oder dessen
Eigenschaften so angesehen werden können. Wenn ich höre:
„Unter allen Schlangen ist eine Auf Erden nicht gezeugt, . . .
Und dieses Ungeheuer hat zweimal nie gedroht — Es stirbt
im eignen Feuer; Wie's tödtet, ist es todt" so verstehe ich die
Sätze, wenn ich sie als Beschreibung des Blitzes fasse. Die
Glieder der Vorstellungsgruppe, welche den Blitz nach seinem
Ursprung und der Form seines Erscheinens enthalten, stellen
sich als appercipirend ein. Der Reiz solcher Rätsel beruht
besonders darauf, dass, indem sich uns die Lösung ergibt, wir
einen bekannten Gegenstand in anziehendster Weise appercipiren lernen. Denn bisher waren wir noch nicht dazu gelangt,
diesen Gegenstand durch die im Rätsel gegebene Vorstellungsgruppe meist poetisch, wenigstens geistreich zu erfassen. Durch
die Vorstellungen vom Blitz also wird Schiller's Gedicht verständlich; durch Schiller's Gedicht aber lernen wir, den Blitz poetisch
appercipiren. Diese Processe sind, wie man leicht sieht, der

mannichfaltigsten Gestaltung fähig. Daher Rätsel bilden und lösen das verbreitetste, beliebteste Spiel. Wenn das Grundwesen alles Spiels die schaukelnde Bewegung ist (Lazarus, Leben der Seele II), so ist diese hier damit gegeben, dass jede der beiden Gruppen, die im Rätsel gegebene und die lösende, in eigentlicher Wechselwirkung die andre appercipirt und von ihr appercipirt wird, also Action und Passion über beide gleichmäßig verteilt ist.

312. Es gilt im Allgemeinen von jeder im Bewusstsein befindlichen Vorstellungsmasse in Bezug auf Apperception, was von der Warnehmung gilt; denn diese ist in Wahrheit auch nichts andres als eine im Bewusstsein befindliche Vorstellungsmasse, nur anders hervorgerufen. Die Warnehmung ruft zuweilen eine Masse hervor, welche unmittelbar andre Massen in Bewegung setzt und mit ihnen Processe eingeht, so dass die Warnehmung kaum in Betracht kommt. Auch kann, wie jeder weiß, eine Masse aus ganz unerklärbaren Ursachen plötzlich in uns aufsteigen. Diese reproducirt dann weiter eine andre. So kann, mag der Anfang eine Warnehmung sein, oder ein Gehörtes und Gelesenes, oder ein ohne erkennbare Ursache Auftauchendes, immer eine Masse die andre nach dem Gesetze der Association reproduciren, ohne dass es zu einem Apperceptions-Processe und einem Producte käme: ein leeres Wogen im Meere des Gemüts oder in der See der Seele.

313. Das ist ein ganz passives Verhalten. Es geht ein Sturm über die Seele, gleichgültig woher und wohin. Anders wenn wir Zusammenhängendes hören oder lesen. Der Laut oder Buchstabe erweckt in uns bestimmte Vorstellungsmassen und erregt unter diesen Massen Apperceptions-Processe, die durch Ordnung und Gestaltung der Sätze bestimmt werden. Wenn wir mit den angeregten Massen vertraut sind, und ebenso die veranlassten Processe vielfältig von uns geübt sind, so laufen beim Hören und Lesen lange Gedanken-Reihen ab, welche eine doppelseitige Förderung genießen. Denn einerseits werden sie durch äußere Reize in uns hervorgerufen; andrerseits aber würde selbst ohne dies die einmal hervorgerufene Masse gar leicht die andre nach sich ziehen und mit ihr einen Process eingehen: dies geschieht also nun durch doppelte Kraft, durch die innere und die äußere. Darauf ruht das Vergnügen beim Lesen und

Hören — aber auch die Qual, wenn nämlich die innere Kraft, welche von der Association der einen Masse mit der andern in uns herrührt, nicht übereinstimmt mit den Reproductionen, zu denen uns der Buchstabe oder der Laut zwingt.

314. So ergeht es uns bei schlechten Schriftstellern oder Rednern; sie zwingen uns durch Einwirkung auf unsre Sinne zu Gedanken-Verbindungen, denen die in unsern Gedanken liegenden Triebe widersprechen. Aber auch bei der Lesung der besten Schriften, beim Hören der besten Reden kann es kommen, dass es uns schnell lästig wird, ihnen zu folgen, und dass wir sogar bald nicht mehr folgen. Das kann geschehen, weil wir in den geforderten Gedankenverbindungen nicht geübt sind: dann fehlt ebenfalls der Nötigung von außen die Unterstützung von innen; oder weil wir ermüdet, krank sind; oder weil wir zerstreut, abwesend sind, so dass die Gedanken-Reihe, welche der Redner oder Schriftsteller in uns hervorruft, durchbrochen und gestört wird durch eine vielleicht plötzlich in uns auftauchende oder schon vor Beginn des Lesens in uns wirkende Masse, welche mit dem Inhalte der Rede und Schrift in keinem Zusammenhange steht.

315. Es gibt zeitweise Vorstellungen in uns, die so vielfältig und namentlich mit der unser eigenstes Ich bedingenden Vorstellungsgruppe so innig verflochten sind, dass sie gar nicht aus dem Zustande der Schwingung geraten. Diese können natürlich in jedem Augenblicke ihre volle Gegenwart im Bewusstsein erlangen und alles was sie darin vorfinden leicht verdrängen. Solch eine Vorstellung ist z. B. die Erinnerung an den Verlust einer geliebten Person. Auch für sie nimmt die Empfänglichkeit ab, das Auge weint sich aus, und sie schwindet auf eine Stunde, bleibt aber schwingend und wird wieder wirklich, sobald Erholung eingetreten ist. So ist auch im Liebenden der Gedanke an die geliebte Person immer schwingend und gibt allem, was er im Bewusstsein duldet, den eigentümlichen Schwung. Es kommt allerdings darauf an, ob diese ununterbrochen schwingende Gruppe sich gegen die anderen rein negativ, bloß verdrängend verhält, so dass sie keine andre aufkommen lässt, jeden angesponnenen Gedanken-Faden schnell abreißt, oder ob sie sonstige Apperceptionen zulässt, aber sie alle begleitet und an ihnen Teil nimmt. In letzterem Falle ist sie nach 240 zu

beurteilen; in ersterem dagegen nach Analogie der Verhältnisse in 236. Es treten hier die Erscheinungen des Vertieft-Seins oder der Zerstreutheit auf. Solche Personen sind geistig abwesend; sie stehn unter der Herrschaft einer Gedanken-Gruppe, den Denker lässt irgend ein Problem nicht los. Er geht in Gesellschaft; aber er hört nicht, was um ihn und mit ihm gesprochen wird (vgl. 244). Der Liebende ist ebenso ein Dichter oder zerstreut. Der verspielte Knabe sitzt auf der Schulbank; aber sein Bewusstsein ist auf dem Spielplatz. Dann freilich tritt 258 nicht ein.*)

316. Wir können aber unsere Erinnerungen und Gedanken absichtlich leiten, wir können etwas in uns suchen, wie wir außen suchen (201 ff). Irgend eine Masse reproducirt nach einander alles, was sie reproduciren kann, womit immer sie associirt ist. Dieselbe oder eine andre Masse aber steht bereit, jedes so Reproducirte positiv oder negativ (attrahirend oder repellirend) zu appercipiren. Diese bereit gehaltenen Massen, die natürlich doch nur in Schwingung gehalten werden können, verlangen, wenn sie sicher und angemessen wirken sollen, eine sehr sorgfältige Gliederung, ich möchte sagen, eine Beseelung jedes kleinsten Teiles.

317. Besonders merkwürdig ist die Wirksamkeit der Vorstellungsgruppen, deren 285 gedacht ist, welche gar nicht nach ihrem Inhalte wirken, sondern bloß als ein Verhältniss, welches zwischen den verschiedensten Punkten stattfindet. Bald ist die Einzelheit gegeben, von welcher dieses allgemeine Verhältniss (oder diese Gruppe) reproducirt wird, und sie wird dann von ihm appercipirt; bald ist das Verhältniss gegeben, und dieses reproducirt eine Einzelheit, um sie sogleich zu appercipiren.

---

*) Eine gar schöne Anekdote, die in diesem Jahre in den Zeitungen zu lesen stand, mag hier eingeschaltet werden. Als in irgend einem Städtchen Deutschlands das Siegesfest von Sedan durch allerhand Straßenaufzüge gefeiert wurde, an denen sich natürlich die liebe Jugend stark beteiligte, kam so ein kleiner Knirps von sieben Jahren zu spät zum Mittagessen. Sehr hungrig, wollte er sich ohne Weiteres über die erkaltete Suppe hermachen, wurde aber von der Mama ernstlich bedeutet: „Erst beten!" Gehorsam legte der Kleine den Löffel wieder hin, faltete die Händchen und betete:

Lieber Gott, kannst ruhig sein,
Fest steht und treu die Wacht am Rhein. Amen!

Unsere Rätselfrage z. B., von der wir bei unsrer Betrachtung der Apperception ausgingen, ist solch ein allgemeines Verhältniss. Es ist in diesem Falle das Gegebene. Die Antwort zeigt, dass und wie es reproduciren konnte. Als ich aber neulich las, dass die Vulcane Inseln im Meere heben und später, wenn diese mit Leben bedeckt sind, sie wieder in den bodenlosen Abgrund versinken lassen, da fiel mir plötzlich unser Rätsel ein, und ich appercipirte den Vulcan mit demselben (vgl. auch 250.) Indem ich aber den Vulcan durch ein Wesen appercipirte, welches das was es hervorbringt, selbst wieder vernichtet, appercipirte ich zugleich dieses Wesen durch den Vulcan (227.)

318. Da es immer Verhältnisse sind, welche in solchen Fällen die appercipirende Macht besitzen, so sind in diesem Zusammenhange auch die Gleichnisse und Bilder zu begreifen; denn auch sie sind, wie schon Aristoteles bemerkte, immer Proportionen: $\alpha : \beta = \gamma : \delta$. Z. B. der Morgen : Tag = die Kindheit : Leben. Statt der vollen Form jedoch setzt man oft die Abkürzung: die Kindheit ist wie ein Morgen; oder noch kürzer sagt man etwa: Sein Morgen war trübe, sein Mittag heiß. Hier werden Lebensabschnitte durch eine Analogie, durch Verhältnisse des Tages appercipirt — der Ausdruck mag der volle oder der abgekürzte sein, das sogenannte Tertium Comparationis oder vielmehr die Quintessenz der Vergleichung bleibt immer noch unausgesprochen und wird nur hinzugedacht. Von den α β γ δ ist keins dem andern gleich; nur das im Zeichen: Angedeutete, gewissermaßen der Exponent, dies Tertium oder Quintum ist gleich.

319. Ob die Abschnitte des Tages oder die des Lebens das active oder das passive Moment der Apperception sind, hängt vom besondern Falle ab; und überall wo oder inwiefern Gleichheit der Momente herscht, kann jedes das andre appercipiren. Schildert man den Tag und nennt ihn jung, so ist er das passive Moment; ist vom Alter die Rede und nennt man es den Abend des Lebens, so ist der Tag das active Moment. Das Product aber ist nicht dies, dass das eine Moment das andre in sich aufnähme, wie die Art das Individuum; denn sie sind einander fremd. Es ist aber auch gar nicht das active Moment an sich, das appercipirt, sondern es ist ein in ihm obwaltendes Verhältniss. Nicht der Abend appercipirt das Alter,

sondern das Verhältniss des Abends zum Tage. Das Product ist also dies, dass das passive Moment in ein Verhältniss gestellt wird, das einem Verhältnisse der activen Masse analog ist. Es wird γ appercipirt durch $\alpha : \beta$, und das Product ist $\gamma : \delta$. Was man das Tertium Comparationis nennt ist ein doppeltes; es ist, wenn wir vom Gleichheits-Zeichen absehen, ein drittes und sechstes Moment, welche beiden durch das doppelte: oder den Exponenten vertreten werden. Als Tertium ist es das wahrhaft appercipirende, als Sextum das Product oder Teil des Products. Sagt man „Das Hellenentum ist die Kindheit oder der Morgen der Menschheit", so ist das Hellenentum das passive Element γ, das in ein Verhältniss zur Menschheit δ gebracht wird, welches Verhältniss $\gamma : \delta$ appercipirt wird durch das Verhältniss $\alpha : \beta$. Das : zwischen $\alpha \; \beta$ ist das gegebene active Moment; das : zwischen $\gamma \; \delta$ ist das Product. Denn vor der Apperception ist γ ein unbekanntes x, jetzt ist $x = \alpha : \beta$. Kennt man nun den Exponenten von $\alpha : \beta$, so versteht man auch $\gamma : \delta$ und erkennt damit γ. — Entwickelt ist die Proportion, wenn Homer singt, Agamemnon stürze sich auf die Troer, wie der Löwe auf die Rehe; verdichtet ist sie, wenn er von Apollon sagt: „wie die Nacht". Noch dichter sagt man: da kommt mein Engel.

320. Wenn in allen diesen Fällen der Exponent verschwiegen bleibt, so wird er doch häufig auch ausgesprochen: echt wie Gold, fest wie der Fels. Die Proportion ist halb verschwiegen; nur α und γ sind gegeben, β und δ müssen ergänzt werden; dafür aber ist der Exponent da, und somit sind letztere hinlänglich klar angedeutet. Um so leichter ist gerade hier zu begreifen, dass das Tertium Comparationis oder der Exponent nicht im passiven Moment mitgegeben ist, sondern nur im activen; dass er also nicht zu den Elementen gehört, welche sich in den beiden Massen gemeinsam finden und den Process einleiten*); sondern, nur in der activen gegeben, wird er durch den Process auch der passiven mitgeteilt; indem γ durch den Exponenten von $\alpha : \beta$ appercipirt wird, wird dem γ derselbe Exponent und damit das Verhältniss zu δ gegeben.

---

*) So glaubte ich ehedem und nannte den Exponenten das Apperceptions-Organ. Vergl. oben S. 256 *)

321. Dies ist der Unterschied zwischen Poesie und Illusion. In letzterer wird eine Warnehmung γ unmittelbar durch α appercipirt; und gerade so ist es auch im Mythos. Die Morgenröthe γ ist selbst das neugeborene Götterkind α; das Abendrot ist selbst der verblutende Held. Der Dichter dagegen bildet nur eine Proportion; nicht $\alpha = \gamma$ behauptet er, sondern er schafft einen Exponenten und ein Verhältniss. Der Himmel ist weithin rot (γ): die Sonne geht unter, der Tag ist zu Ende (δ) = es verblutet (α): der Held (β). Er appercipirt nicht γ durch α; sondern γ zu δ in Beziehung setzend appercipirt er $\gamma : \delta$ durch $\alpha : \beta$, also durch den Exponenten einer Proportion. Die Illusion und der Mythos appercipirt substantiell, durch einen wirklichen Inhalt. der Dichter bloß formal, durch Inhalts-Verhältnisse.

322. Die schmale, weithin sich erstreckende Röte ist der gegebene Empfindungsstoff, welcher der Apperception harrt. Er erweckt zur Illusion und zur Poesie die Vorstellung des Blutes (aber nicht beim Meteorologen; in ihm als solchem ist Blut keine Vorstellung, welche irgend welche Macht hätte). In der Illusion nun verschmilzt die Röte mit dem hinströmenden Blute; in der Poesie dagegen bleiben sie getrennt, werden aber in Verhältniss zu einander gesetzt.

So weit reicht meine psychologische Mechanik, mit der sich hoffentlich die geistige Entwicklung vollständiger wird begreifen lassen, als bisher möglich war. Bevor wir jedoch dieser Entwicklung näher treten, haben wir noch ein Kapitel der Physiologie zu entlehnen, das von principieller Wichtigkeit für die Psychologie ist, weil es die Beherrschung des Körpers durch den Geist betrifft.

V.
Leibliche Bewegung.

323. Man unterscheidet für das Tier vegetative Bewegungen, d. h. solche, welche zur Erhaltung des lebendigen Leibes in seinem organischen Bestande wirken, und animale, welche eine Veränderung entweder des Ortes des ganzen Leibes

oder der Lage einzelner Glieder desselben hervorbringen. Zu
den vegetativen Bewegungen gehören alle chemischen und mor-
phologischen Processe, die sich im tierischen Leibe vollziehen,
und auch die physikalischen Vorgänge an und in den inneren
Organen, wie z. B. die Erweiterungen und Verengerungen des
Brustkastens, durch welche ein- und ausgeatmet wird, die Zusammenziehungen und Ausdehnungen des Herzens und der
Adern, durch welche das Blut in einem Kreislaufe durch den
Körper getrieben wird u. s. w. Zu den animalen Bewegungen
gehört das Gehen in allen seinen Formen, gelassenes Aus-
schreiten, Laufen, Springen, Tragen, aber auch das Stehen in
den möglichen Stellungen, wozu auch das Knieen und Sitzen zu
rechnen. Ferner aber sind animale Bewegungen die Streckungen
und Beugungen und Drehungen der Gliedmaßen und des Rumpfes
wie auch des Kopfes.

324. Es ist klar, dass auch das Sprechen eine animale
Bewegung ist, freilich eine solche, welche mit der vegetativen
des Atmens in engem Zusammenhange steht. Im Allgemeinen
sind die vegetativen Bewegungen der Willkür entzogen; jedoch
hat der Wille auf einige derselben bis auf ein gewisses Maß
eine regelnde Kraft, kann dieselben beschleunigen oder hemmen
und verlangsamen, so z. B. gerade das Atmen. Wir können
langsamer und tiefer, schneller und oberflächlicher und unregel-
mäßig oder regelmäßig atmen, wenn auch innerhalb nicht eben
weiter Grenzen. Dies und namentlich die Kraft und Stärke,
überhaupt die Modification des Ansatmens macht sich besonders beim Sprechen (noch mehr beim Singen) geltend. Außerdem aber dass das Sprechen durch ein modificirtes Atmen zu
Stande kommt, beruht es ja auf Bewegungen der sogenannten Sprach-Organe. Wie kommen diese Bewegungen zu
Stande?

325. Der Träger des menschlichen Leibes, was seiner Gestalt den festen Gehalt gewährt, und wie die Mauern und Wände
eines Gebäudes den Plan zu seiner Einrichtung darstellt, ist
das Skelett, das Beingerüst. Es ist hart und starr, aber aus
Gliedern zusammengesetzt, welche in einander gelenkt, und durch
Bänder mit einander verbunden, gegen einander beweglich sind.

326. Es besteht hauptsächlich aus drei Teilen: der Wirbelsäule (mit dem Halse), dem Schädel und den Gliedern.

Die Wirbelsäule besteht aus 24 über einander liegenden ringförmigen Knochen (Wirbeln), so dass diese Säule zugleich eine Röhre oder einen Canal bildet. Oben auf ihr steht der Schädel, welcher als ein besonders entwickelter Wirbel angesehen werden kann, und welcher die Röhre der Rücken- und Hals-Wirbel fortsetzt und abschließt, indem er eben selbst eine weite Höhlung (etwa eine hohle Halbkugel) darstellt. An die beiden Seiten der Rücken-Wirbel legen sich die Rippen an, und unten ist die Säule mit dem Becken fest verwachsen.

327. So bildet das Knochengerüst eine doppelte Höhle: eine hintere, engere, welche durch die ganze Wirbelsäule läuft und in dem Schädel endet, und in welcher sich das Rücken-mark und das Gehirn befinden, und eine weitere, vordere, durch die Rippen und das Becken gebildet und vorn teils durch den Brustknochen, teils durch die Bauchwand geschlossen, in welcher sich oben (im Brustkasten) die Lunge und das Herz, unten die der Verdauung dienenden Eingeweide befinden. Die erstere ist die geschütztere, rundum von sehr festen Knochen-Gebilden umschlossen; die andre ist weniger fest, und namentlich der Bauch-Teil nach vorn ganz ohne Knochen. Es liegt auf der Hand, wie dieser verschiedene Grad des Schutzes ganz der größern und geringern Wichtigkeit und Verletzlichkeit der Organe in diesen Höhlen entspricht.

328. Diese Einrichtung einer Doppel-Höhle ist das Charakteristische an dem Bau aller Wirbel-Tiere, d. h. der Säugetiere, Vögel, Amphibien, Fische. Alle übrigen Tiere, wie die Insecten, Würmer u. s. w. sind nach einem ganz anderen Plane gebaut.

329. Das Bein-Gerüst ist ganz passiv, fähig der Bewegung, aber nicht bewegend, nur bewegt. Die active Bewegung geschieht durch die Muskeln. Sie sind das, was man im Leben das Fleisch nennt. Das Fleisch ist nicht etwa eine form-lose Masse, nicht etwa ein Wulst, der die Knochen umkleidet; sondern es besteht aus mikroskopisch feinen Fasern, welche sich zunächst zu Bündeln vereinen, welche dann den Muskel in mannichfachster Größe, meist aber in spindelförmiger Gestalt bilden. An den Knochen, die von mehr oder weniger starkem Fleisch bedeckt erscheinen, sitzen mehrere Muskeln, deren jeder seine besondere Tätigkeit übt. Der Muskel hat nämlich nur

die eine Leistung zu vollbringen: sich zusammenzuziehen und zu verkürzen, wonach er wieder in den Zustand der Erschlaffung zurückkehrt. Nun denke man sich zwei Knochen fähig, wie die Schenkel eines Zirkels, sich einander zu nähern und von einander zu entfernen. Ferner stelle man sich vor, an dem einen Schenkel sitze ein Muskel, welcher mit einem Bande (einer Sehne) endet, das an dem anderen Schenkel befestigt ist. So begreift man wohl, wie durch Verkürzung des Muskels dieser andre Schenkel dem ersteren genähert wird. Und so wird überhaupt ein Muskel, der an einem unbeweglichen oder ruhenden Teil des Körpers angebracht ist, und dessen Sehne sich an das Ende eines eingelenkten Knochenhebels befestigt, durch Zusammenziehung und also Verkürzung den Hebel oder den Knochen der Stelle nähern, wo er sich befindet. So wird eine Beugung bewirkt. Dann vermag ein an entgegengesetzter Stelle wirkender Muskel einen Zug nach entgegengesetzter Richtung, also eine Streckung hervorzubringen. So gibt es antagonistische Muskeln. In anderer Lage vermögen diese eine Drehung hin und her hervorzubringen. Die Muskeln haben nur Zugkraft, und jeder nur nach einer Richtung. Soll also ein Glied dem andern genähert und wieder entfernt werden, so verrichten dies zwei Muskeln durch entgegengesetzten Zug. So vielfältig die Richtung der Bewegung, so viel Muskeln; ohne besondern Muskel ist eine Bewegung unmöglich. Nun gibt es aber auch combinirte Bewegungen, an denen mehrere Muskeln zugleich mitwirken.

330. Muskeln können auch auf Häuten sitzen. Durch ihre Verkürzung werden sie dann gewölbte Häute platt drücken, Röhren von Haut, z. B. die Adern, verengen und dadurch den in diesen Röhren befindlichen Inhalt wegdrängen und durch dieselben fortbewegen; und wenn sie selbst einen Raum einschließen, wie zur Bildung des Herzens, so werden durch ihre Zusammenziehung die Räume verkleinert, und der in diesen befindliche Stoff, wie das Blut, wird ausgetrieben.

331. So kann man sich wohl vorstellen, wie alle Bewegungen des Leibes, die vegetativen wie die animalen, Bewegungen der Knochenhebel, wie Spannung der Häute, Strömung der Flüssigkeiten, Wegschaffung fester Excremente, durch Muskel-Zusammenziehung bewirkt werden.

332. Es ist hier keine Veranlassung, von der Verdauung und dem Kreislaufe des Blutes zu reden. Vom Atmen wird passender dort zu reden sein, wo von der Bildung der Sprachlaute gesprochen werden wird. Hier kann es genügen, zu bemerken, dass die Erweiterung und Verengerung des Brustkastens, worauf das Atmen beruht, dass namentlich das Heben und Senken des Brustknochens und der Rippen durch sehr viele vereint wirkende Muskeln bewirkt wird. — Und so kommen wir zu den Nerven.

333. Die Nerven sind Fäden, welche vom Central-Organ, d. h. dem Rückenmark und dem Gehirn, entspringend sich nach allen Teilen des Körpers hin erstrecken und eine Vermittelung zwischen dem Centrum und der Peripherie des Leibes herstellen. Wo sie aus dem Central-Organ heraustreten, erscheinen sie als ziemlich starke Fäden, welche sich in ihrem Verlaufe immer weiter spalten und dünner werden, und so in den Teilen des Leibes verzweigen. Manche haben einen weitern, manche einen kürzern Verlauf. Anatomisch, chemisch und physikalisch verhalten sie sich alle gleich; physiologisch aber zerfallen sie in zwei Hauptabteilungen: in solche, welche Gefühle und Empfindungen, und in solche, welche Bewegungen verursachen. Die Nerven der einen wie der andern Art sind Leiter: sie leiten entweder die Eindrücke der Oberfläche des Körpers zum Centrum, und sind dann sensitive Nerven; oder sie leiten Erregungen vom Centrum in die Muskeln und sind motorische Nerven; sie wirken also teils centripetal, teils centrifugal. Ohne Nerv keine Empfindung und kein Gefühl, und ohne Nerv keine Bewegung: denn der Muskel für sich würde sich nicht zusammenziehen; es ist vielmehr nur der Nerv, der ihn dazu nötigt. Und bei der völligen Gleichheit aller Nerven wird die Verschiedenheit ihrer Wirksamkeit nur durch die Art und Weise des Ursprungs im Centrum und die Art und Weise ihrer Endigung bedingt. Die motorischen Nerven endigen in Muskeln, die sensitiven breiten sich in den Sinnes-Organen, über die Haut und überall da aus, wo wir Gefühle haben.

334. In der Anatomie benennt man einen Nervenfaden, wie er aus dem Centrum tritt, mit allen Zweigen, die er allmählich abgibt, als anatomische Einheit mit einem Namen. Physiologisch aber, d. h. mit Rücksicht auf die Wirksamkeit des Nerves,

verhält sich die Sache nicht so einfach. Solch ein Nerv im gemeinen anatomischen Sinne ist so wenig ein einfaches Organ, dass darin häufig ein motorischer und ein sensitiver Nerv vereinigt sind. Er ist nämlich allemal ein Bündel mikroskopisch feiner Nerven-Fasern, und solch eine Faser ist das eigentliche Organ. In einem Nerven-Faden oder Nerven-Bündel sind aber oft motorische und sensitive Fasern zusammen neben einander; und so spricht man außer von motorischen und von sensitiven Nerven, d. h. von solchen Nerven-Bündeln, welche nur solche oder solche Fasern haben, auch von gemischten Nerven, d. h. von solchen Bündeln, welche sowohl solche als auch andre Fasern in sich schließen. Niemals aber kann wirklich ein centripetales Organ auch centrifugal leiten, noch auch umgekehrt. Es kommt auch vor, dass Fasern aus dem einen Nerven in einen andern übergehen (Anastomosen): hieraus aber ergibt sich weiter keine Gemeinsamkeit beider Nerven; denn es leitet immer eine Faser nur für sich.

335. Jede Nerven-Faser also muss eigentlich als ein Organ für sich angesehen werden; denn sie leitet entweder von der Peripherie zum Centrum oder umgekehrt (je nachdem sie sensitiv oder motorisch ist) durchaus isolirt, ohne in ihrem Verlaufe eine empfangene Erregung seitwärts abzugeben und ohne eine Erregung seitwärts zu empfangen. Damit soll nicht gesagt sein, dass nicht ein Nerv mitten in seinem Verlaufe gereizt werden könne; dann leitet er aber ebenso entweder nur zum Centrum oder nur zur Peripherie, und gibt nichts davon auch nur der nächstliegenden Faser ab, mit der er in demselben Bündel liegt, weswegen ihm auch eine Anastomose ganz gleichgültig ist. Wo und was eine Faser auch aufnimmt, sie gibt nur an ihrem Endpunkte ab. Sie erfüllt also eine volle Leistung für sich. Und sie erfüllt sie nur, wenn sie vom Ursprung bis zur Endigung unverletzt ist. Ist ein Nerv durchschnitten, so bleibt nur der Teil lebendig wirksam, der noch mit dem Centrum zusammenhängt; der abgelöste Teil dagegen kann weder aus einem äußern Reize der Peripherie ein Gefühl bilden, noch vom Gehirn aus oder psychisch eine Bewegung erzeugen. S. den Anhang über Aphasie.

336. Wenn aber auch jede Nerven-Faser ein ganzes Organ ist, so ist doch begreiflich, dass ihre Leistung als motorische nur schwach, als sensitive nur beschränkt ist. Einen

Muskel, der den Oberschenkel bewegen soll, kann eine Nerven-Faser nicht zur Zusammenziehung bewegen. Eine motorische Nerven-Faser mag eine ausreichende Wirkung auf eine Muskelfaser, vielleicht auf zwei oder gar drei, üben; der ganze Muskel aber verlangt als genügenden Reiz wohl halb so viel Nerven-Fasern als er aus Muskel-Fasern besteht. Und ebenso vermag das, was das Gehör-Organ leistet, nicht durch eine sensitive Faser bestritten zu werden. Wir haben in Wahrheit nicht einen Nervus Acusticus, sondern etwa zehntausend. Demnach liegt die Sache etwa so. Eine Orgel-Pfeife ist ein Organon, wenn auch ein nur eintöniges, und darum ist es eben noch keine Orgel, welche viele solcher Pfeifen verlangt. Eine Saite ist ein Instrument, ein Monochord; eine Harfe, ein Klavier ist eine Zusammensetzung aus vielen solcher Instrumente. In gleichem Sinne hat jedes leibliche Organ viele Nerven. Nicht leicht, vielleicht nie mag es vorkommen, dass eine motorische Nerven-Faser allein eine Wirkung übt; sie arbeitet wohl immer nur in Gemeinsamkeit mit vielen. Die Arbeit der motorischen Fasern ist die größere. Die Leistungen der sensitiven Nerven der höhern Sinne, des Gehörs, Gefühls und des Tastens, ist ungleich feiner und erfordert die vereinzelte Wirksamkeit der Fasern.

337. Um diese allgemeinen Bemerkungen über die Nerven abzuschließen, sei nur noch dies bemerkt. Wie motorische und sensitive Nerven nicht an sich durch besondre Qualitäten, sondern nur durch ihre beiden Enden verschieden sind, so ist auch die specifische Wirksamkeit der sensitiven Nerven, das Sehen, Tasten u. s. w. nur durch die eigentümliche Weise ihrer Verbreitung in den Organen und auch wohl ihres Ursprungs im Gehirn bedingt. Die anatomische und physikalische Gleichheit aller Nerven erscheint um so wichtiger, als jeder Verschiedenheit der Function auch eine der Organisation entspricht; z. B. unterscheiden sich die Muskeln der vegetativen Bewegung von denen der animalen.

338. Dem Knochen gegenüber ist der Muskel das active Organ der Bewegung; gegenüber dem motorischen Nerven ist auch er ein passives Organ. Aber auch der motorische Nerv empfängt erst einen Anstoß; auch er wirkt nicht primär, sondern

secundär; er wird erregt durch die Sensation, d. h. durch sensitive Nerven oder den sensitiven Teil des Gehirns und Rückenmarks. Erfolgt diese Erregung und dann die Bewegung, ohne gewünscht oder beabsichtigt zu sein, so nennt man sie Reflex-Bewegung, eben im Gegensatze zu den mit Wunsch und Absicht begleiteten Bewegungen, den sogenannten willkürlichen. Eine Reflex-Bewegung ist z. B. das Husten, das durch einen Reiz in den Luftwegen hervorgebracht wird; das Niesen, das durch einen Kitzel in der Schleimhaut der Nase entsteht; das Anziehen des Beines beim Kitzel an der Sohle des Fußes; das Schlucken, wenn der hintere Teil der Zunge gereizt wird. Zu den Bewegungen gehören auch die Aus- und Absonderungen. Also ist auch das Weinen, wie das Schluchzen in Folge von Schmerz, und das Lachen infolge mannichfacher Sensation Reflexbewegung. Denn alles dies erfolgt unwillkürlich, und oft gegen unsern Willen und Wunsch. Wenn wir erschrecken, fahren wir zusammen, namentlich wenn wir einen starken Schall hören, z. B. beim Abfeuern einer Kanone. Schwächere Menschen erschrecken schon, wenn der Pfropfen einer Flasche mit Soda-Wasser abspringt. Nichts andres als Reflexbewegung ist das gesammte Spiel der Gesichtszüge und der Gesichtsausdruck. Das Erröten und Erbleichen, d. h. das Vorschießen oder Rückdrängen des Blutes, das Zusammenziehen der Stirn und das Anschwellen der Ader, das Verziehen der Lippen, die Modification des Blickes u. s. w., wie es bei Scham, Schreck, Zorn, Verlegenheit u. s. w. erfolgt, das alles ist Reflexbewegung.

339. Wir definiren also die Reflexbewegung als eine Bewegung, welche erfolgt, wenn die Erregung eines sensitiven Nerven, nachdem sie zum Central-Organ geleitet ist und hier eine Sensation bewirkt hat, durch das Central-Organ hindurch auf einen motorischen Nerven übergeht und eine Bewegung auslöst. Auch Erregungen sensitiver Teile des Central-Organs übertragen sich häufig unwillkürlich auf motorische Teile und Nerven und lösen Bewegungen aus. Es ist überhaupt zu dieser Definition noch folgendes anzumerken. Der beschränkteste sensible Reiz, durch den nur eine oder wenige sensible Nerven-Fasern in Erregungszustand versetzt werden, erregt stets eine beträchtliche Anzahl motorischer Fasern. Die Übertragung der Erregung verbreitet sich also stets über größere Gruppen von

Bewegungsnerven, welche physiologisch zusammengehören. Es werden also erstlich alle zu einem Muskel gehenden Fasern gleichzeitig erregt, so dass nicht etwa partielle Zuckungen des Muskels entstehen; aber nicht nur dies, sondern es werden auch zweitens mehrere Muskeln, welche zu einer gemeinsamen Function wirken, zusammen ergriffen, ja selbst complicirtere Muskelsysteme, deren combinirte Tätigkeit gewisse physiologische Wirkungen hervorbringt, wie die Exspirations-Muskeln. Dies (wie manche andre durch Experiment oder Krankheit herbeigeführte Tatsache) führt zu der Annahme von beschränktern Central-Organen im Gehirn zur Erzeugung zusammengesetzter Bewegungen, welche durch die Sensation erregt werden und diese Erregungen auf die ihm untergeordneten, von ihm ausgehenden und abhängigen motorischen Fasern übertragen. Diese engern Centra stehen wieder unter sich in Verbindung. So dürfen wir z. B. oder müssen für die Bewegungen der Sprach-Organe ein gemeinsames Centrum im Gehirn annehmen, dessen Lage sich sogar genau und bestimmt angeben lässt, und dieses muss mit dem Centrum für das Ausatmen in Verbindung stehn. Und so begreifen sich die zum Teil sehr vielfältig und zweckmäßig zusammengesetzten Bewegungen, welche durch Sensationen ausgelöst werden.

340. Genau genommen sind alle Bewegungen Reflex-Bewegungen; denn sie sind sämmtlich Auslösungen, also Reflexe von Sensationen. Auch die vegetativen Bewegungen einerseits sind durch Reizungen sensitiver Teile veranlasst; und die Absicht andererseits fällt nicht minder unter den Begriff der Sensation im weitesten Sinne. Also, wie schon bemerkt (338), alle Bewegungen sind secundär; die Sensation ist allemal das Primäre. Dass man nun aber den Ausdruck Reflex-Bewegung auf die unwillkürlichen animalischen Bewegungen beschränkt hat, das liegt an der alten Ansicht, als wären alle animalischen Bewegungen freiwillige, beabsichtigte, von der Seele und dem Bewusstsein ausgehende. Man hob also einen Teil der Bewegungen heraus, indem man sie als unfreiwillige, und dennoch animalische, erkannte. Auch liegt die Sache gerade bei diesen am klarsten vor, weil sie am besten durch das Experiment erwiesen und von jedem an sich selbst erfahren werden kann. Aber man darf nicht meinen, die be-

sonders sogenannten Reflex-Bewegungen seien dadurch vor den beabsichtigten Bewegungen ausgezeichnet, dass sie nach bloßen Naturgesetzen, rein nach der Einrichtung des Nerven-Mechanismus erfolgen. Denn ganz dasselbe gilt auch von den absichtlichen Bewegungen. Die Absicht muss durchaus als eine Erregung gewisser Teile des Gehirns angesehen werden, welche nach der Mechanik des Central-Apparats Bewegungen auslöst. Überhaupt aber darf Absicht und Willkür und Freiheit niemals als außerhalb des Mechanismus stehend gedacht werden. Ohne physische Vorbereitung kann die Absicht kein Glied rühren.

341. Sind einerseits Bewegungen Folgen von Sensationen, so veranlassen sie andererseits auch wieder Sensationen, und zwar zunächst Bewegungsempfindungen, welche durch sensitive Nerven in den bewegten Gliedern erregt werden. Jede Bewegung verursacht je einen Druck oder eine Spannung gewisser Teile, und da in diesen sensitive Nerven sind, so wird der Druck oder die Spannung und damit eben die Bewegung empfunden und gefühlt. Auch hat der Muskel das Gefühl seiner Zusammenziehungen. Dann aber werden die Bewegungen gesehen; und wenn ein Glied bis zur Berührung des andern oder eines Gegenstandes bewegt wird, so entsteht wiederum eine Warnehmung durch den Tastsinn.

342. Wir kennen also:

I. Vegetative Bewegungen, sämmtlich von unserer Willkür unabhängig und von derselben nur innerhalb enger Grenzen modificirbar,

II. Animalische Bewegungen
   A) absichtliche
   B) unabsichtliche.

Hierbei ist abgesehen worden von gewissen Bewegungen einiger Elementarteile (Pigmentkörnchen und Flimmerhärchen), welche allenfalls zu den vegetativen Bewegungen als besondre Unterart derselben oder als mit ihnen in Zusammenhang stehend gerechnet werden könnten.

Den Ausdruck Reflex-Bewegungen, obwohl er seinem Inhalte nach auf alle Arten eigentlicher Bewegung des tierischen Organismus passen würde, wollen wir in hergebrachter Weise auf die unabsichtlichen animalischen Bewegungen und die unabsichtlichen Modificationen der vegetativen

Bewegungen beschränken. Dagegen sollen die vegetativen Bewegungen in ihrem normalen Ablauf unter Reflexbewegung nicht mitverstanden sein, und der Eingriff der Absicht in dieselben, sei er hemmend oder fördernd, als animalisch gelten.

343. Über den Wert der Reflexbewegung (denn auch bei rein causaler Betrachtung kann oder muss der Wert einer Function betrachtet werden; ohne sich in Teleologie zu versteigen, muss erkannt werden, was eine Function für den Bestand des Organismus leistet, und diese Leistung ist ihr Wert) sei folgendes bemerkt*). Wer eine immaterielle Seele annimmt, kann sich die Frage vorlegen, welchen Anteil sie an der Entstehung, Bildung und Erhaltung des organischen Leibes nimmt. Wir gehen hierauf nicht ein. Uns ist gewiss, dass, wenn und insofern die Seele, immateriell oder materiell oder wie immer gedacht, in die körperlichen Processe dauernd oder zu bestimmten Phasen eingreift, dies nach reiner Mechanik ohne Bewusstsein geschehen müsse. Dies widerspricht nicht unserer obigen Bemerkung (2); denn z. B. sich Nahrung schaffen ist freilich Aufgabe des Bewusstseins; aber sicherlich nicht Verdauen etc. Der Mensch aber wird nicht mit Bewusstsein geboren. Wer oder was leistet nun dem Kinde das, was zu beschaffen Sache des Bewusstseins ist? Die Mutter natürlich. Was kann sie denn aber tun? Sie kann das Tränkchen herbeibringen; kann sie das Kind Schlucken lehren? so wenig wie Atmen. Sie kann die Brust hinreichen; kann sie das Kind saugen lehren? Kann sie es lehren, Arm und Hand und Bein bewegen? oder Schreien? so wenig wie Sehen und Hören. Die Natur selbst, die Mechanik des eigenen Körpers ist Lehrerin des Kindes. Sie tut so lange alles Nötige unbewusst, bis das Bewusstsein erwacht. Man hat die Flüssigkeit nur tiefer in den Mund zu gießen; der dadurch entstehende Gefühls-Reiz löst die Schluckbewegung aus. Man hat nur die Lippen des Kindes und die Zungenspitze zu berühren, so drücken sich jene zusammen und die Zunge macht die zum Saugen nötige Bewegung, das Kind macht aus seinem Munde ein Pumpwerk. So schreit und strampelt ein Kind, verzieht das Gesicht, dreht das Auge hin und her, kurz, voll-

*) Vergl. Lotze, Medicinische Psychologie S. 289 ff.

zieht alle Bewegungen in Folge äußerer und innerer Reize als
bloße Maschine. — Zu den Gegenständen nun, die allmählich
das Bewusstsein erfasst, zum Wissen, welches das Kind nach-
gerade erlangt, gehören vorzüglich auch die Vorstellungen vom
eigenen Leibe. Es lernt allmählich die Hand nach einer bestimmten Richtung zu einem bestimmten Ziele führen, nachdem
es tausendmal die Hand unwillkürlich bewegt hat; es lernt den
Teil des Körpers kennen, von wo ein Gefühl ausgeht. Es lernt
dies alles, indem sich Eindrücke des Gesichts und des Gefühls,
der Anblick der Bewegung und die Gefühle, welche die Bewegung begleiten, und die Ursache (der Reiz) und der Erfolg
der Bewegung (gesehene Gegenstände und gesehene Veränderungen), mit einander verbinden. Durch vielfache Verbindung
entsteht Bewusstsein; und die Begleitung von Bewusstsein unterscheidet die willkürliche, die absichtliche Bewegung von der
unwillkürlichen. Will ich z. B. ein Glas Wasser ergreifen, so
ist die Vorstellung des Trinkens und der nötigen Bewegung
des Armes (d. h. die Anschauung, wie dieser den Raum durch-
misst) eine Erregung gewisser Gehirnteile, welche sich auf motorische Teile des Central-Organs überträgt und die betreffende
Bewegung auslöst. Dieser Process selbst der Übertragung und
der Erregung der motorischen Nerven und der Contraction der
Muskel wird nicht gedacht; er bleibt für das ganze Leben bloßer
Reflex. Ich wiederhole also: jede Bewegung ist ein Reflex,
entweder auf Gefühls-Reize = unwillkürliche Bewegung oder
auf vorgestellte Absicht = willkürliche Bewegung. Das Bewusstsein an sich, die Vorstellung, kann den Arm nicht heben,
weiß auch nicht, wie er zu heben ist. Es wird aber durch die
leibliche Mechanik auf die motorischen Organe geleitet; und so
wird der Körper ganz mechanisch mit Bewusstsein und der
Absicht gemäß gelenkt. Die Absicht richtet sich nicht auf
jede motorische Faser, die gerade in Betracht kommt, sondern
nur auf jene kleinern Centra (339), von denen alle betreffenden
Nerven ausgehen.

344. Wir sehen also wie die Reflexbewegung, ich möchte
sagen, der Lehrgang der Natur ist, durch welchen sie zur bewussten Bewegung die Anleitung gibt. Sie ist auch das Mittel,
das Kind, bevor es zum Bewusstsein gelangt ist, zu erhalten.
Sie ist aber auch ein Mittel, das Leben zu verteidigen, in Fällen,

wo wir ratlos sein würden. Wie leicht gerät ein fremder Körper in die Luftröhre! Ja in dieser bildet sich leicht Schleim, der sie bald verstopfen und uns zum Erstickungstode bringen würde. Nun aber geschieht es mechanisch, dass dieser Schleim, wie jeder fremde Körper einen Reiz bewirkt, der sich im Husten entladet. Durch diese Reflex-Bewegung des Hustens entsteht ein starker Luftstrom von innen nach außen, welcher das Fremde, Schädliche fortstößt. Wenn grelles Licht das Auge trifft, so werden durch Reflexbewegung die Augenlider gesenkt; und je nach dem höhern oder niedrigern Grade der Helligkeit zieht sich die Iris zusammen oder erweitert sich.

345. Herschen ist Sache des Bewusstsein, nicht Machen. So ist die Maschine, die wir Mensch nennen, eingerichtet, dass der Geist befiehlt und der Körper gehorcht, ausführt, tut. Der Befehl ist aber nicht immer ein Gebot, er ist auch zuweilen ein Verbot. Geist, Bewusstsein nämlich hat einen Zweck, ist Absicht. Solche Bewegungen, welche dem Zwecke dienen, fordert, gebietet er; die Gefühle aber reizen den Leib tausendfach und veranlassen zwecklose Bewegung, ja zweckwidrige: solche hemmt, verbietet der Geist. Es gibt Ganglien und mag Partien des Gehirns geben, welche geradezu Bewegungen verhindern; sie werden aber wohl so wirken, wie auch die Absicht zu einer Hemmung wirkt, nämlich so, dass sie eine antagonistische (329) Bewegung gegen die unliebsame hervorruft. Dann gleichen sich zwei einander entgegenwirkende Kräfte aus. So können wir selbst starken Drang zum Lachen oder zum Weinen oder zur Entleerung unterdrücken. Es wirken also die Reflexe, als nach mechanischen Gesetzen erfolgend, unausweichlich. Unsere Freiheit kann sie nicht ungeschehen machen, kann ihnen aber Kräfte entgegenstellen, durch welche ihre Wirkung gelähmt wird.

346. Physiologisch steht nur dies als Tatsache vor uns: Sensation im weitesten Sinne löst die Bewegung aus; ob dies mit oder ohne Bewusstsein und Absicht geschieht, macht physiologisch gar nichts aus, ist ein rein psychologischer Unterschied. Indessen steht doch dem psychologischen Verhältniss ein physiologischer Umstand zur Seite. Die Leitung nämlich der Sensation auf das motorische Organ ist nicht an allen Orten des Central-Organs (und durch das Central-Organ führt diese Leitung allemal) gleich leicht. Einen gewissen, wenn auch kleinen

Widerstand hat die Sensation immer zu überwinden. Jede Bewegung erfolgt erst, wenn die sensitive Erregung einen gewissen Grad erreicht hat. Bei derjenigen aber, welche wir Reflex-Bewegung nennen, ist der Widerstand, den die Sensation findet, gering; der Weg ist gewissermaßen von Natur geebnet, mechanisch vorgebildet. Dies kann aber nicht für alle Fälle geschehen sein, welche durch geistige Zwecke herbeigeführt werden. Jede Sensation hat im Central-Organ ihren bestimmten Platz, und jede Bewegung hat im Central-Organ ihren Anfangs-Punkt. Nun kann ein Zweck fordern, dass auf eine Sensation eine Bewegung erfolge, deren Ursprung von dem Orte jener Sensation entfernt ist, und ohne dass zwischen beiden physiologisch ein eigentlicher Leitweg gebildet wäre. Dann versteht es der Zweck ihn zu bahnen. Das Bewusstsein merkt sich allmählich von allen Bewegungen, die unwillkürlich geübt sind, den motorischen Ausgangspunkt. Diesen weiß es zu erreichen, und so kann die besondre Absicht einer Bewegung zwischen jene Sensation und diese Bewegung treten und diese hervorrufen. Sie knüpft sich an die Sensation und leistet was diese nicht konnte im Dienste eines umfassenderen Zweckes. Wird dies oft wiederholt, so wird dadurch die Bewegung so fest mit der Sensation associirt, dass sie auf letztere auch ohne Zwischentritt der Absicht unmittelbar erfolgt; d. h. die Absicht bleibt unbewusst und wirkt schwingend. Zwischen der Warnehmung einer musikalischen Note z. B. und einer Fingerbewegung kann unmöglich eine physiologische Leitung bestehen. Der musikalische Zweck aber fordert, dass wo möglich mit derselben Schnelligkeit wie das Auge die Noten durchläuft, die Finger gewisse Bewegungen ausführen. Der Schüler vermag das nicht; der Anblick der Note setzt den Finger nicht in Bewegung; sondern nach dem Anblick (also nach einer Sensation) entsteht, dem Zwecke gemäß, die besondre Absicht zu einer vorgeschriebenen Fingerbewegung; und erst auf die Absicht erfolgt diese Bewegung. Wiederholt sich aber oft im Schüler diese dreigliedrige Reihe: Anblick eines Zeichens als einer vorgeschriebenen Bewegung, Absicht zur Ausführung derselben, wirkliche Ausführung, so tritt endlich eine so feste Association ein, dass das erste Glied unmittelbar das dritte erzeugt, als wäre dieses eine Reflex-Bewegung auf den Anblick der Note. Die besondre

Absicht kommt gar nicht mehr zu Bewusstsein, so wenig wie der Gesammt-Zweck (366).

Dies sind Associations-Bewegungen: so nennen wir sie psychologisch unzweifelhaft richtig. Sie ersetzen die fehlende Leitungsbahn im Central-Organ. Oder schaffen sie solche Bahn? Beruht alle Association auf Leitung? Sind schwingende Vorstellungen, welche Bewegungen auslösen, Erregungen des Rückenmarks? Es könnte in manchen Fällen sein; uns ist es gleichgültig. Unbestreitbar ist, dass solche Associationsbewegungen völlig absichtslos wie Reflexbewegungen werden können. Jede Ausübung der Kunst und jedes geschickt geübte Handwerk ist ohne dieselben unmöglich. Wir setzen also neben die absichtlichen Bewegungen und die Reflex-Bewegungen als eine besondre Art die Associations-Bewegungen, d. h. mit bestimmten Vorstellungen associirte, aber absichtslos ausgeführte Bewegungen. So greifen wir z. B. nach einem vom Tische fallenden Gegenstand ganz ohne Reflexion. Eine Reihe innerer Vorgänge, nämlich der Anblick des fallenden oder erst des zu fallen drohenden und der Gedanke des fallenden Gegenstandes und dann der Gedanke an den möglichen Schaden und an das Mittel, ihm vorzubeugen, diese Reihe verkürzt sich, indem sie immer schneller abläuft, derartig, dass alle Mittelglieder geradezu ausfallen, und das letzte Glied sich mit dem ersten associirt. So wird es eine Bewegung in Folge einer Warnehmung mit ausgelassener Absicht — ja vielleicht gelegentlich gegen unsre Absicht. Denn manchmal müssten wir uns sagen: Hand davon! denn du schadest dir mehr als du retten kannst! Und sehr unnütz bückten sich die Phäaken, als Odysseus den Stein warf; denn er flog, wie sie wohl hätten sehen können, hoch über ihre Köpfe weit über die Zeichen hinaus (Od. 8, 190 ff.)

347. Es können auch Absichten sich mit einander im Dienste eines Zweckes so associiren, dass die betreffenden Bewegungen gleichzeitig erfolgen; so z. B. die combinirten Bewegungen der Arme und Beine beim Schwimmen. Diese Combination ist eine rein psychologische Tat; physiologisch ist hier nichts vorbereitet, nur auch nichts gehemmt.

348. Dagegen sind Mitbewegungen physiologisch bedingt. Es gibt Gruppen von Muskeln, welche mit einem male von einem Nerven-Stamme erregt werden. So beim Atmen.

Wie nämlich geistige Zwecke combinirte Bewegungen erfordern, so verlangt auch das Leben die gemeinsame Action mehrer Motoren. Diese muss ein besondres Centrum haben. Doch unterlassen wir es, in der Physiologie von Zweck zu reden. Tatsache aber ist ferner, dass durch angestrengtes Arbeiten mit Armen und Beinen, durch starkes Laufen die Atem-Bewegungen und der Herzschlag heftiger werden; die Bewegung der Glieder und des Rumpfes überträgt sich auf die vegetativen Bewegungen und verstärkt diese.

349. Blicken wir jetzt auf das Verhältniss der Absicht zu den angeführten Bewegungen. Zuvor aber: was ist Absicht? Sie ist die Vorstellung einer Bewegung, indem und insofern sie die Kraft hat die vorgestellte Bewegung auszulösen. Es bleibt dahin gestellt, auf welcher physiologischen Grundlage der Vorstellung solche Kraft zukommt. Ich bin geneigt anzunehmen, dass jede Vorstellung einer Bewegung des eigenen Leibes unmittelbar motorische Kraft besitzt, und dass, wenn solche Vorstellung unausgeführt bleibt, dies nicht daher rührt, weil ihr eigentlich und an sich jene Kraft gar nicht gehörte, und etwa erst noch zu ihr hinzutreten müsste, was nur durch eine eigentümliche Action zu Stande käme, die jetzt eben nicht vollzogen würde; sondern die Ursache ist vielmehr eine Hemmung der ihr inwohnenden motorischen Kraft (358 ff. 345).

350. So nahmen wir schon im Vorstehenden die Absicht als eine Sensation, die unmittelbar eine Bewegung auslöst. Vergleichen wir sie nun mit andern Sensationen, so unterscheidet sie sich dadurch von ihnen allen, dass sonst die Sensation einen Inhalt hat, der etwas von der Bewegung ganz Verschiedenes ist. Der Schmerz, den ein gekneifter oder geätzter sensitiver Nerv verursacht, hat nichts mit der Bewegung gemein, welche er auslöst. Oder was hat Kitzeln mit Lachen zu tun? u. s. w. Dagegen hat die Absicht gerade nur die Bewegungen zum Inhalte, die er veranlasst.

351. Da die Absicht von der Erkenntniss abhängig ist und durch selbstgesteckte Ziele veranlasst wird, so ist ihr zwar der Kreis der vegetativen Bewegungen entzogen; aber, wenn der Zweck es erfordert, so macht sie sich diese dienstbar. Und so benutzt sie gelegentlich auch die Reflex-Bewegungen. Blasen ist absichtliches Ausatmen. Wir husten und räuspern uns ab-

sichtlich. Daran ist nichts auffällig; und alle absichtliche Bewegung ist nur absichtliche Benutzung von Reflex-Bewegungen. Erwähnt ist schon (345), dass auch im Gegenteil die Absicht Reflex-Bewegungen zu hemmen vermag.

352. Die Associations-Bewegungen stellten wir oben (346) als absichtlich entwickelte Anlagen dar, welche, einmal gebildet, unabsichtlich wirken. Sie entstehen aber auch wie die Associationen der Vorstellungen eben so häufig durch Zufall, üble Angewohnheit. Leute, deren Hand leichter den Pflug und ein Gespann, als die Feder regiert, verzerren beim Schreiben das Gesicht gar wunderlich. Auch Kinder machen es so, und vielleicht schreiben die Meisten mit einer gewissen Anspannung der Gesichtsteile, die unnötig ist. Die Wenigsten gehen, ohne die Arme und den Rumpf überflüssig zu bewegen. Kurz es besteht immer die Neigung, mit größerem Kraft-Aufwande und mit der Anstrengung von mehr Gliedern zu arbeiten, als erforderlich wäre. Übung, Bildung gewöhnt, jede Tätigkeit mit genauer Anpassung der Bewegung nach Kraft und Richtung und mit Ausschluss alles Übermaßes zu vollziehen. Absicht also stiftet zweckmäßige Associationen und löst die unzweckmäßigen auf.

353. Über die eigentlichen Mitbewegungen hat die Absicht nur geringe Macht, und eigentlich wohl gar keine. Indessen hören wir doch, wie die Kunst des Dauer-Laufes nicht bloß von den Muskeln, welche die Beine bewegen, abhängt, sondern auch vorzüglich davon, dass die Mitbewegung der Lunge und des Herzens so gering wie möglich wird. Es sieht also aus, als ließe sich diese Mitbewegung hemmen. Die Kunst wird aber wohl darauf beruhen, dass der Körper beim Laufen nur die unentbehrlichen Bewegungen macht, jede übermäßige Anstrengung meidet. Die geringere Bewegung des Körpers veranlasst dann auch die Mitbewegung der Brust in geringerem Maße.

354. Wir haben uns jetzt die Reflex-Bewegungen näher anzusehen. Wir unterscheiden leicht folgende Fälle:

1) Bewegungen erfolgen reflexivisch auf Gefühls-Reize. Hierher gehören alle vegetativen Bewegungen, das Husten und Niesen, das Schlucken und Schluchzen, das Gähnen, das Lachen auf Kitzel, das Weinen auf Körper-Schmerzen. Hierher gehört auch der Fall, dass das Augenlid durch grelles Licht bewegt

wird, so dass man blinzelt oder das Auge völlig schließt; denn hier wirkt das Licht wie ein mechanischer Druck auf das Auge und erzeugt nicht eine Empfindung, sondern ein schmerzhaftes Gefühl. Das Auge erhält hier nicht den adäquaten, zur Erzeugung einer Empfidung geeigneten Eindruck. Eben so verhält es sich, wenn man bei einem heftigen Knall zusammenfährt, wobei obenein der ganze Körper von der Luft-Erschütterung getroffen wird. Übrigens vergleiche man den weiterhin dargelegten Unterschied zwischen Gefühl und Empfindung.

2) Bewegungen auf Empfindungen und Warnehmungen: ein ekelhafter Geschmack erregt Erbrechen; man schaudert beim Anblick ungeheuerlicher Masken, gewisser hässlicher Tiere. Reflex-Bewegung ist die Neigung, nach Dingen zu greifen, die dem Auge angenehm sind. Kinder greifen ohne Willen nach Hellem: wie sich auch ihre Hand um den Finger legt, mit dem man sie berührt; wie sie an allem, was zwischen ihre Lippen kommt, saugen. Besonders mächtig sind die Reflexe der Gehörwarnehmungen. Sehr früh bewegen Kinder den Kopf nach der Seite, woher ein Schall kommt. Man denke, wie Musik zu rhythmischen Bewegungen treibt. Welches Mädchen spürt nicht Zuckungen in den Füßen, wenn es eine beliebte Tanz-Melodie hört. Wenn wir auf der Straße gehn und Militär-Musik begegnen, so schreiten wir unwillkürlich im Tacte des geblasenen Marsches, und es erfordert eine besondre Anstrengung, schneller oder langsamer zu schreiten.

3) Bewegungen auf Erinnerungen an Warnehmungen: die bloße Erinnerung ekelhafter Dinge wirkt wie die Warnehmung. Eine Erinnerung kann eintreten in Folge einer Warnehmung, z. B. die Erinnerung an den Geschmack einer Speise in Folge ihres Anblicks; aber auch ohne Warnehmung, etwa im Laufe des Gesprächs. In dem einen wie im andern Falle kann sie wirken wie die gegenwärtige Wirklichkeit. Das Wasser läuft uns im Munde zusammen beim Anblick einer angenehm schmeckenden Speise, und auch wenn wir nur an sie denken. Lüsterne Gedanken erregen die Geschlechtstheile wie wirklicher Kitzel, und bewirken im Traume selbst Samen-Erguss. Der Anblick von Dingen, bei denen wir uns erinnern, dass sie weich, glatt, kurz dem Tastorgan angenehm sind, veranlasst uns, sie zu betasten, z. B. mit der Hand in weiches lockiges Haar zu greifen.

4) Bewegungen auf Vorstellungen oder Gedanken: Erzählungen von schrecklichen Verbrechen, von großem Elend wirken ähnlich, wie der wirkliche Anblick, sie rufen die Muskelbewegung des Schauders hervor. Denn auch der Anblick wäre an sich nicht so erregend, wenn nicht Vorstellungen über die vorliegende Unnatur, über die Schmerzen u. s. w. hinzuträten. Hierher ist auch zu zählen der pathognomische Gesichtsausdruck, also auch das Lachen über einen Witz.

Die drei letzten Fälle ließen sich zusammenfassen und als Bewegung auf Affecte den Bewegungen (des ersten Falles) auf Gefühle gegenüberstellen.

5) Eine eigentümliche Classe von Reflexbewegungen bilden endlich die unwillkürlichen Nachahmungen, d. h. die unabsichtlichen Ausführungen einer wargenommenen oder bloß vorgestellten Bewegung.

Hierzu noch einige Bemerkungen.

355. Die Reflex-Bewegungen, welche auf Gefühle und Affecte erfolgen, haben meist etwas Ungeordnetes, Stoßweises und unterscheiden sich deutlich von der Ruhe und Gleichmäßigkeit und dem Rhythmus der vegetativen und der absichtlichen Bewegung.

356. Es sind vorzugsweise die vegetativen Organe und die dem Geschlechtsleben dienenden Teile, welche von Reflexen ergriffen werden. Das Geschlechtsleben zeigt auch wohl am meisten Mitbewegungen. Besonders aber liegt uns hier das Atmen an. „Gewisse Gruppen der Muskeln des animalischen Systems", sagt Johannes Müller (Handbuch der Physiologie des Menschen II. S. 89), „sind beständig in einer Disposition zu unwillkürlichen Bewegungen wegen der Leichtigkeit der Affection ihrer Nerven oder vielmehr der Reizbarkeit der Hirnteile, von welchen sie entspringen. In diesem Falle befinden sich alle respiratorischen Nerven, den Nervus facialis eingeschlossen ... Die Zustände der Seele können die Entladung des Nervenprincips nach den Atmen-Muskeln bedingen. Jeder schnelle Übergang in den Zuständen der Seele ist im Stande, eine Entladung nach diesen Nerven von der Medulla oblongata aus zu bewirken" (Diese, zu deutsch das verlängerte Rückenmark, verbindet das Gehirn mit dem Rückenmark; es ist ein Teil des Rückenmarks, der sich aber doch von diesem in der Anordnung der Teile

schon unterscheidet, also vielmehr eine Fortsetzung, die auch schon innerhalb des Schädels liegt. Es steht mit allen vom Gehirn entspringenden Nerven, ausgenommen den Riech- und Seh-Nerven, in Verbindung, leitet also die Erregung des Gehirns und löst viele Bewegungen aus, namentlich die Atem-Bewegungen. Mit der Zerstörung desselben hört das Atmen auf). „Das Sensorium wirkt hier gerade so, wie der einzelne Nerv, indem jede schnelle Veränderung seines Zustandes auf was immer für eine Art, das Nervenprincip in Tätigkeit setzt. Hiernach ist es zu beurteilen, dass selbst ohne alle Leidenschaft ein so schneller Übergang der Vorstellungen wie er bei dem Eindruck des Lächerlichen stattfindet, jene Entladung bewirkt, die sich dann in dem Gesichtsmuskel und dem Atemmuskel äußert."

357. Höchst merkwürdig sind die (354 unter 5) genannten unwillkürlichen Nachahmungen. Man weiß, dass das Gähnen ansteckt. Es ist schon ursprünglich durchaus eine Reflex-Bewegung, bewirkt durch die Respirations-Nerven und den Gesichts-Nerven (facialis), herbeigeführt durch körperliche wie geistige Zustände. Sieht oder hört man nun jemanden gähnen, so gähnt man ebenfalls, bloß aus Nachahmung. „Die Disposition zu den respiratorischen und Gesichtsbewegungen des Gähnens ist nämlich dann schon vorher dagewesen; sie tritt in Erscheinung, indem durch die Warnehmung die Bewegung des Nervenprincips die bestimmte Direction erhält" (Müller). Eben so aber ist auch Lachen und Weinen ansteckend; man lacht und weint, weil man in lachender oder weinender Gesellschaft ist. Allerdings ist es zunächst die Ursache, die den einen weinen macht, welche dann auch im andern Mitleid erregt; und welche im einen und im andern Lachen erregt. Indessen ist es doch sichere Erfahrung, dass wir etwa über den Todesfall eines Bekannten, wenn wir auch davon ergriffen sind, nicht eher weinen, als bis wir mit den nächsten Verwandten desselben zusammenkommen und sie weinend finden; dann weinen wir mit. Und eben so lachen wir mit Lachenden gelegentlich schon, bevor wir die Ursache des Lachens kennen, und lachen auch ohne ausreichende Ursache, eben nur weil man in heiterer Gesellschaft ist. Von allen diesen Fällen gilt allerdings, dass die Disposition zu der betreffenden Bewegung in höherm oder geringerm Grade schon vorhanden war und durch den Anblick nur verstärkt ward.

358. Dies findet aber weniger statt in folgenden Fällen, welche wirklich beweisen, dass die Warnehmung und auch die Vorstellung einer Bewegung einen Strom nach dem Organ dieser Bewegung bewirkt und dieselbe unabsichtlich, ohne Willen ausführt. Die Warnehmung also und auch die bloße Vorstellung einer Bewegung sind eine Gehirn-Erregung, welche sich auf diejenigen motorischen Nerven überträgt, die diese Bewegungen bewirken, und so lösen sie dieselbe ohne Willen aus gerade so wohl, als wären sie von der Absicht begleitet.*) Ich meine hier folgende Fälle. Zuschauer beim Fechten begleiten die Streiche mit leisen unwillkürlichen Bewegungen ihres Körpers. Ferner: „Chevreul hat die Tendenz zu Bewegung, die durch Vorstellung von Bewegungen entsteht, aufgeklärt und an einem verwickelten Fall, nämlich an den Schwingungen eines mit der Hand gehaltenen Pendels erläutert. Die Bewegung des Pendels bei scheinbar unbewegtem Arme wird nämlich nach seinen Untersuchungen durch eine unbewusste leichte Muskelbewegung ausgeführt, in die man unwillkürlich geräth, wenn man, indem man das Pendel hält, zugleich darauf sieht, die aber bei verbundenen Augen wegfällt" (Müller).

359. Es mag auch an die Neigung erinnert werden, Gehörtes nachzusprechen. Manche Personen wiederholen in der Unterredung die Worte des andern, wenigstens die Schluss-Worte. Wie würde aber auch ein Kind Laute hervorbringen ·lernen, wenn es sie nicht durch Reflex erzeugte. Der gehörte Laut spannt im hörenden Kinde die betreffenden Organe an zur Erzeugung desselben Lautes. Dieser reflexivische Zusammenhang zwischen Ohr und Sprachorgan ist im Kinde viel stärker als beim Erwachsenen. Ein Kind in eine andre Gegend versetzt, lernt die dortige Sprache in allen feinsten Eigentümlichkeiten ihrer Laute; der Erwachsene nicht. Auch von Tieren wird bemerkt, dass sie jung die Reflex-Erscheinungen kräftiger zeigen, als die ältern. — Mancher wird in sich die Lust verspürt haben, in den Straßen-Lärm hinein zu schreien. Kanarien-

---

*) So ist wohl die der Vorstellung gehörige motorische Kräft genügend erklärt. Sie mag kurzweg eine Gehirnerregung sein oder nur mit einer solchen in Verbindung stehen: immer ist mit ihr ein physikalischer und ein chemischer Wechsel in der Gehirnmasse gegeben, welcher seinen motorischen Reflex findet.

vögel im Zimmer schlagen am eifrigsten, wenn lebhaft gesprochen
wird. Kinderwärterinnen wissen, dass es ein Mittel ist, Kinder
einzuschläfern, wenn man sie kurze Zeit ansieht und dann das
Auge schließt. Die Kinder, welche sehen, dass das Auge geschlossen wird, schließen auch das ihrige. Ebenso benutzen
die Aerzte ein Mittel, um ein Kind zu veranlassssen, die Zunge
herauszustrecken: sie strecken denselben die ihrige entgegen,
bläken sie an. Der Hund läuft dem laufenden Pferde nach. Auch
das Kind auf dem Arm der Amme wird unruhig, wenn ein
Wagen vorüberfährt; es tönt auch dabei, wie der Hund dabei bellt.
Bildung, Entwickelung des Gehirns, hemmt die Reflex-Bewegung.

360. Hier erklärt sich auch der Kern jenes weiten Kreises
von Erscheinungen, die man unter dem Namen Sympathie zusammenfasst. Jeder tut das und leidet das, was er alle um
sich her tun und leiden sieht. Allerdings geht dabei eine gewisse Aufregung und erhöhte Reizbarkeit, wie sie durch mannichfache Ursachen veranlasst sein kann, schon voraus. Ner-
vöse Mädchen werden beim Anblick von Kranken, welche an
Krämpfen leiden, gar leicht ebenfalls von Krämpfen befallen.
Noch leichter bekommt im Krankenhause ein ganzer Saal von
Kranken die Krämpfe, welche sie zuerst an einem sahen. In
der Zeit der Tarantel-Wut konnten sich die gesündesten Geister
diesem Tanze nicht entziehen; sie rasten mit der Menge, obwohl
der giftige Spinnen-Stich, der die Ursache sein sollte, eine Einbildung war, wie die gebildeten Männer wohl wussten. So erklären sich die religiös rasenden Aufzüge der alten Klein-Asiaten,
die Schwärmerei der Geißler, der Kinderfahrten, der Kreuzzüge,
der Hexenprocesse, der Revolutionäre, der Blutdurst der Ter-
roristen: alles dies und vieles andre beweist uns die Wirkung
jener Sympathie, durch welche der Mensch hingerissen wird,
ohne Absicht, ja zuweilen gegen seine Absicht, das zu tun, was
er tun sieht. Wer sich unter einer begeisterten Menge befindet,
schreit den Ruf dieser Menge mit, schwingt den Hut, weht mit
dem Tuche. Mir hat ein junger Franzose erzählt, er sei von
Gesinnung Republicaner und hasse den Kaiser. Als er aber
im Jahre 1852 sich unter einer Menge befand, welche Vive
l'empereur schrie, da habe er mitgerufen ganz gegen seinen
Willen. In einer tapfern Armee gibt es keinen Feigling. Mut,
Tapferkeit steckt an. Wer in einer Rotte steht, welche unter

feindlichen Kugeln die Anhöhe hinauf stürmt, der Führer und die Fahne voran, der stürmt mit. Es reißt ihn hin, es, eine dunkle Gewalt. Tönt aus tausend Kehlen die Marseillaise, die Wacht am Rhein, so wird die tausendundeinte, die zufällig gegenwärtig ist, mitsingen, auch ohne Willen.

361. Auch die nicht wargenommene, die bloß innerlich angeschaute, eingebildete Bewegung, auch sie, selbst wenn sie mit der Negation gedacht wird, absichtlich nicht-gewollt wird, auch sie wird ausgeführt ohne Willen, gegen Willen. Nicht selten hat Jemand das Geländer eines hohen Turmes bestiegen, und in die Tiefe blickend und sich das Gräßliche eines Sturzes von solcher Höhe ausmalend, hat er sich hinabgestürzt. Die Geliebte im Arme, fällt einem Liebenden ein: wie furchtbar, wenn du das dir liebste auf Erden ermordetest. Er schaudert. An den folgenden Tagen kehrt ihm der Gedanke immer wieder, am lebhaftesten, wenn sie an seiner Brust ruht. Und da stößt er ihr das Messer ins Herz. Kinder sehen einander ernsthaft ins Gesicht, sie wollen nicht-lachen; „wer lacht, soll Narr sein" — und sie lachen, erst das eine, dann das andre oder beide zugleich. Der Gedanke des Nicht-Lachens hat sie lachen machen. Mir wurde folgendes erzählt. In Süd-Frankreich gibt oder gab es Leute, deren Gewerbe es ist, auf dem Lande umherziehend die zerbrochenen Fenster-Scheiben der Dorf-Häuser und -Hütten durch Leisten von Blei wieder zu befestigen. Dass darunter sich die rohesten Subjecte befinden, ist wohl anzunehmen. Einer von ihnen geht eines Tages seiner Wege mit den nötigen Materialien und Gerätschaften auf dem Rücken. Da sieht er im Chaussée-Graben einen schlafenden Menschen liegen, der den Mund sperrweit offen hat, und ihm kommt der Gedanke: „Wenn man dem glühendes Blei in den Mund gösse, welch Gesicht würde der schneiden". Gedacht — gethan. Er macht Feuer an, legt ein Stück Blei in den Löffel, lässt es schmelzen und gießt es dem Schläfer in den Mund. Die Zeit, die über der Vorbereitung verfließt, lässt ihn nicht kühl und besonnen werden; sondern von Secunde zu Secunde wächst bei der Beschäftigung die Gier.

362. Hier stehen wir beim primitiv Dämonischen im Menschen. Es muss uns bange werden um die Freiheit, Zurechnung. Indessen nur der leichtfertige Sophist findet sich ab mit der Phrase der durchgehenden Determination und Willenlosigkeit;

und nur der reine, nackte Idealist kann die absolute Freiheit
setzen. Dem Psychologen ist freilich auch die Freiheit nur ein
Rechen-Exempel; aber sie ist. Der Grad der Apperceptions-
Macht unserer ethischen Vorstellungsgruppe ist der Grad unserer Freiheit. — Doch genug.

363. Über alle diese Erscheinungen unwillkürlicher Handlungen wird man sich weniger wundern, wenn man bedenkt,
dass (349) ursprünglich jeder Vorstellung einer Bewegung die
motorische Kraft so sehr innewohnt, dass solche Vorstellung
an sich den betreffenden Nerv und Muskel erregt. Und dies
scheint wohl begreiflich. Die Vorstellung einer Bewegung ist
ja nichts andres als die vom Bewusstsein erfasste, in dasselbe
übersetzte Bewegung; sie ist die Sensation, welche durch eine
Bewegung erzeugt ist, und deren Object dieselbe ist. Wie nun
die materiellen Dinge, welche Objecte der Sensation sind, in
den Raum projicirt werden, so auch der eigene Leib und die
Bewegungen des eigenen Leibes. Die Projection der letzteren
aber zieht die Erzeugung derselben nach sich. Denn die nächst-
liegende unmittelbarste Projection ist ja die in den Raum des
eigenen Leibes, d. h. eben die Erzeugung der Bewegung. Und
so erklärt sich auch umgekehrt, wie wir dennoch Bewegungen
vorstellen können, ohne sie auszuführen, nämlich aus denselben
Ursachen, weswegen wir uns auch Dinge vorstellen können, die
wir nicht als materiell gegenwärtig setzen, nicht projiciren. Verbindungen der Vorstellungen mit gewissen andern hemmen die
Projection und die Ausführung der Vorstellungen.

364. Da offenbar die Sprache auf dem Atem beruht, so
wollen wir in Betreff der durch Reflexe bewirkten Abänderung
der Atembewegung noch den alten Kempelen hören: Er sagt:
(Le mécanisme de la parole, Vienne 1791, § 32): „Nous savons
que tous les mouvemens violens et les efforts du corps humain
causent des variations dans la respiration, la ralentissent ou
l'accélèrent et l'interrompent même quelques fois entièrement
pendant quelque temps. Mais aussi les plus legers mouvemens
donnent lieu à des variations de cette nature. Il suffit par ex-
emple de tourner seulement les yeux sur un autre objet, de
porter la main sur une autre chose, pour troubler une respiration régulièrement périodique. — § 33. Les changemens que
subit notre ame influent aussi sur la respiration. Le saisisse-

ment, la peur, la colère, la pitié, la joie, l'amour, tout cela fait
une impression sur nos poumons, comme sur le coeur. Mais
ce ne sont pas les mouvemens et les passions violentes de l'ame
qui seules font cet effet: les plus petites bagatelles occasionnent
à proportion les mêmes changemens. Lorsque l'esprit fixe son
attention sur le plus petit objet, comme sur un grain de sable
la respiration s'arrête quelquefois entièrement, pour ne pas oc-
casioner le moindre mouvement du corps qui pourrait affaiblir
l'application de nos sens ... On pourrait à-peu-près deviner,
en faisant seulement attention à la respiration d'une personne
sans qu'elle dise un mot, la situation de son esprit, si elle
est tranquille, inquiète, contente ou irritée. Nous observons
souvent dans des personnes qui se trouvent dans le plus
parfait repos de l'ame, un changement subit et nous pour-
rons souvent déterminer le moment, où une idée est suivie
d'une autre. Cela s'observe non seulement lorsque la nouvelle
idée est triste ou désagréable, mais même lorsqu'elle est abso-
lument indifférente. L'esprit suivant son chemin uniforme, est
arrêté momentanément et doit prendre une autre tournure; pour
cela il a besoin de nouvelles forces qu'il trouve dans l'air frais
respiré en abondance."

365. Es ist in dieser Stelle auch der Erregung des Herzens gedacht; und wir wissen, wie der Herzschlag nicht minder als der Atemzug auf mannichfaltige Veranlassung abgeändert
wird, auch auf rein geistige. Es ist natürlich, dass zwei Organe,
wie die Lungen und das Herz, die in so engem Wechselver-
kehr unmittelbaren Gebens und Nehmens stehen, auch durchweg Sympathie mit einander haben. Ich will daher hier hervorheben, dass gerade beim Herzen das Verhältniss der vegetativen Bewegung und der Reflex-Wirkung sehr klar ist. Das
Herz hat nämlich ein eigenes Nerven-Centrum in sich, welches
ganz spontan die Contraction des Herzmuskels bewirkt. Daher
schlägt dieses auch, wenn es aus dem lebendigen Leibe aus-
geschnitten ist, noch fort. Der Rhythmus der Herzbewegung,
das wechselnde Zusammenziehen und Erschlaffen, wird dadurch
bewirkt, dass die motorische, zusammenziehende Wirkung der
Nerven Widerstände findet, die der Nerv erst zu überwinden
hat. So lange der Widerstand besteht, dauert die Erschlaffung.
Überwunden aber, bildet er sich immer wieder von neuem.

Daher Wechsel von Contraction und Schlaffheit, bewirkt durch motorische Erregung und Widerstand. So lebt das Herz für sich und würde im regelmäßigen Schlage fortbestehen, wenn es nicht auch mit dem Gehirn durch Nerven verbunden wäre. Diese sind es, durch welche Affecte und Gefühle in das Herz geleitet werden. Teilweise verstärken sie die motorischen Nerven des Herzens, dann werden die Schläge stärker, schneller; teilweise aber verstärken sie die Widerstände, dann werden die Schläge schwächer, langsamer. Dem ähnlich hat die Atem-Bewegung Nervenfasern, von welchen die Einatmung, und andre, von welchen das Ausatmen erregt wird. Durch den mannichfachen Grad der Erregung beider und durch das Verhältniss der beiderseitigen Grade entstehen die Modificationen des Atmens.

366. Hören wir nun J. Müller über die Associations-Bewegungen (a. a. O. II, 104): „Die Verkettung der Vorstellungen und Bewegungen kann so innig werden, wie die der Vorstellungen unter sich, und hier ist es in der Tat der Fall, dass, wenn eine Vorstellung und Bewegung oft verbunden gewesen sind, die letztere sich oft unwillkürlich zu der erstern gesellt. Durch diese Verkettung geschieht, dass wir bei einer drohenden Bewegung vor den Augen, selbst beim Herabfahren der Hand eines Andern vor unsern Augen, unwillkürlich die Augen schließen; dass wir uns angewöhnen, gewisse Vorstellungen nicht ohne gewisse Gesticulation auszusprechen; dass wir unwillkürlich nach einem uns entfallenden Körper mit den Händen hinfahren; überhaupt je häufiger Vorstellungen und Bewegungen willkürlich zusammen vorkommen, um so leichter werden letztere bei dem Anlass der erstern mehr durch Vorstellung, als durch Willen bestimmt oder dem Einflusse des Willens entzogen . . . . Die Verkettung der Vorstellungen und Bewegungen scheint darauf hinzudeuten, dass bei jeder Vorstellung eine Bewegungstendenz im oder nach dem Apparate ihrer Darstellung durch Bewegung entsteht, eine Tendenz zu Bewegungen, die durch Übung und Gewöhnung einen solchen Grad der Leichtigkeit erhält, dass die in gewöhnlichen Fällen bloße Disposition jedesmal in Action tritt." In den zuletzt angeführten Fällen ist jedoch das Verhältniss noch ein anderes, als beim Gähnen und Nachahmen des Fechtens; denn man ahmt

nicht die gesehene Bewegung vor dem Auge nach, eben so wenig wie das Fallen eines Dinges; sondern man tut etwas ganz anderes, was an sich mit dem Anblick jener Bewegung nicht im Zusammenhange steht. Offenbar schiebt sich hier zwischen den Anblick und die danach ausgeführte Bewegung ein Gedanke ein, nämlich der Gedanke des Unheils, wenn die gesehene Bewegung uns träfe, und dann noch ein neuer Gedanke, nämlich an das Mittel, das vor der drohenden Gefahr schützen könnte. Wir sehen also hier eine Vergesellschaftung dreier Vorstellungen, deren letzte zur Bewegung wird. Die Bewegung schließt sich nicht unmittelbar an eine Warnehmung, sondern erst vermittelst einer Reihe von Gedanken, die aber durchaus unentwickelt bleibt und gar nicht in das Bewusstsein tritt (346.) Eben so sahen wir oben eine Bewegung sich verbinden mit einer Warnehmung vermittelst des Gefühls (354,3). Denn die Vorstellung eines ekelhaften Gegenstandes erregt zunächst das Gefühl des Ekels und dann die Bewegung des Erbrechens.

Nachdem wir unsre psychologische Mechanik durch die vorstehende Betrachtung der leiblichen Bewegungen ergänzt haben, kommen wir zum zweiten Theil unsrer Aufgabe, zur genetischen Entwicklung.

ZWEITER TEIL.
Psychische Entwicklungsgeschichte.

I.
Die Seelenvermögen.

367. Wenn wir jede Nervenfaser und jede Gehirnfaser ein Organ nennen dürfen, so können wir mit gleichem Rechte jede psychische Tätigkeit, welche einen bestimmten Inhalt hat und welche, wiederholt, immer wieder denselben Inhalt hervorbringt, ein Seelenvermögen nennen. Man hat aber längst jene psychischen Tätigkeiten classificirt, und so besitzen wir die psychologischen Classen-Begriffe Empfindung, Phantasie, Verstand u. s. w. Hiergegen ist nichts einzuwenden, insofern die Classification richtig gemacht war. Man hatte aber weiter den Fehler begangen, jeder dieser Classen ein eigentümliches sie erzeugendes Princip unterzuschieben und der Seele so viele Vermögen, Sinne, zuzuschreiben als man Classen psychischer Erzeugnisse annahm. Heute indessen ist es nicht mehr nötig, gegen diesen Fehler anzukämpfen. Eine Streitfrage ist nur noch folgende. Man hatte längst die psychologischen Classen auf drei Haupt-Classen zurückgeführt: Vorstellen, Fühlen, Streben. Herbart, der am entschiedensten und gründlichsten die Lehre von den Seelenvermögen abgewiesen hat, wollte auch das Fühlen und Streben als secundäre Erscheinungen ansehen. Er erkannte lediglich in den Vorstellungen primitive Zustände der Seele, aus deren Verhältnissen und Verflechtungen sich erst Gefühle und Strebungen ergeben. Dagegen hat Lotze die Lehre von den wahren Seelen-

vermögen in neuer Weise aufgestellt, indem er drei Grundvermögen Vorstellen, Fühlen und Streben anerkennt als solche, von denen sich keins auf das andre zurückführen, keins vom andern ableiten lasse. Ohne auf das Für und Wider einzugehen, will ich hier meine Ansicht vortragen.*)

368. Welches oder welche Vermögen die Seele, als immaterielles Wesen gedacht, an sich ohne Verbindung mit dem Leibe haben würde, davon wissen wir durchaus nichts. Soweit sich psychische Erscheinungen darbieten, sehen wir die Seele vom Central-Organ und den Nerven abhängig. Also, mag der Nerven-Apparat mit seinem Centrum Ursache oder bloße Veranlassung der seelischen Gebilde sein, er ist alleiniger Maßstab für die Annahme von Vermögen, welche solche Erscheinungen hervorbringen.

369. Nun unterscheidet man physiologisch mit aller Sicherheit und Bestimmtheit sensitive und motorische Nerven-Fasern, diese und nicht mehr. Also können wir nicht umhin, auch in der Psychologie hiervon auszugehen. Und wir sagen demnach:

Die Seele hat zwei Haupt-Vermögen, nämlich: von außen her Bewegungen aufzunehmen und nach außen hin Bewegungen zu veranlassen.

370. Wir haben aber schon oben (340) bemerkt, dass alle Bewegungen insofern secundär sind, als sie auf Sensationen erfolgen, und (343 ff), dass die Absicht nicht die Bewegung bewirkt, sondern nur veranlasst. Wille, Absicht ist ohne Vorstellung undenkbar; es wird allemal etwas Vorgestelltes gewollt. Das wird zugestanden; aber man meint, das Wollen trete zum Vorgestellten hinzu und mache es zu einem gewollten Vorgestellten. In diesem Ausdrucke aber, gewolltes Vorgestelltes, liegt weiter nichts, als dass die Vorstellung motorische Kraft habe. Ist denn nun diese motorische Kraft etwas zur Vorstellung hinzutretendes? Keineswegs; sie ist, wenn nicht etwas ihr Inwohnendes, jedenfalls etwas was zu ihrem Wesen gehört (363). Die

---

*) Lotze's wirklicher Gegensatz gegen Herbart liegt ganz anderswo als in der Aufstellung der drei Vermögen. Denn er selbst erklärt, dass die Lehre von den Seelenvermögen „sehr wenig leiste", und dass sie „daher nur als eine Vorarbeit gelten dürfe, die das Material der Erfahrung für die Bedürfnisse erklärender Theorien zusammenstellt" (Medicin. Psych. §. 136).

Vorstellung einer Bewegung, in bestimmter Beziehung zu den motorischen Organen, löst Bewegungen aus. Diese Beziehung mag sein, welche sie wolle, sie gehört zur Vorstellung so gut wie zum Funken die Beziehung zu Pulver gehört. Eine Vorstellung mag also bald bloße Sensation bleiben, bald eine Bewegung veranlassen: es ist immer dieselbe Vorstellung, wie es immer derselbe Funke ist, ob er auf einen Stein oder in ein Pulverfass fällt. Im einen wie im andern Falle wirkt der Funke so viel in ihm ist; auch die Vorstellung einer Bewegung wirkt allemal soviel in ihr ist. Sie veranlasst ja sogar zuweilen Bewegungen ohne Willen. Dass sie nur zuweilen Absicht ist und sichtbare Bewegungen veranlasst, liegt nicht an ihr, sondern an Verhältnissen, in welche sie tritt. Diese Verhältnisse sind aber nicht etwa besondre Willens-Erregungen, sondern Verbindungen mit andern Vorstellungen. Die Vorstellung des Schwimmens, während ich auf dem Sopha ruhig sitze und zu sitzen gesonnen bin, oder aber während ich mich zum Schwimmen ins Wasser stürze, ist dieselbe Vorstellung, nur im letztern Fall in mannichfacher Verbindung mit andern Vorstellungen. Es sind namentlich die Verbindungsmerkmale, welche zur Projicirung drängen, die sich hier geltend machen. Denn hier werden sie nur befriedigt, indem die Vorstellung ausgeführt wird. Wenn ich schwimmen will, so heißt dies nur: die Vorstellung des Schwimmens drängt nach der Verbindung mit der Empfindung und dem Gefühl des Wassers und mit der Empfindung, welche die Schwimmbewegungen erregen (56. 57). Die Macht dieser Verbindungsmerkmale wird dann als jene Spannung gefühlt, welche wir als besondre Willenserregung zu bezeichnen geneigt sind.

371. Verbindungen sind es, welche den Vorstellungen Klarheit, Bewusstheit geben; und abermals Verbindungen, nur andre, sind es, welche ihre motorische Kraft zur Geltung bringen. Denn nach allem, was wir oben über Bewegung kennen gelernt haben, sind wir wohl zu der Behauptung berechtigt, dass die Vorstellung einer Bewegung an sich schon eine motorische Kraft ist, deren Hemmung mehr als ihre Wirksamkeit zu erklären ist. Diese Erklärung liegt wiederum nur in Verbindungen oder in der Abwesenheit gewisser Verbindungen, die zu ihrer vollen Kraft nötig wären. Die Lust beim Anblick eines Gegenstandes, sei sie gegenwärtig gefühlt oder bloß erwartet, also

vorgestellt, ist eine motorische Kraft, welche uns den Arm ausstrecken und den Gegenstand ergreifen und uns aneignen lässt.
Dann kann aber der Gedanke an die Schimpflichkeit eines Dieb-
stahls eine noch stärkere motorische Kraft für die antagonisti-
schen Muskeln werden, und unser Arm bleibt ruhig. Der Anblick
einer Dame könnte uns die Süßigkeit einer Umarmung in das
Bewusstsein treiben, und damit würden unmittelbar die Arme
ausgebreitet werden; aber der Gedanke des Unrechts gegen eine
ehrenwerte Person oder der monogamischen Pflicht oder der
Schönheit der Keuschheit beim Jüngling wie bei der Jungfrau
muss ein mächtigeres Agens sein und den Arm zurückhalten.
Das sind Fälle der Versuchung. Wo wir nicht in Versuchung
geraten sind, da heißt es: die sittlichen Vorstellungsgruppen
sind so mächtig, dass sie nicht einmal ein unsittliches Gelüste
aufkommen lassen. Ja, der Physiologe kann wissenschaftlich
vom Coitus reden, ohne dass die Vorstellungen, welche dabei
in ihm rege sind, mehr Gefühl erregen als die Vorstellungen
von der chemischen Verbindung zweier Körper, und also ohne
jede Willens-Erregung.

372. Wir werden also wohl von Wollen und Streben reden,
darunter aber nur ein gewisses Verhältniss der Vorstellungen von
Bewegungen zu andern Vorstellungen und Gefühlen verstehen.
Wenn wir einen Menschen energisch, fleißig nennen, ihm Wil-
lenskraft zuschreiben, von einem andern dagegen sagen, er sei
faul, lässig, schlaff, ohne Ausdauer, so darf man doch dabei
unmöglich denken, der Eine habe mehr Willensvermögen als
der andre. Nein, nichts weiter als die Apperceptions-Macht
der Vorstellungs-Gruppen ist es, die hier in Betracht kommt.
Wenn der eine sich nicht überwinden kann, eine Anstrengung
zu übernehmen, für die sich der andre augenblicklich bereit
finden lässt, so liegt dies daran, dass die Vorstellungsgruppe
von der Arbeit und die von dem daraus erwachsenden Gewinne
in dem einen andre Grade der Apperceptions-Macht besitzen
als im andern. Es läuft also auch hier auf Verhältnisse der
Apperception, also auf die Mechanik der Vorstellungsgruppen
hinaus, wie bei allen jenen psychologischen Classen-Begriffen,
als da sind Phantasie, Verstand u. s. w.

373. Wenn wir meinen, dass uns beim Wollen eine eigentümliche Energie zu Bewusstsein komme, welche ganz verschieden

sei vom Vorstellen und Fühlen, so ist das eine Täuschung; es ist hier die Wirkung der Verbindungsmerkmale, die Lust am erwarteten Erfolge der übernommenen Arbeit und das Gemeingefühl des leiblichen Kraftvorrats und vorgestellte Bewegungsgefühle — es ist alles dies durch einander, was wir als besondres Wollen deuten.

374. Es bleibt uns also als primitives Seelenvermögen nur die Sensation, welche die Bewegungskraft in sich schließt. Diese liegt in der Mitte zwischen den sensitiven und motorischen Nerven; sie bildet als Centrum den Endpunkt der einen und den Ausgangspunkt der andern. Nun soll aber die Sensation doppelter Art sein. Sie ist nämlich Gefühl und Erkenntniss. Letztere ist auf ihrer niedrigsten Stufe Empfindung. Aus den Empfindungen baut sich die Welt der Erkenntniss auf. Sollen wir nun der Seele zwei besondre Vermögen zuschreiben: ein Gefühls- und ein Erkenntniss-Vermögen? Ich meine: nein. Zunächst aber wollen wir das Wesen des Gefühls genauer erfassen und von der Empfindung unterscheiden.

375. Empfindungen sind die ersten Erkenntnisse, die wir durch unsere Sinnes-Organe gewinnen; Gefühle sind die Zustände der Lust und der Unlust, des Wohl und Wehe, des Behagens und des Schmerzes. Die Empfindungen haben einen objectiven Wert, d. h. sie geben uns Kunde von den Objecten. Ihr Inhalt gilt als Qualität des Wesens, die wir durch das Organ aufgenommen haben. Nicht unser Auge ist oder hat blau, rot, sondern das Ding ist farbig, hat Farben. Die Gegenstände tönen, und das Ohr nimmt den Ton auf. Die Nase riecht den Geruch, und der Mund schmeckt den Geschmack, den die Dinge haben. Die Gefühle dagegen sind ganz und gar subjectiv, d. h. sie sagen uns von den Objecten gar nichts und geben uns nur von unsern eigenen Zuständen Kunde. Letzteres aber tun sie nicht so, dass dabei unsre Zustände zum Object und zu einem Erkenntniss-Inhalt würden; sondern Lust fühlen wir bei Erregungen, welche den Bedingungen unsres Seins und Wirkens entsprechen, so dass sie unsern Bestand bestätigen, unsre Kraft erhöhen; Unlust fühlen wir im Gegenteil bei Erregungen, welche mit den Bedingungen unsres Lebens in Widerstreit sind, also unser Dasein bekämpfen, unsre Kraft schwächen. (Vergl. Lotze, Med. Psych. Buch 2, Kap. 2.) Die Gefühle sind teleologisch.

Sie sprechen uns von Gesundheit und Krankheit, von denen keine Mechanik weiß. Die Gefühle irren freilich zuweilen über das, was gesund und vorteilhaft oder krank und nachteilig ist. Das will aber nicht mehr sagen, als dass wir ja auch in Bezug auf Empfindungen den Sinnestäuschungen unterworfen sind. Die Gefühle sagen uns nichts von der erregenden Ursache, sie geben nicht Attribute der Dinge, sie enthalten durchaus weiter nichts, als dass die Zustände unseres Seins uns angenehm oder unangenehm sind. Nur wir haben Lust oder Unlust, die wir nicht dem Object zuschreiben. Freilich kann die Erkenntniss hinzutreten zum Gefühl und uns sagen, welcher Gegenstand uns zur Lust oder Unlust erregt, und wir nennen dann den Gegenstand angenehm oder unangenehm; aber diese Erkenntniss gehört nicht zum Gefühl.

376. Für das Gesicht, Gehör, Geruch und Geschmack ist die Unterscheidung von Empfindung und Gefühl ganz leicht. Eine Gesichtsempfindung, wie eine Farbe, oder die Warnehmung einer räumlichen Form, kann mit einem Schmerz im Auge, ein Schall mit einem Schmerz im Ohr u. s. w. nicht verwechselt werden. Nur für den fünften Sinn, den man gewöhnlich Gefühl nennt, ist noch eine Erläuterung nötig. Vor allem ist zu bemerken, dass man ihn besser den Tastsinn nennt. Er unterscheidet Bestimmtheiten der Oberflächen der Körper, das Glatte und Rauhe; dann Cohäsions-Weisen und Grade der Elasticität, das Harte und Weiche, das Straffe und Schlaffe; ferner räumliche Ausdehnung und Form, das Dicke und Dünne, Breite und Schmale, das Eckige und Runde, das Stumpfe, Spitze und Scharfe. Demnach ist er ein grober Gesichtssinn und ihn unterstützend, wie dieser ein feiner Tastsinn ist. Er lehrt weiter Gewichts-Verhältnisse, das Schwere und das Leichte; indem er den Grad und die Richtung der Kraft, durch welche eine Bewegung verursacht wird, zu wissen gibt, verdanken wir ihm die Kenntniss von der Lage unsrer Glieder und unterstützt, wie gesagt, alle Raumerkenntniss; endlich lehrt er Temperatur-Unterschiede, das Warme und das Kalte.

377. Der Unterschied zwischen Tastsinn und Gefühl zeigt sich nun folgendermaßen. Wer die Hand — oder überhaupt den Körper — dem Feuer nahe bringt, der hat vermöge des Tastsinnes die Empfindung der Wärme; wer sie aber ins Feuer

selbst, in die Flamme, steckt, in siedendes Wasser taucht, wer glühendes Eisen berührt, der fühlt einen Schmerz, welcher nichts mehr mit der Warnehmung der Wärme gemein hat. Wenn man Schnee berührt, so nimmt man Kälte war; wenn man aber die Hand längere Zeit strenger Kälte aussetzt, so schmerzt sie eben so, als wäre sie gebrannt. Der kranke Finger erregt nur das Gefühl des Schmerzes, liefert aber keine Erkenntniss mehr, ist empfindungslos; was er auch berührt, alles reizt ihn in gleicher Weise schmerzhaft, und nicht bloß unterscheidet er nicht mehr Warmes und Kaltes, Stumpfes und Scharfes, sondern er erkennt überhaupt nichts Äußeres, weiß gar nichts vom Äußeren, hat kein Object, sondern bleibt in sich versenkt. Wenn ein krankes Glied gestochen oder geschnitten wird, so wird nur der Schmerz gefühlt; aber das stechende, schneidende Instrument wird nicht empfunden. Durch den Muskelsinn erhalten wir Empfindungen von der Richtung der Bewegung und dem Grade der Anstrengung, vom Gewicht; wird aber die Anstrengung zu groß, so tritt das Gefühl der Ermattung ein, welches keine objective Erkenntniss mehr gewährt.

378. Hiermit sollte der Unterschied zwischen Gefühl und Empfindung tatsächlich erläutert werden. Das wahrhafte Verhältniss aber zwischen beiden würde verschoben, wollte man nur auf die angeführten Tatsachen Rücksicht nehmen. Diese erwecken den Schein, als träte das Gefühl hervor, wo die Empfindung aufhört. Dieser Schein könnte gerade dadurch verstärkt werden, dass andre Tatsachen zeigen, wie die Empfindung da wiederkehrt, wo der Schmerz aufhört. In gewissen krankhaften Fällen hat der Leidende von Schneiden, Kneipen und Stechen keinen Schmerz, während er dabei die Berührung des Messers, der Stecknadel, der Finger empfindet. Es scheint also die zartere Erregung eine Empfindung, die heftigere ein Gefühl zu erregen; der Kranke aber, in seiner Fähigkeit von außen erregt zu werden geschwächt, empfindet da, wo der Gesunde fühlt. Dagegen ist aber vor allem darauf hinzuweisen, dass beide häufig ganz offenbar neben einander hergehen. Befanden wir uns in der heißen Stube, so fühlen wir, in die frische freie Luft tretend, eine Erquickung, indem wir zugleich den Wechsel der Temperatur empfinden. Ebenso wenn wir von der glühenden Straße in einen schattigen Raum treten. Ist in diesen

Fällen der Wechsel der Temperatur ein geringer, so wird er angenehm gefühlt; ist er aber groß und plötzlich, so wird er schmerzhaft gefühlt. So kann auch das Betasten des Glatten und Weichen angenehm oder unangenehm sein. Es gibt angenehmes und unangenehmes Bitter und Süß u. s. w.

379. Überlegen wir, oder beobachten wir uns genauer, so finden wir wohl, dass nicht nur häufig, sondern immer oder regelmäßig einerseits jedes Gefühl neben dem Grade der Lust oder Unlust auch einen qualitativen Inhalt hat. Kopfschmerzen unterscheiden sich von Leibschmerzen qualitativ, enthalten also verschiedene Empfindungen, und beide sind vielfach. Andrerseits ist jede Empfindung von einem Gefühle der Lust oder Unlust begleitet. Selbst einzelne Farben gefallen oder missfallen, abgesehen von der Harmonie oder Disharmonie. Eben so und in noch höherem Grade erregen Schälle und Töne an sich, abgesehen von ihrer Verbindung, mannichfache Gefühle. Alle Muskeltätigkeit ist zugleich von Gefühl und Empfindung begleitet; man hat dabei Lust und Unlust und kennt und misst Größe und Richtung der Bewegung.

380. Diesem Unterschiede und diesem Beisammen von Gefühl und Empfindung entspricht die physiologische Tatsache, dass sie einerseits Functionen derselben Nerven sind, andrerseits aber doch eine Sonderung zeigen. Nämlich jeder sensitive Nerv erregt Gefühle; und dies muss als primitivste Wirksamkeit des Nerves überhaupt gelten. Soll aber ein Nerv Empfindung erzeugen, so bedarf es dazu einer besondern Einrichtung in seiner peripherischen Endung. Denn nicht bloß das Gesicht, Gehör u. s. w. verlangt ein besonderes Organ, sondern auch der Tastsinn. Ein gesunder Nerv würde dem Finger wohl Gefühl geben, aber noch nicht Empfindung; dazu gehört eine besondere Veranstaltung in der Haut. Gefühlsnerven sind überall im Körper, auch in den Eingeweiden, Tastorgane nur auf der Oberfläche des Körpers, in der Haut, und besonders zahlreich in den Lippen, im Munde und in den Fingerspitzen. Sobald also z. B. im Finger die Organe der Empfindung abgestorben, zerstört oder überreizt, kurz irgendwie untätig gemacht worden sind, so bleibt das Gefühl noch immer lebendig; und daher kommt es, dass so häufig das Schmerzgefühl da eintritt, wo die Gefühlsempfindung aufhört. Wenn also den untersten Tieren die

Sinnesorgane fehlen, so mögen sie noch immer das Licht, den
Schall als ein Gefühl dunkel warnehmen; aber die Empfindungen
der Farbe, des Tons können sie nicht haben. Auch Taube
fühlen den Ton, und zwar in verschiedenen Teilen des Leibes.
Wir kommen hierauf sogleich zurück und wollen zuvor nur
noch Folgendes einschalten.

381. Ein Gefühl entsteht durch eine Veränderung in einem
Nerven. Solch eine Veränderung ist aber allemal eine besondre;
es ist ein bestimmter Nerv, der in einer bestimmten Weise aus
seinem gegenwärtigen Zustande in einen andern versetzt wird.
So scheint es könne es eben nur besondre Gefühle geben entsprechend den besondern Eingriffen in den Bestand des sensitiven Nerven. Indessen gibt es doch auch ein Gemeingefühl,
d. h. eben gerade das Gefühl des gegenwärtigen Bestandes der
Gesammtheit unserer vitalen Kräfte, also das Lebens-Gefühl.
Dieses ist die Resultante des Zustandes aller Gefühls-Nerven,
wenn auch wohl meist gewisse Partien einen überwiegenden
Beitrag liefern. In der Zeit der eigentlichen Verdauung, wo
die Tätigkeit des Magens am stärksten ist, da mögen, zumal
bei Personen, deren Verdauungskraft schwach ist, die Nerven
des Magens und Unterleibs vorwiegend bestimmend sein. Davon
abgesehen liefern die Anstöße, welche die Nerven durch die
vegetativen Processe und die im wachen Zustande nie aufhören-
den animalen Bewegungen ununterbrochen und an allen Punkten
zugleich erhalten, merkbare Erregungen. Dazu kommt das
Gefühl der angesammelten oder aufgewanten Leibeskraft, die
allgemeine Anspannung oder Erschlaffung, Schwere oder Leichtigkeit der Glieder. (Vergl. Lotze a. a. O.)

382. Besondre Gefühle beruhen, wie gesagt, auf einer Veränderung des jeweiligen Zustandes eines Nerven, d. h. einer
größern oder geringern Menge von Nerven-Fasern. Wir messen
z. B. durch unsern Temperatur-Sinn die Wärme des Raumes,
in welchem wir uns befinden. Dabei haben wir dauernd eine
bestimmte Empfindung der Wärme und zugleich vielleicht das
Gemeingefühl der Behaglichkeit. Dies ist ein anhaltender Zustand,
in welchem nicht etwa Ruhe herscht (denn dann hätten wir
keine Empfindung), sondern wo in gleichbleibendem Maße der
Körper an die Luft Wärme abgibt und Wärme producirt. Tritt
nun plötzlich durch einen kalten Luftzug eine Änderung der

Temperatur ein, oder wird durch Ablegung von Kleidungs-
stücken oder durch Eintauchen der Hände in kaltes Wasser das
Maß der Wärme-Abgabe erhöht, so wird diese Änderung einerseits als eine andre Erregung gewisser Nerven objectiv empfunden und als ein veränderter Zustand gewisser Nerven, z. B. der
Haut der Hände, besonders gefühlt; und andrerseits gestaltet
sie als eine höhere Forderung an die Wärme-Production des
Leibes allmählich ein neues Gemeingefühl.

383. Nun erinnern wir uns, dass sämmtliche Nerven anatomisch und physiologisch einander gleich sind; und dass eine
Verschiedenheit ihrer Wirkung nicht aus ihnen selbst, sondern
aus jenen verschiedenen Apparaten an ihrem centralen und ihrem
peripherischen Ende erfolgt. Demgemäß halte ich mich für
berechtigt zu folgenden Annahmen:

1) Function des Nerven im allgemeinen, seinem Wesen
nach, ist es, den Bestand jedes Teiles des Leibes (d. h. die
gleichmässige Bewegung in jedem Gliede) und jede Veränderung
dieses Bestandes von einiger Größe und Dauer dem Bewusstsein
in Form des Gefühls von Lust und Unlust zuzuführen.

2) Gewisse Nerven, welche ohne besondern Apparat versehen sind, liefern nur dieses Gefühl der Lust und Unlust.
Doch können auch sie verschieden wirken, qualitativ verschiedene
Schmerz- und Lust-Gefühle erzeugen, teils vielleicht nach der
Form der Veränderung, welche sie erlitten haben, teils nach
ihrem Verlauf, teils nach der Form der Combination oder Zu-
sammenwirkung mancher Nerven, da doch wohl niemals nur
eine Faser das Gefühl bewirkt.

3) Gewisse andre Nerven, welche mit besondern Apparaten
versehen sind, liefern, wenn sie eine Veränderung, also Erregung
erfahren haben, ein doppeltes Ergebniss für das Bewusstsein:
eins, ein Gefühl, insofern sie eben Nerv sind; ein andres, eine
Empfindung, insofern sie durch den Apparat eine besondre
Function üben. Wenn es sich als sicher herausstellen sollte,
dass der Seh-Nerv, wenn er z. B. durchschnitten wird, keinen
Schmerz verursacht, so müsste dies besonders erklärt werden,
und im allgemeinen gewiss dadurch, dass hier der specifische
Apparat in seiner besondern Function so mächtig ist, um die
allgemeine Function völlig zu unterdrücken. Daraus erklärt
sich auch überhaupt, dass die Empfindungs-Nerven in ihrer

normalen Erregtheit nur nach Maßgabe ihres End-Apparates wirken, ohne Gefühle zu veranlassen.

4) Gefühl und Empfindung sind also rein physisch betrachtet eine und dieselbe Veränderung des Nerven, welche psychologisch einen doppelten Erfolg hat. Ein und derselbe Vorgang, dieselbe Erregung des Nerven wird vom Bewusstsein zwiefach verwertet: als Gefühl, indem es subjectiv nur die Veränderung des Bestandes und das Maß derselben vom Gesichtspunkte ihrer Angemessenheit als Lebens-Bedingung beurteilt, und als Empfindung, indem es den Inhalt der Veränderung als einen besondern Vorgang nach der Kategorie der Causalität und Qualität objectiv erfasst.

5) Zu dieser doppelten Verwertung eines und desselben Vorganges im Nerven muss die Seele einen materiellen Anhaltspunkt haben. Den findet sie, wie ich meine, nicht durch eine doppelte Leitung derselben Erregung in einer Nerven-Faser (denn dann hätten wir in dem einen Nerven zwei Erregungen), sondern in dem Gegensatz von Nerv und End-Apparat, welchem eine gesonderte Leitung im Central-Organ entsprechen mag.

Mit diesen Annahmen lassen sich, meine ich, alle vorliegenden Tatsachen leicht erklären, ohne der weitern Untersuchung, die natürlich nur physiologisch sein kann, vorzugreifen.

384. Hiernach will ich denn auch nichts dagegen haben, dass man sagt, die Seele habe das Vermögen, erstlich die Zustände ihres Leibes mit dessen Gliedern in Rücksicht auf ihre Angemessenheit zum allgemeinen Lebenszweck als Lust und Unlust zu fühlen, zweitens durch den Leib Kenntniss von äußern Dingen zu gewinnen, und drittens den Leib zu bewegen. Damit aber scheinen mir weniger primitive Seelen-Vermögen als vielmehr drei Hauptrichtungen der psycho-physischen Mechanik gegeben zu sein.

385. Man kann aber von den Fähigkeiten oder Vermögen des Menschen, primitiven wie abgeleiteten, niemals reden, ohne dabei die Rücksicht festzuhalten, dass sie sämmtlich der Entwicklung unterworfen sind. Augen und Hand und Ohr werden immer geistiger; je mehr sie dem Geiste gedient haben, um so mehr Geist liegt in ihnen, wie wir schon oft bemerkten und in folgendem Abschnitt wieder bemerken werden, wo uns die Schwierigkeit entgegentreten wird, die psychischen Tätigkeiten

auf der Stufe ihrer niedern Entwicklung darzustellen, welche wir längst überschritten haben. — Auch die Gefühle werden mit den Fortschritten des Geistes immer geistiger, aber ohne dass sie aufhörten, auch in ihrer ursprünglichen Natur-Weise zu erscheinen. Ein Schlag, ein Druck auf unsern Körper erregt immer ein einfaches Gefühl, woneben sich das feinste Rechtsgefühl, das zarteste Schönheits-Gefühl entwickelt haben mag. Daher spricht man von körperlichen und geistigen Gefühlen. Beide Ausdrücke erregen leicht das Missverständniss, als wären die Gefühle ihrem Wesen nach entweder körperlich oder geistig. Das ist aber undenkbar. Insofern überhaupt Körper oder Leib und Geist oder Seele unterschieden werden, kann das Gefühl nur geistig oder seelisch heißen*). Denn will man unter Seele das Central-Organ verstehen, nun, so muss man sagen: der gestochene Finger fühlt nicht, weder die Haut noch der Nerv desselben. Es fühlt nur das Central-Organ, freilich in Folge einer durch den Nerv geleiteten Erregung. Ist nun einerseits jedes Gefühl geistig, so ist es auch andrerseits körperlich, insofern jedes Gefühl als leibliche Erregung auftritt. Es ist wahr: unser Leib tut uns nur in der Seele weh; aber eben so wahr ist: unser Geist tut uns immer in unserm Leibe weh. Wir dürfen also unter den Gefühlen nur insofern leibliche und geistige unterscheiden, als wir auf die Ursache derselben achten. Der Schlag schmerzt; es kann aber ein leiblicher und auch ein geistiger Schlag sein.

386. Das geistige Gefühl ist weniger localisirt als das körperliche; denn es wird niemals an einer warnehmbaren Stelle des Leibes erregt. Dieser Umstand aber geringer Localisation ist nicht den geistigen Gefühlen eigentümlich; es gibt auch aus körperlichen Ursachen entstehende und doch local unbestimmte Gefühle, und solche sind in dieser Beziehung den geistigen ganz gleich. Ich meine hier solche Gefühle, welche ihren Herd in den Atem-Organen, im Herzen oder im Umlauf des Blutes oder sonst in den Eingeweiden haben. Das sind Gefühle der Beklemmung und Schwere oder der Erweiterung und Leichtigkeit; und sie sind eben darum von dem Gemeingefühl kaum zu unterscheiden, da sie dieses hervorragend bestimmen. Und in dieser

---

*) Darum kann ich auch nicht mit Volkmann und Nahlowski den „Ton" der Empfindung für etwas von dem Gefühl, das rein geistig sein soll, Verschiedenes annehmen.

Rücksicht kommen ihnen nun hinwiederum die geistigen Gefühle gleich; auch sie sind ihrem Wesen oder Auftreten nach kaum etwas andres als Bestimmungen des Gemeingefühls. Alle geistigen Gefühle und Affecte der Freude und der Trauer, der sittlichen Genugtuung und der sittlichen Entrüstung, des Selbstgefühls und der Demut, der Selbstzufriedenheit und der Reue, der Gewissheit und der Zaghaftigkeit, des Bedauerns, des Ärgers, der Scheu und Scham u. s. w., sie alle geben sich als Gemeingefühle kund. Und was andres als das Angeführte weiß die Kunst zu wirken? Betrachten wir die Quellen der geistigen Gefühle ein wenig genauer.

387. Die Empfindungen erstlich sind an sich selbst auch Gefühle, und für das ursprüngliche Verhältniss muss man sagen, dass die Erzeugnisse der Sinne eben so sehr das eine wie das andre sind. Allerdings sind sie uns als Empfindungen wichtiger und ziehen als solche unsre Aufmerksamkeit immer entschiedener auf sich und von den Gefühlen ab. So achten wir denn für das gewöhnliche, doch wesentlich praktische Leben gar nicht mehr darauf, dass wir neben oder in den Empfindungen zugleich auch Gefühle haben. Die Warnehmungen aber sind Vereine von Empfindungen und mit der wachsenden Combination der Empfindungen steigert sich auch wieder das Gefühlsmoment in ihnen, und zwar nicht bloß durch Summirung, sondern auch durch eine neu eintretende Ursache, nämlich durch die Verhältnisse, in welchen die einzelnen Empfindungen zu einander stehen. Nicht jede Combination von Empfindungen sagt den Bedingungen unsrer leiblich-seelischen Wirksamkeit in gleichem Maße zu. Es ist für unser Auge eine sehr verschiedene Tätigkeit, eine sanfte Wellen-Linie oder ein scharfes Zickzack u. s. w. aufzufassen. Hier liegt der erste Grund des ästhetischen Wohlgefallens oder Missfallens für die bildenden Künste*) wie für die Musik und den Klang der Sprache.

388. Die ästhetischen Gefühle werden ganz objectiv in den Empfindungen und deren Verhältnissen gegeben, welche in der Warnehmung enthalten sind. Der wargenommene Gegenstand aber ist uns vielleicht schon als nützlich oder schädlich, genießbar oder widerwärtig bekannt; so erregt er durch die Erinnerung an seine Wirkung, an seinen Nutzen oder Schaden, an den Genuss oder

---

*) Man denke namentlich an die Baukunst; der wesentlichste Unterschied zwischen griechischem und gotischem Styl liegt in Linien.

Ekel auch Gefühle der Lust und Unlust — natürlich ganz dieselben Gefühle, als wäre statt der Erinnerung die Wirklichkeit wirksam.

389. Warnehmung und Erinnerung veranlassen Begierden. Alles was zur Befriedigung derselben führt, wird, wenn es nicht etwa an sich selbst Schmerz verursacht, geliebt und weckt Lust; alles dagegen was uns den Gegenstand unseres Begehrens fern hält, wird gehasst und weckt Unlust.

390. Was uns gefällt, lieben wir; wir wünschen es bewart, erneuert, gefördert. Was uns missfällt, hassen wir; wir wünschen es vernichtet. Wird nun unser Wunsch erfüllt, so fühlen wir Lust; wird hingegen das was uns gefällt beschädigt, oder wird das was uns missfällt gefördert: so fühlen wir Unlust. — Hieran schließt sich unmittelbar das Rechts-Gefühl. Jemand hat das getan, und jenes ist ihm geschehen: Das gefällt oder missfällt, d. h. erscheint als Recht oder Unrecht, je nachdem durch das was ihm geschehen ist, er gefördert oder geschädigt wird, und wir ihn wegen seiner Tat lieben oder hassen.

391. Wir kommen nun zum Denken als Ursache von Gefühlen. Hier ist zuerst eine Bemerkung oder Unterscheidung nachzutragen. Bei allen Gefühlen und Affecten scheinen wir passiv: der Zustand eines Nervs oder einer Nerven-Partie, oder der Gesammt-Zustand unseres leiblichen Befindens wird geändert — Gefühl; das Gleichgewicht unseres Gemüts wird plötzlich erschüttert — Affect. Indessen wir kennen doch auch schon Bewegungsgefühle. Man schreibt dem Muskel Gefühle zu, welche durch die Contraction und Erschlaffung desselben erzeugt werden. Entschieden ist die Auslösung der strotzenden, angesammelten Kraft, so lange nicht im Gegenteil Ermattung eintritt, mit Wohlbehagen verbunden. Jede Kraft-Äußerung, Lebens-Betätigung, welche sich in einer gewissen, der leiblichen Organisation zusagenden Richtung bewegt, ist angenehm. Ein Mül-Rad treten ist eine lästige Bewegung, selbst wenn sie nicht mehr anstrengt, als das einfache Gehen; Tanzen ist eine lusterregende Bewegung, ist es selbst dann noch, wenn schon Ermüdung eingetreten ist, so lange dies nicht schmerzhaft gefühlt wird. So kennen wir also doch schon auch gewissermaßen active Gefühle neben den passiven. Die Gefühle, welche der Anblick von Farben, welche die Warnehmung von Tönen gewährt, mag rein passiv

sein; schöne Formen, Gestalten, welche wir mit dem Auge erfassen, werden eine Lust der Bewegungen verursachen.

392. In den angeführten Fällen rührt das Gefühl von
der Form der Bewegungen her, von ihrer Richtung und Reihenfolge. Es entstehen aber auch Gefühle nicht sowohl aus den
Bewegungen an sich, als vielmehr aus dem Gelingen und Misslingen, also durch Vergleichungen des Gewollten mit dem Er-
reichten. Nicht (wie 389) das Erlangte an sich befriedigt hier
eine Begierde nach ihm; denn es könnte eben das Gewollte
eine inhaltslose, spielende Bewegung sein, wie ein kühner
Sprung, ein glücklicher Wurf nach einem Ziele u. s. w. Die
Virtuosität, meine ich, erweckt ein Gefühl der Lust über das
Gelungene, wobei die Bewegung an sich im Gegenteil lästig
sein könnte.

393. Wenden wir dies auf das Denken an. Denken ist
allemal eine Bewegung, und als solche regt es in vierfacher
Rücksicht Gefühle an, wie wir soeben auch von der leiblichen
Bewegung gesehen haben. Das Denken ist erstlich ein Kraft-
Aufwand, der allemal Lust erweckt (391); es darf nur eben die
zum betreffenden Object nöthige Kraft (also z. B. mathematische
Kenntniss) nicht fehlen. Dann kann sogar die Überwindung
von Schwierigkeiten, das Berechnen mathematischer Probleme,
das Durchdenken metaphysischer Aufgaben, besondre Lust erregen. Das Denken ist zweitens auf ein bestimmtes Ziel gerichtet, und so mag jemand, der etwas Bestimmtes lernen
wollte, froh sein, wenn er das wirklich gelernt hat (nach 389).
Bestimmte Probleme liegen unabweislich vor; Fragen dringen
auf Antworten. Die Lösung wird mit Lust gefunden oder
entgegen genommen, oder schmerzhaft vermisst. Das Denken
ist drittens eine Gegeneinander-Bewegung von Vorstellungsgruppen, ein Zusammenfassen und Sondern, ein Vorschreiten
von Gedanken zu Gedanken, wobei aber nicht immer bloß die
gerade Linie inne gehalten wird, sondern wobei man nach rechts
und links abweicht, in Kreisen und spiralartig und schlangen-
linig geht, Hindernisse bald beseitigt, bald umgeht. Man gelangt
an Abgründe, vor denen man Halt zu machen hat, auf schlüpf-
rigen, morastigen Boden, der umzukehren gebietet. Man trifft
auf Halteplätze, von wo aus man ein ganzes geistiges Gebiet
überschaut, wo sich unerwartete Fernsichten auftun. Die ganze

Form der Bewegung kann hier eben so sehr, wie der Tanz, einen Reiz haben und Lust erwecken. Ich denke, es werde nicht mit Unrecht von schönen Gedanken gesprochen. Vergl. Zeitschr. f. Völkerpsych. VI, 286—288. 292.

394. Diese Verhältnisse werden vermannichfacht, wenn wir hören oder lesen, und noch mehr in der Unterredung, wo wir activisch und passivisch produciren.

395. So wenig wir wissen, wie wir es anfangen, um den Arm zu heben, zu schlucken, ein bestimmtes Wort auszusprechen, eben so wenig wissen wir, was wir eigentlich tun, während wir uns auf etwas besinnen, über etwas nachdenken. Bei allem absichtlichen Suchen und Forschen, kommen uns doch die Gedanken nach dem Mechanismus der Associationen unabsichtlich. Daher erscheinen uns unsre Gedanken immer als Eingebungen, Inspirationen. Diese treten oft genug unerwartet in den jeweiligen Verlauf der Vorstellungen ein, und fördern ihn oder hemmen ihn. Es sind neue Gründe für oder gegen das Behauptete; sie führen zu einem Siege und zu einer Niederlage; sie stiften Ordnung oder befestigen dieselbe und lösen eine mühselig hergestellte Ordnung auf. Eine große Apperceptions-Gruppe ringt mit einem großen gegebenen Begriffskreise, oder zwei große Gruppen streiten sich um die Apperception eines gegebenen Inhalts. Wir wissen, wie viele Verschmelzungen und Lösungen, wie mannichfache Schwankungen das ergeben kann. Da melden sich mitten im Streite neue Gruppen zur Hülfe und zum Widerstand — wie viel Affecte werden dabei erregt! Man glaubt sich im Siege, da wird plötzlich die Palme entrissen; man glaubt sich unterlegen, und unerwartete Verstärkung erscheint. — Wie vielfältig erscheint hier ein Tun und Leiden! Wir sind die Denkenden und sind bloß das Feld eines Gedanken-Kampfes. Wir sind beide Parteien; wir produciren und führen Heere gegen uns und für uns.

396. Hier ist nun zu unterscheiden. Die Bewegungen der Vorstellungen können einerseits ein rein ästhetisches Interesse gewähren: ihr Ablauf ist schön; ein Gedanken-Inhalt ist schön gestaltet. Dieses Interesse ist rein formal; denn es entspringt der Form der Bewegung. Derselbe Inhalt könnte uns auch in anderer Form vorgeführt werden und könnte dann Unlust erregen. Das Gefallen oder ·Missfallen haftet hier bloß an der

Form der Darstellung. Es können aber auch pathologische Interessen erregt werden, Irgend einem Gedanken wünschen wir seines Inhalts wegen volle Freiheit und Herschaft im Bewusstsein; nun aber treten ihm widersprechende Gedanken entgegen: so leiden wir mit ihm so lange, bis der Widerspruch aus dem Bewusstsein geschafft ist. Das kann nicht auffallen; denn der Freund, dem wir alles Glück wünschen, ist auch nur ein Gedanke, wie eine Etymologie, oder eine Lesart. Nun hören wir vom Unglück des Freundes; das bekümmert, wie irgend etwas was der beliebten Etymologie oder Lesart widerspricht. Und unser eigenes Ich, wir uns selbst sind nur ein Gedanke oder ein Gedankenkreis, allerdings mit großer Kraft des Reflexes auf den Leib.

397. Also sagen wir schließlich:

Gedanken, wie Empfindungen, heißen psychische Erregungen, insofern sie auf das Object bezogen werden; dieselben Erregungen aber auf das Subject (den das Ich bildenden Gedanken-Kreis) bezogen, sind Gefühle.

Der Gedanke z. B. *Reichtum ist nicht immer ein Glück* ist an sich ein objectiver Inhalt, und als solcher kein Gefühl. Doch wird er mit einem, ich möchte sagen, Bewegungs-Gefühl verbunden sein. Denn abgesehen davon, dass er überhaupt eben eine Bewegung ist, die allemal auch gefühlt wird, soll hier eine Sonderung zweier Begriffe vollzogen werden, die man meist als verbunden zu denken gewohnt ist. Die ungewohnte Bewegung, welche sogar gegen die Gewohnheit geschieht, wird lebhaft gefühlt. Diesen Gedanken einmal anerkannt, kann hinzugefügt werden, eine uns völlig unbekannte und gleichgültige Person X habe ein Schicksal erfahren, welches als ein einzelner Fall von jenem allgemeinen Gedanken umfasst wird: so appercipirt ein Allgemeines ein Einzelnes, wobei ein Minimum von Bewegungs-Gefühl auftreten kann. Der einzelne Fall aber ist vielleicht teilweise erfunden, aber vorzugsweise geeignet, die Wahrheit des allgemeinen Gedankens zu exemplificiren, zu veranschaulichen! so erregt er ein ästhetisches Gefühl. Oder er trifft eine Person, die wir lieben, so erregt er ein pathologisches Gefühl. Der allgemeine Gedanke selbst wird vielleicht appercipirt von einem höhern Gedanken allumfassender Gerechtigkeit und Liebe, die wir zwar tausendfach gefährdet, aber doch zu unserer großen

Befriedigung oft genug auch bestätigt sehen: so ergibt dies
wiederum ein formales Gefühl. Und so erweckt jeder Gedanke,
welcher denjenigen Kreis berührt, fördernd oder schädigend, in
welchem wir unser geistiges Ich haben, eben so wohl ein Gefühl wie ein Schlag, der unser körperliches Ich, unsern Leib,
trifft.

II.

Das Seelenleben vor der Sprache.

a) Stufen der Entwicklung vor der Sprache.

398. Es ist nicht meine Absicht, die geistige Entwicklung
des Menschen von den einfachsten, ursprünglichsten psychischen
Erzeugnissen an zu verfolgen; sondern ich will nur mehr beschreibend darlegen, welcher geistige Besitz sich vor dem Ausbruch der Sprache angesammelt hat, um dann allerdings einsehen zu können, wie in solchem Besitz und in der psychischen
Mechanik, wie wir sie kennen gelernt haben, die Bedingungen
zum Ausbruch der Sprache gegeben sind.

399. Wenn wir auch sehen, dass die Empfindung nur aus
derselben Veränderung des Nerven erfolgt, welche auch als
Gefühl erscheint, so können wir dennoch recht wohl, wenn wir
beide als Stufen der Seelen-Tätigkeit ansehen, das Gefühl als
die niedere Stufe, die Empfindung als die höhere bezeichnen.
Wir können dies erstlich, indem wir die verschiedenen Formen
der Betätigung der Seele bloß classificiren und nach einer idealen
Stufenleiter ordnen. Wenn man aber schwanken sollte, ob man
nach dem Werte das Gefühl niedriger zu stellen habe, als die
Empfindung, zumal ein Maßstab, an dem sich beide messen
ließen, gar nicht gegeben sei: so kommt uns dies zu Hülfe,
dass im Kinde Gefühle früher vorhanden sind als Empfindungen, dass jene also auch tatsächlich die ersten Offenbarungen
seelischen Lebens sind. Es ist kaum daran zu zweifeln, dass
das Kind schon im Mutter-Leibe Gefühle hat; dagegen sehr zu

zweifeln, ob es in den ersten Wochen nach der Geburt, in den beiden ersten Monaten des Lebens schon Empfindungen hat. Wenn Neugeborene Süßes und Bittres unterscheiden und überhaupt auf Erregungen, die in uns Empfindungen wecken, durch Reflex-Bewegungen reagiren, so können dies immer bloße Gefühle sein. Im Kinde haben sämmtliche Nerven bloße Gefühlskraft und die Seele hat noch nicht die Fähigkeit, neben dem Gefühle auch die Empfindung zu deuten. Darum steht uns Empfinden höher, weil es erst gelernt werden muss, während das Fühlen unmittelbar dem beseelten Wesen gegeben ist. Gar leicht dürften auch die niedrigsten Tierarten bloß Gefühl und noch keine Empfindung haben. Und zu demselben Ergebniss kommen wir endlich auch durch die Rücksicht auf die Physiologie. Denn das Gefühl ist mit dem Nerven schlechthin gegeben; es ist also überall im Körper, wo Nerven sind, wenn sie mit dem Central-Organ in unverletztem Zusammenhange stehen; die Empfindung dagegen verlangt zu ihrer Wirksamkeit eine ganz besondere Einrichtung, einen Sinn.

400. Wir dürfen demnach recht wohl das Gefühl als niedrere Stufe, die Empfindung als höhere ansetzen und einen Fortschritt von jenem zu dieser anerkennen. Betrachten wir nun die Art und Weise, das innere Wesen dieses Fortschrittes vom Gefühl zur Sinnesempfindung; so zeigen sich hier schon alle wichtigen Punkte, auf denen überhaupt aller Fortschritt der Seelenentwicklung beruht. Gehen wir aus von dem wesentlichsten, auch schon ausgesprochenen, Unterschiede, dass das Gefühl nur einen subjectiven Zustand andeutet, die Sinneserregung aber Erkenntniss eines Äußern gewährt, das sich allmählich zur geistigen oder ideellen Construction einer Außenwelt entwickelt. Worauf beruht dies? Unser Tastsinn sagt uns, ob ein Werkzeug scharf oder stumpf oder spitz ist; dringt aber das Werkzeug in den Finger ein, so haben wir einen Schmerz, der an sich nicht über die Eigenschaft des schmerzerregenden Mittels belehrt. Wir fühlen, ob die uns umgebende Luft warm oder kalt ist; aber ein wundes Glied, das, der Luft ausgesetzt, schmerzt, kennt nur diesen Schmerz und weiß nichts von der Luft. Der augenscheinliche Unterschied besteht hier darin, dass beim Gefühl das Leiden des Körpers oder die Einwirkung von außen auf denselben heftiger, gewaltsamer, ein-

dringender ist. Der Nerv wird verletzt und nicht sowohl erregt, als gestört, oder vielmehr zerstört. Was ihm hier widerfährt, ist ihm fremd, seiner Bestimmung nicht angemessen. Gegen so rohes Anpochen von außen zieht sich die Seele in sich zurück, schließt sich in sich ein; sie ist (auch in der Lust) überwältigt, unterjocht vom Äußern, und weiß nicht, wie ihr geschieht. Das Äußere lastet auf der Seele, unterdrückt ihre Tätigkeit; und die Seele erwidert hierauf nur mit einem Gefühl, wodurch sie bloß ihr Dasein geltend macht. Bei der Sinnesempfindung im Gegenteil ist es nur eine Berührung, die der Leib von außen erfährt. Es ist ein einladendes Anklopfen, welches die Seele herauslockt. Die Organe werden aus der Ruhe, dem Müßiggange geweckt; indem ihnen ein angemessener Stoff in angemessener Stärke naht, werden sie erregt, in die Bewegung versetzt, zu welcher sie geeignet sind. Der von außen kommende Andrang versetzt sie in ihr wahres Leben, überwältigt sie nicht. Diese Schwäche des äußern Andranges ist nötig. Daher kommt es, dass das Auge den Dienst versagt, selbst wenn ihm der angemessene Stoff, Licht, geboten wird, nur in zu großer Stärke. Und daher hat ferner nicht bloß das Embryo, sondern auch das neugeborene Kind bloß Gefühl und noch keine Empfindung: weil für dessen Organe selbst die normale Stärke der äußern Eindrücke noch zu mächtig ist. Seine Organe müssen sich erst kräftigen und Licht und Luft ertragen, und so empfinden lernen.

401. Mit diesem ersten Punkte ist nun auch schon ein zweiter gegeben. Ist in der Empfindung, wie wir so eben sagten, der Andrang von außen schwächer, als im Gefühl, so ist umgekehrt auch die Gegenwirkung der Seele in jener größer, als in diesem. In der Empfindung findet zwischen dem Organ, oder der Seele, und dem erregenden Äußern ein freundschaftlicher Verkehr zweier gleich starker Mächte statt, bei welchem die Seele nicht bloß leidet, sondern auch tätig ist. Sie bewart ihre Selbständigkeit und empfängt von außen etwas, was sie, es umbildend, sich assimilirt und aneignet. Auf Anregung von außen erzeugt sie ein rein seelisches Gebilde, welches bloß ihr angehört und eben den Inhalt der Empfindung ausmacht. In Verhältniss zum Gefühle, wo die Seele gänzlich unterworfen ist, kann man sagen, dass sie bei der Empfindung schon frei sei. Im Gefühl ist die Seele lediglich auf sich bezogen; denn im

überwältigenden Gefühl erweist sich das Sein der Seele darin, dass sie sich verletzen, unterjochen lässt, also in negativer Weise: in der Sinneswarnehmung erweist sich die Seele positiv, schöpferisch, aus Fremdem und Eigenem eine eigentümliche, ihr gehörende Einheit, einen Inhalt gestaltend. Hier ist der Anfang der Freiheit, der Anfang zur Handlung.

402. Weil nun die Seele in der Empfindung selbständig auftritt, also ohne vom Äußern unterjocht zu werden, vielmehr das Äußere sich aneignet und einen Inhalt schafft: so lernt sie, drittens, auch bald sich vom Äußern scheiden, sich ihm entgegenstellen; sie beginnt, sich zum Selbst zu bilden, welchem sie die Außenwelt gegenüberstellt. Dies ist das Wesen der Erkenntniss, die Scheidung von Subject und Object. So schwach auch zunächst diese Scheidung und Entgegensetzung ist: der Keim ist gegeben, der sich unaufhaltsam fortentwickelt, wenn er die gehörigen Nahrungsmittel findet.

403. Wir haben hier den Unterschied zwischen Gefühl und Empfindung mehr bloß dargestellt in der Weise, wie er sich zeigt, als angegeben, wie und wodurch er bewirkt ist. Letzteres ist keine leichte Aufgabe; sie macht den Psychologen viel zu schaffen. Wir aber, glaube ich, können hier davon absehen. Wir wollen nur ein paar wesentliche Punkte hervorheben, in denen wir ein Prototyp für alle Entwickelung zu erkennen meinen; hierbei haben wir auf einige physiologische Einrichtungen hinzuweisen, welche die Empfindungserkenntnisse ermöglichen. Wir sehen die Empfindung als eine Entwickelung des Gefühls an, die aber deutlich einen physiologischen Boden hat.

404. Das Gefühl — wir reden natürlich hier nur vom sinnlichen Gefühl — ist nichts als überhaupt ein bewusst gewordener Eindruck des Äußern auf die Seele. Hierbei tritt nicht bloß die Seele lediglich als ein unbestimmtes Dasein auf, welches sich als daseiend erweist, indem es den erfahrenen Druck von außen als wohl oder wehe tuend auf sich bezieht; sondern auch die Außenwelt wirkt hier eben so bloß als ein unbestimmtes, ununterschiedenes Etwas. Es ist hierbei noch nicht einmal ein Unterschied vorhanden zwischen der Außenwelt und dem Leibe der Seele; der eigene Leib ist hier auch noch das Äußere. Denn es ist für das Gefühl ganz gleichgültig, ob ein Brand im Leibe durch ein nahes Feuer von außen, oder

durch einen rein innerhalb des Leibes beschränkten Vorgang
entstanden ist. Auch existirt ja hier selbst der Unterschied
zwischen Seele und Äußerm nur für uns, die Betrachtenden,
aber noch nicht für die Seele selbst. Der Charakter des Gefühls ist also ungeschiedene Einheit, Bestimmungs-
und Formlosigkeit. Die Factoren im Gefühl, Seele und
Äußeres, sind in einander vermischt, und jeder Factor in
sich einheitliches, unterschiedsloses, ungeformtes Wesen. Dies
zeigt sich auch so, dass der ganze Leib in allen seinen
Teilen ohne Unterschied der Seele dasselbe Gefühl gibt, Lust
oder Weh.

405. In der Empfindung tritt nun zuerst Unterscheidung, Begrenzung auf, und zwar zunächst als räumliche
Begrenzung, Localisirung. Die Empfindung also, möchten wir
zuerst definiren, ist ein localisirtes Gefühl. Der Tast- oder
Gefühlssinn scheint zwar wenig localisirt, im Verhältniss zu den
andern Sinnen. Man sieht nur an dem einen Orte, wo der
Gesichtsnerv ist; man hört nur an dem einen Orte, wo der
Gehörnerv liegt; aber man hat Tastempfindungen, Gefühls-
empfindungen an der ganzen Oberfläche des Leibes, überall an
der Haut, mit größerer oder geringerer Feinheit, je nach dem
Orte. Aber eben ein Sinn, der in der Haut sitzt, ist schon
localisirt gegen das Gefühl, das auch im Innern überall im ganzen
Leibe und in allen Organen und Gliedern ist; und selbst in
der Haut ist der Gefühlssinn doch nur an einigen Punkten so
entwickelt und fein, dass er bestimmte Empfindungserkenntnisse
geben kann. Die Localisirung zeigt sich noch mehr darin, dass
jeder Tastnerv in der Haut in einem kleinen Organ endet. Und
damit hängt die weitere, für die Erkenntniss höchst einfluss-
reiche Tatsache zusammen, dass der auf den Tast-, wie jeden
anderen Sinnes-Nerv geübte Reiz auf denselben beschränkt
bleibt, während ein in einem Gefühlsnerven erregtes Gefühl
weit über den Erregungsheerd hinaus ausstrahlt. Ist irgend
ein Punkt des Leibes verletzt, so dehnt sich das schmerzhafte
Gefühl weit über die verletzte Stelle aus; die schmerzende
Gegend ist ungleich größer, als die Wunde. Eine Faser des
Sehnervs aber z. B. teilt seine Lichterregung keiner andern
Nervenfaser mit; und betasten wir mit der Fingerspitze die
beiden Spitzen eines Zirkels, so können diese letztern sehr nahe

an einander stehen, und die Empfindung wird sie doch als zwei
Spitzen von einander unterscheiden, weil jede Spitze besonders
von einem Tastorgan empfunden wird, und die Empfindung des
einen Organs nicht auf das andere ausstrahlt und übergeht,
sondern die Empfindung jedes kleinen Organs auf sich beschränkt
bleibt. Hierzu kommt, dass der Reiz, der die Empfindung erregt, nur kurze Zeit wirkt, und dass die Erregung sehr schnell
nach dem Schwunde des Reizes ebenfalls schwindet; während
das Gefühl noch lange nach dem Angriffe auf den Nerven
fortdauert. Ist das Licht ausgelöscht, entgleitet ein Ding der
Hand, so ist die Empfindung geschwunden; das Gefühl in Folge
des Schlages dauert lange nach demselben fort; und oft ist die
Ursache des Gefühls dauernd, wie ein Druck.

406. Mit dieser räumlichen, physiologischen Begrenzung
der Empfindung ist nun die innere Begrenzung des seelischen
Empfindungsinhaltes gegeben. Auf eine so bestimmt begrenzte
Einwirkung von außen auf die Seele, wie sie in der Sinnesempfindung vorliegt, antwortet die Seele in einer eben so begrenzten und bestimmten Weise, und das liefert den specifischen
Inhalt der Empfindung, eine Farbe, einen Geschmack u. s. w.
Die Seele setzt nicht mehr, wie im Gefühle, dem Eindrucke
von außen ihr ganzes ungeteiltes Dasein entgegen, sondern nur
eine bestimmte Seite desselben, eine bestimmte Weise ihrer
reagirenden Tätigkeit. Es ist ein ganz isolirter Punkt des
Leibes, von dem aus sie erregt wird: also antwortet sie auch
mit einem ganz isolirten seelischen Erzeugnisse. Auf die Dumpf-
heit und Verworrenheit des äußern Andranges im Gefühl konnte
sie nur eben so dumpf und verworren erwidern.

407. Jedoch die bloße Localisirung und Isolirung des
äußern Eindruckes genügt noch nicht, um die volle Bestimmtheit einer Empfindung zu erklären. Es tritt noch etwas hinzu,
was schon angedeutet ist, die bestimmte Form des Sinnes-
organs. Die volle Scheidung verlangt, um nicht rein negativ,
bloße Absonderung zu bleiben, noch ein positives Princip, die
Formung. Die eigentümliche Form jedes Sinnesorgans leiht
seiner Empfindung einen besonderen Inhalt, und diese Form ist
es erst, welche diesen bestimmten Empfindungsinhalt aus der
Unbestimmtheit des Gefühls heraushebt. Die wundervolle Organisation des Auges und des Ohres bewirkt, dass die zum

Gesichts- und Gehörnerven dringenden Eindrücke nicht bloß als allgemeine dunkle Gefühle wargenommen werden, sondern als bestimmte Empfindungen eine Erkenntniss geben.

408. Geringere Stärke des sinnlichen Eindruckes und größerer Widerstand der Seele, und dann ferner eine gewisse Tätigkeit, weniger Leiden, schon ein Keim der Freiheit der Seele; diese beiden Punkte hatten wir als die unterscheidenden Merkmale der Empfindung im Gegensatze zum Gefühl kennen gelernt. Soeben haben wir nun Localisirung und Formung als die beiden-physiologischen Hülfsmittel erkannt, welche der Seele zur Herausarbeitung der Empfindung aus dem Gefühle dienlich sind. Die Beziehung nämlich dieser Mittel zu jenen Unterschieden leuchtet wohl bald ein. Die Localisirung des Organs bedeutet eine Beschränkung des Angriffspunktes. In dem Gefühle tappt die Außenwelt geradezu nach dem Leibe und fasst ihn blindlings, wie es kommt; in der Empfindung fasst sie ihn an einer bestimmten isolirten Stelle, die als besondere Handhabe dazu geformt ist; und sie fasst ihn hier nur mit einem ihrer Elemente, für welches gerade diese Handhabe geeignet ist. Der äußere Andrang ist folglich viel schwächer; der Leib ist in der Empfindung weniger ergriffen, als im Gefühl; er ist der Außenwelt gegenüber freier, selbständiger, weil diese keine Gelegenheit hat, ihre volle Macht zu entfalten, und er derselben nur einen beschränkten Angriffspunkt darbietet.

409. Noch wichtiger aber ist das andere Moment, die Form. Diese bewirkt es, dass die Seele in der Empfindung tätig, gestaltend auftritt, die äußere Einwirkung überwindend und in ein ihrem Wesen angehörendes Gebilde umwandelnd. In der Form des Organs liegt das Mittel, wodurch die Herschaft über den Andrang der Elemente gewonnen wird. Denn die Form bestimmt durch sich und sich gemäß das Element, welches eindringen soll, und den Eindruck des Elementes schon im voraus. Die Form des Auges, des Ohres, des Geruchs-Organes hält von dem empfindenden Nerven alle fremdartigen, diesen Sinnen unangemessenen Eindrücke ab, und gestattet selbst den Elementen, für welche der Sinn organisirt ist, nur dergestalt den Zutritt, wie es für die Empfindung am vorteilhaftesten ist, die Berührung des Nerven mit dem Elemente bald abschwächend, bald verstärkend. Um zu sehen, wie sicher und

fest diese Vorausbestimmung ist, welche der Eindruck des Elements auf das Organ durch die Form des Organs erfährt, braucht man sich nur daran zu erinnern, dass der Gesichts- und Gehörsnerv nicht bloß durch Licht- und Tonwellen zur Erzeugung von Licht- und Tonerscheinungen veranlasst werden, sondern auch durch jeden mechanischen Stoß und Druck, z. B. auch durch den elektrischen Schlag. Es ist bekannt, dass jeder Druck auf den Sehnerven die subjective Empfindung des Glanzes erzeugt. Bei solchem Leuchten ist freilich das Auge nicht im Stande objectiv Dinge zu sehen, einen äußern Gegenstand warzunehmen, was doch das Wesentliche der Gesichtsempfindung ist; aber jenes subjective Sehen, das innerliche Leuchten des Auges beweist, dass das Sehen nicht bloß vom Elemente des Lichts abhängt, sondern durch die Vereinigung der Kraft des Auges, wie sie durch die Organisation desselben bestimmt ist, mit dem Elemente hervorgebracht wird. — Ebenso verhält es sich mit den übrigen Sinnen. Alle Empfindungen werden in ihrem Inhalt wesentlich von der Eigentümlichkeit des Sinnesorganes bedingt. Derselbe elektrische Strom, dessen Dasein der Sehnerv als einen Lichtschein, der Geschmacksnerv als Säure berichtet, erregt im Hautnerv das Gefühl des Brennens. Denselben Sonnenstrahl, den wir Licht nennen, wenn er in das Auge fällt, nennen wir Wärme, wenn er die Haut trifft.

410. Der Leib verfügt also in der Empfindung vermöge der Organisation der Sinne über den Eindruck von außen; er ist mithin bis auf einen gewissen Punkt frei. Er bestimmt das Element, welches er zulassen, und die Weise, wie er es zulassen will, damit es der Empfindung angemessen wirke. Was wir nun hier den in der Empfindung frei gewordenen Leib nennen, das ist vielmehr der in den Dienst der erkennenden Seele getretene Leib.

411. Wir haben aber den wichtigsten Punkt noch nicht erklärt, dass sich nämlich die Seele mit ihrem Leibe der Außenwelt gegenüberstellt, oder dass sie einen Gegenstand sich gegenübersetzt. Im Gefühle geschieht dies nicht; es ist eine Vereinigung des Leibes mit dem Äußern, wobei dieses in jenen eingreift, ein Eingriff, wobei sich der Leib schlechthin leidend verhält. Im Gefühle kann also die Frage nach der Ursache desselben gar nicht aufkommen; es gibt hier noch gar keine

Unterscheidung eines Bewirkten von einer Ursache, weil noch nicht einmal das Äußere vom Leibe und der Seele abgesondert, ferngerückt ist. Das Gefühl ist im Körper dauernd, noch nach der Einwirkung von außen, und der Körper trägt es mit sich herum, wenn er sich bewegt, ohne davon loszukommen, während die Empfindung momentan ist (405). Das Gefühl gehört zum Körper, macht eine Bestimmung desselben aus und ist nicht ablösbar von ihm. Wie sollte also im Gefühl die Seele veranlasst werden, über den Körper in irgend einer Weise hinauszugehen? Das Gefühl beschäftigt die Seele völlig, nimmt sie ganz in Anspruch, hält sie gefangen; wie könnte sie vom Körper absehen? — Ganz anders in der Empfindung. Diese haftet nur am Körper, wie sie nur durch eine Berührung des Organs mit dem Elemente erzeugt ist. Sie geht schnell vorüber, sobald die äußere Erregung vorüber ist. Sie geht vorüber, sobald sich der Körper von dem Ausgangspunkte des Reizes abwendet; sie wird stärker und schwächer, je nachdem sich der Leib dem Herde der Erregung, z. B. einer Flamme, einem tönenden Körper mehr nähert oder von ihm entfernt. Dabei ist Leib und Seele von der Empfindung weniger ergriffen, und die Seele bleibt ihrer mächtig. Man sieht also z. B. in diesem Augenblicke die blaue Farbe; man wendet den Kopf und sieht die grüne Farbe. Jetzt verschiebt sich aber das Ding und man sieht wieder Blau. Man hört einen Ton, man hört ihn stärker oder schwächer, je nachdem man das Ohr nähert oder entfernt. Das tönen hört auf, und man vernimmt nichts mehr, obgleich der Leib sich nicht verändert hat; das Tönen dauert fort, aber man entfernt sich und hört immer schwächer und schwächer und endlich gar nicht mehr. Oder man hört zunächst nichts, bleibt ruhig und hört nun plötzlich; man schreitet vor und hört immer stärker, bis man der tönenden Ursache ganz nahe ist; oder man ruht und hört dennoch stärker, weil die tönende Ursache sich nähert. An solchen Erscheinungen, die sich in Fülle, jeden Augenblick darbieten, merkt die Seele, dass die Empfindung nicht im Zusammenhange stehen kann mit den Bewegungen des eigenen Leibes, welche sie selbst leitet; dass sie ihr zukommt ohne Bewegung des Leibes, und trotz derselben; dass sie also nicht im Leibe ist, sondern ihr durch Bewegung von außen zukommt; und so ver-

legt sie die Empfindung außer sich und scheidet sich von ihr
als dem Dinge, welches ihr etwas antut, oder scheidet sich,
zunächst wenigstens, von der Empfindung als etwas Äußerm,
was ihr angetan oder gegeben wird, was sie nehmen kann (56).
Man greift einen Gegenstand und fühlt seine Glätte oder Rauh-
heit, man empfindet einen harten oder weichen Stoff; man lässt
ihn fallen, und die Empfindung ist vorüber. Die Tastempfin-
dung, schließt jetzt die Seele, freilich unbewusst, gehört also
nicht der Hand; sondern kommt der Hand von etwas Äußerm
zu, das sie nun wieder erfasst, wodurch sie die gehabte Empfindung erneuert. Hierbei wirkt das Sehen mit. Die Empfindung des Glatten und Rauhen verbindet sich mit dem Anblick
des Dinges in der Hand. Das Ding fällt, d. h. der Anblick ist
verändert, und zugleich die Tast-Empfindung geschwunden. Man
gibt dem Kinde das Ding wieder: so kehrt die frühere Tast-
Empfindung und der frühere Anblick zurück. In der Empfindung also experimentirt die Seele, nach Zufall, absichtslos und
unbewusst; aber das Ergebniss ist das erwachende Bewusstsein
von einer Außenwelt*), oder genauer eine gewusste Außenwelt.
Denn noch weiß die Seele nichts von sich, nichts von einem
Gegensatze ihrer selbst zur Außenwelt; sie weiß nur Äußeres.
Im Gefühl aber wusste sie gar nichts. Die Empfindung ist
also das erste Wissen oder Erkennen, und dieses ist ein Wissen
von Äußerm; d. h. tatsächlich ist es ein solches Wissen eines
Äußern, obwohl die Seele noch nicht weiß, dass sie dem Äußern
als Inneres gegenübersteht. So viel über Gefühl und Empfindung. Verfolgen wir jetzt die Bildung der Seele weiter.

412. Es ist eine wahre Schöpfungsgeschichte, durch welche
wir die Seele zu begleiten hätten. Das Erwachen der Empfindung aus dem Gefühl ist ein wahres: „und es ward Licht".
Dies ist aber nur der erste Schöpfungstag; und es bleibt noch
viel zu tun. Das Gefühl, die Empfindungen und die Reflex-
bewegungen sind gegeben; warnehmen aber muss man lernen.
Hieran knüpfen sich sehr schwierige psychologische Aufgaben.
Es ist bekannt z. B., dass man eigentlich nur Flächen, und

---

*) Vergl. Lotze, medicinische Psychologie S. 422, wo Webers schöne
Abhandlung über den Tastsinn vervollständigt wird.

diese ohne Entfernung sieht; Körper sehen nach ihren drei Ausdehnungen, Raumverhältnisse erkennen, sich an seinem eigenen Leibe zurechtfinden, das muss erst gelernt werden.

413. Denken wir uns also den empfindenden Menschen. Von allen Seiten strömen die Empfindungen gleichzeitig durch alle Sinne auf ihn ein; er wird von ihnen überflutet; und so findet er sich jetzt erst recht in einem Chaos, worin nichts unterschieden ist. Noch ist keine Vorstellung von einem besondern Dinge da. Wie der Fortschritt der Empfindung gegen das Gefühl in der Scheidung bestand, so muss nun auch weiter in dem Meere der Empfindungen unterschieden, d. h. verbunden und getrennt werden, damit von einander abgesonderte Gebilde und Gestaltungen hervortreten. Dies geschieht nun hier abermals zunächst durch körperliche Sonderung und Bewegung.

414. Die ganze Umgebung des Empfindenden sendet ihm viele Eindrücke zu, welche sich mit einander zu einer Einheit verbinden. Von diesem einheitlichen Hintergrunde heben sich zuerst die lebenden Wesen ab, die sich unaufhörlich im Raume hin und her bewegen und dadurch von allem, was nicht zu ihnen gehört, ablösen. Das Kind sieht Personen und Tiere gehen und kommen; es selbst geht aus den Armen des einen in die des andern über. So lernt es jene als besondere Einheiten von sich und allem Übrigen abscheiden. — Die Dinge werden hin und her gerückt; Tische und Stühle stehen bald dort, bald hier. Auf dem Tische steht bald dies, bald jenes, bald gar nichts. Das Kind sieht die Dinge bald liegend, bald weggenommen und bald wieder hingelegt, und nimmt sie selbst in die Hand. So zerreißt also die Einheit des durch die Empfindung Wargenommenen in so viele Stücke, als die Wirklichkeit selbst sich auflöst, So bekommt das Kind Anschauungen von Dingen. Sieht es dann auch noch den Tisch aus einander gelegt, die Decke abgenommen, die Füße losgelöst: so zerlegt sich die Anschauung des Tisches von neuem in eben so viele und eben solche Anschauungen, als der Tisch in Teile zerlegt ist, und es erhält zugleich die Anschauung der Tätigkeiten des Auseinandernehmens und Zusammensetzens. Soviel lernt ein Kind im ersten und zweiten Jahre, und so stehen wir hier nicht bloß schon an der Schwelle der Sprache, sondern

die Bildung der besondern Anschauungen geht schon unter der Leitung des Wortes vor.*)

415. Nachdem wir die Elemente der Sprache, welche gewissermaßen im vorsprachlichen Zustande der Menschen gegeben sind, kennen gelernt haben, könnten wir versuchen, sie in das lebendige Spiel der Sprachtätigkeit zu versetzen. Wir müssen jedoch zuvor den innern Besitzstand der Seele auf ihrer vorsprachlichen und also — da man die Sprache immer als Scheidungszeichen zwischen Mensch und Tier angesehen hat — tierischen Bildungsstufe etwas näher betrachten. Dies wird natürlich bloß darauf hinauslaufen, das Wesen der Empfindungserkenntnisse, der Warnehmung, der Anschauung zu entwickeln. Wir können diese Arbeit nicht umgehen. Denn wir müssen doch den Boden ausbreiten, auf oder aus welchem sich die Sprache erhebt, um dann weiter sehen zu können, was und wie die Sprache, in Gemäßheit des ihr in der Seele Vorangehenden und der allgemeinen Entwicklungsweise der Seele, für die Fortbildung derselben, für die Entfaltung ihres Wesens wirkt; was die Seele durch sie gewinnt, was sie sich in ihr schafft und gibt.

b) Charakter der sinnlichen Warnehmung.

416. Man fühlt Lust und Unlust. Man empfindet aber vermittelst der Sinne die Elemente, Licht, Wärme, Schall u. s. w. Man sagt jedoch nicht: ich empfinde dich, den Tisch, eine Blume. Denn Empfinden bedeutet: vermittelst der Sinne Erregungen seitens der Elemente empfangen und bewusst werden lassen. Dinge werden nicht empfunden, sondern wargenommen (12. 22). Man hat eine Anschauung von den Dingen. Ich nehme also Warnehmung ganz wie Helmholtz als „aus Empfindungen zu Stande gekommene Vorstellungen bestimmter äußerer Objecte", nur dass ich hier statt Vorstellungen sagen würde: Anschauungen. Wenn ich oben (12) sagte, die Empfindung ergebe das Bewusstsein einer „Qualität" sinnlicher Dinge, so ist das insofern ungenau als das Ergebniss der Empfindung erst in der Anschauung also im Warnehmungs-Process (18) zur Qualität verwertet, geformt wird. Dass der Klang

---

*) Zum Obigen vergleiche man 12—14. 45. 51—57.

einer Violine, weil aus Partial-Tönen zusammengesetzt, nicht
mehr Sache der reinen Empfindung, sondern der Warnehmung
sei, würde ich nicht sagen; sondern nur dies, dass der Klang
zwar eine Empfindung, aber darum nichts Einfaches, kein geistiges Atom, sondern etwa ein Molecule sei. Ein besondres
Wort kann dafür nicht geschaffen werden; sagen wir: eine
zusammengesetzte Empfindung. Um eine solche handelt es sich
aber allerdings beim Klange; denn, verstehe ich Helmholtz recht,
so beruht dieser nicht auf einer mehrfachen Erregung des
Hörnerven, deren Resultante sich noch im Nerven bildet und als
Einheit zu Bewusstsein kommt, sondern auf der psychischen Zusammenfassung von primitiven Ton-Empfindungen, die von Nerven gesondert geleitet und gesondert bewusst gemacht worden
sind. Wenn man aber sagt, man *sehe Dinge im Raume*, oder
man sehe die Form eines Tisches, so kann dieser Ausdruck irre
führen. Denn das Sehen in solchen Fällen ist ein zusammengesetzter psychischer Process und ist ganz eigentlich schon
Warnehmen; Sehen ist ungleich mehr als bloß Licht-Eindrücke
empfinden. Nun enthält freilich auch das Sehen keine er-
schöpfende Anschauung eines Dinges; denn außer dem Inhalt,
den das Sehen gewährt, enthält diese noch den Inhalt mancher
Empfindungen. Die reine Wirksamkeit der Empfindungsorgane
an sich kommt nur beim Kinde im ersten Laufe der Entwicklung vor; beim entwickelten Menschen steht sie ganz im Dienste
der Warnehmung, d. h. der Bildung von Anschauungen. Daher
sagt man auch, *man höre, rieche, schmecke Dinge*. Hier erhält
die einzelne Empfindung vermöge der Verbindung, in welcher
ihr Inhalt steht, und vermöge der Reproductionskraft, welche
sie durch die Association besitzt, (188. 269) den Wert einer
vollen Warnehmung; denn sie hat Anschauung-bildende Kraft.

417. Die Empfindung, weil sie ihre Erkenntnisse durch
vereinzelte Organe gibt, verfährt gewissermaßen analytisch; die
Anschauung ist eine Synthesis, aber eine unmittelbare, die durch
den Mechanismus der Seele gegeben ist. Diese Synthesis ist der
Warnehmungsprocess. In der Anschauung liegt immer eine
Mannichfaltigkeit; denn das Einfache wird bloß empfunden.
Das von der Empfindung gelieferte verschiedene Einzelne verbindet sich unmittelbar synthetisch zur Anschauung. Zu dem
in der Anschauung schon gebildeten Complex von Qualitäten

können neue Empfindungserkenntnisse hinzutreten, die ebenfalls
in gleicher Unmittelbarkeit sich synthetisch der Anschauung
hinzufügen. Wir nehmen also das Wort Anschauung nach
seiner sinnlichen Bedeutung, wie sie auch der Etymologie nahe
steht oder vielleicht ganz gleichkommt. Im Hebräischen und
Chinesischen bedeutet sehen überhaupt sinnlich warnehmen.
Man sollte die Anschauung in dieser niedrigen Bedeutung lassen.
Man spricht wohl auch von der allgemeinen Anschauung der
Natur, des griechischen Lebens u. s. w. Dafür aber sollte man
das Wort Idee verwenden, und diese nicht, nach französischer
und englischer Weise, von ihrer Höhe zur gemeinen Vorstellung
herabziehen. Auch die Unterscheidung der Idee von Begriff
ist nicht schwer. Dieser drückt das allgemeine, noch abstracte,
Princip aus. Ihm wohnt allerdings die schöpferische Kraft inne,
die Wirklichkeit zu schaffen; aber erst die Erkenntniss des ver-
wirklichten, nach allen Seiten in vielen einzelnen Schöpfungen
entwickelten Begriffs liefert die Idee. Der Begriff des Rechts
z. B. ist der Ausgangspunkt sowohl der Schöpfung aller Rechts-
bestimmungen und Gerechtigkeitsanstalten eines Volkes oder
Gesetzgebers, als der Forschung und Darstellung des Rechts-
gelehrten; die Idee des Rechts ist das in der Breite seiner
Entwicklung begriffene Recht, das Gesammtergebniss der Rechts-
wissenschaft. Der Begriff ist abstract, die Idee ist dessen Verwirklichung und Lebendigkeit. Der Begriff ist ein Allgemeines,
die Idee ein Ganzes. (Vergl. Lazarus, Zeitschr. f. Völkerpsych.
III, 448—456.) — In einem noch andern Sinne nimmt Herbart
die Anschauung. Er definirt (Lehrbuch zur Psychologie §. 204.
Psychologie II, §. 147.). „Anschauen heißt, ein Object, gegenüber dem Subjecte, als ein solches und kein anderes auffassen."
Dies verlangt freilich schon ein sehr entwickeltes Selbstbewusstsein; es ist aber vielmehr Beobachtung, welche die Qualitäten
des Objects. aufsucht, „indem wir mit Besonnenheit etwas be-
sehen und betrachten." Wie sehr hier die Bedeutung des Wortes Anschauung erhöht ist, geht aus der widerspruchsvollen
Bemerkung Herbarts hervor: „Dass in der Anschauung, als
Grundbestandteil derselben, Empfindung liege: versteht sich
zwar von selbst. Allein je stärker diese Empfindung, desto
mehr wird sie hemmend einwirken sowohl auf die Vorstellung
des Subjects, als auf die der andern davon zu unterscheidenden

Objecte. Das heißt: die Anschauung wird verlieren an dem, was an ihr charakteristisch ist." Darum aber, meinen wir, vernichtet sich hier die Anschauung und wird Beobachtung.

418. Kurz: wie die Empfindung in der Warnehmung aufgeht, so geht diese, d. h. die Anschauung, in der weitern Bildung, im Begriff, in der Idee auf (14. 17.). Eben darum ist es sehr schwer, die Anschauung oder Warnehmung an sich, als vorsprachliche Entwicklungsstufe zu charakterisiren. Wir bemerken indessen Folgendes.

419. Es fehlt der primitiven Anschauung das Selbstbewusstsein. (411.)

420. Mit diesem Mangel an Selbstbewusstsein steht in enger Verbindung, dass es auf der Stufe der Warnehmung nichts Allgemeines, sondern nur Einzelnes gibt. Nur einzelne Qualitäten werden empfunden; nur einzelne Dinge wargenommen. Es gibt keine Warnehmungen von Arten. Der äußerlich oder innerlich (in der Erinnerung oder Phantasie) angeschaute Hund ist eine bestimmte Einzelheit, bestimmt nach Farbe, Größe, Gestalt, Stimme und allem was die Warnehmung an ihm besitzt. Das Tier, ein so umfassender Gattungsbegriff, wird gar nicht wargenommen. Es mag wohl sein, dass das Kind mit seinen noch so ungeübten Sinnen gerade von den Merkmalen eines Hundes, welche er mit der Katze und dem Pferde als Tier gemeinsam hat, am meisten betroffen wird, dass es bloß diese warnimmt und über ihnen die andern übersicht. Der Hund, wie die Katze ist für das Kind etwa ein Ding, das von selbst von einem Orte zum andern gelangt, ohne, wie Tische, Stühle, getragen zu werden; ein Ding, dem man ruft, dem man zu essen gibt u. s. w. Wenn es aber auch an einem Hunde nichts weiter warnähme, als die allgemeinen tierischen Merkmale, so wäre dies doch keine Anschauung von einem Tiere, sondern nur eine unvollkommene, d. h. sowohl unvollständige, als stumpfe, an Menge der Merkmale und Schärfe der Auffassung mangelhafte Anschauung von einem Hunde (197).

421. Wesentliche Bestimmungen der sinnlichen Warnehmung sind also: In Bezug auf das Subject Mangel an Selbstbewusstsein, bezüglich des Objects und Inhalts einzelne Wirklichkeit, und dazu kommt drittens betreffs der psychologischen

Form, wie der Inhalt der Warnehmung im Bewusstsein vorhanden ist, Einheit eines Bildes. Diese drei Punkte gelten natürlich nur von der noch nicht ausgebildeten Warnehmung und Anschauung; die beiden letzten gelten auch von unserer jeweiligen, augenblicklichen Warnehmung; aber sie sind dabei im Gegensatze zu der weitern Entwicklung, in welcher wir die Anschauung oben (15), eben so wohl wie den Begriff discursiv nannten, womit geradezu der Gegensatz zu der hier hervorgehobenen Einheit ausgesprochen ist. Diese bezeichnet hier das gleichzeitige Nebeneinander im Raume und die zusammenfassende Beziehung der mannichfachen Empfindungen zu einem räumlich sich erstreckenden Bilde, welches mit einem male geschaut werden kann. Dabei sind die Gesichts-Empfindungen die bewussten; die sich daran knüpfenden Empfindungen der andern Sinne können in Schwingung bleiben. Dies ist die Anschauung im eigentlichen, im primitiven Sinne, mag sie das augenblickliche Erzeugniss der jeweiligen Warnehmung, z. B. der Anblick eines Pferdes, oder bloße Erinnerung einer solchen ehemaligen Warnehmung sein. Discursiv dagegen ist die entwickelte Anschauung, welche einen Inhalt umfasst, der niemals in einer Warnehmung gegeben ist, sondern aus den Ergebnissen vieler Warnehmungen combinirt ist. Solcher Inhalt kann nicht mit einem male übersehen, sondern nur in seinen Teilen nach einander aufgezählt und zusammengelesen werden. — Aber auch diese Art-Anschauung trägt immer noch das Wesen des Bildes an sich; sie ist ein Bild, dessen einzelne Elemente veränderlich sind. Die Art-Anschauung Pferd z. B. kann durch eine Warnehmung nicht gegeben sein; denn diese liefert nur ein einzelnes Pferd. Sie ist aber durch viele Warnehmungen gegeben; d. h. sie ist der Inhalt eines wechselnden Bildes. Bald bleibt die Form und diese erscheint nur in wechselnder Farbe; bald bleibt die Farbe und Form, aber die Größe wechselt; bald ändert sich auch die Linie, welche Kopf und Hals umzeichnet u. s. w.

422. Es kann unerlaubt scheinen von einer Art-Anschauung zu reden. Denn neben dem Besitze der Sprache muss dieselbe ein gemeiner Art-Begriff sein; und vor diesem Besitze kann sie wohl kaum entstehn. Wir könnten also nur, wie schon bemerkt (16), den Namen Art-Anschauung relativ

für den niedrigen Art-Begriff setzen. Ganz eigentlich aber wäre die Art-Anschauung beim Taubstummen zu suchen.

423. Worin besteht nun der Fortschritt, der aus der Stufe der Warnehmung oder Anschauung höher führt? — Wir haben bemerkt, wie sich dem Kinde zunächst der ganze Raum, in dem es sich befindet, zu einer einzigen Anschauung gestaltet. Auch für uns ist ja ein Zimmer, ein Haus eine Einheit. Diese zerreißt für das Kind allmählich durch die Veränderungen, welche vorgenommen werden. Der Tisch, der Anfangs zum Boden zu gehören schien, wird verrückt; die Stühle wandern hin und her; und so bilden sie selbständige Anschauungen. Der Baum mit seinem Laubdache bildet eine Einheit. Blätter fallen ab, und so entwickeln sich die Anschauungen Blatt, Zweig, Stamm, Wurzel. Die so geteilten Anschauungen sind in ihrem Inhalte klarer, reicher geworden. Es hat eine Analyse stattgefunden; aber diese Analyse hat synthetischen Wert. Die Gesammt-Anschauung vom Baume hat keineswegs schon den Inhalt in sich, der erst durch jene Analyse bewusst wird. Es findet also eine synthetische Bereicherung durch Erfahrung statt, indem die Teile des Baumes als besondre Anschauungen bewusst werden.

424. Schon dieser Fortschritt geht nicht ohne Hülfe der Sprache vor sich. Der verwarloste Knabe, von dem wir oben (224) gesprochen haben, kannte den Baum, aber nicht das Blatt. Der weitere Fortschritt kann kein anderer sein, als dass nun auch die kleinern Anschauungen gespalten werden. Denn Teilung bereichert das Wissen; es ist Gliederung. Es könnte nun eine weitere Anatomie eintreten; aber diese bleibt Sache der Wissenschaft. Eine andere Sonderung tritt ein, nämlich die der Qualitäten, des mannichfachen Inhaltes, den die Sinne durch die Empfindung gewähren (23). Doch man begreift oder ahnt sogleich, dass dies nicht wieder durch Zerreißung der Wirklichkeit geschehen werde; denn diese führt niemals zu abstracten Qualitäten, d. h. zu Qualitäten, welche nicht in einem ganzen Complex zu einem Dinge gehörten. Es wird also eine bloß geistige Abstraction sein, welche Weiß und Kalt als Qualitäten des Schnees sowohl unter sich unterscheidet, als auch von dem Dinge, an welchem sie haften, ablöst. Und dies wird sicherlich nicht ohne das Wort geschehen können.

425, Wir nannten diese Stufe der Seelenentwickelung, die vorsprachliche Stufe der Warnehmung oder sinnlichen Anschauung: die tierische. Wir haben schon einige Andeutungen gefunden, dass sich die weitere Bildung der Seele nicht ohne Sprache werde erzielen lassen, dass die Sprache auf dem Punkte, zu dem unsere Betrachtung gelangt ist, werde hervorbrechen müssen. So wollen wir denn nun auch hier untersuchen, wie weit die tierische Seelenbildung gelangen mag.

c) Entwickelungsstufe der Tierseele.

426. Wir sagten, es gebe keine Anschauungen von Gattungen und Arten, überhaupt von Allgemeinem; sondern Gegenstand und Inhalt der anschauenden Seele sei das wirklich daseiende Einzelne. Das Bewusstsein des Tieres würde demnach auf die Kenntniss von Individuen beschränkt sein, ohne diese zu Arten zusammenzufassen und Arten von einander zu unterscheiden. Und ich denke, dem ist so. Der Hund unterscheidet Hunde von einander, Menschen von einander, und unterscheidet einen Hund von einem Menschen und beide von einem Pferde. Aber was beweist das? dass er den Menschen als diese besondere Art von Wesen, dass er das Pferd als diese besondere Tierart auffasst, und der Art, zu welcher er selbst gehört, als davon verschiedene Arten entgegensetzt? Keineswegs. Der Hund unterscheidet einen Hund, ein Pferd und einen Menschen als drei verschiedene Individuen, wie er verschiedene Hunde und mehrere Menschen ebenfalls als besondere Individuen scheidet. Er sieht freilich ganz unfehlbar, dass Mensch und Mensch, Hund und Hund sich ähnlicher sind, als Mensch und Hund. Aber alles das beweist noch nicht, dass er die Grade der Ähnlichkeit nach Arten bestimmt, dass er die in bestimmten Grenzen beharrenden Verschiedenheiten als Art zusammenfasst. Er sieht nur Individuen, mehr oder weniger verschiedene. Bei dieser Erkenntniss der größern Ähnlichkeit liegt eine unklare Anschauung dem Bewusstsein zu Grunde; aber es tritt nicht der Fall von 297 und 304 f. ein, sondern es verbleibt bei 302; d. h. es wirkt kein Moment als wichtig zu einer Zusammenfassung der Individuen zu einer Art, weil die Momente ungeschieden bleiben. — Der Hund unterscheidet den Hund von

der Hündin; unterscheidet er nun in seinem Bewusstsein wohl auch ein männliches und weibliches Geschlecht? Ich kann es nicht glauben. Der Hund unterscheidet auch ohne Zweifel den Mann vom Weibe, den Stier von der Kuh. Wird er Hündin, Kuh und Weib zusammenfassen als weiblichen Geschlechts? Hund, Stier und Mann als männlichen? Wodurch bewiese er denn, dass er das täte? Gerade rücksichtlich der Begattungsverhältnisse entwickelt das Tier ganz wunderbare Seelenfähigkeiten. Aber wir dürfen auch annehmen, dass, so oft es hier den gewöhnlichen Kreis seiner Kraft überschreitet, ein bewusstloser Instinct (Reflexbewegung) wirksam war. Weiß der Hund, indem er sich begattet, von Zeugung und Geburt? von Erhaltung seiner Art? weiß die Hündin, sie werde befruchtet, werde schwanger werden und Junge werfen, die sie dann zu säugen habe? Weiß sie von all dem in seinem causalen Zusammenhange, oder auch nur als zeitliche Reihenfolge von Tätigkeiten und Zuständen und Ereignissen? Das dürfte wohl Niemand behaupten. Dann weiß aber auch der Hund nichts von Geschlechtern. Er folgt in jedem Augenblicke dem unbewussten Instinct, jetzt in der Begattung, später im Säugen, ohne Bewusstsein vom Zusammenhange beider, ohne Nachdenken, warum nicht auch der Nachbar säuge, warum er sich bei der Begattung anders benehme — kurz ohne Unterscheidung der Geschlechter, als eines Artbegriffes oder einer Artanschauung. In seinem instinctiven Drange sucht der Hund ein Individuum, das geeignet ist, seinen Drang zu stillen. Dass dieses oder jenes Individuum dazu geeignet sei, ein anderes nicht: das weiß er, wie er weiß, was er zu essen hat, und was liegen zu lassen. — Er sieht eine fest gewurzelte Pflanze, ein sich bewegendes Tier, einen bewegten Stein: er scheidet sie von einander, wie dieses Individuum von andern; er scheidet sie als verschiedene Etwas; er scheidet sie nicht als artverschieden, als Pflanze, Tier und Stein.

427. Der Hund erkennt entschieden Individuen immer wieder, obwohl doch z. B. sein Herr nicht immer die gleiche Wahrnehmung bietet, gleich aussicht. Hier wirkt ein Moment oder einige Momente in schwingendem Zustande als absolut wichtig und entscheidend, aber so entschieden ausschließend, dass eine Zusammenfassung zu Arten unmöglich wird.

428. Wir haben im Obigen schon die Ausdehnung der Zeit als Gegenstand des Bewusstseins berührt. Der Hund hat Gedächtniss; denn das heißt nichts weiter, als er hat eine Seele, welche dauernder Sinneseindrücke fähig ist; der wiederholte Sinneseindruck muss ihm also bekannt erscheinen. Er hat zwei Begebenheiten hinter einander wargenommen; beide Anschauungen associiren sich. Nimmt er die erste von neuem war, so steigt auch die zweite wieder in seinem Bewusstsein auf; d. h. er erwartet sie. Er hat also eine Vergangenheit und eine Zukunft, aber gewiss nur eine sehr unbestimmte. Die Vertrautheit mit einer wiederholten Warnehmung, das Erwarten einer kommen sollenden, ist noch kein Bewusstsein von der Ausdehnung der Zeit. Das Tier mag ein Gedächtniss für eine ziemlich lange Vergangenheit haben; aber ob es die verschiedene Länge unterscheidet? schwerlich. Es erinnert sich des Vergangenen überhaupt; aber es misst die Zeit nicht. Das Tier soll öfter Langeweile haben; denn man sieht es gähnen! Als wenn das Gähnen nicht ein Erzeugniss rein physischer Ursachen sein könnte. Einen Unterschied zwischen Arbeit und Müßiggang, Plackerei und Wohlleben empfindet die tierische Seele in ihrem Gemeingefühl gewiss. Das Tier spielt und belustigt sich, gerade ebenso in Folge rein physischer Nervenlebendigkeit, wie es auch ruht, wenn es müde geworden ist. Es hat auch geistige Gefühle. Es fühlt z. B. Freude über die Rückkehr des lange abwesend gewesenen Herrn.

429. Zwischen Gedächtniss und Erinnerung ist ein Unterschied. Die Erinnerung sucht im Gedächtnisse, wie sie auch zeitliche Anordnung und Einteilung der im Gedächtnisse aufbewarten Vergangenheit herstellt; denn Erinnerung ist nicht bloß Aufbewarung des Vergangenen in der Seele, sondern Bewusstsein von der Ausdehnung der abgeflossenen Zeit. Sie ist darum auch noch mehr: Vergegenwärtigung der Vergangenheit, und zwar eines bestimmten, absichtlich jetzt gesuchten und zurückgeforderten Punktes der Vergangenheit. Diesen Unterschied hat, irre ich nicht, schon Aristoteles gemacht und dem Tiere Gedächtniss, aber nicht Erinnerung zugeschrieben. Gedächtniss ist nichts als Vertrautheit mit dem gegenwärtigen Eindrucke der Sinne; das ist kein Bewusstsein von Vergangenheit, sondern nur eine modificirte Gegenwart. Und

eben so ist Erwartung des nächsten Augenblickes noch kein Bewusstsein einer Zukunft, sondern bloß Gegenwart, insofern diese überhaupt ist. Denn streng genommen ist sie ja nur der ewig vergangene und ewig kommende ausdehnungslose Zeitpunkt. Was man im gewöhnlichen Leben Gegenwart nennt, ist ein wenig Vergangenheit und ein wenig Zukunft; und das hat das Tier. Es hat nur insofern diese beiden, als es Gegenwart hat, d. h. als es lebt, und notwendig in der Zeit lebt, und zwar mit Bewusstsein. Es hat Bewusstsein vom Gegenwärtigen, aber nicht von der Gegenwart, dies nicht, weil nicht von Vergangenheit und Zukunft; und endlich dies nicht, weil es sich das Vergangene nicht vergegenwärtigt, weil es wohl Gedächtniss, aber nicht Erinnerung hat. Herbart frägt (Sämmtl. Werke VI. Psych. II. S. 211): „Kann es die jetzige Zeit unbemerkt fließen lassen, um sich in dem Frühern einen Standpunkt zu wählen, von wo es vorwärts und rückwärts schaue?" Schwerlich.

430. Das Tier lebt also nur in der Gegenwart, ohne Vergangenheit und Zukunft, weil seine Seelenstufe die Anschauung ist, d. h. Bewusstsein vom einzelnen, wirklichen und gegenwärtigen Gegenstand. Es hat ewig wiederholte Anschauungen, d. h. die Wirklichkeit bietet der Seele immer wieder denselben Gegenstand dar; aber es hat keine erinnerte Anschauung, d. h. Zurückrufung der gehabten Anschauung auf Befehl der Seele. Es fehlt die Freiheit!

431. Die Anschauung, sagten wir ferner, sei Einheit, d. h. unzergliedertes Bewusstsein von einem Dinge. Die Katze sieht die gelbe Flamme, so oder so gestaltet, im Kamin und fühlt zugleich die von ihr ausstrahlende Wärme, hört auch das Knistern. Diese Empfindungen werden sich notwendig verbinden und ihr die Anschauung des Feuers geben; d. h. die Katze wird diese ganz stumpfe Summe mehrerer qualitativen Empfindungserkenntnisse haben. Unsre Begriffe und unsre Anschauungen sind noch etwas mehr, als die bloße Summe der Merkmale; aber die tierische Anschauung ist gerade dies und nichts anderes; und die Seele ist im anschauenden Bewusstsein bestimmt als: die Empfindungsqualitäten summirend, d. h. dieselben als vielfachen Zustand in sich zusammenhaltend. Hier wird nicht der Gesichtseindruck vom Gefühlseindruck geschieden, nicht innerhalb des ersten abermals Form und Farbe geschieden;

sondern Form, Farbe, Tönen, Gefühl — alles zusammen bezieht das Tier mehr auf 'sich selbst als einen vielfach bestimmten Zustand. Das Bewusstsein von Objecten ist hier noch schwach. Es hat das Object noch nicht zum Subject eines Urteils gemacht; es hat nicht gesagt: die Flamme leuchtet, ist warm u. s. w. Es trägt alle diese Urteile noch als unvollzogen in summarischer Einheit in sich; d. h. es hat die Prädicate, die Empfindungsqualitäten in sich, aber hat dazu noch gar kein Subject; es fehlt das Ding. Die tierische Seele selbst vielmehr, sie, welche die Prädikate in sich hat, ist noch dinglich bestimmt; die Kategorie Ding ist noch nicht wirksam geworden. Eben darum, weil die Kategorie Ding der tierischen Anschauung noch fehlt, ist letztere auch noch nicht Einheit, was sie nur durch jene Kategorie werden könnte, sondern bloßes Zusammen. Dieser Mangel der Dingkategorie, der scharfen Einheit, dieses stumpfe Beisammen der Empfindungen und die dingliche Bestimmtheit der Seele spricht sich in dem starren Blicke des Tieres aus; der Hund und auch noch der stumpfe Mensch starrt in die Flamme. Im Tier finden wir die reine Anschauung, welche im entwickelten Menschen allemal schon in erhöhter Potenz erscheint. Wie der Gebildete anders anschaut als der gaffende Ungebildete, so schaut auch der Mensch anders an als das starre Tier.

432. Auf dem Standpunkte der Anschauung wird nicht geurteilt; denn ihr Wesen ist Einheit. Urteilt denn nun also das Tier nicht? Sicherlich nicht, insofern dadurch die Einheit der Anschauung aufgehoben würde. Es lässt sich aber urteilen, ohne die Anschauung in einzelne Qualitäten zu zerteilen — Urteile, welche sich auf das Ganze der Anschauung erstrecken. Wenn ein Tier eine Anschauung gehabt hat, die ihm von neuem dargeboten wird, so wird es das wohl wissen und gewissermaßen urteilen: dieses A = einem alten A. Es appercipirt A mit A^1 zu A^2. Eben so wird es geschehen, wenn zwei Anschauungen A und B mit einander in der Seele des Tieres verbunden sind. Jetzt wiederhole sich A; das Tier wird nicht bloß die Identität des A urteilen, sondern auch B erwarten, und tritt B wirklich auf, von neuem ein Identitäts-Urteil bilden — natürlich alles dies nur in sehr uneigentlichem Sinne. Solche Identitäts-Urteile, in denen Subject und Prädicat identisch sind,

zusammenfallen, können keine wirklichen Urteile erwecken. Es findet Verschmelzung, keine Sonderung statt. Diese Verschmelzung geht ruhig vor sich, sie erregt keine weitere Seelentätigkeit, sondern gibt im Gegenteil das Gefühl der Befriedigung, in welcher die Seele ruhig beharrt, bis sie von neuem gestört wird.

433. Dieses gewissermaßen so anzusehende Identitätsurteil war affirmativ; wie sollte aber das Tier nicht auch, in gleichem Sinne, wie das affirmirende, das die Identität negirende Urteil kennen? Die Kuh vor dem neuen Tor urteilt negirend. Sie sieht die alte Straße, das alte Haus und erwartet nun die mit jenen beiden Anschauungen associirte Anschauung des alten Tores; sie findet aber dieses nicht. Die neue Warnehmung verschmilzt nicht mit der Seele: das ist ihre Negation. War Behaglichkeit und Zufriedenheit Ausdruck der tierischen Affirmation, so ist der Ausdruck der tierischen Negation stumpfes Staunen. Es kommt auch hier zu keinem Urteil, auch beim Menschen in ähnlichem Falle nicht; man weiß eben nicht, was man dazu sagen solle. Die ganze Erkenntniss des Tiers besteht im Anerkennen und Verschmähen; beides geht nicht in der Form des Urteils vor sich.

434. Ein Tier schließt auch und hat praktische Absichten. Wenn z. B. ein Hund Hunger hat, so treibt ihn dieses Gefühl zum Bellen, und man gibt ihm zu essen. Diese Reihe von Anschauungen wird ihm bleiben; und wenn er wieder Hunger hat, so wird er wieder bellen, damit man ihm wieder etwas zu essen gebe. Solche Schlüsse, die innerhalb der Anschauung bleiben, mag man den höhern Tieren in weitem Umfange zuschreiben. Der Hund wird seinen Schluss inductiv erweitern: man hat mir auf mein Bellen zu essen gegeben, man hat also meinen Willen getan; jetzt will ich wieder etwas, z. B. dass die Tür geöffnet werde; ich werde wieder bellen, und man wird wieder meinen Willen tun. Solche Schlüsse nach Analogie und Induction werden sicherlich meist noch durch einen rein physischen Drang, Reflexbewegung, unterstützt werden.

435. Wir können nicht verwundert sein, oder müssen sogar erwarten, bei den Tieren Keime der Sprache zu finden. Denn ist die Erzeugung von Lauten eine Reflexbewegung, und erfolgen solche reflectirte Bewegungen auf Gefühle und Em-

pfindungen und höhere Seelentätigkeiten, so kann die Sprache auch schon bei den Tieren sich finden, nur in einer angemessenen Stufe. Das Gemeingefühl spricht sich lebendig im Geschrei und Gesang der Tiere aus, wie alle besondern Gefühle der Lust und Unlust. Wir nehmen hier das Gemeingefühl in dem oben bestimmten Sinne, als die allgemeine Weise, wie sich die Seele im Körper fühlt. Es ist also das Gefühls-Ich. Aber auch hier tritt gerade da, wo wir auf das Einzelnste zu stoßen meinen, ein Allgemeines, Gemeinsames hervor. Der Wettgesang der Vögel ist eine wahre tierische Unterredung und bekundet die gefühlte Einheit der Gattung. Ebenso eine Heerde Schafe, die durch einander blöken, und der Hund, der seinem bellenden Nachbar bellend antwortet (vgl. Urspr. d. Spr. S. 320 ff).

436. Hierauf, ich meine auf die tönenden Ausbrüche des Gemeingefühls, lege ich ein größeres Gewicht, als auf das Winseln des Hundes, der etwa vor einer geschlossenen Tür liegt und einen vorübergehenden Menschen um Hülfe anzurufen scheint, oder durch Bellen und Kratzen sich bemerklich machend die im Zimmer befindlichen Personen um Eröffnung der Türe bittet. Hier liegt freilich eine sehr vielfache Association von Anschauungen vor: Erwartung, dass wir Mitleid mit ihm haben, d. h. ihn verstehen werden; was zugleich ausdrückt, dass er wisse, wir haben die Kraft, die ihm fehle, die Macht ihm zu helfen. Nur legt man gar zu leicht mehr hinein, als darin liegen mag. Ob die Absicht zur Mitteilung vorhanden sei? das scheint mir doch zweifelhaft. Der Hund winselt, und dies Winseln ist Ausdruck seiner Verlegenheit, der aber unbeabsichtigt erfolgt, auch wenn Niemand da ist, der ihn hören wird. Er hat nicht die Absicht, das Winseln zur Sprache zu verwenden. Er hat gesehen, dass Menschen die Tür öffnen; da er sie geöffnet wünscht, ist es natürlich, dass er an die Anschauung eines Menschen die Anschauung der sich öffnenden Türe knüpft. Er erwartet; aber er bittet nicht, er spricht nicht. Sein Kratzen an der Türe ist ebenfalls nicht ein Versuch, seinen Wunsch anzudeuten, sondern ein Arbeiten, ein Bemühen, die Türe zu öffnen, und da sie in Folge seines Kratzens öfter geöffnet worden ist, so hält er sein Kratzen für ein wirkliches Eröffnungsmittel; es ist ihm mehr ein Schlüssel und Drücker, als eine Sprache. Und das gilt sogar vom Bellen des Hundes und vom

Schreien der Kinder. Herbart scheint sehr recht zu haben, wenn er bemerkt (Psychologie §. 155. Sämmtl. W. VI, S. 401): „Dass in diesen ersten Anfängen sich alles aus Gefühl und Beobachtung" (Anschauung würden wir sagen, indem wir, wie oben bemerkt, Beobachtung nennen möchten, was Herbart Anschauung nennt), „ohne Willkür, zusammensetzt, sieht man deutlich an eigensinnigen Kindern, die durch Schreien ihre Umgebung regieren; ja selbst an Tieren, denen oft auf ihre klagende Stimme gewährt worden ist, was sie begehrten. Bei diesen wie bei jenen werden unverkennbar die Töne immer gebieterischer, je häufiger sie erfahren haben, dass sie etwas dadurch ausrichten. Ihre Laute werden für sie ein Organ des Handelns, so unnatürlich dies auch ist" — d. h. uns scheint; an sich ist es nicht unnatürlich, da der Hund und das Kind den innern Zusammenhang von Ursache und Wirkung nicht einsehen. Auf diesem anschauenden Standpunkte gibt es bloß Verbindung zweier Ereignisse in der Anschauung und die Erwartung des unfehlbaren Eintretens des zweiten, wenn das erste eingetreten ist. „Die Complexion zwischen dem Schreien und dem beobachteten guten Erfolge wirkt nach dem allgemeinen Gange des psychologischen Mechanismus dahin, dass, sobald das Beobachtete zum Begehrten wird, sich die Stimme erhebt, und zwar nach häufiger Wiederholung endlich mit der Zuversicht des Gelingens, wodurch der Wunsch in den Willen, die Bitte in den Befehl übergeht" — d. h. abermals, wie es uns scheint. Denn von Bitten und Wünschen kann ja nicht die Rede sein da, wo man „ein Organ des Handelns" zu bewegen glaubt, wo man zu arbeiten meint, wie Kind und Hund bei ihrem Schreien sich einbilden. Der Übergang vom Winseln zum lauten Schreien und Bellen ist Folge des Verdrusses, dass der gewünschte Erfolg noch nicht eingetreten ist; man fängt an, anstrengender, kräftiger zu arbeiten. Hier fehlt durchaus das charakteristische Element der Sprache: theoretische Mitteilung.

437. Wir glauben im Vorstehenden der tierischen Seele weder zugeschrieben zu haben, was sie nicht hat, noch abgesprochen, was sie besitzt. In beide Fehler verfällt man gar zu leicht. Da wir denn doch immer bloß Wirkungen, tierisches Handeln sehen, so schiebt man dem oft solche Motive unter, wie sie den Menschen beseelen, wenn er dergleichen tut. Man

übersieht hierbei ein Doppeltes: erstlich, dass diesen tierischen
Wirkungen gar nicht notwendig dieselbe Ursache zu Grunde zu
liegen braucht, als der entsprechenden menschlichen; und zweitens, dass die tierische und menschliche Handlungsweise wohl
vielfältige Analogien und Ähnlichkeiten bieten, aber keine Gleichheit zeigen; dass vielmehr bei genauerer Betrachtung bedeutende
Unterschiede hervortreten, die man unbeachtet lässt. Wir haben
auf solche Unterschiede aufmerksam gemacht und erkannt, dass
die menschliche Anschauung doch noch eine ganz andere ist,
als die tierische; wir haben den allgemeinen bezeichnenden Unterschied darin gefunden, dass nur der menschlichen Anschauung
die Kategorie des Dinges zu Grunde liege, nicht der tierischen;
dass also diese nur ein Zusammen, jene aber Einheit sei. In
diesem Unterschiede liegt aber schon eine Leistung der Sprache.
Ehe wir jedoch zeigen können, wie die Sprache dies leiste,
fragen wir: warum entspringt die Sprache aus den menschlichen
Warnehmungen und nicht auch aus den tierischen? was zu
einer nähern Vergleichung der menschlichen und tierischen
Seele führt.

d) Vergleichung der Menschen- und Tierseele.

438. Man hat die Vergleichung zwischen Tier und Mensch
bisher gewöhnlich in sehr ungehöriger Weise angestellt. Die
Sache scheint mir indeß so einleuchtend und gewiss, dass ich
glauben muss, hätte man einerseits die Verschiedenheit zwischen
Mensch und Tier, die Vorzüge des Menschen vor diesem nicht
nur zu sehr übertrieben, sondern auch am völlig unrechten Orte
gesucht, man hätte sich andererseits durch das Streben des
Widerspruchs niemals können verleiten lassen, in der Gleichstellung von Mensch und Tier so weit zu gehen, um jeden
wesentlichen, principiellen Unterschied zu läugnen. Beiderseits
hat man aber denselben Fehler gemacht. Erstererseits behauptete
man, der Unterschied liege in den sogenannten höhern Seelenfähigkeiten, welche der Mensch als Überschuss zu und neben
den untern im Vorzuge vor dem Tiere besitze, welches bloß
die untern Seelenfähigkeiten habe. Hiergegen bemerkte nun
andrerseits Herbart — denn ich rede hier nicht vom Heroismus
der Leichtfertigkeit; einem Manne wie Herbart aber merkt

man es an, dass nur sein Widerstand gegen eine Ansicht, die alle Zweige der Philosophie verdorben hatte, ihn dazu führen konnte, den Unterschied zwischen Mensch und Tier zu übersehen — Herbart also, sage ich, bemerkt gegen obige Ansicht mit Recht, dass das, was man unter den höheren Seelenfähigkeiten verstehe, gar nicht dem Menschen angeborne besondere Kräfte seien, sondern ein im Laufe der Zeitalter vom Menschengeschlechte erworbenes, durch Überlieferung von einem Geschlechte zum andern fortgepflanztes und immer neu bereichertes Gut der Cultur sei. Dieser Erwerb müsse abgezogen werden, wenn die Seele des Menschen mit der des Tieres verglichen werden solle; denn er sei nicht einer höhern Kraft der Seele zu verdanken, sondern dem höher gebildeten menschlichen Leibe, nämlich seiner kunstfähigen Hand und seinen gefügigen Sprachorganen. Abgesehen von diesem leiblichen Vorzuge, sei die menschliche Seele, wie die tierische; diese würde gleiche Cultur erreichen, hätte ihr die Vorsehung Hände und Sprache gegeben. Denn übrigens sei beim Tiere alles, wie beim Menschen, und man könne beobachten, wie die Tierseele nach Hand und Sprache gewissermaßen strebe, d. h. Pfote und Stimme als Hand und Sprache zu verwenden strebe, dabei aber vom Leibe im Stiche gelassen werde.

439. Beide Ansichten also sehen den Unterschied zwischen Mensch und Tier nur in der weitern Bildung. Und dies halten wir für falsch. Der Unterschied zeigt sich überall, schon beim ersten Beginn der Seelenwirksamkeit, schon im ersten Auftreten derselben. Wenn die Sprache von jeher für das galt, was diesen Unterschied ausmache und begründe: so kommt es auch wohl der Sprachwissenschaft zu, denselben festzustellen, sorgfältig darzulegen, die Würde der Menschheit zu behaupten, ohne in haltlose Übertreibungen zu geraten. Der Unterschied mag nicht so groß sein, wie man sich ihn oft eingebildet hat: er bleibt immerhin groß genug.

440. Wir gründen unsere Ansicht vom Vorzuge des Menschen auf folgenden einfachen Schluss. Zwei gleichartige und gleich kräftige Ursachen müssen auch gleichartige und gleich kräftige Wirkungen hervorbringen; finden wir nun letztere in Wirklichkeit nicht gegeben, so dürfen wir auch erstere nicht annehmen, müssen im Gegenteil aus der Verschiedenheit zweier

Wirkungen auf eine derselben entsprechende Verschiedenheit
der Ursachen schließen: es müssten denn die Hindernisse nachgewiesen werden, welche die eine Ursache verhindert haben,
ihre volle Kraft wirken zu lassen zur Hervorbringung dessen,
was in ihr lag. Nun liegt es als Tatsache vor, dass das Tier
keine menschliche Welt gründen konnte; also kann es auch
keine der menschlichen Seele gleiche Seele haben. Behauptet
man diese Gleichheit dennoch, so hat man zu zeigen, worin das
Hinderniss liege, welches die tierische Seele zurückhalten solle,
gleich der menschlichen zu wirken. Dieses Hinderniss kann
nicht in zufälligen Umständen liegen, welche dem tierischen
Wesen äußerlich wären; denn solche könnten unmöglich einen
seit Beginn der Schöpfung ununterbrochen dauernden und aus-
nahmslos wirksamen Einfluss geübt haben. Wenn aber dem
tierischen Wesen, als solchem, angehörende Verhältnisse als
hemmend angeführt werden, so ist damit das niedrigere Wesen
der Tierseele anerkannt. Hier sagt man nun aber: nicht in der
tierischen Seele liegt das Hinderniss, sondern lediglich im tierischen Leibe; und nur durch die höhere Organisation des Leibes
unterscheide sich ursprünglich der Mensch von dem Tiere,
während die Seelen beider zu einer Art gehören (Herbart,
Psychologie §. 130.).

441. Wenn man aber auch nicht Materialist ist, d. h.
wenn man nicht meint, dass die Seelentätigkeit bloß Erzeugniss
der Wirksamkeit animalisch-organischer Materie sei — denn
dann schlösse ja der Vorzug des Leibes den Vorzug der Seele
schon in sich — : auch dann muss man doch ein inniges wechsel-
seitiges Auf-einander-wirken zwischen Seele und Leib annehmen,
wie wir das täglich an uns und andern auch beobachten können;
und muss ferner zugestehen, dass die Seele auch auf die Schöpfung
selbst, auf die Formung und Gestaltung des Leibes einen absolut bestimmenden Einfluss übe (Lotze, Psych. S. 129.). Sieht
man in der Welt nichts als ein notwendiges Wirken blinder
Ursachen ohne regierenden Zweck, so sind alle Schöpfungen
Zufall, und die ungeheuerlichste Erscheinung ist so gerechtfer-
tigt, als die in sich übereinstimmendste — insofern dann noch
von Rechtfertigung die Rede sein kann. Glaubt man aber, die
Welt sei nach Zwecken geordnet: — und wie könnte man
dann die weitere Annahme eines allweisen, allgütigen und all-

mächtigen Schöpfers abweisen? — so ist die Vereinigung der Seele, wie sie im menschlichen Leibe ist, mit dem Leibe eines Polypen, und immerhin mit dem Leibe eines Hundes, Pferdes, Elephanten, ja eines Affen, eine phantastische, ungeheuerliche Annahme, welche der Anerkennung des Zweckes in der Welt widerspricht und den Glauben an den Schöpfer verhöhnt.

442. Lassen wir diese teleologische Betrachtung außer Spiel, so bleibt dennoch jede Ansicht, welche voraussetzt, es könne eine Seele an einen ihr unangemessenen Leib gebunden sein, an einen Leib, der ihren Bestrebungen nicht das genügende Organ gebe, völlig unstatthaft. Die Gesetze der Causalität können nie verletzt sein. Ist also die Seele, irgendwie gedacht, ein Factor bei der Bildung des Leibes (und wie könnte sie das nicht sein?), so ist mit jedem Vorzuge des Körpers zugleich ein Vorzug der Seele gesetzt. Wenn der Anatom noch nicht einmal einen Löwenkopf mit einem Eselsrumpfe vereinigen kann, wie will der Psycholog eine menschliche Seele mit einem tierischen Leibe verbinden? Die Seele also, welche nicht die Kraft hatte, sich eine menschliche Hand, Sprachorgane, und überhaupt einen menschlichen Leib zu schaffen, ist auch keine menschliche Seele, und sie hat sich jene Organe nicht geschaffen, weil sie kein Bedürfniss derselben hat, keinen Drang danach fühlt. Hätte sie dieses Bedürfniss gehabt, so wäre es auch an sich genügend gewesen, sich Befriedigung zu schaffen; jener Drang, fände er statt, er würde an sich selbst zur Schöpferkraft geworden sein und jene Organe gebildet haben, wie sie ihm genügen. Der Leib ist das Zeichen der Seele (so möchte ich ein altes mythisches Wortspiel, σῶμα = σῆμα, modern umdeuten); so viel vermag die Seele, wie sie durch den Leib vermag.

443. So viel gegen Herbart über die höhere Organisation des menschlichen Leibes überhaupt, welche uns eine höhere Organisation der menschlichen Seele verrät. Was nun die Sprachwerkzeuge insbesondere betrifft, so führt Herbart (Psychol. §. 130) Rudolphi's Behauptung an: „mechanische Hindernisse sind gewiss nicht Schuld daran, dass die Tiere keine Sprache besitzen", und missbilligt dies; denn nur mechanische, keine psychischen Hindernisse könnten hier vorliegen. Er sagt: „Wenn man den Hund bellen, das Pferd wiehern hört, so **kann** man

wohl nicht auf den Gedanken kommen, dass diesen sonst klugen Tieren das Sprechen mechanisch möglich wäre; vielmehr liegt die Erwartung nahe, sie würden, wenn ihre Stimmritze nur einige Gelenkigkeit besäße, daraus etwas machen, das ihrem übrigen Betragen angemessen wäre, und hierin das Hülfsmittel zwar nicht einer menschlichen, doch einer höhern Ausbildung finden, als sie jetzt besitzen". Diese Tiere, antworten wir, haben wirklich etwas aus ihrer Stimmritze gemacht, „das ihrem übrigen Betragen angemessen" ist. Die Stimmritze des Hundes ist doch so ungelenk gerade nicht. In seinem Winseln, Bellen und Heulen liegt eine ganze Scala von Tönen; und Zunge und Kiefer sind beweglich genug. Wie? sagt Herbart, die Hunde, „die auf so mancherlei Weise an menschlichen Angelegenheiten Teil nehmen; die dem Menschen so gern Folgsamkeit beweisen, und ihm Hülfe leisten? Also während Papageien und Elstern auf menschliche Töne merken, und sie nachahmen, ohne von dem, was der Mensch wünscht und will, das Geringste zu fassen, kann der Hund, des Jägers und des Hirten treuer und geschickter Gehülfe, nur bellen und heulen, — oder vielmehr, er könnte sprechen, und versucht es doch niemals auch nur im Geringsten?" Er spricht vielmehr wirklich, ist die Antwort, und versucht nicht bloß; er drückt uns durch sein Bellen, Heulen, Winseln in sehr verständlicher und durchaus genügender Weise seine „Teilnahme an menschlichen Angelegenheiten, seine Folgsamkeit", auch seine Gefühlszustände aus — von ihm kann nicht mehr verlangt werden.

444. Dass die Haustiere die menschliche Sprache auch im entferntesten nicht nachahmen, scheint allerdings in einem physischen Mangel seinen Grund zu haben, aber weniger vielleicht in ungefügigen Sprachwerkzeugen, als in mangelhaftem Gehör, welches für die Unterschiede der Articulation keinen Sinn hat. Hier wird man nun auch wieder ausrufen: Wie, der Hund, der ein so feines Gehör hat! dem unsere Musik unerträglich ist, weil er aus dem, was uns vollste Harmonie zu sein scheint, schreiendste Disharmonie vernimmt! Doch das ist auch wieder so einer von den völlig unbegründeten Schlüssen, die wir nach Analogie von uns auf das Tier machen. Weil wir aufschreien, wenn wir eine Disharmonie hören, meinen wir, der Hund, der bei der Musik heult, müsse dies auch bloß darum tun, weil er

eine unerträgliche Disharmonie vernimmt. Hätte der Hund einen so zarten Gehörsnerven, er würde sterben vor seinem eigenen ohrzerreißenden, Mark und Bein erschütternden Geheul*).

445. Die Hauptsache also ist, dass die Tiere gerade so viel Sprache haben, als ihrem ganzen Wesen und ihren Bedürfnissen angemessen ist: Sprache des Gefühls und der Anschauung (435, 436). Freudig bellend springt der Hund, der spazieren geführt wird: Ausdruck des Gemeingefühls; jämmerlich heult der geschlagene, winselt der bedrängte: Ausdruck des Gefühls; die Tiere stoßen Töne aus zum Anlocken und zum Warnen: Ausdruck ihrer Anschauungen. In letzterem Falle ist in einem gewissen Sinne, wie wir oben gesehen haben, schon Absichtlichkeit und zwar Absicht auf Mitteilung vorhanden. Jetzt frage man sich: was sollen denn die Tiere noch sprechen können? was haben sie noch zu sagen? Soll das Tier urteilen in der Form einer Verbindung von Subject und Prädicat? soll es in gleicher Form seine Chronik erzählen? -- das Tier, von dem Herbart zugesteht (a. a. O. S. 211), dass es nur eine kurze Vergangenheit und „etwas" Zukunft hat, nämlich so viel als zwischen der Begierde und ihrer Befriedigung liegt! Dazwischen liegt nun aber eben wohl kaum auch nur etwas.

446. Herbart bemerkt sehr richtig (S. 213), „dass man die großen Unterschiede, die aus dem Mehr oder Weniger, in Rücksicht des Vorrats und der Verbindung der Vorstellungen, entstehen müssen, niemals" (vor ihm) „ernstlich genug erwogen habe; und zudem", sagt er, „bin ich völlig überzeugt, dass man viel zu voreilig das Selbsbewusstsein, die sittlichen Gesetze, die Begriffe vom Unendlichen und von der Gottheit, nebst andern ähnlichen, für etwas Ursprüngliches, nicht weiter Abzuleitendes gehalten, und dadurch die Speculation nicht gefördert, sondern beschränkt und gehindert habe, ihr Werk gehörig durchzuführen. Denn es ist reiner Verlust für die Speculation, wenn man das zu Erklärende absolut hinstellt, und es der Frage, warum es also sei, und wie es mit Anderem zusammenhänge, ohne weiteres durch die Behauptung entzieht, es sei nun einmal so und nicht anders". Hier sieht man klar, wogegen Herbart mit

---

*) Auch Kinder im ersten Lebensjahr schreien, wenn sie Musik hören.

allem Rechte ankämpft. Aber er hat hierbei ein wenig seine
Besonnenheit, die ihn sonst so umsichtig macht, verloren. So
heißt es nun weiter auf derselben Seite: „Jene Begriffe vom
Ich, vom Unendlichen u. s. w, können nicht die Menschheit
allgemein charakterisiren. Das Kind in seiner frühesten Periode
hat sie nicht; der Wilde kommt ihnen vielleicht nicht so nahe
als manches Tier". — Ich möchte wohl wissen, wann und wo
wir einen wilden Menschenstamm angetroffen hätten, der zu
einer so betrübenden Behauptung auch nur die mindeste Veranlassung hätte geben können. Es gibt keine einzige Sprache,
die nicht ein Wort für Ich hätte; und ihren Benennungen der
Dinge liegt allemal im Bewusstsein die Kategorie des Dinges
zu Grunde. Wer hat jemals beim klügsten Tiere ein Ich und
ein Ding aus sichern Anzeigen zu erschliessen vermocht? Das
Tier unterscheidet sich von dem, was es frisst, und von dem
Individuum, mit dem es um den Fraß streitet. Wie weit ist
von da zum Ich des wildesten Wilden! Während man in die
Tiere auf die unkritischeste Weise alles Mögliche hinein deutet,
verhält man sich den Wilden gegenüber rein skeptisch und
stellt sich dieselben viel zu wild vor. Das Ich des Wilden ist
von unserm gewöhnlichen Ich um kein Haar breit verschieden,
wenn es auch kein Fichtesches Ich ist. Und wenn das Kind
sich bei seinem Namen und als dritte Person nennt: *Karl will
essen*, statt: *ich will;* so liegt auch hierin schon mehr, als der
klügste Hund je erreicht, wiewohl es noch gar kein Ich ist. —
„„Aber, sagt man"" (und sagen auch wir) „„die Anlage dazu
ist doch vorhanden!"" — „Das sagt man", entgegnet Herbart.
„nämlich in der Hoffnung, die Metaphysik werde so geduldig
sein, sich die ursprünglichen Anlagen gefallen zu lassen. Wenn
sie nun nicht so geduldig ist, so wird man es schon darauf
müssen ankommen lassen, ob vielleicht eine fortschreitende Psychologie dies alles als Producte einer Veredlung erklären könne,
zu welcher der Mensch wegen der vorzüglichen Hülfsmittel
gelangt, die von der Gunst seines höchsten Bildners ihm sind
zugeteilt worden". — Bettelgunst wäre sie, wenn sie sich bloß
auf Äußeres erstreckte, auf Hand und Fuß, und nicht auch auf
die innere Organisation der Seele selbst; unnütz wäre sie, wenn
sich nicht die Menschen-Seele derselben zu bedienen die Fähigkeit hätte; und grausam wäre es, sie der Tier-Seele zu versagen,

wenn auch diese die Fähigkeit hätte, solche Gunst zu benutzen. „Die ursprünglichen Anlagen" sind es, wogegen sich Herbart wendet. Wenn wir aber auch eine ursprünglich angelegte Vernunft, ein ursprüngliches Bewusstsein vom reinen Ich, eine ursprüngliche Fähigkeit zur intellectualen, absoluten Anschauung weglassen: so setzt doch die „Veredlung", deren nur der Mensch fähig ist, eine Möglichkeit, Fähigkeit, Bedingungen, kurz eine Anlage voraus; und alle diese Bedingungen sollten lediglich mit dem Leibe gegeben sein? Die Seele des Menschen sollte nicht in sich selbst die allererste und allerkräftigste Bedingung sein? — Nun auch einmal eine Tatsache, den vielen schönen Hundegeschichten gegenüber. Wer ist denn wohl besser gestellt, leiblich betrachtet, ein Hund im Vollbesitze seiner Sinne, oder ein blindes, taubes, geruch- und geschmackloses Kind? Den Tastsinn hatte es; aber was ist die Hand gegen das Auge! Nun also, Hunde und Bären haben höchstens tanzen gelernt; das blinde und taube Kind Laura Bridgman*) aber ist Lehrerin einer Blinden-Anstalt geworden, und wir haben von ihr einen schön geschriebenen und mit reizender Naivetät abgefassten Brief an die schwedische Schriftstellerin Friederike Bremer gesehen. Das macht, weil sie zwar noch weniger als einen tierischen Leib, aber eine menschliche Seele hat. (Über verschiedene Arten von Seelen, Lotze, Psych. S. 138).

447. Der Unterschied zwischen dem Menschen und dem Tiere ist allerdings ursprünglich klein und an die leibliche höhere Organisation geknüpft; aber er wächst lawinenartig; und diese Fähigkeit der menschlichen Seele, sich dergestalt zu entwickeln, dass sie durch ihre Wirkungen sich nie verzehrt, sondern an Inhalt und Kraft gewinnt, gehört zu ihrer innersten Natur.

Betrachten wir nun den ursprünglichen, vom Schöpfer gegebenen Unterschied etwas näher. Wir können hierbei nicht zu fein, nicht zu haarscharf sein. Es steht zu erwarten, dass wir hier nur auf feine Schattirungsverschiedenheiten stoßen, welche aber an Ausdehnung und Wert bald so bedeutend anwachsen,

---

*) Vergl. Deutsches Museum 1851 den Aufsatz: Über die Sprache der Taubstummen. Der oben erwähnte Brief, der uns nach Abfassung dieses Aufsatzes zu Gesicht gekommen ist, war ein lithographirtes Facsimile.

dass es schwer wird, das endliche Ergebniss auf den ärmlichen Anfang zurückzuführen.

448. Was zunächst den physischen Unterschied zwischen dem menschlichen und dem tierischen Leibe betrifft, so ist er, so weit wir heute sehen, sehr gering. Eine Menge Unterschiede, die man ehemals annahm, haben sich durch die Untersuchungen der neuern Anatomie als unhaltbar gezeigt, so dass man sich berechtigt fühlt, zu behaupten, dass in allen wesentlichen Verhältnissen der Geburt und des leiblichen Lebens Mensch und Tier eben nicht mehr verschieden sind, als die Säugetiere unter sich. Am liebsten sähe man einen Vorzug des Menschen rücksichtlich des Gehirns. Doch nach welcher Richtung man auch die Vergleichung anstellen möge, ob man Gewicht oder Ausdehnung oder Form vergleiche, absolut oder relativ, das Centralorgan in Verhältniss zu den Nerven oder zum ganzen Körper betrachtend — es ist noch nicht gelungen, einen consequenten Maßstab der Wertschätzung aufzufinden. Dazu dürfte es schwerlich genügen, nur ein einfaches Verhältniss zu Rate zu ziehen; es greifen mehrere Punkte mannichfach ineinander, und mannichfache Beziehungen wollen berücksichtigt sein. Indessen andererseits, in welcher Weise man auch die Gehirne vergleichen mag, immer nimmt der Mensch eine ausgezeichnete Stelle dabei ein. Das Wesentlichste aber wird wohl nicht in allen diesen Beziehungen, sondern in der innern Structur liegen (Lange, Gesch. d. Materialism. II S. 359 ff). Indessen wir kennen die Wirkungsweise des Gehirns noch sehr wenig. Hier dürfen wir von der Zukunft noch mancherlei Aufschlüsse erwarten.

449. Ferner die aufrechte Stellung. In ihr liegt eine Befreiung vom Erdboden. Das Streben nach ihr kann man durch das ganze Tierreich verfolgen. Je niedriger die Entwicklungsstufe des tierischen Leibes, desto mehr ist die Gestalt der Erde zugewendet, und die untersten Stufen sind sogar, wie die Pflanzen, am Boden angeheftet. Aufwärts steigend wird der Kopf immer höher und damit beweglicher, freier. Den Flug der Insecten und Vögel kann man als Bild der abstracten Befreiung ansehen. So hoch sie auch fliegen, sie gehören doch der Erde an. Den Fuß auf der Erde, das Haupt frei und fähig sich von ihr abzuwenden: das ist das Bild der wirklichen Freiheit, der Herschaft; und so ist es die Stellung des Menschen.

450. Wir wollen jedoch hier nicht Teleologie und Ästhetik treiben; rein causale Betrachtung wollen wir anstellen. Es ist also näher zu berücksichtigen, dass die Weise, wie der Kopf auf dem Halse sitzt, beim Menschen verschieden ist von der Weise beim Tiere. Man beachte aufrecht stehende Hunde und Affen: der Kopf fällt immer nach vorn. Die Befestigungsstelle des Kopfes auf dem Halse (das Hinterhauptsloch) ist bei diesen und allen vierfüßigen Tieren mehr am Hinterkopfe, während sie beim Menschen in der Mitte des Kopfes sitzt. So tront der Kopf gerade auf dem Körper und hat dabei eine große Freiheit, sich rechts und links zu drehen, vorwärts hinab und rückwärts hinauf zu ziehen. So ist der menschliche Kopf ungleich freier als der tierische. Der Kopf aber, der Sitz der höhern Organe, muss durch seine größere Beweglichkeit mehr und genauere Empfindungen erlangen und diese sorgfältiger combiniren, als das Tier. (Über die Wichtigkeit der Bewegung 411).

451. Ein Tuch, das an allen vier Ecken angeheftet ist, flattert weniger frei als ein anderes, das nur an zwei Stellen befestigt ist; oder vielmehr nur dieses flattert frei in der Luft, jenes gar nicht. Der tierische Leib ist ebenso mit seinen vier Füßen an den Boden angeheftet, während der menschliche frei in die Luft hinein ragt. Der fördernde Einfluss dieser freiern Beweglichkeit durch die Bewegungsgefühle auf die Intellectualität ist unberechenbar. Aber auch eine mannichfachere Berührung mit den Elementen ist durch diese Einrichtung ermöglicht.

452. Hierzu kommen noch zwei andere Punkte, die sich beide auf den Tastsinn beziehen. Der tierische Leib ist mit einer dicken stark behaarten Haut überzogen: der menschliche Leib hat eine viel zartere, mit dünnen Haaren besetzte und vielen Tastorganen versehene Haut. Hierdurch tritt der Mensch in eine viel lebendigere Berührung mit der Außenwelt. Wo das Tier nur dumpf fühlt, gewinnt der Mensch eine bestimmte Empfindungserkenntniss. Unmöglich kann das Tier die Temperatur der Luft so empfinden, wie wir.

453. Viel wichtiger aber noch und die eigentliche Spitze und das Ziel der genannten beiden Einrichtungen des menschlichen Körpers, nämlich der aufrechten Stellung und der zarten Oberhaut, ist die Hand, oder der ganze Arm mit der Hand. Hier erkennt man in wundervoller Weise die Ökonomie, die Spar-

samkeit der Natur. Ohne dem Menschen noch andere Glieder zu geben, als dem Tiere, hat sie ihm dennoch mehr Glieder gegeben. Denn indem sie die menschliche Gestalt so einrichtete, dass zwei Füße denselben Dienst verrichten, welchen dem Tiere vier Füße leisten, konnte sie die beiden andern Füße des Menschen zu Armen mit Händen umgestalten. Diese Glieder sind die freiesten des menschlichen Körpers; sie bewegen sich nicht bloß nach allen sechs Seiten, vorwärts, rückwärts, rechts, links, nach oben und nach unten, sondern diese Bewegungen werden auch noch allseitig combinirt. An die Beweglichkeit der Hand, des Daumens, brauche ich nur zu erinnern. Dazu ist die Haut der Finger, besonders der Spitzen, mit dichtgedrängten kleinen Tastorganen übersäet. Solche Glieder hätten schon viel nützen können, selbst wenn sie immer noch zum Gehen verwendet werden müssten. Die aufrechte Stellung aber, indem sie dieselben vom Boden losreißt, erhebt sie in die ihrer würdige Sphäre der Freiheit. Nun wird Hand und Arm das Werkzeug der Werkzeuge und ein besonderer Sinn zur Erkenntniss von Raumverhältnissen, durch welchen das Auge unterstützt wird. Die räumlichen Anschauungen des Menschen müssen ungleich entwickelter sein, als die des Tieres. Die Raumanschauungen bilden aber die Grundlage aller Seelenerkenntniss. Diese Grundlage muss beim Menschen, durch die freiere Beweglichkeit des ganzen Körpers, besonders des Kopfes, durch die größere Feinheit des Gefühlssinnes über der ganzen Oberhaut und endlich durch die Hand, viel breiter, viel feiner durchgearbeitet, viel inhaltsreicher und bestimmter sein. Denn alle Raumbestimmungen erhalten ihr Maß und ihren Gesichtspunkt am eigenen Leibe. Durch die aufrechte Stellung aber, durch die Beweglichkeit des Rumpfes, des Kopfes und der Glieder gegen einander und die dadurch erzeugten Bewegungsgefühle, Tast- und Gesichtsempfindungen, dadurch also, dass wir unsern Leib fast völlig überschauen und auch ihn fast an allen Punkten betasten können, erlangen wir eine so genaue Local-Kenntniss unseres Leibes, wie das Tier sie nicht haben kann. An unserm Leibe lernen wir, den Raum setzen und messen. — Auch ist der Mensch vermöge des Armes mit der Hand der einzige Arbeiter auf Erden. Wenn die Hand das Werkzeug der Werkzeuge heißt, so bedeutet das nicht, sie sei das beste Werkzeug; sondern sie ist die Schöpferin aller Werkzeuge, und nur der Mensch kennt dieselben, kein Tier. So wird die Hand geschont, veredelt, und doch ihre Kraft ins Unberechenbare vermehrt (denn die Werkzeuge schaffen endlich Maschinen). Wie aber fördert die Arbeit die Erkenntniss! Arbeiten ist ein wahres Experimentiren.

454. Das Tier ist zum Teil stärker als der Mensch. Aber was diesem an Größe der Kraft abgeht, das ersetzt er reichlich, das überbietet er vielfach durch die Qualität, durch die innere Vortrefflichkeit. Das Tier hat einen schärfern Geruch, d. h. es riecht, wo der Mensch nichts empfindet; aber für die verschiedenen Arten von Wohlgerüchen scheint es weniger empfänglich. Doch hierin könnte man einen reinen Luxus des Menschen sehen, der vielleicht auch nicht dem Urzustande angehört. Das Tier scheint aber nicht bloß zu riechen, wo der Mensch nichts empfindet, sondern auch durch den Geruch unterscheidende Erkenntnisse zu erlangen, die dem Menschen abgehen. Hier möchte ich einen unverkennbaren Vorteil des Tieres willig anerkennen. Auch ist beim Hunde z. B. das Riechorgan und der unmittelbar zu diesem Organ gehörende Teil des Gehirns auffallend mehr entwickelt, innerlich reicher, sorgfältiger organisirt, als beim Menschen. Die Absicht der Natur ist nicht unklar. Zum Aufsuchen der Nahrung und zum Ersatz mancher andern, dem Tiere für seine Selbsterhaltung notwendigen Erkenntnisse unterstützte die Natur den Instinct durch einen nicht bloß scharfen, sondern auch fein unterscheidenden Geruch. — Geschmack dagegen kann das Tier nur sehr wenig haben, wie aus der Einfachheit seiner Nahrungsmittel hervorgeht. Und sind wir wohl sicher, dass es überhaupt einen Geschmackssinn habe? Der Geruch scheint ihm denselben völlig zu ersetzen. — Die drei wichtigsten, eigentlich theoretischen, Erkenntniss verschaffenden Sinne sind: Gesicht, Gehör und Getast. Von letzterm war schon die Rede: das Tier hat ihn im schwächsten, der Mensch im höchsten Grade. Dagegen scheint das Tier rücksichtlich der beiden andern, wie beim Geruch, im Vortheil: es sieht besser und hört besser. Hier aber tritt nun unsere obige Unterscheidung ein von Qualität und Quantität der Kraft. Das Tier sieht und hört besser; das heißt: es sieht in einer Entfernung, hört aus einer Entfernung,

in und aus welcher der Mensch nicht sieht und hört; aber was
der Mensch sieht und hört, das erkennt er besser, d. h. mit
mehr und mit feineren Unterschieden. Es fehlt erstlich dem
Gesichtssinn des Tieres die so lebendige Unterstützung des
Tast- oder Gefühlssinnes; das kann nicht ohne schwächenden
Einfluss auf die Gesichtserkenntniss bleiben. Ferner fragt es
sich, ob wohl die Tiere Farbenunterschiede erkennen? Herbart
bemerkt hierüber (Psych. §. 129. Werke VI. S. 207): „Da es
sogar Menschen gibt, die nach Kants Ausdruck alles gleichsam
in Kupferstich sehen*), so ist leicht zu erwarten, dass wenigstens vielen Tiergattungen keine vollkommnere Sinnesempfindung
zugeteilt sein möge; wodurch wiederum der ursprüngliche Vorrat an Elementarvorstellungen eine sehr bedeutende Verminde-
rung erleidet." Nun weiß man freilich, wie gewisse Farben auf
gewisse Tiere, wie z. B. das Rot auf die Stiere, einen unbegreiflich bedeutenden Eindruck machen. Dies scheint jedoch
darauf hinzudeuten, dass die Farben dem Tiere weniger Empfindungserkenntnisse geben, als Gefühlsaufregungen verursachen
mögen. Wir machen vielleicht Kants eben angeführten Ausdruck noch treffender, wenn wir sagen, das Tier sehe alles in
Photographie; die objectiven Verhältnisse, die uns als Farben
erscheinen, mögen sich in das tierische Sehen teils gar nicht
einmischen, teils mögen sie in ganz anderer Form gefühlt werden, aber dann sicherlich in einer der theoretischen Entwicklung
nachteiligen Form. Auch Gestalten fasst das Tier sicherlich
nicht mit der Bestimmtheit auf, wie der Mensch, weil sein Auge
nicht dieselbe Beweglichkeit und Übung hat, weil es seinen
eigenen Leib nicht so gut kennt, weil es nicht die gleiche Gewöhnung zur Verknüpfung der Empfindungen hat. — Und ebenso endlich mag es sich mit dem Gehör verhalten: das tierische,
dem menschlichen quantitativ überlegen, steht ihm dennoch
qualitativ nach. Das Pferd spitzt die Ohren, lange bevor der
Reiter etwas merkt. Aber Sinn für wohllautende Töne, für
Harmonie und Rhythmik haben die Tiere nicht. Das Pferd
scheint vom Blasen der Hörner angenehm berührt zu werden;
der Hund heult die Musik an. Es gibt bekanntlich auch Menschen, welche für Musik keinen Sinn haben, denen Musik blo-

---

*) Kant, Anthropologie S. 55 (Werke, X. S. 161).

ßer Lärm ist. Wilhelm von Humboldt ist ein solches Beispiel, er, der in den übrigen Künsten den gebildetsten Geschmack hatte. Was unter den Menschen Ausnahme ist, kann leicht beim Tier Regel sein. Ebenso mag dem Tiere der Unterschied der Articulation völlig entgehen. (Urspr. d. Sprache S. 358).

455. Betrachten wir es also recht, was es heißt: stärkere Sinne haben? Mächtiger von der Natur ergriffen, erregt sein, d. h. sinnlich, leiblich ergriffen, d. h. leidend. Die Sinne sind beim Tiere breite Tore, durch welche die äußere Natur mit solcher Macht in die Seele einstürmt, dass diese unterworfen wird, Selbständigkeit und freie Bewegung verliert. Bei den schwächern Sinnen des Menschen ist die menschliche Seele auch mehr gegen den überwaltigenden Eindruck der Außenwelt geschützt, und sie bleibt ihrer mächtig. Sie nimmt durch die Sinne gerade so viel auf, als sie bedarf und verarbeiten, sich assimiliren kann. Es findet also zwischen Tier- und Menschenseele ein ähnlicher Unterschied statt, wie zwischen Gefühl und Sinnesempfindung. Im sinnlichen Gefühle erkennt die Seele die das Gefühl hervorrufende Außenwelt nicht, weil sie zu sehr mit dem eigenen Körper beschäftigt ist, zu sehr mit ihm leidet. Das geringere Leiden der Empfindung gestattet ihr die Freiheit, oder das Bewusstsein, zu fragen: woher kommt mir dies? und mit der Antwort hierauf eine Außenwelt zu setzen oder anzuerkennen. In gleicher Weise nun kann die Tierseele, von starken Sinnesempfindungen bestürmt und unterjocht, sich nicht weiter entwickeln, nicht Gebieterin ihrer selbst und ihrer Empfindungen werden und letztere mannichfach bearbeiten; aber die menschliche Seele, im Widerstande gegen schwächere Empfindungen, bemächtigt sich derselben zur weitern Erkenntniss. Beim Menschen überwiegt von den Sinnen entschieden der objectivste, leidenschaftslose, der Gesichtssinn; beim Tier überwiegt der Geruch, durch den sogleich Leidenschaft, Gier geweckt wird. Auch mögen bei ihm die Gefühle von Hunger und Durst überwältigend sein. Die menschliche Seele, weniger der Natur hingegeben, mehr bei sich bleibend, entwickelt sich zum Geiste, während die tierische im Leibe aufgeht.

456. Der ganze menschliche Leib ist schwächer, als der tierische; darum ist die menschliche Seele stärker, als die tierische. Betrachtet man Natur oder Leib überhaupt im Gegen-

satze zur Seele: so mag man sagen, die Seele sei der Parasit des Leibes. Dieser Ausdruck ist uns aber zu schwach. Dabei wird der Mensch als eine Art Tier betrachtet. Das Verhältniss zwischen Leib und Seele ist aber im Menschen völlig umgestaltet. Während beim Tiere die Seele des Körpers wegen da ist, der Leib Herr, die Seele ihm dienend: so ist umgekehrt beim Menschen der Leib nur der Seele wegen da; sie nur ist, und der Leib ist ihre Stütze.

457. In der Tat, der Erfolg aller tierischen Seelentätigkeit geht auf im Dienste für den Leib; alle Sinne dienen dem Magen oder dem Ausweichen der Gefahr. Noch etwas mehr wollen wir zugestehen: das Tier spielt; und wenn man dies, und wir meinen mit Recht, als bloße Nervenerregung ansieht, so ist ferner daran zu erinnern, dass das Tier es freudig fühlt, wenn man es freundlich streichelt, ihm wohlwollend schmeichelt, und mancher Hund Eifersucht zu zeigen scheint, wenn er Liebesbeweise seines Herrn gegen andere bemerkt. Das Tier hat also mehr als bloß sinnliches Gefühl; natürlich! denn es hat Anschauungen, und folglich hat es auch Affecte. Es beweist Liebe, Treue, Dankbarkeit, Hass, Rache. Man kann nicht sagen, es sei durchaus egoistisch; aber es ist durchaus praktisch oder vielmehr utilistisch, und ist nicht theoretisch, liberal. Es bezieht alles auf sich oder den es liebt, auf seinen Nutzen; was ihm nicht nützt, ist nicht für das Tier, und was für dasselbe ist, ist dies nur, insofern es ihm nützt. Abgesehen von den Spielbewegungen, zu denen es erregt wird, ergötzt sich das Tier nicht, nicht am Wohlgeruch, nicht am Anschauen, nicht am Hören. Der Mensch, auch der Wilde, hat ein vielfältigeres Interesse an den Dingen; er verzehrt sie nicht bloß, sondern genießt sie, indem er sie gewähren lässt. Darum sieht er sie genauer an. Das ist ein Anfang rein theoretischer Beobachtung und Erwachen des Wohlgefallens an Schönheit. Das Tier genießt wesentlich nur mit dem Leibe, dem die Seele dient; der Mensch mit der Seele, welcher der Leib dient.

458. Betrachten wir also die Wirkung der Sinnesorgane insgesammt, so werden wir sagen müssen, dass die reine Naturkraft der tierischen Sinne stärker ist, als die der menschlichen; dass dafür der Mensch eine größere Mannichfaltigkeit von Eindrücken hat, welche, weniger oder ganz und gar nicht der Not-

wendigkeit des leiblichen Lebens dienend, nur als ein wuchernder Überschuss von den Sinnen hervorgebracht werden und
zum Luxus, zur Annehmlichkeit des Lebens sich darbieten.
Wir sehen hier die Entstehung der Künste im Keime angelegt.
Nämlich jeder Ueberschuss über die Notwendigkeit der Natur
treibt zur Kunst, zum Selbstbewusstsein. Das Tier riecht und
schmeckt, damit es die ihm wohltuende Nahrung erkenne, damit es wisse, wann es genug gegessen habe. Der Mensch aber
unterscheidet Wohlgeruch und Wohlgeschmack. Er fühlt einen
Gaumen- und Nasenkitzel. Indem er das Bedürfniss des Essens,
des Leibes befriedigt, gewährt er noch nebenbei der Seele einen
Genuss, weckt also die freie Tätigkeit der Seele, und schon
hier beginnt das Ich. Die vielen fein abgestuften Empfindungen
des Tastens, des Gefühls und Gehörs ergeben die Elemente zu
viel bestimmtern Warnehmungen, zu genauerer Auffassung von
Gestalten, und während sie durch ihren Inhalt kaum (pathologische) Gefühle erzeugen, verursachen sie bei ihrer Combination
durch ihre Verhältnisse zu einander ästhetische Gefühle. Helle
und Dunkelheit, das Farbenspiel der Natur, das Tönen derselben
ergreift den Menschen, erregend und niederdrückend, erheiternd
und beängstigend, ohne dass sich sagen ließe, wie und warum?
Diese ästhetischen Eindrücke der einfachen Natur hat der Wilde,
der Urmensch in viel höherm Grade, als wir, und sie sind Quelle
der Kunst und Religion, Überschuss über die Sinne in den
Geist; das Tier aber hat davon sehr wenig, wenn überhaupt etwas.

459. Wir haben hier besonders ein Gefühl hervorzuheben:
den Schauer, den der Urmensch etwa empfand, als er zum ersten
male den dunkeln rauschenden Hain betrat. Ich glaube ihn
psychologisch erklären zu können. Wegen der Association der
Anschauungen hat der Mensch, und auch das Tier, Erwartun-
gen einer folgenden Anschauung, sobald ihm die erste gegeben
ist. Nun aber gewinnt der Mensch viel mehr Elementarkennt-
nisse. Der Vorgang der Association und Erwartung muss sich
also ungleich häufiger beim Menschen, als beim Tier ereignen.
Die Erwartung wird eine viel festere Gewohnheit, wird ihm zum
Bedürfniss. Wenn sich eine Reihe von Anschauungen vor ihm
entwickelt, so kann er sich nicht enthalten, bei jeder einzelnen
eine andere, die in seiner Seele mit jener verknüpft ist, zu erwarten. Oder es sind mehrere mit jeder verknüpft; so erwar-

tet er, welche derselben jetzt ihre volle Klarheit erlangen solle, dadurch dass ihm die wirkliche sinnliche Anschauung von neuem geboten wird. So ist es, nur in geringerer Menge, beim Tiere auch. Wird nun aber eine neue Anschauung geboten, welche noch mit keiner andern verknüpft sein kann, so starrt das Tier gleichgültig; der Mensch aber, der sich in eine Reihe von Anschauungen geführt sieht, bei deren keiner er Gelegenheit hat etwas Bekanntes zu erwarten; dem hier bevorsteht, dass ihm einzeln nach und nach mehrere Anschauungen ohne vorgängige Erwartung geboten werden: er fühlt in dieser ungewohnten Weise des Anschauens jene Beklemmung des Schauers, in welchem er bei jedem Schritte erst der Erholung, der Wiederherstellung des Gleichgewichts im Bewusstsein bedarf. Es ist kein Ablauf einer Reihe von Anschauungen, wo Welle auf Welle folgt; sondern es sind abgebrochene Schritte, deren jeder für sich, unassociirt dasteht. Dieser Schauer des Unbekannten ist eine Quelle der Religion.

460. Nun ist aber auch die umgekehrte Betrachtung anzustellen. Der menschliche Leib ist so schwach und hülfsbedürftig, er hat an seinen Sinnen so ungenügende Warner, Raterteiler und Versorger, ist durch seine Glieder so wenig geschützt und versorgt, er hat so vielerlei Bedürfnisse, dass er in viel höherm Grade als das Tier zur Erhaltung des Lebens die Tätigkeit der Seele in Anspruch nimmt. Das Tier erhält über das, was es zu seiner Erhaltung zu tun habe, genügende Belehrung durch den Instinct, dem die Sinne noch helfen. Der Mensch hat von diesem Instincte wenig oder nichts. So könnte es scheinen, als würde sich die menschliche Seele nie erheben können über diese Dienstbarkeit gegen den Leib, zu welcher sie verdammt sei; als müsse sie den Ueberschuss an Kraft und Fähigkeit, den sie vor dem Tiere voraus hat, gänzlich darauf verwenden, den Mangel an Instinct zu ersetzen. Doch dem ist nicht so. Gerade der tierische Instinkt ist die im Dienste des Leibes stehende Seele; die für den Körper Sorge tragende menschliche Seele sorgt für jenen, wie ein Herr für seinen Knecht, dem er gute Nahrung, Kleidung, Befriedigung aller Bedürfnisse verschafft, bloß damit derselbe um so besser für ihn arbeite. Nicht anders sorgt die menschliche Seele für ihren Leib. Sie schont ihn, indem sie ihm zum Arbeiten Werk-

zeuge gibt und sucht ihm jeden Schutz zu schaffen. Darum
eben hat und sucht auch die Seele bei der Versorgung des
Leibes zugleich noch ihre eigene Befriedigung. Sie schafft
nicht nur dem Leibe Speise, sondern sucht dabei zugleich für
sich den Wohlgeschmack; sie verfertigt nicht nur Kleidung und
Bewaffnung zum Schutze gegen die Elemente und Feinde, sondern sie befriedigt dabei zugleich ihr Wohlgefallen an Farben-
pracht und Putz. Die Seele spielt mit Nahrung und Kleidung;
so erhebt sie sich über das Bedürfniss, das Notwendige, und
tritt in den Kreis des Freien. (Lange a. a. O. S. 325).

461. Das Bedürfniss der Natur wird nun zwar immer
und ewig mit gleichem Lustgefühl befriedigt; aber nicht so das
Bedürfniss des Spiels. Es tut immer wohl, Hunger und Durst
zu stillen, Kleidung und Wohnung dem Wetter gemäß zu haben;
aber das Spiel wird einer Sache bald satt; es verlangt Abwechslung, es erträgt das Gewohnte nicht. So wird also die
Seele zunächst durch das Bedürfniss des Leibes, sodann zur
Befriedigung des Spieltriebes in Anregung, in Tätigkeit versetzt;
sie muss suchen, und zwar mehr, als sie brauchte. Und jeder
Fund steigert die Lust am Suchen, und diese Lust wird nicht
eher befriedigt, als bis sie einen neuen höhern Fund erlangt
hat; und so bildet sich selbst in der Befriedigung diese Sehnsucht, welche die menschliche Seele zur endlosen Entwickelung treibt.

462. Endlich haben wir noch der Geselligkeit zu gedenken.
Dass dieselbe ein unentbehrliches Mittel der Seelenentwickelung
ist, sie, auf welcher Wetteifer, Bereicherung durch Mitteilung,
Überlieferung auf folgende Geschlechter, also Einheit aller Seelentätigkeit des ganzen Menschengeschlechts beruht, im Gegensatze zur Zersplitterung der Tierarten in vereinzelt lebende und
über ihr Leben hinaus nicht fortwirkende Individuen: das braucht
kaum angedeutet zu werden. Aber woher rührt sie? Auch
ist die Geselligkeit nicht allen Tierarten fremd. Ganz fremd
ist sie sogar keiner Art. Alle Tiere derselben Art erkennen
sich als solche, spielen und arbeiten wohl zusammen, gehen zusammen auf Nahrung aus. Die sogenannten Raubtiere tun
dies wohl weniger. Sie, die doch wohl am meisten gegensei-
tiger Hülfe bedürfen, schließen sich am meisten ab, weil sie
sich bei der Teilung des Raubes nicht vertragen würden. So

viel Rücksicht aber schenkt dennoch jedes Raubtier dem Individuum seiner Art, dass es dasselbe nicht anfällt, um sich einfach an ihm zu sättigen. Ein hungriger Wolf wird jedes lebende Wesen, dem er begegnet, angreifen, aber keinen Wolf. Auch der Mensch ist Egoist genug, dass er leicht, seiner gemeinen Natur folgend, zerstreut und vereinzelt gelebt haben würde, nicht, wie etwa der Elephant, in Gruppen und Haufen. Die Vorsehung aber hat ihn durch gewisse Einrichtungen auf den Weg der Geselligkeit geleitet. Es ist nicht die Schwäche der Menschen überhaupt, welche sie an einander knüpft. Der Mensch ist nicht so schwach, um nicht auch vereinzelt leben zu können; und Rücksicht auf Vorteil, d. h. Egoismus, wie sollte der im Stande sein, Verbindung, Gesellschaft zu erhalten! Aber die Schwäche des neugeborenen Menschen, seine lange Kindheit, unterhält lange Zeit den rein natürlichen Affect elterlicher Liebe, knüpft zwischen Kind und Eltern ein durch Gewohnheit vieler Jahre fest geschlungenes und fest gewebtes Band. Mit der Reife der jüngsten Kinder fällt der Beginn der Altersschwäche der Eltern zusammen, und das Band knüpft sich in umgekehrter Weise von neuem. Auch mischen sich in das zunächst rein natürliche instinctive Gefühl der Eltern- und Kindesliebe sehr bald ethische Elemente, die ja schon das Tier kennt. So entstehen sogleich Familienbande, gewebt aus Liebe, Dankbarkeit, Verehrung, ja religiösem Gottesgefühl.

463. So bilden sich nun Familientraditionen. Die lange Kindheit des Menschen begünstigt den Unterricht; der Mensch hat lange Lehrjahre, und ehe der Geschlechtstrieb erwacht, hat er in sorglosem Leben schon eine bedeutende Bildung und Selbstständigkeit der Seele erlangt, deren weitere Entwickelung nun durch die Geschlechtsreife mehr gefördert, als gehemmt wird. Das Tier gelangt zu dieser Reife schnell; seine Kindheit ist kurz, und kaum hat es angefangen zu lernen, so hat es die weitere Lernfähigkeit verloren.

464. Der menschliche Körper ist schwächer, als der tierische, und dennoch hat er mehr Lebensdauer. Woher mag das kommen? Gewiss ist er weniger abhängig von den Einflüssen der Elemente. Das Tier wird so stark von der Außenwelt ergriffen (455), hat so wenig natürlichen oder künstlichen Schutz gegen außen, dass es sich schnell abnutzt und aufreibt.

Des Menschen Körper, in feinerer Weise und schwächer erregt und alle Stöße von außen kräftig zurückgebend (483), erhält sich länger durch die Macht und Weisheit der Seele (460). Die menschliche Seele also, fern davon ein Parasit ihres Körpers zu sein, benimmt sich gegen ihn wie ein Herr, der seinem Knecht aus milder Gesinnung und im eigenen Vorteil allen Schutz angedeihen lässt, um ihn länger zu bewahren. Die längere Dauer des Lebens nun ist vorzüglich wichtig. Der Mensch hat lange gelernt; nun bleibt ihm aber noch drei-, vier-, fünfmal so viel Zeit, um das Erlernte zu bereichern durch eigene Entdeckung und Erfindung und selbst wieder zu lehren und später mit dem Lehrling zusammen als Gesellen zu arbeiten.

465. Der Geselligkeitstrieb der Menschen wirkt ganz anders als der der Tiere. Diese sind zusammen entweder wie die Bienen und Ameisen, weil ihre Erhaltung oder Lebensbetätigung unmittelbar das Zusammenleben Vieler fordert, oder weil sie zufällig an derselben Stelle geboren sind, oder sie kommen auch wohl zu einander etwa, um zusammen zu spielen oder sich zu begatten. Wenigstens die zahmen Haustiere spielen; ob es auch wilde Tiere tun? Beim Menschen treffen alle jene Verhältnisse zusammen; aber jedes an sich hat schon größere Macht und gewinnt mit den andern Lebensbedingungen des Menschen höhere Bedeutung. Das Familienleben bildet dabei den Kern. Wir müssen es näher betrachten.

466. Ich habe einmal sagen hören, alle Poesie sei ein Product der Hoden — und des Uterus, wenn es auch bloß eine Sappho gab. Dass dies eine geistreiche Übertreibung ist, braucht nicht bewiesen zu werden; andererseits aber nehme ich als zugestanden an, dass etwas wahres darin liege. Es scheint kaum zu bezweifeln, dass jemand, der in früher Kindheit castrirt worden ist, für die Schönheit der Venus, selbst der von Melos, ohne Sinn ist. Was ich also behaupten möchte, ist dies: der Anblick der Schönheit menschlicher Gestalt findet in den Genitalien seine Resonanz. Die Folge hiervon für die Entwickelung des Menschengeschlechts war die, dass die Geschlechtslust aus dem Kreise der körperlichen Gefühle in den der ästhetischen Gefühle aufstieg. So haben wir auch schon erwähnt, dass das Essen ästhetisch vermenschlicht ward (458. 461). Es erhob sich also überhaupt durch die (dem Tiere feh-

lende) Ästhesis aus Instinct, aus Trieb und Befriedigung, Freiheit
und Wahl. Die Geschlechtslust verband sich auf's engste mit
dem Schönheitssinn und so ward das Tier zum Menschen. Nicht
bloß dass der Mensch mehr, ja etwas andres sucht als Befriedigung eines Triebes, dass er den Genuss der Schönheit sucht;
sondern besonders wichtig ist noch, dass er mit jener Befriedigung auf ein bestimmtes Individuum verwiesen ist, welches ihm
nicht bloß den vorübergehenden Drang stillt, sondern außerdem
noch den dauernden Genuss der Schönheit gewährt — auf ein
Individuum, welches er liebt.

467. Beim Tier vereinen sich Exemplare derselben Art;
beim Menschen suchen sich Individuen. Dies beruht auf der
größern Fähigkeit des Menschen, Gestalten und Formen aufzufassen. Darum gefällt ein Mensch dem andern, und dieser
jenem, jener diesem in höherm Grade. Die Macht des Auges
ist größer als beim Tier. Darum geschieht die Vereinigung der
Geschlechter nicht bloß zu vorübergehendem Zwecke, sondern
für die Dauer. — Die Erhaltung der Art erfordert die Sorge der
Mutter für das Neugeborne. Hierauf beschränkt sich das Tier.
Namentlich auch bei Säugetieren ist das Männchen ohne Teilnahme für die Jungen. Es hat nichts zu tun. Beim Menschen
hat der Vater für Mutter und Kind zu sorgen. — Hierzu kommt
noch ein wichtiger Umstand. Ich glaube allerdings, dass die
Monogamie das ursprünglich menschliche Verhältniss darstellt
und Polygamie eine Ausartung der Menschheit ist; ich bin
überzeugt, dass überall beim Menschen Schönheitssinn sich mit
der Geschlechtslust verbindet; ich fürchte also nicht, unsere
Romantik in die Urzeit ungehöriger Weise übertragen zu haben*).
Allein es ist immer wichtig zu beachten, wie auch eine den
Menschen auszeichnende Natur-Einrichtung hier mit ins Spiel
kommt. Alle Tiere haben bestimmte Zeiten der Brunst; beim
Menschen allein kann der Mann zu jeder Zeit eine fruchtbare
Begattung vollführen; seine Geschlechtsdrüsen haben nicht
Perioden der Ruhe und der Tätigkeit, er kann vielmehr zu

---

*) Heiraten aus Liebe selbst gegen den Willen der Eltern berichtet
ein zuverlässiger Beobachter von einem Volke, welches wie wenige noch in
den primitivsten Zuständen lebt (James G. Swan, The Indians of Cape
Flattery, at the entrance to the strait of Fuca, Washington territory.
Smithsonian contributions 120. p. 13.)

allen Zeiten reifen Samen ergießen. Darum ist der Natur-Drang beim Menschen schwächer. Was beim Tier auf einen bestimmten Monat zusammengedrängt ist, tritt hier ausgebreitet über das ganze Jahr auf. So wird die Neigung zum Weibe, weil schwächer, dem Geiste zugänglich, von Schönheit beherscht, aber dauernd; und so bleibt der Mann beim Weibe, der Vater bei Mutter und Kind, für das ganze Leben.

468. Dadurch bildet sich ein wahres Zusammenleben, nämlich ein geistiges Ineinander-Leben. Jedes der beiden sorgt für den andern; und wie zuerst die Eltern für die Kinder, so dann auch die Kinder für die Eltern. Dabei ist man auch vielfach zugleich tätig an derselben Arbeit. In allen Lagen aber nimmt das Bewusstsein des einen Individuums das andre in sich auf und versetzt sich in das andre. So erst wird der Egoismus nicht bloß durchbrochen, sondern überwunden, und es gestaltet sich ein sittliches Leben.

469. Die Verbindung des Schönheits-Sinnes mit dem Geschlechtstriebe ist also mehr als Quelle der Poesie, ist vor allem ein Motiv der Sittlichkeit und aller edlen Menschlichkeit. An das Gatten-Leben schließt sich die Gemeinschaft der Eltern mit den Kindern, der Brüder und Schwestern. Den Söhnen derselben Eltern fallen gemeinsame Aufgaben zu. Das Arbeiten zu demselben Zwecke erfordert ein genaues gegenseitiges Verständniss der Arbeiter. Sie müssen klar wissen, was sie wollen, und sicher sein, dass sie dasselbe wollen, auch darin übereinstimmen, wie das Erstrebte zu erreichen. Dann muss jeder da einsetzen, wo der andre ihm Raum lässt und seinen Eingriff erwartet, wie auch er erwartet, dass der andre ihn eingreifen lasse, und jeder weiß, dass der andre auf ihn rechne. So arbeiten Brüder im Hause der Eltern und verweben ihre Vorstellungen so in einander, dass der größte und beste Teil derselben sich wechselseitig voraussetzt. Die Gruppen des einen appercipiren die Gruppen des andern und appercipiren die Objecte mit fortwährender Rücksicht auf die Apperceptionen des andern und in der Voraussetzung, dass seine Gruppen vom andern appercipirt werden.

470. Diese Macht der Geistes-Gemeinschaft entsteht in der Arbeit, aber wächst noch im Genuss. Der Mensch beurteilt den andern unmittelbar, ungewollt. Der andre gefällt

ihm als schön, stark, geschickt. Ungewollt muss er ihm Achtung schenken. Und darum will er, dass auch der andre ihm gleiche Achtung schenke. Jeder sucht beim andern Liebe und Ehre. Dieser Trieb nach Anerkennung erregt in der Arbeit den Wetteifer und macht sich natürlich noch mehr nach der vollbrachten Arbeit geltend. Beim Genusse des Erworbenen erinnert man sich der aufgewanten Mühe, der überstandenen Gefahr. Da spricht man von seinen Taten und Erlebnissen, sowohl von den gemeinsamen als auch von denen, bei welchen der andre nicht zugegen war. Man gedenkt dessen, was man dem andern schuldet; man wird dankbar.

471. So bildet sich eine Gewohnheit und daraus ein Drang zu gemeinsamem Denken, der den Menschen auszeichnet. Herbart bemerkt, wiewohl in einem andern Zusammenhang (Psych. §. 135. Werke VI, S. 244.): „Das Kind weint, wenn es allein an einem unbekannten Orte bleibt, nicht bloß seiner Bedürftigkeit wegen, sondern weil die Vorstellungen der bekannten Umgebung jetzt, in der unbekannten, eine Hemmung erleiden, die sich auf die Vorstellung von seiner eigenen Person fortpflanzt. Selbst der mehr herangewachsene Mensch empfindet eine ähnliche Hemmung im Dunkeln; er singt, er spricht, er schreiet, um etwas von sinnlicher Warnehmung zu haben, das mit der Vorstellung von ihm selbst zusammenhänge." Diese Bemerkung wird gewiss jeder aus eigener Erfahrung bestätigen. Aber das Kind weint, selbst in der elterlichen Stube, wenn man es allein lässt; und auch Herangewachsenen ist nicht bloß die Dunkelheit, sondern auch, und vielleicht noch mehr, die Einsamkeit drückend. Die Seele verlangt einen ungehemmten Fluss der Vorstellung. Ist dieser Fluss weniger lebendig, wird er matt, so fühlt man drückende Langeweile; man verlangt von außen her Anregung, man sucht Gesellschaft. Denn das Gespräch, die Unterredung gewährt dieses Vergnügen, dass Anschauungen in die Erinnerung, Gedanken in das Bewusstsein gerufen werden. Und wie die Trägheit des eigenen Vorstellungsverlaufes, die Leerheit des eigenen Bewusstseins die Gesellschaft aufsuchen lässt: so drängt auch die Fülle des Herzens und Geistes, die Lebendigkeit des Wechsels der Vorstellungen zur Äußerung, und jede Äußerung will Mitteilung sein; also wird man zur Gesellschaft getrieben.

472. Dieses Zusammenleben ist aber nicht bloß ein Zusammenarbeiten und Genießen, sondern mit dem Ineinander-Denken erzeugt sich Sympathie, Ineinander-Fühlen. Man appercipirt nicht bloß das Bewusstsein des andern, sondern fühlt es auch in der eigenen Seele. Die zusammen arbeiten, streben für einander, und so wird man gegenseitig dankbar. Man freut sich erst zusammen, und dann freut man sich über die Freude des andern, fühlt schmerzhaft den Schmerz des andern. So finden sich die Seelen; es bildet sich Freundschaft, Gemeinsamkeit der Interessen, Wetteifer, und was sonst noch Tugenden hervorruft und die Entwickelung des Geistes fördert.

473. Wir haben hier einen bloß gedachten vorsprachlichen Urzustand des Menschen construirt, gewissermaßen eine künstliche Fiction, deren Wirklichkeit in der Zeit uns gar nicht kümmert. Wir haben diesen rein theoretisch construirten Zustand der Menschenseele mit der tierischen verglichen, und für erstere überall und in allen Beziehungen einen Überschuss an Kraft gefunden. Diesen Überschuss lassen wir nun die menschliche Seele auf die Bildung der Sprache verwenden. Darauf kam es uns ja an, zu zeigen, warum zwar aus der menschlichen Seele, aus ihrer Warnehmung, Sprache entspringe, nicht aber aus der tierischen. Nach unserer obigen Vergleichung wird man nicht mehr darüber verwundert sein, dass die tierische Seele da mit ihrer Bildung aufhört, wo die menschliche Seele erst anfängt, in der Schöpfung der Sprache ihre eigentümliche Natur zu entwickeln. Bei unserer ganzen obigen Darstellung der Tier- und Menschenseele mussten wir von der Sprache absehen, deren Möglichkeit ja erst erwiesen werden sollte. Woher die Kraft stamme, vermittelst welcher die Seele Sprache bildet, das sollte erst gezeigt werden; diese Kraft zur Schöpfung der Sprache kann natürlich nicht aus der Sprache stammen. Darum haben wir einen Zustand des Menschen, wie er vor der Sprache ist, fingirt. Das ist freilich nur eine Fiction; denn die Sprache ist dem menschlichen Wesen so notwendig und natürlich, dass ohne sie der Mensch weder wirklich existirt, noch als wirklich existirend gedacht werden kann. Der Mensch hat entweder Sprache, oder er ist gar nicht. Andererseits aber — und dies rechtfertigt die obige Fiction — darf doch die Sprache nicht als zum Sein der menschlichen Seele selbst gehörig an-

geschen werden; sie ist vielmehr allerdings schon eine nicht ohne ein gewisses Bewusstsein vollbrachte Schöpfung des Menschen, wenn auch noch keine selbstbewusste Tat. Sie ist eine Stufe der geistigen Entwickelung der Seele und verlangt eine Ableitung aus den ihr vorangehenden Stufen. Mit ihr beginnt das eigentlich menschliche Tun und Treiben; sie ist die Brücke, die aus dem Tierreiche in das Menschenreich führt. Die Materialien dazu können nur aus ersterm entlehnt werden; im Tier-Menschen muss die Möglichkeit zur Sprache nachgewiesen werden. Warum sich aber nur die menschliche Seele diese Brücke baut, warum nur der Mensch vom Tierstande zur reinen Menschheit vermittelst der Sprache schreitet, und nicht auch das Tier: das wollten wir uns durch eine Vergleichung des Tieres mit dem Tier-Menschen klar machen. Diese Vergleichung zeigt uns, dass der Mensch, wie wir ihn uns ohne Sprache fingiren müssen, zwar ein Tier-Mensch, aber kein Menschentier, noch sonst eine Art Tier ist, sondern immer schon eine Art Mensch.

474. Zum Beweise, dass der Grund, warum die Tiere nicht sprechen, keineswegs in Äußerlichkeiten liegt, sondern wesentlich in psychischen Momenten, führen wir hier ausführlich folgende Mitteilung an.

Der Alpenrabe des Pfarrers Heidegger.

Gotthard Heidegger, der als Vorstand des Züricher Gymnasiums am Frauenmünsterstifte seine gelehrte Acerra philologica (Zürich 1735 in zweiter Auflage) erscheinen ließ, erzählt folgendes Selbsterlebniss. Als ich noch auf meiner Landpfarre saß, hielt ich mir bis ins achte Jahr einen Raben, welchen einige Patrizierknaben, die damals bei mir wohnten, aus dem Nest genommen und mir zugebracht hatten. Wir sperrten das junge Tier, dessen ewiges Gekreische unausstehlich war, in einen leeren Stall und fütterten es in der Absicht auf, es nachher wieder fliegen zu lassen. Allein Meister Görgel oder Jerl, wie man ihn nannte, verstand sich zu keinem Abschied und wich nicht mehr vom Hause. Hatte er sich bei den Hühnern sattgefressen und wusste uns selber bei der Mahlzeit, so kam er zu uns ins Zimmer herauf, postirte sich zwischen Hund und Katze und schnappte diesen die zugeworfenen Brocken in der

Luft weg, oder riss sie ihnen noch aus dem Maul. Dazu schrie er uns seinen Namen Jerl her, bellte wie ein Hund, krähte wie ein Hahn und trieb seine Kunststücke, ohne dass wir uns seiner Dressur wegen je die geringste Mühe gegeben hatten. So oft ich rief, Jerl, mach' Reverenz! duckte er den Leib, schlug die Flügel verliebt zu Boden und fing an, im aufgeblähten Halse wunderliche Laute zu girren. Als wir einst in seiner Gegenwart von den Türken erzählten, die keine Kirchenglocken hätten und desswegen die Gemeinde von den Türmen herab mit dem Worte Akber-Allah-hoh zusammenriefen, war des Raben Schlagwort lange Zeit kein anderes als Akber-Allah-hoh!

Hatte er Diebereien begangen, Papiere am Schreibtisch zerrissen und war dafür gezüchtigt worden, so machte er sich in die Weite oder verkroch sich unter das Dach und hungerte hier Tage lang. Ein solches Unwetter merkte aber der Schelm schon im Voraus, er entnahm es den Mienen, ob man nach dem Stöckchen suche. Konnte er sich dann nicht schnell genug davon machen, so versuchte er, durch Schmeicheleien der Sache eine gute Wendung zu geben, und verfing auch dies nicht, so legte er sich augenblicklich auf den Rücken und parirte den ihm zugedachten Hieb mit Schnabel und Klaue. Nach einer solchen Exekution pflegte er sich in sein Versteck zu begeben, allemal aber brachte er bei seiner Rückkehr irgendwas zur Versöhnung mit, ein Geldstückchen oder sonst was, das er entwendet und in seinem Schlupfwinkel aufbewart hatte. Denn Geld und überflüssige Speisen vergrub er und wusste sie nach seinem Gelüsten immer wieder aufzufinden. Alle Tiere, selbst die Hunde, griff er an, und lächerlich zog er die Hühner am Schwanze zurück, wenn sie das geschüttete Futter aufpicken wollten, bevor er satt geworden war. Wurden sie aber unter sich selbst uneins, so wusste er Frieden zu stiften, so dass sie ihn zuletzt alle respektirten. In besonderer Freundschaft stand er zum Haushund, er fing ihm die Flöhe, bellte mit ihm die Fremden an, verfolgte die Bettler, zerrte sie am Rock und rannte ihre Kinder zu Boden. Listig stellte er sich ihnen zur Seite, und wenn sie etwa das ihnen zugeworfene Stück Geld oder Brod nicht behende genug auffingen, hatte er es ihnen schon weggeschnappt und flog damit fort. Wenn man im Garten Unkraut jätete, tat er es mit und jätete Salat; wenn man Wiegenkinder hütete, hütete er auch. Sein Nachtlager wollte er durchaus auf einem Balken im Wohnhause haben; hatte man ihn absichtlich einmal ausgeschlossen, so wusste er mit Anklopfen einen der Bekannten so lange nachzumachen, bis man zuletzt auftat*). So klopfte er auch an jedem Schlafzimmer des Morgens besonders an, und seitdem er wusste, dass ich gerne vor Tag aufstand, pochte er wohlweislich an meine Tür in aller Frühe, denn Tag und Nacht war ihm völlig eins. Genau verstand er sich darauf, was das Mittagsläuten oder die Ankunft von Gästen bedeute; alsdann kam er herbeigeflogen, wenn er noch so weit im Felde fortgewesen war. Er öffnete jedes Schloss, an dem der Schlüssel steckte, die Deckel des Brodtroges und der Tabackdosen; den Fund legte er dann wohlgeordnet auf einer Bank aus wie ein feilbietender Krämer. Er hatte sich allmählich so säuberlich gewöhnt, dass er nirgends anders mistete, als eben auch wo der Ort dazu war. Wenn ihm fremde Raben Besuch abstatteten, so biss er sich mit ihnen herum und hielt sich um so freundlicher zu den Menschen. Am liebsten saß er neben mir und welschte mir aus tiefstem Kropf seine unverständliche Freundschaft vor. Wie ein Affe tat er uns Alles nach, trank heißen Kaffe, aß gesalzene Rettich, probirte den Schnupftabak, blätterte in den Büchern, und ernieste sich jemand, so gab er sein *Salus* mit drein. Man durfte nur mit den Schlüsseln zur Speisekammer klirren, so war er bei der Hand, um den einträglichen Gang auch mitzumachen. Gar manche ehrenwerte und gelehrte Männer haben dies alles mit angesehen und können die Wahrheit davon bezeugen. Kurz, es ist in diesem Meister Jerl so viel gewesen an Merk's, List und Schalkheit, und zwar ohne alle Dressur — durch die der Kerl erst wer weiß was geworden wäre — als man wohl hinter einem 17- oder 18jährigen Burschen oft vergeblich sucht.

Wir hören hier das unverwerfliche, tadellose Zeugniss eines Tierfreundes von einem menschenfreundlichen Raben. Er wächst in menschlicher Gesellschaft auf, wie ein Kind. Er fasst menschliche Sprachlaute genau auf und kann sie auch selbst erzeugen

---

*) Genau denselben Zug teilen zwei neueste Naturforscher über den Kohlraben und über die Bergdohle mit; nämlich Lenz, gemeinnützige Naturgeschichte 173, und Posner, Seelenleben der Tiere, 1851, Seite 190.

— dennoch spricht er nicht. Er versteht auch andre Zeichen. Er ist überhaupt sehr klug und kann sich in das Gemüt Andrer versetzen. Er nimmt vollen Anteil am menschlichen Leben, wenn auch mehr als Schelm, denn als Arbeiter. Er ruft sein *Salus*, wenn jemand niest — und doch spricht er nicht. Er ist viel klüger als Hans und Grete — aber sprechen lernt er nicht. Warum nicht? Das Vorstehende und das Folgende muss die Antwort geben. Hier nur so viel. Immerhin mögen Hans und Grete dümmer sein, als das liebe Vieh: durch Sprechen wird man nicht klug; immerhin mögen die Tiere sehr klug sein, sich höchst zweckmäßig zur Erreichung selbstgesteckter Ziele benehmen: der Mangel an Sprache macht nicht dumm. Kurz der Inhalt des Bewusstseins wird nicht unmittelbar von der Sprache berührt, sondern nur die Form desselben. Es mag also ein sprechender Mensch weniger geistigen Inhalt, geringere geistige Beweglichkeit haben als das Tier; aber er hat seinen Inhalt in höherer Form. Die höhere Form wird denn allerdings unter sonstigen Begünstigungen auch den Inhalt fördern. Die Form des tierischen Bewusstseins aber ist die Anschauung; die Form des menschlichen, des redenden Bewusstseins werden wir, kennen lernen.

e) Die Sprache als Reflexbewegung.

475. Unser heutiges Sprechen erscheint uns als ein absichtliches Tun. Wir sprechen, weil wir es wollen; wollten wir es nicht, wir würden schweigen. Ferner: Wollen wir es, so tun wir es mehr oder weniger laut oder leise, je nach der Absicht. Dann brauchen wir auch nicht alles zu sagen, was wir denken. Wir können unsere wirkliche Meinung und unser Wissen verschweigen und irgend etwas Erfundenes, irgend ein Gedachtes aussprechen, sei es als Scherz oder als Ironie oder als Lüge. Wir können auch die Form des sprachlichen Ausdruckes gestalten, Wörter und Wendungen suchen, die Reihenfolge derselben und der Sätze nach Belieben ordnen und die Sätze nach mancherlei Rücksichten gestalten.

476. Diese Freiheiten haben wir allerdings. Im gesunden Zustande gehört die Sprache ganz in den Bereich unserer geistigen Tätigkeit. Die Gebundenheit, welche dabei hervortritt, ist keine andre und keine größere, als welche bei jeder körperlichen Ar-

beit vorliegt; allemal sind wir an den psycho-physischen Mechanismus gebunden. Indessen diese Freiheit ist nur eine er-
worbene. Je weniger wir uns überwachen, je mehr wir uns
von den augenblicklichen Vorstellungen beherschen lassen, um
so mehr ertönt die Sprache ungewollt. So beobachten wir, wie
Leute auch ohne Affect, aber in sich vertieft, statt zu denken
mit sich selbst laut reden. Kinder in der ersten Sprach-Periode
denken fast nur sprechend; sie erkennen kaum etwas mit ihren
Sinnen ohne auszurufen: *da kommt . . . da ist . . .* Hiernach
könnte man versucht sein, die Sprache als Associations-Bewegung (346) zu bestimmen. Wie der Virtuos zwar seine Finger
mit den Noten in feste Association gebracht hat, aber doch
recht wohl Noten sehen oder eine Melodie in seiner Phantasie
ablaufen lassen kann, ohne die Finger zu bewegen, wenn er
nicht etwa doch selbstvergessen auf den Tisch trommelt: so
könnte es auch uns mit der Sprache ergehen.

477. Indessen, man würde sehr irren, wenn man meinte,
das Lernen der Sprache seitens der Kinder bestehe auch bloß
darin, dass mit gebildeten Vorstellungen die gehörten Laute
associirt werden, wie wir allerdings fremde Sprachen lernen.
Mit der Mutter-Sprache verhält es sich ganz anders. Hier
bilden die gehörten Reden den Antrieb zum Vorstellen und
Denken. Laute sind gegeben, welche das Kind appercipirt,
und das sind schöpferische Apperceptionen; denn das Kind
muss erst in dem Augenblicke, wo es das Gehörte appercipiren
soll, die Vorstellung schaffen, mit welcher es dies vermag.
Konnte es die appercipirende Vorstellung schaffen, so hat es
die Rede verstanden. Im eigentlichen Besitz dieser Vorstellung
aber ist es erst, wenn es sie auch frei aus sich reproduciren
kann: und das kann es nur mit Hülfe desselben Lautes, durch
den es zuerst Veranlassung gefunden hatte, jene Vorstellungen
zu bilden. So ist für das Kind ursprünglich die Sprache nicht
bloß eine zum Denken hinzutretende Associations-Bewegung,
sondern ein Hebel des Denkens, ohne welchen es nicht denken
kann. Es muss sprechen, um zu denken.

478. Dies führt aber unmittelbar darauf, dass auch für
uns die Sprache mehr als Associationsbewegung ist. Denn
auch für uns ist auf immer die Sprache ein Hebel des Denkens,
wenn auch nicht derartig, dass Denken und Sprechen identisch

wäre. Wir können freilich ganz stumm und ohne jede Beihülfe
der Sprache ein rechtwinkliges Dreieck anschauen oder bloß in
der Einbildung entwerfen, können jede Seite dieses Dreiecks
zur Grundlage eines Quadrats machen und so den pythago-
räischen Lehrsatz und den ganzen Beweis dafür ohne Sprache
rein anschauen. Vielleicht muss man von diesem wie von jedem
geometrischen Lehrsatze behaupten, dass wer ihn nicht als bloße
Anschauung, ohne Wort, reproduciren kann, ihn gar nicht besitze und kein Mathematiker sei. Geometrisches Denken ist
sprachloses, anschauendes Denken; ein geometrischer Lehrsatz
ist eine intellectuelle Anschauung. Unser vorstellendes Denken
aber ist so sehr, nicht an den Laut gebunden, sondern in ihn
versenkt, dass es selbst schweigend an eingebildeten, innerlich
vergegenwärtigten Lauten verläuft; und unser übliches Denken
im Leben wie in der Wissenschaft ist vorstellendes (discursives)
Denken. Hier ist zwar auch eine Association von Laut und
Gedanken; aber eine solche, dass die Loslösung des Gedankens
vom Laute kaum ausführbar erscheint. So wie wir uns einen
Gedanken vergegenwärtigen, z. B. *man sollte unter allen Umständen nur die Wahrheit sagen*, so merken wir, dass es eine
vielleicht nie gelingende Anstrengung sein würde, ihn ohne
Laut zu denken.

479. Wir werden also sagen, dass weder das Lernen der
Sprache eine Associirung einer Vorstellung mit einem Laute
ist, noch auch Sprechen bloße Associations-Bewegung: was uns
aber oben (476) als solche erschien, ist eine Reflexbewegung
der Art, dass die vorgestellte Bewegung die wirkliche Bewegung auslöst (vgl. 354. 5) 357—363), und dies bezieht sich
nur auf den Unterschied von lautem Reden und bloß gedachtem
Reden, aber berührt gar nicht das Verhältniss von Laut und
Vorstellung.

480. So stoßen wir hier zuerst auf den Gedanken, Sprache
sei Reflexbewegung. Dies ist sie jedoch in keinem andern
Maße, als auch jede andre Bewegung es ist. Denn erstlich
wissen wir, dass jede absichtliche Bewegung auf einem Reflex
beruht; und dann kann auch wohl jemand, der sich die Lust
des Schwimmens vergegenwärtigt, in welcher Lage oder Stellung er auch sein mag, Schwimmbewegungen ganz oder teilweise machen.

481. Auch das Lernen der Erzeugung der Sprachlaute seitens der Kinder beruht zwar auf Reflex, aber doch nicht in andrer Weise, wie das Lernen des Gehens, Schwimmens und jeder körperlichen Fertigkeit. Auge und Ohr stehen in Beziehung zu den Bewegungen, welche es sieht oder deren Erfolg es hört. Würden nicht die Organe vom Ohre her mechanisch in Bewegung gesetzt, wie sollte das Kind die nicht geringe Kunst lernen, *Papa* und *Mama* zu sprechen? Hierbei ist zu beachten, dass die Reflexbewegungen beim Kinde mächtiger und ausgedehnter sind, als beim Erwachsenen, wie es experimentell erwiesen ist, dass sie beim jungen Tier stärker sind als beim alten. Jedes Kind lernt jede Feinheit der Aussprache seiner Umgebung, die ein Erwachsener niemals lernt. Die Reflexbewegung aber, der wir hier begegnen, ist ganz derselben Art, wie die in den beiden vorstehenden Paragraphen bemerkte.

482. Für den Ursprung der Sprache ist hiemit noch nichts gewonnen. Denn das versteht sich, nach allem, was oben bemerkt ist, von selbst, dass die Laut-Erzeugung als eine Bewegung, wie jede Bewegung, ursprünglich auf Reflex beruht und dann in den Dienst zweckmäßiger Handlung tritt. Hier ist aber nicht von Lauten, sondern von Sprechen die Rede; und in der Sprache liegt eine Verbindung von Gedanken-Inhalt und Laut, und zwar eine solche, dass eine Trennung gar nicht ausführbar erscheint (478). Es wird aber auch beim genauern Hinblick auf das Verhältniss zwischen Laut und Inhalt sehr leicht die Vermutung Raum gewinnen, dass die Vereinigung beider, fern davon bloß eine Association zu sein, auf einer umfassenden und wesentlich eingreifenden geistigen Arbeit beruhe, deren allgemeines Wesen übrigens auch schon aus unsern einleitenden Bemerkungen (S. 44—72) sich ahnen lässt. Der Reflex-Laut kann nur als von der Natur dargereichtes Material für eine intellectuelle Verarbeitung dienen. Solches Material kann aber gegen seine Verwendung nicht gleichgültig sein. Darum wollen wir es noch einmal in bestimmter Rücksicht hierauf in Betracht ziehen.

483. Die Tierseele, das muss aus unserer Vergleichung von Mensch und Tier hervorgegangen sein, wird von jeder leiblichen, sinnlichen Affection, vom Schmerz- und Lustgefühl, wie von den Empfindungen, aufs lebhafteste mit ergriffen, ohne

Herr der Affection zu werden; umgekehrt wird beim Menschen der Leib durch die Affectionen der Seele mitbewegt. Denn hat die menschliche Seele die Übermacht über den Leib, muss sie ihn ernähren, waren, schützen, bleibt sie den Sinnescindrücken gegenüber ihrer selbst mächtig und wird nicht hingerissen in den Strudel sinnlicher Empfindung: so wirkt sie auch aus eigener Erregung so kräftig auf den Leib zurück, dass dieser zum treuen Spiegel ihrer Bewegungen wird. Die Tierseele ist der Reflex des tierischen Leibes; beim Menschen reflectirt der Leib die Seele. Sicht- und hörbare leibliche Veränderungen, veranlasst durch Seelenerregungen, verraten uns die unsichtbaren Seelenbewegungen, deren Reflex sie sind. Dies ist der Quell der Sprache. Der Körper ist stumm, wenn er seine eigne Masse, sein eignes Gewicht gelten lässt; er spricht, indem er die Form annimmt, die ihm die Seele aufprägt. Die Herschaft des Geistes über den Körper bricht in Tönen aus, und Freiheit ist das Wesen der Sprache.

484. Das Sprechen ist also eine Befreiungstätigkeit. Das fühlen wir ja alle heute noch, wie wir unsre Seele erleichtern, von einem Drucke befreien, indem wir uns äußern. Die Sprache wirkt hier wie ein Tränenerguss, und oft zusammen mit ihm. Besonders aber das erste Hervorbrechen der Sprache beim Kinde und beim Urmenschen ist eine Befreiung der Seele von dem Drucke der auf sie eindringenden Sinnesempfindungen. Denn je größer bei der fortschreitenden Entwickelung des Geistes die Selbstbeherschung wird, desto mehr lernen wir schweigen; d. h. die von außen kommenden Eindrücke auch ohne Sprache überwinden; gemäß dem ursprünglichen Verhältnisse aber muss man ganz eigentlich, und nicht bloß bildlich, sagen: so wie ein elastischer Körper, der erschüttert wird, in einen tönenden Zustand versetzt wird und sich durch dieses Tönen von dem empfangenen Stoße losmacht, indem er ihn der Luft weiter gibt: eben so tönt der Mensch, erregt durch die auf ihn einstürmenden Gefühle und Anschauungen, in der Sprache und befreit sich von den empfangenen Eindrücken, indem er sie an die Luft abgibt durch das Wort.

485. Wir bewegen uns hier nicht in Metaphern, sondern stehen auf dem Boden der genauen Lehre von den physikalischen Kräften. Es ist zu interessant, die Sprache als Reflex-

bewegung unter das allgemeine Gesetz der physikalischen Kräfte zu bringen, und sie so von dem umfassendsten Standpunkte aus anzusehen, als dass ich mir versagen könnte, die hierauf bezüglichen Bemerkungen aus Lotze's Allgemeiner Physiologie (S. 450 ff.) ausfürlicher mitzuteilen. Gehen wir nämlich davon aus, dass jede Wirkung einer Kraft auf einen Körper, nach dem Gesetze der Trägheit, so lange fortdauert, als sie nicht durch entgegengesetzte Widerstände aufgezehrt wird, wenn auch nicht nur ihre Richtung, sondern auch ihre Form sich so umgestalten kann, dass sie nur in einem ihrer Größe entsprechenden Aequivalent eines anderen von ihr angeregten Processes fortdauert: so bemerken wir nun auch, dass auf den lebendigen Körper in jedem Augenblicke seines Bestehens eine große Anzahl physischer Kräfte einwirken, deren Wirkungen ebenfalls entweder auf andere Körper übertragen, oder sonst wie aufgezehrt werden müssen. Es ist doch auch wohl ferner vorauszusetzen, dass der organische Körper, wie eine jener sinnvollsten Maschinen, die zufälligsten und formverschiedensten Einwirkungen von außen nicht nur zu überdauern, sondern ihnen zugleich einen benutzbaren Effect für seine eigenen Zwecke abzugewinnen vermag. Ein Perpetuum mobile freilich ist auch er nicht. Gewaltsamen Erschütterungen vermag er nicht zu widerstehen. „Geringere Erschütterungen dagegen müssen wir bei Pflanzen, wie bei Tieren, als aufgenommen in den Plan des Lebens ansehen, bei diesen als unvermeidliche Folgen der Muskelbewegung, bei jenen als Nebenumstände, welche mit dem Genusse des adäquaten Lebensreizes, der atmosphärischen Luft, gleich unabtrennbar verbunden sind. Ein großer Teil dieser zugeführten Erschütterungen geht nun allerdings nutzlos verloren; der Organismus teilt seine Bebungen dem Boden und der umgebenden Luft mit; ein anderer Teil der Bewegung wird auf Erzeugung von Schallschwingungen, ein kleinerer vielleicht noch auf Bildung von Wärme verwandt." Andererseits aber sind diese Erschütterungen förderlich für die Saftbewegung und den Stoffwechsel, sowohl bei Tieren als bei Pflanzen.

486. Betrachten wir jetzt die Nervenwirkungen. Die Erregung motorischer Nerven findet ihre Ausgleichung in der Contraction der Muskeln, und diese verliert sich in Wärmeerzeugung und chemische Processe, ausserdem dass die Glieder

ihre Bewegung nach außen mitteilen: dies ist leicht zu sehen. Aber „wohin verlieren sich die unzähligen zum Teil so starken Eindrücke, denen unser sensibles Nervensystem jeden Augenblick ausgesetzt ist? Diese Frage lässt sich nicht mit Sicherheit entscheiden, doch gibt es einige Spuren, die wir verfolgen können." Nämlich der Nerv nutzt sich ab, und so wird also auch seine Erregung in chemische Processe umgewandelt. Doch dies geschieht nicht schnell genug, und wir erkennen leicht noch zwei Möglichkeiten, wodurch sich der Körper von den Nervenerregungen befreit, Muskelbewegung und Absonderung.

„Die Natur hat die erste Art der Ausgleichung sensibler Erregung, ihre Übertragung nämlich auf motorische Nerven, nicht nur höchst ausgedehnt verwirklicht, sondern zugleich das Unvermeidliche zum Besten gekehrt. Zwar nicht immer, aber überall, wo die Function eines Organs dazu Veranlassung gab, erscheinen diese Reflexbewegungen nicht nur als Ableitungen der Erregung in den sensiblen Nerven, sondern zugleich als Auslösungen nützlicher Leistungen. Ein heftiger Lichteindruck bringt sofort Schließung der Augenlider hervor ... Dem Gehörnerven scheint kein so lenksamer Muskelapparat eigen zu sein, durch dessen Erregungen er seine eigenen beruhigt; doch dürften leicht teils die Stimmorgane, teils die gesammten Körpermuskeln, in denen wenigstens jede rhythmische Musik so leicht Bewegungstriebe hervorbringt, eine Ableitung jener Erregungen enthalten*) .... Überraschende Reize, welche eine große Hautfläche zugleich treffen, oder intensive Schmerzen der äußern und der innern Teile, bringen besonders deutliche Nachwirkungen in den Bewegungen des Atmens und der Circulation hervor", wobei wenigstens eine Ausgleichung der sensiblen Erregung, wenn auch keine teleologische Benutzung stattfindet. Nur kann man recht wohl in den durch Reflexion der sensiblen Erregungen auf die Tonorgane hervorgebrachten Lauten „eine zweckmäßige Darbietung eines Ausdruckmittels innerer

---

*) Es mag hier eingeschaltet werden, dass auf Reizung des Acusticus durch intensive Schallbewegungen eine Contraction des Hammermuskels erfolgt. Dies wirkt aber ganz analog der Verkleinerung der Pupille und dem Senken der Augenlider. Der Hammermuskel spannt nämlich das Trommelfell und schwächt dadurch dessen Empfänglichkeit (Funke, Lehrbuch der Physiol. 1866. II. S. 558).

Zustände sehen, dessen sich die Überlegung" (dies Wort ist nicht eigentlich zu nehmen) „weiter bedient, um durch Gedankenmitteilung eine Hilfe zu suchen, die nicht unmittelbar durch organische Processe geleistet wird." Und endlich heißt es (S. 462.): „Nur dies möchten wir bitten, dass man die physiologische Notwendigkeit nicht überhaupt verkennt, die in dem Zusammenhange dieser Processe, z. B. der sensiblen und der motorischen obwaltet, und dass man an seine Stelle nicht eine unbestimmte psychische Verknüpfung setzt. Der Schrei des Leidenden ist keine Handlung, die aus psychischen Motiven folgt, sie gehört gewiss zur notwendigen Verkettung physiologischer Processe ... Es hat einen großen Reiz, das ästhetisch Bedeutsame des Lebens oder die psychisch notwendigen Veranstaltungen mit unvermeidlichen mechanischen Verhältnissen zusammenhängen zu sehn. So ist die Sprache nicht allein eine Erfindung des Menschen, sondern in der Anregung der Stimme durch innere Zustände überhaupt liegt ein natürlicher Trieb zu ihrer Erfindung und Benutzung; und selbst dieser Trieb ist von der Natur nicht bloß willkürlich an jene innern Zustände geknüpft, sondern enthält zugleich die unentbehrliche mechanische Ausgleichung, die sie erfordern."

Wir dürfen also jetzt in ganz eigentlichem Sinne sagen: der Mensch spricht, wie der Hain rauscht. Luft, welche Töne und Gerüche trägt, Lichtäther und Sonnenstrahlen, und der Hauch des Geistes fahren über den menschlichen Leib dahin, und er tönt.

III.

Hervortreten der Sprache.

a) Verbindung der Anschauung mit dem Laute.

487. Nach allem Vorangegangenen dürfen wir uns nun vorstellen, daß der Urmensch in größter Lebhaftigkeit alle Warnehmungen, alle Anschauungen, die seine Seele empfing, mit leiblichen Bewegungen, mimischen Stellungen, Gebärden und

besonders Tönen, ja sogar articulirten Tönen, begleitete. Wir
haben hier Reflexbewegungen derjenigen Art von 354. 2)—4),
womit zum vollen Verständniss zusammen zu nehmen ist, was
oben über die geistigen Gefühle gesagt ist, besonders 387.
388, und was über den Reflex auf die Atem-Muskeln bemerkt ist
356. 364. Wir haben freilich oben (355) bemerkt, dass die
Reflexbewegungen, auf welche wir uns hier berufen, sich durch
ihren Charakter von den absichtlichen Bewegungen unterscheiden,
dass sie etwas Ungeordnetes und Stoßweises haben. Die Sprache
hat hiervon nichts. Wenn es indessen nicht anders gedacht
werden kann, als dass unsre absichtlichen Bewegungen sämmtlich nur von dem Zweck in Dienst genommene Reflexbewegungen sind, wenn die geschickteste, ruhigste und gleichmäßigste
Führung der Hand und des Armes doch vom Zappeln und
Strampeln des Kindes ausgeht, so dürfen wir auch annehmen,
dass der Rhythmus und Wohllaut der Sprache, den wir seit
wenigen Jahrtausenden kennen, nicht ursprünglich vorhanden
war, sondern sich im Laufe von hundert tausend Jahren erst
aus anfänglich nur unrhythmisch und reflexartig ausgestoßenen
Lauten herausgearbeitet habe. Deutlich, bestimmt articulirt
können darum jene uranfänglichen Reflexlaute dennoch recht
wohl gewesen sein. Es waren eben unrhythmisch ausgestoßene
Sylben: die Vocale in unregelmäßiger Abwechslung gedehnt
und gekürzt; die Sylben verdoppelt; die explosiven Consonanten
tragen ja für immer den stoßweisen Charakter in ihrem Wesen,
und zu ihnen verhalten sich die Spiranten oder die Aspiraten
und Affricaten wie die langen zu den kurzen Vocalen. Kurz,
solche Sprache kann sehr zapplig und stramplig gewesen sein,
und doch sehr bestimmt articulirt. Erklärt wird die Herschaft,
die Ruhe, mit welcher wir endlich alle Bewegungen und auch
die Sprache vollziehen durch die Bemerkung von 339. Auch
sage man nicht, die Sprachbewegungen unterscheiden sich z. B.
vom Lachen und Weinen durch ihre größere Mannichfaltigkeit.
Denn schon die Interjectionen des Schmerzes und der Freude,
welche Niemand als Reflexlaute zu erkennen Anstand nehmen
wird, sind mannichfaltiger, als Lachen und Weinen; außerdem
aber gibt es noch andere Interjectionen, und diese überhaupt
sind doch noch nicht einmal die Anfänge der Sprache. Der
Ausdruck der Gesichtszüge aber, je nach den verschiedenen

innern Erregungszuständen, dürfte eine gleiche Mannichfaltigkeit und Verschiedenheit zeigen, wie die Interjectionen. Er
wird durch den N. facialis erzeugt, und Müller bemerkt hierüber (II, S. 92.): Der so äußerst verschiedene Ausdruck der
Gesichtszüge in den verschiedenen Leidenschaften zeigt, dass
je nach der Art der Seelenzustände ganz verschiedene Gruppen
der Fasern des N. facialis in Tätigkeit oder Abspannung gesetzt werden. Die Gründe dieser Erscheinung, dieser Beziehung
der Gesichtsmuskeln zu besondern Leidenschaften sind gänzlich
unbekannt." Der N. facialis, der physiognomische Nerv, ist
„der sensibelste Leiter leidenschaftlicher Zustände" (ebenda),
und wir sehen an ihm, wie ein Nervenfaden vermöge der Spaltung seiner Fasern mannichfach und verschiedenseitig wirken
kann.

488. Der Nervus facialis ist kein Hauptnerv für die Lautsprache, sondern er ist nur der mimische Nerv; aber seine
Fasern verzweigen sich doch auch in Muskeln, welche für die
Laut-Erzeugung mit wirksam sind. So versorgt er die Lippen,
die Muskeln, welche die Kinnlade abziehen und überhaupt die
beim Kauen beteiligten Muskeln und die des weichen Gaumens,
der beim Sprechen ununterbrochen tätig ist, da er bei allen
Lauten wirksam ist, wo die Nase nicht tönen darf, Auch bewirkt er eine Erhebung des Zungenbeins. Die eigentlichen
Nerven der Sprachbewegungen sind der N. vagus und N. hypoglossus; der erstere „verbreitet sich constant in den Stimm-
und Atmenwerkzeugen", auch übt er Einfluss auf den Herzschlag; der andere ist „der motorische Nerv der Zunge bei
allen Bewegungen dieses Organs zum Sprechen, Kauen, Schlin-
gen u. s. w. Er ist aber auch der Bewegungsnerv der großen
Muskeln des Kehlkopfes und Zungenbeins" (I, 795), der eigentliche articulirende Nerv.

489. Hierzu nehme man nun noch, dass wir an uns keinen
vollen Maßstab für die Ausdehnung der Reflexwirkung haben.
Bildung, wie schon bemerkt, unterdrückt und schwächt allmählich den Reiz zu überflüssigen Bewegungen. Wir lernen, nüch-
tern und ohne alle Erregungen Warnehmungen machen; aber
schon unsre Kinder lehren uns, wie auf ungebildete Gemüter
die scheinbar gleichgültigsten Dinge einen Eindruck machen.
Man beobachte solch ein kleines Wesen im dritten oder vierten

Lebensjahre. Welch unermüdliche Beweglichkeit! und wie wird
jede Abänderung des jeweiligen Zustandes des Bewusstseins
durch Warnehmung oder Erinnerung mit Sprache begleitet!
Was aber gar von uncultivirten Völkern erzählt wird, z. B. von
den tatarischen Stämmen Sibiriens, das zeigt eine Erregbarkeit,
wie wir sie unter uns nur in nervös krankhaften Zuständen beobachten können. Die Reflexbewegungen des Negers führen buchstäblich aus, was wir in übertriebener Ausdrucksweise als Folgen
von Erregungen hinstellen, wie: Rad schlagen bei freudvollen Warnehmungen. Solche Ausdrücke beruhen also auf Erfahrung auch
unter uns, obwohl nur auf seltener. Und wenn alles dies noch nicht
wahrscheinlich machen sollte, dass in Folge der Reflexe der
Warnehmungen Laute entstehen sollten, welche articulirte Sylben
und so mannichfacher Gestalt sind, dass sie in ihrer Mannichfaltigkeit die der Warnehmungen decken könnten, so erinnere
ich an das taube und blinde Kind Laura Bridgmann, welche,
obwohl sie doch ihre Reflexlaute nicht einmal hörte, für jede
Person des Instituts, in welchem sie lebte, einen eigenen Ruf
hatte, der so bestimmt geformt war, dass er von allen diesen
Personen in ihrer Umgebung gewissermaßen als die von dem
Kinde gegebenen Eigennamen verstanden wurde.

490. So wird man es denn nicht allzu gewagt finden,
wenn wir meinen, dass bei den Urmenschen erstlich keine
Seelenerregung vorging ohne eine entsprechende, reflectirte
körperliche Bewegung; und zweitens auch, dass jeder bestimmten, besondern Seelenbewegung eine bestimmte körperliche ent-
sprach, welche physiognomisch und tönend zugleich war.

491. Diese Reflexbewegungen bedeuten nun tatsächlich
schon die Seelenerregungen, deren Reflex sie sind; sie bedeuten
dieselben, wie jede Wirkung ihre Ursache bedeutet. Was nun
noch zur Sprache fehlt, ist freilich nicht unwichtig, ist vielmehr
das Wesentlichste, nämlich das Bewusstsein dieser Bedeutung,
die Verwendung der Äußerung. Die bewusste Verbindung
erst der reflectirten Körperbewegung mit der Seelenerregung
gibt den Anfang der Sprache.

492. Wir fragen also: wie vollzieht sich die Conception
der Sprache? wie gestaltet sich ihr springender Punkt? —
Denken wir uns den psycho-physischen Mechanismus des Urmenschen noch so vollkommen, den Zusammenhang von Leib

und Seele noch so innig, die Anschauungen noch so lebhaft, ihre Reflex-Wirkung auf das Stimm- und Sprachorgan noch so fein und bestimmt, so dass auf jede besondre Warnehmung eine besondre und zwar die klarste Articulation, eine deutliche Sylbe dem Munde entführe, wie wir uns das freilich vorstellen müssen; das alles aber ergäbe noch kein Wort, keine Sprache, so wenig wie Ächzen und Lachen, so wenig wie der Knall des entzündeten Pulvers und das Rauschen des Haines. Das Thermometer, welches uns den Grad der Temperatur ansagt, spricht nicht; eben so wenig der durch Reflex tönende Mensch. Hier ist überall bloß Wirkung und Ursache, und es mag jemand diese aus jener deuten, verstehen: so macht er jene zur Sprache; wie aber lernt der Urmensch den von ihm durch Reflex ausgestoßenen Laut verstehen? wie gelangt er zu solchem Deuten? wie lässt er sich durch ihn etwas sagen? macht ihn zur Sprache? Warum gewöhnt sich der Mensch nicht daran, zu jeder Warnehmung auch noch einen Laut zu hören, oder geradezu diesen als Bestandteil der Anschauung zu betrachten? Hier beginnt die Arbeit, von der wir oben sprachen, die Arbeit, den Gedanken in den Laut zu bannen.

493. So geformt, wie die aufgestellte Analogie es erforderte, enthält diese Frage schon die wichtige Erkenntniss vom Wesen und Ursprung der Sprache, dass Sprechen auf Verstehn beruht, dass es an sich Verstehen des eigenen Lautes ist, dass Verständniss der schöpferische Act der Sprache, ihr Springpunkt ist. Sprechen heißt wesentlich und vor allem sich selbst verstehen, seine Warnehmung oder Anschauung oder sein Begehr aus dem eigenen Laute heraushören. Da nun der aus dem Laute verstandene Inhalt, die Anschauung, schon Bewusstsein ist, so ist der Anfang der Sprache der Keim des Selbstbewusstseins. In diesem Anfange liegt zwar noch nicht ein selbstbewusstes Subject, aber es steht doch schon etwas Subjectives als Object im Bewusstsein.

494. Dies wäre also die Frage: wie gelangt die Seele zu solchem Selbstverständniss? Die Antwort ist, wenn das bisher Erörterte richtig ist, nicht schwer. Eine Warnehmung sei gegeben; sie löst eine Sylbe aus. Dieser Reflexlaut wird von dem Menschen gleichzeitig mit der Warnehmung vernommen und associirt sich mit ihr. Der einmalige Vorgang könnte

vielleicht genügen, um die gewonnene Anschauung treu im
Gedächtnisse zu bewaren und den Reflexlaut fest mit derselben
zu associiren. Jedesfalls aber treten Wiederholungen ein. Es
ist zunächst noch kein Grund vorhanden, warum der Vorgang
dann anders verlaufen sollte. Sollte die Warnehmung an Reiz
der Neuheit, an Kraft der Überraschung verlieren, so wäre das
nur möglich durch eine beginnende geistige Beherschung,
durch eine entstehende Besonnenheit. Wenn damit die Kraft,
eine Reflexbewegung zu erzeugen, nachlässt, so ist auch die
Association des frühern Reflexlautes schon so fest, dass er nun
nach jener Art des Reflexes hervortritt, die wir als Nachahmung
bezeichnet haben. So wird allemal durch Wiederholung der
Warnehmung auch die Association mit dem Laute um so fester.

495. Auch ist bei keinem Punkte, der für die Erzeugung
der Sprache in Betracht kommt, die Wirkung der Geselligkeit
außer Acht zu lassen. Der Urmensch liebt die Einsamkeit
nicht. Nur der cultivirte Mensch schließt sich ab. Wir denken uns also jenen auch bei seinen Warnehmungen in Gesellschaft mit einigen oder vielen. Sie sind alle körperlich und
seelisch gleich organisirt. Dasselbe Object ergreift alle in gleicher
Weise, und auch der Reflex tritt in gleicher Form ein. Es
mag indessen sein, dass nicht alle gleich erregbar sind, dass
sie es für den Augenblick nicht sind. Einer aber ist darunter,
der besonders ergriffen wird. Er tönt — und es tönen alle in
gleicher Weise, wie mitanklingende Saiten (357—360). Wie
wird hier die Wirkung des Reflexlautes verstärkt! wie fest muss
er sich mit der Gelegenheit, der Warnehmung associiren! Nicht
nur der eigene Laut, sondern derselbe aus dem Munde aller
Anwesenden dringt ihm ins Ohr. Und diese verstärkte Wirkung denken wir uns wiederholt. Der Laut gehört nun zum
Complex der die Anschauung constituirenden Empfindungs-
momente. So kann bald die Warnehmung nicht mehr gemacht
werden, ohne den betreffenden Laut ertönen zu lassen, noch
auch kann der Laut gehört oder eingebildet werden, ohne dass
die Anschauung erinnert würde.

496. Nicht ein Einzelner hat den Laut ertönen lassen,
sondern die Gesellschaft. Die Gelegenheit, wobei sich dies
ereignete, war vielleicht die Arbeit; jetzt denken wir uns dieselbe Gesellschaft im Genusse der Ruhe. Die Reihe erlebter

24*

Bilder steigt in die Erinnerung, und damit werden die Laute neu erregt. Das beginnt in Einem und findet seinen Widerhall in allen Anwesenden. So erzählen sie sich gewissermaßen sowohl sich selbst als auch einander gegenseitig, was sie zusammen erlebt haben.

497. Es ist aber nicht immer durchaus dieselbe Gesellschaft, welche gestern zusammen war, die auch heute wieder vereinigt ist; und im Kreise der Ausruhenden sitzen nicht alle dieselben, die zusammen gearbeitet haben. Nur ein Teil derer, die gestern ihre Erlebnisse gemeinsam hatten, sind heute ausgezogen. Sie haben heute dasselbe etwas anders erfahren als gestern. Siegeslustig kehrt solche Schaar von der Jagd, von der Fischerei zurück zu den heute daheim Gebliebenen. Können sie die Gefährten von gestern sehen, ohne dass ihnen das Gestrige und das Heutige einfiele? Nun wird beides mit einander verglichen oder es vergleicht sich selbst. Und dieser Process geht laut vor, nämlich unter Mitwirkung der Reflexe des Leibes, der Sprach-Organe und des ganzen Körpers. Und so erzählt man den andern ungewollt und unabsichtlich, was man heute gesehen und getan hat, erzählt es unter notwendiger Mitwirkung der Erinnerung an das gestern Gesehene und Getane, und so ist Mitteilung da und Verständniss.

498. Zu den Verdiensten Wilhelms von Humboldt um die Erkenntniss des Wesens der Sprache gehört auch besonders der tiefe Blick, der ihn lehrte, dass für das Problem des Ursprungs der Sprache nicht sowohl die Schöpfung der Lautgebilde, als das Verständniss seitens des Hörenden die größere Schwierigkeit bietet. Nach unserer Darlegung gehen nicht bloß beide durchaus neben einander, sondern das Verständniss ist sogar der geistige Springpunkt der Sprache. Dies mögen noch folgende Einzelheiten erläutern. Wir müssen uns freilich und wollen uns davor hüten, uns ein phantastisches Gemälde vom Hergange des Ursprungs der Sprache in der Urzeit zu entwerfen. Was ich hier heraushebe, soll aber auch gar nicht den Wert solches Gemäldes haben; es sollen nicht Hypothesen sein; es sollen bloß Fictionen sein, durch welche die aufgestellten Gesetze, nach denen die Sprache entstehen musste, beispielsweise erläutert werden.

499. Ich lege das größte Gewicht auf die freie Mitteilung

in Folge der Geselligkeit, als Ausbruch der Erinnerung, als Drang vom andern gewusst, appercipirt zu sein, in ihm zu leben, als laut werdendes Selbstbewusstsein. Davon war in den vorstehenden Paragraphen die Rede. Wir wollen aber neben dem Genuss und der Ruhe die in der Arbeit, dem Drange der Umstände, der Not liegenden Antriebe nicht unterschätzen. Festhalten müssen wir immer, dass die Absicht zur Mitteilung nicht vorausgesetzt werden darf. Woher sollte diese Absicht stammen? Wie sollte sie vor der Sprache vorhanden sein können? Sie kann nur erst entstanden sein, nachdem oftmals unabsichtliche Mitteilung mit dem angemessenen Erfolge durch Sprache stattgefunden hat. Denn selbst die Möglichkeit der Mitteilung muss zuerst als noch unbekannt hingestellt werden. Der Mensch weiß anfänglich von solcher Möglichkeit, von solcher Fähigkeit, die er habe, noch gar nichts; er kann sie nur, nachdem sie tatsächlich und unabsichtlich stattgefunden hat, durch Erfahrung kennen lernen. Wie aber solche Erfahrung sich bilden musste, das können wir uns durch die Fälle der Not noch leichter verdeutlichen. Wie oft bedurfte der Urmensch auf gemeinsamen Zügen bei drohender Gefahr der Hülfe des andern! So wünscht er ihn herbei. Die bloße Erkenntniss der Gefahr, aber auch das Verlangen nach Hülfe entringt der Brust den Schrei ganz ohne Absicht. Ebenso unwillkürlich aber wendet sich der hörende Begleiter nach der Richtung, aus welcher der Schrei zu ihm dringt; und unmittelbar deutet, also versteht er den Schrei als Hülfe-Ruf und eilt hinzu. — Oder einer ist im Sichern, sieht aber den andern in einer von diesem nicht bemerkten Gefahr. So wünscht er ihn aufmerksam, er solle auf der Hut sein, sich wehren. Sei es dieser Wunsch, sei es zur Warnung — ein Ruf wird sich ihm entreißen, den der andre hört und beachtet. Überwiegt im Rufenden die Besonnenheit, so wird es nicht bloß eine Interjection sein, die er ausstößt, sondern das eingetretene und das gefürchtete Ereigniss, der gefährliche Gegenstand oder Umstand, der plötzlich erschienen ist, wird als wargenommenes Object im Ausrufe bezeichnet. — Oder es sieht einer einen andern in einer gewissen Entfernung gehen. Er vermutet, wohin dieser will, und wünscht ihn zu begleiten oder zurückzuhalten, wünscht so oder so, er möge still stehn und ihn erwarten. Dieser Wunsch, den andern

zum stehn zu bringen, setzt die Arme in Bewegung, um ihn
mit diesen Hebeln festzuhalten. Die sind freilich zu kurz, und
er greift nur immerfort in die leere Luft. Um so mehr steigert
sich seine Ungeduld, sein Wunsch; die Bewegung der Arme
wird lebhafter, aber auch der Atem und das Lautorgan spannt
sich und die Anspannung entladet sich in einem *st* oder sonst
einem Laute. Der andre hört, und in Folge von bloßem Reflex wendet er sich nach dem Rufenden und sieht ihn immer
noch die Arme bewegen, winken. Jetzt versteht er Ruf und
Wink um so leichter, als dieser nun sich laufend ihm zu nähern
sucht. — In allen solchen Fällen bilden sich Reihen von Warnehmungen, die, wie sie zeitlich verlaufen sind, sich associiren.
Bei der nächsten ähnlichen Gelegenheit, die dem einen oder
andern begegnet, werden dieselben Ursachen denselben Erfolg
haben; aber außerdem wird noch die Erinnerung an den ersten
Fall selbst unbewusst zum Ausstoßen desselben Lautes mitwirken. — Also: tatsächlich stattgehabte, obwohl gar nicht beabsichtigte, Äußerung durch einen erpressten Ruf; Verständniss
desselben durch den Hörenden, und in Folge der Beobachtung
des Erfolgs auch durch den Rufenden: dies erzeugt Sprache,
dies ist die Conception derselben, die Apperception des Lautes
als eines bedeutungsvollen, mitteilbaren. So befestigt sich der
Drang und erhebt sich allmählich die Absicht zur Mitteilung.

500. Demnach ist es schon uranfänglich nicht eine bloße
Association des Reflexlautes mit der Warnehmung, worauf
Sprache beruht; sondern diese rein mechanisch sich vollziehende
Association wird durch den Überblick über die ganze Reihe:
Warnehmung, daran geknüpfter Wunsch, aus beiden entspring-
gender Laut, Wirkung desselben auf den Hörenden, und andrerseits: gehörter Laut, Achtung auf den Rufenden, Umblick über
die Lage der Sache und Personen, Vermutung über den Wunsch
des Rufenden und Bestätigung dieser Vermutung durch den
Erfolg des demnach eingerichteten Benehmens, nämlich die Befriedigung beider — durch die beiderseitige Überschau dieser
beiden Reihen, sage ich, wird die Association des Lautes mit
der Warnehmung appercipirt. Damit hat aber einer den andern appercipirt, sich in dessen Bewusstsein gesetzt und das
Bewusstsein des andern in sich gesetzt. Nicht bloß Objectives
ist gedeutet, wie in der Warnehmung eines Dinges geschieht,

sondern Subjectives. An der Deutung des Lautes erwacht die Deutung des Subjects, sowohl des andern als seiner selbst.

501. Wir könnten uns den Einwand machen, dass eine Warnehmung so wenig mit dem durch dieselbe ausgelösten Reflexlaute eine Association eingehn müsse, wie mit irgend einem andern Geräusche, welches zufällig gleichzeitig erfolgt. Denn zum Inhalte der Anschauung, könnte man meinen, wird der Laut ja doch nicht gezogen. Indessen liegt schon so viel auf der Hand, dass der Reflexlaut sich dadurch als nicht zufällig erweist, dass er, und immer derselbe, immer dieselbe Warnehmung begleitet. Diese gleichmäßige Wiederkehr des Lautes mit der Warnehmung, ja sogar mit der erinnerten Anschauung associirt ihn als wesentliches Element mit derselben. Indessen, fragen wir nun weiter, da jede Association auf einer Verbindung beruht, welche einen Inhalt hat, auf einem Verbindungsmerkmal, wo oder was ist dieses für den Laut und die Anschauung? — Hierauf müssten wir antworten: die erprobte Kraft der Mitteilung und der Erinnerung ist es, welche den Laut mit der Anschauung verbindet und diese zur Bedeutung des Lautes macht. Und wir könnten uns mit dieser Antwort begnügen. Es kommt jedoch noch ein besondres Moment in Betracht.

502. Wir wissen, dass jede Warnehmung und Erinnerung auch Gefühl ist. Derselbe Erregungszustand, welcher nach seiner objectiven Seite zur Warnehmung oder Erinnerung ausgedeutet wird, ist nach seiner subjectiven Seite Gefühl. Reflexbewegungen auslösen vermag solcher Zustand natürlich nur als Gefühl, als etwas was zum Leibe gehört. Genau genommen müssten wir allerdings sagen, nur Gefühle verursachen Reflexbewegung; nur verhindert diese Wirkung nicht, dass dieselben Gefühle zugleich auch als Empfindungen erfasst werden. Wenn nun die Reflexbewegungen von uns selbst wiederum wargenommen werden, so müssen sie sich auch mit den Gefühlen, durch welche sie jedesmal hervorgebracht sind, associiren. Außerdem aber erregt auch die Warnehmung der Reflexbewegung selbst wieder ein Gefühl. Es liegt doch nahe anzunehmen, dass das Gefühl, von welchem der Reflex ausgeht, und dasjenige, in welches er übergeht, so viel wie möglich verwant sein werden. Wenden wir dies auf den Sprachlaut an, insofern er ein Reflex ist, so würde

der Warnehmung jedes einfachern, wie noch mehr jedes zusammengesetztern Lautgebildes ein Gefühl innewohnen, das mit dem Gefühl, welches mit der reflectirten Objects-Warnehmung gegeben ist, in Verwantschaft steht. Diese im Gefühl gegebene Verwantschaft zwischen Laut und Bedeutung ist der innerste Grund ihrer Verbindung und Association. Gemeint ist hier, wie der Leser schon angenommen haben wird, die von Plato zuerst aufgedeckte, dann zu allen Zeiten der Beachtung sich aufdrängende Erscheinung der sogenannten Onomatopöie. Diese unbeachtet lassen wollen, ihren tatsächlichen Bestand läugnen, nenne ich eine Laune, welche ihre Entschuldigung nur darin findet, dass man bis in die neueste Zeit nicht die Mittel besaß, jene auffallende Erscheinung psychologisch zu begreifen und mit der neu gegründeten, wissenschaftlichen Etymologie in Übereinstimmung zu bringen. Man müsste sich Gewalt antun, um die Onomatopöie nicht anzuerkennen. Nehmen wir sie hier als Urgrund der Sprache, so müssen wir ihr Wesen ausführlicher darlegen.

b) Wesen der Onomatopöie.

503. Onomatopöie ist eine gewisse Ähnlichkeit, welche zwischen dem Laute und der von ihm bedeuteten Anschauung besteht. Nur muss man den Gedanken fahren oder nicht aufkommen lassen, als wäre sie eine absichtliche Lautmalerei. Dagegen ist für keinen Punkt zu vergessen, dass sie ein Reflex ist. zunächst des Gefühls, dann mittelbar der Warnehmung, und endlich, durch diese vermittelt, auch des Objects; sie ist also ein Reflex der Wirkung des Objects auf das Subject. Die Einwirkung des Objects auf das Subject wird im Laute vom Subject nach außen zurückgeworfen. So kann die Onomatopöie auch Schallnachahmung sein, nämlich wenn sie der Reflex von Schallwellen ist, welche in das Bewusstsein dringen. Dann gehört sie zu den nachahmenden Bewegungen von 354, 5). 357—360. Wenn also Heyse (System S. 72 f.) unterscheidet: Empfindungslaute (teils subjective, wie der Schrei des Schmerzes, das Jauchzen der Freude, teils objective, wie Laute des Staunens, des Ekels, Schallnachahmungen und endlich Lautgeberden, *st, he, brr,* so ist das ganz richtig classificirt; aber

alle diese Classen müssen zunächst und wesentlich als identisch genommen werden, nämlich als Reflexe. — Um nun die Schallnachahmung für den Ursprung der Sprache fruchtbar zu machen, nahm Heyse zugleich noch ein anderes Prinzip hinzu, das der Lautmetapher (S. 94): „Es ist nichts natürlicher, als dass ein Sinnes-Eindruck, welchen das Gesicht, das Gefühl u. s. w. empfängt, gleichsam übersetzt wird in einen analogen des Gehörs. So wird mithin eine Warnehmung irgend eines andern Sinnes durch ein Lautgebilde ausgedrückt, welches durch das Gehör auf den innern Sinn denselben oder einen ähnlichen Eindruck macht, wie die zu bezeichnende Warnehmung sie durch jenen andern Sinn hervorbringt. Auch ist uns die Anwendung derselben Wörter auf analoge Eindrücke verschiedener Sinne ganz geläufig. Vergl. *helle* Töne und Farben; sanft, scharf, hart, grell, süß, weich u. s. w. Ein Blindgeborner (Saunderson) äußerte auf die Frage, welche Vorstellung er sich von der roten Farbe mache, sie müsse dem Klange der Trompete ähnlich sein." Auch diese Tatsache ist richtig; nur darf sie nicht als Metapher gefasst werden; sie erklärt sich vielmehr aus der Natur des Reflexlautes, wie er soeben (502) bestimmt ist. (Vergl. auch Volkmann, Grundriss der Psychologie §. 26. Lazarus, Leben der Seele II. S. 321. L. Tobler in Zeitschr. f. Völkerpsych. I. 362—378.)

504. Keine Empfindung trägt eine so große Gefühls-Erregung in sich, als die des Gehörs. Das Gesicht ist bei weitem weniger gefühlvoll. Es gibt unreine Farben, es gibt disharmonirende Farben: sie sind unangenehm. Aber ohne Übertreibung schmerzhaft sind nur Schälle und Dissonanzen. Das geht bis zur Erregung wirklicher Mitgefühle: der grelle Ton wird in den Zähnen schmerzhaft gefühlt. Reine einfache Töne, wie sie die Stimmgabel gibt, wirken freilich eben so matt, wie Farben. Solche Töne aber erhalten wir eben selten; die Klänge der musikalischen Instrumente sind zusammengesetzte Töne, und alle Geräusche der Natur sind verwirrte Töne. Und daher mag nun eben die Wärme des Gehörs und die Kälte des Auges rühren, dass letzteres eine bessere Vorrichtung zur Zerstreuung oder Ausbreitung der empfangenen Licht-Eindrücke besitzt, worauf seine Raum-schaffende Kraft beruht. Das Gehör hat solche Vorrichtung nicht; es ist vielmehr dazu bestimmt, viele

Erregungen, die zugleich erfolgen, zu einem einheitlichen Eindrucke zusammenzufassen und Erregungen, die in der Zeit-Reihe folgen, auf einander zu beziehen und daraus ein ideales Ganze zu bilden. Das Ohr ist insofern ideeller als das Auge, als es Raum und Zeit aufhebt. Daher vermag diejenige Kunst, die sich an das Ohr wendet, die Musik, mehr Gegensätze zusammenzufassen als irgend eine andre. Die Kraft aber, die sich nicht extensiv zerstreuen kann, wirkt um so voller intensiv. — Wie dem auch sei, die Tatsache steht fest, dass die Musik die geistigste und doch die ergreifendste Kunst ist. Und nicht nur die lebendigsten Gefühle gibt das Ohr, sondern auch die mannichfachsten. Die Klänge und Geräusche sind fähig, jede Stimmung zu erzeugen. Sie wirken nicht nur auf das Gehör, sondern lösen auch Reflexbewegungen aus, welche dann wieder Gefühle erzeugen. Musik beeinflusst die Inspiration, durch welche unser Gemeingefühl so stark bestimmt wird.

505. Die Sprache gebietet aber über sehr mannichfache Mittel. Die Vocale erstlich sind verschiedene Klänge; und wie anders wirkt *i* als *u*. Länge und Kürze, gleichmäßige Dehnung und allmähliches Verhallen oder plötzliches Abbrechen, Sinken und Steigen des Tones mit Dehnung und Abbruch in mehrfacher Form verbunden, geben eine Fülle von Variationen der Vocale und ihrer Wirkungen. Dann die consonantischen Geräusche, explosiv wie *k, t, p* oder continuirlich wie *f, s;* diese, ohne Intonation, werden sogleich andre Laute mit Intonation. Nun die Diphthonge und die syllabischen Verbindungen von Vocal und Consonant; jedes Element wirkt in andrer Verbindung anders. Das *u* in *pu* ist verschieden vom *u* in *ku,* das *i* in *ki* vom *i* in *pi,* und das *k* in *ka* ist nicht dasselbe wie das *k* in *ki.* Nun kommen die zwei- und dreiconsonantigen Sylben, in denen wiederum jedes Element je nach der Verbindung seine Wirkung umgestaltet. Die Gefühlsqualität von *pat* z. B. ist nicht die Summe von *p + a + t,* sondern eine aus der Verbindung ganz neu entstandene, der Sylbe als Einheit angehörige.

506. Mit all dem soll nur gesagt sein, dass der Laut durch das Gehör die Fähigkeit besitzt, die mannichfachsten Gefühle darzustellen, wie wir auch schon wissen, dass der Atem und das Lautorgan besonders empfänglich sind für Reflexe. Darum ist der Laut so mitteilungsfähig. Die Eindrücke auf

das Auge dagegen sind freilich zarter. Schon das Element,
welches uns Licht und Farbe zuführt, ist ungleich schwächer,
als die Luft, die uns den Schall zuträgt. Daraus aber folgt
doch nicht, dass das Gesicht nicht viele Reflexbewegungen aus-
löse. Selbst, wenn es unmittelbar gar keine oder nur unmerk-
liche Gefühls-Erregungen hätte, so würde es solche durch seine
notwendige, innige Verbindung mit dem Tasten und den Be-
wegungsgefühlen mittelbar erhalten, und zwar sehr mächtige.
Wir haben des Zusammenhanges des Sehens mit Bewegungen
schon öfter gelegentlich gedacht. Auch hier können wir wieder
nur daran erinnern, was die Physiologie ausführlich darlegt, dass
die Schöpfung räumlicher Anschauungen auf Bewegungen des
Auges und damit sich verbindenden Bewegungen der tastenden
Organe, auch der Glieder und des ganzen Leibes beruht. Wie
das Auge keine Fläche ohne Bewegung sieht, so fühlt man das
Rauhe und Glatte ebenfalls nicht ohne Bewegungen, sondern
indem man etwa mit der Hand über die Oberfläche des Körpers
hin und her fährt. Wie kann man also das Rauhe und Glatte,
Spitze und Stumpfe sehen ohne Gefühl? Leibesbewegungen und
Gliederbewegungen lehren Räume messen; so kann man auch
keine Bewegung im Raume sehen, ohne dass associirte Bewegungsgefühle wach würden. Darauf beruht es, dass das Auge
besonders die von uns sogenannten (354) Nachahmungsbewegungen
auslöst. Demnach dürfte sich vielleicht die Hypothese rechtfertigen, dass Gehörs-Eindrücke sich besonders auf die Atmung und
den Kehlkopf reflectiren, Gesichts-Warnehmungen aber auf das
eigentlich bewegliche Sprachorgan, die Zunge.

507. Der Anblick einer ruhenden einfach und sogar mehrfach gefärbten Fläche mag uns sehr ruhig, träge lassen. Die
Warnemung bewegter Dinge muss nach Vorstehendem lebhafte
Erregungen verursachen. Sie zwingt das Auge zu Bewegungen,
und sie kann sehr mannichfach sein. Ein die Ebene herab-
rollender oder aus der Höhe durch die Luft fallender Körper,
eine rollende Kugel oder ein ungleich eckiger Körper, ein im
Bogen oder gerade aus horizontal fliegender Stein, der Flug
des Falken oder der flatternden Taube, oder der Schwalbe, der
Lerche, die mannichfachen Bewegungen der vierfüßigen Tiere
und des Gewürms — wie verschieden lenken sie das Auge. —
Aber selbst der Anblick des Ruhenden. Das Ding liegt still,

und das Auge mag daran haften; aber das Bewusstsein ruht nicht. Das Ding hat sich verändert, und indem wir es in diesem Augenblicke so sehen, erinnern wir uns, es gestern anders gesehen zu haben, und das Bewusstsein führt uns die Umwälzung des Dinges vor, die stattgefunden haben muss. — Endlich aber kaum eine wargenommene Bewegung ohne Geräusch. Auge und Ohr wirken zusammen, und der Tastsinn schließt sich ihnen überall an. So sind allemal auch Bewegungsgefühle da, und nicht nur die ausgeatmete Luftsäule wird verstärkt, das Stimmband gespannt, sondern auch die Zunge wird bewegt und der Mund geöffnet. So entsteht ein Reflexlaut von ähnlicher Gefühlsqualität wie die Warnehmung, unmittelbar, selbstverständlich, ohne Metapher. Es ist aber für die Abschätzung der Gefühlsqualität des Lautes auch nicht zu vergessen, dass dabei nicht bloß der unmittelbare Eindruck des Lautes an sich auf das Gehör in Betracht kommt, etwa wie auch der Klang eines Instruments, sondern dass auch die Bewegung der den Laut articulirenden Organe Bewegungsgefühle erzeugen, welche sich mit jener Wirkung des Lautes auf das Ohr verbinden. Dies gilt für den hörenden nicht minder als für den lautenden. Denn der hörende empfängt den Laut des andern mit der ganzen Wirkung, den derselbe für den Lautenden selbst hat, indem der gehörte Laut mit der Bewegung associirt ist, durch welche er erzeugt ist. Der gehörte Laut bringt also im hörenden zugleich den ganzen ihn erzeugenden leiblichen Process in Erinnerung und damit auch die Bewegungsgefühle, welche dieser Process veranlasst. Bewusst wird freilich nur die Laut-Empfindung und das angegebene Gefühl. Denn von der ganzen Bewegung, welche einen Sprachlaut erzeugt, kommt ja auch nur das Bewegungsgefühl zu Bewusstsein, während die Bewegung selbst unbewusst bleibt. Welche Bewegung des Mundes die Sylbe *pat* erzeugt, weiß das einfache Bewusstsein nicht; dennoch wird die Bewegung gefühlt, während allerdings vorzugsweise die von ihr bewirkte Laut-Empfindung ins Bewusstsein dringt. Ist aber dem so, so gehen auch diese Bewegungsgefühle mit den Lauten eine Verbindung ein, die sich in der Erinnerung derartig geltend macht, dass mit der empfangenen Laut-Empfindung die Gefühle der diesen selben Laut erzeugenden Bewegungen wach werden.

508. Das onomatopoetische Gefühl erstirbt nie: es ist eine

psycho-physische Tatsache. Wandelbar freilich ist alles; und
wenn man meint, die Tatsache des Lautwandels, vermöge dessen
heute kein Wort mehr so lautet, wie in der Urzeit, spreche
gegen das Princip der Onomatopöie — wenn man meint, dieses
fordre Unwandelbarkeit der Urwörter, so vergisst man, dass für
die Sprache noch ganz andre Ursachen wirken. Wir werden
solche bald aufsuchen. Indem wir aber zunächst die Tatsache
hinnehmen, dass alle Wörter der Ursprache oder Ursprachen
vielfältig in ihrem Lautbestande abgeändert wurden, bis sie zu
uns kamen: verweisen wir doch auf die nicht minder sichere
Tatsache, dass wir z. B. im Deutschen heute noch unzählige
Wörter mit onomatopoetischer Wirkung besitzen, wie *mild, spitz,
weich, hart, sanft, rauh, Donner, Blitz, zucken, Zorn, Grimm,
Wut* u. s. w. Wenigstens für unser Sprachgefühl sind hier onomatopoetische Wirkungen unläugbar, wenn auch der Etymologe nachweisen kann, dass wir hier gar nicht vor alten Gebilden stehn.

509. Die poetische und auch die prosaische Redekunst
aller Völker macht von der Onomatopöie noch einen ganz andern Gebrauch. Sie drückt das, was sie darstellen will, in
Wörtern aus, welche durch die ganze Reihe von Klängen und
Geräuschen eines Satzes den dargestellten Gedanken gleichsam
mit einer entsprechenden Melodie begleiten, ohne dass darum
die einzelnen Wörter onomatopoetisch wären, wenn auch eins
oder das andre sich darunter befinden mag. So ist in dem
berühmten Verse

αὖτις ἔπειτα πέδονδε κυλίνδετο λᾶας ἀναιδής

nur κυλ. eine onomatopoetische Wurzel; aber alle übrigen Wörter
wirken ohne Rücksicht auf ihre eigene Bedeutung zu demselben
Eindrucke hin. Ebenso in

Die Werke klappern Tag und Nacht
klappert nicht bloß klappern, sondern auch Werke und Tag
(= Tak). In

Quamquam sunt sub aqua, sub aqua maledicere tentant
quaken die Frösche recht schön, aber in keinem Worte, sondern im Satze.*) — Wir haben in unserer deutschen Poesie
tausend Beispiele, wo ohne onomatopoetische Wörter der Klang
die Stimmung höchst ergreifend malt. Es geht aber dergleichen

---

*) *Quamquam* hat bei den Franzosen ein merkwürdiges Schicksal gehabt, wie die Wörterbücher s. v. *cancan* berichten.

wie auch dem malerischen Ausdruck der Musik: bei aller Macht und Entschiedenheit des Gefühls bleibt es schwer oder unsicher zu sagen, worauf die Wirkung beruht. Mit Recht ist (Werneke, über die Bedeutung des Lautes in der Sprache) auf das Gebet Gretchens im Faust verwiesen, als auf ein Muster von Laut-Musik; aber das durchtönende *ei* scheint mir nicht der klagende Schmerzenslaut zu sein, als vielmehr Ausdruck der innigen Sehnsucht, des Verlangens mit Hingabe des eigenen Selbst, wie es gleich mit dem ersten Worte „*ach neige*" anklingt.

510. Noch eine Erfahrung aus der Kinderstube finde hier Platz. Ein Mädchen von fast anderthalb Jahren (es fehlten noch zwei Wochen) ward von mir an das Fenster getragen, um es hinaussehen zu lassen. Der Blick ging auf den Fluss, und zwar gerade auf einen Kahn, aus welchem Fässer ans Ufer gerollt wurden. Ich sagte ihr: Siehst Du! da! Sie sah den Vorgang, wie man ihr anmerkte, und sagte: *luhuln* (unbestimmtes *u*). Es verdient hinzugefügt zu werden, dass man von dem Geräusche der rollenden Fässer nichts hören konnte; es gab nur eine Gesichts-Wahrnehmung. Den folgenden Tag griff sie meine Hand und wollte mich offenbar ans Fenster ziehen; denn sie wies dabei auf dasselbe und sagte: *bulululn*. Sie bewegte nämlich die Zunge, bis zu den Lippen vorgestreckt, von einer Seite zur andern. Sie kannte damals schon die Zwirn-Rolle und nannte sie mit undeutlichem r: *rolle*. Sie sprach und verstand damals schon manches Wort; aber die Aussprache war noch sehr mangelhaft. Vierzehn Tage nach dem erzählten Vorfalle war dieselbe Kleine zugegen, als ein Tisch ausgezogen ward. Dabei war man unvorsichtig verfahren und hatte versäumt, die Hülfs-füße herauszunehmen, welche, so lange sie nicht gebraucht wurden, im Tische lagen. Diese rollten nun unter großem Gepolter herunter. Die Kleine erschrak darüber, ward dann zu mir gebracht, und sie erzählte mir: *bulululn*. — Abermals fast 14 Tage später ward sie gefragt, was sie gespielt habe, und sie antwortete: *dullrullul*. Man hatte nämlich ein Geldstück dahin rollen lassen. — Wiederum mehr als 14 Tage später, ward sie aufgefordert, mir zu erzählen, was sie geschenkt bekommen habe, und sie sagte: *lullulln*. Sie meinte Tonkugeln (sogenannte Murmelsteine). Das Wort *Ball* kannte sie schon

seit längerer Zeit, benannte aber die Kugeln nicht mit diesem
Worte. Dagegen nannte sie etwas später medicinische Pillen
Balle. — Neun Wochen nachdem sie die Fässer zum ersten
Male rollen gesehen hatte, brachte ich sie wieder an das Fenster
zu demselben Schauspiel, und gefragt. was ist das? antwortete
sie *lulu.* Mehr als acht Tage später spielte sie mit einem Dreier,
warf ihn hin. und als er rollte, sagte sie *lululu.* Dass sie damit das Rollen bezeichnete, ergibt sich daraus, dass sie einen
Dreier Taler nannte. Dagegen nannte sie das Armband *lulu.*
Sie kannte aber schon manches Wort, nur dass sie undeutlich
aussprach. Ihr Wortvorrat mehrte sich in normaler Weise,
und nicht lange, so sprach sie auch mehrere Wörter zum Ausdrucke eines Inhalts zusammen, bildete also gewissermaßen
Sätze. Nichts desto weniger bemerkten wir, dass sie im Alter
von zwei und zwanzig Monaten noch nicht in dem Maße
Herrin ihrer Zunge war, um sie absichtlich herauszustrecken.
Ward sie aufgefordert, dies zu tun, so bewegte sie die Zunge
erst mannichfach im Munde, ehe es ihr gelang, sie hervorzubringen. All ihr sprechen war also mehr noch unabsicht-
licher Reflex. So brachte sie auch die Zunge augenblicklich
zum Munde heraus, wenn man selbst nach der Aufforderung,
dies zu tun, es ihr vormachte. Dann wirkte eben wieder der
Reflex (359). Als noch ein Monat zu zwei Jahren fehlte, also
etwa ein halbes Jahr nachdem sie zuerst die rollenden Fässer
gesehen hatte, nannte sie runde Servietten-Bänder von Silber:
blbl. Doch sprach sie damals schon Sätze mit Subject, Prädicat
und Object. Vierzehn Tage vor dem vollendeten zweiten Jahre
sprach sie beim Anblick der gerollten Fässer durch das Fenster:
ölöl. Nun sagte ich zu ihr: Leute rollen Fässer. Tags darauf
sagte sie mit undeutlichem *r: rollen.* Als sie aber fast volle
vier Jahr alt war, nachdem sich ihre Sprache eher noch über
das durchschnittliche Maß bei Kindern hinaus entwickelt hatte,
als dass sie zurückgeblieben wäre, sah sie eines Tages zu. wie
ich die Wanduhr (eine sogenannte Regulator-Uhr) aufzog, was
sie schon öfter getan hatte. Ich machte sie aufmerksam auf
das Rollen des Rades am Gewicht. Dieses und das Drehen
des Schlüssels erweckte bei ihrer gespannten Aufmerksamkeit
dieselbe Reflexbewegung der Zunge, wie das Rollen der Fässer.
Das knarrende Geräusch blieb ohne Wirkung.

511. Ist demnach das onomatopoetische Gefühl und der
Laut-Reflex eine nachweisbare Tatsache, so dürfen wir es auch
theoretisch oder hypothetisch als Princip der ursprünglichen
Sprachschöpfung hinstellen. Die Frage wäre nun, ob es auch
historisch als tatsächlich erwiesen werden könne. Diese Aufgabe gehört nicht hierher, wo wir nur die Sprache als eine allgemein menschliche Function betrachten, sondern in den zweiten
Teil, wo uns die Sprachen der Völker vorliegen werden —
nicht hierher, wo uns die Erkenntniss der Gesetzlichkeit genügt,
sondern dorthin, wo die gegebenen Tatsachen gemäß jener Gesetzlichkeit zu begreifen sein werden*).

———   ———

*) Beiläufig sei schon hier erwähnt, dass in neuester Zeit sich Wilhelm
Scherer (Zur Geschichte der deutschen Sprache 1868. S. 35 ff.) entschieden
für die Anerkennung der Aufgabe des empirischen Nachweises des Ursprungs
der Sprache ausgesprochen hat, und dass auch er einen „Zusammenhang zwischen
der Art und Weise der Hervorbringung der Laute und dem was sie bezeichnen"
annimmt. Wie er sich zu unserer obigen Vorstellung der Onomatopöie als
eines Laut-Reflexes der Gefühle verhält, weiß ich noch nicht. Ich lese nur
bei ihm (S. 37), dass er „die bestimmte angeschaute oder empfundene Stellung
der Sprechwerkzeuge als die älteste Vorstellung betrachtet, von welcher die
Entwicklung der Bedeutungen ihren Anfang nahm." Dies ist einseitig, wie
aus Obigem, besonders aus 507 hervorgeht. Es muss der Reflex allseitig gefasst werden. Auch darin wird Hr. Scherer irren, wenn er sagt (S. 36), es
seien „jene einfachsten Wurzelgestalten als Composita der einfachen und
unteilbaren Laute, als Aggregate der Sprachatome zu betrachten, und aus
den Bedeutungen der Composita die überall gleichen Bedeutungen der Com-
positionsglieder zu erschließen" — gegen 505.
Ein Gegner der Onomatopöie ist Lazar Geiger (Ursprung und Entwicklung der menschlichen Sprache und Vernunft). An Stelle derselben will
er den Zufall setzen. Gegen diese Zufalls-Theorie vgl. meine Kritik (Zeitschr. f.
Völkerpsych. VI. 479). Er sagt gegen die Onomatopöie: „Die Sprache ist
nicht dem Ohre, dem Schalle, sondern dem Auge und dem Licht entsprungen."
Sind das wirklich sich ausschließende Gegensätze? frage ich. Nach meiner
Auffassung ist allerdings das durch den Tastsinn und die Bewegungen unterstützte Auge das vorzüglichste Agens bei der Bildung der Wahrnehmungs-
Erkenntnisse. Es ist aber das Auge, die Licht-Empfindung, welche mit
mannichfachen Associationen einen Reflex-Laut, also eine Gehörs-Empfindung
auslöst. Geiger fährt fort: „Nicht das brüllende Tier war es, das, Benennung fordernd, dem Menschen der Urzeit entgegen trat" (warum nicht
auch dieses?); „sondern die Welt offenbart sich mit ihrem Reichtum an
Gestalten und Farben der allmählich zur Erfassung ihrer Schönheit heran-
reifenden Seele" (Allerdings auch Farben und Gestalten). „War der Blitz

c) Sprechen und Verstehen.

512. Wir haben durch die Betrachtung der Onomatopöie das Wesen des Sprachlauts genauer erkannt und knüpfen wieder an 500 an. Dort hatten wir gesehen, dass Sprache darauf beruhe, dass man sich selbst und einander verstehe. Wir können jetzt hinzufügen, dass solches Doppel-Verständniss der beiden Subjecte auf dem Verständnisse des Lautes beruht. Der Laut schlägt die Brücke zwischen den beiden, führt das Bewusstsein des einen in das des andern. Er als Wirkung einer Sensation in dem einen, wird sogleich Ursache der gleichen Sensation im andern. Er ist gewissermaßen ein Nerv, der die beiden Personen verbindet und die Erregungen der einen auch der andern zuleitet. Doch muss man sich diese im Verständniss gegebene Vermittelung der beiden Personen nicht als eine passive denken. Der Laut wirkt nicht wie ein übertragener Ansteckungsstoff und eine Impfe. Geist ist immer Action. Ich höre einen Laut; der weckt in mir ein Gefühl — gut, so ist ein Gefühl in mir. Das ist noch kein Verständniss. Dieses erfordert allemal eine sie bewirkende Tätigkeit, Deutung. Der Laut, der verstanden sein soll, muss gedeutet werden. Es deutet aber der Hörende den Sprechenden und zugleich den Laut, indem er die Sensation, welche der Laut in ihm erregt, als eine solche ansieht, welche im andern lebt, sich in diesem laut gemacht hat, und welche nun ihm aus dem andern zutönt. Und der Sprechende versteht sich selbst und seinen Laut, indem er den Hörenden deutet, welcher durch sein Tun und Lauten kund gibt, dass er die Sensation des Sprechenden als solche aufgenommen hat.

513. Die hauptsächlichste Ursache, warum man früher das Wesen und den Ursprung der Sprache missverstand, oder das hauptsächlichste Missverständniss über die Sprache lag

---

des Himmels, war die aufbrechend sich erschließende Knospe für das Ohr der jugendlichen Menschheit Explosion?“ Gewiss, antworte ich zuversichtlich. Beweis unser *Blu-me*, lat. *flo-s*, welche von derselben onomatopoetischen Wurzel *bhl* kommen, von welcher der Hellene auch den Beinamen des rauschenden Meeres πολυ-φλοίσβοιο θαλάσσης gewonnen hat, auch den Namen der Baum-Rinde φλοι-ός (vergl. G. Curtius, Grundzüge der griechischen Etymologie, Nr. 412).

darin, dass man sie bloß als Mittel zur Mitteilung auffasste.
Man glaubte, der Mensch habe Vorstellungen und Gedanken,
und überdies habe er die Fähigkeit, dieselben im Laute darzustellen. Wir sehen jetzt schon und werden mit jedem Schritte
unserer Entwicklung besser sehen, wie alles, was der Mensch
über das tierische Bewusstsein, über die Anschauungen hinaus
erlangt, nur mit der Sprache und durch sie gewonnen wird.
Wir sehen jetzt schon und werden immer besser sehen, dass
Sprache Selbstbewusstsein ist, d. h. Verständniss seiner selbst,
Mitteilung des Sprechenden an sich selbst, eine Darstellung
für ihn und eine Auffassung durch ihn, den Redenden selbst,
während sie allerdings zugleich an den andern, den Hörenden
ergeht. Indem man sich durch den andern verstanden sieht,
versteht man sich selbst: das ist der Anfang der Sprache.

514. Mitteilung ist also allerdings auch nach unserer
obigen Darstellung ein wesentliches Moment der Sprache von
Anfang an. Nur ist erstlich zu beachten, dass die Absicht zur
Mitteilung ursprünglich noch gar nicht bestanden haben kann
Tatsächliche Mitteilung muss ungewollt stattgefunden haben, ehe
die Absicht dazu erwachen konnte. Und zweitens an der unabsichtlichen Mitteilung erwacht eben das Selbstverständniss.
Man muss eben den Anfang der Sprache so fassen, dass sie
gar nicht im Geiste des Einzelnen an sich entsteht, sondern
aus der Gemeinsamkeit entspringt. Wir haben oben besondern
Nachdruck auf das gesellige Leben der Menschen, zunächst
das ursprünglichste und innigste Zusammenleben der Familie
gelegt und haben gesehen, wie eine Geistes-Gemeinschaft durch
die gegenseitige Apperception der Personen entsteht. Alles,
was sich hier Geistiges erhebt, ist aber gemeinsames Erzeugniss.
Man war physiologisch durch Geburt gleich organisirt und man
stand denselben Objecten gegenüber; also war man auch in
gleicher Weise von den Objecten afficirt und hatte auf diese
Associationen in gleicher Form reflectirt. Man sah und erlebte
und arbeitete zusammen; man ruhte und genoss zusammen,
man freute sich zusammen an sich und an der Natur, man erinnerte sich zusammen und erzählte einander. Nicht die Arbeit,
nicht Bedürfniss — Freude und Schmerz, die schönen ver-
schwisterten Götterfunken, entzünden die Sprache; das Herz
springt, das Gefühl strebt nach Gestaltung und bestimmter

Form; und so brach es in der Urzeit in bestimmten, articulirten Lauten aus, wie heute noch die Beethovensche Symphonie nach dem Worte greift. — Wie sollte nun das nicht verstanden werden, was in Gemeinschaft erzeugt ist? Das Verständniss war da vor der Mitteilung und Mitteilung war Sein, Leben. Was der eine dachte, dachte der andere und sprach der andere aus, wie der erste: das war Sympathie. Wir haben oben (360) die Wirkung der Sympathie kennen gelernt. Ihre Grundlage bildet die Gleichheit der mit Übermacht herschenden Vorstellungen. Bei der Form und der Armut des Lebens in der Urzeit war die Gleichheit aller Vorstellungen und aller Gemüter nicht wie in der historischen Zeit die Ausnahme, beschränkt auf Zeiten, Personen, Bestrebungen, sondern die Regel. Es konnte noch niemand etwas besonderes für sich haben.

Wie wir bei lebhafter Freude es heute noch sehen, dass die Stimme jauchzt, das Auge leuchtet, der Fuß und der ganze Leib tanzt, Alles in elastischer Spannung ist und der ganze Mensch spricht: so sprach auch der Urmensch: quot membra tot linguae. Und so verstand er auch den andern mit allen Sinnen. Keiner sprach bloß aus sich; sondern so lebte man in einander, dass jeder aus sich und der Seele des andern zugleich sprach, und so lernte jeder sich im andern verstehn. Die Sprache ist das Erzeugniss des Gemeingeistes (496), sein Selbstbewusstsein. Je mehr der Geist sich entwickelte, je bestimmter die Vorstellungen wurden, um so kälter wurde das Gefühl; wie sich die Lautsprache hervortat, so wurde die Mimik des Leibes stummer, — auch unnötiger.

515. Dass alles Verständniss auf Sympathie beruhe, das geht auch daraus hervor, dass es nur so weit reicht wie diese, und da aufhört, wo diese schwindet. Hört auf den Streit der Parteien und ihr werdet vernehmen, wie es unaufhörlich herüber und hinüber schallet: ihr versteht uns nicht. Wie oft werden wir, obgleich wir uns klar genug ausdrückten, selbst vom Freunde nicht verstanden, weil eine zufällige Association einer Vorstellung mit einer andern in ihm die Sympathie unterbrochen hatte.

d) Apperception des Objects.

516. Durch die Deutung des Lautes wird nicht bloß das Subject gedeutet, von welchem der Laut ausgeht, sondern auch das

25*

Äußere, welches als Reiz dem Subjecte den Laut entrang. Das gilt wiederum für den Hörenden wie den Lautenden selbst; beide erkennen durch den Laut das Äußere, und so wird ihnen dieses zum Gegenstande. Durch die bestimmteste Warnehmung gelangt der Mensch doch nur zu einem Bilde, einer Anschauung. Wir sind oft genug in der Lage, bei dem deutlichsten Anblicke zu fragen: was ist dies? Voller würde die Frage lauten: was ist dies für ein Gegenstand? Die Warnehmung bietet uns also das noch nicht, was uns ein Gegenstand, ein Object wäre; ein solches schaffen wir erst aus der Anschauung. Und wie? Wir müssen die Anschauung deuten, appercipiren (206). Der Urmensch fragt nicht: was ist dies für ein Object? Denn wir fragen so, weil es uns eine Ausnahme ist, dass eine Warnehmung uns nicht augenblicklich ein Object bietet. Für den Urmenschen ist umgekehrt jede Warnehmung ein Rätsel. Er hat sich erst, wie das Kind, eine Welt von Objecten aus Anschauungen zu deuten, und das tut er mit unbewusstem Triebe, unter unbewusstem Anstoße. Den Anstoß gibt der Laut, und er gibt noch mehr, auch das Mittel zur Deutung. Wir haben den Laut eine Leitung zwischen den Subjecten genannt; er ist auch die Leitung zwischen Subject und Außenwelt. Er entspringt dem Subject; er ist jedoch associirt mit der Anschauung vom Äußern. Aber, da er nur der Reflex des Subjects auf die Einwirkung des Äußern ist, so entstammt er dem Äußern, der Anschauung; er wird jedoch als subjectiv gefühlt und gehört. So bildet er die Brücke zwischen dem Innen und dem Außen, auf welcher das Innere erst vollkommen projicirt und das Außen erst zum zweiten Male in das Innere aufgenommen wird. Der Laut ist das Object — nicht der Laut als Gehörs-Empfindung, sondern nach seiner (onomatopoetischen) Gefühlsqualität. Diese ist ihm mit der Anschauung gemeinsam; sie ist seine Bedeutung. Indem der Mensch durch das Gefühl, welches der Laut erweckt, den Wert und die Bedeutung der Anschauung für sein Gefühl ermisst, hat er die Anschauung durch den Laut appercipirt und ein Object gebildet.

517. Versuchen wir diesen Process, der unbewusst vorgeht, zu formuliren. Die Anschauung besteht aus Empfindungen $= E$, und Gefühlen $= G$. Also $P = E + G$. Der Reflexlaut wird ebenfalls empfunden, nämlich als Laut $= L$, und er ist

das gleiche Gefühl wie die Anschauung = G. Also A = L + G.
Klar ist so viel, dass eine Verflechtung von A und P eintreten
muss; und zwar werden E und L nicht bloß durch die Verschmelzung der beiden G mit einander in Zusammenhang gebracht, sondern sie sind auch dadurch associirt, dass sie, so
oft sie wiederkehren, immer gleichzeitig zusammen auftreten.
Wir haben also eine feste Association vor uns, und es müssen
E und L einander mit gleicher Leichtigkeit reproduciren. Wie
innig aber auch A und P verflochten sind, sie verschmelzen
dennoch nicht; und L kann sich auch nicht mit E unmittelbar
verbinden, d. h. der Laut kann nicht als Empfindungsbestand-
teil der Warnehmung gelten (492): denn wie untrennbar sie
auch für das Bewusstsein associirt sind, so tragen sie durch
ihren Ursprung entgegengesetzte Verbindungsmerkmale in sich.
E kommt von außen nach innen und wird projicirt; L dringt
von innen nach außen und wird doch nicht projicirt, sondern
durch das Ohr in die Subjectivität zurükgenommen. Dieser
Widerspruch zwischen E und L, die einander entgegengesetzt
und doch mit einander associirt sind, an sich schon groß genug,
erhält seine volle Schärfe erst noch dadurch, dass mit E wie
mit L, mit jedem untrennbar dasselbe G gesetzt wird. Er
treibt zu einer Ausgleichung, welche eine Apperception sein
muss. Dies, wie es sich aus den bloß subjectiven Verhältnissen
des Bewusstseins ergibt, ließe sich vielleicht behaupten selbst
ohne Rücksicht auf die objectiven Veranlassungen, welche durch
die Gesellschaft herbeigeführt werden. Wie wird nun der Apperceptions-Process verlaufen?

518. Wir haben hier eine Apperception, deren Eigentümlichkeit offenbar darin liegt, dass beide Momente a posteriori
gegeben sind, sowohl E als L. Der Verlauf wird analog dem
Processe sein, wo beide Momente innere sind. Auch wird es
weder eine indentificirende, noch eine subsumirende oder harmonisirende, sondern eine schöpferische Apperception sein. Es
wird darauf ankommen, jenes M zu finden (303 ff.), welches,
indem es sowohl E als auch L appercipirt, ein Product ergibt,
welches der Erfolg einer Doppel-Apperception ist. Ja noch mehr:
es wird auch E von L, L von E appercipirt werden, indem sie
beide durch M appercipirt werden. Doch dies sind nur die
vier Seiten, von denen aus wir eine und dieselbe Apperception

betrachten. und deren Product M² sein wird. — Die Verhältnisse der Activität und Passivität sind hier so mannichfach
verteilt, dass es willkürlich erscheint, wenn hier (517) der Laut
L als A, die Warnehmung als P angesehen wird. Indessen
da der Laut dem Subjecte angehört, verdient er doch wohl
immerhin als verhältnissmäßig a priori und activ angesehen zu
werden. Er hat auch noch den Vorzug, dass, während die
äußere Warnehmung nur einfach hingenommen wird, er dagegen
sowohl in seiner Erzeugung als in seiner Erscheinung, als erzeugende Bewegung und als Gehörs-Empfindung zu Bewusstsein kommt. Und drittens (dies wird das wichtigste, das entscheidende für das Übergewicht des Lautes sein) hat er bei der
Erinnerung an die Warnehmung dieselbe volle Wirklichkeit wie
bei der ersten Erzeugung gelegentlich der wirklichen Warnehmung. Die erinnerte Warnehmung unterscheidet sich von der
wirklichen sehr entschieden; auch jene wird projicirt, aber in
die Vergangenheit. Der Laut dagegen ist wirklich und gegenwärtig, wie die Erinnerung; er ist das einzige Moment jenes
Vorganges der Warnehmung, welches auch bei der Erinnerung
wiederum wirklich wird. Er wird wirklich und doch eben so
wenig wie bei der ersten Erzeugung projicirt; er wirkt nur zur
Verstärkung, Vollbringung der Erinnerung. Daher das subjective Übergewicht des die Warnehmung begleitenden Reflexlautes über die Warnehmung selbst. Dazu kommt noch die
größere Gefühlsmacht der Gehörs-Empfindungen.

519. Die Erkenntniss vom Übergewicht des Lautes kommt
uns zu Gute für die Frage: wie verteilen sich die Momente
und Phasen des uns vorliegenden Processes über die Bewusstheit; oder was von dem hier Vorkommenden wird das Bewusstsein auf sich ziehen und dadurch das Ergebniss des Vorganges
bestimmen, und was wird nur zur Schwingung gelangen und
bestimmt werden? Denn

$$A = LG$$
$$P = EG$$
$$\overline{A + P = LG_2E}$$

LG_2E findet in der Enge des Bewusstseins, zumal bei der
bloßen Erinnerung keinen Raum. Welches Moment also wird sich
im Bewusstsein behaupten? G_2 ist unselbständig und kommt nicht
in Frage. Nach Obigem aber wird L das Übergewicht haben.

Ihm kommt G_2 zu Gute, und zwar so dass es aufhört G_2 (d. h. $G + G$ jedes in verschiedener Verbindung) zu sein und zu G^2 (d. h. in verstärkter Bewusstheit) wird. L entzieht dem E sein G. Es teilt sich also LG_2E in $LG^2 + E$. Natürlich nur für das Bewusstsein schließt sich G^2 an L; psychophysisch verbleibt dem E sein G und zwar G^2, eben weil E mit L verflochten ist. Treffen nun E und L im Bewusstsein zusammen, so wird L das Übergewicht behaupten und doch mit E so associirt, und durch dessen G, welches es sich angeeignet hat, so verflochten bleiben, dass es E immer schwingend erhält. Dies gilt selbstverständlich von der Erinnerung seitens der Hörenden: hier wird der Laut in völliger Wirklichkeit gegeben; L dringt also mit aller Macht ins Bewusstsein und lässt E schwingen. Anders im Sprechenden und vollends bei der Warnehmung. Hier ist E zuerst im Bewusstsein. Indessen kaum lässt sich sagen: zuerst. Denn es reproducirt durch sein G^2 augenblicklich L. Gerade weil L das Übergewicht der Bewusstheit hat, wird es schneller von E reproducirt, als E von ihm*); und während L das E nur bis zum Schwingen stößt, treibt E das L in das Bewusstsein. Was aber beim L vorzugsweise wirksam sein muss, das ist das ihm innewohnende G^2, vor dem das L selbst nicht minder als das E zurücktritt. Und dieses G^2 wird zum appercipirenden Moment, zum A, dem gegenüber sowohl das L als auch das E zum P wird; und weil G^2 immer gegeben ist, psycho-physisch dem E wie dem L gehört, niemals aber für sich da ist, so appercipirt E das L und L das E durch das G^2.

520. Wir bringen demnach den ganzen Process der Sprachbildung in folgende Formeln.

1) Durch die ursprüngliche Warnehmung mit dem Laut-Reflex ergibt sich LG^2E (519), und zwar so, dass G^2 überwiegt und L wie E verblassen.

2) Erwacht in der Gesellschaft die Erinnerung EG^2 mit dem Drange nach Mitteilung, so ertönt ungewollt LG^2, und im Hörenden wie im Erinnernden befindet sich LG^2 bewusst, und EG^2 wird reproducirt, sei es bis zum Bewusstsein, sei es

---

*) Bei uns heute ist das freilich nicht mehr so; Bildung schwächt die Macht des Lautes, indem sie das objective Denken stärkt.

bis zur Schwingung. Auch hier jedoch ist G^2 überwiegend, so dass L und E vor ihm zurücktreten.

G^2 ist also das was durch L hervorgerufen wird, und wonach dieses schwindet, und ist auch das was aus EG^2 als eigentlicher Inhalt gilt. Oder G^2 appercipirt im Lautenden $EG^2 + LG^2$, und appercipirt im Hörenden dasselbe in entgegengesetzter Reihenfolge $LG^2 + EG^2$.

3) Es gilt also L = E, weil beide durch G^2 appercipirt werden.

4) So wäre für das gesprochene und verstandene Wort anstatt der allgemeinen Formel

$$A^1 + \quad P = A^2$$

zu setzen:

$$LG^2 + EG^2 = \left. \begin{array}{c} LE \\ EL \end{array} \right\} G_2 \quad \begin{array}{l} \text{für den Hörenden} \\ \text{für den Warnehmenden und} \\ \text{Sprechenden.} \end{array}$$

521. Laut und Bedeutung sind also nicht associirt, sondern so ist letztere in erstere hineingearbeitet, dass beide durch das Gefühl und damit jedes durch das andere appercipirt wird. Das appercipirende G^2 ist das von uns (518) gesuchte M; und also ist es der Inhalt des in Folge der Warnehmung vom Subjecte gesetzten Objects. Wir sagen also gemäß 516: der Urmensch hatte die Warnehmung E, und der Laut L sagte ihm, es stehe vor ihm das Object G^2. Durch die Sprache, den Laut, deutet der Mensch den andern, sich und das Object, und diese drei Deutungen sind nur ein Act, das Verständniss des andern, seiner selbst und seiner Warnehmung — ein Act, nämlich Deutung und Verständniss des Lautes. — Und so ist nun Sprache einerseits Erkenntniss, indem sie zugleich Darstellung ist. Sie ist als solche in Bezug auf den Hörenden Mitteilung: aber zugleich auch für den Sprechenden selbst Auffassung.

522. Erinnern wir uns nun der Forderung, die wir oben S. 57 ff. durch Analogie erschlossen; wir haben jetzt die Sprache als Darstellung und Auffassung kennen gelernt. Wie der Künstler seine Idee in das Material hineinarbeitet, so der Mensch sein Inneres in den Laut. Den Anfang dieser Arbeit haben wir kennen gelernt. Was dem Künstler durch Kunstformen gelingt, erreicht der sprechende Mensch durch die innere Sprachform (S. 59). Diese ist, wie wir nun wissen, ursprünglich das

dem Laute mit der Warnehmung gemeinsame Gefühlsmoment. Sie wird sich weiter entwickeln. Sehen wir uns jedoch zuvor den Inhalt der primärsten Sprachform näher an, um zu erkennen, wie sie über sich hinaustreibt.

523. Wenn ein unangenehmes Gefühl in einem Schmerzenslaute ausbricht, ein angenehmes in einem Freudenrufe, so ist hier noch nicht eigentlich Sprache gegeben. Denn Gefühl und Laut sind zwar mit einander verbunden, und jenes stellt sich in diesem dar; es kann die Absicht, der Wunsch hinzutreten, der andere möge das Gefühl erkennen, und der andere wird es auch aus den Tönen erkennen. Dies wäre allenfalls anzusehen als die Sprache des Gefühls, die tierische Sprache. Was hier aber fehlt, ist das was die Warnehmung vor dem Gefühl voraus hat, ein Object. Vielmehr ist hier der Fühlende selbst Object, Gegenstand der Warnehmung für den andern. Er gibt sich durch seinen Schrei materiell als fühlender kund, und so wird sein Schrei nicht auf ein Object, sondern auf ihn und sein Gefühl gedeutet. Sprache ist Product der Sympathie, nicht nur im Hörenden, sondern auch im Sprechenden. Die Sympathie des Subjects mit dem Object bricht im Sprachlaut aus; hier ist es das eigene Leiden, welches im Schrei kundbar wird. Wir stehen hier bei einem rein pathologischen Verhältnisse, einem physiologischen Processe.

524. Wenn nun aber alle diese Gefühlsausbrüche, im weitesten Sinne des Wortes, noch nicht wesentlich zur Sprache gehören, so stehen sie ihr doch nahe, zumal wenn man in den Gefühlen Unterschiede macht. Sie entspringen theils mehr aus dem Körper, theils mehr aus der Seele. Wenn auf einen körperlichen Schlag oder Stoß, welcher Schmerz erregt, ein Schrei erfolgt: so liegt hier die Vermittlung zwischen Schlag und Schrei rein körperlich, mechanisch, im Centralorgan. Eine Wirkung der Seele ist hier nicht sichtbar. Es ist auch gleichgültig, ob der Schrei auf einen Schlag von außen erfolgt, oder auf einen Schmerz, der rein innerlich im Leibe entstanden ist. Wo die Seele nicht wirkt, kann keine Sprache sein. Es entstehen nun aber auch Gefühle, die dem Leibe von der Seele her zukommen. Sie wirken im Allgemeinen schwächer auf denselben, als körperliche Gefühle, und ihre körperlichen Ausbrüche sind sanf-

ter, zarter; wiewohl wir nicht übersehen, dass ein Seelenschmerz oft genug den Körper in das erschütterndste Leiden und die heftigsten Ausbrüche versetzt. Die sanftesten der hierbei ausgestoßenen Töne werden von der Sprache schon aufgenommen als das untergeordnete Element der Interjectionen. Nun gibt es aber Gefühle, die nichts oder nur wenig mit Lust und Unlust zu thun haben, wie Verwunderung, Überlegenheit, Spott u. s. w. Diese vorzüglich liefern der Sprache Interjectionen. Die Interjectionen bilden jedoch noch keinen Redeteil. Sie ragen aus einer überwundenen Stufe in die Sprache hinein. Ungebildete haben deren mehr als Gebildete, die südlichen Völker mehr als die nördlichen.

525. Wenn bei den rein körperlichen Gefühlen und ihrem Ausdrucke in pathologischen Tönen nichts von innerer Sprachform auftritt, weil zwischen Gefühl und Laut bloß der physiologisch causale Mechanismus liegt; wenn auch bei Seelenschmerz und Seelenlust Bedeutung und Äußerung durch ein bloßes Naturband an einander geknüpft sind; wenn hier wie dort die Vermittelung im Geiste fehlt: so tritt bei den zuletzt genannten Gefühlen, die einen viel bestimmtern Inhalt haben, als Schmerz und Lust überhaupt, auch schon zugleich etwas von innerer Sprachform auf, ein Analogon, ein Vorbild derselben. Zwischen einem Kitzel oder einem Witz und dem Lachen, zwischen dem Gedanken an einen Verlust und dem Seufzen ist kein deutbarer Zusammenhang, keine innere Sprachform, Wenn man aber vor Verwunderung *ah!* ausruft, so fühlt man einen Zusammenhang: die Seele wird von einem unerwarteten Anblicke betroffen; die neue Anschauung findet in dem Vorrathe der früher gehabten Anschauungen keine, an welche sie sich anschließt; alles, was in der Seele liegt, wird also zurückgedrängt, die neue Anschauung nimmt ganz allein das ganze Bewusstsein ein und will sich darin behaupten. Bei so starker plötzlicher Veränderung im Bewusstsein leidet die Seele und dadurch auch der Leib. Man atmet stärker und der ganze Luftweg ist angespannt; auch die Stimmbänder sind es, und so tönen sie. Daher entsteht mit vieler Kraft der ursprünglichste, absichtsloseste, reinste Laut *a*. In dieser Deutung liegt noch wenig Sprachliches; aber der Laut *a* hat noch zu wenig sprachliches Element; er ist Stimmton und weiter nichts. Nehmen wir dagegen die

Interjection der Geringschätzung *pah!* so haben wir hier schon etwas mehr. Es liegt darin ausgedrückt, man achte eine Sache nicht mehr als die ausgeschnellte Luft. Dieser Gedanke ist die innere Sprachform dieser Interjection, das Band zwischen ihrer Bedeutung und ihrem Lautgehalt. — „*Eh.* lass mich doch in Ruhe"; hier ist der ausgestoßene Laut wie eine Hand, welche zurückstößt. Kurz, wir haben hier schon nicht mehr das Subject selbst als Object, sondern ein Verhältniss desselben zu Objectivem.

526. Eigentliche Sprache aber beginnt da, wo jemand nicht sein Verhältniss zu einem Äußeren, nicht ein bloßes Gefühl, welches nicht zur Empfindung gedeutet wird, anstönen lässt, sondern da, wo das Äußere Empfindungen veranlasst hat, welche zu einer Warnehmung zusammengezogen sind. Auch hier ist es das Gefühl, welches tönt, aber ein Gefühl von ganz anderm Werte. Freilich ist es subjectiv; aber es spricht aus, was die Warnehmung, das Äußere, dem Subject bedeutet. Jenes bloße Gefühl beurteilt die Angemessenheit des Zustandes des eigenen Leibes oder eines seiner Glieder zu den Bedingungen seines Lebens und Wirkens; das Warnehmungsgefühl tut gar nichts andres; aber weil die Empfindungen projicirt sind, d. h. weil das Gefühl als von außen veranlasst betrachtet wird, so ist auch mit der Beurteilung des eigenen leiblichen Zustandes sogleich das Urteil über das Äußere gegeben — freilich nicht über das Äußere an sich, aber über das Äußere wie es uns Subjecte afficirt, wie es uns erscheint.

527. Der Anfang unserer Erkenntniss ist sehr subjectiv; der Fortschritt liegt in der Verobjectivirung unserer Subjectivität. Die Sprache aber ist nicht Anfang der Erkenntniss überhaupt, sondern der Selbsterkenntniss, des Selbstbewusstseins. Auch dieses soll immer objectiver, gehaltvoller werden; zu Anfang aber ist es sehr dürftig; es enthält eben nur den Inhalt der innern Sprachform, und als solche ein onomatopoetisches Gefühl. Das Kind, welches *pappen* hört und spricht, der Urmensch, welcher vielleicht mit *pap* (lat. *bibo*) das Trinken bezeichnete, mag immerhin nur eine kleine Erkenntniss-Gruppe von diesem Vorgange haben; indessen sind es doch gewiss mehrere Momente. Sie kennen die Form der Tätigkeit als Mundbewegung überhaupt und außerdem das Behagen, welches dadurch herbei-

geführt wird, auch die Erregung des Geschmackes. Dies ist Erkenntniss von Objectivem. Das Selbstbewusstsein von diesem Inhalt hebt nur das erstgenannte Moment heraus, die Mundbewegung, und auch dieses nur mangelhaft, nicht die Bewegung der Zunge, das Kauen und Schlucken, sondern nur die Lippenbewegungen; denn nur diese liegen in dem Reflexlaut *pap*. — Unser Wort *plump* ist noch ganz die Interjection *plumps, plautz*. Wie viele Erkenntniss-Momente nun auch in unserer Anschauung des Plumpen liegen mögen, unser Selbstbewusstsein, insoweit es in der innern Sprachform des Wortes *plump* liegt (und anfänglich lag es ganz darin) erfasst von jenem Inhalte nur was in diesem Laute liegt, das Geräusch, welches der Fall eines breit aufschlagenden schweren Körpers verursacht. Mit diesem Schall apperceipirte der Urmensch den Vorgang und sein Wissen vom Vorgange; er war das Mittel, den Vorgang erzählend mitzuteilen und sich mitteilen zu lassen, zu sprechen und zu verstehn; damit verstand er den andern und den Vorgang und sich selbst. Und damit hatte er sich und den andern als Subjecte erfasst und den Vorgang als Object gesetzt, das Object dem andern dargestellt und dasselbe sich selbst vorgestellt.

IV.

Entwicklung der Sprache.

a) Wort und Satz.

Nachdem wir, um in dem Gleichnisse zu reden, das wir S. 90 gebraucht haben, die Conception der Sprache dargelegt haben, liegt uns ihre embryonische Entwicklung an.

528. Wir haben bisher die Sprache kennen gelernt als pathognomische Darstellung von Warnehmungen. Sie ist ursprünglich eine Laut-Mimik, und als solche, wie jede Mimik, Reflex; sie ist allerdings, wie jeder Reflex, durch Gefühle bewirkt, aber nicht durch pathologische Gefühle, sondern durch Warnehmungsgefühle; sie stellt dar durch Laute, aber sie ahmt weder durch Laute nach, noch ahmt sie Lauten nach, sondern sie drückt zunächst die Warnehmungsgefühle durch die

den Reflexlauten innewohnenden Gefühle aus, und damit stellt sie den Warnehmungsinhalt dar. Der Gegenstand der sprachlichen Darstellung, die Bedeutung der Sprache, der Inhalt der ursprünglichen Rede sind wargenommene Ereignisse, Veränderungen, Zustände, Tätigkeiten, kurz Anschauungen aller Art, so weit sie in den Bereich des primitivsten geistigen Lebens fallen. Der Unterschied des Bewusstseins des Urmenschen auf dieser Stufe gegen das Bewusstsein des Tieres besteht darin, dass, wenn auch der Inhalt des Bewusstseins immer noch aus Anschauungen besteht, doch schon Selbstbewusstsein, nämlich dargestellte, mitgeteilte und verstandene Anschauung, erwacht ist. Hiermit ist Menschlichkeit eingetreten. Die hier bezeichnete Stufe der Entwicklung des Bewusstseins ist auch die des ungebildeten Taubstummen. Er unterscheidet sich von dem redenden Menschen dieser Stufe nur dadurch, dass seine Mimik nicht Laut, sondern eine Geberde, eine leibliche Bewegung ist. Er ist eben Mensch und wird nur durch den Mangel des Gehörs an der weitern Entwicklung verhindert; das Tier kommt niemals auch nur so weit.

529. Ein näheres Eingehen auf den Umfang des geistigen Besitzstandes dieser ersten Stufe und auf die Materie ihrer Lautgebilde, weisen wir als unmöglich von uns ab. Wir haben den Besitz nur zu charakterisiren. Er besteht aus Reflexlauten, welche allerlei Vorgänge und Tätigkeiten darstellen. Diese sind Warnehmungsinhalte, Anschauungen, Bilder. Der Laut bezeichnete das Ganze, d. h. eine Person oder ein Tier oder ein Ding in getaner oder erlittener Bewegung oder in den Folgen solcher Bewegungen. Man hat in der Warnehmung niemals weder bloß eine Person oder ein Ding, noch auch bloß eine Bewegung oder einen Zustand, sondern immer beides zusammen, ersteres im andern, und oft auch mehrere Personen und Dinge in Beziehung zu einander. Der Laut bezeichnet alles dies als Einheit zugleich. Indessen gibt es doch Natur-Ereignisse, für welche keine Person als tätig erzeugende erscheint: die Wetter-Erscheinungen im weitesten Sinne. Man hört auch sonst Geräusche, deren Ursprung man nicht kennt, oder bei denen die darin begriffenen Dinge gleichgültig sind oder deren erzeugender Stoff für die Warnehmung ganz in der Bewegung aufgeht: es saust und braust, es säuselt und brodelt

und dampft, es rieselt und fließt und rauscht und schäumt, es
klingt und hallt, es pfeift und heult, es weht und tobt, es sprüht
und glüht u. s. w. hier und da in der Natur. Da bezeichnet
der Laut vorzugsweise und fast nur die Bewegung. Viele
Tätigkeiten freilich, ja die meisten, kennt man nur als vom
Menschen geübt; man fühlt die Ausübung der Bewegungen
und auch das Leiden, wenn man das Ziel der Tätigkeit war,
und sieht den Erfolg der Tätigkeit. Man sieht auch eingetretene
Veränderungen und denkt die Tätigkeit oder Bewegung hinzu,
durch welche sie herbeigeführt sein müssen. Was gestern als
Einheit erschien, liegt heute geteilt vor; die Knospe, welche
gestern geschlossen war, ist heute aufgebrochen; das saftige ist
vertrocknet, das fest geformte zerfällt und zerstiebt u. s. w
Kurz, man begreift wohl, wie vorzugsweise die Bewegung, die
Tätigkeit es ist, welche sich dem Bewusstsein als Bedeutung
des Lautet darbietet. Ja, noch mehr, auch ganz ursprünglich
hat aus der ganzen Warnehmung das Moment der Bewegung
die am meisten erregende Kraft; sie lenkt unser Auge, und
das heißt Kopf und Leib; wir hören auch Töne kommen, und
die Hand hin und her führend, tasten wir. Die Bewegung ist
es also auch, welche vorzugsweise im Reflexlaute ausbricht.
Mit der Darstellung der Bewegung aber ist auch das in dieser
Bewegung befindliche mit dargestellt.

530. Denn wie mächtig auch das Moment der Bewegung
ist, so ist doch das Bewusstsein des Urmenschen und des Kindes kein heraklitisches. Man muss doch wohl im Gegentheil
sagen: keine Bewegung ohne Object, wenn auch zuweilen mit
einem nur undeutlich hinzugedachten Object. So weit Bewegung, so weit reicht auch das Feste, Gegenständliche. Dieses
ist in Bewegung, übt sie oder erleidet sie, oder die Bewegung
findet statt zwischen Festem. Wenn auch der wahrnehmende
Blick allemal einen weitern oder engern Horizont umfasst, der
dem Kinde zunächst als Einheit erscheint, so ist derselbe doch
schon vor der Sprache und ohne Sprache aufgelöst in einzelne
Gegenstände. Eine geringe Anzahl von Personen kennt das
noch sprachlose Kind und unterscheidet auch alles, was eine
gleichzeitige und gemeinsame Ortsbewegung erfährt als ein besondres Etwas von dem, was während dieser Bewegung ruht.
Es unterscheidet auch alles, was es nicht gleichzeitig warnimmt,

oder alles, was es nur nacheinander in Folge einer Bewegung warnimmt, welche es selbst vollzogen und erlitten hat. Wer zweifelt, dass ein Kind im zweiten Jahre die Stube von der Straße unterscheidet? und von beiden die Menschen, die Tiere und die beweglichen Dinge, und diese von einander? Es mag anfänglich einen dahinrollenden Wagen mit zwei Pferden für ein Ding halten; die darin sitzenden Personen wird es schon nicht mehr damit zusammenfassen, besonders nicht, wenn es selbst schon öfter gefahren, in einen Wagen eingestiegen, und wieder hinausgestiegen ist. Und wenn es Gelegenheit hat, einen Wagen ohne Pferde und die Tätigkeit des Anspannens zu sehn, so wird es Wagen und Pferd und Kutscher für besondre Gegenstände nehmen. So muss auch der Urmensch notwendig viele Anschauungen von Personen und Dingen gehabt haben. Er kannte Tiere und Pflanzen und von ihm selbst bereitete Gerätschaften und Werkzeuge. Nur (das darf nie unbeachtet bleiben) enthält die Anschauung ihre Objecte immer in einer Tätigkeit oder Lage, so dass es in der Seele anfänglich doch nur volle Bilder von Vorgängen gab. Ein Gegenstand ist auf dieser Stufe bloß ein abgeschlossener Kreis wargenommener und möglicher Bewegungen und Veränderungen, welche Warnehmungen mit einander verflochten sind.

531. Es kommt jetzt darauf an, zu erkennen, wie der menschliche Geist von diesem Standpunkte, wo es noch kein Wort im eigentlichen Sinne gab, zu der Stufe gelangt, wo er in Sätzen spricht, womit dann eben erst Wörter entstehn. Dieser Punkt ist der wichtigste in der Sprachbildung und von großer Schwierigkeit. Wir wollen zunächst suchen, welche Anlässe und Begünstigungen für diesen wichtigen Schritt die Wirklichkeit selbst dem Geiste bietet. Wir wollen uns zunächst in der Kinderwelt umsehen, und es sei mir gestattet, Beobachtungen, die ich an meinen Kleinen gemacht habe, einzuflechten.

532. Das Kind kennt z. B. den Hund, das Pferd. Es nennt es Wauwau, Hühü. Ob jemals beobachtet worden ist, dass ein Kind diese Namen gegeben hat? Ich vermute, es waren immer die Erwachsenen, welche dem Kinde diese Laute vorgesprochen haben. Die Kinder aber haben sie nachgesprochen und verstanden. Sie hätten sicherlich weder *Hund* noch *canis*, weder *Pferd* noch *ἵππος* verstanden. Unsere Wärterinnen sind,

wie der Erfolg lehrt, sehr weise Pädagogen — wahrscheinlich unterstützt durch lange, lange, viel-, viel-tausendjährige Erfahrung; denn die Wärterinnen der hellenischen und römischen Classiker haben das *bau bau* der Hunde und das βῆ der Schafe gewiss nicht erfunden, sondern durch Überlieferung erhalten. So wird es denn wohl so alt sein, als es menschliche Säuglinge gibt. Und woher hat es die erste Wärterin? die erste Mutter? Nun daher, woher sie auch die Milch hat und das freudestrahlende Auge, mit dem sie den Säugling anblickt. — Was ist nun dieses Wauwau? Es ist nicht Substantiv, nicht Verbum oder Adjectiv; es ist nicht Ding, nicht Tätigkeit oder Eigenschaft; sondern es ist alles, was der Hund ist und tut; es gilt dem Kinde für alles, was es vom Hunde weiß, ist ihm das lautliche Äquivalent der sämmtlichen Warnehmungs-Erkenntnisse, die es von ihm gewonnen hat. Durch Wauwau wird vom Kinde diese ganze Erkenntniss-Gruppe, diese ganze verflochtene Anschauungs-Masse appercipirt, vorgestellt, vor seinem Bewusstsein vertreten. Das Kind hat nun aber den Hund liegen sehen, schlafen sehen; es sieht ihn aufstehen und gehen, — drei oder vier Anschauungen, alle identisch und doch verschieden. Früher oder später sieht es mehrere Wauwaus und lernt, dass Wauwau schwarz ist und weiß, groß und klein, denn dem einen dieser Wauwau setzt man es auf den Rücken, den andern gibt man umgekehrt ihm selbst auf den Schoß. Haben wir hier nicht schon die Einheit in der Verschiedenheit? Nicht wenigstens schon tatsächlich? Und muss nicht die Tatsache bald auch zum sprachlichen Ausdruck kommen? Wird nicht Wauwau ein fester Punkt, eine Einheit werden, an welche sich die bemerkten Verschiedenheiten und Veränderungen anreihen? Also Wauwau wird Subject, und die veränderlichen Merkmale werden Prädicate. Wauwau hört auf, ein bloßes Gebell und ein bellendes Wesen zu sein, und wird ein Object, welches vielerlei tut und auch bellt. — Ja gewiss, dahin wird es kommen; nur nicht so bald und so leicht, wie es scheint. Zunächst ist ein Gegenstand, wie Hund, nur ein Kreis vieler mit einander ähnlicher, also verflochtener Warnehmungen. Sehen wir uns noch etwas um.

533. Gerade so wie Wauwau (welches wir für ein Substantivum zu nehmen geneigt sind), das Bellen und den Beller

und überhaupt den Gesammtinhalt einer Anschauung, den Inhalt vieler Warnehmungen bedeutet, ohne sich in unsere Redeteile zu fügen (weil es noch kein Satzteil, kein Wort ist): gerade so eignet sich das Kind auch andre Laute an, welche wir für Verba halten möchten, und welche doch ebenfalls eine Gesammt-Anschauung bedeutet, z. B. *baba*. Man würde eben irren, wenn man meinte, *baba* bedeute unser schlafen. Es ist ebenfalls ur-alt ($\beta\alpha\upsilon\beta\acute{\alpha}\omega$, $\beta\alpha\upsilon\text{-}\varkappa\acute{\alpha}\lambda\eta\mu\alpha$); aber es bedeutet den gesammten Zustand des Schlafes, die Person, die Wiege, das Kissen mit inbegriffen. Wenn nun das Kind sein *baba* gebraucht, so scheint es uns bald die Tätigkeit, bald die Wiege, bald bloß das Kissen u. s. w. zu bedeuten; es bedeutet aber immer die ganze Anschauung.

534. Längere Zeit kann sich ein Kind dabei begnügen, mit einem Worte eine Anschauung auszudrücken. So sagt es auch wohl „holen", um etwas Bestimmtes zu holen, was aus der wirklichen Gelegenheit ergänzt wird. Es ist überhaupt hervorzuheben, dass die Zusammenstellung zweier Wörter nicht zuerst in dem Sinne stattfindet, um Subject und Prädicat zu scheiden, sondern um die in einer Anschauung begriffenen Personen oder Dinge besonders auszudrücken. So rief meine Kleine, als sie von der Mutter auf dem Arme gehalten ward, der Wärterin, welche hereintrat, zu: *Mama baba*, d. h. sie wolle bei der Mama Baba-machen. Sie kam von der Tante nach Hause und brachte Kuchen mit, den sie von dieser geschenkt bekommen hatte, und rief der Mutter entgegen: *ah ah! kuke tate*. Man sieht, diese Teilung der Anschauung in ihre Factoren liegt noch näher, als die Zerlegung der Anschauung des Ganzen in die Teile, und geht der Zerlegung von Subject und Prädicat weit voran.

535. Die Sonderung einer Qualität von dem Dinge, die Bildung eines Prädicats von einem Subjecte ist viel schwieriger, und ist im Vorstehenden noch nicht erklärt, so richtig auch das 529. 532 Bemerkte ist. Sie ist deswegen so schwer, weil erstlich anfänglich das Kind viele unterscheidende Momente, wie z. B. Farben, gar nicht auffasst, und weil dann zweitens solche Momente, welche es erfasst hat, so lebendig im Bewusstsein wirken, dass es in Fällen, wo solch ein Moment geändert ist, Unterschiebungen begeht. Dies trat mir bei folgender Beob-

achtung recht auffallend entgegen. Mein Knabe, gerade ein
Jahr alt, steht (im Sommer) auf einem Stuhle am Fenster.
Fliegen schwärmen umher, namentlich an den Scheiben. Es
war aber Fliegen-Papier ausgelegt, und auf dem Fensterbrette
lag eine todte Fliege vor dem Kleinen und er bemerkt sie.
Gewiss ist es, dass solche Ereignisse (die Begegnung mit demselben Dinge in anderm Zustande) die Prädicate, d. h. die Kategorie des Dinges mit seinen Eigenschaften, hervortreiben.
Aber was geschah in unserm Falle? Der Kleine ergreift mit
seinen Fingerchen geschickt und zart das kleine todte Tier und
hält es an die Scheibe. Das lässt einen Blick in das kindliche
Bewusstsein tun. Der Kleine hatte nur eine Gesammtanschauung von der umherschwärmenden oder am Fenster kriechenden
Fliege; und so mächtig ist die Unterschiebung, dass er die Anschauung, wo sie sich nur mangelhaft darbietet, durch eigen-
händiges Zutun ergänzt. — Derselbe Knabe, von dem ich soeben
sprach, lernte bald einige Namen für Dinge seiner Umgebung,
unter andern *Hut* (für Hut), *Huhn* (für Pferd), *Dat* (für Soldat).
Ein und ein Vierteljahr alt sah er mich auf der Straße und sagte:
Papa hut. Sonst kannte er mich ja nur in der Stube ohne Hut.
Als er einen reitenden Soldaten erblickte, sagte er: *Dat huhn.*
So hatte er die Zerlegung der Anschauung in ihre Factoren
erreicht. — Wie zusammengesetzt aber die Elemente seines
Bewusstseins um jene Zeit noch waren, zeigt folgendes. Es
war Winter, und er sah täglich, wie die Straßen-Laterne angezündet ward. Die plötzlich aufbrechende Gasflamme ergriff
ihn und er rief *dlil* (für Licht). Nun kommt aber eines Tages
unter Mittag der Mann mit seiner Leiter, um die Laterne zu
putzen. Der Kleine erkennt ihn schon aus der Ferne und ruft
dlil. Er lernte bald *lich* und sogar *licht* sagen. Aber noch
sechs Wochen nach dem eben Erzählten rief er am Tage beim
Anblick der Lampen-Putzscheere: *lich* und nannte Kirsch-Saft
Äppel, wobei doch nur der Geschmack wirksam sein konnte.*)

---

*) Vergl. oben 295. Überhaupt kann ich mich nicht entschieden genug
gegen die, wie mir scheint, völlig oberflächliche Behauptung aussprechen, jede
Erweiterung der Bedeutung eines Wortes (Verallgemeinerung oder Übertragung,
wie die Rhetorik diesen Vorgang nennt) sei eine Verwechslung zweier Erscheinungen, eine wirkliche Identificierung zweier Begriffe oder Gedanken-Inhalte.
Es kann z. B. im obigen Falle kein Zweifel obwalten, dass der Laut *dlil* das

Er hatte das Wort *nähen* gut aufgefasst; er brachte z. B. der Mama ein zerbrochenes Spielzeug und sagte: *nähen*. Die Scheere hieß aber eben so. — Da solche Unterschiebungen nur zeigen, wie die Erinnerung mächtiger ist als die Warnehmung, so kann es auch nicht wundernehmen, wenn Anschauungen so zerlegt werden, dass dabei Gegenstände ausgesondert werden, welche gar nicht gegenwärtig sind, sondern nur gedacht werden. Unser Kleiner z. B. ist allein in der Stube, als Mama eintritt; er geht ihr entgegen und sagt, indem er auf die andre Tür der Stube wies, welche zur Küche führte: *Nanni dlil* d. h. Nanni, so hieß die Wärterin, holt Milch.*) — Hier haben wir auch die Verbindung von Geberde und Sprache. Dies ist wohl die erste Form, wie Subject und Tätigkeit unterschieden werden. Ich habe sie bei unserm Knaben zuerst beobachtet, als er ein Jahr und 15 Wochen alt war. Da machte er erst die Geberde und fügte Mama hinzu, um zu erzählen, dass Mama dies getan habe. Anderthalbjährig aber hatte er in meiner Abwesenheit ein Blatt in einem meiner Bücher zerrissen; Mama schalt ihn darob; er sagte: *Papa!* und klopfte mit dem Fäustchen auf den Tisch, wie ich zuweilen tat, wenn ich mich erzürnt stellte. Er drückte also aus: So würde Papa tun.**) — Erst im Alter von einem Jahre und acht Monaten kam etwas aus seinem Munde, was ein Satz heißen kann, weil es Subject und Prädicat enthielt. Die Tante wiegte ihn und sang ihn in Schlaf; die Wärterin kam dazu und wollte ihre Pflicht üben; er aber rief: *Nante singen*, d. h. die Tante solle singen. Vierzehn Tage später, als die Tante eben weggegangen war, sagte er: *Nante popp*. Das waren Sätze. Noch etwa vierzehn Tage begnügt sich sein Ausdruck mit einem Worte zur Bezeichnung der ganzen An-

---

Hervorbrechen des Lichtes bedeute. Und wie wäre nun eine Verwechslung dieser Erscheinung mit dem Anblicke des Lichtanzünders am Tage oder mit einer Lampen-Scheere möglich. Nein, hier ist vielmehr der Hergang dieser, dass die gegenwärtige Warnehmung die frühere, mit der sie verflochten ist, reproducirt, und nun jene durch diese appercipirt wird.

*) *Milch* und *Licht* waren nach seiner Aussprache von uns nicht zu unterscheiden. Das *i* war unbestimmt.

**) Die vielgehörte Behauptung, die Sprache beginne mit Verben, scheint mir entschieden ein geistreicher Irrtum, dem gar nichts Tatsächliches zu Hülfe kommt. Die oben angeführten Fälle, wie sie täglich tausendmal beobachtet werden könnten, beweisen entschieden das Gegenteil.

schauung; dann aber wird die Satzform die gewöhnliche Rede-
weise, nur dass das Verbum oft im Infinitiv erscheint, und das
adjectivische Prädicat ohne Copula an das Subject tritt: *Tante
bede* (ist böse). Die onomatopoetischen Gebilde traten in den
Satz ein, was wohl bemerkt zu werden verdient: *hü kommen
Stall,* sagte er, indem er die Pferde aus dem Stalle kommen
sieht; *Onkel lange baba.* Während nun seine Sprachform schon
so entwickelt war, sagte er eines Tages, als in der Hausflur ein
Hund bellte, bloß *bellt;* darauf gefragt: wer bellt? antwortete
er: *Ami bellt.* Das Kind nämlich spricht anfänglich vorzugsweise und aus freien Stücken nur das, was ihm in den Sinn
fällt, und mit großer Aufregung. In unserm Falle bezeichnete
bellt die Erscheinung so wie sie in die Sinne fiel, aber die
ganze Erscheinung, folglich so viel wie *Ami bellt;* denn als der
Knabe sagte *bellt,* stand gewiss der Hund vor seiner Seele.

536. Da der Übergang von der bloßen Benennung des
Wargenommenen zur Satzform der wichtigste Schritt in der
Entwicklung der Sprache ist, so mag er noch durch Beobachtung, die ich an meinem Mädchen gemacht habe, erläutert werden. Sie hatte die Puppe in der Hand und sagte: *bebé.* Dies
ist auch ein onomatopoetisches Urwort. Der Hellene sagte βα-
βαί. Als ich sie nun fragte: wo hat denn die Puppe Wehweh?
antwortete sie: *Bein.* Das war Zerlegung des Ganzen in seine
Teile. Etwa acht Tage später hielt sie ein großes Bonbon in
der Hand, ließ es aber fallen, so dass es zerbrach. Da rief
sie: *bombom bebé.* Innerhalb dieser Woche konnte ich auch
eine Zwischenstufe beobachten, die wichtig ist. Sie kannte das
Wort „kleiner Junge" (denn für sie war es ein Wort), und sie
sprach es *gununge.* Sie kannte auch *tanzen.* Als man ihr nun
das Bild tanzender Knaben zeigte, rief sie: *gununge! tanzen!*
d. h. sie appercipirte das Wargenommene zwei Mal, je in verschiedener Weise. So sagte sie nun sehr bald: *Tine bomm*
(kommt).

537. Kehren wir zum Urmenschen zurück, um für ihn
die Erkenntnisse zu verwerten, die wir durch die vorstehenden
Beobachtungen gewonnen haben. Wie gelangte er aus der Be-
zeichnung der Gesammt-Anschauung durch ein onomatopoetisches
Lautgebilde zur zweigliedrigen Satzform? — Den Streit, ob die
Sprache mit Reichtum oder mit Armut beginne, mit Mannich-

faltigkeit und Vollkommenheit oder mit dem geringfügigsten, unscheinbarsten Besitz, kann ich nicht ernstlich aufnehmen: er hat für mich keinen Sinn. Was nennt man Anfang der Sprache? Meinetwegen die ersten zehn menschlichen Generationen oder die ersten hundert oder tausend. Das ist also ein sehr ausgedehnter Zeitpunkt, den wir Anfang der Sprache nennen. Sagen wir lieber von aller äußerlichen Zeitlichkeit absehend: der Anfang der Sprache sei das Ende der Zeit, wo man sich damit begnügte, seine Warnehmungen als Anschauungs-Inhalte durch ein onomatopoetisches Gebilde und Geberden darzustellen. — Ferner was ist Reichtum? Wer reich ist an Brot, kann arm sein an Fleisch; man ist allemal nur an etwas reich. So sage man denn, woran die Sprache reich sein soll. — Geringfügig und unscheinbar ist etwas je nach unserer Schätzung. Diese bedient sich eines Maßstabes. So sage man erst, nach welchem Maßstabe die Sprache einen geringfügigen und unscheinbaren Besitz habe.

538. Meine Ansicht nun ist, die Sprache habe am Anfange (nach der gegebenen Bestimmung) eine sehr große Anzahl onomatopoetischer Gebilde für sinnlichen Warnehmungs-Inhalt gehabt. Der Urmensch hatte für viele Verschiedenheiten, für welche heute nur noch der künstlerische Sinn Interesse und Verständniss zeigt, die größte Aufmerksamkeit und die feinste Auffassung, und so ergab sich ihm auch aus jeder scharf und individuell aufgefassten Warnehmung ein individueller Laut-Reflex*). Viele Warnehmungen, die uns nur denselben Inhalt gewähren, sind für ihn verschieden. Alle unsere Urteile, nicht nur die quantitativen von arm und reich, sondern auch die qualitativen von scharfen und stumpfen Sinnen, feiner und grober Anschauung sind relativ. Neben einer Schärfe, welche uns unerreichbar ist, mag eine Unempfänglichkeit für solche Unterschiede bestehen, welche uns sehr geläufig sind**). Der Mensch ist zu allen Zeiten reich und hoch begabt; nur das Object oder

---

*) Vergl. Georg Curtius, Grundzüge der griech. Etym., Einl. §. 13, wo in geistvoller Weise die auch von uns vertretene Ansicht entwickelt und durch Tatsachen bewiesen wird. Namentlich weist er darauf hin, wie die Vorstellungen des Schauens, Spähens, Blickens, Achtens, Warens ursprünglich geschieden waren.

**) Die in der vorstehenden Anmerkung gedachten Unterschiede sind älter als die Unterscheidung des Sehens und Hörens und Fühlens.

die Richtung und die Form seiner Tätigkeit ist verschieden; die Form seines Wirkens und seine Ziele entwickeln sich.

539. Jeder Lautreflex fixirte dem Urmenschen eine Warnehmung im Bewusstsein. So viel Warnehmungen als er dem Inhalte nach unterschied, so viel Lautreflexe hatte er. Das Wichtigste ist dem Menschen immer der Mensch. Nur in Gesellschaft mit einem Andern erzeugt er Sprache, und vorzugsweise in der Warnehmung des Menschen entwickelt er Sprache. Zu wissen, was der Andre tut, wo der Andre ist; dem Dritten zu sagen, was jener tut: das ist der mächtigste Trieb der Sprache. Was der Mensch dann am Menschen gelernt hat, überträgt er danach sogleich auf die leblosen Dinge. Wir werden also für den Schritt, den wir jetzt belauschen, den Urmenschen in seinem Verkehr mit Andern, in seinem Familien-Leben, aufsuchen. — Was ist nun eine Person im Bewusstsein des Urmenschen? Wie beim Kinde: ein Kreis von verflochtenen Warnehmungen. Keine Art von Warnehmungen ist wichtiger, aber auch keine der Entwicklung des Geistes förderlicher als die Warnehmung tätiger Menschen. Namentlich das, um was es sich hier handelt, die Zerlegung der Warnehmung in ein festes Moment, welches als Subject dient; und ein vorübergehendes, welches Prädicat wird, scheint die Wirklichkeit hier dem Geiste hineinzutragen. Da steht jemand; nun bückt er sich, richtet sich wieder auf, wendet sich rechts, links, verschwindet und erscheint wieder, während alle Dinge umher unverändert geblieben sind. Man sieht also denselben Körper, d. h. dieselben Farben in derselben Ausdehnung und derselben Folge, aber in verschiedener Lage, an verschiedenem Ort. Und ganz dasselbe tut man auch selbst und beobachtet man an sich selbst. Wenn aber nun das Bewusstsein von Personen maßgebend wird für das Bewusstsein von Dingen, so ist noch weiter für jede Auffassung des Objectiven treibend gewesen das Selbstbewusstsein. — Dieses ist das erste Subject; das Ich ist das erste Feste, woran alles Veränderliche als Prädicate erkannt werden — zunächss natürlich das unbewusste Ich.

540. In der Tat, es lässt sich kein Schritt in der Entwickelung der Sprache erfassen, ohne dass wir dabei auf die Entwickelung des Selbstbewusstseins stießen. Dieses wird nun wohl vorzugsweise durch Tätigkeit, durch Arbeit an den Dingen

gefördert. Arbeiten aber heißt: an einem unveränderten Stoffe die Form abändern. Man zerbricht etwas; so hat man dasselbe wie vorher, aber anders. Wie man Veränderungen schuf, so sah man welche schaffen oder sich vor Augen vollziehen oder von einer unerkannten Macht bewirkt. Endlich man musste doch vieles Ähnliche sehen, wie Tiere, Bäume u. s. w. Allgemein ausgedrückt: man hatte eine Warnehmung AN und dann eine andre AO (194); diese mussten sich mit einander verflechten.

541. Nun ist das gewiss nicht zu läugnen, dass, so weit Verflechtung unter den Vorstellungsverbänden herscht, die Sonderung von Subject und Prädicat vorbereitet ist. Das verschmolzene Gemeinsame in diesen Verbänden wird das Subject hervortreiben; das hemmende Besondre wird sich zum Prädicat gestalten. Nur so unmittelbar kann das nicht geschehen. Wir müssen auf der Hut sein. Bei der gegenwärtigen Untersuchung besteht nämlich die Schwierigkeit, einsehn zu lernen, wie die uns geläufigsten subsumirenden Apperceptionen uranfänglich vollzogen wurden, als sie schöpferische Apperceptionen waren, d. h. als das appercipirende Moment (hier die Form der prädicativen Verbindung) selbst erst zu schaffen war. Darum sind wir in der stärksten Versuchung, das verauszusetzen, dessen Ursprung wir zeigen sollen, weil wir uns sehr schwer auf die niedrige Denkstufe zurückversetzen; weil wir sehr schwer von dem absehen können, was uns so geläufig und unentbehrlich ist. Haben wir uns vielleicht schon eine Erschleichung zu Schulden kommen lassen, wenn wir die Warnehmung einer Veränderung in die Form AN + AO bringen? Da muss freilich wegen des gemeinsamen A Verflechtung eintreten. Wenn nun aber zwei auf einander folgende Warnehmungen bloß N und O wären? Nun, wenn und so lange sie bloß das sind, werden sie allerdings beziehungslos durch das Bewusstsein gehn, und es wird gar nichts aus ihnen werden. Soll es anders geschehen, so müssen wir voraussetzen, dass sie in Beziehung zu einander gesetzt sind, so dass sie ein N > O . darstellen. „An dieser Stelle hat ein Stein gelegen; jetzt ist er nicht mehr da": das wäre ein einfachster Fall der Beziehung zweier Warnehmungen auf einander: N > O. Fiele der Blick jetzt auf eine Stelle, wo ein Stein liegt, und bald darauf, nachdem der Stein weggenommen ist, auf dieselbe Stelle, die nun leer ist, ohne dass

eine Veränderung bemerkt würde: so könnte dies geschehen, weil vom ersten Anblicke keine Erinnerung geblieben wäre und vom zweiten nicht reproducirt werden könnte; oder weil eine Unterschiebung (97) oder eine Übertragung (102) eingetreten wäre, wonach der zweite Anblick mit dem ersten verschmelzen musste. Also nach unsern Formeln: entweder die beiden Anblicke ergeben ein P und noch ein anderes P, indem letzteres erfolgte, nachdem ersteres vergessen war, beide also ohne Wirkung auf einander blieben; oder sie ergaben zwei $P = A$, also $P + A^1 = A^2$. Das wäre möglich, wenn der weggenommene Stein ganz unwichtig gewesen wäre. War er aber wichtig, weil an ihm etwas lag, weil er etwa als Ruhebank diente oder den Weg versperrte (298), so sind die gemachten Voraussetzungen unmöglich. Dann kann weder Verschmelzung von N und O, noch ein gegen einander gleichgültiges N und O eintreten, sondern nur ein gespanntes $N > O$. Dies ist aber allemal ein $AN > AO$; d. h. die beiden Warnehmungen müssen etwas Gemeinsames und etwas Verschiedenes haben und verflechten sich, und es muss sich dann der Gegensatz ausgleichen (nach 194—196) $AN + AO = (A^2 - O + N)$ R.

542. Wie richtig es aber auch sein mag, dass wo immer eine Veränderung eingetreten ist, oder wo eine Verschiedenheit auftritt, welche aus irgend einer Ursache wichtig ist, vorzüglich also wo eine gewollte Änderung eines Gegenstandes bewirkt ist, da auch ein Vorstellungsprocess vorgeht, nach der Formel $A \begin{Bmatrix} N \\ O \end{Bmatrix}$, wobei unmittelbar und tatsächlich A als das Subject, N als das Prädicat wirkt, wozu R kommt, welches den Grund der Verschiedenheit zwischen N und O enthält; oder R ist das Prädicat, welches den Wechsel von O und N in sich schließt — wie richtig dies auch sein mag, im Kindes-Leben aber gibt es eine Zeit, wo N und O ganz gleichgültig auf einander folgen, aus Mangel an Erinnerung, oder wo sie mit einander verschmelzen, weil das Verschiedene noch nicht wichtig geworden ist. Und sogar wenn N und O in Spannung gegen einander treten, so werden sie sich mit einander associiren und es ist vielleicht tatsächlich schon N zu AN und O zu AO aus einander gegangen; aber darum ist die Sonderung des A noch nicht im Bewusstsein vollzogen. Dieses Herausschälen des

Gemeinsamen aus dem Verschiedenen hängt vom Auftreten des R ab, d. h. von der Erkenntniss, warum das Verschiedene in der Einheit sein kann, oder wenigstens von der Anerkennung, dass es sein kann. R ist die Copula; denn es enthält den Sinn, nach welchem A sowohl N als auch O sein kann. Und gerade indem es verbindet, trennt es; und indem es trennt, verbindet es. R, das ist schließlich der Sinn derselben, ist das Verbindungsmerkmal. Woher aber kommt es?

543. Wenn ein Kind so weit ist, einige Personen bestimmt zu kennen und zu unterscheiden, wenn sie in seiner Nähe, in demselben Zimmer bei ihm sind, so erkennt es sie zunächst doch nicht wieder, wenn es sie etwa durch das Fenster im Hofe oder auf der Straße erblickt. Tritt nun solches Erkennen ein, so gibt es sich immer durch besondern Jubel kund. Zuerst also war dieselbe bekannte Person im Zimmer und auf dem Hofe ein N und O in voller Indifferenz gegen einander, und erst später treten sie in Spannung, durch welche das Kind in Affect gerät. Noch aber ist nur $N > O$ vorhanden, und nicht $AN > AO$. Es fehlt auch R, d. h. das Kind weiß noch nicht, wie dieselbe Person drin und draußen sein kann; es kennt den Mechanismus des Gehens noch nicht. Erst wenn es schon oft hinaus und herein getragen worden ist, und es sich selbst, insofern es drin und draußen ist, als ein $N > O$ oder vielmehr ein $(N + O) R$ erfasst, begreift es, wie die Wärterin bald drin, bald draußen sein könne. Durch solche Reihenfolge dreier Bilder: der drin befindlichen (O), hinaus gehenden (R) und draußen befindlichen (N) Person, die ohne subjective Unterbrechung erfasst werden, löst sich die Spannung der Bilder und aus $N > O$ wird die ruhige Folge $N + O$, welche sich nun, da sie tatsächlich $AN + AO$ sind, mit einander verflechten. — Ein Kind von acht oder neun Monaten unterscheidet Brod von Holz. Nun sieht es zwei Stücke und ergreift beide nach einander. Das eine, weil es klein ist, bringt es leicht in den Mund; das andre, weil es groß ist, geht nicht in den Mund. Hier beginnt das Kind gar nicht mit N und O, sondern mit dem identischen P, welches sich erst, indem es in den Mund soll (R), als $N > O$ erweist und doch P bleibt. Also P tritt als N und als O auf. — Das Kind ergreift etwas und lässt es fallen, und man gibt es ihm wieder. Hier wird es wohl bald

lernen, ein P als N und O erfassen und dazu das R, die
vermittelnde Bewegung, welche die Einheit des P im verschiedenen N und O bewirkt und erklärt. Es soll nun in der
weitern Entwicklung des Kindes P, welches sowohl als N wie
als O erkannt wird, umgestaltet werden in AN und AO. Wie
aber wird dies geschehen? Nur so viel wissen wir schon, dass
P als N und P als O mit einander verflochten sind.

544. Werfen wir den Blick zugleich mit auf den Urmenschen. Ihn nehmen wir sogleich in der Phase, wo wir soeben das Kind gelassen haben: er erkenne die verschiedenen
Erscheinungsformen desselben Wesens als^solche, oder erkenne
dasselbe Wesen in verschiedenen Lagen und Handlungen immer
wieder: P kann N und auch O sein. Man sah also z. B. ein
Weib säugen. In dieser Warnehmung, welche eine einheitliche
Anschauung lieferte, war eine Säugende und ein Säugling enthalten. Dieselbe Säugende aber hob bald auch ihren Säugling
spielend auf ihren Armen und ließ ihn tanzen und legte ihn
schlafen und schlief auch selbst oder wusch und tanzte u. s. w.
Man hatte also tatsächlich ein A, die Frau, in vielfacher Situation O, N, L u. s. w. Aber auch die Kuh säugte und ward
gemelkt, und ebenso die Ziege, und viele Frauen wuschen und
tanzten, und auch der Mann schlief; das heißt also: in derselben
Situation (sie sei N) wie A ist gelegentlich auch B, C, D u. s. w.
Man hatte also die verflochtenen Anschauungen AO, AN, AL
. . . und abermals verflochten AN, BN, CN . . . Wenn nun
in irgend einem Augenblicke AN durch Warnehmung geboten
war, so konnte es sein, dass dieses AN ganz allein bewusst
ward, ohne irgend einen Reproductions-Erfolg zu haben; denn
die mit ihm verflochtenen Verbände hemmen einander. Wie
aber, wenn der Mann nach Hause kam, seine Frau hier ver-
mutete, aber nicht fand und sie suchte? wie war da die Frau
in seinem Bewusstsein? Überhaupt: wie dachte er sie, wenn
er sie nicht warnahm? Welche Anschauung war sie in ihm?
Wie denkt das Kind die Personen und die Dinge, welche es
kennt? Die Antwort wird sich bald finden. Zunächst wollen
wir nur bemerken: Beim Kinde können ursprünglich (wie schon
542 bemerkt) sämmtliche Warnehmungen von demselben Gegenstande nur eine Masse durch Ähnlichkeit verbundener und so
auch associirter Bilder ergeben, welche wir ebenso, als wäre

sie eine Verschmelzungsmasse P^u schreiben könnten (64. 187).
Sobald aber das Kind eintretende Verschiedenheiten irgend
welcher Art an einem bekannten Wesen bemerkt, in Bezug auf
Bewegung, Haltung, Gestalt, Größe, Farbe (543), so wandelt
sich die Verschmelzungs-Masse in ein Geflecht, dass wir P_n schreiben (196. 197). Sowohl solch eine verflochtene Vorstellungsmasse aber, wie auch jene Verschmelzungs-Masse, kann nur schwingen. Tatsächlich ist allerdings $P_n = AL + AM + AN + AO \ldots$;
bewusst dagegen kann es nicht als diese Summe werden, sondern nur, wenn Veranlassung dazu wäre, als Reihe. In Reihenform aber werden die ungeteilten, einheitlichen Bilder von AL,
AO ... eins nach dem andern durchs Bewusstsein ziehen, und
wie wird die Teilung eintreten? Beim Kinde wird die über-
lieferte Sprache mitwirken und ein wirksames Hülfsmittel zum
Fortschritt abgeben; aber wie beim Urmenschen, der dieses
Hülfsmittel erst schaffen soll? — Denken wir uns, in diesem
Augenblicke werde AN (das waschende Weib) wargenommen.
Diese Warnehmung P ist einerseits in dem Geflecht P_n (Weib)
enthalten und tatsächlich mit AL, AM, AO (säugendes, ge-
bärendes, kochendes Weib) verflochten; andrerseits aber ist sie
auch in Π_n (Anschauung der Tätigkeit des Waschens) begriffen
und mit BN, CN, DN (verschiedenen waschenden Personen)
verflochten. AN, durch Sinnesreiz geweckt, wenn auch im
Bewusstsein zunächst nur als einheitliches P vorhanden, muss
auf beide tatsächlich vorhandene Geflechte P_n und Π_n wirken;
es muss seine Erregtheit auf alle Momente dieser beiden Geflechte leiten und beide zur Apperception hervorrufen. Es liegt
aber die Schwierigkeit vor, dass sich P_n und Π_n durch $n - 1$
(alle weniger ein) Elemente widersprechen; sie bilden doppelt
ein entgegengesetztes $N > O$; denn die A des P_n widersprechen
den B, C, D des Π_n, und die N des letztern widersprechen
den L, M, O des P. Es schließen sich also sämmtliche Momente beider Gruppen bis auf eines einander aus. Da sich
nun diese beiden Geflechte so stark widerstreben, so hemmen
sie einander und drücken einander zur Untätigkeit herab. Indessen sie bleiben gegeneinander gespannt und schwingend;
und überdies werden sie durch das eine gemeinsame Moment,
welches durch den Sinnes-Reiz mächtig ist, fortwährend gegen
einander gedrängt. Schreiben wir nun das bloß Schwingende

unter eine horizontale Linie, das Bewusste dagegen über dieselbe, so erhalten wir als Bild des seelischen Zustandes in diesem Augenblicke folgende Formel:

$$P = \frac{AN}{P_n + II_n}$$

545. Indem wir den Inhalt dieser Formel genauer erforschen wollen, müssen wir die beiden (542—544) angedeuteten Entwicklungsstufen des Kindes unterscheiden. So lange dieses auf der Stufe bloß associiirter Bilder steht, wird die reproducirende Erregung von der Warnehmung $P = AN$ unmittelbar und ungeteilt auf das alte Bild AN gehn und dasselbe unmittelbar in Erinnerung bringen. Nun liegt dieses zwar in zwei Associations-Massen, erstlich in $P_n = AL + AM + AN \ldots$ und in $II_n = AN + BN + CN \ldots$ und diese beiden werden mit in Bewegung geraten. Doch können die Momente B, C ... einerseits und L, M ... andrerseits wegen der Hemmung unter einander und durch A und N nicht zu Bewusstheit gelangen, und die A und die N beider Massen verstärken mit ihrer Erregtheit nur das Bewusstsein von $P = AN$. Letzteres kann von B, C und L, M ... gar nicht gehemmt werden, sondern es verdrängt seinerseits diese entgegenstehenden Momente selbst aus der Schwingung. Also das durch Warnehmungen erinnerte AN als Element zweier Associationsmassen steigt mit voller Energie. Es vollzieht sich also die Apperception des P durch das reproducirte $(AN)^n = P^n$ in unmittelbarster Weise, und der Erfolg ist nur das wiedererkannte einheitliche Bild der waschenden Frau, aber keine Zerlegung. Wir erhielten jetzt folgende Formel, in welchem wir die gehemmten Momente mit liegenden Buchstaben schreiben wollen:

$$P = AN$$

$$P_n = A\,O +\!{}_{A\lrcorner} +\!\underset{AN}{|} +\!{}_{\infty N} +\!{}^{\Gamma N}$$

$$II_n = {}_{\mathbb{C}}N +\!{}^{BN} +\!{}^{A\Sigma} +\!{}_{AX}$$

Man sieht hier klar, wie die Warnehmung P unmittelbar von dem Bilde AN appercipirt werden muss, wobei dessen

Bewusstheit von sämmtlichen A und N der beiden Geflechte
verstärkt wird, welche eben von AN reproductive Erregung
erhalten, und die gehemmten Momente bleiben völlig wirkungslos. Wir haben aber hier das Kind auf dem Standpunkte von
542 vorgeführt. Denn die vorstehende Formel zeigt P_n und
Π_n als zwei auseinander gelegte Associations-Massen.

546. Ganz anders dagegen verläuft der Prozess, sobald
wir uns das Kind auf der Stufe von 543 denken, wie folgende
Formel augenscheinlich macht. Wir schreiben also nun P_n und
Π_n als Geflechte, d. h. so dass das Gemeinsame verschmolzen, und
nur das Verschiedene als gesondert erscheint, in folgender Weise:

$$P = AN$$

$$P_n = N \left.\begin{matrix} O \\ L \\ M \\ X \\ M \end{matrix}\right\} A_n + N_n \left\{\begin{matrix} B \\ c \\ S \\ Y \end{matrix}\right. A = \Pi_n$$

Hier ist sowohl die Reproduction als auch die Apperception
von dem vorigen Falle völlig verschieden. Erstlich geht nicht
die Erregung von einem einheitlichen $AN = P$ auf ein eben so
einheitliches AN, welches in dem Kreuzungspunkte zweier
Associations-Reihen (oder überhaupt im Berührungspunkte zweier
Massen) liegt; sondern das einheitliche AN übt wegen doppel-
seitiger Verflechtung eine doppelseitige Erregung auf das Geflecht P_n durch das Moment A und auf das Geflecht Π_n durch
N. Die aufgeregten Momente sind hier dieselben wie im vorigen
Falle, und die Hemmung erstreckt sich über dieselben Momente
wie dort; denn hier ist das Gegebene als Stoff durchaus gleich
dem des vorigen Falles. Dagegen herscht hier eine andre
Combination. Dort war AN als Bild nur einmal gegeben, obwohl es im Berührungspunkte zweier Massen lag. Hier dagegen ist AN, obwohl es nur einen Inhalt hat, zweimal gegeben,
insofern es mit zwei Geflechten verflochten und in jedem derselben eingeschlossen ist. Während also dort ein Bild auf ein
Bild mit ungeteilter Macht reproducirend wirkte, stößt P hier
auf zwei getrennte, aber inhaltlich identische AN, und die von

diesen aus weiter schreitende Erregung verteilt sich über zwei
Geflechte. Die beiden AN sind freilich vor allen Elementen
dieser Geflechte bevorzugt. Denn sie empfangen den Stoß des
P unmittelbar und ganz, wogegen die andern Elemente nur von
einer Seite her erregt werden, mit dem andern Gliede aber gehemmt bleiben. Diese wirken zwar auch gegen AN hemmend.
Die Hemmung muss sich aber über die Momente der Geflechte
im entgegengesetzten Verhältniss der Macht verteilen: die nur
einmal vorhandenen B, C . . . O, L . . . werden ungleich mehr
gehemmt als $A_n + A$ und $N_n + N$, also im Verhältnisse von
$1_n + {}_1 : 1$. Ja, die Begünstigung ist so groß, dass leicht B, C, O,
L . . . von diesem $A_n + {}_1 + N_n + {}_1$ völlig verdrängt werden
können. Sobald dieser Fall eintritt, verschmelzen die beiden
AN und steigen (nicht als $A_n N_n$; d. h. nicht mit dem herab-
ziehenden Gewicht der verflochtenen Elemente, sondern, mit der
Kraft von A^n und N^n (d. h. mit der Macht verschmolzener Momente) ins Bewusstsein als $(AN)^n$. Dann wird auch hier, wie
im vorigen Falle mit einem erinnerten einheitlichen Bilde appercipirt. Dies begegnet uns, wenn wir von einer Warnehmung
überwältigt werden und sprachlos da stehen; oder wo wir
energielos, ohne Aufmerksamkeit und Theilnahme warnehmen. Wo
dagegen P so überwältigende Kraft nicht hat, und im Gegenteil
eine innere Lebendigkeit besteht, da wirkt es derartig, dass
einerseits A_n mit großer Energie in Schwingung gerät, das ihm
gehörende N aber sich aus der Hemmung durch O, L, M . . .
nicht reproduciren kann, und ebenso andererseits N_n in lebendige Schwingung tritt, während sein A stark unter der Hemmung der B, C, S . . . leidet. Die Folge ist, dass die beiden
AN der beiden Geflechte sich nicht zur Einheit verschmelzen
können, und die hemmenden Elemente nicht aus der Schwingung verdrängt werden. Dadurch, dass hier das N, dort das A
unter der Hemmung steht, kann auch das freie A und das freie
N nicht ins Bewusstsein gelangen; und sie werden dadurch aus
einander gehalten, dass dort das N, hier das A nach verschiedenen Seiten festgehalten wird. Die AN können also weder
als $(AN)^n$ noch als $A^n + N^n$ bewusst werden. Wenn aber das
A einerseits durch sein N in P_n gefesselt bleibt, so wird es
doch andererseits von A in H_n angezogen; und ebenso wird N
durch sein A in H_n gefesselt und durch A in P_n dorthin gezogen.

Wir stellen dieses Schwingungs-Verhältniss so dar: $A_n + 1$ und $N_n + 1$ statt des einfachen A_n und N_n um anzudeuten, dass eines der A, welche in der Summe A_n enthalten sind, mit N in II_n, und eines der N, welche in N_n liegen, mit A in P_n verflochten ist. So löst sich die Formel von 544 zunächst in folgender Weise auf:

$$P = \frac{AN}{P_n + II_n} = \frac{AN}{A_n + 1 + N_n + 1}$$

Es findet also eine doppelte Apperception des $P = AN$ statt: einmal durch $A_n + 1$ und dann durch $N_n + 1$. Denn diese beiden Factoren wirken mit gleicher Macht und rufen sich, da sie mit einander verflochten sind, einander hervor; und da jedes mit AN verflochten ist, so appercipirt es dieses so voll es kann, d. h. einseitig. Nach diesen beiden einseitigen Apperceptionen ist aber die mit der Verflechtung von A_n und N_n gegebene Unruhe beider (welche wir durch $n + 1$ andeuten) nicht gelöst, sondern verstärkt. Die bloße Reproductionskraft von P konnte ja nur $A_n + 1$ und $N_n + 1$ hervorrufen. Nachdem diese aber das P appercipirt haben, gewinnen sie (durch die Verschmelzung mit P) volle Bewusstheit und werden nun $A^n + 1$ und $N^n + 1$. Das $+ 1$, d. h. die Unruhe, welche durch die Verflechtung dieser beiden Momente bewirkt wird, treibt das Verbindungs-merkmal R hervor (542), indem es $A^n + 1$ durch $N^n + 1$ und dieses durch jenes appercipirt. Durch diese dritte und vierte Apperception sinkt zugleich $_{n + 1}$ zu $_n$ zusammen und aus $A^n + 1 + N^n + 1$ wird $A^n N^n$ als Product vierfacher Apperception. Also

$$P = \frac{AN}{A^n + 1 + N^n + 1} = A^n N^n$$

547. Wir haben bei dieser Berechnung und Formulirung den Einfluss der Sprache noch nicht in Betracht gezogen, durch welchen der hier dargelegte Process erst seine volle Gestalt annimmt. Ich möchte behaupten, der eigentliche Ursprung der Sprache liege mindestens eben so sehr in der Zerlegung der Anschauung in Subject und Prädicat ($P = A^n N^n$) als in der Schöpfung der Lautreflexe. Diese ist der mehr leibliche, jene der geistigere Ursprung. Ein Mensch mit Reflexlauten für An-

schauungen würde nicht über den Taubstummen erhaben sein. Denn einerseits tritt der Charakter der menschlichen Sprache erst in der zweigliedrigen Satzform hervor, erst mit dieser ist die Möglichkeit geistiger Entwicklung gegeben; und andrerseits würde auch die Zerlegung der Anschauung in Subject und Prädicat ohne Sprache kaum durchzudringen vermögen. Wie kräftig auch das trennend bindende (analytisch synthetische) R wirken dürfte, es würde als ein rein innerer Vorgang nicht zum bestimmten Abschluss gelangen, wenn ihm nicht eine äußere Symbolisirung zu Hülfe käme. Das aus P herausgeschälte A^n, das Subject, würde kaum festzuhalten sein, wenn es nicht in einem Symbol fixirt würde.

548. Wie geschieht dies nun? Erinnern wir uns der Schwierigkeit (544), dass P$_n$ nur schwingen, nicht in das Bewusstsein kommen kann. Der Urmensch könnte sein Weib suchen, während sie nur als schwingendes Geflecht in seiner Seele wäre. Wenn er aber nun jemandem begegnete, den er fragen wollte, ob er sein Weib nicht gesehen habe, so musste er dasselbe vor sein und des Gefragten Bewusstsein stellen, musste sie sich vor- und dem Andern darstellen. Wie machte er das? oder vielmehr was geschah da? Da musste ein Moment jenes Geflechts, welches aus irgend einem Grunde bevorzugt war, aus der Schwingung zur Bewusstheit gelangen; ein entweder für den Augenblick oder überhaupt und immer wichtiges, mächtiges Moment ward frei von der Hemmung. In welcher Situation z. B. auch immer die Frau mit dem Kinde sich befinden, was sie auch immer treiben mochte, die Ursache war allemal das Gebären oder das Verhältniss des Weibes als Gattin. Dieses konnte also zu jeder Zeit sich als ein wichtiges Moment aus der allgemeinen Hemmung des Geflechts herausheben; denn es war die Ursache der ganzen Lebens-Einrichtung der Frau, aller ihrer Arbeiten, aller ihrer Pflichten und Rechte. Wegen dieses Momentes wurde sie geehrt und geliebt. Solch ein Moment des Geflechts also, z. B. die Anschauung von der Gebärenden oder Säugenden oder der Herscherin im Hause, ein Moment, das selbst mit dem Bilde ihrer lieblichen Gestalt verflochten war, war der feste, wenn auch nur schwingende Begleiter jeder Warnehmung der Frau und jeder bestimmten Erinnerung an sie. Aus dem Geflechte *Weib* mochte irgend ein Moment

bewusst werden, welches es auch war, es musste von jenem in lebhafter Schwingung begleitet werden. Gerade jenes Moment aber musste auch schon durch sich allein am häufigsten und auch bei der beispielsweise gesetzten Gelegenheit reproducirt werden. Der Mann suchte gerade sein Weib, damit sie etwa das durstige Kleine beruhigen sollte, jedenfalls damit sie im Hause walten sollte. Bei jeder Erinnerung also, wo keine der im Geflechte enthaltenen Anschauungen durch Warnehmung begünstigt wird, konnte und musste nur jenes Moment begünstigt sein. Nennen wir es M. Für dieses M trifft alles zu, was oben 305 bemerkt ist. Es appercipirt das ganze Geflecht der Warnehmungen vom Weibe.. Wer also sein Weib suchte, fragte: M? Das hieß nach dem Zusammenhange: wo ist meine Frau? Konnte aber in anderm Zusammenhange bedeuten: wo ist oder was macht deine Frau? Nun sei die Antwort: N, d. h. etwa, sie ist am Flusse waschen. Damit war doch nicht $M = N$ gesetzt; sondern $M + N$ wurden nach einander aus P_n herausgehoben. Mit der Frage: M? war die Möglichkeit der Antwort O, L, K, I . . . und auch N vorausgesetzt und in gesonderte Schwingung gebracht. War aber N geantwortet, so musste es wie $P = AN$ wirken; d. h. es rief P_n und II_n zur Apperception hervor. Einerseits nun aus dem Geflecht $II_n = AN + BN + CN + DN$ . . . wurden die B, C, D . . . gehemmt, und ebenso wurden aus dem Geflecht $P_n = AO + AL + AK$ . . . die O, L, K . . . latent, so dass nur der Verband AN energisch blieb. Es bildete sich, wie wir 546 sahen, $A^n N^n$; aber dieses war von M begleitet, welches von jedem Verbande des Geflechts P_n unzertrennlich, und welches ja als Frage gestellt war. Die Antwort N hieß ja eben, M sei durch N zu appercipiren. Wenn nun aber M bei jedem Verbande des Geflechts P_n mit bewusst war, also auch bei $A^n N^n$ oder $A^n O^n$ . . ., so musste es sich mit dem ebenfalls nie fehlenden A^n noch ganz vorzugsweise associiren, so dass $A^n N^n$ und $M^n N^n$, auch $A^n O^n$ und $M^n O^n$ ganz gleich waren. Nun war aber M mit einem Lautreflex verbunden: so diente nun dieser als Vorstellungsmittel für A^n; mit ihm fragte der Urmensch. Mit einem Reflexlaut aber antwortete er auch. Wer die Antwort zu geben hatte: N, d. h. deine Frau wäscht, der hatte von demselben Weibe ebenfalls ein P_n in sich, in welchem N, tatsächlich $= AN$ enthalten war; und er hatte ein

H_n (Anschauung des Waschens), in welchem abermals dasselbe N lag. Und so ging im Geiste des Antwortenden wie des Fragenden dieselbe Apperception vor sich. Auch H_n kann als Geflecht nur schwingen; aber es hat seinen Lautreflex unmittelbar, durch welchen es vorgestellt wird, und welcher aus dem Munde des Antwortenden tönt.

549. Frage und Antwort stellen also Subject und Prädicat dar, welche einander appercipiren. Es liegt auch in dieser wie in jener ein Trieb zur Aussonderung des A, d. h. zum Wandel des A und N in AM und AN. Denn die Frage M? bedeutete tatsächlich: findet AO, oder AL oder AN ... statt? Nun war die Antwort: N, welches in $H_n = AN + BN + CN + DN ...$ lag. Ja, der Fragende ging in Folge der Antwort an den Fluss und sah die waschenden Frauen und darunter die seinige: da hatte er $H_n = AN + BN + CN ...$ nicht als Geflecht von Vorstellungen, sondern als bewusste Warnehmung. Da musste wohl $AO + AL + AN ...$ sich in $A_n + O + L + N ...$ wandeln, und auch aus $AN + BN + CN ...$ musste $N_n + A + B + C ...$ werden; d. h. die Anschauungen lösen sich auf in Subjecte mit mehreren möglichen Prädicaten und in Prädicate für mehrere mögliche Subjecte. Wir ersetzen die Formel von 546 durch folgende, wobei L den Lautreflex für M, A den für N bezeichnet

$$P = \frac{LM + \mathit{A}N}{P_n\,H_n = A_n\,N_n} = A^n\,N^n$$

550. Zur Verdeutlichung. Die Anschauung, welche zweigliedrig bewusst wird, nicht als bloßes M und bloßes N, sondern als $A^n N^n$, veranlasst, wie bemerkt, eine vierfache Apperception, welche freilich nur eine einzige Gesammtbewegung in der Seele bildet und nur ein Ergebniss hat. Es wird nämlich die ganze Anschauung $P = A^1$ erstlich durch das constante M appercipirt, und dieses bildet das Subject, und zweitens abermals durch die augenblickliche besondre Tätigkeit oder Situation N, welche das Prädicat bildet. So sahen wir (536), wie das Kind das Bild tanzender Knaben zuerst einmal durch *Junge* und dann noch einmal durch *tanzen* appercipirte, während es sich früher entweder nur mit der einen oder nur mit der andern Apperception begnügt hätte. Es wird aber nun weiter

auch das Subject durch das Prädicat, und dieses durch jenes appercipirt: die Jungen sind diesmal nicht als die lernenden, sondern als die tanzenden, und das Tanzen ist als das der Jungen und nicht als das der Erwachsenen gedacht. Dasselbe geschieht in der entwickelten Sprache, wenn wir eine Warnehmung in Satzform appercipiren. Wir finden z. B. im Frühjahr eines Morgens einen Baum in Blüte oder in Blättern, den wir kurz zuvor noch grau und kahl gesehen haben. Wir sagen dann: „der Baum blüht"; d. h. die Warnehmung wird erstlich durch A^n *Baum* appercipirt (es ist ein Baum oder der Baum, den wir sehen); darauf eine zweite Apperception durch N^n *Blühen* (es ist das Ereigniss des Blühens, das wir bemerken). So würde nun die einheitliche Warnehmung durch die zwei Apperceptionen, deren jede einseitig verfährt, in zwei Seiten zerfallen. Nun wird aber drittens der Baum als blühender, und viertens das Blühen als das dieses Baumes appercipirt, wodurch die Einheit wieder hergestellt ist.

551. Vergegenwärtigen wir uns das bisher Entwickelte, um daran notwendige Erweiterungen zu knüpfen. Nach 529. 530 gab es im Urmenschen teils Warnehmungen von Bewegungen, deren Stoff gleichgültig blieb, man möchte sagen: reine Bewegungen, teils Warnehmungen von bewegten und beweglichen, veränderlichen und veränderten Dingen. Von ersteren ist es ohne Weiteres klar, dass ihr Lautreflex nur eine Bewegung bedeutete, ohne dass an den Tuenden gedacht worden wäre. Was aber bedeutete streng genommen der Laut für die Anschauungen von Dingen? Natürlich das, als was die Dinge dem primitiven Bewusstsein des Kindes und des Urmenschen erschienen. Und was war das? Die Anschauung von einer Art oder auch von einem einzelnen Gegenstande war nichts andres als die Summe der wiederholten Warnehmungen dieses Gegenstandes oder der Gegenstände dieser Art. Tatsächlich oder für unser entwickeltes Bewusstsein ist der Inhalt aller besondern Warnehmungen sogar desselben einzelnen Dinges nicht ganz derselbe; noch viel weniger sind die Warnehmungen von Individuen derselben Art völlig gleich. In der ersten Zeit jedoch, so lange die Wirkung und die Auffassung der Sinnes-Reize mangelhaft ist, so lange die Erinnerung schwach bleibt und sich fortwährend Veruntreuungen zu Schulden kommen

lässt, ist der Inhalt der vielen Warnehmungen derselben Art immer gleich, und es bilden sich Verschmelzungssummen oder Associationsmassen (544) für Personen, für Dinge, für Arten (530). Jede Anschauung ist ein P^a, und dieses ist die Bedeutung des Reflexlautes. Das gilt vielleicht unbedingt von *Papa*, *Mama*, und jenen ersten Namen, die dem Kindes-Munde entfliegen. Sehr früh aber muss das beim Kinde anders werden, wie es bei der Erzeugung der Lautreflexe des Urmenschen anders war. Der Laut ist bei einer bestimmten einzelnen Warnehmung M eines Dinges oder einer Art entstanden; er ist also nicht der Reflex des gesammten Anschauungsinhaltes P_n, wie er sich durch viele Warnehmungen zusammengesetzt hat, sondern nur einer einzelnen Warnehmung. Nur diese also ist seine eigentliche, anfängliche Bedeutung. Da auch das einzelne Wesen sich in mehren Warnehmungen mehrfach zeigt, so ist die Bildung der Anschauung von einem Wesen von der Auffassung einer Art gar nicht wesentlich verschieden. Es kommt auch dort wie hier darauf an, eine Einheit in der Mannichfaltigkeit zu erkennen. Es sind hier wie dort ein ursprünglich einander gleichgültiges N und O, d. h. zwei Warnehmungen desselben Wesens, welche entweder beziehungslos nach einander erfolgen oder im Gegenteil mit einander verschmelzen, in ein gespanntes $N > O$ umzugestalten, welche Spannung nur möglich ist, indem beide auf dasselbe A bezogen werden. Hierbei ist es völlig gleichgültig, ob N und O zwei an demselben Individuum oder an mehren Individuen derselben Art gemachte Warnehmungen sind. Wir dürfen uns also für die vorliegende Frage unbedingt auf 301—306 stützen. Das gemeinsame M, welches N wie O appercipiren kann, wird bei mehreren Individuen Gattungsname, beim Individuum Eigenname. Es wird aber vom Urmenschen nicht mühsam und absichtlich gesucht, sondern drängt sich ihm mit dem Reflexlaut auf. Bleiben wir bei dem 305 gewählten Beispiel, so war es die Warnehmung des Fluges, das heißt des fliegenden Vogels, welche mit ihrem Reflexlaut *pat* auch *ar* oder *ra*, sich dazu bot, alle Warnehmungen vom Vogel zusammenzufassen als $N > O$, d. h. als mögliche Erscheinungsformen desselben Wesens oder derselben Wesens-Art. Man sah den Vogel von hier dorthin fliegen: das war an sich ein mächtiger Eindruck und erklärte, wie dieses Wesen vorhin hier, jetzt dort sein konnte, wie es sein Nest bauen, seine Nahrung finden, seine Beute packen konnte; kurz *pat* oder *av* war das Vermittelnde (das M) für alle Warnehmungen (für jedes mögliche X, jedes X > 0) des Vogels, für alle Erkenntnisse von seinem Wesen. Er war der *pat*-Machende, auch wenn er nicht flog; der *pat*-Machende hatte Flügel, ausgespannt oder zusammengelegt; er hatte den Schnabel; er hatte die glänzenden oder stumpfen Farben ... Kurz das M mit seinem Lautreflex ward das A für X > 0. So schwierig es scheint, das A zu bilden, so natürlich scheint die Schöpfung des A durch die Wirkung des M mit dem Reflexlaut. — Es ist beim Kind nicht anders. *Wauwau* ist der Hund, auch wenn er nicht bellt; *hühü* ist das Pferd, auch wenn es ruhig im Stalle steht: es ist die Gesammtheit der Warnehmungs-Erkenntnisse des Kindes vom Hunde und Pferde.

552. Wo stehn wir jetzt? Die Anschauung ist jetzt nicht mehr P^n, eine Verschmelzungsmasse, sondern nun, da X > 0 gebildet ist, indem zwei an Inhalt verschiedene Warnehmungen mit ihrer Verschiedenheit auf dasselbe M bezogen werden, ist die Anschauung P_n, d. h. ein Geflecht. Der Reflexlaut aber bedeutet auf dieser Stufe MP_n d. h. er ist im Sprechenden wie im Hörenden Symbol der Apperception eines bestimmten Geflechts von Warnehmungen durch eine in diesem Geflechte mit enthaltene besonders mächtige Warnehmung; und da die Anschauung nur noch so bewusst wird, wie der Laut sie darstellt, so erscheint eben aush sie selbst von jetzt ab als MP_n oder genauer $\frac{M}{P_n}$. In solcher Gestalt lebte in der Urzeit die Gattin im Bewusstsein des Gatten, das Kind, der Sohn im Bewusstsein des Vaters und der Mutter. So suchte in dem Beispiel 548 der Urmensch sein Weib. Nun haben wir gesehen, wie MP_n sich zum A_n oder vielmehr A^n umgestaltet. Diese unterscheiden sich so. Wenn P_n volle mit einander verflochtene Warnehmungen enthält, so bezeichnet A_n das Subject A dieser Warnehmungen, das so oft gedacht werden soll, als wie viele Prädicate es hat; A^n aber bedeutet das Subject A ausgelöst aus A_n oder P_n als selbständigen Grund von P_n und als ein Ding und Wesen, welches wirken und leiden, sich bewegen und verändern kann und in all dem sich selbst gleich bleibt. Ich möchte sagen: wenn

$P_n = AM + AN + AO + AR \ldots$ und $II_n = BN + CN + DN \ldots$
und wenn
$A_n = A$ mal $(M + N + O + R \ldots)$ und $N_n = N (B + C + D \ldots)$
so ist
$A^n = P_n$ dividirt durch $(M + N + O + R \ldots)$ und
$N^n = II^n : (B + C + D \ldots)$
So stellt sich klar heraus, dass P_n, A_n und A^n beinahe nur denselben Inhalt, aber in anderer Form darstellen.

553. Wollen wir nun den Apperceptions-Process in der Satzform durch zwei Wörter, welche als Subject und Prädicat dienen, in eine Formel bringen, so mag man Folgendes überlegen. Das Gefühlsmoment G (517 ff.) kann jetzt kaum noch mitsprechen. Denn das in P_n enthaltene M, das uns so wichtig war, war allerdings ursprünglich ein ELG^2 (520); jetzt aber, da von ihm P_n appercipirt ist (MP_n), und nachdem es zu A^n geworden ist, muss sein G^2 sehr abgedämpft sein, und es bleibt ein ziemlich gefühlloses, nicht mehr, wenigstens nicht mehr unmittelbar onomatopoetisches L. Günstiger war das Schicksal des II_n. Denn dieses ist, um N^n zu werden, nicht erst durch ein besonderes, aus G^2 gewonnenes M hindurchgegangen; sondern es wird, wie ursprünglich, immer noch unmittelbar durch einen Reflexlaut II^2 (549) appercipirt. Es ist also:

$$P = \frac{(ML)G^2 + (N\varLambda)\varGamma^2}{P_n + II_n = A_n + N_n} = (A^n L)(N^n \varLambda)$$

Wir werden bald sehen, wie auch diese Formel noch einen wesentlichen Umstand außer Acht lässt. Zuvor aber noch einige Ergänzungen zum Vorstehenden.

554. Die Warnehmung M, womit ein P_n appercipirt wird, und welches sich zum A^n (Subject) gestaltet, war ursprünglich ein Moment von P_n und in diesem enthalten. Denn P_n ist tatsächlich das Geflecht $AO + AN + AM \ldots$ So sieht man, wie M ursprünglich und wesentlich eine dem N^n (Prädicat) analoge Rolle spielt. Auch bleibt es für immer ein N^n, d. h. ein Moment in $II_n = AM + BM + CM \ldots$ Denn M ist ursprünglich und an sich eben so wohl wie N ein II_n, d. h. ein Geflecht von Verbänden mehrerer Prädicate mit demselben Subjecte. Herausgehoben aus II_n bleibt es nach seinem Inhalte immer ein

Prädicat, nämlich eine Bewegung oder Tätigkeit. Wenn wir nun sagten, bei der vierfachen Apperception des P (546 ff.) werde P zuerst durch P_n appercipirt, von letzterm aber wirke nur das Moment A wirklich frei, so ist dieses A doch allemal ein AM, und das heißt ein Moment aus $II_n = AM + BM + CM \ldots$ dessen $B + C \ldots$ gehemmt bleiben. Wir sehen hier einen neuen Grund für die Macht des A. Denn wenn $P = AN$ unmittelbar auf $P_n = AO + AN + AL + AM \ldots$ und auf $II_n = AN + BN + CN + DN \ldots$ wirkte, so wirkte es, weil mit jedem A das AM angeregt ward, auch auf $II_n = AM + BM + CM \ldots$ Und wenn dieses nebenbei angeregte zweite II_n auch schwächer war, als das erste II_n und als P_n, so war es immerhin eine Macht, welche diesen beiden in allen Elementen bis auf das A widersprach, also in allen Elementen, welche schon gehemmt waren, einen neuen Widerstand entgegensetzte, dagegen das schon gehobene A abermals unterstützte. Gerade aber weil dieses zweite II_n schwächer war, als das erste, mussten dessen dem A widersprechende B, C, D $\ldots$ noch stärker gehemmt werden, als die B, C, D $\ldots$ des ersten II_n. Um so fester wirkte die Association des M mit A, so dass bei dem Schwunge, den das A erhielt, es das M_n als M^n mit sich riss und von ihm appercipirt ward. — Es sind also alle Namen ursprünglich Prädicate. Wodurch unterscheidet sich denn aber das Prädicat M_n vom Prädicat N_n? oder wodurch wird M Subject? Lediglich durch den Gegensatz des M zu N. Jedes andre Prädicat als N, also auch M, ist im Gegensatze zu N ein O. Man bedenke, was das heißt, oder welche Kraft im N steckt. N nämlich hat allein projicirende Kraft. Indem P, die gegebene Warnehmung, durch N appercipirt wird, ist sie als Erkenntniss eines Wirklichen anerkannt. Durch M aber wird auch das erinnerte P appercipirt; es ist ein O, jetzt nicht mehr wirklich. Das M ist aber andrerseits auch mehr als ein O, als bloße Vergangenheit; es enthält den Eindruck, welchen sowohl N, als auch jedes O nebenbei macht. Es ist sowohl mit N, als auch mit jedem O gegeben, obwohl von jedem verschieden. Es kann also nicht von N, noch von irgend einem O, sondern nur von dem A abhängen, welches mit jedem N und O gesetzt ist. M ist so constant wie A; und A mag N oder O sein, es ist vor allem das was es niemals nicht sein kann, nämlich M.

Der Gegensatz des M zu N ist also ganz anderer Art, als der von N > O. Es ist ein Gegensatz zwischen M und jedem andern möglichen Prädicate: $M > {N \atop O}$; d. h. es vertritt und appercipirt nicht ein P, eine Warnehmung; sondern P mag ein beliebiges AN oder AO sein, M appercipirt das darin befindliche A, und also ist $P = M^nN^n$ oder auch M^nO^n.

555. A^n ergibt also die Namen für die Wesen, Personen und Dinge; N^n ergibt die Benennung der Tätigkeiten und Zustände, Bewegungen und Eigenschaften. Aus dem Vorstehenden wird schon klar, warum wir im Substantivum weniger Onomatopöie antreffen können, als im Verbum; warum überhaupt letzteres größere Ursprünglichkeit bewart. Es geht durch weniger Apperceptionen (553). Die neuere Grammatik hat längst erkannt, dass das Verbum der Wurzel viel näher steht, als das Nomen. War es auch eine Übertreibung, das Verbum unmittelbar als Wurzel zu nehmen, und das Nomen durchweg, selbst das stammhafte, vom Verbum abzuleiten, so war dieser Irrtum praktisch ohne Schaden. In der Tat steht das ursprünglichste Nomen der Wurzel doch um einen Schritt ferner als durchschnittlich das stammhafte Verbum (vgl. 557). — Daher erstreckt sich auch die Disciplin der Etymologie (abgesehen von den verwickelten oder entwickeltern Übergängen der Bedeutung) vorzugsweise über Substantiva (A^n) und Adjectiva (N^n). Diese beruhen allemal zunächst nicht auf einem Lautreflex, sondern auf einem MP_n, erst durch das M gehn sie auf einen Lautreflex zurück. Die Aufgabe der Etymologie ist es, für jedes Substantivum und Adjectivum das M zu finden: dieses ist die Wurzel.

556. Der onomatopoetische Lautreflex, weil und so lange er ganze Warnehmungen und Anschauungen bedeutet, ist eine Laut-Geberde (528); erst wenn er ein bloßes Moment einer Anschauung, ein A^n oder ein N^n bedeutet, wird er Wort, welches zunächst in der Gestalt der Wurzel erscheint. Damit aber ist notwendig der unmittelbare Zusammenhang der Bedeutung mit dem Gefühle gelöst, der onomatopoetische Charakter der Sprache schwindet. Die Wurzel also ist nicht mehr onomatopoetisch. Also gerade schon da, wo die Sprache zuerst in ihrer wahren Eigentümlichkeit auftritt, wo sie ihren vollen intellectuellen Charakter gewinnt, durchbricht sie die Onomatopöie; und das Wort in

seinem wahren Begriff entsteht erst mit der Satzform, also zugleich mit dem Gegensatze von Subject und Prädicat, der sich bald zu dem Unterschiede der Benennung von Dingen und der Ausdrücke für Zustände und Veränderungen fest setzt. Der logische Charakter des Wortes scheint dem onomatopoetischen Ursprunge desselben entschieden feindlich zu sein. Wenn unläugbar in den spätern Perioden der Völker manches Wort in seinem Lautbestande so abgeändert ward, dass es sich in seinem Klange dem bezeichneten Gegenstande onomatopoetisch annäherte, so ist wahrscheinlich andrerseits in früherer Zeit, nämlich als das onomatopoetische Princip eben verlassen wurde, der Schein der Onomatopöie gemieden und verwischt worden. Die Benennungen *pa-ter*, *ma-ter* sind, glaube ich, ursprünglich Onomatopöien: *papa*, *mama;* diese wurden aber, als wären sie Wurzeln, nach dem spätern Verfahren der Wortbildung zu Wörtern ausgebildet und mit einem Suffix versehen. So ist der anfängliche Charakter getilgt, und es ist die Anschauung von den Eltern durch das Merkmal (M) des „Herschenden" und der „Schaffenden" appercipirt worden.

557. Die hohe Bedeutung, welche die Etymologie als Wissenschaft für die Geschichte des menschlichen Geistes hat, liegt darin, dass sie die Anschauung M kennen lehrt, (oder zu lehren die Aufgabe hat), durch welche jedes Volk die Objecte (Begriffe von Dingen und Verhältnissen) appercipirt oder geschaffen hat. Denn die Etymologie eines Wortes zeigt, wie der Mensch das mit diesem Worte benannte Object erfasst hat, welches Moment jenes M hergab, durch welches die besondren Anschauungen L, N, O, R . . . zu Gs (303—306), d. h. zu A^n oder N^n umgewandelt wurden. Kurz: die Etymologie ist die Geschichte der populären (von den Völkern vollzogenen) Begriffsschöpfung. Denn M ist der Charakter des A, S oder G, sein *ἴδιον* oder sein specifisches Merkmal, kurz das *ἀντικατηγορούμενον τοῦ πράγματος*, die Antwort auf die Frage: *τί ἐστι τὸ προκείμενον* nach populärer Metaphysik. Rein sprachwissenschaftlich angesehen ist M die innere Sprachform, wie sie auf der zweiten Entwicklungsstufe der Sprache auftritt, nämlich nicht mehr als onomatopoetisches Gefühl, sondern als bestimmte das Object charakterisirende Anschauung. Nennen wir also diese zweite Stufe die c h a r a k t e r i s i r e n d e. Sie tritt ein, indem eben aus dem Lautreflex ein Wort wird, indem die An-

schauung durch zwei Wörter, welche zum Satze verbunden sind, appercipirt oder vorgestellt wird. — Wir haben jetzt die ganze vorstehende Entwicklung des A^n oder M^n durch Beispiele zu verdeutlichen und damit auch zu ergänzen.

558. Es ist nicht möglich (auch nicht nötig), die Situationen des urmenschlichen Lebens erschöpfend und bestimmt zu bezeichnen, auf deren Veranlassung und unter deren Begünstigung die Auflösung der Warnehmungen und Anschauungen in Subjecte und Prädicate erfolgen musste. Als günstig haben wir Frage und Antwort kennen gelernt. Die Frage: *wer hat das getan?* *und was hat der getan?* zerteilen eine Anschauung durch Wissen und Nicht-Wissen in Subject und Prädicat. Frage und Antwort zusammen geben den Satz $M + N = P$. — Einflussreich mag auch die zeitweilige Warnehmung gewesen sein, dass gerade das charakteristische Merkmal M fehlte. Jedem Dinge ist eine gewisse Bewegung wesentlich und ist in der Anschauung des Dinges durch jede Warnehmung gegeben — wesentlich, wenigstens nach der Ansicht des Urmenschen, sei es weil er es am häufigsten so findet, sei es weil diese Bewegung seinem Zwecke entspricht. Er denkt dieselbe also hinzu, auch wenn sie nicht gerade gegeben ist. Der Vogel ist, wie schon gesagt, immer der Fliegende auch in dem Augenblicke, wo er nicht fliegt; der Säugling ist der Säugende, auch wenn er nicht saugt u. s. w. Dies würde vielleicht niemals eine Sonderung in Subject und Prädicat bewirken. Die gegenwärtige Warnehmung N ist meist unwichtig gegen M und kann aus der Situation erraten werden. Jedes Ding ist aber auch Bewegungen oder Veränderungen ausgesetzt, welche ihm von außen her zustoßen, und welche sein Wesen M aufheben, zerstören oder verändern. Das bewegliche Wesen, Tier oder Mensch, „stirbt"; es ist *starr* gefunden. Dort wurde ein Gegenstand als der feststehende, der nicht wankende *Stamm, stipes,* als die fest aufgerichtete στήλη, στῦλος, als der emporgewachsene *Baum,* als in die Höhe ragende *col-umna, cul-men,* angesehen; ein Sturm reißt den Baum mit allen Wurzeln aus, stürzt das Feststehende um, streckt das in die Höhe Ragende zu Boden. Das ergibt einen mächtigen Gegensatz $N > O$, um so mächtiger, weil hier O das M selbst ist. Das M ist nicht mehr M. Selbst wenn solch ein Process im Urmenschen so erfolglos ver-

laufen könnte, wie derselbe im Kinde wohl verläuft (535), so
kommt für jenen das Bedürfniss hinzu, solche Warnehmungen
zu melden: M ist N geworden, und so ist M das Subject, N
das Prädicat.

559. Die Anschauung M, welche bei jedem Eintritte des
betreffenden Gegenstandes in die Warnehmung oder in die Erinnerung mit in Tätigkeit gesetzt wird, welche als A (Subject)
dient, konnte für ein andres Object ein vorübergehendes, zufälliges N sein. Der Lautreflex von M war also im erstern
Falle Subject, im andern Prädicat. — Ferner: In derselben
einheitlichen Warnehmung können (mehrere Gegenstände begriffen sein; das Säugen z. B. enthält das Weib und das Kind
in einer Handlung. Diese Erscheinung sei mit dem Lautreflexe
dha-dha erfasst.*) So konnte dieser Laut sowohl für den Säugling (*filius*) als auch für die Frau (*femina*, ϑῆλυς), ja auch noch
für das besondre Organ des Säugens, die Mutterbrust (*fela.
ϑηλή*, Zitze) als M dienen, und dabei immer noch die Tätigkeit
des Saugens und Säugens als N bezeichnen. Ja derselbe Laut,
während er als M diente, konnte als N hinzugefügt werden:
z. B. *dha dhadha, der Säugling saugt, filius fellat.* Doch wird es
für diesen Fall genügt haben, den Laut nur einmal zu sprechen.
— Da nun aber auch dasselbe Wesen in mehreren Warnehmungen
auftreten konnte, die alle als in gleich hohem Grade wesentlich
für dasselbe erscheinen mochten, so konnte die Anschauung (das
Warnehmungsgeflecht) von demselben durch die eine wie durch
die andre Warnehmung appercipirt werden; es boten sich mehrere M dar. Dasselbe Wesen, welches säugt, hat zuvor geboren: *gaga***) und wird wieder gebären, und es ist ihre Bestimmung, die Gebärerin zu sein (γυνή engl. queen). So war
ein mehrfacher Ausdruck möglich, je nach der Wahl für M = A
und für N, und statt der lästigen Wiederholung *dha dadha*
konnte man sagen: die Gebärende säugt, *ga dadha*, und die
Säugende hat geboren *dha gaga.*

560. Aus dem Vorstehenden wird klar, wie ganz ursprünglich viele Synonyma und Homonyma entstanden und bestanden

---

*) Vermutlich waren alle Lautreflexe Wiederholungen einer Sylbe.

**) Die Wurzel *ga*, *gan* ist wohl nichts andres als das Gackern der
Hühner, also onomatopoetisch.

Die Frau kennen wir schon als Säugende und Gebärende. Sie ist auch die Zeugerin (Skt. *stri* aus *su-tri* von *su* zeugen), der gegenüber denn der *Sohn*, *ὑ-ιός*, als Erzeugter steht. Sie ist die *Frau*, die Herrin im Hause, δέσποινα, πότνια; und als die Zarte, die Schwache, *mulier*, steht sie unter dem Schutze des Mannes (des *Wehren*, *vir*, ἥρως, skt. *riras*, des Schützenden, Warenden), dem sie zum Danke dafür im Hause waltet als *Weib* (die Webende, in dem Sinne: es lebt und webt; also die Schaffnerin).

Dies genüge zur Verdeutlichung des Ursprungs der Sprache. Eine volle Ausführung würde in die Geschichte der Sprache gehören.

b) Dritte innere Sprachform: der Sprachgebrauch.

561. Bei den dargelegten Apperceptionen kam nicht der heutige Zustand der Sprache, sondern der ursprüngliche in Betracht. Im Laufe der Zeit aber hat sich dieser geändert, wenn auch nicht vollständig, so doch teilweise. Bei allen Stammwörtern ist unserm lebendigen Sprachgefühl das Etymon, die charakterisirende innere Sprachform, abhanden gekommen. Bei vielen Wörtern indessen, und folglich Sätzen, lassen sich auch heute noch jene Apperceptions-Processe nachweisen: nämlich bei solchen Wörtern, die verhältnissmäßig junge Bildungen sind. Diese wirken in uns, wie in der Urzeit alle Wörter wirkten, weil sie damals alle jung waren. Solche neuen Wörter haben wir in den offenbaren Zusammensetzungen und in den klaren, dem Sprachgefühl selbst zugänglichen Ableitungen. Sagt z. B. jemand: „der Dampfwagen oder die Eisenbahn fördert die Entwicklung des Geistes nach der Höhe nicht minder wie nach der Breite", so wird man wohl, denke ich, diese Ausdrucksform nicht für schlechter halten, als die von tausend Sätzen, wie man sie täglich hört und liest. Auch wird wohl niemand meinen, jener Satz sei stark metaphorisch. Indem wir uns nun der Wörter „Dampfwagen", „Eisenbahn" bedienen, wird der gesammte Anschauungsinhalt, den wir von dieser mächtigen Maschine durch häufige Wahrnehmung und wohl auch Beobachtung oder gar physikalische Erkenntniss gewonnen haben, vorgestellt durch das eine, besonders wichtige und sich sinnlich aufdrängende Moment des Dampfes und durch den Zweck dieser

Maschine. der kein andrer ist als der eines Wagens — vorgestellt, d. h. appercipirt; und zwar liegt hier schon eine doppelte Apperception vor, durch Mittel und Zweck; aber dennoch
sind diese beiden appercipirenden Momente an Masse geringfügig gegen die ganze schwingende Erkenntnissgruppe, welche
von ihnen appercipirt wird. „Entwicklung" bezeichnet (oder
repräsentirt. appercipirt) wiederum einen Vorgang, den die Philosophie der Geschichte und die Psychologie, in sehr umständ-
licher Weise darzulegen haben. weil er aus gar vielen Momenten
besteht. Von diesem Inhalte. über den sich Viele kaum an-
nähernd Rechenschaft geben können. tritt nichts weiter in das
Bewusstsein. als das ihm appercipirende Moment des Aufrollens
eines Zusammengerollten. des Ausdehnens eines in die Enge
zusammen Gedrückten. Ähnlich werden durch „Höhe" und
„Breite" vorstellende Momente geboten, welche einen ganz andern Inhalt vorstellen, als sie unmittelbar (d. h. in der Anschauung, aus der sie gelöst sind) bedeuten. Sie appercipiren
die Steigerung des geistigen Inhalts der menschlichen Gesellschaft nach seinem Werte und die Ausbreitung desselben über
immer weitere Flächen. über immer mehr Schichten der Be-
völkerung. Wir unterscheiden also hier leicht erstlich den intellectuellen Inhalt, zweitens die innere Sprachform oder den
etymologischen Wortsinn. durch welche jener Inhalt appercipirt,
dar- und vorgestellt wird, und drittens den Laut.

562. Niemand wird läugnen, dass mit jenen Wörtern
wirklich die angegebenen Apperceptionen sich vollziehen. Wenn
sie ihm aber wenig bewusst erscheinen, so möge man bedenken,
dass alle jene Wörter schon nicht mehr neu und jung genug
sind. Woher rührt es nun aber, dass diejenigen Apperceptionen.
welche im Worte vollzogen werden, oder, dass die innere
Sprachform, das Etymon, immer mehr und mehr an Bewusstheit verlieren? Die unmittelbare Bedeutung der Wörter, ihr
etymologischer Sinn, sei dieser das onomatopoetische Gefühl
oder irgend ein Moment der Anschauung, tritt allmählich immer
weniger ins Bewusstsein, obwohl es doch gerade die Aufgabe
dieses Etymon ist, den schwingenden Inhalt im Bewusstsein zu
vertreten, ja, ihn zu appercipiren. Woher diese sich in sich
widersprechende Erscheinung? Nun einfach daher, weil nicht
Wörter, sondern Sätze gesprochen werden, und weil es dabei

das Wichtigste ist, dass Subject und Prädicat einander appercipiren. Denn in dem einzelnen Worte ist immer nur eine einseitige Apperception und teils eine nebensächliche, teils eine
an sich unverständliche, abstracte, allemal und vorzüglich aber
eine in diesem Augenblicke gar nicht gewollte (581. 582). Wenn
wir sagen: „der Strauch blüht", so ist die Apperception der
Anschauung durch das straubige Gewächs in diesem Augenblicke gar nicht das, worauf es ankommt; es ist ein bloßer
Anknüpfungspunkt. Aber die Apperception durch *blühen* ist
beabsichtigt, und sie lässt die erstere nicht ins Bewusstsein
kommen. Und so geschieht es ja doch in allen Fällen, wo wir
uns in Sätzen ausdrücken. Nur die Apperception von Subject
und Prädicat durch einander ist die Sache; sie überschattet,
verwischt die einseitigen Apperceptionen durch die einzelnen
Wörter. So verliert allmählich das Wort als einzelnes die
appercipirende Kraft; d. h. sein Etymon wird vergessen, die
innere Sprachform vertrocknet, es bleibt nichts als der Laut,
der immer noch mit demjenigen Inhalt, der Erkenntniss-Gruppe,
associirt ist, der ehemals durch den etymologischen Sinn dieses
Lautes appercipirt wurde. Es ist ein abgekürztes Verfahren
eingetreten, wie bei den Associations-Bewegungen (277). An
das erste Glied der Reihe knüpft sich unmittelbar die Schwingung des Inhaltes mit Auslassung der Apperception, welche
beide ursprünglich verbunden hatte. So ist es denn heute durchgängig und namentlich bei allen substantivischen Stammwörtern
nicht mehr als die Laut-Empfindung, welche ins Bewusstsein
tritt: und der Anstoß eines mit Mund-Geräuschen und Stimm-
Tönen verbundenen Atemzuges vermag tausend in einander
greifende Räder des geistigen Inhalts zugleich in Bewegung zu
setzen.

563. Es gibt noch andre mächtig wirkende Ursachen, aus
welchen das Etymon aus dem Bewusstsein schwindet, welche
aber doch erst aus der angegebenen folgen, insofern schon
secundär sind und auch nur aus den geschichtlichen Schicksalen der Sprache erklärt werden können, daher sie hier nicht
darzulegen sind. Es genüge hier die Andeutung, erstlich, dass
die Wandlungen, welche der Laut erfährt, in Wechselwirkung
mit dem Vergessen des Etymon steht; zweitens, dass die Fähigkeit der Neubildung der Bewarung des Alten schädlich ist;

und drittens dass aus unbekannten Gründen Wörter aus dem
Sprachgebrauch kommen und verloren gehn. Ist aber ein Verbum verloren gegangen, so sind die damit zusammenhängenden
Nomina in ihrem Etymon verdunkelt. Vergl. Lazarus, Leben
der Seele II. S. 141 ff. Meine kleinen Schriften I, 87.

564. Die Entwicklung der Sprache selbst also ist die Ursache davon, dass erstlich (556) die Onomatopöie aufgesogen wird
von der charakterisirenden innern Form, und dass dann weiter
das Etymon in dem Sprachgebrauch untergeht. Dass die Wurzel
pat für Fliegen onomatopoetisch ist, darauf können wir uns
zwar, wie ich meine, noch besinnen; aber der Grieche hatte
das nicht mehr in seinem unmittelbaren Sprachgefühl. Von
dieser Wurzel kommt πτερόν und unser *Fittich*, auch *Feder*.
Letzteres ist nach seinem etymologischen Sinne dasselbe, wie
Flügel und Fittich, was ja auch πτερόν bedeutet, nämlich genauer: Mittel zum Fliegen. Dass und wie Feder, Fittich und
Flügel verschiedenes bedeuten, ist ziemlich zufällig: der Sprachgebrauch hat sich so gestaltet. Nur so viel sieht man in diesem
Falle, dass die Germanen das Verbum der Wurzel *pat* verloren
hatten, dass ihnen also Flügel, dessen Verbum heute noch besteht, klarer sein musste, als Feder und Fittich. Daher ward
der Gebrauch des letztern seltener und nur in der Poesie und
in Volksdialekten erhalten; Feder aber hieß ein vereinzelter Teil
des Fittichs und auch des Flaums. Man glaubte wohl, dass
der Vogel nicht bloß mit den Flügeln, sondern mit seiner ganzen Flaum-Decke fliege. Das lat. *penna* hat diese selbe Entwicklung wie unser *Feder* erfahren. Als man nun mit Federn
zu schreiben anfing, so war bald der Gebrauch einer einzelnen
Feder wohl kaum noch ein andrer, als der zur Schrift; und im
Sprachgefühl war dieselbe aufs häufigste nichts andres als Mittel
zum Schreiben. Und so sagen wir heute: Metallfeder, was nach
ursprünglicher Etymologie ziemlicher Unsinn wäre. Dieses
Object wird nicht etwa als Flugmittel appercipirt, sondern durch
den Zweck, welchen in der Cultur der Federkiel gewonnen hat,
und durch das Material, welches heute dazu verwendet wird.
Vergl. Flieder-Thee u. A.

565. Auf diesem Standpunkte, wo wir mit Wörtern ohne
Etyma, d. h. mit bloßen Lauten sprechen, vereinfacht sich die

Formel von 553, insofern als nicht nur das G^2 und I^2, sondern auch das M und N schwindet; es bleibt also

$$P = \frac{L + I}{A_n + N_a} = A^n N^n.$$

566. Abgesehen aber davon, dass die Sprachen bis heute immer noch eine größere oder kleinere Menge von Wörtern klarer Ableitung enthalten, gewinnt auch das Wort durch den Sprachgebrauch eine innere Sprachform. Das Nähere hierüber gehört ebenfalls in die Geschichte der Sprachen. Was wir meinen, kann aber hinlänglich angedeutet werden. *Ross* und *Pferd*, *Frau* und *Weib*. *Lenz* und *Frühling*, *Grab* und *Gruft* und *Grube*, und wie wir soeben sahen, *Flügel* und *Fittich*, und die Synonyma überhaupt zeigen, dass ohne Rücksicht auf das Etymon derselbe Gegenssand durch verschiedene Wörter in mehrfacher Weise appercipirt wird. Diese Differenz ist eine der innern Sprachform. Die eben angeführten Wörter unterscheiden sich nicht durch ihr benanntes Object, sondern lediglich durch die innere Sprachform, welche aber doch nicht in der Etymologie liegt. (Meine kleinen Schriften I. 91—95).

567. Wie die Onomatopöie, obwohl aufgesogen, doch nicht vernichtet ist, so auch die etymologische Sprachform nicht. Abgesehen davon, dass sie in weiter Ausdehnung, obwohl nur in einer jüngern Wortschicht erhalten ist, sucht das Volk, wo es kann und wie es kann, etymologische Anklänge in das Wort zu bringen. Hier sind die sogenannten Volksetymologien gemeint. *Fittich* z. B. ist im Deutschen insofern ein abgestorbenes, verknöchertes Wort, als es zu keinem Verbum mehr in Beziehung steht. Das Volk aber sagt in manchen Gegenden *Flittich*, weil es zu *fliegen* gezogen werden soll. Solche Fälle sind bekanntlich sehr häufig. Sie entsprechen denen, wo eine Onomatopöie durch Lautwandel erst später hergestellt worden ist.

c) Vorstellen.

568. Wir haben jetzt genauer zu erkennen, wie sich der Charakter der intellectuellen Tätigkeit durch die Schöpfung der Sprache im Gegensatze zur frühern Stufe, der der Anschauung, geändert hat. Wir bezeichnen ihn mit dem Ausdrucke Vor-

stellen. Vorstellen ist intellectuelle Tätigkeit mit Hülfe der Sprache; es ist geradezu Sprechen, also genauer: die Erscheinung der Intelligenz in der Sprache.

569. Vorstellen im eigentlichen Sinne bezeichnet demnach einen Gegensatz zu Warnehmen. Es handelt sich nämlich bei diesen beiden Terminis um die Form, in welcher der geistige Inhalt bewusst ist. Dieser ist erstlich in Folge der sinnlichen Warnehmungstätigkeit wirklich und vollständig in unserm Bewusstsein und kann auch später wieder durch Erinnerung in gleicher Fülle reproducirt werden; — oder aber zweitens der Inhalt tritt nicht selbst und wirklich in das Bewusstsein, sondern bleibt schwingend und wird im Bewusstsein nur durch den Reflexlaut mit dem durch ihn geweckten Gefühl oder durch den Sprachlaut, das Wort, mit dem durch dasselbe bezeichneten Momente einer Anschauung, endlich durch den bloßen Wortlaut, vertreten, repräsentirt, vorgestellt. Wir lesen oder hören z. B. folgendes: „Das Schauspiel dauerte sehr lange. Die alte Barbara trat einigemal ans Fenster und horchte, ob die Kutschen nicht rasseln wollten. Sie erwartete Marianen, ihre schöne Gebieterin, die heute im Nachspiele, als junger Officier gekleidet, das Publikum entzückte, mit größerer Ungeduld als sonst, wenn sie ihr nur ein mäßiges Abendessen vorzusetzen hatte; diesmal sollte sie mit einem Packet überrascht werden, das Norberg, ein junger reicher Kaufmann, mit der Post geschickt hatte, um zu zeigen, dass er auch in der Entfernung seiner Geliebten gedenke." So schreibt der Meister erzählender, plastischer Darstellung. Auch das Angeführte ist, meine ich, voller Plastik. Indessen, wie viel von Bild ist dabei vor das innere Auge des Lesers getreten? Man frage sich Satz für Satz. Ich will nicht fragen, welches Bild er hatte, als er las: „Das Schauspiel dauerte sehr lange" — obwohl das doch wahrlich keine mathematische und logische Abstraction enthält. Aber hatte der Leser vielleicht wirklich ein Bild vor sich, wie die alte Barbara ans Fenster tritt und horcht? Es ist wohl zugestanden, dass ein Bild erst entstehen könnte, wenn man den ganzen Absatz gelesen hat; aber welcher Leser hält es für nötig nun einzuhalten und sich das Bild zu entwerfen? Er glaubt es zu besitzen und besitzt es wirklich, aber er schaut es nicht — es schwingt bloß in ihm. Wer es versuchen wollte, sich bei jedem Worte

die dazu gehörige Anschauung in das Bewusstsein zu bringen, das Bild wirklich zu produciren, würde bald in große Verlegenheit geraten. Wie würde er sich benehmen, während er liest: „ob die Kutschen nicht rasseln wollten." Soll er die Kutschen sehen und hören? aber sie sind ja eben noch nicht warnehmbar. Er soll sie also schauen und nicht schauen. Wer hat irgend etwas Anschaubares im Sinne bei den Wörtern „erwartete, Nachspiel, Publikum entzückte" u. s. w.? Oder hatte etwa jemand das Bild eines Schauspiel-Saales vor sich mit Bühne und Decoration und Schauspielern und ein klatschendes Publicum in allen Rängen. Wer dieses Bild hätte, der würde ja die Erzählung gerade am wenigsten verstanden haben. Also: indem dem Bewusstsein lauter Momente discursiv gegeben werden, welche keine Anschauung produciren können und sollen, steht schließlich ein Bild vor uns, das wir aber doch nicht entwerfen und beschauen; das wir aber genießen, obwohl wir es nicht anschauen.

570. Wir kommen hier zu einem eigentümlichen Verhältniss schwingender Vorstellungen und zu dem Problem von der Enge des Bewusstseins. Während wir sprechen oder hören, geht in uns eine doppelte Bewegung vor: die eine im Bewusstsein, die andre dort, wo unser ganzer geistiger Besitz von der Seele aufbewart wird (272). Wir können nicht umhin, wie oben schon öfter ausgesprochen, jedes geistige Gebilde, jede Anschauung, jede Erkenntniss, jede Combination als in der Seele existirend anzusehen. Wir haben aber von dem Sein dieser Gebilde und von den Schicksalen, welche sie erfahren, indem sie mit einander verbunden, von einander getrennt, in ihre Elemente zerlegt werden, ihre Bewusstheit unterschieden. Jetzt sei ein Gleichniss gestattet. Die Seele sei wie ein Clavier angesehen. Was wir Bewusstsein nennen gleicht dann der Claviatur: während der ganze geistige Besitz, über den wir verfügen und das Gemüt mit seinen mannichfachen Erregungen den in dem Kasten verborgenen Saiten entspricht. Das Bewusstsein ist der Ort, wo wir auf dem Geiste und Gemüte des Menschen spielen. Wird nun auf dem Clavier gespielt, so geht eine doppelte Bewegung des Instrumentes vor: die eine an den Tasten, welche niedergedrückt werden, und welche offenbar ist, und eine andre, im Innern des Instruments an den Saiten, welche schwingen.

Die Bewegung, die mit den Tasten vorgenommen wird, ist nicht die wesentliche; sondern die Schwingung der Saite empfinden und fühlen wir als Ton, sie ist die Musik. So ist nun auch die Bewegung im Bewusstsein nur dem Druck auf die Tasten vergleichbar; das wirkliche geistige Spiel geschieht in dem unbekannten Innern der Seele. Die Wörter sind die Tasten. Diese aber stehen mit den Saiten in Verbindung. Der Druck auf die Taste setzt die Seite in Schwingung. So setzt das gehörte, im Bewusstsein angeschlagene Wort den geistigen Inhalt in Schwingung; Wort und Inhalt sind associirt: dieser wird bewegt, sobald jenes ertönt. Sagt man z. B. zu jemandem: „N ist gestorben"; so wird beim Aussprechen und Hören des Subjects nicht etwa die Totalvorstellung oder Gesammtanschauung oder allgemeine Anschauung einer bestimmten Person gedacht; denn all dergleichen wie Totalvorstellung oder Totalanschauung einer Person ist gar kein psychischer Act, sondern ist nur ein Collectivum, ein Zusammenfassen des ganzen Inhalts, den wir von jemandem wissen, und der sich nur in einer langen Reihe von psychischen Acten denken lässt, niemals aber in einem Momente, mit einem Schlage gedacht wird (15. 544). Was vielmehr geht vor, wenn jemand obigen Satz hört? Der Name des Subjects, *Carl, dein Vater*, ist associirt mit unserm sämmtlichen Wissen von dieser Person und allen Gefühlsbeziehungen, in denen wir zu derselben stehn (P_n). Der Laut ertönt und dieses Wissen mit allen Gefühlen ist in Schwingung. Eine wirre Masse ist erregt, welche aus ihrem latenten Zustande ins Bewusstsein strebt, aber so massenhaft nicht eingehn kann. Indessen ist sie bereit (253) in einen Process zu treten; sie steht als Subject und harret eines Prädicates, um es zu appercipiren und von ihm appercipirt zu werden. An dem Laute „tot" ferner hängt der Gedanke des Verlustes durch das Verschwinden einer Person aus dem Reiche der Zeitlichkeit (Π_n); jener Laut erschallt, und dieser Gedanke schwingt und geht mit der den Augenblick zuvor als Subject bereit gestellten Masse den Apperceptions-Process als Prädicat ein.

571. Wir haben im Vorstehenden ein Gleichniss aus dem Reiche des Mechanismus gebraucht. Vielleicht fällt jemandem ein, aus diesem Gleichniss Ernst zu machen. Das Ohr (die Corti'schen Stäbchen) ist der Ort der Tasten, und diese stehen

mit den Saiten, die in den vordern Gehirn-Hemisphären ausgespannt sind, in Verbindung. Indessen dies habe ich nicht
gemeint. Durch das Gehör erhalten wir Laut-Empfindungen.
Der Ort aber, wo diese bewusst werden, das ist der Ort des
Bewusstseins, wo sich die Claviatur findet, die hier gemeint ist.
Meine Tasten sind schon psychisch. Darum würden wir aber
doch schon ein besseres Gleichniss haben, wenn wir die Elemente der Sprache als seelische Nervenfasern ansähen, die
Sprache als einen sechsten Sinn, als einen Sinn nicht zum Behufe der Vermittlung der Außenwelt mit dem Innern, sondern
zur Vermittlung der Seele mit dem Bewusstsein. Denn nicht
bloß Mitteilung oder Darstellung für den Andern ist die Sprache,
sondern Darstellung für den Sprechenden selbst, d. h. Vorstellung des eigenen Seeleninhaltes im Bewusstsein. Nur darin
liegt der Unterschied zwischen dem Sprechenden und Hörenden
dass für letztern zuerst die Sprache im Bewusstsein spielt, und
dann die Seele schwingt, für den Sprechenden aber zuerst Geist
und Herz bewegt sind und ihre Vertreter, die Sprach-Elemente,
ins Bewusstsein senden. So stellt sich der Mensch vermittelst
des Wortes seinen geistigen Besitz im eigenen Bewusstsein vor.
Ob man uns die Mitteilung macht „N ist hier", oder ob wir
diese Person wirklich warnehmen, ist für den Inhalt des Erfolgs, für das bloße theoretische Verhalten, ganz gleich. Hier
ist es ein Anblick, den das Auge gewährt, das innere Bild des
Freundes, welches wegen der sinnlichen Energie seiner Erscheinung als leibhaftig anwesend appercipirt wird; dort bringt
der Laut N nicht das Bild, aber die gesammte Gruppe unserer
Beziehungen zu dieser Person in Schwingung, und diese wird
nun ebenfalls als hier anwesend appercipirt, obwohl ihr noch
nicht die sinnliche Warnehmung zur Seite steht, sondern bloß
weil durch den Laut solche Apperception angeregt wird. War
man nun durch das Zusammentreffen mit N besonders überrascht,
so bricht man wohl in den Ruf aus: *Du hier!* Gerade aber
eben so würde die Nachricht von dem Hiersein dieser Person
überraschen, und man würde ebenfalls ausrufen: *N hier!* Dies
sagt man nur zu sich selbst. Man bringt sich den Inhalt, den
man aufgenommen hat und nun schon besitzt, noch einmal zum
Bewusstsein. Nun ist man erfreut über N's Anwesenheit, oder
betrübt über N's Tod. Diese Gedanken schwingen ununter-

brochen in uns und geben uns die Stimmung. Von Zeit zu Zeit aber treten sie ins Bewusstsein, und man sagt sich: „Er ist hier!" oder: „Sie ist tot!"

572. Vergleichen wir so die Sprache einem Nerven-Apparat, so müssten wir freilich sagen, er wirke eben so wohl centripetal als centrifugal, ersteres wenn wir hören, letzteres wenn wir sprechen. Centrifugal wirkt die Sprache nicht bloß wenn wir dem Andern Mitteilung machen, sondern auch wenn wir überlegen. Selbst bei einfachen Fragen, um wie viel mehr bei verwickeltern, streng wissenschaftlichen Erwägungen, werden große Gruppen von Tatsachen und Urteilen mannichfach hin und her bewegt. Und dies geschieht, indem wir im Bewusstsein Wörter bewegen, welche mit jenen Gruppen associirt sind. Ob wir nun zu uns reden oder zum Andern: das ist gleich. Alles Sprechen und Denken in Worten beruht darauf, dass wir den Inhalt, den wir mitteilen oder den wir uns zur Lösung einer Aufgabe klar machen wollen, in Worte übersetzen; dass der Inhalt seine stellvertretenden Wörter in das Bewusstsein schicke, da er selbst nicht dahin gelangen kann. Wie nun das, was Abgeordnete vollziehen, seine Geltung für die Vollmachtgeber hat: so haben die Verbindungen und Trennungen der Wörter ihren Wert für den durch sie vorgestellten Inhalt.

573. So ist wohl klar, wie bei unserm Sprechen, Hören und Denken sich zwei ganz verschiedene Bewegungen vollziehen, wie wir oben sagten (570); nämlich noch ganz abgesehen von der bloßen Aufnahme von Lautempfindungen combiniren wir im Bewusstsein Wörter, d. h. Vorstellungen, und damit vollzieht sich außerhalb des Bewusstseins (wie man zu sagen pflegt: unter dem Bewusstsein) dieselbe Combination derjenigen schwingenden Inhalts-Gruppen, welche durch jene Wörter vorgestellt werden. Wenn wir den blühenden Strauch warnehmen, so kommen wir entweder zu einer einfachen Anschauung durch die Tätigkeit unseres Gesichtssinnes, wir haben ein A; oder wir vergleichen zugleich die gegenwärtige Anschauung mit derjenigen, welche uns derselbe Strauch den ganzen Winter hindurch und noch gestern durch den Anblick geboten hatte, und wir kommen zu dem Ergebniss A (N > O). Dies ist einfache Anschauungs-Erkenntniss. Wenn wir nun unsre Erkenntniss mitteilen und sagen: „die Sträucher blühen", so wird durch

das Wort *Sträucher* ins Bewusstsein gerufen das Strauchige, Straubige und durch *blühen* das *blbl*-Machen. Zugleich aber gerät eine Gruppe von Kenntnissen durch das eine, und eine andre Gruppe durch das andre Wort in Schwingung. Jene beiden Wörter, d. h. die Laute und das was sie in das Bewusstsein bringen, wirken nun als Vertreter dieser beiden viel reichern Gruppen von Kenntnissen. Wer wüsste nicht vom Strauch viel mehr, als dass er strauchig ist? und vom Blühen, als dass es ein *blbl*-Machen ist? Man mag nun viel oder wenig davon wissen, immer wird das Gewusste im Bewusstsein vorgestellt durch jene Wörter. Wie nun diese einander im Bewusstsein appercipiren, so appercipiren einander auch jene von ihnen vorgestellten Gruppen in schwingendem Zustande.

574. Wir haben jedoch die hier vorliegende psychologische Tatsache nur mangelhaft ausgedrückt, wenn wir annahmen, das Wort sei mit den Erkenntniss-Gruppen associirt. Die Sprachgebilde sind keine Stäbchen, welche die Tasten mit den Saiten verbinden, noch auch Nerven, welche Erregungen leiten. Wir wissen ja auch, dass jede Association auf einer Verbindung beruht. Wie ist denn also das Wort mit dem centralen Inhalt verbunden? Auch dies ist schon gesagt: das Wort appercipirt den Inhalt und ist eben darum eine Darstellung des Inhalts. Es enthält unser Selbstbewusstsein, d. h. das, was wir an unserm Inhalt zu haben meinen, seinen Kern und Wesen, sein allgemeines Moment M, durch welches es mit anderm Einzelnen zu derselben Gattung verbunden wird. Wenn wir z. B. von *Gewächsen* reden, so geben wir damit kund, dass an diesen Objecten, aus wie vielen Merkmalen sie auch bestehn mögen, doch das Wachsen das wesentliche, charakteristische Merkmal ist.

575. Auch ist es gleichbedeutend, ob wir sagen, das Wort appercipire eine Erkenntniss-Gruppe, etwa einen Anschauungsinhalt, also Inneres, oder ob wir sagen, das Wort appercipire den äußern Gegenstand. Hat eine Warnehmung nach der einfachsten Formel $A + A^1 = A^2$ einen Lautreflex gefunden, so wird A^2, d. h. sowohl das Warnehmungsbild $A = P$ als auch die Erinnerung A^1, von diesem Reflex appercipirt, und derselbe stellt A^2 dar, d. h. das projicirte Innere oder den in das Innere aufgenommenen Gegenstand.

576. Ist aber das Etymon vergessen, so wirkt der Sprachgebrauch noch viel entschiedener. Nicht jedes, aber doch so
manches Wort steht im ausschließlichen Dienste einer besondern
und zwar sehr mächtigen Vorstellungs-Gruppe oder einer Stimmung. Gleichviel welche Etymologie das Wort „der Lenz"
hat, es bestimmt ohne Rücksicht darauf durch den Sprachgebrauch den Hörer oder Leser, in der poetischen Vorstellungsweise zu appercipiren. Dies führt in die Geschichte der Sprache
und die Stylistik.

577. Der Vorteil nun endlich, welchen der Geist durch
das Vorstellen gewonnen hat, muss jetzt klar sein. Er scheint
mir ganz wesentlich und ausreichend, um die Kluft zwischen
Mensch und Tier zu erklären. Er reicht auch aus, um begreiflich zu finden, mit welchem Rechte man meinte, der Mensch
müsse ein besondres, höheres Seelenvermögen vor dem Tiere
voraus haben. Er hat wirklich in der Sprache ein geistiges
Organ, das dem Tiere ganz abgeht, und das den Keim zu un-
absehbarer*) Entwicklung liefert. Der Inhalt der Warnehmungen oder der erinnerten Anschauungen liegt allemal in Bildern, welche das Bewusstsein ausfüllen und belasten und so
dessen Tätigkeit sehr beschränken. Beim Vorstellen hat das
Bewusstsein den Inhalt selbst gar nicht mehr zu tragen; derselbe wirkt schwingend und erhält die maßgebenden Anstöße
zu bestimmten Apperceptions-Bewegungen durch ganz geringfügige Elemente, welche schnell durch das Bewusstsein ziehen.
Und diese Form der intellectuellen Tätigkeit fällt ganz mit
Sprechen zusammen. Es ist doch wohl nicht übertrieben, wenn
ich meine, der Unterschied zwischen dem immer in Bildern
lebenden Anschauen und dagegen dem Vorstellen sei gleich
dem Unterschiede, ob wir das Bild einer Gruppe oder Masse
von vier, zehn, hundert Gegenständen (Schafen oder Punkten)
vor und in uns haben, oder aber ob wir nur mit dem Zahlzeichen 4, 10, 100 rechnen. Ja, wer immer den Unterschied
zwischen Warnehmen und Vorstellen noch nicht begriffen haben
sollte, bedenke dass er hier : : vier Punkte warnimmt, anschaut;

---

*) Dass die Entwicklungsfähigkeit des Menschen unendlich sei, be-
haupte ich nicht; dass sie aber unabsehbar ist, wer möchte das läugnen?

das Zahlwort *vier* aber ist die Vorstellung aller möglichen Warnehmungen von vier Einheiten.

d) Vorstellung.

578. Vorstellen oder Sprechen bezeichnet eine Form, wie
der geistige Inhalt bewegt, wie mit ihm operirt wird — eine
Form, keinen Inhalt. Noch genauer können wir sagen, Vorstellen oder Sprechen bezeichne nur eine Weise der Beziehung
des Inhaltes zum Bewusstsein. So müsste ja, scheint es, das
Wort oder eine Vorstellung absolut Form und völlig inhaltslos
sein. Dies ist in gewissem Sinne allerdings der Fall. Ein
Wort ist freilich ein bestimmtes Etwas, nämlich erstlich allemal
mindestens ein Lautgebilde, und ich will nicht zuviel Gewicht
darauf legen, dass ein Lautgebilde doch nur eine Form der
Luftschwingung ist. Doch ist zu allen Zeiten mit Recht darauf hingewiesen worden, dass sogar das Materielle an der
Sprache nicht Materie selbst, sondern nur Form der (unter den
bekannten) widerstandslosesten Materie ist. Dann enthält ein
Wort ein Etymon, eine innere Sprachform. Wo aber diese
bloß noch im Sprachgebrauche liegt, da ist sie eben nur Beziehung eines bestimmten Lautgebildes zu einer mächtigen Vorstellungsgruppe, wenn sie nicht kurzweg Association eines
Lautes mit irgend einem Inhalte ist, also an sich inhaltslos.
Selbst aber endlich da, wo das Wort einen Inhalt hat, ein
klares Etymon, welches einen Anschauungsinhalt appercipirt,
z. B. bei Dampfwagen, selbst da hat doch der Wort-Inhalt
nur den Zweck, einen andern, viel reichern intellectuellen Inhalt
in Schwingung und Bereitschaft für Denktätigkeit zu setzen;
selbst da ist das Wort so sicher etwas rein Formales wie ein
Kunstwerk, das doch auch allemal Materie ist. Wir sagen
aber: nicht der Marmor, nicht das Erz sind das Kunstwerk;
sie sind nur die Träger der künstlerischen Form. So sagen
wir denn auch, das Wort, insofern es materiell ist oder einen
Inhalt hat, ist auch nur Träger einer Form, und nur als Form,
als Träger einer solchen hat es Wert. Der Denker macht sich
gelegentlich auch eine Form zum Gegenstande; und so wird
das Wort, die Sprache, obwohl bloße Form, doch Gegenstand

für den Sprachforscher. Für den sprechenden Menschen als solchen aber ist Sprechen bloßes Formen.

579. Nur Inhalt belastet das Bewusstsein, nicht Form; und nur insoweit das Wort doch auch ein Inhalt ist, belastet es dasselbe allerdings. Dies geschieht aber in auffallend geringem Maße. Ja, wenn wir denjenigen sprachlichen Standpunkt ins Auge fassen, wo das Wort nicht mehr mit seinem Etymon, sondern nur als Laut wirkt, muss der Psychologe wirklich in Verlegenheit geraten, wenn er sagen soll, was eigentlich im Bewußtsein ist. Denn der Laut der Sprache als solcher wird in der lebendigen Rede kaum bewusst. Ganz anders verhält sich unser Bewusstsein dem Sprachlaut gegenüber und gegenüber der Musik oder dem Gesange. Und doch erkennen wir den Sprechenden an der Stimme, merken ob er heiser ist, fühlen den Wohlklang, unterscheiden durch den Accent *gébet* und *Gébét* (267. 268). Also muss der Laut im Bewusstsein gewesen sein. Aber erstlich wird ihm die Bewusstheit aufs schnellste entzogen; denn er soll ja auch nur dazu bewusst werden, dass er den mit ihm associirten Inhalt in Schwingung bringe. Dazu aber genügt die kürzeste Dauer. Und zweitens erregt er an sich und für sich kein Interesse weiter; darum achtet man nicht auf ihn, merkt ihn nicht (246). Er geht durch das Bewusstsein als ein bloßes Mittel, das, sobald es seinen Dienst getan, wertlos ist. Nur wenn der Laut besonders appercipirt wird, wenn z. B. der heisere Ton mit der gewöhnlichen Stimme des Menschen verglichen wird, wenn die Töne in gemessener Weise sinken und steigen und Harmonien erzeugen, locken sie die Aufmerksamkeit auf sich (246). Man sieht hier recht klar, wie Bewusstheit von Verbindung abhängig ist. Was wir aber hier zeigen wollten, war, welche geringe Last die Sprache dem Bewusstsein bietet. Dass die Form keine Last für dasselbe ist, wird im Folgenden mit dem Wesen der Form immer klarer werden.

580. Es ist nicht leicht, ein solches Wesen, wie das Wort oder die Vorstellung, welches so reine Form sein soll, richtig und allseitig zu fassen. Zunächst schien es also, als könnte von einem Wesen, d. h. einem Inhalt, welcher Vorstellung heißen dürfte, gar nicht die Rede sein. Denn wenn Vorstellen, wie wir ausgeführt haben, nur eine gewisse Weise innerer Tätigkeit,

nur eine Form des intellectuellen Wirkens im Bewusstsein ist:
so kann offenbar von Vorstellung nur in dem Sinne eines Nomen
actionis gesprochen werden: die Vorstellung = das Vorstellen. Der
Inhalt hingegen gehört der Anschauung, der warnehmenden oder
erinnerten Anschauung. Es kann aber keinen Inhalt geben, der
eine Vorstellung wäre, im Gegensatze zu einem Inhalte, der
eine Anschauung oder ein Begriff wäre. Nur in dem Sinne,
wie man von einer theatralischen Aufführung eines Drama's
sagt, es sei eine schöne, eine ungenügende Vorstellung gewesen,
nur so kann man auch ein Wort eine Vorstellung nennen, indem man hier wie dort von der Vorstellung das Vorgestellte
absondert, dort: das Drama, hier: die Anschauung.

581. So scheint es. Indess ist an den metaphysischen
Satz zu erinnern, dass formende Tätigkeit in vielen Fällen den
Inhalt an sich angreift und wesenhaft umgestaltet; und es wird
wohl bald einleuchten, dass der Inhalt, der dem Bewusstsein
durch Warnehmung oder als erinnerte Warnehmung, also als
Anschauung, gegeben ist, sich auch inhaltlich ändert, wenn er
im Bewusstsein bloß vorgestellt wird. Es lässt sich leicht zeigen,
wie diese Momente, in welche die Anschauung durch mehrere
einseitige Apperceptionen zerlegt ist, aus allen Anschauungen
herausgehoben sind und alle Anschaulichkeit verloren haben.
Wenn z. B. die gegebene Anschauung des tanzenden Weibes
in Person (Weib) und Tätigkeit (tanzen) zerlegt wird: so geschieht dies, indem das Moment der Person (das Weib) als ein
gesondertes Etwas durch eine Anschauung (z. B. gebären, weben)
appercipirt wird, welche mit dem angeschauten Tanz weiter
keine Berührung hat, als durch die gemeinsame Person. Und
nur dieses gemeinsame Moment kommt für den gegebenen Fall
in Betracht, gar nicht der besondre Inhalt der Anschauung des
Säugens oder Gebärens. Wenn aber auch dieser Inhalt jetzt
nicht in Betracht kommt, er gilt doch immer als constanter
Charakter der betreffenden Person, und durch diese charakterisirende Apperception wird diese Person als isolirtes Moment
festgehalten, vertreten, vorgestellt. So aber wird die Person
aus allen Anschauungen, in denen es enthalten ist, ausgelöst.
Wenn das Weib vom Griechen als γυνή, Gebärende appercipirt
wird, so ist sie aus jeder Warnehmung der Frau, herausgeschält,
nicht nur der waschenden, tanzenden, säugenden u. s. w., son-

dern auch aus der Anschauung des Gebärens selbst; die charakterisirende Apperception verliert den Wert, Äquivalent eines
bestimmten Äußern, einer Warnehmung zu sein. Ein Wort,
eine Vorstellung ist nie einer Anschauung adäquat; es muss
immer noch ein Wort hinzutreten. Will man das Säugen ausdrücken, so sagt man ἡ γυνὴ ϑηλάζει u. s. w. und hier soll ἡ
γυνή gar nicht als Gebärende angeschaut werden*). Dies soll
so wenig geschehen, dass wenn es Absicht ist, dass es geschehe,
dann auch noch ein Wort hinzugefügt werden muss: ἡ γυνὴ
τέτοκε.

582. Weil nun aber das Wort nicht die zufällige Warnehmung, sondern den constanten Charakter bedeutet, so drückt
es das Wesen aus: nicht die Wirklichkeit, aber den Grund
derselben, das Ding an sich, welches so und auch so sein,
solches oder solches tun und leiden kann: gar nicht etwas Wargenommenes, sondern den einem Verbande von Warnehmungen
zu Grunde liegenden Kern, welcher selbst nicht wargenommen
wird, aber zu allem Wargenommenen als dessen Grund und
Wesen hinzugedacht wird (23). Das Wort *Baum* z. B. deckt
keine Anschauung vom Baume. Eine solche hat immer entweder einen grünen oder einen trockenen, einen hohen oder
niedrigen u. s. w. Baum zum Inhalt; das Wort dagegen bezeichnet ein Moment, welches in allen Anschauungen vom Baume
vorkommt, welchem aber jede nähere Bestimmung fehlt; — es
bedeutet einen Baum, welcher nicht belaubt und nicht blätter-
los, nicht reich und nicht arm an Zweigen ist u. s. w.; — aber
es bedeutet den Baum, insofern er sowohl das eine wie das
andre sein kann, und insofern er eine Eiche und eine Tanne
sein kann, kurz das Wesen, welches die wargenommenen Eigenschaften trägt und hervorbringt.

583. Der Wandel der Anschauung in Vorstellung ist also
nicht ein bloßes Übertragen des unveränderten Inhaltes aus der
einen Form in die andre; es ist nicht ein mechanisches Zerlegen, sondern eher dem chemischen Fällen und Scheiden durch
Hinzutun von Reagentien vergleichbar. Es wird das Ding als
Grund der wargenommenen Erscheinung hinzugedacht, und
gerade damit die Erscheinung in ihre Bestandteile, d. h. Eigen-

---

*) Daher wird das Etymon vergessen (562).

schaften aufgelöst: *Der Zucker ist süß, weiß, hart.* Sonderung haben wir oben als einen Grundzug der Entwickelung kennen gelernt. Mit ihr muss aber das Zusammenfassen, mit der Analyse die Synthese, zugleich wirken. Süße, Weiße, Härte sind Empfindungen, die sich mechanisch mit einander verbinden; als ihr Grund wird das Ding Zucker hinzugedacht, dessen Eigenschaften dann in gesonderten Urteilen erfasst werden, der Zucker ist süß, ist weiß, ist hart. Indem eine Anschauung durch ein A^n und mehrere N^n vorgestellt wird, und das A^n die N^n, die N^n das A^n im Satze appercipiren, ist die aufgelöste Einheit des Anschauungs-Inhaltes wieder hergestellt, natürlich in ganz anderer Form, als sie vorher bestand. Die neue Einheit liegt in der Beziehung der einzelnen Eigenschaften auf ihren Grund, das Ding. Dies aber ist sogar nicht ohne Einfluss auch auf die Einheit der Anschauung. Die tierische Anschauung mag nicht mehr sein als ein projicirter Verband von Empfindungen (431); die menschliche, weil sie vorgestellt wird, erhält selbst dann, wenn sie wargenommen wird, durch Übertragung von der Vorstellung her eine größere Intensität der Einheit und der Versetzung in die Wirklichkeit, indem ihr das Ding als Grund des Seins untergelegt wird.

584. Es wird also zwar durch das Vorstellen kein anderer Inhalt vorgestellt, als der wargenommene, angeschaute; aber derselbe Inhalt erscheint anders beim Vorstellen als beim Anschauen. Der Unterschied liegt zunächst darin, dass der Inhalt, der im Anschauen als einheitliches Bild erscheint, beim Vorstellen in gesonderten abstracten Momenten auftritt, deren keines eine volle Warnehmung vertritt. Erst mehrere (wenigstens zwei) solcher Momente, d. h. Wörter oder Vorstellungen, decken eine Anschauung. Solche Vorstellungen, d. h. besonders vorgestellte Anschauungsinhalte sind nun im Gegensatze zur Anschauung (vergl. 421):

1) nicht anschaubar, aus Empfindungen zusammengesetzte Bilder, sondern abstract, einfach, denkbar.

2) nicht etwas Einzelnes, sondern ein Allgemeines, d. h. sowohl der einen wie vielen anderen Anschauungen angehörend.

3) Das in einer Vorstellung enthaltene Moment einer Anschauung ist nicht ein räumlich begrenzter Teil der räumlich begrenzten Anschauung; sondern es hat eine un-

räumliche, abstracte oder ideale Sonderung stattgefunden, nach der Kategorie des Dinges mit seinen Eigenschaften. Indem gezeigt wurde, wie die Sprache Wörter gewinnt, ist auch gezeigt, wie diese Kategorie wirksam geworden ist, oder dass Vorstellungen nach dieser Kategorie entstehn. Jede Vorstellung ist entweder der einen oder der anderen Kategorie angehörig, d. h. sie enthält entweder eine Person, ein Ding (A^n) oder eine Tätigkeit, einen Zustand, eine Eigenschaft (N^n). So ist die intellectuelle Tätigkeit formal geworden, hat reine, nur ihr selbst angehörige, apriorische Form gewonnen.

4) Die Vorstellung ist nicht mehr Product eines selbstbewusstlosen Geschehens, sondern die erste theoretische Tat, Anfang des Selbstbewusstseins.

585. Diese Unterschiede, einfache, notwendige, klare Folgen der gegebenen Entwicklung der Sprache, sind schon 552 in Formeln angedeutet: P ist die Warnehmung, die Anschauung (ein Baum z. B.); P_n ist das Geflecht von vielen Warnehmungen desselben Dinges (vielmaliger Anblick desselben Baumes oder vieler Bäume); ihm entsprechen allemal Geflechte II_n von Warnehmungen derselben Bewegung an vielen andern Dingen (wachsen, blühen an Bäumen, Sträuchern u. s. w.) Die Resultante von P_n ist A_n, die von II_n ist N_n, was wir oben (15. 16) eine allgemeine Anschauung nannten (Baum in vielfach möglicher Erscheinung; Blühen in vielfach möglicher Weise). Da aber $A_n = A + A + A \ldots = A^n$ und ebenso N_n dem Inhalte nach N^n, so ist nun A^n der Ausdruck der einheitlichen Dingvorstellung, und N^n ist die einheitliche Eigenschafts-Vorstellung (der Baum, das Blühen allgemein und schlechthin, abgesehen von den Besonderheiten der Erscheinung als Grund dieser Besonderheiten). — Das Verhältniss des A_n und N_n zu A^n und N^n bedarf noch einer Erläuterung. In tausend Fällen kann uns eine Differenz zweier Wesen so gleichgültig sein, dass wir sie völlig unbeachtet lassen; aber in jedem Augenblicke kann sie uns der Beachtung wert scheinen. Wie sieht diese Milch aus? Weiß. Wie sieht dieses seidene Zeug aus? Weiß. Also sieht dieses seidene Zeug wie diese Milch aus? Wenigstens ungefähr so, mit einer gleichgültigen Verschiedenheit. Ein andres Mal aber ist diese nicht gleichgültig. Insofern nun die

Verschiedenheit des Weiß an den vielen weißen Dingen als
eine solche überhaupt anerkannt wird, ist weiß ein N_n; insofern
von solcher Verschiedenheit ganz abgesehen wird, ist es N^n,
eine einheitliche Verschmelzungssumme. Hiernach wird unsere
Bemerkung 53 begründet. A_n ist A mit seinen vielen Verbindungsmerkmalen gedacht; A^n ist derselbe Inhalt ohne dieselben
gedacht. Weiß als Element eines Geflechts von Wahrneh-
mungen existirt viele Male; weiß als Vorstellung nur einmal.
Das jeweilige Verbindungsmerkmal wandelt das eine Weiß der
Vorstellung bald in dieses bald in jenes Weiß der Anschauung.

586. So hat denn also eine Vorstellung, d. h. ein Wort,
außer dem Laute und dem Etymon doch noch einen bestimmten
Inhalt, der weder eine Anschauung ist, noch auch bloß ein äußerliches Stück einer solchen, einen abstracten Inhalt vom Werte
des Allgemeinen, der Art. Aber auch so, mit diesem Inhalte,
hat die Vorstellung nur die formale Bedeutung oder Aufgabe,
einen Anschauungsinhalt darzulegen, schließt aber in sich selbst,
sogar mit diesem Inhalte, gar keine Erkenntniss in sich. Der
Satz stellt wenigstens eine Erkenntniss oder irgend einen Inhalt
dar; das Wort ist bloß ein Baustein zum Satz. —

587. Aber ein behauener Baustein, ein zu bestimmter
Weise der Einfügung in das Ganze geformter Stein. Vor allem
ist ein Wort entweder eine Subjects-Vorstellung A^n oder eine
Prädicats-Vorstellung N^n. Das ist ein Wort unter allen Umständen, obwohl es damit noch nicht ein Substantivum im Nominativ und ein Verbum ist. Denn ein Subject oder ein Prädicat ist das Wort an sich und notwendig durch den Process
des Vorstellens; Nominativ und Verbum finitum wird es erst
durch einen neuen Schöpfungs-Act, durch die sprachliche Bezeichnung der subjectiven oder prädicativen Function des Wortes. Diese Bezeichnung braucht aber nicht notwendig durch die
Form des Nominativs und eines Verbum finitum zu geschehen,
sondern kann sich andrer Mittel bedienen. Nicht alle Völker
haben die genannten Formen in ihrer Sprache; aber in der
Rede jedes Volkes gibt es Subjecte und Prädicate, weil diese
mit dem Vorstellen an sich schon gegeben sind. Von den
sprachlichen Formen kann hier noch nicht die Rede sein; womit wir hier beschäftigt sind, ist nur das, was zum Vorstellen
an sich gehört. Nur letzteres dürfen wir in der Seele aller

Menschen in gleicher Weise voraussetzen; Sprachliches ist sogleich bei den verschiedenen Völkern verschieden. Wir behandeln an diesem Orte nur das allgemein Menschliche.

588. Wir haben bisher immer nur Warnehmungen des Äußern beachtet; es gibt aber auch Vorstellungen vom Innern. Der Unterschied aber zwischen Äußerm und Innerm ist für unsre Betrachtung des Wesens der Vorstellung ganz gleich. Auch wo es sich um die Auffassung oder Erkenntniss eines Äußern handelt, wird allemal ein Verband von Empfindungen, also durchaus Inneres, appercipirt. Ob ein Lichtreiz auf das Auge oder ein Schmerz in den Gedärmen gegeben ist: der Apperceptions-Process, durch welchen das Gegebene zur Erkenntniss gestaltet und vorgestellt wird, bleibt in dem einen wie im andern Falle derselbe. Der Unterschied liegt bloß in dem Ergebnisse, insofern als dieses dort außerhalb unseres Leibes, hier in unserm Leib, oder in unser Ich, unsre Seele projicirt wird. Also die Vorstellung *Schmerz, Freude, Andacht, Aufmerksamkeit, Liebe* u. s. w. erfordern keine andre Erklärung als *Blüte, Tanz, Geburt, Essen* u. s. w. Eben so wenig *Gott.* — Wichtiger wäre, die Apperceptionen durch die Gruppen der ersten und zweiten Constitution von denen durch die Gruppen der dritten Constitution (285 — 288) zu unterscheiden. Doch glaube ich nicht, hier darauf zurückkommen zu müssen. Ich füge nur hinzu, dass die Vorstellungen wie *bald, sogleich, schön,* sehr früh vom Kinde gebildet werden; etwas später mögen Vorstellungen folgen wie *Schuld, Recht, mit Willen* u. s. w. noch früher aber als die ersteren erscheinen *hinauf, hinunter* u. s. w.

e) Das Denken; der Begriff.

589. Im Gegensatze zum Vorstellen, welches bloße Form und Darstellung des Inhaltes für das Bewusstsein ist, nennen wir die Bewegung des Erkenntniss-Inhaltes selbst, wie dadurch neue Erkenntniss, neuer Inhalt gewonnen, oder gewonnener reproducirt wird, Denken (27). Es steht auch in Gegensatz zu Warnehmen und Anschauen, welches auf der Sinnestätigkeit oder auf Erinnerung derselben beruht: während der im Denken bewegte Inhalt dem Bewusstsein nicht durch die Sinne, sondern

durch Vorstellen gegeben wird. — Das niedrige Denken hat keinen andern Inhalt als das Anschauen; hat ihn aber in anderer Form, nämlich in der der Vorstellung. Das Denken steigt auf, ·indem es allmählich einerseits höhern Inhalt als die Anschauung bot, und andererseits höhere Formen als die Vorstellung bietet, erstrebt und erreicht. Die Anschauung soll zum Begriff werden; und die subjectiven Vorstellungsformen weichen den logisch, metaphysisch und durch Erfahrung geprüften und begründeten, den objectiven Erkenntnissformen.

590. Wenn schon das, was wir eine allgemeine oder Gesammtanschauung nannten (13—15) kein Act des Bewusstseins werden kann (es ist ursprünglich eine Masse associirter Bilder und wird dann ein Warnehmungsgeflecht P_n), so kann ein Begriff noch weniger in das Bewusstsein treten. Begriff ist nur die Zusammenfassung vieler begrifflicher (d. h. logisch und metaphysisch geprüfter) Apperceptionen, ein bestimmt abgegrenzter Complex von begrifflichen Erkenntnissen. Er ist gar kein psychologisches Wesen (35 f.). Insofern er ein geistiges Erzeugniss und ein geistiger Besitz ist, muss er ein psychisches Wesen heißen, und er ist gebildet und lebt nach psychologischen Gesetzen: wie eine Bildsäule nach Gesetzen der Schwere ruht und bewegt wird und nach mechanischen Gesetzen angefertigt ist. So wenig aber die Bildsäule als solche ein Natur-Wesen ist, so wenig ist der Begriff ein psychologisches Wesen. Wie jene ein Erzeugniss der Kunst, nicht ein Gewordenes, sondern eine Tat, nicht ohne und durchaus nicht gegen die Natur, aber doch eine freie Schöpfung des Geistes: so ist auch dieser nicht gegen und auch nicht einmal ohne psychologisches Gesetz, aber dennoch frei gestaltet nach bestimmten Rücksichten aus psychischem Material. Er ist eine Einheit, aber nicht durch sein psychisches Sein, nicht etwa als Geflecht, sondern nach metaphysischer Bestimmung und logischer Fügung. Nicht als ob er nicht auch ein Verband psychischer Elemente wäre: so gewiss wie die Säule eine cohärirende und mechanisch verbundene Masse ist. Was aber diese Masse zu einer Säule macht, ist nicht ihre natürliche Cohäsion und das Natur-Gesetz, welches ihre Teile zusammenhält, sondern ihre künstlerische Bestimmung und Gestaltung. So ist auch ein Begriff diese bestimmt abgegrenzte und geformte oder gegliederte Einheit nicht

wegen der psychologischen Verhältnisse, in denen seine Elemente stehn, sondern durch freie Arbeit. Den Arm des Künstlers mit Hammer und Meißel nennen wir doch frei, obwohl er physiologischen und physikalischen Gesetzen folgt; die Arbeit des Denkers am Begriff ist eben so frei, obwohl psychologisch gebunden.

591. Die Vorstellung aber, wie sie die Warnehmung und die Anschauung vorstellt, vermag auch den Begriff vorzustellen. Erstlich als Sprache benennt sie ihn mit einem Worte. *Tier* benennt ein Anschauungsgeflecht (P_n) und auch den Begriff, den wir wie die Anschauung P^n schreiben, während die gegenwärtige Warnehmung einfach P ist. Freilich aber, zweitens, vermag das Wort, wie keine wirkliche Anschauung, so auch keinen vollen Begriff vorzustellen. Dieser ist ein größeres oder kleineres System begrifflicher Erkenntnisse; und die einfachste begriffliche Erkenntniss bedarf zu ihrer Vorstellung mindestens zweier Vorstellungen, zweier Wörter. — Man täuscht sich leicht über die Bedeutung des Wortes. Ich sage z. B. zu einem Kinde: „Was habe ich hier?" „Kirschen!" erschallt die jubelnde Antwort. Jemand fragt, auf ein Bild zeigend: „Wer ist dies?" „W. v. Humboldt." Hier schienen die beiden Nomina der Antwort Anschauungen zu bedeuten. Lernt ein Kind in naturgeschichtlichem Unterricht: der Apfel ist eine Pflanzen-Frucht, das Silber ein Metall, und die Metalle sind ein Mineral, so scheinen die Namen Pflanze, Metall, Mineral Begriffe zu bedeuten. Das tun sie auch in der Tat, aber nur mittelbar. Denn das Wort ist immer nur Vorstellung, und die genannten Wörter bedeuten an sich nur das A^n der betreffenden Anschauungen und Begriffe, aber nicht das N^n, mit welchem zusammen erst das A^n zum P würde. Wir lassen es uns indessen gern gefallen, dass ein Anschauungsgeflecht oder ein begrifflicher Verband oder auch eine Warnehmung (also ein P) durch ein bloßes A^n für unser Bewusstsein vertreten oder vorgestellt werde. Der Erkenntniss-Inhalt z. B. vom Silber, Golde u. s. w. ist selbst beim Kinde so reich, dass es ihm unmöglich würde, jeden dieser Inhalte gleichzeitig im Bewusstsein zu haben, und dann weiter ihre gleiche Natur zusammenfassend und heraushebend den Begriff Metall zu bilden. Dem Chemiker wäre dies noch weniger möglich. So tritt die A^n-Vorstellung des Begriffes statt des

ganzen Begriffes P^n ein, und insofern bedeutet sie ihn. A^n aber
kann als P und auch als A^1 (187) d. h. passiv oder activ auftreten.

592. Die Anschauung wurde, indem sie vorgestellt ward,
zugleich erst geistig geformt, nämlich in ihre Momente analysirt; und diese wurden in Kategorien gebracht und in Gemäßheit dieser Kategorien wieder zur Einheit verbunden (583—587).
Der Begriff ist an sich schon Analyse und Synthese; er ist ein
Gesetz, wenigstens ein Verhältniss, also Beziehung eines Man-
nichfaltigen auf einander nach bestimmtem Maße auf Grundlage
metaphysischer Voraussetzungen und in bestimmten Denkformen.
Die Vorstellung soll und kann die Momente des Begriffs in der
ihnen innewohnenden begrifflichen Form darstellen, während
ihr doch natürlich nur die Kategorien des Wortes zu Gebote
stehn. Der Begriff lässt sich herab in die Formen der Vorstellung. Wir berühren hier wieder die Stylistik, in welcher gezeigt wird, wie die Anschauung und der Begriff, auch Wille
und Gefühl, in den ihnen fremden Formen der Sprache, d. h.
ja der Vorstellung, dargestellt werden können und dabei ihre
eigene Form nicht verlieren, sondern durchscheinen lassen. —
Hier muss wieder vor Täuschungen gewarnt werden. Sagt man
einem Kinde mit Hinweis auf einen einzelnen Fall: „o, das Tier
ist krank, friert, fühlt Schmerz", so ist das Vor- und Darstellung einer Anschauung. Sagt man dem Kinde, es belehrend:
„Das Tier fühlt (wie Du den Schmerz)", so ist ein Anschauungsgeflecht dargestellt; und zwar wird das Geflecht *ich fühle*
vermehrt oder erweitert durch *das Tier fühlt*. Der ungebildete
Taubstumme hat dieselbe Erkenntniss, aber nicht als Anschauungsgeflecht, sondern als Anschauungssumme (544). Wird aber
das Kind über das unterscheidende Wesen des Tieres belehrt,
oder spricht sogar der Physiolog: „das Tier fühlt", so ist das
Darstellung eines Begriffes. An sich genommen aber sind hier
überall Sätze, genauer: zu Sätzen verbundene Vorstellungen, $A^n N^n$,
und was jeder bei diesem $A^n N^n$ denkt, hängt von seinem geistigen
Besitz, seiner geistigen Entwicklungsstufe ab. „Ein Regentropfen
hat diesen Fleck gemacht" ist Vorstellung einer Warnehmung;
„Wasser macht nass" enthält die Verschmelzungssumme vieler
Warnehmungen; wenn aber der Physiker denselben Satz aus-
spricht, so denkt er an die Adhäsionskraft, an einen Begriff.
Der Satz stellt alle diese Erkenntnisstufen dar, ist aber an sich

mit keiner identisch, ist selbst eine Erkenntnissart: das Wasser, dieses energievolle Wesen (A^n), besitzt die Energie nass zu machen (N^n) oder hat in diesem Falle seine Energie erwiesen.

593. Wie nun derjenige, welcher sich gemäß einer Beschreibung die Anschauung von einer Landschaft, einem Garten oder Zimmer, von einer Maschine u. s. w. entwirft, zuerst Vorstellungen in ihren Formen aufnimmt und dann diese Vorstellungsformen zerstört und die Vorstellungen in Anschauungen zurückbildet: so muss derjenige, welchem eine Darlegung eines Begriffes in Worten gegeben ist, diese Worte mit ihren Formen aufnehmen, um sie nicht minder zu zerstören, aber um ihnen gemäß die begrifflichen Momente nach ihrem realen Werte und ihren metaphysischen Voraussetzungen und in ihren Denkformen aufzufassen und zu verbinden. Die Logik baut sich insofern auf die Grammatik auf, als sie dieselbe vernichtet.

594. Der Besitz der Erkenntnisse liegt in Anschauungen und Begriffen nach ihren mannichfachen und vielseitigen Verbindungen, das Wort ist nur ein Mittel der Vergegenwärtigung für das Bewusstsein. Aber die Bildung neuer Begriffe, wie die Vervollkommnung schon gebildeter, und die Kritik des Erkenntnissbesitzes, die unaufhörlich zu üben ein Gesetz der Sittlichkeit ist, fordert solche Vergegenwärtigung. Dabei besteht freilich die Gefahr, dass das Wort gerade den Begriff verdeckt, statt ihn bloßzulegen. Die Energie des Denkens hat diese Gefahr zu überwinden. Der Gedanke schwimmt notwendig im Worte, aber er darf darin nicht untergehn.

V.

Die Sprache als Mechanismus im Dienste der Intelligenz.

595. Schließlich zu unserm Anfange zurückkehrend richten wir noch einmal den Blick auf den gemeinen geistigen Besitzstand, auf die gewöhnliche Denktätigkeit. — Wir haben die Fähigkeit Warnehmungen zu machen und haben sie gesteigert bis zur Beobachtung. Wir besitzen demnach individuelle und discursive Anschauungen und haben diese, indem wir sie durch

hinzugedachte Kräfte erklärten, zu Begriffen entwickelt. Diese
Bearbeitung der Anschauungen nennen wir Denken. Warnehmen ist Aufnahme von außen; Denken ist der rein innere Vorgang der Aneignung des Aufgenommenen. Weder jenes noch
dieses geschieht ohne Bewusstsein. Das Bewusstsein ist wesentlich Vermittlung: hier wird das Äußere vom Innern aufgenommen,
und hier begegnet Inneres noch Tieferem, um von ihm angeeignet zu werden. Der äußere Reiz in angemessener Form
und Stärke seiner Wirkung dringt unmittelbar ins Bewusstsein,
und hier angelangt hat er die Kraft zu erinnern, d. h. das
Innere, von welchem er aufgenommen werden soll, ins Bewusstsein zu heben. Aber auch jedes Innere, einmal reproducirt,
kann weiter Inneres hervorholen. Indessen das Bewusstsein ist
eng. Hat es auch Raum für ein weites Feld der Warnehmung,
unterhält es wenigstens durch Beweglichkeit den Schein eines
so weiten Feldes: so können doch die discursiven Anschauungen
und der Begriff niemals mit ihrem vollen Gehalte als Einheiten
ins Bewusstsein treten. Nun bestehen neben beiden, neben Anschauung und Begriff, noch Vorstellungen, d. h. Inhalte von geringem Gewicht, welche nur die Function haben, die Anschauungen und Begriffe im Bewusstsein zu repräsentiren, zu vertreten. Also niemals unmittelbar treten die eigentlichen geistigen
Inhalte, die discursiven Anschauungen und Begriffe, ins Bewusstsein, sondern nur mittelbar, durch Vertretung. Die geistige
Action, das Denken vollzieht sich nicht im Bewusstsein,· sondern wird nur von hier aus geleitet und findet hier ihr Abbild
in Bewegungen der Vorstellungen. Diese füllen das Bewusstsein, sei es behufs der Aufnahme der Warnehmungen, sei es
behufs der Einleitung von Vorgängen zwischen den verschiedenen
innern Erkenntnissgruppen. Vorstellen aber ist Sprechen, Vorstellung ist Wort.

596. Wir wissen, wie das Wort entstanden ist: es ist eine
einseitige Apperception eines Erkenntnissinhalts; mehrere Wörter zum Satze vereinigt ergänzen sich durch gegenseitige Apperception zur vollen Darstellung des ganzen Inhaltes. Man nenne
das Wort immerhin Symbol: Symbole sind Apperceptionen.

597. Wie die Atome des materiellen Daseins, so stehn
auch die einzelnen Erkenntnissinhalte mit einander in vielfältiger
Verbindung, und ebenso stehn sie mit den betreffenden Vor-

stellungsmitteln, den Wörtern in Verbindung. Jede Verbindung aber betätigt sich für das Bewusstsein als Association. So erregt jede Erkenntniss oder Erkenntnissgruppe von selbst diejenige andre Gruppe, mit welcher sie einen Process einzugehn vermag und bestimmt ist, und treibt damit zugleich seine eigene Vorstellung und die Vorstellung der andern in das Bewusstsein. Oder umgekehrt eine Vorstellung reproducirt die andre, und die Processe zwischen ihnen im Bewusstsein erzeugen die entsprechenden Vorgänge zwischen den Erkenntnissen, deren Vorstellungen sie sind.

598. Zwischen den Vorstellungen haben wir bisher nur einen Unterschied kennen gelernt, welcher auch der hauptsächlichste ist, nämlich den von Ding- oder Substanz-Vorstellungen, A^n, und Accidenz-Vorstellungen, N^n. Jede Anschauung und jeder Begriff wird durch eine oder mehrere Substanz- und eine oder mehrere Accidenz-Vorstellungen gedeckt und ist mit ihnen associirt, so dass der vorzustellende Inhalt diese seine Vorstellungen bewusst macht, wie diese ihn zu erregen vermögen. Der Inhalt, der vorgestellt wird, analysirt sich; die Vorstellungen, welche ihren Inhalt in Tätigkeit setzen, werden zusammengefasst. Angemessener Ausdruck, klare Darstellung eines Inhaltes ergibt sich, wenn die Analyse durch die Vorstellungen so vollzogen wird, dass die Synthesis der Vorstellungen zur Herstellung des einheitlichen Inhaltes durch die notwendig wirkenden Associationen möglich wird.

599. Dies ist der Rede-Vorgang im Allgemeinen und die Grundlage der Stylistik. Zur nähern Erläuterung wollen wir einige pathologische Erscheinungen betreffs der Sprachfähigkeit betrachten. Wenn man prüfen will, auf welchen Bedingungen irgend ein Erfolg beruht, sei dieser ein Eindruck der Schönheit oder eine Wirkung der Zweckmäßigkeit, so ändert man an dem Objecte irgend eine der gegebenen Bedingungen ab; man zieht etwa irgend eine Linie anders, gruppirt anders, nimmt ein Rad heraus oder stellt es anders. Bleibt bei solcher Änderung der Erfolg doch immer der nämliche, so hängt er nicht von der veränderten Bedingung ab; wird er aber dabei gestärkt oder geschwächt oder qualitativ umgestaltet, so ist erwiesen, dass diese Bedingung wirksam ist und auch inwiefern sie es ist. Solche Abänderungen werden uns in Fällen wo Experi-

mente unerlaubt oder unmöglich sind, durch die Krankheit geboten. Daher der Wert der Pathologie für die Physiologie des Leibes wie der Seele.

600. Das Stammeln ist das Unvermögen, gewisse einzelne Laute hervorzubringen, beruhend auf einem anatomischen Fehler entweder in den Sprech-Organen, oder im Gehirn. Es ist darum eine ohne Unterbrechung dauernde Behinderung im Sprechen; der Laut, der dem Stammler unmöglich ist, gelingt ihm unter keinen Umständen; es fehlt ihm dazu das gesunde Organ. Lispeln und Näseln, insofern es in einer gewissen Unfähigkeit der Organe begründet liegt, ist Stammeln.

601. Das Stottern dagegen ist eine nur augenblicklich unter der Einwirkung gewisser Seelenzustände eintretende Störung beim Sprechen. Es ist allemal Folge einer Gemütsbefangenheit, während es bei voller Gemütsruhe, namentlich in der Einsamkeit, nicht vorhanden ist. Tritt es ein, so kann es die Bildung jedes Lautes verhindern (während sich das Stammeln nur auf gewisse Laute erstreckt), und nebenbei doch auch jeden Laut gestatten. Denn es wirkt nur stoßweise, bedingt durch Krämpfe in den Muskeln, welche beim Sprechen wirken sollen. Es gehört demnach unter die functionellen Nervenkrankheiten, während das Stammeln auf fehlerhafter Bildung oder Verletzung eines Organs oder Gehirnteils beruht. Stammeln ist ein Articulationsfehler: es werden bestimmte Laute gar nicht oder schlecht ausgesprochen oder durch andre ersetzt. Stottern dagegen ist ein Fehler beim Atmen und Lauten.

602. Stammeln wie Stottern bezieht sich lediglich auf die leibliche Tätigkeit der Sprach-Organe. Ebenfalls nur auf diese somatische Function erstreckt sich die Anarthrie, d. h. die dauernde Unfähigkeit, Wörter auszusprechen, die der Kranke doch so klar im Bewusstsein hat, dass er sie zu schreiben vermag. Ich lese von „Fällen, wo zwar ein totales Unvermögen des sprachlichen Ausdrucks bestand, jedoch die Fähigkeit, den Gedanken durch die Schrift auszudrücken, nicht im geringsten alterirt war". Das kann nur Anarthrie gewesen sein. Bei dieser Krankheit sind die Sprech-Organe unverletzt; aber entweder ist das motorische Centrum der Sprache, d. h. derjenige Teil des Gehirns, in welchem alle die Sprech-Organe regierenden Nerven

zusammentreffen, verletzt oder bedrückt; oder die Leitung zwischen diesem motorischen und dem psychischen Centrum der Sprache ist gehemmt, so dass die Befehle des letztern nicht ausgeführt werden, die von ihm ausgehenden Anregungen ohne Erfolg bleiben. Das innere Bild des Wortlautes, das Klang- und Schall-Bild hat seine motorische Kraft (363) verloren. Sobald die Hindernisse geschwunden sind, hört die Anarthrie auf. Eines solchen Falles erinnere ich mich aus meiner Gymnasial-Zeit. Einer meiner Mitschüler stand eines Morgens anarthrisch auf. Er konnte kein Wort hervorbringen, aber schriftlich erzählen, er habe in der vergangenen Nacht einen heftig erschütternden Traum gehabt, er sei nämlich von einer Schlange gebissen worden. Ich vermute, dass nicht dieser Traum die Anarthrie, sondern irgend ein Vorgang im Gehirn sowohl diese wie jenen hervorgebracht habe. Die Heilung trat wohl erst nach einigen Monaten ein.

603. Unter Aphasie versteht man die ohne irgendwelche Beeinträchtigung der Articulations-Mechanik in Folge einer Störung der Function des psychischen Centrums der Sprache eingetretene Hemmung oder Aufhebung der innern Wortbildung, so dass hier für vorhandene Vorstellungen entweder gar keine oder verkehrte Wortlaute gefunden, diese aber übrigens ohne Anstoß und ohne irgend welche äußere Schwierigkeit ausgesprochen werden. Die Störung betrifft also in diesen Fällen das innere Wort selbst. Es besitzt seine motorische Kraft und würde sie geltend machen, wenn es nur reproducirt werden könnte. Es fehlt aber eben für die Wörter überhaupt oder für den größten Teil derselben oder für eine bestimmte Gruppe derselben die innere Reproductions-Fähigkeit. Es sind leicht verschiedene Grade der Aphasie bemerkbar. Bei völligem Wortmangel ist meist (wohl sogar immer) eine tiefe Störung der Intelligenz mitgegeben, oder es besteht auch Anarthrie daneben. Anziehender sind die Fälle, wo die Aphasie rein ohne Anarthrie einerseits und ohne Störung des gemeinen Bewusstseins andrerseits und nur partiell, in Bezug auf gewisse Wort-Gruppen besteht. Dann wollen für gewisse Vorstellungen, welche der Kranke recht wohl besitzt, die bezeichnenden Wörter sich nicht einstellen, während die Articulationsfähigkeit ungestört ist, und das Benehmen des Kranken einen durchaus sinnigen, gesunden Men-

schen verrät. Solche Kranke wissen die bekanntesten Sachen nicht zu benennen, obwohl sie sonst fließend sprechen können und sogar in gewisser Weise redselig sind. Hier stoßen wir in auffälligster Weise auf den Fall von 116. Denn Ding und Name sind bei diesen Kranken häufigst so associirt, dass die Vorstellung des Dinges den Namen nicht reproducirt (denn sie wissen das gewünschte oder vorgezeigte Ding nicht zu benennen), dass aber umgekehrt der Name die Vorstellung reproducirt; denn sie verstehn das ausgesprochene Wort. Dies beweisen sie, indem sie etwa das von ihnen Verlangte und sprachlich Kundgegebene holen; oder sie beschreiben mimisch den Inhalt des genannten Gegenstandes. Man zeigt ihnen z. B. einen Löffel und fragt, was es sei; es erfolgt keine Antwort. Ist es ein Messer? Ein Zeichen der Verneinung. — Ist es eine Gabel? Dasselbe Zeichen. — Erinnern Sie sich des Namens des Gegenstandes? Wieder eine Verneinung. — Dann wissen Sie vielleicht, wozu er dient? Die Kranken führen den Löffel sofort zum Munde. — Dasselbe einseitige Associations-Verhältniss liegt vor, wenn jemand der sich in zwei Sprachen, z. B. russisch und französisch, gleich geläufig auszudrücken vermochte, in Folge der Krankheit, obwohl er immer noch beide versteht, wenn er in ihnen angeredet wird, doch nur noch in einer zu antworten weiß. Und wiederum dasselbe beobachten wir in dem Falle, dass Aphatiker nicht sprechen, wohl aber laut und deutlich vorlesen konnten; ja sie suchen sogar zuweilen aus einer Reihe ihnen vorgewiesener Zahlen die verlangte heraus, ohne die Zahl aussprechen zu können.

604. Aphasie ist also die Unfähigkeit, sich der Wörter zu erinnern; dieser Mangel an Gedächtniss für die Elemente der Sprache kann vollständig sein. Freilich besitzen auch dann die Kranken immer noch einige Wörter; aber sie bedienen sich derselben ganz sinnlos bei jeder Gelegenheit, glauben aber damit etwas Ordentliches gesagt zu haben und werden ärgerlich, dass man sie nicht versteht. Solche Wörter sind die Jahreszahl, der Name, ein gewöhnlicher Fluch u. s. w. Es kommen ihnen auch wohl bald wieder einige Wörter zurück, aber zunächst ebenfalls, ohne sie nach ihrer wirklichen Bedeutung zu verwenden. — In manchen Fällen ist ein nicht unbeträchtlicher Wortschatz erhalten; aber die Namen werden falsch verwendet,

z. B. sagen sie „Stock" für „Hut". Die Kranken wissen aber, dass sie sich irren und werden darüber verdrießlich.

605. Oft sind die Aphatiker auch in der Schrift gestört. Aufgefordert, ein Wort oder einen Buchstaben zu schreiben, machen sie immer dieselben nichts bedeutenden Züge. Doch können sie zuweilen die Jahreszahl, den Namen und ähnliches wohl schreiben, schreiben dies aber für jedes verlangte Wort. Manche merken, dass sie falsch schreiben, und geben ihren Verdruss darüber kund.

606. Merkwürdig ist der teilweise Verlust der Sprache. Es fehlen gewöhnlich die Substantiva, namentlich die Eigennamen, während die Verba und die andern Wortklassen noch zur Verfügung stehn. Die Kranken fangen also einen Satz richtig an, stocken jedoch, sobald sie zu einem Hauptworte kommen.

607. Wie mit der Sprache und Schrift, so geht es auch mit der Mimik. Im Allgemeinen wird der Gesichtsausdruck der Aphatischen grob und unbeholfen. Es geht aber so weit, dass mancher bei der Bejahung mit dem Kopfe schüttelt, bei der Verneinung dagegen nickt.

608. Zuweilen geraten nicht bloß die mimischen Bewegungen, sondern auch die praktischen in Unordnung. Im Übergange, denke ich, von den mimischen zu den praktischen Bewegungen steht der Gebrauch der Finger, um Zahlen damit anzuzeigen. Wenn der Kranke nicht auszusprechen weiß, wie viel Finger man ihm zeigt, während er, wenn man ihm die Zahlen der Reihe nach vorspricht, sobald man an die betreffende Zahl gelangt, durch Zeichen kund gibt, dass er diese im Sinne habe: so ist das eigentliche Aphasie; es fehlt ihm die Erinnerung der Zahlwörter wie vieler andrer. Wenn er aber nicht im Stande ist, für eine ausgesprochene Zahl die entsprechende Anzahl Finger zu heben, und er eine unrichtige Anzahl ausstreckt, während er durch Zeichen des Unwillens zu verstehn gibt, dass er falsch zeige, so ist das eine Verwirrung der Fingerbewegungen (mimisch oder praktisch), die der Verwechslung von „Stock" für „Hut" gleichkommt.

609. Bei Kranken, welche Musik verstanden, zeigten sich in Bezug auf Ton und Note Erscheinungen, welche der Aphasie ganz analog waren. Von solch einem unglücklichen ἄμουσος

wird berichtet, dass er in einer ihm vorgespielten Tonleiter sofort den gewünschten Ton bezeichnete: aber einen vorgesungenen oder durch eine Note bezeichneten Ton fand er auf der Violine erst nach längerem Tasten und konnte ihn weder nachsingen noch auch benennen. Obwohl Componist, schrieb er die Noten ungeschickt und setzte oft bei Viertelnoten das Köpfchen rechts statt links vom Stäbchen.

610. Der Kranke, von dem letzteres erzählt ist, war schon in der Besserung. Ursprünglich war er in höherm Grade leidend. Er war aphatisch und anarthrisch gewesen; doch war. er bei Verstand geblieben. Als er aber schreiben sollte, ergriff er die Feder verkehrt; auch Löffel und Gabel fasste er an, als ob er sie nie gebraucht hätte. Er verlangte nach seiner Geige, fasste sie aber so ungeschickt an, dass der Gebrauch derselben unmöglich war. — Dies stelle ich, wie auch das falsche Angeben der Zahlen durch Ausstrecken der Finger, nicht der Anarthrie gegenüber, sondern der Aphasie, nämlich der Wort-Vertauschung. Denn nicht die Bewegung der Glieder an sich ist gehemmt, sondern die Beziehung der Bewegungen auf den zu behandelnden Gegenstand, die Beziehung des Mechanismus auf den Zweck ist gestört.

611. Diese Apraxie ist eine offenbare Steigerung der Aphasie. Nach anderer Richtung erweitert sich die Aphasie zum allgemeinen Mangel an Erkenntniss von Zeichen, Asemie. So berichtet Finkelnburg (Berliner klinische Wochenschr. 1870 Nr. 37, 38) von einer Frau, deren Gedächtniss für Sachen und Personen unversehrt, und deren praktisches Benehmen in keiner Weise auffällig war, die aber den Gebrauch der Sprache völlig verloren hatte. Sie stieß statt aller Rede nur die paar Sylben *bassa* und *ton* aus, und meinte damit etwas Verständliches zu sagen. Sie verstand aber auch nicht was man ihr sagte, noch auch konnte sie lesen, was man ihr schriftlich vorhielt, obwohl sie vor der Krankheit lesen und schreiben konnte. Sie war eine fromme Katholikin gewesen; jetzt aber machte sie weder von selbst, noch in Folge mündlicher Aufforderung das Zeichen des Kreuzes. Nur wenn man es ihr vormachte, machte sie es nach (357—360). Obgleich drei Monate in der Anstalt, lernte sie doch nicht, dass das Läuten mit der Glocke ein Zeichen zum Essen sei. — Es fehlte also hier das Verständniss für

Zeichen und Symbol in allgemeinster Weise und derartig, dass
diese Frau nicht bloß für die Sache das Zeichen nicht fand,
sondern auch für das Zeichen die Sache nicht. Es fehlte ihr
wie die Kenntnissgabe, so auch die Kenntnissnahme durch
Zeichen. Ihr Bewusstsein war voll von Sach-Anschauungen, es
war völlig auf den tierischen Standpunkt zurückgesunken. —
Bei einem Kaufmanne ging die Aphasie so weit, dass er Wörter
verwechselte, ganze Satztheile chaotisch durch einander warf und
bald auch den kleinsten Satz nicht mehr richtig zu bilden vermochte, obwohl er die einzelnen Wörter immer noch richtig
aussprach. Eben so wenig konnte er einen Gedanken nieder-
schreiben. Auch seine Mimik und Gesten beim Sprechen waren
plump, ungeschickt und nicht mehr congruent mit dem, was
ausgedrückt werden sollte. Ja sogar den Wert der Münzen
verwechselte er, der Kaufmann. Die Münzen sind Zeichen,
Wert-Symbole. In Folge eines neuen Schlages ward seine
Sprache völlig unverständlich, es trat also auch noch Anarthrie
ein, wozu sich aber außerdem allgemeine geistige Verwirrtheit
und Gedächtnissschwäche gesellte. — Ein 30jähriger Beamter
erlitt nach längerer Krankhaftigkeit einen epileptiformen Anfall
mit nachfolgender fast dreitägiger Bewusstlosigkeit. Als er
wieder zu sich kam, fehlte die Sprache gänzlich; nur einzelne
Sylben wurden in steter Wiederholung ausgestoßen. Nach
einigen Tagen begannen allmählich ganze Wörter sich immer
deutlicher einzufinden, zunächst Eigenschafts- und Zeitwörter,
nach einigen Wochen auch Hauptwörter, doch unter steten
Verwechslungen in deren Anwendung. Im Verlaufe von drei
Monaten stellten sich die meisten Wortbezeichnungen wieder
her bis auf die noch gänzlich fehlenden persönlichen und geo-
graphischen Eigennamen. Wiederholte Anfälle jedoch warfen
den Kranken wieder in fast völlige Sprachlosigkeit zurück, indem sie das Wiedergewonnene wieder verwischten. Wie das
Sprechen und Schreiben, so litt auch die Auffassung gehörter
und gelesener Wörter an Einbuße. Zugleich aber wird auch
der mimische Ausdruck und die Gesticulation immer plumper
und unverständlicher, und ebenso nimmt andrerseits das Verständniss für die Pantomimen Andrer ab. Überhaupt aber geht
der Sinn für das Zeichen verloren. Obgleich in Beamten- und
Hof-Kreisen aufgewachsen, verwechselt der Kranke Rang- und

Dienstzeichen; er wendet die conventionellen Umgangsformen verkehrt an; und obwohl frommer Katholik und fleißig die Kirche besuchend, weiß er doch das entsprechende Benehmen während der Messe nicht zu finden, kniet z. B. nur nieder, wenn er zufällig um sich blickend die Andern knieen sieht; ganz ähnlich wie die zuvor genannte Frau. Es ist ihm also das Verständniss entschwunden für die Symbole des Cultus, wie des Staatsdienstes und der menschlichen Geselligkeit.

612. Dass der Kranke Wörter nicht mehr versteht, ist ein hoher (und, soviel ich sehe, seltenerer) Grad der Aphasie. Häufiger ist die Unfähigkeit zu lesen, und zeigen sich hier verschiedene Grade. Manche können es (603); manche aber (605) (so finde ich behauptet) können es nur insofern, als sie Schriftliches zwar verstehn, aber ohne die Wörter aussprechen zu können. Dies kann wohl nur bei Gebildetern, im Lesen viel Geübten vorkommen; denn es setzt voraus, dass die Schrift mit den Vorstellungen selbst auch ohne Vermittlung des Lautes ascociirt sei. Dies ließe sich vielleicht psychologisch erklären, wenn ich nur sicher wäre, dass hier nicht bloße Anarthrie für Aphasie genommen ist. Dass ein Patient ein ihm bekanntes Gedicht nicht versteht, wenn er selbst es laut liest, wohl aber es als bekannt bezeichnet, wenn man es ihm vorliest, ist nicht seltsam (273). Der oben erwähnte Musiker erkannte ein von ihm selbst componirtes Gesangstück, dessen Notentext man ihm zeigte, nicht; dagegen erkannte er es, wenn es ihm vorgesungen wurde. Wenn Aphatische (603) laut lesen können und das Gelesene verstehn, so ist es ein sehr niederer Grad der Krankheit. Denn, so finde ich, „die meisten Aphatischen heften beim Versuch zu lesen den Blick auf dieselbe Stelle des Buches", oder sie lesen zwar, jedoch ohne Verständniss; „sie lesen dann meist laut dieselbe Reihe immer wieder." In einem bestimmten Falle, einen 63jährigen Zimmermann betreffend, der sehr hart getroffen war, weder sprechen konnte, noch auch an ihn gestellte Fragen zu verstehn schien, der auch in den Bewegungen der Beine und der rechten Hand und Finger sehr gehemmt war, ward folgendes bemerkt. Etwa drei Wochen nach dem Anfalle trat Besserung ein. Er sprach schon einiges zusammenhängend in Sätzen. Noch aber kann er nicht lesen; selten gelingt ihm ein Wort. Er übt sich fleißig im Schreiben; indessen

nur seinen Namen schreibt er deutlich, das Übrige bleibt meist unleserlich. Er setzt die Übungen „mit einer bewunderungswürdigen Ausdauer" fort, und mit Erfolg. „Es geraten ihm sein Name, die Zahlen und das Alphabet einigermaßen richtig." Es wird nicht gesagt, ob er dies nach einer ihm gegebenen Vorlage schrieb; doch setze ich dies voraus. „Beim Lesen hingegen spricht er kein Wort richtig aus, jedoch fasst er immer einige Buchstaben der Wörter richtig auf, so dass ähnlich klingende herauskommen." In der nächsten Woche lernt er einzelne Wörter und selbst ganze Sätze ziemlich richtig lesen. Er kann auch aus Büchern ziemlich richtig abschreiben, das aus eigenem Kopfe aber Geschriebene enthält sinnlos zusammengestellte Worte oder unsinnig zusammengesetzte Buchstaben. Die Substantiva sind erkenntlich. Beim Sprechen verwirrt er sich noch häufig, findet die Worte schwer, drückt sich aber verständlich aus. Sein Benehmen ist recht vernünftig; er hilft gern bei Hausarbeiten.

613. Was hindert die Kranken am Lesen? Beim Gesunden kommt dem Anblick der Schrift sogleich der erinnerte Wortlaut und der Sinn appercipirend entgegen. Wo dies nicht stattfindet, muss der Process mindestens dem Falle gleichen, wenn wir eine uns völlig fremde Sprache in einer bekannten Schrift lesen sollen: das geht etwas beschwerlich. Je weniger willig aber die appercipiren sollenden Elemente hervortreten, um so stärker muss die Wahrnehmung der Schrift werden, wenn ein Erfolg eintreten soll. Es müssen die einzelnen Zeichen erst für sich aufgenommen, dann zu Sylben, diese zu Wörtern unter Anstrengung zusammengefasst, ja es müssen die Züge der einzelnen Zeichen mühsam verfolgt und zusammengezogen werden. Bei dieser Arbeit erlahmt das matte Gehirn, nach verschiedenen Graden der Krankheit in verschiedenem Maße.

614. Wenn geschrieben werden soll, so kann vom Kranken das Bild der Buchstaben innerlich nicht reproducirt werden, wie auch der Wortlaut nicht. Ich weiß nicht, ob es möglich ist die Agraphie in zwei Classen zu sondern, welche sich zu einander analog der Anarthrie und Aphasie verhalten; d. h. ich weiß nicht, ob die Agraphie immer darauf beruht, dass die innere Reproduction des Buchstaben-Bildes nicht gelingen will (analog der Aphasie); oder ob es auch vorkommen kann, dass (wie bei der Anarthrie) das innere Bild vorhanden ist, dieses

aber keine motorische Macht hat und die Hand, die übrigens
unbeschädigt ist, nicht lenken kann. „Manchen Kranken sieht
man es an, dass sie bei gewissen Buchstaben darüber nachdenken, wie die Züge folgen sollen"; d. h. doch die innere
Reproduction macht ihnen Mühe. Dagegen wird von einem
erkrankten Maler berichtet, der nicht mehr die einfachste Figur
zu zeichnen vermochte. Bei Versuchen, dies zu tun, kam trotz
der größten Anstrengungen ein formloses Gekritzel zu Stande,
das einem Bilde nicht im Geringsten ähnlich sah. Hatte dieser
Maler etwa innerlich kein Bild? Aber Hand und Arm waren
doch nicht lahm? Also hatte sein inneres Bild nur keine motorische Kraft, wie bei der Anarthrie.

615. Hierbei muss noch notwendig folgendes beachtet
werden. Wir schreiben die Buchstaben, ohne uns zuvor ihr
Bild innerlich vorzuführen; diese Bilder wirken vielmehr bloß
schwingend. Man versuche es, sich erst jeden Buchstaben,
bevor man ihn schreibt, vor das innere Auge zu bringen; dann
wird man nur sehr langsam und zögernd schreiben können. Ja,
noch mehr. Unser Bewusstsein ist sehr eng. Vielleicht kann
sich unter hundert nicht Einer ein zusammengesetzteres Zeichen
wie ꓝ als ein mit allen Teilen zugleich gegebenes Bild innerlich vorhalten; alle werden wir dasselbe Strich nach Strich
(also discursiv) innerlich zeichnen, ohne dass jemals die Striche
sämmtlich zugleich im Bewusstsein wären. Die chinesischen
Schriftzeichen setzen sich aus zehn, zwanzig, auch dreißig
Strichen zusammen. Die besten Sinologen, und die Chinesen
nicht ausgenommen, werden nicht im Stande sein, sich ein ver-
wickelteres Zeichen anders zu vergegenwärtigen, als dadurch,
dass sie es sichtbar schreiben. Bewusst wird das schwingende
Bild nur durch die Ausführung und mit derselben; aber schon
das schwingende Bild hat ausführende Kraft, hat sie in höherm
Grade als das bewusste Bild, welches leicht in Verwirrung
gerät, und macht sich bewusst, indem es sich ausführt. In der
Krankheit aber verliert das schwingende Bild die Kraft sich
auszuführen und sich bewusst zu machen. Dennoch schwingt
es bei schwächerm Grade der Krankheit wenigstens in dem
Maße, daß der Kranke merkt, dass die Ausführung falsch ist.
Er merkt dies eben so wohl, wie wir, wenn wir uns auf einen
Namen nicht besinnen können, dennoch wissen, dass irgend ein

uns vorgesprochener oder uns einfallender Name nicht der gesuchte ist (202). Wenn aber der Kranke meint, mit seinen unsinnigen Lauten etwas gesagt, mit seinen unsinnigen Strichen etwas Bestimmtes geschrieben zu haben, so werden die innern Laut- und Schrift-Bilder auch nicht einmal schwingend. Dass sie nicht völlig vernichtet sind, ergibt sich daraus, dass sie sich von selbst wiederherstellen. Ja, selbst während der Krankheit, so lese ich, stellen sich plötzlich Wörter ein, die freilich eben so plötzlich wieder verschwinden.

616. Die Ärzte haben vielfach Gelegenheit gehabt, die Störungen der Sprache mit den Ursachen dieser Störungen (Verwundungen oder innerlich entstandenen Zersetzungen bestimmter Theile des Gehirns) zusammenzuhalten, und sind dabei zu dem Ergebnisse gelangt, dass die Function des Sprechens, abgesehen von dem allgemeinen Centrum der Intelligenz, noch durch zwei andre, von einander gesonderte Centra regiert werden, nämlich erstlich durch ein Centrum, welches dem leiblichen Mechanismus der Articulation vorsteht, also das motorische oder Laut-Centrum, und dann durch ein Centrum für die psychische Seite der Sprache. Diese Dreiheit der Centra, welche für die Rede in Betracht kommen soll, dürfte ich um so mehr mit Freuden anerkennen, als sie offenbar der von mir zuerst, und zwar schon in meinen ersten Abhandlungen, ausgesprochenen Ansicht von der Dreiheit der in dem Acte der Rede wirksamen Factoren bestätigend entgegen kommen würde. Die Sache liegt jedoch so, dass ich die eigentliche Bestätigung noch abwarten muss. Das erstgenannte motorische Centrum steht allerdings sowohl nach seinem Wesen als seiner Stelle, wie es scheint, außer Zweifel. „Es liegt unter den Vierhügeln und erstreckt sich vom Pons bis zu den Oliven; es enthält die Ursprünge aller Nerven, die sich zur Musculatur der Zunge, des Gaumens, des Kehlkopfs, des Gesichts begeben (hypoglossus, vagus, facialis). Eine Erkrankung dieses Centrums wird sich demgemäß aussprechen durch unvollkommene oder gänzlich behinderte Bewegungen dieser Muskeln, die der Stimmbildung vorstehn", also als Anarthrie. — Dagegen besteht nicht nur über den Ort des zweiten Centrums noch immer Streit, sondern die ganze Betrachtungsweise scheint mir noch mangelhaft. Die

Erkrankung dieses Centrums soll Aphasie ergeben. Über den Bemühungen, den Ort desselben zu finden, hat man (dieses Urteil glaube ich vertreten zu können) die psychischen Krankheitserscheinungen an sich zu beobachten vernachlässigt. Man hat die Krankheitsbilder viel zu unvollständig und ungenau aufgenommen; unseren Ärzten ist noch nicht klar geworden, worin die Function der Sprache besteht.

617. Zuletzt hat sich Finckelnburg (a. a. O.) über die Aphasie geäußert. Er sieht in ihr nur eine besondre Erscheinungsform der Asemie überhaupt, worin ihm sicher zugestimmt werden muss. Das innere Centrum der Sprache wäre demnach, meint er, eben der Sitz der symbolischen Erkenntnissbeziehungen überhaupt, und bezeichnet als solchen „denjenigen Teil der Gehirn-Rinde, welcher die letzte Endigung des centralen Markstammes umhüllt und aufnimmt, die Inselwindungen mit den unmittelbar darunter gelegenen Markstreifen und die mit den Inselwindungen zusammenhängenden Grenzwülste des Vorder- und Mittel-Lappens. Es ist also derjenige Abschnitt des Central-Organs, in welchem sich die Endausstrahlung der sensorischen und motorischen Markbündel mit grauer, psychisch fungirender Cortical-Substanz unmittelbar begegnet — ein Abschnitt, welcher sich zugleich (nach Meynert's neueren Untersuchungen) durch eine besonders reiche Entwicklung von Faserzügen (der sogen. Fibrae propriae) auszeichnet, welche ihn mit den verschiedenen andern Abschnitten der Gehirnrinde in eine besonders vervielfachte Wechselverbindung setzen."

618. Zur vollen Würdigung dieses Satzes muss ich hier eine Lücke ausfüllen, die ich oben bei der anatomischen und physiologischen Übersicht (etwa hinter 336) gelassen habe. Ich muss einiges über das von mir in den obigen Abschnitten immer nur kurzweg genannte Centralorgan hinzufügen, soviel nämlich unsre Zwecke unabweislich fordern. Bemerkt ist schon, dass unter Centralorgan das Rückenmark und das Gehirn verstanden wird. Ein so ausgedehnter Raum und ein so mannichfach gebildetes Organ aber kann nicht in allen Teilen gleichmäßig Centrum sein. Nur dem übrigen, bei weitem größern Teile des Leibes, den übrigen Organen und den Nerven gegenüber ist es Centrum.

619. Die Nerven entspringen teils im Rückenmark, teils im Gehirn. Die ersteren versorgen die Muskeln des Rumpfes und der Glieder mit motorischen Fasern und die Haut des Rumpfes, der Glieder und der hintern Kopfpartie mit sensitiven Fasern; die letztern versorgen die Sinnesorgane, die vordere Kopfhaut (das Gesicht), den Mund mit seinen Kau-, Schling- und Sprach-Werkzeugen, endlich den Schlund, den Kehlkopf, die Luftröhre, die Lungen, das Herz und den Magen, auch die Leber mit den notwendigen sensitiven und motorischen Fasern.

620. Nun sei der Vollständigkeit wegen nur noch hinzu- gefügt, dass es außer dem Nerven-Systeme der Cerebrospinal- achse noch ein andres gibt, das sogenannte sympathische. Es besteht aus einer langen knotigen Schnur (oder Ganglien-Kette), welche zu beiden Seiten der Wirbelsäule verläuft, sich also durch den Bauch, die Brust, den Hals und auch in den Kopf hineinerstreckt. Diese doppelte Schnur tritt unten im Becken und oben in der Tiefe des Gesichts zusammen, zeichnet also eine ovale Linie. Von ihr gehen in alle Eingeweide und auch in die tiefern Teile des Kopfes Nervenfasern, welche unter sich Geflechte bilden, teils motorische, teils sensitive, aber welche keine objective Empfindung, sondern nur subjective Gefühle gewähren (380). Jene Schnur steht aber durch Fäden mit der Cerebrospinalachse in Verbindung. Daher hat dieses Ganglien- System einerseits eine gewisse Selbständigkeit gegen das Ge- hirn- und Rückenmark, jedoch ohne dass die Einheit der ner- vösen Betätigung des Organismus verloren ginge. Die Teleologie oder Zweckmäßigkeit dieses zweiten Systems ist klar. Es verwaltet nämlich vorzugsweise die vegetativen Processe, wo- durch diese den Störungen entzogen werden, denen sie durch das intellectuelle und Gemütsleben, d. h. durch die unaufhör- liche, oft affectvolle Tätigkeit des Gehirns und Rückenmarkes ausgesetzt wären. Ja die einzelnen Geflechte dieses Systems haben für sich eine gewisse Selbständigkeit. Daher pulsirt das ausgeschnittene Herz noch eine längere Zeit in selbständigem Leben (365); es trägt nämlich ein reiches Geflecht von Fasern des sympathischen Systems in sich. Abgesehen aber davon, dass dieses System mit dem andern in Zusammenhang bleibt, erhält das Herz auch Fasern von einem Gehirn-Nerven (dem N. vagus), wodurch es doch wieder in Abhängigkeit vom viel

bewegten Gehirn-Leben tritt, wie wir ja fortwährend an dem
Wechsel des Rhythmus des Herzschlages fühlen (365). Mit
seinen sensitiven Fasern aber beherscht das sympathische
System das Gemeingefühl (381), nur dass es eben dem Gehirn-
leben nicht fremd bleibt.

621. Kehren wir zur Cerebrospinalachse zurück. Das
Rückenmark ist den von ihm ausgehenden Nerven gegenüber
wohl als Centrum anzusehen, und es hat auch eine gewisse
Selbständigkeit der Betätigung. Dennoch muss es in der Hauptsache dem Gehirn gegenüber als bloße Leitungsbahn zwischen
den Nervenfasern und dem Gehirn gelten. Es besitzt sensitive
und motorische Stränge. Ist es verletzt, so verhält es sich, wie
beim verletzten Nerven (335): nur der Teil, der mit dem Gehirn in Verbindung bleibt, ist noch wirksam; dagegen sind alle
Glieder, welche ihre Nerven von dem weiter unten (vom Gehirn aus gerechnet: jenseits der Verletzung) gelegenen Stück
des Markes bekommen, völlig gelähmt, ohne Gefühl und ohne
Bewegung.

622. Man unterscheidet aber im Centralorgan zwei Elemente: erstlich die weiße Substanz, welche in ihrem Bau ganz
gleichartig ist mit den Nerven, und welche schließlich doch
nichts andres ist, als die zusammengefassten Stämme der im
Leibe verzweigten Nervenfasern; und zweitens die graue Substanz, welche außer denselben Fasern oder vielmehr Röhrchen,
aus denen die weiße besteht, auch noch Bläschen, Nervenzellen
genannt, in sich schließt. Diese Zellen sind von grauer Farbe.
Während nun die graue Substanz im Rückenmark den mittlern
Teil bildet und von der weißen umschlossen wird, dreht sich
im Gehirn das Verhältniss um, und die graue Substanz bildet
eine Rindenschichte. Die Nerven, wenn wir sie von der Peripherie her verfolgen, treten beim Eingang in das Rückenmark
zunächst in die graue Substanz ein und durch diese hindurch
gehend setzen sie sich als weiße Substanz fort. Ist die Verbindung mit der grauen Substanz unterbrochen, so verlieren die
Nerven ihre Kraft. Wie aber diese Verbindung hergestellt ist,
ist noch dunkel. In der grauen Substanz endet die centrale
Tätigkeit; sie ist im engern Sinne Centrum. Ist das Rückenmark nicht in seiner ganzen Dicke durchschnitten, sondern nur
die vordere oder die hintere weiße Substanz, so ist Bewegung

und Gefühl nicht aufgehoben. Ist aber die graue Substanz durchschnitten, so sind alle Teile unterhalb des Durchschnittes völlig gelähmt. Darum eben, weil das Rückenmark auch graue Substanz enthält, ist es Centrum, obwohl es wesentlich leitet. Die Betätigung als Centrum liegt in der Erzeugung der Reflexbewegung. Denn wenn ein sensitiver Nerv genügend gereizt wird, so geht die Erregung durch die graue Substanz des Rückenmarkes hindurch auf einen motorischen Nerven über. Dies geschieht am entschiedensten, wenn das Tier enthauptet ist. Ja, die Reflextätigkeit erfolgt sogar an dem Teile des Rückenmarkes, welcher unterhalb eines Schnittes durch das Rückenmark liegt. In allen diesen Fällen erzeugt die Reizung des sensitiven Nervs gar kein Gefühl, aber wohl Reflexbewegung; und hierin liegt der Beweis, dass innerhalb des Rückenmarkes selbst durch die graue Substanz eine Übertragung der Reizung eines sensitiven Nerven auf den gegenüber liegenden motorischen Nerven stattfindet. Ja, es scheint sehr klar, dass solche Übertragungen leichter und kräftiger vor sich gehen müssen, wenn das Rückenmark nicht mehr mit dem Gehirn zusammenhängt; denn sonst wird ein Teil des Reizes nach dem Gehirn verpflanzt, während er jetzt ungeschwächt auf den motorischen Nerven übergeht.

623. Endlich das Gehirn. Es kann hier genügen, zu bemerken, dass das Gehirn ein höchst künstlich gegliedertes Gebilde ist. Man kann die Function der Leitung, welche das Wesen des Nervs erschöpft, auch im Rückenmark und noch weiter durch die verschiedenen Teile des Gehirns verfolgen; dagegen hört die Leitung, sowohl der Bewegung als des Gefühls, in den Lappen (Hemisphären) des großen, vordern Gehirns auf. Dieses ist nicht mehr Leitungsorgan, sondern Perceptionsorgan. Hier kommt die Bewegung zum Schlusse. Die graue Substanz scheint auch hier der Ort zu sein, wo die Leitung mündet. Sie bildet die äußere Rindenschicht des ganzen kleinen und großen Gehirns, findet sich aber auch schon an Stellen mitten im Gehirn. Die verschiedenen Massen der grauen Substanz, nämlich die im Rückenmark, und die im und am Gehirn, bilden nicht eine zusammenhängende Masse, wie die weiße Substanz; die eine graue Masse ist nicht Fortsetzung der andern. Sie dient eben nicht der Leitung, sondern steht

ganz eigentlich in psychischem Dienst. Nichts destoweniger stehn die abgesonderten Massen der grauen Substanz unter sich durch besondere Fasern in Verbindung, wodurch die Einheit des organischen Systems erhalten bleibt.

624. Hiernach wird man die Bedeutung der oben (617) mitgeteilten Ansicht Finkelnburgs über den Ort des innern Sprachcentrums verstehen können. Während das motorische, äußere Centrum über dem verlängerten Rückenmark liegt, da, wo dieses sich mit dem Gehirn verknotet, liegt das innere Centrum dort, wo überhaupt die Leitung endet und das eigentlich centrale, psychisch arbeitende Organ beginnt. Das klingt sehr plausibel. Wir erlauben uns aber folgende Kritik.

625. Sehen wir in der grauen Substanz des Gehirns den Ort, wo erstlich alle empfangenen Reize zu Empfindungen und Gefühlen werden, und wo darauf zweitens jene Verbindungen und Beziehungen gestiftet werden, welche ein geistiges Leben und Bewusstheit bilden: so muss es einen Ort geben, wo diese percipirende Masse an die zuleitende anstößt, und dicht daneben muss der Ort sein, wo die Absicht sich dem Motor mitteilen kann, um sich ausführen zu lassen. Diesen Ort bezeichnet Finkelnburg als Sitz der symbolischen Erkenntnissbeziehungen. Aber weder nach der oben dargelegten Ansicht vom Centrum des organischen Leibes, noch aus allgemeinen Rücksichten kann oder darf die symbolische Tat von der praktischen in ihrem ursprünglichen Sitze getrennt werden. Denn dem Motor muss es völlig gleich sein, welcher Sinn mit der Bewegung verbunden wird, zumal ein und dieselbe Bewegung bald symbolisch, bald praktisch ist. Es kann nach physiologischer Mechanik keinen Unterschied machen, ob ich den Arm zum Gruße oder zur Arbeit hebe, ob ich im Dienste Gottes oder meines Handwerks niederknie. Und so sahen wir ja oben (609) in der Tat, wie mit Aphasie sowohl die Mimik als auch die praktischen Bewegungen in Unordnung geraten waren. Und wenn es in die Symbolik gehört, eine musikalische Note richtig aufzufassen, so ist doch die Hervorbringung eines bestimmten vorgesungenen Tones auf dem Instrumente eine Tat. Und ist es Symbolik oder Praxis, wenn jemand nicht im Stande ist, eine Zahl durch Hebung der Finger richtig auszudrücken, sondern eine falsche Anzahl hebt, obwohl er weiß, dass sie falsch ist? Es kann also

schon deswegen kein locales Centrum für Symbolik geben. — Zweitens aber ist die Symbolik als solche eine rein psychische Tat, die Beziehung einer Handlung auf einen bestimmten Kreis von Gedanken. Auch liegt ja das Symbol häufig nicht in einer Handlung, sondern in einer bloßen Erkenntniss. Der Wert der Münze, der Rang- und Dienstzeichen liegt nicht in Verbindungen von Vorstellungen mit Handlungen, sondern von Anschauungen mit Anschauungen und Begriffen. Das Verständniss des Läutens mit der Glocke als Rufes zu Tische ist auch Zusammenhang einer Warnehmung (des Geläutes) mit einer Anschauung (der Malzeit). Eigentlich aber soll jedes Symbol verstanden, d. h. von einer besondern Vorstellungsgruppe appercipirt werden. Das Symbol des Kniens z. B. besteht nicht darin, dass diese bestimmte Handlung des Laien mit einer Cultus-Handlung des Priesters associirt ist; sondern das Knien beruht auf der vermittelnden Apperception durch das Gefühl und den Begriff demütiger Unterwürfigkeit. Die symbolische Handlung mag dann durch Gewohnheit zur bloßen Associationsbewegung herabsinken. Diese Association ist ebenfalls psychisch oder rein central.

626. Demnach scheint es nicht wahrscheinlich, dass, sei es bloß für Sprache, noch überhaupt für Symbolik ein besonderer, von der Intelligenz im allgemeinen verschiedener Ort im Gehirn angenommen werden könnte. Denn erstlich muss es für die praktische Ausführung gleich sein, ob es sich um utilistische oder symbolisch-ästhetische Bewegungen des Leibes handelt, und darum ist sogar ein motorisches Sprachorgan unwahrscheinlich, da mit dessen Erkrankung nicht bloß Anarthrie entstehen müsste, sondern auch die Functionen des Kauens und Schluckens und alle Zungenbewegungen und Mimik aufhören müssten. Ferner aber stimmen Praxis und Erkenntniss und Symbolik auch innerlich insofern überein, als allemal eine durch Apperceptionen (bewusste oder unbewusste) vermittelte Beziehung zwischen verschiedenen Momenten herzustellen ist. Diese Beziehung ist eine Tätigkeit. Unsere Ärzte scheinen es sich noch nicht klar gemacht zu haben, eine wie unzulängliche Kategorie „Association" ist. Weder das Wort, noch das Knien und Sich-bekreuzen, noch Münzen und Abzeichen für Stellungen und Grade beruhen auf bloßen Associationen. Solche sind frei-

lich überall vorhanden; aber sie bilden nur die Vorbedingungen
für die geistigen Processe. Und eben so wenig ist es bloß eine
unwirksam gewordene Association, wenn jemand die Feder oder
Messer und Gabel zu gebrauchen oder die Violine mit dem
Bogen richtig zu fassen verlernt hat. Zwischen den Fingern
und dem Instrument besteht doch nicht eine Association. —
Und sollen wir nun gar sagen, dass die Substantiva einen besondern Ort innerhalb des Sprach-Ortes einnehmen, und die
Eigennamen wiederum eine Provinz für sich bewohnen? Wie
käme es aber, dass bei allen Verwundungen und Schlägen gerade diese Provinz zuerst leidet. Ist sie allemal den ersten
Angriffen ausgesetzt?

627. Andrerseits aber gibt es allerdings zu denken, dass
häufigst die Aphasie mit Schwächung des symbolischen Ver-
mögens zusammen eintritt, und dass beide, wie viele Fälle lehren, sich in niedrigern Stadien der geistigen oder Gehirn-Er-
krankung allein zeigen, während die Fähigkeit für Auffassung
der Sachen noch ungestört ist und erst in den schlimmern
Fällen zugleich mit Aphasie eintritt, und dass bei der Genesung
in den letztern Fällen das Verständniss für die Sachen zuerst
zurückkehrt, und später erst die Symbolik wiederkommt. Das
zeigte sich besonders klar in einem von Finkelnburg mitgeteilten Falle. Ein 60jähriger Postillon fällt, vom Schlage getroffen, vom Bocke herab und wird bewusstlos weggetragen.
Wieder zu sich gekommen, stößt er sinnlose Worte unter toben-
den Geberden aus. Nach 3—4 Tagen wird er ruhig; aber er
erkennt weder Personen noch Orte, mit welchen er sein ganzes Leben hindurch verkehrt hatte. Die Erinnerung ist also
allseitig und tief gestört. Daneben besteht Aphasie; denn er
verwechselt die meisten Wörter, besonders die Benennungen
der Dinge. Aber Anarthrie ist nicht eingetreten. Zunächst
stellt sich nun das Erinnerungsvermögen in der Weise wieder
her, dass Tag für Tag neue Vorstellungen sich gleichsam stück-
weise restituirten, bis der Kranke nach etwa drei Wochen sich
aller Personen und Ortsbeziehungen wieder erinnerte; — nicht
aber ging damit die Wiederkehr der Wortbezeichnungen gleichen
Schritt. Anfangs wusste der Kranke noch keines der wiedererkannten Objecte mit Namen zu benennen und erst während
der darauf folgenden 4—5 Wochen kehrte auch dies Vermögen

in der Weise täglichen Wiederauftauchens weiterer Namen zurück, bis der Kranke zuletzt der gesammten Local- und Personal-Bezeichnungen wieder mächtig war. Andererseits gibt es ja geistige Verkümmerungen ohne Störung der Sprache, insofern der Kranke alles, was ihm an Gedanken und Erkenntnissen bleibt, auch in Worten auszudrücken vermag.

628. Wohl gibt dies zu denken; aber man findet denn auch bald, dass alles dies nichts Singuläres ist. Wir wissen erstlich, dass unser geistiger Besitz in mehren größern und kleinern Gruppen von Erkenntnissen und Urteilen besteht, welche, wie sehr auch unter einander verbunden, auf einander oder auf ein gemeinsames Höheres bezogen, doch eine große Selbständigkeit jede für sich haben. Nicht wie in einem Uhrwerke jedes Rad sich nur bewegt, wenn alle andern sich bewegen, und sie sämmtlich still stehn, wenn eins in Stillstand gerät, ist auch die Intelligenz gänzlich gehemmt, weil eine Gruppe gestört ist, sei es dass sie in sich, ihre Elemente gegen einander, in Unordnung geraten sind, oder dass ihre Beziehung auf andre Gruppen unterbrochen ist. So sind ja doch die meisten Formen der Seelenkrankheit derartig, dass nur einige Gruppen leiden, neben denen andre sich ganz gesund zeigen. Warum sollte also nicht die Gruppe der Symbole oder enger die Sprach-Gruppe, noch enger, wenn jemand mehre Sprachen inne hat, die der einen, oder ein Teil der Sprach-Gruppe, wie die Substantiva, gestört sein können, ohne dass für solche Störung in anderer Weise oder in höherm Grade eine Localisirung im Gehirn gesucht werden dürfte, als bei allen jenen Seelenkrankheiten, wo nur eine bestimmte Gruppe leidend geworden ist.

629. Zweitens aber ist nach der rein psychologischen Theorie die leichtere Erkrankung und spätere Genesung der symbolischen Gruppen in Verhältniss zu den Sach-Gruppen wohl begreiflich. Denn alle Associationen, welche auf unwesentlichen oder unsachlichen, rein subjectiven Verbindungsmerkmalen beruhen (und zu solchen gehören die Symbole), haben nur geringe Kraft und geraten leichter in Verwirrung und Untätigkeit als die in objectivem Zusammenhange begründeten (115). So erklärt sich auch weiter, warum vor allem die Nomina propria dem Gedächtniss entschwinden. Denn der Eigenname steht in einer individuellen Association zu dieser

Person, zu diesem Orte; der Gattungsname dagegen in unzähligen Associationen zu den unzähligen Dingen derselben Gattung. Ich glaube auch, dass aus meiner Darstellung der Entstehung der Satzform, sich noch weiter ergibt, warum die Verba und Adjectiva sich besser erhalten, als die Substantiva. Denn für die Bildung der Bewegungs- (oder Tätigkeits-) und Qualitäts-Vorstellungen ist das Wort viel wichtiger als für die Vorstellungen vom Ding, welche den Anschauungen viel näher stehn. Das Wort „Löffel, Schlüssel" u. s. w. verbindet sich leicht mit den Bildern von diesen Dingen; Verba und Adjectiva dagegen, z. B. essen, geben, grün u. s. w. können bei weitem nicht so leicht Anschauungen erwecken. Das heißt in unserer Formelsprache: A^n, welchem ein Substantivum entspricht, ist leicht durch P_n ersetzt oder schlägt in P um; N^n dagegen, wofür das Verbum und Adjectivum gilt, steht dem H_n viel ferner und kann nicht so leicht in dieses oder in P umschlagen, weil H_n eine Masse ist, die so stark heterogene Elemente in sich schließt, dass sie gar nicht ins Bewusstsein kommen kann. N^n ist also nur mit Hülfe des Wortes festzuhalten und darum die Association von N^n mit dem Worte sehr fest, weil nämlich von wesenhaftem Werte. Das Bild eines Dinges kann man in sich tragen ohne das Wort dafür zu haben; eine Eigenschaft und eine Tätigkeit denkt man meist nur mit dem Worte. Weil letztere abstract sind, kann man sie nicht ohne Wort im Bewusstsein haben. Je wichtiger aber eine Verbindung, desto mächtiger die Association. Darum halten sich auch die abstractern und die rein formalen Elemente der Sprache noch besser, weil sie ohne Laut gar nicht festzuhalten sind, ihre Existenz am Laute hängt, z. B. schlecht, gut, nichts, ist, kann, doch, so, die Pronomina u. s. w. Ein aphatisches Mädchen, das zugleich in ihrer Intelligenz sehr gestört war, antwortete doch, als man sie bei ihrem Namen rief, mit „Was gibt's?" Legte man ihr eine Frage vor, so sagte sie: „Was?" Fehlte ihr ein Verbum, so ersetzte sie es durch „so machen" mit der entsprechenden Geberde.

630. Die Ärzte werden fortfahren, bei psychischen Erkrankungen das Gehirn so genau wie möglich zu untersuchen, und das vorstehend Gesagte ist nicht dagegen gerichtet. Was ich meine, ist nur dies:

1) Die Ärzte müssen sich klar zu werden suchen, wofür

oder inwiefern oder wie es überhaupt für geistige Functionen ein local begrenztes Organ im Gehirn geben kann.

2) Dazu ist es aber vor allem nötig, dass sie die psychischen Erscheinungen genauer beobachten, dass sie dieselben sorgfältiger analysiren, nach ihrem Inhalt und ihrer Form besser kennen lernen.

631. Hier mag der Ort zu einem Winke sein über das Verhältniss der Psychologie nach der Weise, wie sie hier bearbeitet ist, zu einer Physiologie des Gehirns, wie sie sich der Materialist als zu erstreben und zu verwirklichen denkt. Der Chemiker kann die ausgeatmeten Gase eines Menschen, seinen Hauch, chemisch erkennen, ohne das geringste von der Function des Atmens physiologisch zu verstehn. Ob der Atem aus den Lungen oder aus dem Herzen oder dem Magen kommt, ist für seine Untersuchung gleichgültig. Er findet, dass ein gewisses Quantum Kohlendioxyd im Atem enthalten ist. Dieses kann nicht aus der umgebenden Luft eingeatmet sein; es stammt also aus dem Körper. Das kann er wissen. Woher aber jenes Gas stammt, ob aus dem Blute oder sonst woher, davon weiß er als Chemiker nichts. Er ist eben kein Physiologe; aber er könnte nebenbei schon Arzt sein. Er untersucht nämlich des Menschen Atem unter verschiedenen Umständen, den Atem des Schlafenden und des Wachenden, des Satten und des Hungernden, des Frierenden und des Warmen, des Trägen und des stark Arbeitenden, und merkt die Verschiedenheiten. Findet er nun einen leidenden Menschen, und bemerkt er, dass dieser zu wenig Kohlendioxyd ausatmet, so wird er ihm Bedingungen anraten, unter welchen mehr von diesem Gase ausgeatmet wird. Und solches Verfahren wäre nicht empirisch, sondern ganz rational. Die Physiologie der Atmung dagegen, wie würde sie ausfallen, wenn man nicht wüsste, welche Stoffe ausgeatmet werden? So ist auch unsre Psychologie die notwendigste Vorarbeit für eine Physiologie des Gehirns und lässt auch eine rationale Psychiatrie zu.

632. Ich erlaube mir über Aphasie noch folgende Bemerkungen:

Das Wort ist zunächst ein Lautgebilde, welches durch die Lautorgane hervorgebracht wird, welches wir aber, bevor es ausgesprochen wird, wie eine Melodie, als inneres Lautbild, so

wie das Ohr es uns zuführen würde, in uns tragen. Nur
beachte man auch hier die 615 bemerkte Beschränkung. Das
innere Lautbild, welches dem gesprochenen Worte vorangeht,
ist unter den gewöhnlichen Verhältnissen der Rede zunächst
nur schwingend und wird erst durch die Aussprache und zugleich mit ihr bewusst. Doch können wir es uns, wie auch
eine Melodie, bewusst machen, ohne es auszusprechen, aus dem
einfachen Grunde, weil. es dem Bewusstsein nicht ein Mehres
gleichzeitig, sondern successiv bietet. Also kann auch der
Anarthrische das Wortbild ganz lebhaft besitzen. So berichtet
Benedict (Wiener mediz. Presse 1865. S. 1141 ff.) von einem
Kranken, der, Böhme von Geburt, böhmisch und deutsch sprach.
Dieser war in seiner Sprache beeinträchtigt. Manche Dinge
wusste er noch böhmisch zu benennen, aber nicht mehr deutsch.
Er behauptete aber, dass er sich des deutschen Wortes wohl
erinnere, aber es dennoch nicht aussprechen könne. Er konnte
böhmisch lesen und verstand das Gelesene, aber konnte das
Gelesene nicht aussprechen. Dass er Laut und Bedeutung der
Schrift in der Tat innerlich erfasste, bewies er dadurch, dass
er merkte, ob ein Anderer richtig las und richtig übersetzte.
Das war Anarthrie. Des Kranken Lautbilder hatten die motorische Kraft verloren. Dieser Kraft konnte man zu Hülfe
kommen. Der Kranke nämlich konnte die Wörter, die er von
selbst nicht auszusprechen vermochte, doch nachsprechen, wenn
man sie ihm vorsprach (359).

633. Aphasie besteht nun erstlich in der Form, dass
die Reproduction des Wortbildes auch bis zum Grade der
Schwingung, geschweige zur Bewusstheit, nicht gelingt. Es
sagte einmal ein Aphatischer, „ich weiss vieles; aber ich kann
es nicht finden“. Dabei kann die anschauende Erkenntniss
ganz ungestört sein, das Benehmen durchaus verständig. In
wie fern abstractes Denken hierbei möglich ist, lasse ich dahingestellt. Nur das könnte nicht verwundern, dass ein in
solcher Weise Aphatischer noch ein guter Rechner wäre. Man
bedarf des Wortes nicht, um $4 \times 6 = 24$ zu verstehn, kurz,
um mit Zahlen zu operiren (S. 50. 51. 53) *). — Dass es in

---

*) Darum bleibt es dahingestellt, ob Aphasie oder Anarthrie vorliege, in
dem Falle, wo ein Kranker, aufgefordert die Jahreszahl zu nennen, erklärt:

der Tat in manchen Fällen sich nur um eine verkümmerte Erinnerung an die Wortbilder handelt, mag aus Folgendem her-
vorgehn. Man merkt, wie sich der Kranke auf den Namen
eines vorgezeigten Gegenstandes besinnt; und er findet ihn,
wenn man ihm den Anfangslaut vorspricht. Ein aphatisches
Mädchen sagte, indem sie auf einen Schlüssel wies: „Geben Sie
mir so was!" (Vergl. über das allgemeine „so was" 629). Auf
die Frage, wie das heiße, wusste sie nicht zu antworten. Als
man ihr vorsagte Schl—l—, sagte sie „Schlickel", corrigirte
sich aber dann und sagte unter augenscheinlicher Freude
„Schlüssel", na ja, Schlüssel", hatte aber das Wort nach einer
Minute schon wieder vergessen. Diese Person benahm sich
durchaus vernünftig, aber völlig kindisch. Einem andern Kranken ward ein Hut gezeigt. Nachdem er lange vergeblich gesonnen, nannte er ihn lächelnd „Bibi", und so hatte er auch
sonst den neckischen Namen für den üblichen. Die Verwechslungen (604), wenn z. B. „Stock" für Hut gesagt wird, zeigen
ein verwirrtes Gedächtniss. Jemand las „drei Jahrhunderte"
anstatt v i e r, streckte aber, während er „drei" sagte, vier
Finger empor*). Ein andrer besaß von der ganzen Sprache
nur noch „ja" und „nein" uud das Zahlwort „drei". Mit diesem
aber drückte er alle Zahlen aus, indem er, wenn es sich um
eine höhere Zahl handelte, das Fehlende durch Finger ergänzte.
Und endlich was andres als gehemmte Erinnerung kann es sein,
wenn ein Kranker für die Tapete, auf deren Namen er nicht
kommen kann, sagt: „das was an der Wand ist"? Doch kann
in allen diesen Fällen auch bloße Anarthrie vorliegen. Der
Böhme, von dem 632 die Rede war, sprach ebenfalls zuweilen
ganz andre Laute, als er wollte, z. B. „Büchel" für Flasche,
und ärgerte sich darüber. Er sprach auch eine falsche Zahl
und wusste, dass er irrte. Später behalf er sich so, dass er

„ich weiß es, ich weiß es, aber ich kann es nicht aussprechen", und dann
das Verlangte, wenngleich mit Mühe, richtig hinschreibt. Die Frage wäre,
ob er die Zahl wohl auch buchstäblich hätte schreiben können. Damit wäre
die Anarthrie wohl erwiesen gewesen.

*) Ich finde nicht angegeben, ob die Zahl vier buchstäblich oder mit dem
Zahlzeichen geschrieben war. Dieser Umstand wäre aber wichtig. Denn das
Zeichen 4 hat keine Macht oder wenigstens nur geringere Macht, das Lautbild
des Zahlwortes zu reproduciren, als das buchstäbliche „vier" haben würde.

von eins beginnend die Zahlen der Reihe nach aussprach und bei der betreffenden stehn blieb.

634. Z w e i t e n s: wenn aber der Kranke die Verwirrung des Gedächtnisses nicht bemerkt, sondern mit dem falschen Worte richtig gesprochen zu haben meint, so ist das eine Beeinträchtigung des Urteils. Urteil ist Vergleichung, und diese ist, wie Beziehung überhaupt, ohne rege Reproductionskraft nicht möglich. Wer beim Anblick von vier „drei“ sagt, dem ist statt des mit vier unmittelbar associirten Lautbildes ein mittelbar mit ihm associirtes erwacht. Ein Druck der auf „vier“ lastete, ließ dieses nicht steigen, und der Anstoß pflanzte sich auf das freie mit demselben associirte „drei“ fort, so dass dieses stieg. Nun müsste das Lautbild „drei“ die Anschauung der Dreiheit reproduciren. Tut es dies, so tritt diese Anschauung in Gegensatz zur Warnehmung und der Kranke urteilt richtig, dass er geirrt habe. Reproducirt aber „drei“ nicht seine richtige Anschauung, so bleibt das Urteil aus. — Ein Kranker wird gefragt: Sind sie nicht aus Haute-Loire? — Haute-Loire, ist die echoartige Antwort. — Wie heißen Sie? Haute-Loire. — Was treiben Sie für ein Geschäft? Haute-Loire. — Sie heißen doch Marcou? Ja, mein Herr. — Sie heißen wirklich Marcou? Ja, mein Herr. Welches ist Ihre Heimat? Marcou. — Hier ist mit der Erinnerung und in Folge davon das Urteil geschwunden. Ein ihm gebotenes Wort beherscht sein Bewusstsein völlig, bis ihm ein andres gegeben wird. Hier ist die freie geistige Bewegung geschwunden.

635. Meist wird man bei dieser Form der Aphasie der Erinnerung zu Hülfe kommen können, so dass sie verstehn was man ihnen sagt. Zuweilen jedoch, wie schon bemerkt, ist die Reproductionsfähigkeit für die Lautbilder so geschwächt, dass der Kranke Gesprochenes nicht versteht, und, da er sonst alle geistigen Fähigkeiten bewart zu haben scheint, wie taub erscheint. Dr. Schmidt (in Lachr's Allg. Zeitschrift für Psychiatrie Bd. 27, S. 304 ff.) teilt einen belehrenden Fall mit. Eine Frau von 25 Jahren erlitt in Folge einer Entbindung Apoplexie. Das Sprechen fiel ihr schwer. Sie musste sich anstrengen, um ein Wort zu finden und auszusprechen; zuweilen kam es verstümmelt oder auch ein ganz anderes zum Vorschein, als sie wollte; so sagte sie „*Butter*“ statt „*Doctor*“; die Sylben

sprach sie selten vollständig richtig, es fielen Buchstaben aus oder wurden durch andre ersetzt. Dies war also Anarthrie in Folge mangelhafter Beziehung des motorischen Organs auf das psychische. Aber auch letzteres an sich hatte gelitten. Da die Kranke Gesprochenes nicht verstand, so bediente man sich, um mit ihr zu verkehren, der Schrift. Hier bestätigte sich, wie mir scheint, völlig die Bemerkung von 613. Denn „wenn man eine Frage auf die Tafel schrieb, so betrachtete sie ein Wort nach dem andern mit Aufmerksamkeit, suchte sie einzeln und dann auch im Zusammenhange auszusprechen und dann zu antworten." Das besonders Belehrende aber liegt nun im Folgenden, woraus sich ergibt, dass es sich mit dem Verständniss des Gehörten gerade so verhält, wie mit dem des Gesehenen. Die Kranke hatte ihr Gehör, wie sich bald herausstellte, völlig erhalten; sie hörte das Ticken einer Taschenuhr, wie der Gesunde. „Sie hörte es, wenn man einzelne Vocale aussprach und sprach sie nach. Sprach man in gewöhnlicher Weise ein einsylbiges Wort, so verstand sie es nicht; trennte man aber die einzelnen Buchstaben scharf von einander, so dass sie in der Aussprache deutlich hervortraten, so sprach sie es nach. Bei mehrsylbigen Wörtern musste man zuerst eine Sylbe deutlich aussprechen, dann die andre ebenso, dann erst beide zusammen. Nach und nach lernte sie die Worte schneller auffassen. Doch ging ein halbes Jahr vorüber, bis sie bei deutlicher langsamer Aussprache einen ganzen, auch nur kurzen Satz ohne Wiederholung gleich verstand. Wie die Kranke später selbst erklärte, hat sie beim Sprechen wohl gehört; sie habe aber nichts als ein verworrenes Geräusch vernommen." Geht es uns beim Erlernen einer fremden Sprache nicht ganz ebenso? So lange uns die Sprache ganz fremd ist, hören wir nur ein verworrenes Geräusch; allmählich lernen wir einzelne Wörter, wenn sie deutlich vorgesprochen werden u. s. w. Also nicht „dasjenige Organ im Gehirne hat gelitten, welches die Function hat, die Laute zu combiniren und aus den einzelnen Buchstabenlauten das Klangbild herzustellen"; denn das tut der Gesunde nicht. Wir hören niemals im Leben einzelne Laute, die wir erst combiniren. Dazu ist die gewöhnliche Aussprache keines Menschen bestimmt genug, und die Aufmerksamkeit des Ohres niemals scharf genug. Sondern (wie 613) es wird vom Gesunden das reproducirte

Wortbild dem gehörten entgegengetragen und dieses wird von
jenem appercipirt. Welche Tätigkeit des Gehirns mit dieser
Reproduction und Apperception verbunden ist, weiß wohl bis
heute Niemand.

636. Drittens: Zunächst erstreckt sich dieser Mangel
an Urteil und Freiheit nur über die Wörter als bloße Lautbilder.
Das Lautbild aber ist mit einer Vorstellung associirt, und es ist
eine tiefere Störung der Sprachfähigkeit, wenn der Kranke unfähig ist, nicht das Lautbild, sondern die Vorstellung selbst
zu reproduciren, dann ist der eigentliche Rede-Process, die
Function der Umwandlung der Anschauung in die Vorstellung,
d. h. die Satzbildung, gehemmt. Diese beiden Stufen sollten
mehr unterschieden werden, als bisher geschehen ist. Denn die
Unfähigkeit zur Satzbildung berührt gar leicht das logische
Vermögen. Ein aphatisches Mädchen, dessen schon 629. 633
gedacht, sprach von sich immer nur in der dritten Person. Das
ist Ausdruck herabgesunkener Intelligenz. Sie sprach aber
auch ohne Verba finita und ohne Conjunctionen, ganz wie ein
Kind, d. h. aber mit der Unfähigkeit wirklicher, voller Satzbildung. So sagte sie z. B. „Toni gemacht, Alles schön gemacht"; oder „Toni Blumen genommen, Wärterin gekommen,
Toni gehaut." Dieser Fall ist auch insofern belehrend, als er
zeigt, dass abstracte Elemente der Sprache und formale Elemente
sehr verschieden von einander sind. Abstractionen sind fast
leicht, Formen erfordern Gesundheit. — Die Frau von 635 war
anarthrisch und aphatisch und auch akataphatisch (637). Darum
ward es ihr immer noch schwer, zwei Wörter mit einander zu
verbinden, nachdem sie schon jedes einzeln für sich erfasst hatte.
Darum conjugirte sie die starken Verba mit schwacher Flexion
(wie die Kinder) und gebrauchte öfter den Infinitiv statt der
bestimmten Zeitform. Aber ihre sachlichen Anschauungen
waren ungehemmt. Ein anderer Kranker sagte bei der Untersuchung seiner Augen: „Das eine Auge — — Auge ist immer
— — Tränen — — tränig gewesen — — ich kann gar nicht
— — früher konnt' ich — — besonders — natürlicher Weise
— mit den Jahren kleine Stiefe — Strippe — Schrift — die
Brille." Man versteht, was der Kranke hat sagen wollen; und
er hatte die verhältnissmäßig klare Erinnerung (erinnerte Anschauung) des tatsächlichen Verhältnisses, dass nämlich das eine

Auge schon längst tränte, dass er früher aber doch damit gesehen habe, indessen jetzt gar nicht mehr damit sehen könne; mit den Jahren sei es immer schlimmer geworden, so dass er bald kleine Schrift nicht mehr lesen können und sich einer Brille bedienen müssen. Seine Ausdrucksweise verrät, scheint mir, mehr die Unfähigkeit Sätze zu bilden, d. h. Anschauungen in Vorstellungen zu analysiren, als ein schlechtes Gedächtniss. Es scheint ihm allerdings das wichtige Wort „sehen" nicht haben einfallen wollen. Wenn derselbe Kranke einen vorgehaltenen Schlüssel nicht benennen kann, aber dabei nach dem Türschlosse blickt, so mag das bloße Schwäche des Gedächtnisses sein. Wenn er aber, nachdem eine bedeutende Besserung eingetreten war, einen schlimmen Rückfall erlitt und darauf sagte: „Es ist merkwürdig ... wie ich die alte Geschichte gehabt habe ... dass ich kaum ... habe gehabt, ich kann's nicht sagen ... bin recht falsch ... dass man so muss anfangen, wie's gewesen ist, wie ich krank war", so wollte sich sein Gedanke, nämlich dass sich sein Zustand von neuem verschlimmert habe, nicht in die Form der Vorstellung begeben. Auch sonst finde ich bemerkt, dass ein Reconvalescent wohl schon so weit genesen war, dass man ihn verstehen konnte, er aber noch außer Stande war, einen Satz zu bilden. Diese Störung, einmal eingetreten, hebt sich schwieriger wieder auf.

637. Mir scheint die Unterscheidung der beiden Formen der Aphasie 633. 636 so wichtig, dass ich noch Folgendes anzumerken mir erlaube. Man könnte die erstere Form Aphasie, die andre Akataphasie nennen (Aristot. de interpr. c. 4). Die Methode, Dinge vorzuzeigen und nach ihrem Namen zu fragen, kann natürlich niemals zur Feststellung der Akataphasie führen. Da aber das Wort wesentlich nicht Ausdruck der Anschauung P ist, so liegt auch etwas Unangemessenes darin, ein vorgezeigtes Ding zu benennen. Ein gezeigter Schlüssel hat nicht den Namen „Schlüssel", sondern ist dieser Schlüssel. Darum ist auch die Methode nicht ausreichend, das Wesen der Aphasie festzustellen. Sie wäre völlig untauglich, wenn nicht versteckt oder ausgesprochen immer ein Satz in der Formel „das ist Brot, das ist ein Schlüssel" zu Grunde läge, 589.

638. Viertens: Störung der Intelligenz mit oder ohne Aphasie. Bei Geistesschwachen mit Aphasie findet sich zuweilen

doch eine gewisse Neigung zu sprechen. Sie sprechen allgemeine Formeln aus (vgl. 636), die sinnlos sind, weil der bestimmte Inhalt fehlt, z. B. „es ist doch merkwürdig"; oder auf die Frage, wieviel 13 — 6 sei, nach einigem Zögern die Antwort: „das werde ich auch wissen . . . (lacht) wenn man's wegnimmt, wird man's wissen". Oder das Aussprechen einer gewissen Anzahl von Wörtern in bunter Reihe wirr durch einander.

638. Fünftens: Neben der Unfähigkeit der Reproduction, zeigt sich auch zuweilen Mangel an Herschaft über das, was sie reproduciren können. Dies zeigt sich teils bei leichtern Fällen, teils in der Reconvalescenz. Der Kranke kann z. B. zählen. Fordert man ihn aber auf, dies bis zu einer bestimmten Zahl zu tun, so geht er über diese hinaus. Der angeregte Lauf der Vorstellungsreihe lässt sich nicht nach Freiheit abbrechen. Ähnlich verfuhr der obengenannte Musiker. Hatte er den verlangten Ton getroffen, so schloss er sogleich eine Reihe von Tönen an, die einer Tonleiter entsprachen. Von einem andern Kranken wird berichtet, dass er jedem einsylbigen Worte die Endung *tif* beifügte und von mehrsilbigen nur die erste Sylbe aussprach und *tif* anschloss: *bontif montif* (bonjour monsieur). Benedict berichtet ähnlich von dem (632) erwähnten Böhmen, dass er oft dem richtigen Worte einige Laute vorsetzte. So sagte er z. B. „Gattichose" für Hose, wobei er wusste, dass er sich geirrt habe; auch sprach er das Wort, wenn man es ihm vorgesagt hatte, richtig nach.

639. Sechstens: Häufig, aber nicht immer, ist sowohl die symbolische Kenntnissgabe, als auch die Kenntnissnahme gestört; doch kann auch letztere bestehen, während die erstere gestört ist; d. h. die Kranken können nicht sprechen, aber sie verstehn Gesprochenes.*)

---

*) Die Casuistik, soweit die Quellen nicht angegeben sind, ist drei Inaugural-Dissertationen der hiesigen medicinischen Facultät aus den Jahren 1867 und 1869 entnommen.

640. Auch beim gesunden Menschen treten vorübergehend und vereinzelt Sprachstörungen ein. Der Betrunkene lallt, und dieses Lallen ist eine Art des Stammelns. Während des heftigen, mit Schluchzen verbundenen Weinens oder während des Lachens stammelt man. Jedoch ist das Stammeln des Gesunden von dem des Kranken durch die Ursache unterschieden; denn beim Kranken hat es eine anatomische, und darum dauernde Ursache, beim Gesunden eine physiologische, also vorübergehende. Beim letztern sind die Organe normal, aber in dem betreffenden Augenblicke in einer Erregung, welche eine deutliche Aussprache nicht zulassen.

641. Blödigkeit, Scheu erzeugt Anarthrie oder Stottern, Auch stottert jemand, der in der Lage ist, reden zu müssen, während er lieber schwiege, wie beim Bekenntniss der Schuld. Beim Stottern des Gesunden wie des Kranken ist wohl zu beachten, dass die unmittelbare Ursache körperlich ist; sie liegt in Krampfzuständen des Kehlkopfes und der Mundhöhle, der Zunge und der Lippen. Die fernere, mittelbare, aber erste und eigentliche Ursache ist psychisch. Die psychische Erregtheit wirkt reflexivisch, wie sonst auf Herzschlag und Atem, so hier auf die Sprachorgane. Krankheit nennen wir das Stottern, wenn jene störende Erregtheit nicht bloß unter besondern Umständen, sondern unter den gewöhnlichsten Verhältnissen des alltäglichen, vertrauten Verkehrs eintritt. Wo der Gesunde nur das Behagen der Unterhaltung fühlt, gerät der Stotter-Kranke in einen Affect, der ihm Schmerz bereitet und das Sprechen unmöglich macht.

642. Stottern tritt beim Gesunden auch da ein, wo ihm eine Combination von Lauten zugemutet wird, die etwas Unbequemes hat und in der er nicht geübt ist. Die Erscheinung wenigstens, welche hier eintritt, ist dieselbe wie beim Stottern, obwohl die Ursache nicht in Krämpfen liegt. Manche Zunge stolpert auf den holprigen „constantinopolitanischen" Straßen. Einer meiner Mitschüler in Tertia, der sonst durchaus tadellos sprach, stotterte bei Τὸν δ' ἀπαμειβόμενος προσέφη. Die Schwierigkeit der Aussprache wird erhöht durch die geforderte Schnelligkeit. Darauf beruhen Scherze, wie: für den Sechser sechs sächsische Schuhzwecken. Auch hier ist die nächste Ursache in der leiblichen Mechanik der Sprachorgane gegeben, welcher solche Folge von Lauten unbequem ist. Die fernere Ursache

jedoch ist die mangelhafte psychische Herschaft über die Organe, welche durch Übung wohl erreicht werden kann. — Auch ist es in diesen Fällen nicht ausschließlich und nicht immer die organische Mechanik, welche als erste Ursache des Stotterns anzusehen ist; sondern oft trägt durchaus nur die psychische Mechanik die Schuld. Der „constantinopolitanische Dudelsackpfeifenmacher-Geselle" bietet nicht den Organen an sich oder ihrer Beherrschung, sondern der psychischen Erfassung Schwierigkeit.

643. Auch an Aphasie leidet der Gesunde oft. Namen zumal, aber auch andre Wörter wollen uns oft nicht einfallen. Ferner versprechen wir uns insofern, als wir Wörter verwechseln, ohne dass wir es merken, in der Meinung richtig gesprochen zu haben, oder auch so, dass wir uns sogleich corrigiren, weil uns das Ohr etwas zurückgibt, was wir nicht gesagt haben wollten. Man erzählt z. B. von drei Personen oder Dingen A, B, C und gibt dem A ein Prädicat, das wir zu B oder C denken. Man verschreibt sich auch: indem man bald Sylben auslässt, bald Sylben gegen andre vertauscht. Die Schuld und der ganze Vorgang ist hier rein psychisch. — Am häufigsten zeigt sich Akataphasie, nämlich überall da, wo ein schlechter oder ungeübter Redner mit dem Satzbau nicht fertig wird. Dann tritt gewöhnlich, jedoch nicht immer und notwendig Stottern hinzu.

644. Um alles dies klar aufzufassen. müssen wir drei Momente, welche beim Sprechen mitwirken, sicher unterscheiden: die organische Mechanik, die psychische Mechanik, der auszusprechende, d. h. vorzustellende Anschauungs- oder Begriffs-Inhalt. Der Zweck der Rede ist die Vor- und Darstellung des Inhaltes vermittelst der psychischen und der organischen Mechanik. Wir könnten uns recht wohl die organische Mechanik als die Orgel, die psychische Mechanik als den Orgelspieler, den Inhalt als den Componisten denken: nur dass diese drei Momente nicht als beziehungslos außer einander bestehend, sondern als nach ihrem Wesen und Dasein oder dynamisch auf einander bezogen gedacht werden müssen. Die beiden Mechanismen stehen selbst wieder in einem mechanischen Zusammenhange; aber auch der Inhalt wirkt auf den psychischen Mecha-

nismus nur, indem er ganz innerhalb desselben steht. Ist denn das etwas besondres? Bilden nicht während des Spiels die Orgel und der Spieler und der Componist gerade solch eine Einheit, wie in der Rede das Organ, die Vorstellung und der Inhalt? Steht nicht der Finger und der Fuß des Spielers in mechanischem Verband mit der Orgel? Und könnte der Spieler die Melodie des Componisten ertönen lassen, wenn die beiden Seelen nicht auf einander bezogen wären — und wenn also bezogen, wie denn anders als mechanisch? — nämlich durch Noten? Also der Componist setzt den Finger des Spielers, dieser die Orgel in Bewegung.

645. Nun kann jedes der drei Momente in Unordnung geraten: das Instrument ist verstimmt, der Finger gelähmt, die Melodie veruntreut. So entstehn die eigentlichen Krankheiten: erstlich Stammeln, Stottern und Anarthrie, zweitens Aphasie und Akataphasie, drittens Geistesstörung. — Es kann aber jedes Moment an sich in Ordnung sein; nur entspricht die Ordnung der beiden Mechanismen nicht derjenigen, welche die Melodie oder die Rede als der Zweck erfordert. Die Melodie setzt etwa Fingerbewegungen voraus, welche die Hand des Spielers nicht auszuführen vermag; oder das Instrument kann den gegebenen Anstößen nicht entsprechen, etwa weil sie zu schwach sind, oder einander zu schnell folgen, oder in einer Ordnung folgen, welche jenes nicht beobachten kann. So wird ohne eigentliche Krankhaftigkeit doch der Zweck nicht erreicht.

646. Wir unterscheiden also genauer:

a) Störungen der organischen Mechanik: Stammeln.

b) Unfolgsamkeit der organischen Mechanik gegen die psychisch-sprachliche: Stottern, Anarthrie. Hierher gehören aber auch alle grammatischen Lautfiguren, wie Assimilation, Synkope, historische Lautschwächung u. s. w. (Zeitschr. für Völkerpsychologie I, 104—107. 122—129.)

c) Unfolgsamkeit der psychischen Mechanik gegen den Inhalt.

Sowohl bei *c)* wie wie *b)* können wir folgende Unterabteilungen machen:

α) Untätigkeit des Mechanismus ergibt bei *b)* Anarthrie, bei *c)* Aphasie in der Weise, dass kein Wort erinnert wird.

β) Eigenmächtige Bewegung des Mechanismus oder falsche

31*

Beziehung desselben auf die leitende Macht ergibt bei *b)* das falsche Aussprechen des gewollten Wortes mit allen Erscheinungen von 642 und gewisse Lautfiguren, wie Schwächung und Verdumpfung der Vocale, Einschub von Vocalen und Consonanten zur bequemen Aussprache; bei *c)* aber

a) Die Vertauschung der Wörter; der psychische Mechanismus reproducirt ein Wort, das nicht gewollt wird. Es werden gewöhnlich entgegengesetzte oder überhaupt eng mit einander verbundene Wörter verwechselt. Oben fanden wir angegeben „Hut“ für Stock; beide gehören zum Ausgehen. Im Verkehr verspricht sich der Gesunde am meisten da, wo er es am wenigsten möchte, bei Gegensätzen, wie Ost und West, rechts und links u. s. w. Da diese Wörter dicht neben einander liegen, so geht die Erregung leicht fehl. Indessen werden beim Kranken oft körperliche Ursachen bestimmend sein.

b) Das Versprechen oder Verschreiben, welches dadurch eintritt, dass eine zufällig wirkende Kraft mächtiger geworden ist, als der Inhalt, in Folge wovon in die reproducirte Reihe ungehörige Glieder eingeschoben, hineingehörige ausgelassen werden, oder die Reihe der Glieder so verschoben wird, dass was folgen sollte, vorangeht. Die gewöhnlichste Ursache des Verschreibens ist, dass ein schon voraus gedachtes Wort in dasjenige, welches im Augenblicke geschrieben wird, hineinwirkt. So schrieb ich z. B. einmal: „Reiße der Außenwelt“ für Reize; sprach „Plato und Cato“ für Plautus. Beim Gesunden ist es mehr das erst folgen sollende, welches zu früh wirkt; beim Kranken ist es das Vorangehende, welches noch nachträglich wirkt. So 634. Dasselbe zeigt besonders klar der erkrankte Edinburger (648). Er sollte 2718 schreiben und schrieb dafür 277717. Er hat bei der ersten 7 die Siebensucht bekommen. Es ward ihm dictirt: *The view from thence is,* und er schrieb *The view fiew thence.* Dictirt: *of that gloomy;* er: *of a afore the gloffy.* Grammatisch gehört hierher die Prolepsis und Assimilation. (Genauer gehört wohl die progressive Assimilation und Dissimilation unter β), die regressive hierher).

647. Endlich ist in Bezug auf die unter *a)* gestellte Aphasie zu unterscheiden:

a) Das Bild des Wortlautes wird nicht erinnert: Aphasie im engern Sinne

b) Bild und Bedeutung des Wortes wird nicht erinnert, die Vorstellung, die Satzform wird nicht gebildet: Akataphasie. — Dieser Unterschied kann auch so gefasst werden. Die Sprache als ein psychischer Mechanismus gedacht besteht einerseits in einer, man kann sagen, unzählbaren Menge von Vorstellungen A^n und N^n, andrerseits aber in Methoden (Gesetzen, Regeln) und Mitteln (Partikeln, Formen), diese Vorstellungen unter einander zum Satze zu verbinden. So ist, abgesehen vom Ausdrucke des Inhalts, die correcte Bildung des Satzes Zweck, und zwar nächster Zweck, der Sprache. Dieser ist freilich dem Inhalte als Mittel untergeordnet, aber immerhin etwas für sich zu erreichendes. Es kann nun einerseits der Fall eintreten, dass der Mechanismus des Bewusstseins die zur Darstellung des Inhalts notwendigen A^n und N^n nicht liefert: Aphasie; es kann aber auch die Kraft fehlen, die Vorstellungen nach den grammatikalischen Gesetzen zu appercipiren (286) oder zu verbinden: Akataphasie.

648. Für diese Stelle war folgende Bemerkung verspart. Ausführlich ist gezeigt, wie der geistige Inhalt, Anschauungen sowohl als Begriffe, nur in Schwingung gesetzt und im Bewusstsein durch die entsprechenden Vorstellungen, welche die Bedeutungen gewisser Wortlaute sind, vertreten werden. Die Vorstellungen oder Wortbedeutungen dagegen werden bewusst. Die Inhalte aber erfordern zu ihrer Repräsentation im Bewusstsein mindestens zwei, meist aber mehre Vorstellungen oder Wörter. Es können aber niemals fünf, drei oder auch nur zwei Vorstellungen sich gleichzeitig im Bewusstsein befinden, noch weniger ein Satz, der zwei oder drei Zeilen einnimmt. Folglich wird, abgesehen von Bildern, kein Inhalt auch nur in der Form der Vorstellungen in seiner Gesammtheit bewusst sein; sondern bewusst ist immer nur eine Vorstellung: während die andern Vorstellungen des betreffenden Inhaltes bloß schwingen. Die Combination der Wörter zum Satze vollzieht sich schwingend mit schwingenden Momenten. Der Satz als Ganzes, als Einheit verschiedener Momente, ist der nicht bewusst werdende Zweck der Wort-Reihe, welche Glied für Glied durch das Bewusstsein zieht. So hat also der innere sprachliche Mechanismus noch abgesehen von dem Inhalte, dem er als dem Zwecke dient, noch seinen Zweck in sich, der, obwohl unbewusst, die einzelnen

Vorstellungen zwar nicht hervorzurufen hat, was schon der Inhalt tut, aber doch zu ordnen, zu formen, auf einander zu beziehen hat. — Es gehört aber eine nicht geringe Kraft dazu, das zu leisten, was der Satz fordert, und es mit bloß schwingenden Momenten zu leisten. Dazu kommt, dass zwar der Inhalt schon die notwendigen Vorstellungen herbeiruft, aber doch nicht in voller Bestimmtheit, welche vielmehr erst durch den Satzbau, die Construction herbeigeführt wird. Wie leicht sinkt nun aus der Reihe schwingender Vorstellungen eine in die völlige Unwirksamkeit. Geschieht dies aber dem ersten Gliede, so erhalten die folgenden Glieder nicht mehr die hinlänglichen Anstöße, und der Ablauf der Reihe ist gestört. Daher begegnet es auch dem Gesunden, wie dem Akataphatischen, dass er Sätze beginnt, die er nicht ausführt; das ausgesprochene Subject z. B., das schwingend bleibend sollte, bis der Satz zu Ende ist, wird latent: so stellt sich das Verbum nicht ein. So berichtet Solbrig (in Lähr's Zeitschr. f. Psychiatrie Bd. XXV. S. 321 ff.) von einer Kranken: „Es war keine vollkommene Aphasie; allein die Kranke verwechselte nicht selten die Worte und allmählich gelangte sie dazu, dass sie von einem angefangenen Redesatze das Ende nicht mehr finden konnte. Sie begann mit ein paar Worten und der Rest war ein fruchtloses Bemühen. Sie wusste zwar, dass sie noch etwas sagen wollte, konnte es aber schlechterdings nicht mehr hervorbringen und war oft ungehalten darüber." Genau dasselbe wird im Edinburgh Medical Journal (vol. XII, part II, Januar 1867) berichtet, nur dass hier noch undeutliche Aussprache hinzukam. Mit dem Beginne des Satzes und so lange bis er zu Ende gesprochen ist, müsste er in der Seele als Ganzes und Einheit schwingen: das letzte Wort schon, während das erste über die Lippen geht, das erste noch, während das letzte ertönt. Das vermag der Kranke nicht zu leisten. Aber auch alle Anakoluthien, erlaubte und unerlaubte beruhen auf mangelhafter Schwingung (Vergl. 272—275).

649. Auch Vergleichungen sind Beziehungen, und Urteile im engern Sinne sind Vergleichungen, und so ist es hier überall wesentlich, dass schwingende Momente in Tätigkeit treten. Beim Kranken geschieht das nicht. Es könnte also im Falle von 634 der Laut „drei" ganz richtig reproducirt sein und dennoch die Vergleichung unterbleiben, weil der Kranke die

Warnehmung der Vierzahl nicht mit der Dreiheit vergleichen kann, weil er sie nicht beide zugleich so bewusst oder schwingend erhalten kann, als nötig ist, sondern immer eins das andre verdrängt. Von dem Kranken des Edinburgh Medical Journal (648) wird folgendes berichtet. Er antwortete auf einfache Fragen richtig mit ja und nein; aber er ist unfähig zu urtheilen, zu vergleichen. „Schmeckt Ihnen Ihr Wein? Nickt. Trinken Sie gern Port-Wein? Nickt. Möchten Sie nächstens lieber Port-Wein oder Sherry? Hierauf erfolgt keine Antwort. Ja noch mehr. Eine ihm längst bekannte Person ist im Zimmer. Man fragt ihn, ob er sie kenne; er nickt. Ist es X? wobei man einen falschen Namen nennt. Nickt. Ist es Y? wobei man den rechten Namen nennt. Darauf wird der Kranke verlegen und wendet sich ab. Am andern Tage ist Y zugegen, und es ereignet sich ganz dasselbe mutatis mutandis.

650. Gesundheit beruht darauf, dass der organische Mechanismus, während er ganz nach eigener Mechanik wirkt, doch nur ausführt, wozu ihn der psychische Sprach-Mechanismus treibt, und dieser wiederum, der ebenfalls seine eigene Mechanik und seinen eigenen Zweck hat, mit beiden sich nur so bewegt, wie der geistige Inhalt es fordert. Bedenkt man, dass jeder der beiden hier in Betracht kommenden Mechanismen seine eigene Gesetzmäßigkeit hat, eigenen Förderungen und eigenen Hemmungen unterliegt, so erscheinen Störungen sehr natürlich, und die gesunde Rede ist wie ein Wunder.

Zusätze.

Zu S. 87 vergleiche man die wesentlich übereinstimmende Äußerung von Benfey, Geschichte der Sprachwissenschaft. München 1869. S. 296 f.

Zu S. 124 Z. 1—4 vergl. Kant Kritik der reinen Vernunft S. 319², (241 Reclam, 243 Hartenstein 1853): „Einerleiheit und Verschiedenheit. Wenn uns ein Gegenstand mehrmalen" u. s. w.

Zu S. 156 §. 107 vergl. Kant daselbst S. 180² (144 f. Reclam; 152 Hartenstein): „Der Begriff vom Hunde bedeutet eine Regel" u. s. w.

Zu S. 254 Z. 2 v. o. „G umfasst s, s, s...; M aber ist in jedem der s eingeschlossen", d. h. der gemeinsame Typus der Gattung umfasst die Specifica der Arten; das Gemeinsame der Arten aber ist in jeder besondern Art eingeschlossen.

Zu S. 266 §. 329. Das hier Gesagte wird sich der Leser an seinem Arm am deutlichsten machen. Man kann den Arm beugen, indem sich der Unterarm mit der Hand dem Oberarm annähert, und strecken, indem er sich von letzterem entfernt. Am Oberarm sitzen die Muskeln, welche mit ihren Sehnen am Unterarm enden; und während die einen ihn anziehen und beugen, ziehen ihn die anderen ab und strecken den Arm.

Zu S. 292 §. 370. Wenn ich sitze und zu sitzen gesonnen bin, so kann ich ruhig an jede Bewegung meines Leibes denken, weil die in mir schwingende Vorstellung des Sitzenbleibens mit vielen anderen schwingenden Vorstellungen, wie denen des Zweckes, des Vorteils meines Sitzens für mich und für andere, associirt ist, und diese Vorstellungen mit vereinter Kraft sich der motorischen Kraft der Vorstellung jener Bewegung widersetzen, indem sie dieselbe auch hindern, ihre Associationen geltend zu machen und sie völlig isolirt halten.

Zu S. 316 §. 411. Kindern, Ungebildeten, Wilden gilt der Leib schlechthin als ihr Ich, ihre Seele, ihr Bewusstsein. Daher meinen sie Schmerzen, welche in ihrem Leib entstehen, kämen ihnen von außen; und hierauf beruht die Vorstellung des Behextseins. — Zu dem ganzen §. 411 vergleiche man §. 56.

Zu S. 340 §. 448. Hier ist auf F. A. Lange, Geschichte des Materialismus II.² 359 verwiesen, wo das Gehirn besprochen wird. Ich führe hier folgendes an: „Beim Menschen sind Hirnschenkelfuß und Linsenkern (zwei Teile des Gehirns) am mächtigsten entwickelt; die Höhe des Fußes des Hirnschenkels kommt der Höhe der Haube des Hirnschenkels gleich, während sie sich z. B. beim Reh zu dieser nur wie 1 : 5 verhält." Danach ist es gerade ein solcher Teil des Gehirns, welcher als motorische Bahn dient, der beim Menschen so vorzüglich entwickelt ist, während man eine höhere Entwickelung der sensorischen Bahnen erwartete. Dem scheint sogar die unstreitige Tatsache zu widersprechen, dass die Tiere den Menschen an Kraft und Schnelligkeit der Bewegungen überlegen sind. Lange erinnert aber hier mit vollem Recht, „dass es in erster Linie gar nicht etwa auf Kraft und Schnelligkeit der Bewegungen ankommt, sondern auf Mannichfaltigkeit und genau bemessene Zweckmäßigkeit. Dazu aber gerade bedarf es eines ausgedehnten Coordinations-Apparates mit Verbindungen, die von jedem Punkte eines gegebenen Systems aus zu einer Mannichfaltigkeit von Punkten anderer Systeme verlaufen." Und nun verweist Lange auf die Sprache und die kunstfertige Hand, welche so viele Coordinations-Centra und Verbindungswege zwischen denselben erfordern. Daher bedarf auch der Australier und der Feuerländer eines voll entwickelten Menschengehirns: denn er spricht und arbeitet (das. 435).

Zu S. 342 Z. 4 v. u. „An unserem Leibe lernen wir, den Raum setzen und ihn messen." Das Pferd versteht z. B. mit dem Schwanze die Punkte zu treffen, wo es von einer Fliege gestochen wird, und berührt manche Stellen seines Leibes mit dem Huf. Ebenso kratzen sich andere Thiere mit der Pfote, mit der Schnauze. Wie anders, wenn das Kind, ohne die Leidenschaft des Juckens, sich mit seinen Fingern berührt, die mit Tast-Organen besät sind, während das Auge zugleich die Berührungsstelle sieht. Ja bekanntlich achtet ein Kind gerade auf die Stiche der Insecten gar nicht; es ist in Vergleich mit dem Tier höchst unpraktisch.

Zu S. 344 Der Farbensinn ist in neuester Zeit Gegenstand lebhafter Discussion gewesen. Man vergl. Allen, der Farbensinn, übers. von Krause. Rabl-Rückhard in der Zeitschr. f. Ethnologie 1880 S. 210—221 und die Verhh. der Berliner Gesellschaft f. Anthropologie in derselben Zeitschrift 1880 S. 183—185 und Lazarus, Leben der Seele II.² S. 109. Misdeutung unzweifelhafter sprachlicher Tatsachen hatte die Physiologen irre geführt. Wenn man jetzt ausspricht: „Die Frage der physiologischen Entwickelung des Farbensinnes

ist vom historisch-linguistischen Gebiet völlig auf das phy-
siologisch-naturwissenschaftliche hinüber gedrängt worden",
so ist dies einerseits bloße Tautologie und zeigt andererseits, wie wenig man begreift, welchen Anteil die Psychologie an dieser Frage hat (Lazarus a. a. O.). Uns kommt
es hier lediglich auf die Apperception der Farben an. Nur
fehlt uns, wie mir scheint, jeder Ausdruck oder jede Vorstellung darüber, wie nicht appercipirte Farben empfunden
werden. Dass nicht appercipirte Farben gar nicht percipirt
würden, gar keinen Eindruck machten, behaupte ich nicht;
aber ich muss es dahin gestellt sein lassen, welcher Art
dieser Eindruck ist. Darum kann ich dem Darwinistischen
Beweise für das Dasein des Farbensinnes bei den Insecten,
Fischen und anderen Tieren nur geringen Wert beilegen.
Für die Säugetiere mangelt der Nachweis des Farbensinnes
fast gänzlich. Soll man nun wirklich glauben, dass bei viel
niedriger organisirten Tieren ein Sinn sogar hoch entwickelt
sei, der den höchsten Tieren völlig fehlt? Ich meine, so
wenig der Stier das Rot sieht, wodurch er wild gemacht
wird, (sieht, in theoretischem Sinne) so wenig sieht irgend
ein Tier Farbe, welches durch Farbe sein Leben erhält
oder sich schützt. Wie können wir wissen, wie die bunten
Blumen dem Schmetterling erscheinen? Ich behaupte noch
nicht, dass er die Farben rieche (obwohl das noch nicht
unsinnig wäre; vergl. auch Gegenbaur, Grundriss der
vergleichenden Anatomie §. 198); aber dieselben können auf
das Insect in ganz unsagbarer Weise wirken.

Zu S. 348 §. 460. Lange (a. a. O. S. 325) bemerkt: „Ueber das,
was zuerst den Menschen strenger von den Tiergeschlechtern
schied, also über die eigentlichen Anfänge specifischen
Menschendaseins finden wir hier (in den Pfahlbauten, Höhlen
u. s. w.) keinen Aufschluss. Ein Umstand verdient jedoch
hervorgehoben zu werden, der allerdings mit den ersten
Anfängen des specifisch Menschlichen in wesentlicher Verbindung zu stehen scheint: es ist das Auftreten des Schön-
heitssinnes und gewisser Anfänge der Kunst in Zeiten,
in welchen der Mensch offenbar noch im wilden Kampf mit
den großen Raubtieren lebte. In dieser Beziehung sind
vor allen Dingen die Umrisszeichnungen von Tiergestalten
auf Steinen und Knochen zu erwähnen. Dazu kommt, dass
auch in den ältesten und rohesten Resten von Töpferarbeit
fast immer eine gewisse Rücksicht auf Gefälligkeit der Form
zu beobachten ist, und dass die Elemente der Ornamentik
fast so alt scheinen, als die Fertigkeit in der Herstellung
von Waffen und Geräten überhaupt." Hiernach erinnert
Lange an Schillers „Künstler" und scheint mit Jäger und

Darwin dafür zu stimmen, dass der Mensch früher gesungen als gesprochen habe — singen, d. h. juchzen und jodeln.

Zu S. 375 §. 502. Was hier und weiter über Onomatopöie gesagt und als Verwantschaft des Gefühlstones der verschiedenen Empfindungen und Warnehmungen und Gedanken bezeichnet ist, wird von Andern „Analogien der Empfindungen genannt"; so von Wundt, Grundzüge der physiologischen Psychologie I^2 S. 487. II^2 S. 297 f. 432 ff.

Zu S. 405 §. 538, 539. Diese Ansicht habe ich später (Ursprung der Sprache 3. Aufl. S. 314 ff. 371—374) modificirt. Ich habe die vielen onomatopoietischen Gebilde, für jede eigentümliche Warnehmung einen besonderen Reflexlaut, fallen lassen. Aus sehr wenigen, in ihrer Bedeutung sehr unbestimmten reflectorisch entstandenen Lauten entwickelten sich durch die psychologischen Processe die Vorstellungen und damit die Wörter.

Zu S. 415 §. 546 Schluss. Die letzte Formel dieses §. muss wohl so gestaltet werden:

$$P = AN + A^{n+1} + N^{n+1} = A^n N^n$$

Denn der Strich in der Formel bedeutet, dass das darunter stehende nur schwingt (S. 412 oben); nun aber schwingt zwar A_{n+1}, aber nicht A^{n+1} wie kurz zuvor (S. 415, Z. 18. 19) gesagt ist.

Zu S. 422 Z. 14 der Druckfehler in der ersten Auflage ist jetzt corrigirt, nämlich das Gleichheitszeichen $=$ vor $(A^n L)$ eingefügt.

Zu S. 454—487 §. 600—650. Zu diesem Abschnitte über Aphasie ist besonders zu vergleichen die vortreffliche Schrift von Kussmaul: Störungen der Sprache. 1877. Ferner Wundt I^2 147 ff.

Zu S. 466 §. 622. Alles was in diesem §. gesagt ist, erweist sich nach den neueren Untersuchungen als ungenau, teilweise auch kaum als richtig. Indessen ist die Sache ziemlich verwickelt und würde eine ausführlichere Darlegung erfordern, als hier am Platze wäre, zumal auch alles dies für unsere beschränkten Zwecke nicht notwendig ist.

Zu S. 477 §. 635 und S. 211 §. 205. Dass zum Verständnis gehörter Rede, zunächst zur Auffassung der gesprochenen Laute als solcher, eine zur Apperception bereit stehende Vorstellungsgruppe nötig ist; dass wir den Einwirkungen auf unser Gehör willig entgegen kommen müssen, wenn die einzelnen Laute in ihrer Bestimmtheit und in ihrer richtigen Combination gehört werden sollen; dass das volle und richtige Hören nicht ein bloßes Percipiren, ein bloß physiologischer Nervenprocess ist, sondern ein ergänzendes, gestaltendes Appercipiren: das zeigt sich da am klarsten, wo trotz der Einfachheit des dem Ohre Dargebotenen wir dennoch nicht

verstehen, weil es nicht gestattet ist in üblicher Weise zu
appercipiren. Nicht nur bei „Juni" oder „Juli" zeigt sich
das Ohr unfähig, *l* und *n* von einander durch Perception
zu unterscheiden, sondern dasselbe findet noch auffallender
statt, wenn wir an jemand eine Frage richten, auf die wir
eben so wohl „ja" wie „nein" zu erwarten haben. Obwohl
hier die Laute sehr verschieden sind, wird man doch in
den meisten Fällen die gegebene Antwort beim ersten Ertönen nicht verstehen, sondern auf größere Deutlichkeit
dringen.

Gehirn und Geist — Physiologie und Psychologie.

Die von mir in diesem Werke festgehaltene Ansicht widerspricht
meines Erachtens keineswegs der Ansicht von Lange und Wundt.
Ich behaupte mit ersterem (das. S. 374), „dass man nicht den Gedanken als ein besonderes Product neben den stofflichen Vorgängen
ansehen kann, sondern dass eben der subjective Zustand des empfindenden Individuums zugleich für die äußere Beobachtung ein objectiver, eine Molecular-Bewegung ist. Dieser objective Zustand muss
nach dem Gesetz der Erhaltung der Kraft in die lückenlose Causalreihe eingefügt werden. Dies muss geschehen können, ohne irgend
eine Rücksicht auf den subjectiven Zustand, da dieser ja kein besonderes Glied in der Kette der organischen Vorgänge ist, sondern
gleichsam nur die Betrachtung irgend eines dieser Vorgänge von
einer andern Seite her." Gerade darum muss es, meine ich, auch
möglich sein, den Wechsel der subjectiven Zustände (der Vorstellungen)
in eine lückenlose Causalreihe zu bringen, ohne irgend eine Rücksicht
auf die Molecularbewegung. Lange sagt dann weiter, wie ich (S. 375):
„Eine genauere Bestimmung des Verhältnisses des subjectiven Empfin-
dungsvorganges zu dem objectiv beobachteten Nervenvorgang dürfte
unmöglich sein." Und S. 394: „Man ist keineswegs genötigt, die
körperlichen Vorgänge als den letzten Grund des Psychischen oder
gar als das eigentlich allein vorhandene zu betrachten."

Wie nötig es aber ist, Psychologie mindestens auch für sich zu
studiren, sieht man wohl aus folgendem. Es könnte jemand die Kette
der Vorgänge im Gehirn lückenlos anschauen, ohne das mindeste von
der psychischen Bedeutung derselben zu ahnen. Die Gehirn-Processe
müssen, um psychologisch verstanden zu werden, erst psychologisch
gedeutet werden. Nun „darf man freilich nicht verfahren, wie ein
Mensch, der die Melodien, die eine Orgel spielen kann, in den einzelnen Pfeifen entdecken wollte" (Lange das. 375); aber wer eine
Melodie nicht in ihre musikalischen Elemente zu zerlegen versteht,
würde niemals den Zusammenhang zwischen Melodie und Orgel begreifen. Jene Zerlegung aber ist möglich ohne Kenntniss der Orgel.
So ist auch eine psychologische Analyse recht wohl möglich ohne

Rücksicht auf die Bewegung in den Gehirnfasern. Dagegen wird der Gehirn-Physiologe ohne gesunde Psychologie schwerlich weit kommen, so wenig wie der Taubgeborene den Bau und die Wirksamkeit der Orgel begreifen würde. Dass auch der Psychologe viel von dem Physiologen zu lernen hat, mag nicht minder zugestanden werden.

Es ist ein ungenauer Ausdruck, wenn man sagt, eine Vorstellung, etwa ein Wille, könne ein Glied des Körpers bewegen, gerade so ungenau, wie wenn man sagt, ein körperlicher Reiz, etwa auf der Haut, erzeuge eine Empfindung. Aber gewisse Molecularbewegungen sind mit Bewusstsein verbunden, und alles was Vorstellung heißt, ist mit Molecularbewegung verbunden, und diese können weiter andere körperliche Bewegungen verursachen. Vergl. Zeitschr. f. Völkerpsych. u. Sprachwissensch. IX, 1—50.

Arten der Apperception.

Zu den (§. 200—219) dargelegten Arten der Apperception bemerkt einer der besten Denker unseres jüngeren Philosophen-Geschlechts, Bruno Erdmann, (Vierteljahrsschrift f. wissenschaftliche Philosophie III, 4. S. 394) erstlich dass dieselben nach dem Schema der formalen Logik bestimmt seien, während doch die psychologische Rücksicht allein hätte maßgebend sein müssen; und zweitens, dass in Folge dessen eine psychologisch wirklich eigentümliche Art der Apperception übersehen sei. welche er die determinirende Apperception nennt. Von derselben sagt er: „Durch diese denken wir überall, wo uns die percipirten Massen in der Form von Allgemeinvorstellungen, also durch Worte gegeben werden. So beim Lesen, im Gespräch u. s. w. Die Verschmelzung, etwa beim Lesen der Schilderung einer nicht namentlich genannten, uns aber bekannten Landschaft, tritt dann durch die allmähliche gegenseitige Determination der Worte ein, die, je zahlreicher und passender sie sind, um so bestimmter aus den verschiedenen gegebenen Apperceptionsmassen die richtige reproduciren. Eben in diese Klasse gehört auch das Raten von Rätseln, deren Lösung die entsprechenden Apperceptionsmassen als vorher schon gegeben voraussetzt."

Ich muss, was den ersten Punkt betrifft, zugestehen, dass, wie der Name „subsumirend" deutlich verrät, ich für die nähere Qualificirung der Arten einen Anhaltspunkt an der Logik gesucht habe, aber erst, nachdem ich die Sache durch rein concretes Suchen gefunden hatte.*) Jetzt aber meine ich, durch Erdmann geweckt, der psychologische Hintergrund sei folgender. Die identificirende Apper-

---

*) Die harmonisirende Apperception fehlte in meinem ersten Anlauf als besonders benannte Art (vergl. meine Kleinen Schriften S. 60), obwohl mir die damit gemeinte Sache nicht entgangen war (das. S. 64). Die Frage aber, inwiefern eine Anlehnung an die Logik in psychologischen Fragen erlaubt sei, hatte ich mir ebenfalls vorgelegt (das. S. 57).

ception zwar beruht auf Verschmelzung, die subsumirende aber auf Verflechtung, die harmonisirende dagegen auf der Harmonie des zu appercipirenden Objects mit der herschenden Gruppe (232—235), unter welche sie gebracht werden muss. Alle Beispiele, welche 210 aufgeführt sind, liefern zugleich Fälle, in denen wir die Macht einer Gruppe erkennen; und umgekehrt wüsste ich die Anekdote von 235 nur als harmonisirende Apperception zu erklären, wobei als Grund der Reproduction und der Wirksamkeit der appercipirenden Gruppe nicht Verschmelzung und nicht Verflechtung, sondern Verbindung, d. h. der innere Zusammenhang der Gruppe (283—285) und die Constitution des Bewusstseins eines Menschen (236—241) angesehen werden muss. Ja, da die Macht einer Gruppe nicht bloß von ihrer innern, aus ihrem Zusammenhalt entspringenden Kraft abhängt, sondern auch von den ihr ganz fremden Verhältnissen, welche die Stimmung des Menschen beherschen (212, 253—262), sein Interesse erregen (247—252): so sind es gar nicht objective (wenigstens von dem betreffenden Individuum als objectiv angesehene) Vorstellungs-Verhältnisse, welche die Apperception bestimmen, sondern ganz subjective Gemüts-Zustände.

Was aber zweitens die von mir als solche nicht aufgezählte determinirende Apperception betrifft, so ist sie (auch nach Erd-mann) den von mir aufgestellten Arten nur in dem Sinn „coordinirt", dass sie dieselben, wenn diese zu einer Gattung der Apperceptions-Arten zusammengefasst werden, als andere Gattung gegenüber steht. Nämlich meine Arten der Apperception sind Formen des Erkennens, die determinirende Apperception ist das was wir gewöhnlich Verstehen nennen. Ich habe natürlich in meinem Buche der Sache öfter gedacht §. 53, 49, 585 und beim Wesen und Ursprung der Sprache oder der Vorstellung im specifischen Sinne. Nun meine ich, wie das Erkennen seine Arten oder Formen der Apperception hat, so auch das Verstehen. Die determinirende Apperception ist nicht eine einfache, sondern umfasst Unterschiede: diese sind die Arten der Interpretation: die grammatische, die reale, die stylistische, die historische und die individuelle. Die letzte Form aber der Interpretation, die psychologische und die Kritik, namentlich aber endlich die philologische Construction (der Litteraturgeschichte oder der Geschichte überhaupt oder der Grammatik) beruht auf den Apperceptionen des Erkennens, und namentlich auf der harmonisirenden Apperception (213). Ueber Interpretation und Verständnis vergl. meinen Vortrag in den Verhandlungen der Philologen-Versammlung zu Wiesbaden. 1877.

Mensch und Tier — Ursprung der Sprache.

Ich glaube, die Vergleichung zwischen Mensch und Tier, wie sie hier S. 332. §. 438. — S. 359 §. 474 angestellt ist, habe immer noch ihre Berechtigung. Ich hätte einige wenige Einzelheiten, wo die Betrachtung teleologisch oder religiös-ästhetisch wird, ändern können. Die Hauptsache aber ist die, dass einerseits die Tatsachen mir richtig scheinen, und dass andererseits der Gesichtspunkt der Entwickelung der höheren Stellung des Menschen aus der niederen des Tieres, eines Anthropoiden, durchaus fehlt. Diese Lücke auszufüllen bin ich nicht im Stande, oder ist die Wissenschaft heute noch nicht im Stande. Darum zur Ergänzung nur so viel.

Die Entwickelung der Sprache ist der förderlichste Hebel der Heraushebung menschlichen Bewusstseins aus dem tierischen. Die Sprache ist eben von ihrem ersten Beginn ein neues Organ des Menschen. Mit diesem Organ verfeinert sich die Wirksamkeit der andern Organe, der Sinne und des Denkens und Fühlens des Menschen.

Diese hohe Bedeutsamkeit der Sprache für die Entwickelung des Geistes setzt aber gar nicht voraus, dass sie ihren Ursprung nicht Umständen verdanken könne, welche vom zoologischen Gesichtspunkte aus betrachtet, durchaus nicht wesentlich sind, wenigstens nicht alle gleich wesentlich. Ja ich meine, wir könnten einmal den Gesichtspunkt wählen, dass wir zugeständen, das hoch entwickelte Säugetier, wie der Hund, das Pferd, würden Sprache erzeugen, wenn nicht Hindernisse da wären. Diese lassen sich nachweisen, und in der Wegräumung derselben liegt das Werden des Menschen.

Alles schien von der aufrechten Stellung abzuhängen. Wie aber diese von einem noch affenartigen Tier durch fortwährende Uebung erworben und befestigt werden konnte, ist durchaus begreiflich. Wie Caspary richtig bemerkte, konnte dem Menschen beim Kampfe wie beim Heimtragen der Beute der Vorteil des aufrechten Ganges sich leicht aufdrängen. Wenn er zur Ortsbewegung sich bloß der Hinterfüße bediente, die vordern Extremitäten aber zum Ringen gebrauchte, sie mit einem Stock bewaffnete oder mit denselben Steine gegen den Gegner warf, so gab ihm dies so offenbare Vorteile im Kampfe ums Dasein, dass es ihm gar nicht unbemerkt bleiben konnte. So wird er den aufrechten Gang immer bestimmter und entschiedener gewählt haben. Denken wir uns solche Uebung durch tausend Geschlechter fortgesetzt, so mag sich dieser Gang zu fester Gewohnheit entwickelt, und die Extremitäten und der Rumpf mögen die dazu notwendige Gestalt und gegenseitige Stellung erworben haben.

Nun hat weiter Jäger darauf hingewiesen, wie die aufrechte Stellung unentbehrlich ist, um diejenige Herschaft über den Atem zu erlangen, welche für die Sprache unentbehrlich ist. Beim Sprechen wird der Hauch mit Maß stoßweise ausgesant. Dazu müssen die Rippen- und die Bauch-Muskel völlig in unserer Gewalt sein, wie es nur bei aufrechter Stellung möglich ist, beim Gang auf allen vieren aber völlig unmöglich. Daher haben nur noch die Vögel eine gewisse Herschaft über ihre Stimmwerkzeuge und ein gewisses Steigen und Fallen der Töne.

Besitzt also nur der Mensch die Möglichkeit des freien Ausatmens, so wird auch nur er die Herschaft über die Stimmbänder erlangen die feinen Muskeln am Kehlkopf, welche die Stimmbänder spannen und gegen einander nähern und entfernen, werden so ihre Ausbildung gewonnen haben.

Mit Recht aber wird nun weiter angenommen, dass mit der aufrechten Stellung auch der Schädel und das Gehirn seine vollkommnere Entwickelung erlangt haben wird. Worauf es hierbei für die Sprache zunächst nur ankommt ist, dass sich die Verbindung zwischen dem sensoriellen und dem motorischen Sprachcentrum, der Aufnahme des Wortlautes durch das Gehör und der Erzeugung der Laute durch die Organe, herstelle. Hierin liegt die Fähigkeit der Laut-Nachahmung. Diese fehlt den Säugetieren, findet sich aber bei einigen Arten der Vögel. Da sie aber hier in derselben Art einigen Variationen fehlt, bei einigen gegeben ist, so ist nicht schwer zu begreifen, dass sie beim Menschen mit der besseren Entwickelung des Gehirns sich herstellen konnte.

Haben wir im Menschen nur erst ein aufrecht stehendes lautnachahmendes Säugetier, so haben wir in ihm die Grundbedingungen zur Sprache und damit die Bedingungen zu weiterer allmählicher Entwickelung der anderen Bedingungen, der feineren Ausbildung des Kehlkopfes, der feineren Warnehmung des Gehörs, damit auch feinerer Ausbildung des Bewusstseins; und, wenn dies einmal gegeben ist, so wird auch durch andauernde Uebung während vieler Geschlechter die vollkommene Entwickelung des Gehirns und des ganzen Kopfes wohl begreiflich.

Ich habe immer behauptet (447), dass der unermessliche Unterschied zwischen Mensch und Tier in der unserer Bekanntschaft zugänglichen Zeit nur auf einer kleinen anfänglichen Verschiedenheit beruht, welche aber derartig war, dass sie sich ganz außerordentlich vergrößern konnte. Früher meinte ich, dieser uranfängliche Unterschied sei vom Schöpfer gesetzt. Jetzt können wir denselben als geworden in der allgemeinen Entwickelung der Natur nach der Descendenz-Theorie wenigstens im allgemeinen recht wohl begreifen.

Zum Schlusse sei noch auf das höchst lehrreiche Kapitel über „Ausdrucksbewegungen" in Wundt's „Grundzüge der physiologischen Psychologie" verwiesen. Die Unterscheidung von Reflex- und Triebbewegung, zu der mich Wundt mahnt, werde ich an einem anderen Orte, nämlich in einer Ethik, verfolgen.

Druck von L. Reiter, Herzogl. Hofbuchdrucker, Dessau.